Die Reihe „Wettbewerb und Regulierung von Märkten und Unternehmen“ wird herausgegeben von

Band 48

Vilim Brezina

Raumplanung und die Macht des Schwarms

Kommunale Ansätze zur Steuerung von Kurzzeitvermietungen

Nomos

Onlineversion
Nomos eLibrary

Die Deutsche Nationalbibliothek verzeichnet diese Publikation in der Deutschen Nationalbibliografie; detaillierte bibliografische Daten sind im Internet über http://dnb.d-nb.de abrufbar.

Zugl.: Dortmund, TU, Diss., 2021

ISBN 978-3-8487-8474-5 (Print)
ISBN 978-3-7489-2854-6 (ePDF)

1. Auflage 2021

za Jadranku i Željka

Vorwort

„Ich schwimmte, schwamm und schwomm;
endlich hab' ich wieder Land gewonnen; endlich bin ich angekommen;
endlich Nichtschwimmer, schmeiß' an den Song" (*Dendemann* 2006).

Die vorliegende Arbeit wurde im März 2021 von der Fakultät Raumplanung der Technischen Universität Dortmund als Dissertation angenommen. Literatur und Rechtsprechung wurden bis Ende 2020 berücksichtigt.

Zur erfolgreichen Fertigstellung der Arbeit hat maßgeblich die hervorragende Betreuung durch Herrn Professor Dr. *Klaus Joachim Grigoleit* beigetragen, der mir die erforderliche akademische Freiheit ließ und dabei stets für wertvolle Beiträge und tiefgreifende Fachdiskussionen zur Verfügung stand. Besonderer Dank gebührt auch Frau Professorin *Christiane Hellmanzik* Ph.D., die mich immer wieder motivierte und die Arbeit ergebnisorientiert als Zweitbetreuung bereicherte. Herrn Professor Dr.-Ing. *Stefan Siedentop* danke ich für die Übernahme des Prüfungsvorsitzes. Daneben möchte ich mich für die von Professor Dr. *Ben Davy* eingesetzte Energie bedanken, mit der er mich vom ersten bis zum letzten Tag an der Fakultät als kritischer Geist begleitete.

Die Arbeit wäre zudem ohne das inspirierende und kollegiale Umfeld an der Fakultät Raumplanung, speziell am Fachgebiet Raumplanungs- und Umweltrecht nicht möglich gewesen. Mein Dank für den aufschlussreichen und gewinnbringenden fachlichen Austausch gilt dabei besonders Dr. *Tobias Growe*, *Lea Fischer*, Juniorprofessor Dr.-Ing. *Jan Polívka*, Dr. *Lena Strothe*, *Jörg Peter Schmitt*, Dr. *Christian Lamker*, *Viola Schulze Dieckhoff*, Dr. *Michael Kolocek* und *Ulla Greiwe*. Für die vielen unterstützenden Gespräche zur Initiierung der Arbeit danke ich insbesondere Dr. *Mark Schmitt*, *Anika Simon*, *Christoph Danielsmeyer*, *Carlos Tobisch*, *Valentin Gube*, *Markus Hoffmann*, *Giovanni Spinelli* und *Stefan Staub*.

Der größte Dank gilt jedoch meiner Familie. Ohne die uneingeschränkte Unterstützung meiner Eltern *Jadranka Brezina* und *Željko Brezina* wäre meine akademische und persönliche Entwicklung nicht möglich gewesen. Ihnen widme ich die Arbeit in ewiger Dankbarkeit. Wesentlich zu meiner Entwicklung haben auch meine geliebten Schwestern *Ela Brezina* und *Ida Brezina* beigetragen. Ich danke euch, dass ihr mit einer anspornenden Selbstverständlichkeit immer an mich geglaubt habt. Für die Fürsorge, die Geduld und den immer wieder fortwährenden kritischen und konstruktiven Blick auf die Arbeit danke ich meiner Partnerin und liebevollen Mutter meiner Tochter *Tanja Baldreich* von ganzem Herzen. Als meine Augen schon flimmerten, warst du noch im Stande klar zu sehen. Danke Tanja!

Köln, im September 2021 *Vilim Brezina*

Um die verschiedenen Geschlechter sprachlich abzubilden, wird aus Gründen der Lesbarkeit abwechselnd ein generisches Femininum (in den Kapiteln 1, 3, 5 und 7) und ein entsprechendes Maskulinum (in den Kapiteln 2, 4, 6 und 8) verwendet. Selbstverständlich sind dann andere Geschlechter mitgemeint.

Inhaltsübersicht

Inhaltsverzeichnis

Abbildungsverzeichnis

Tabellenverzeichnis

Abkürzungsverzeichnis

Abl.	Amtsblatt
a.A.	andere Auffassung
aF	alte Fassung
AH-Drs.	Drucksache des Abgeordnetenhauses
B2B	Business-to-Business
BauGB	Baugesetzbuch
BauNVO	Baunutzungsverordnung
BayBO	Bayerische Bauordnung
BayKAG	Bayerisches Kommunalabgabegesetz
BayZwEWG	Gesetz über das Verbot der Zweckentfremdung von Wohnraum in Bayern
BbgZwVbG	Brandenburgisches Zweckentfremdungsverbotsgesetz
B-Drs.	Drucksache der Bürgerschaft
BeherbStatG	Beherbergungsstatistikgesetz
Beschl.	Beschluss
BGB	Bürgerliches Gesetzbuch
BGH	Bundesgerichtshof
Bln	Berlin
BlnBauO	Bauordnung für Berlin
BlnZwVbG	Gesetz über das Verbot der Zweckentfremdung von Wohnraum in Berlin
BlnZwVbVO	Verordnung über das Verbot der Zweckentfremdung von Wohnraum in Berlin
BMG	Bundesmeldegesetz
BMI	Bundesministerium des Innern, für Bau und Heimat
BMWi	Bundesministerium für Wirtschaft und Energie
BrWRSchG	Bremisches Wohnraumschutzgesetz
BT-Drs.	Drucksache des Deutschen Bundestages
BVerfG	Bundesverfassungsgericht
BVerwG	Bundesverwaltungsgericht
BWZwEWG	Gesetz über das Verbot der Zweckentfremdung von Wohnraum in Baden-Württemberg

C2C	Consumer-to-Consumer
Drs.	Drucksache
DVBl.	Deutsches Verwaltungsblatt
ECRL	E-Commerce Richtlinie (RL 2000/31/EG)
EGovG	Gesetz zur Förderung der elektronischen Verwaltung
EuGH	Europäischer Gerichtshof
f.	folgend
ff.	fortfolgend
GBl.	Gesetzblatt
G-Drs.	Drucksache des Gemeinderats
GewO	Gewerbeordnung
GG	Grundgesetz
GV. / GVBl.	Gesetz- und Verordnungsblatt
HmbWoSchG	Gesetz über den Schutz und die Erhaltung von Wohnraum in Hamburg
HWoAufG	Hessisches Wohnungsaufsichtsgesetz
ID	Identifier
i.E.	im Erscheinen
i.S.d.	im Sinne der/des
i.S.v.	im Sinne von
i.V.m.	in Verbindung mit
k.A.	keine Angabe
lit.	Buchstabe
LT-Drs.	Drucksache des Landtags
MBauO	Musterbauordnung
MDW	Multiple Dwelling Law (New York State)
MietRVerbG	Gesetz zur Verbesserung des Mietrechts und zur Begrenzung des Mietanstiegs sowie zur Regelung von Ingenieur- und Architektenleistungen
MWB	Mittelwertbereich
NKAG	Niedersächsisches Kommunalabgabengesetz
NRWBauO	Bauordnung für das Land Nordrhein-Westfalen
NRWWFNG	Gesetz zur Förderung und Nutzung von Wohnraum für das Land Nordrhein-Westfalen
NRWWAG	Wohnungsaufsichtsgesetz in Nordrhein-Westfalen

NZwEWG	Niedersächsisches Gesetz über das Verbot der Zweckentfremdung von Wohnraum
OVG	Oberverwaltungsgericht
P2P	Peer-to-Peer (Gleichgestellter zu Gleichgestellter)
r	Radius
RPZwEWG	Rheinland-Pfälzisches Landesgesetz über das Verbot der Zweckentfremdung von Wohnraum
U-Städte	Untersuchungsstädte: Städte und Gemeinden mit insgesamt mehr als 89 aktiven Airbnb-Unterkünften in den Jahren 2015, 2016 und 2017
Urt.	Urteil
VG	Verwaltungsgericht
VGH	Verwaltungsgerichtshof
VZÄ	Vollzeitäquivalent bzw. Vollbeschäftigtenäquivalent
WEG	Gesetz über das Wohnungseigentum und das Dauerwohnrecht
WoFG	Gesetz über die soziale Wohnraumförderung (Wohnraumförderungsgesetz)
WoGG	Wohngeldgesetz
Z-Städte	Zweckentfremdungsverbotsstädte: Städte und Gemeinden mit Zweckentfremdungsverbot in den Jahren 2015, 2016 und 2017
Z-Unterkunft	Potenziell zweckentfremdete Wohneinheit als Airbnb-Unterkunft

Kapitel 1: Einführung

Am 11. August 2018 feierte der Unterkunftsvermittler *Airbnb* seinen 10. Jahrestag und präsentierte zu diesem Anlass die Geschäftszahlen für Deutschland. In 12 Monaten wurden 3,7 Mio. Gästeankünfte in 150.000 Airbnb-Unterkünften gezählt, während sieben Mio. Gäste aus Deutschland in Unterkünften auf der ganzen Welt übernachteten.[1] Damit versechsfachte sich allein in Deutschland die Anzahl der Privatunterkünfte zwischen 2014 (noch 26.000) und 2018. Unbestritten gewinnt die Nutzung von Wohnraum als Kurzzeitvermietung durch Airbnb immer mehr an Beliebtheit. Airbnb basiert auf dem Konzept des *Homesharing* und vermarktet damit die Idee, das eigene Zuhause mit Fremden zu teilen. Dabei werden einzelne Zimmer oder ganze Wohnungen tage- oder wochenweise gegen Entgelt als Unterkunft an Touristinnen vermietet (*Bueb* 2016, 207). Dieser „Boom der privaten Ferienwohnungen"[2] flachte bis zur Corona-Pandemie nicht ab (*Polívka/Brezina et al.* 2020, 1), weswegen davon auszugehen ist, dass das Homesharing nach den Kontakt- und Reisebeschränkungen zügig wieder jene vorpandemischen Anreize erzeugt. Laut Airbnb werden über seine Plattform weltweit mehr als sieben Mio. Unterkünfte in 100.000 Städten vermittelt.[3] Davon sind in Deutschland mit Stand von 2019 etwa 160.000 Unterkünfte aktiv.[4] In einer Erhebung von 2018/19 wurden weltweit insgesamt 3,6 Mio. aktive Unterkünfte ermittelt (*Adamiak* 2019, 1).

Gleichzeitig besteht in Deutschland vielerorts ein Wohnraummangel (*Koch/Ehrentraut et al.*, 1), der die Funktionsfähigkeit des Wohnungsmarktes besonders in attraktiven Stadtteilen angesichts der steigenden Nachfrage auf den Prüfstand stellt (*Henger/Michelsen et al.* 2019, 603). Nicht

---

1 *Airbnb.com* 13.08.2018: 10 Jahre Airbnb, Pressemitteilung {https://press.airbnb.com/de/10-jahre-airbnb/}.

2 *WELT* 2018: Airbnb: Der verzweifelte Kampf deutscher Städte gegen den Boom {https://welt.de/wirtschaft/article185289338/Airbnb-Der-verzweifelte-Kampf-deutscher-Staedte-gegen-den-Boom.html}.

3 *Airbnb.com* 2019: Airbnb Newsroom, Über uns {https://press.airbnb.com/de/about-us/}.

4 *Schlautmann* 2019: Airbnb gibt erstmals Vermietungszahlen in Deutschland preis {https://handelsblatt.com/unternehmen/dienstleister/privatwohnungsvermittler-exklusive-zahlen-so-viele-wohnungen-werden-ueber-airbnb-in-deutschen-grossstaedten-vermietet/24871596-all.html}.

zuletzt deshalb veranlasste die Bundesregierung 2018 auf dem sogenannten Wohngipfel ein umfassendes Maßnahmenbündel zur Stärkung des Wohnungsneubaus und zur Sicherung der Bezahlbarkeit des Wohnens mit dem Ziel, 1,5 Mio. neue Wohnungen in drei Jahren zu schaffen (*BMI* 2018, 1). Vor dem Hintergrund der akuten Probleme auf dem Wohnungsmarkt wird die expansive Zunahme von Airbnb-Unterkünften vor allem in beliebten Großstädten in der öffentlichen Debatte als Problem wahrgenommen.[5] Dabei stehen Wohnungen, die über Airbnb angeboten werden, unter Verdacht nicht bloß mit anderen geteilt (Homesharing), sondern – möglichweise unter dem Vorwand des Homesharing – gewerblich als Ferienwohnung genutzt zu werden. Im Gegensatz zum weitgehend unproblematischen Homesharing kann der Etikettenschwindel, bei dem Wohnungen *regelmäßig* als Kurzzeitvermietung mit Gewinnerzielungsabsicht vermietet werden, zur Verschärfung einer Wohnraummangellage beitragen. Die Begünstigung von Wohnraum als Unterkunft für Touristinnen geht zulasten des Wohnraumangebots und somit für potenzielle Dauerbewohnerinnen und kann als Folge zur Verschärfung der gegenwärtigen Probleme bei der Wohnraumversorgung beitragen (*Rink/Egner* 2020, 10). Neben dieser gängigen Annahme als Bedrohung für den Wohnungsbestand, erzeugen Kurzzeitvermietungen weitere Probleme, die sich insbesondere durch das Nebeneinander von Wohnen und Ferienwohnen in der Nachbarschaft offenbaren. Dazu gehören Lärm und Partytourismus, Verschmutzung des öffentlichen Raums sowie die Erzeugung eines generellen Unbehagens und Unsicherheitsgefühls der Anwohnerinnen (*Gurran/Phibbs* 2017, 91). In der Summe entsteht ein Regulierungsbedürfnis, das den gewerblichen Betrieb einer Wohnung als Ferienwohnung einschränken soll.

Voraussetzung für eine Regulierung ist die Unterscheidung zwischen der privaten gelegentlichen Vermietung und der professionalisierten regelmäßigen Vermietung des eigenen Wohnraums an wechselnde Gäste (*Adamiak* 2019, 3; *Busch/Demary et al.* 2018, 9). Die Abgrenzung hängt von mehreren im Einzelfall zu prüfenden Merkmalen ab und ist, ungeachtet steuerrechtlicher Merkmale, immer durch das Vorliegen eines nicht völlig

5 *Dohmen* 2017: Weniger Wohnraum durch Airbnb in Düsseldorf {http://wz.de/lokales/duesseldorf/weniger-wohnraum-durch-airbnb-in-duesseldorf-1.2502053}; *ZEIT Online* 23.04.2016: Tourismus: Sind Airbnb-Vermieter böse? {https://zeit.de/hamburg/politik-wirtschaft/2016-04/tourismus-airbnb-vermieter-hamburg-portraets/komplettansicht}; *Süddeutsche Zeitung* 18.04.2016: Zu viele Ferienwohnungen, kein Platz für Mieter {https://sueddeutsche.de/wirtschaft/airbnb-in-staedten-vermietung-von-ferienwohnungen-laeuft-aus-dem-ruder-1.2954475}.

unbedeutenden Gewinnstrebens gekennzeichnet, das eine gewisse Intensität, Höhe oder Nachhaltigkeit aufweist.[6] Aus wettbewerbsrechtlicher Perspektive stellt sich also die Frage, ob ein „kommerzielles Interesse hinter der Vermietung einer Wohnung steckt" (*Haucap/Kehder* 2018, 67). Dabei ist zwischen dem Vorliegen einer Gewerblichkeit i.S.v. § 14 Abs. 1 GewO oder der bloßen Verwaltung und Nutzung des eigenen Vermögens zu unterscheiden. Die Vermietung der eigenen Wohnung in Zeiten eigener Abwesenheit ist als nicht-gewerbliche Verwaltung eigenen Vermögens einzuordnen (*Ludwigs* 2017, 1650). Dieses *Abgrenzungsproblem* gestaltet sich in der Praxis noch herausfordernder, wenn die professionalisierten Anbieterinnen im Gesamtangebot Airbnbs zwischen den vielen privaten Gelegenheitsanbieterinnen verschwimmen (*Busch/Demary et al.* 2018, 52). Denn im Gegensatz zu Beherbergungsbetrieben (29 Abs. 1 Satz 1 BMG) unterliegen Kurzzeitvermietungen keiner bundesrechtlichen Anzeige- oder Meldepflicht. Auch fallen sie regelmäßig nicht unter die Meldepflichten des Beherbergungsstatistikgesetzes (BeherbStatG), weil die Schwelle der Beherbergung von gleichzeitig mindestens zehn Gästen (§ 3 Abs. 1 BeherbStatG) von Kurzzeitvermietungen i.d.R. nicht überschritten wird (ebd., 128). Neben dem Abgrenzungsproblem liegt bei Kurzzeitvermietungen also auch ein strukturelles *Kenntnisdefizit* vor.

Airbnb könnte zwar für Abhilfe sorgen, verweist allerdings regelmäßig auf seine nur vermittelnde Stellung als Intermediär (*Zwack* 2017, 47) und sieht sich deshalb nicht in der Pflicht, Informationen seiner Kundinnen preiszugeben. Schließlich bietet die Karte auf der Airbnb-Plattform zwar eine geographische Übersicht der aktiven Unterkünfte, diese lassen sich aber nicht adressscharf lokalisieren (*Oskam* 2019, 119). Die Gesamtbetrachtung des Geschäftsmodells rechtfertigt zudem kein pauschales Vorgehen gegen das Unternehmen als solches, weil die überwiegende Mehrheit der Nutzungen rechtskonform realisiert wird (*Ingold* 2016, 602; *Schröder* 2015, 396 f.). Deshalb ist zu konstatieren, dass nicht nur *ein* Akteur (Airbnb oder etwa eine andere vergleichbare Plattform) Adressat der Regulierung ist. Stattdessen bedarf es der Verfolgung und Durchsetzung ordnungsbehördlicher Ge- und Verbote bei einer unbekannten und variablen Vielzahl von Gastgebern und ggf. Gästen[7] als Verursacherinnen potenziell rechtswidriger Zustände (*Schröder* 2015, 397). Von dieser „Dezentralität des Leistungsangebots" (*Ingold* 2016, 596) geht ein *Vollzugsdefizit* aus (ebd., 602;

6 BVerwG, Urt. vom 24.06.1976 – I C 56/74, NJW 1977, 772 (772).

7 Bei den Begriffen *Gastgeber* und *Gäste* handelt es sich um feststehende Begriffe, die im gesamten Text geschlechtsneutral verwendet werden.

Schröder 2015, 397; *Weigelt* 2016, 266 f.; *Zott* 2020, 247 f.), das in der vorliegenden Untersuchung auf die *Macht des Schwarms* zurückgeführt wird. Der Schwarm ist dabei als Metapher zu verstehen, welche der Metapher des Leviathans als staatlichem Ordnungsansatz entgegengestellt wird (*Kersten* 2012, 270). Schwärme zeichnen sich regelmäßig durch die Abwesenheit einer zentralen Steuerung aus (*E. Horn* 2009, 10). Ihre Macht entsteht dadurch, dass sich viele Schwarmsubjekte einem Schwarmmuster anschließen und dadurch einen emergenten Mehrwert erzeugen (*Kersten* 2017b, 104 f.). In Anwendung der Schwarmtheorie wird diese Beobachtung aufgegriffen, um potenzielle Ansätze zur Steuerung von Kurzzeitvermietungen als raumbezogenes Schwarmphänomen zu untersuchen. Übertragen auf Airbnb gelingt es der Plattform, global Gastgeber und Gäste als Teil eines Schwarms von Nachfragerinnen und Anbieterinnen für Unterkünfte zu scharen und so den Verdacht zu erwecken, massenhaft für den Entzug von Wohnraum verantwortlich zu sein. Allerdings ist das tatsächliche Ausmaß des Vollzugsdefizits unbekannt.

Auf die vom Schwarm ausgehenden negativen Effekte reagieren immer mehr Städte und Gemeinden mit dem Erlass sogenannter *Zweckentfremdungsverbote*, um den Wohnungsbestand zu sichern (*Lang* 2019, 753). Obgleich im Baurecht zwischen dem Wohnen und dem Ferienwohnen kategorisch unterschieden wird (*Grigoleit/C.-W. Otto* 2018, 274), stellt die gesetzgeberische Einführung der Legaldefinition (§ 13a BauNVO) von 2017 eine weitgehende Genehmigungsfähigkeit der Ferienwohnnutzung in den meisten innerstädtischen Gebieten klar,[8] wodurch das Steuerungspotenzial beträchtlich eingeschränkt wird. Grundsätzlich ist die „Vermietung von Wohnungen bei Bedarf auch an Kurzzeitmieter [...] für die Zuordnung zur Wohnnutzung unschädlich“[9]. Dies gilt sowohl aus baurechtlicher als auch aus zweckentfremdungsrechtlicher Perspektive. Das Zweckentfremdungsverbot hingegen setzt sich über die bauplanungsrechtlichen Vorschriften hinweg und stellt die Nutzung von Wohnraum zu anderen als Wohnzwecken unter ein repressives Verbot (*Weigelt* 2016, 259). Im Ergebnis bedarf die Nutzung von Wohnraum als Ferienwohnung oder zur Fremdenbeherbergung ungeachtet baurechtlicher Anforderungen einer zweckentfremdungsrechtlichen Genehmigung. Dabei verlagert sich die regulative Adressierung der Wohnräume von der baurechtlichen Nut-

8 BT-Drs. 18/10942, Entwurf eines Gesetzes zur Umsetzung der Richtlinie 2014/52/EU im Städtebaurecht und zur Stärkung des neuen Zusammenlebens in der Stadt vom 23.01.2017 (35).

9 OVG Berlin-Brandenburg, Beschl. vom 06.07.2006 – 2 S 2/06, LKV 2007, 39 (40).

zungsart hin zur Bestimmung der subjektiven Widmung. Vorteile ergeben sich hierdurch insbesondere auf räumlicher Ebene, weil sich der Geltungsbereich des Genehmigungsvorbehalts auf das gesamte Gebiet einer Stadt erstreckt. Zugleich verbessert sich die Unterscheidung zwischen Gelegenheits- und Daueranbieterinnen von Kurzzeitvermietungen, weil die Einführung von festgelegten quantitativen Schwellenwerten die Abgrenzung durch die Anzahl von Tagen oder Wochen erleichtert (*Zott* 2020, 240). Offen bleibt hingegen das Problem des Kenntnisdefizits. Da Kurzzeitvermietungen keine physische Manifestation in Form einer baulichen Veränderung erfahren, sind die Behörden auf Hinweise aus der Nachbarschaft, der Untersuchung von Immobilienangeboten oder Ferienwohnungsinseraten angewiesen und können lediglich auf die Sensibilität der Wohnungseigentümerinnen und -mieterinnen hoffen, dass entsprechende Nutzungsänderungen genehmigungspflichtig sind (*Weigelt* 2016, 266).

Die Konflikte, die von Kurzzeitvermietungen ausgehen können, sind vielfältig und werden deshalb für die weitere Arbeit auf Grundlage bestehender Studien zu negativen Externalitäten – insbesondere ausgelöst durch Airbnb – systematisiert aufgearbeitet (A). Daraufhin richtet sich der Blick auf den gegenwärtigen Forschungsstand zur Steuerung von Kurzzeitvermietungen (B). Schließlich werden die Forschungsfragen entlang der identifizierten Forschungslücke dargelegt und der Gang der Untersuchung skizziert (C).

A. Negative Externalitäten durch Kurzzeitvermietungen

Von Kurzzeitvermietungen gehen eine Reihe negativer Externalitäten aus, die mittlerweile durch zahlreiche Studien, insbesondere zu Airbnb[10], gut dokumentiert sind.[11] Bei negativen Externalitäten handelt es sich im Allgemeinen um indirekte Kosten einer unternehmerischen Aktivität, die von

10 Neben der Plattform Airbnbs als globaler Marktführer im Bereich der Vermittlung kostenpflichtiger privater Unterkünfte, sind insbesondere auf dem deutschen Markt noch die Plattformen der Unternehmen 9flats, BedyCasa, Gloveler, Nightswapping und Wimdu (*Busch/Demary et al.* 2018, 26) zu nennen. Airbnb wird im weiteren Verlauf der Arbeit als Marktführer synonym für Kurzzeitvermietungsplattformen verwendet.

11 *Guttentag*, JHTT 4/2019, 814 identifiziert in seiner Literaturübersicht 131 englischsprachige und referierte Studien im Zeitraum von 2013 bis 2018; *Prayag/Ozanne*, Journal of Hospitality Marketing & Management 6/2018, 649 identifizieren insgesamt 71 referierte Studien im Zeitraum von 2010 bis 2016.

der Gesellschaft oder anderen Unbeteiligten außerhalb dieser Aktivität getragen werden (*Espinosa* 2016, 601; *Griffiths/Perera et al.* 2019, 447). *Espinosa* unterscheidet dabei allgemein zwischen Nachbarschaftseffekten und den Druck auf den Wohnungsmarkt (*Espinosa* 2016, 601 ff.). *McKee* wiederrum hebt die direkten Folgen, wie etwa Lärm durch laute Gäste, Schäden an den Gemeinschaftsflächen von Wohnhäusern und Sicherheitsrisiken für Nachbarinnen hervor (*McKee* 2017, 493). Daneben sind auch noch weitere Externalitäten zu nennen, die im Rahmen eines ungleichen Wettbewerbsverhältnisses zwischen Airbnb-Vermieterinnen und dem traditionellen Beherbergungsgewerbe auftreten (*Griffiths/Perera et al.* 2019, 454 f.; *Oskam* 2019, 67 ff.). Zum einen unterliegen Beherbergungsbetriebe erhöhten Brandschutzauflagen oder baulichen Anforderungen an Barrierefreiheit, die für Airbnb-Vermieterinnen i.d.R. nicht gelten (*Ingold* 2016, 601). Zum anderen wird Kurzzeitvermieterinnen die Umgehung von Gewerbe- und Umsatzsteuern sowie von Tourismusabgaben unterstellt (*Busch/Demary et al.* 2018, 91). Viele gewerbliche Konkurrentinnen beklagen deshalb einen Wettbewerbsnachteil (*Schwalbe/Peitz* 2016, 242), der sich durch Umsatzeinbußen bemerkbar macht. Laut eines Vergleichs in zehn US-Städten[12] führt eine einprozentige Erhöhung des Airbnb-Angebots zu einer Umsatzreduzierung für die Hotellerie von 0,02 bis 0,04 Prozent (*Dogru/Mody et al.* 2019, 34). Am Beispiel von Austin, Texas wird ein Rückgang des Gewinns der dort ansässigen Hotels in den unteren Preissegmenten von 8 bis 10 Prozent auf Airbnb zurückgeführt (*Zervas/Proserpio et al.* 2017, 687). Dabei befanden sich 70 Prozent aller Airbnb-Unterkünfte außerhalb der Stadtteile, die typisch für die Hotellerie sind (ebd., 688). Diese ökonomischen Wettbewerbsverzerrungen (*Busch/Demary et al.* 2018, 91) wiegen in der Gesamtbetrachtung nicht schwer (*Guttentag* 2015, 1205) und werden deshalb nur eingeschränkt im Kontext der Erholungsorte weiter unten aufgegriffen (siehe Kap. 7).

Zur systematischen Aufarbeitung der negativen Externalitäten eignet sich die vom *VGH Mannheim* vorgenommene Zuordnung der Störpotenziale zu den städtebaulichen Belangen. Der *Senat* identifiziert dabei insbesondere die Betroffenheit der Wohnbedürfnisse der Bevölkerung (§ 1 Abs. 6 Nr. 2 BauGB), Umweltbelange durch Auswirkungen auf die Nachbarschaft (§ 1 Abs. 6 Nr. 7d BauGB) und Belange des Verkehrs (§ 1 Abs. 6

---

12 Gegenstand der Untersuchung waren Boston, Chicago, Denver, Houston, Los Angeles, Miami, Nashville, New York, San Francisco und Seattle mit einem Datensatz von Juni 2017 nach *Dogru/Mody et al.*, Tourism Management 2019, 27 (31).

Nr. 9 BauGB) durch vermehrten An- und Abfahrtsverkehr.[13] Daraus ableitend werden die Ergebnisse der Untersuchungen zu Kurzzeitvermietungen entlang der Wohnbedürfnisse der Bevölkerung (I.) und den nachbarschaftlichen Auswirkungen durch Umwelt und Verkehr (II.) dargestellt. Findet eine besonders intensive Häufung von Unterkünften in räumlicher Nähe statt, bei der viele Wohnungen dauerhaft ferienwohnungsartig über einen längeren Zeitraum genutzt werden, kann zusätzlich mit einer strukturellen Veränderung eines Gebiets zu rechnen sein, die die Erhaltung zentraler Versorgungsbereiche (III.) gefährden kann. Abschließend folgt eine Zusammenfassung der wesentlichen Konfliktfelder (IV.).

I. Wohnbedürfnisse der Bevölkerung

Die Wohnbedürfnisse der Bevölkerung gem. § 1 Abs. 6 Nr. 2 BauGB stehen in Zeiten erhöhten Wohnraumbedarfs und von Defiziten bei der Versorgung mit Wohnraum sowie steigender Miet- und Kaufpreise von Wohnimmobilien und Baugrundstücken[14] besonders im Rampenlicht politischer Auseinandersetzungen. Dem Wohnen ist als menschliches Grundbedürfnis aufgrund seiner erheblichen sozialen Sprengkraft als gesamtgesellschaftliche Herausforderung besonders Rechnung zu tragen (*Burgi* 2020, 257). Die Berücksichtigung der Wohnbedürfnisse der Bevölkerung ist ein zentrales Anliegen des BauGB und zugleich der Fundamentalsatz aller sozial-rechtsstaatlichen Planung, für die der Mensch mit seinen vielfältigen Bedürfnissen im Mittelpunkt aller öffentlicher Maßnahmen zu stehen hat (EZBK *Söfker/Runkel* 2020: § 1 BauGB, Rn. 120). Gegenwärtig bestehen sowohl Probleme auf der Seite der Angebotserweiterung, die sich aus einer der Nachfrage nicht angemessenen Neubauaktivität speist (*Koch/Ehrentraut et al.*, 9) als auch auf der Seite der Bestandssicherung. Letzterem stehen insbesondere wachsende Anreize der Monetarisierung von Wohnraum durch die Nutzung als Kurzzeitvermietung entgegen (1.). Die Nutzung kann in der Folge zur Verknappung von Wohnraum (2.), zu

13 VGH Mannheim, Beschl. vom 26.01.2017 – 5 S 1791/16, BeckRS 2017, 101691 (Rn. 22).

14 Der durchschnittliche Kaufwert baureifer Grundstücke in Deutschland liegt 2019 bei 189,51 EUR, was einer Erhöhung um 55% (2009: 122,05 EUR) in zehn Jahren gleichkommt. In Berlin und Hamburg erreicht der entsprechende Wert 1.328,48 EUR bzw. 1.157,91 EUR (*Destatis* 16.09.2020), was mehr als einer Versechsfachung in Berlin (664%) und einer knappen Verdreifachung (280%) in Hamburg in zehn Jahren gleichkommt (*Destatis* 2010).

rapide steigenden Miet- und Immobilienpreisen (3.) und zur Verdrängung angestammter Bevölkerungsteile (4.) beitragen.

1. Anreize zur Monetarisierung des Wohnraumbestands

Immobilien erfüllen sowohl die Funktion als Kapitalanlage als auch eine Nutzenfunktion, z.B. als Wohn- (Konsumgut), Büro- oder Produktionsimmobilie (Investitionsgut) (*Rottke* 2017, 88). Als Beurteilungskriterium für den Wert einer Immobilie wird oftmals der Mietvertrag und der sich daraus ergebene Zahlungsstrom zugrunde gelegt (ebd., 84). Die Struktur des Immobilienmarkts ist je nach Betrachtung in eine Vielzahl unterschiedlicher Teilmärkte zu gliedern (*Brauer* 2018, 14). Dabei wird insbesondere zwischen den Merkmalkategorien der Standortgebundenheit und der damit verbundenen *Regionalität* der Märkte sowie der Heterogenität und damit der *Nutzungsart* oder *Typologie* unterschieden (ebd., 14). Für die vorliegende Untersuchung werden insbesondere die Wohnimmobilien in den Fokus gerückt. Der Wohnungsmarkt lässt sich einerseits in den Handel mit zeitlich befristeten Nutzungsrechten der Wohnung und andererseits in den Handel mit Eigentumsrechten von Wohnimmobilien unterteilen (*Kofner* 2004, 19). Im Gegensatz zum gut quantifizierbaren Warenwert einer Wohnimmobilie, hängt der Nutzwert einer Wohnimmobilie einerseits von einer Vielzahl von objektiven und subjektiven Faktoren ab (*Schuldt* 2017, 50) und andererseits erfüllt er die fundamentale Funktion als Lebensmittelpunkt, Zufluchtsstätte und Existenzsicherung (*Kofner* 2004, 7 f.). Insbesondere ihre fehlende Substituierbarkeit macht Wohnimmobilien zu einem besonderen Wirtschaftsgut (ebd., 7 f.; *Rottke* 2017, 88). Während Wohnraum also auf dem Markt der Wohnnutzungen insbesondere als Konsumgut zwischen Mieterin und Vermieterin ausgehandelt wird, findet auf dem Markt der Wohnimmobilien ein Handel zwischen Anbieterinnen und Nachfragerinnen eines Investitionsguts statt (*Kofner* 2004, 19). Aufgrund der besonderen gesellschaftlichen Bedeutung sowie der Unvermehrbarkeit und Unentbehrlichkeit von Grund und Boden,[15] ist der Handel mit Wohnimmobilien durch die Gesetzgebung stark eingeschränkt.[16] Der Wohnungsmarkt ist deshalb ein Paradebeispiel für einen Interventionsmarkt, der von zahlreichen staatlichen Eingriffen geprägt ist, die mit

15 BVerfG, Beschl. vom 12.01.1967 – 1 BvR 169/63, NJW 1967, 619 (620).

16 Hier sind insbesondere die zivilrechtlichen Einschränkungen im Mietrecht zu nennen. Dazu ausführlich *Schollmeier* 2020, 229 ff.

der Absicht verbunden sind, ein Marktversagen abzuwenden (*Kofner* 2004, 4 f.).

Neben traditionellen Assets wie Wertpapieren und Rohstoffen haben sich in jüngerer Vergangenheit zunehmend Immobilien als Assets im Sinne einer Vermögensanlage etabliert (*B. Lange* 2018, 548). *Heeg* will die Ursachen für den ‚Run auf Wohneigentum' aber nicht nur auf historisch niedrige Zinsen und die volkswirtschaftliche Stärke Deutschlands zurückgeführt sehen, sondern identifiziert eine strukturelle Vermarktlichung von Wohnungen, die Wohnimmobilien sowohl für institutionelle Investoren als auch für Privathaushalte zu einer aussichtsreichen Anlage machen (*Heeg* 2017, 48). Zu dieser bereits länger geführten Debatte rund um die Kommodifizierung von Wohnraum (*Rolnik* 2013) oder die Finanzialisierung der Immobilienwirtschaft (*Holm* 2011), reiht sich Homesharing nun als weiteres Verwertungsmodell zeitgeistig ein (*Gurran* 2018, 302; *Young/Markham* 2020, 292). Die Logik des Finanzmarkts wird dabei durch Normierung, Quantifizierung, Standardisierung und Benchmarking auf Immobilien übertragen (*Heeg* 2017, 51). Dies wird an der Airbnb-Plattform besonders deutlich, indem der temporäre Zugang zu (Wohn-)Immobilien nach Lage, Dauer und Ausstattung auf den Tag genau bewertet und mit einem Preisschild versehen wird. Letztlich etablierte sich damit ein neuer Handelsplatz im Gewerbeimmobilienmarkt (Teilmarkt der Freizeit- und Tourismusimmobilien), bei dem regelmäßig auf den Bestand des Wohnimmobilienmarkts zurückgegriffen wird. Potenziellen Investorinnen bietet sich dabei die Gelegenheit, überschüssiges Kapital in (Wohn-)Immobilien anzulegen (*Cocola-Gant/Gago* 2019, 14-15). Doch nicht nur Investorinnen, sondern auch Mieterinnen bietet sich nunmehr die Gelegenheit, durch Homesharing den selbstgenutzten Wohnraum zu monetarisieren. *Gurran* bezeichnet diese Art der Kommodifizierung eigenen Wohnraums als „residential capitalism", der zu einer Erhöhung der Fungibilität[17] von Wohnimmobilien beiträgt (*Gurran* 2018, 302). Zum einen bietet Airbnb den Zugang zu einem globalen Handelsplatz ohne aufwendige Transaktionskosten (ebd., 302) und zum anderen ist die „Herstellung" einer Ferien-

---

17 Fungibilität bezeichnet nach *Gabler Wirtschaftslexikon*: Definition: Fungibilität {https://wirtschaftslexikon.gabler.de/definition/fungibilitaet-34994/version-258484} „die Eigenschaft von Gütern, Devisen und Wertpapieren, bspw. nach Maß, Zahl oder Gewicht bestimmbar und ohne Weiteres auswechselbar oder austauschbar zu sein". Nach *Rehkugler*, in: Immobilien, 10 besteht hohe Fungibilität, „wenn die Anlagen an einem organisierten, liquiden Markt gehandelt werden, regelmäßig Marktpreise festgestellt werden und geringe Transaktionskosten anfallen".

wohnung ohne besondere bauliche Veränderungen aus einer herkömmlichen Wohnung möglich (*Gurran* 2018, 300; *Smigiel/Hof et al.* 2019, 155). Durch Untervermietung einzelner Zimmer, Wohnungen und Häuser lassen sich so in nachgefragter Lage zusätzliche Einnahmen erwirtschaften (*Haucap/Kehder* 2018, 59).

Wachsmuth/Weisler führen diese Entwicklung auf die Erzeugung einer systematischen Ertragslücke – „rent gap" – in Städten auf der ganzen Welt zurück (*Wachsmuth/Weisler* 2018, 1152). Dabei erwächst aus der Diskrepanz von realen (Dauermiete) und potenziellen Mieteinnahmen (Airbnb-Miete) ein struktureller Anreiz für die Umwandlungen von Miet- in Eigentumswohnungen (ebd., 1151), um sie in der Folge als Kurzzeitvermietung profitabler in Wert zu setzen, als dies mit einer regulären Vermietung möglich wäre (*Smigiel/Hof et al.* 2019, 163; *Wachsmuth/Weisler* 2018, 1152). Die Ertragslücke entsteht allerdings nicht flächendeckend, sondern ist geographisch auf bestimmte Lagen beschränkt, die sich insbesondere durch kulturelle Bedeutsamkeit hervorheben und international Beachtung finden (*Wachsmuth/Weisler* 2018, 1149).

Aus den Beobachtungen lassen sich die Monetarisierungsanreize zur Kapitalisierung des Warenwerts einer Wohnimmobilie in drei Stufen differenzieren: Erstens können Nutzungsberechtigte die Zweckbestimmung der Wohnnutzung ändern (Umwidmung), indem sie sie als Ferienwohnung oder zu Fremdenbeherbergungszwecken untervermieten (1. Stufe). Zweitens können Verfügungsberechtigte die Wohnnutzung in eine Ferienwohnnutzung ändern (Umnutzung) und damit die Wohnimmobilie in eine Gewerbeimmobilie überführen (2. Stufe). Schließlich können drittens institutionalisierte Investoren wie auch Privathaushalte durch die Begründung oder Teilung von Eigentum eine Wohnimmobilie zur Selbstnutzung oder als Zweitwohnung erwerben (Umwandlung) und sie entsprechend der zwei nachgelagerten Stufen verwerten (3. Stufe). Airbnb gelingt es somit, nicht nur global eine Ertragslücke zu erzeugen, sondern zudem den Kreis der Monetarisiererinnen von Wohnraum um die Nutzungsberechtigten zu erweitern.

2. Verknappung von Wohnraum

In Deutschland ist gegenwärtig zwar keine Wohnungsnot zu attestieren, sehr wohl aber ein zum Teil hoher und zunehmender Druck auf vielen regionalen Teilmärkten (*Einem* 2016a, 3). Einschlägiger Indikator hierfür ist etwa die seit einigen Jahren stark sinkende Fluktuationsreserve[18]. In knapp 14 Prozent der deutschen Kreise und kreisfreien Städte sank die Leerstandsquote mittlerweile unter einen Wert von 2,5 Prozent (*Schollmeier* 2020, 31). Allgemein wird davon ausgegangen, dass Quoten von unter drei Prozent den sogenannten „lock-in Effekt“ (*Heyn/Schmandt* 2019, 14) fördern. Dabei stehen Nachfragerinnen auf dem Wohnungsmarkt nur wenige Angebote für einen Wohnungswechsel zur Verfügung, um Wohnungszuschnitt oder -größe an veränderte persönliche Lebensumstände anzupassen, was letztlich in der Gesamtheit eine strukturelle Fehlallokation auf dem Wohnimmobilienmarkt begünstigt.

Im medialen Diskurs wird Airbnb oft zum Synonym der Wohnraumzerstörung und als Ursache für eine Wohnungsnot in den großen Ballungszentren stilisiert.[19] Dabei steht der Verdacht im Raum, dass unter Vorwand von Homesharing Wohnraum tatsächlich als Ferienwohnung genutzt wird und dadurch Wohnraum in der Summe verloren geht. *Gyódi* nahm diese Annahme durch ein Szenario auf, indem er das Beherbergungsangebot für eine zweitägige Übernachtung an einem Dezemberwochenende in Paris, Berlin, Barcelona und Warschau auf den Plattformen Airbnb und Booking.com untersuchte (*Gyódi* 2019, 539). Aus der Angebotsstruktur (Anzahl der Unterkünfte nach Unterkunftsart und Mehrfachanbieter) schließt er, dass der Anteil des noch dem typischen Homesharing zuzuordnenden Airbnb-Angebots in Warschau gerade mal 11,1 Prozent, in Paris 14,4 Prozent, in Barcelona 37,8 Prozent und in Berlin 49,5 Prozent beträgt (ebd., 541). Dadurch könnte man den vorgeworfenen Etikettenschwindel bestätigt sehen, allerdings sind die Untersuchungsergebnisse nicht sonderlich belastbar, da sie sowohl zeitlich als auch quantitativ auf einer nur kleinen empirischen Basis stehen. Dennoch wird aus der Untersuchung deutlich, dass sich die Angebotsstruktur zwi-

18 Auf Wohnimmobilienmärkten gilt ein Wohnungsleerstand von etwa 2,5% bis 3% als notwendige Fluktuationsreserve, sodass Umzüge von Haushalten innerhalb eines Ortes und Zuzüge von außerhalb weiterhin möglich sind (*Voigtländer* 2019, 55; *Einem* 2016b, 296).

19 z.B. *Dohmen* 2017: Weniger Wohnraum durch Airbnb in Düsseldorf {http://wz.de/lokales/duesseldorf/weniger-wohnraum-durch-airbnb-in-duesseldorf-1.2502053}; *Renoth* 2018: Ferienunterkünfte: Wie sich Städte gegen Airbnb & Co. wehren {https://welt.de/reise/staedtereisen/article180332152/Ferienunterkuenfte-Wie-sich-Staedte-gegen-Airbnb-Co-wehren.html}; *Gräff* 2019: Norderneys Bürgermeister zu Wohnraum: „Dem Ausverkauf Einhalt gebieten“ {https://taz.de/Norderneys-Buergermeister-zu-Wohnraum/!5632349/}; *Mayer* 2015: Wie Airbnb die Städte verändert {https://sueddeutsche.de/wirtschaft/kommentar-zweckentfremdet-1.2597771}.

schen den Städten stark unterscheidet. In einer anderen Untersuchung zu Airbnb-Unterkünften in Salzburg von Juni 2018, definieren die Autorinnen Wohneinheiten als entzogen, wenn Ganze Unterkünfte[20] 60 Tage im Kalenderjahr vermietet wurden und 120 Tage zur Buchung verfügbar waren (*Smigiel/Hof et al.* 2019, 158). Sie zählen insgesamt 689 aktive Unterkünfte mit einem Anteil Ganzer Unterkünfte von 74 Prozent (ebd., 161). Davon werden den Bedingungen entsprechend rund die Hälfte der Unterkünfte (259 Unterkünfte) dem Wohnungsmarkt langfristig entzogen (*Smigiel/Hof et al.* 2019, 163). Dies entspricht einem Anteil am Salzburger Wohnungsbestand von rund 0,3 Prozent (89.527 Wohnungen[21]). Verringert man hier den Maßstab auf einzelne innerstädtische Zählbezirke, beträgt der Anteil hingegen 3 und 3,7 Prozent (ebd., 163 f.). Ähnlich stellt sich die Situation in Wien dar. Dort konzentrieren sich die Unterkünfte kreisförmig rund um den 1. Bezirk. Besonders am Schwedenplatz, dem Spittelberg und dem Freihausviertel werden gleich mehrfach bis zu 100 Wohnungen je 500-Meter-Radius entzogen (*R. J. Seidl/Plank et al.* 2017). Dabei beläuft sich der Anteil der entzogenen Wohnungen im 1. Bezirk auf 1,88 Prozent und in den weiteren Bezirken zwischen 0,3 Prozent und 0,7 Prozent (ebd.). Auf gesamtstädtischer Ebene fällt der Wohnraumentzug in Zahlen gemessen noch gering aus. Verkleinert man den Bezugsrahmen jedoch auf (touristisch) besonders attraktive Stadtteile oder Nachbarschaften, die sich durch eine hohe räumliche Konzentration von Unterkünften kennzeichnen, fällt der Anteil des Wohnraumentzugs beachtlich aus.

3. Steigende Miet- und Immobilienpreise

Eine weitere vieldiskutierte Folge der Nutzung von Wohnraum als Kurzzeitvermietung ist der Beitrag zu steigenden Miet- und Immobilienpreisen. *Schäfer/Braun* konnten eine überdurchschnittlich hohe Mietpreissteigerung in Stadtteilen feststellen, die eine hohe Dichte von Airbnb-Unterkünften vorweisen (*P. Schäfer/Braun* 2016, 305). Diese Grundtendenz bestätigt auch *Segù* in einer einfachen Kausalitätsuntersuchung für die Mietprei-

20 Auf der Plattform von Airbnb werden die angebotenen Unterkünfte in „gesamte Unterkunft", „Privatzimmer" oder „gemeinsames Zimmer" unterteilt. Für den weiteren Verlauf der Arbeit werden „gesamte Unterkünfte" bei Airbnb als „Ganze Unterkunft" bezeichnet.

21 *Stadt Salzburg*: Statistik: Gebäude und Wohnungen {https://stadt-salzburg.at/statistik-gebaeude-und-wohnungen/}.

se in Barcelona im Betrachtungszeitraum von 2009 bis 2016. Demnach führt ein einprozentiger Anstieg von Airbnb-Unterkünften, verglichen mit Stadtteilen ohne nennenswerten Airbnb-Anteil, zu einer Mietpreiserhöhung um vier Prozent (*Segú* 2018, 15). *K. Horn/Merante* untersuchen den Einfluss von Kurzzeitvermietungen auf die Mietpreise in Boston mithilfe eines Dichtekoeffizienten, indem sie die Mietpreise und die Anzahl der verfügbaren Airbnb-Unterkünfte vergleichen (*K. Horn/Merante* 2017, 17 f.). Sie messen einen durchschnittlichen Preiseffekt von 0,4 Prozent auf die lokalen Mietpreise und einen Effekt von 3,1 Prozent in Gebieten, in denen vermehrt Airbnb-Unterkünfte vorzufinden sind (*K. Horn/Merante* 2017, 21). Anhand ihrer Methode können sie allerdings nicht ausschließen, dass (auch) andere Ursachen für den Anstieg der Mietpreise (mit-)verantwortlich sind.

Die Preisentwicklung auf einem Wohnimmobilienmarkt hängt von vielen Faktoren ab. Diese können in sogenannte *Fundamentalfaktoren* und *subjektive Faktoren*, wie etwa persönliche Erwartungen unterschieden werden (*Schneider* 2014, 366). Unter den maßgebenden Fundamentalfaktoren sind alle objektiven Faktoren der Angebots- und Nachfrageseite zu verstehen, die Einfluss auf die Preisbildung haben. Dazu gehören insbesondere „demografische Faktoren, das allgemeine Wohlstandsniveau, institutionelle Faktoren (Steuern, Wohnbauförderung, Entwicklungsstand des Finanzsystems etc.), die Verfügbarkeit von Grund und Boden, Präferenzen (wachsende Wohnansprüche), erwartete Erträge (aus Mieten) oder Zinsen" (ebd., 366 f.). Ein Geschäftsmodell wie Homesharing herauszugreifen und seinen Einfluss isoliert zu betrachten, birgt immer die Gefahr, den Einfluss anderer Faktoren zu verkennen. Dieses methodische Zuordnungsproblem (*Oberndörfer/Hanf et al.* 2010, 22) kann in der empirischen Forschung nie ganz aufgelöst werden, allerdings bestehen methodische Ansätze, die die Unabhängigkeit einzelner Faktoren mit Korrelations- und Regressionsmodellen sicherzustellen versuchen.[22]

So verwenden *Duso/Michelsen et al.* ein Berechnungsmodell, das die Diskrepanz zwischen Gebieten mit hoher und Gebieten mit geringer Unterkunftsdichte anhand einer Regressionsanalyse in den Blick nimmt. Damit versuchen sie andere Einflussfaktoren potenzieller Preiseffekte abseits von Airbnb methodisch herauszufiltern (*Duso/Michelsen et al.* 2020, 14 f.). Eine für Berlin durchgeführte Ex-Post-Untersuchung kommt zum

---

22 so insbesondere *Barron/Kung et al.*, SSRN Journal 2018; *Wachsmuth/Combs et al.* 2019; *K. Horn/Merante*, Journal of Housing Economics 2017, 14; *Duso/Michelsen et al.*, DIW Berlin 2020.

Ergebnis, dass jede weitere Ganze Unterkunft innerhalb eines Radius von 250 Metern eine durchschnittliche Mieterhöhung von 0,07 EUR je Quadratmeter verursacht. Bei besonders hoher Vermietungsaktivität – Verfügbarkeit Ganzer Unterkünfte von über 180 Tagen im Kalenderjahr (*Duso/Michelsen et al.* 2020, 28) – fällt die Preissteigerung mit 0,13 EUR je Quadratmeter fast doppelt so hoch aus (ebd., 41). Beispielhaft ergibt sich dadurch in einer Umgebung mit 20 intensiv genutzten Unterkünften ein Preisanstieg für eine 50 Quadratmeter-Wohnung von insgesamt 130 EUR. Jede weitere intensiv genutzte Unterkunft in gleicher Umgebung verteuert die Wohnung durchschnittlich um weitere 6,50 EUR. Die Autorinnengruppe vermutet, dass der preissteigernde Effekt in Gebieten mit geringer Unterkunftsdichte tatsächlich noch höher ausfallen könnte (ebd., 41). Diese Tendenz bestätigten auch *Mindl/Arentz* in einer kleinräumigen Analyse für Köln. Demnach gehen zwischen 2015 und 2018 14,2 Prozent der Mietpreissteigerungen für kleine Wohnungen in besonders beliebten Stadtteilen auf Kurzzeitvermietungen zurück, was umgerechnet einem zusätzlichen Mietpreisanstieg von 320 EUR jährlich gleichkommt (*Mindl/Arentz* 2020, 21). In einer USA-weiten Untersuchung für die Jahre 2011 bis 2016 zeigten *Barron/Kung et al.*, dass ein Anstieg von Airbnb-Unterkünften um ein Prozent je Postleitzahl zu einem Mietpreisanstieg von 0,018 Prozent und einem Wohnimmobilienpreisanstieg um 0,026 Prozent führte (ebd., 26). Zudem ging aus der Studie hervor, dass Eigenheimbesitzerinnen verstärkt dazu neigen, ihre Wohneinheiten in Ferienwohnungen bzw. -häuser umzuwidmen (ebd., 33). Eine ähnliche Untersuchung stellte in New York City einen durchschnittlichen Mietpreisanstieg um 1,4 Prozent bzw. eine jährliche Mietsteigerung von 380 US-Dollar von September 2014 bis August 2017 fest (*Wachsmuth/Combs et al.* 2019, 5). Ungeachtet von Airbnb-Daten ermitteln *P. Schäfer/Hirsch* anhand eines verallgemeinerten additiven Modells (GAM) und der Methode der kleinsten Quadrate (OLS) unter Berücksichtigung von Touristenattraktionen (Museen, Wahrzeichen, etc.), Restaurants, Hotels und Ferienwohnungen in verschieden Gebieten Berlins (500 m Radien), dass mit zunehmender Dichte der touristischen Infrastruktur die Wirkung auf die Mietpreise der Wohneinheiten steigt (ebd., 247). Der messbare Effekt, der dabei auf die umliegenden Wohnungsmieten einwirkt, beträgt bei Touristenattraktionen 3 Prozent, bei Restaurants 4 Prozent, bei Hotels 18 Prozent und bei Ferienwohnungen ein Prozent (ebd., 247).

Aus den Untersuchungsergebnissen geht hervor, dass die Zunahme von Unterkünften in räumlicher Nähe einen messbaren Anstieg von Miet- und Immobilienpreisen zur Folge hat. Je stärker die räumliche Konzentration von Unterkünften, desto höher fällt der messbare Preiseffekt aus. Die Modellrechnungen suggerieren zwar eine gewisse zu beziffernde Genauigkeit, allerdings bleibt der tatsächliche Einfluss einzelner Faktoren nur mittelbar quantifizierbar (*P. Schäfer/Hirsch* 2017, 248). Insbesondere das Untersuchungsdesign von *Schäfer/Hirsch* macht deutlich, dass ein möglicher Einfluss des Tourismus auf Mietpreise in einem mehrdimensionalen Wirkungszusammenhang steht, bei dem Kurzzeitvermietungen nur *einen* Faktor darstellen. Darum ist es womöglich nicht ratsam, den Einfluss preistreibender Effekte von Kurzzeitvermietungen isoliert zu betrachten. Denn letztlich bildet die touristische Infrastruktur als Ganzes ein Gefüge, das einen Beitrag zu Preiseffekten leistet, der sich nicht nur in den Lagen mit besonders vielen Unterkünften zeigt, sondern vielmehr in größerem Umkreis touristischer Attraktionen und Infrastruktur entsteht.

4. Verdrängung angestammter Bevölkerungsteile

Mit steigenden Miet- und Immobilienpreisen wächst auch die Gefahr der Verdrängung angestammter Bevölkerungsteile, weil sich einkommensschwächere Haushalte gezwungen sehen könnten, in andere Wohnviertel mit niedrigeren Mietniveaus zu ziehen (*Weigelt* 2016, 9). Als Folge dieser gentrifizierungsbedingten Verdrängung[23] ersetzen wohlhabendere Haushalte die angestammte Bevölkerung und der bisherige Charakter des Viertels geht verloren. Dabei ist zwischen der *direkten* und der *ausschließenden Form der Verdrängung* zu unterscheiden (*Kadi/Verlič* 2019, 36 f.). Bei der direkten Verdrängung werden Haushalte durch Mieterhöhungen in bestehenden Mietverhältnissen zum Auszug gezwungen (ökonomische Verdrängung). Der Ausgangspunkt bei der ausschließenden Verdrängung ist der freiwillige Auszug eines Haushalts, in dessen Folge ein sozioökonomisch gleichgestellter Haushalt aufgrund von Mieterhöhung nicht mehr in der Lage ist, die Nachmiete zu leisten. Als besondere Form der Verdrängung ist hier die *kulturelle Verdrängung* hervorzuheben, die aufgrund der als untragbar empfundenen Veränderung des Wohnumfelds resultiert und infolgedessen ein Haushalt die Wohnung aufgibt. Dies kann bei vermehrtem Zuzug bestimmter, subjektiv unerwünschter Bevölkerungsgruppen z.B. durch zunehmende Touristifizierung der Fall sein (*Beran/Nuissl*

23 zur Vielschichtigkeit des Begriffs der Verdrängung vgl. *Häußermann/Siebel* 2004, 139 ff.; zur Debatte über *Gentrification* vgl. *Brown-Saracino* 2010 und als Prozess in der Stadtentwicklung vgl. *Beran/Nuissl* 2019a, 68 ff..

2019b, 19). Die Veränderung der Sozialstruktur eines Stadtteils ist aber nicht per se als negativ zu werten, liegt der Stadt als Wesen doch der kontinuierliche Wandel zugrunde. Allerdings wird es problematisch, sobald ein investitionsbasierter, schubartiger Austausch der lokalen Bevölkerung in Gang gesetzt wird und sich dadurch Armuts- und Wohlstandsinseln bilden (*Lojewski* 2013, 177 f.). Die intensivierte Nutzung von Wohnraum als Kurzzeitvermietung kann in diesem Sinne den Motor bereits bestehender Gentrifizierungstendenzen anheizen und die Erhaltung sozial stabiler Bewohnerstrukturen beeinträchtigen (*Schröder* 2015, 393).

In Alfama, einem Stadtteil der historischen Altstadt von Lissabon, konnte anhand eines interview- und datenbasierten Forschungsdesigns im Untersuchungszeitraum von 2015 bis 2017 gezeigt werden, dass die Umnutzung von Wohnraum in Ferienwohnungen über Airbnb maßgeblich zur Verdrängung der hiesigen Bevölkerung beigetragen hat (*Cocola-Gant/Gago* 2019, 14-15). Weitere Untersuchungen über Barcelona (*Cocola-Gant* 2016), New York City (*Wachsmuth/Weisler* 2018) und Los Angeles (*Lee* 2016) kommen zu dem Ergebnis, dass sowohl bezahlbarer Wohnraum zerstört wird als auch Verdrängungsprozesse zu beobachten sind. Bezogen auf die Anzahl der 23.200 fertiggestellten Wohneinheiten im Jahr 2016 in New York City, fallen die 12.200 Ganzen Unterkünfte, die regelmäßig bei Airbnb als Kurzzeitvermietung genutzt werden, entsprechend schwerer ins Gewicht (*Wachsmuth/Weisler* 2018, 1165). Betrachtet man hier nur Manhattan, kommen 2016 auf 4.000 neue Wohneinheiten 7.000 regelmäßig genutzte Ganze Airbnb-Unterkünfte. Ähnliche Beobachtungen machen *Gurran*, *Zhang* und *Shrestha* an der australischen Ostküste. Die steigende Nachfrage nach touristischen Wohnunterkünften an der gesamten Küste konnte durch flexible Umwidmungen von Wohnungen in Ferienwohnungen gedeckt werden. In einigen Gemeinden führte diese Touristifizierung zu einer Diversifizierung der Unterkunftsarten und zu keinen nennenswerten negativen Effekten für die lokale Bewohnerschaft. In anderen Gemeinden wiederum, in denen das Wohnraumangebot bereits knapp war, offenbarten sich Nachbarschafts- und Gentrifizierungseffekte (*Gurran/Zhang et al.* 2020, 16). Es zeigt sich hier ein ambivalentes Bild, das durch konkurrierende Nutzungsinteressen geprägt ist. Einerseits wollen einzelne Anwohnerinnen am lokalen Beherbergungsmarkt finanziell als Gastgeber partizipieren. Andererseits beeinträchtigt ihre Tätigkeit die Wohnruhe der lokalen Bewohnerschaft.

Damit zeigt sich, dass sowohl in Wohngebieten kleinerer Orte mit besonderer touristischer Nachfrage (australische Küste) als auch in Großstädten (Lissabon) und Metropolen (New York City) Kurzzeitvermietungen

Spannungsverhältnisse und nachbarschaftliches Konfliktpotenzial erzeugen können. Nicht zuletzt auch deshalb kritisiert der UN-Menschenrechtsrat die Zunahme ausländischer und inländischer Investitionen in Kurzzeitvermietungen, weil sie zu einer Eskalation der Preise für Wohnungen und zu Veränderungen in der Zusammensetzung der Stadtviertel beitragen, ohne erschwingliche Wohnungen oder andere Vorteile für die lokale Bevölkerung zu erzeugen.[24]

II. Auswirkungen auf die Nachbarschaft

Die Folgen einer stark zunehmenden Anzahl von Touristinnen in besonders beliebten Destinationen und den daraus resultierenden Konflikten wird seit den 2010er Jahren in der Tourismusforschung als *Overtourism* zusammengefasst (*Kagermeier/Erdmenger* 2019, 71; *Saretzki* 2020, 112). Overtourism zeichnet sich durch drei Faktoren aus: der Übersteigung der physischen Tragfähigkeitsgrenze einer Destination (absolute Überfüllung), den direkten Effekten durch Touristinnen (überlastete Infrastruktur, Lärm, Störung, Irritation) und den indirekten Effekten auf die Umgebung (wie Strukturwandel im Dienstleistungsangebot durch Tourismus oder Nutzungskonkurrenz z.B. auf dem Wohnungsmarkt) (*Kagermeier/Erdmenger* 2019, 71). Kurzzeitvermietungen können ebenfalls *Overtourism*[25] begünstigen (*Moreno-Gil/Coca-Stefaniak* 2020, 4 ff.), indem Wohnviertel, die üblicherweise nicht zu den Sehenswürdigkeiten einer Stadt gehören, stärker von Touristinnen frequentiert werden, wodurch die physische Überfüllung und die direkten Effekte des Overtourism für die Bewohnerinnen spürbar werden. Diese Ausprägung in touristisch untypischen Lagen wird auch als *Crowding* bezeichnet, welches zeitlich befristet und räumlich begrenzt Risikoräume entstehen lässt, „in denen hohe Touristenzahlen auf eine hohe Anzahl städtischer Bewohner treffen und damit in deren privaten Räume eindringen" (*Kagermeier/Erdmenger* 2019, 83). Dazu gehören insbesondere die Zunahme des Zu- und Abfahrtsverkehrs, ein reduziertes Sicherheitsgefühl sowie Parkplatzprobleme (*Dredge/Gyimóthy* 2017a, 8; *Gurran/Phibbs* 2017, 91; *Wegmann/Jiao* 2017, 495).

---

24 UNHRC, Report vom 18.01.2017 – A/HRC/34/51, United Nations General Assembly 2017 (No. 28).

25 Die Special Issue „Overtourism and the sharing economy" *Moreno-Gil/Coca-Stefaniak*, International Journal of Tourism Cities 1/2020 widmet sich unmittelbar der Frage, inwiefern die Sharing Economy den Overtourism begünstigt.

In der Planung sind die Auswirkungen auf die Nachbarschaft insbesondere in den Verkehrs- und Umweltbelangen wiederzufinden. Ein erhöhtes Verkehrsaufkommen, ausgelöst durch sowohl fließenden als auch ruhenden Verkehr, trägt zu Nutzungskonflikten bei, von denen schädliche Umwelteinwirkungen ausgehen können (Battis/Krautzberger/Löhr *Battis* 2019: § 1 BauGB, Rn. 76) und die die Anforderungen an gesunde Wohnverhältnisse infolge von Lärm- und Luftemissionen oder Gefahren in besonderer Weise beeinträchtigen (ebd., Rn. 106). Neben dem erhöhten An- und Abfahrtsverkehr kann auch die Zunahme des ruhenden Verkehrs sowie der dadurch ausgelöste Parkplatzsuchverkehr (EZBK *Söfker/Runkel* 2020: § 1 BauGB, Rn. 168) für zusätzliche Unruhe sorgen. Ferner trägt auch unangemessenes Verhalten der Feriengäste und ein weniger ausgeprägtes Bemühen, dem nachbarlichen Frieden Rechnung tragen zu wollen (*Windoffer* 2016, 340), sowie häufige Nutzerwechsel, Unterschiede im Tagesablauf oder die vermehrte Nutzung von Außenwohnbereichen in den Abend- und Nachtstunden zu Störungen der Wohnruhe bei.[26] Schließlich kann dies in der Sorge über fallende Eigenheimwerte münden und nachbarliche Konflikte auslösen (*Espinosa* 2016, 602).

In einer standardisierten Befragung in mehreren, stark von Kurzzeitvermietungen geprägten Nachbarschaften in der Altstadt von Lissabon, wurden insgesamt 94 Fragebögen von Anwohnerinnen zu den vier Themenbereichen Wirtschaft, Soziales, Kultur und Umwelt ausgewertet (*Petruzzi/Marques et al.* 2020, 76 ff.). Dabei stellen sie insbesondere den Anstieg von Lärm sowie wachsender Verschmutzung des öffentlichen Raums durch Müll und die Überlastung der Verkehrssituation vor Ort fest (ebd., 82 f.). In einer 2015 durchgeführten behördlichen Bürgerinnen-Anhörung anlässlich der starken Zunahme von Kurzzeitvermietungen in New South Wales (Australien), bezogen sich die meisten Beiträge auf das schlechte Verhalten von Gästen in Wohngebieten.[27] Weitere Stellungnahmen hoben die Beeinträchtigungen der Aufenthaltsqualität, verursacht durch Lärm und unsoziales Verhalten, die Überbelegung der Ferienwohnungen und damit verbundene Brandschutzprobleme, Parkplatzprobleme, die übermäßige Nutzung der lokalen Infrastruktur, den Mangel an bezahlbaren Wohnungen sowie den Verlust des nachbarschaftlichen Gemeinschaftsgefühls

---

26 VGH Kassel, Urt. vom 28.10.2019 – 4 C 2447/17.N, ZfBR 2020, 178 (Rn. 67); BVerwG, Urt. vom 18.10.2017 – 4 C 5/16, NVwZ 2018, 824 (Rn. 33).

27 Legislative Assembly of New South Wales, Report vom 19.10.2016, Parliament of New South Wales (Rn. 3.27).

hervor.[28] Bemerkenswert ist, dass der Aufenthalt und eine erhöhte Frequentierung Fremder ungeachtet ihrer Herkunft in einer Nachbarschaft ein Unwohlsein bei den Anwohnerinnen auszulösen imstande ist:

> „Significantly, the complaints are not about noise or outrageous behaviour, but merely the perception that a new person or people are occupying the premises each week. It is the feeling of unease that the changing tide of faces brings on" (Richardson 2015 zit. n. *Gurran/Phibbs* 2017, 87).

III. Erhaltung zentraler Versorgungsbereiche

Die Erhaltung der zentralen Versorgungsbereiche ist für die Sicherstellung einer wohnungsnahen Versorgung von hoher städtebaulicher Bedeutung (Battis/Krautzberger/Löhr *Battis* 2019: § 1 BauGB, Rn. 61a). Besonders die „*verbrauchernahe Versorgung* durch Ansiedlung der Betriebe des Einzelhandels an städtebaulich integrierten Standorten ist ein wesentliches Anliegen einer nachhaltigen städtebaulichen Entwicklung" (Battis/Krautzberger/Löhr *Battis* 2019: § 1 BauGB, Rn. 72). Durch eine hohe Dichte von Unterkünften kann es in vom Wohnen geprägten Gebieten zu indirekten Effekten des Overtourism kommen (*Kagermeier/Erdmenger* 2020, 71), die zu einem strukturellen Wandel des lokalen Dienstleistungsangebots führen. Indem Kurzzeitvermietungen eine Verdrängung der wohnenden Bevölkerung in Gang setzen und eine langfristige Nachfrage touristischer Dienstleistungen und Infrastruktur zulasten der Angebote für Dauerbewohnerinnen erzeugen, können die Belange der Erhaltung zentraler Versorgungsbereiche gem. § 1 Abs. 6 Nr. 4 BauGB i.V.m. dem Interesse einer verbrauchernahen Versorgung der Bevölkerung gem. § 1 Abs. 6 Nr. 8 lit. a BauGB berührt sein. Versorgungsangebote, die nur für Dauerbewohnerinnen von Interesse sind (z.B. Nachbarschaftszentren, ärztliche Praxen, Beratungsstellen vielfältigster Art, Kindertagesstätten, Nahversorger für spezifische Bedarfe wie z.B. Handwerksbedarfsläden), leiden darunter besonders, weil sie ihre Kunden verlieren und sich das Gesicht des Gebiets in einer Art und Weise verändert, die sich auf die städtebauliche Qualität auswirkt (*Weigelt* 2016, 178). Stattdessen werden lokale Nahversorger durch To-Go-Angebote, die Eckkneipe durch Eventgastronomie und der (inhabergeführte)

28 Legislative Assembly of New South Wales, Report vom 19.10.2016, Parliament of New South Wales (Rn. 3.28).

Einzelhandel durch Café-Ketten, Souvenirläden und Spätis als beliebte Einkaufs- und Treffpunkte ersetzt. Die daraus entstehenden zusätzlichen Verkehrsbelastungen durch die Erhöhung individueller Versorgungswege sowie eine dauerhafte Unterauslastung der für die Dauerbewohnerinnen geplanten und vorgehaltenen kommunalen Infrastruktur können weitere negative Folgeerscheinungen sein.

IV. Zusammenfassung

Die Umwidmung von Wohnraum über Airbnb reiht sich neben der Umwandlung und Umnutzung als weitere Gelegenheit zur Monetarisierung von Wohnraum ein. Die eröffnete Ertragslücke steigert die Anreize, die Vermietung von Wohnraum als Kurzzeitvermietung auch tatsächlich zu realisieren. Von Kurzzeitvermietungen können in gleich mehreren Bereichen negative Externalitäten ausgehen, die Auswirkungen auf die Wohnbedürfnisse der Bevölkerung, auf die Nachbarschaft sowie auf die städtebauliche Funktion von Stadtteilen haben. Die Auswirkungen auf die Wohnbedürfnisse der Bevölkerung werden dabei indirekt durch bereits bestehende Prozesse der Verknappung von Wohnraum, den Anstieg von Mietpreisen in beliebten Lagen und die Verdrängung von Teilen der Bevölkerung verstärkt. Die nachbarschaftlichen Auswirkungen entstehen insbesondere durch das Aufeinandertreffen unterschiedlicher Nutzungsansprüche bei gleichzeitig mangelnder Rücksichtnahme. Die Auswirkungen auf die städtebauliche Funktion können insbesondere mit einer Ausrichtung der lokalen Infrastruktur zugunsten von Touristinnen und zulasten von Dauerbewohnerinnen einhergehen. Insgesamt fällt auf, dass das Ausmaß der negativen Effekte mit der räumlichen Konzentration von Unterkünften zunimmt. Je mehr Unterkünfte in räumlicher Nähe ferienwohnartig genutzt werden, desto stärker fallen die negativen Externalitäten in allen drei Bereichen zulasten der lokalen Wohnbevölkerung aus.

B. Forschungsstand zur Steuerung von Kurzzeitvermietungen

Der starke Anstieg der Nutzung von Privatwohnungen als Kurzzeitvermietungen führt weltweit zur Einführung kommunaler Steuerungsansätze, um die damit einhergehenden negativen Externalitäten zu mindern. Die größten Probleme bei der Steuerung von Kurzzeitvermietungen gehen von der herausfordernden Abgrenzung zwischen Gelegenheitsanbieterinnen (Homesharer) und gewerblichen Ferienwohnungsbetreiberinnen aus (*Gurran/Phibbs* 2017, 81; *Wegmann/Jiao* 2017, 500 f.). Als gängige Lösung hierzu werden Schwellenwerte auf Basis der Anzahl vermieteter Nächte pro Kalenderjahr festgesetzt, die als Bagatellgrenzen fungieren. Darüber hinaus gehende Vermietungsaktivitäten fallen unter den behördlichen Genehmigungsvorbehalt. Die zulässigen Zeiträume variieren dabei zwischen 30, 60, 90 oder 120 Tagen bzw. 8 oder 12 Wochen (*Busch/Demary et al.* 2018, 93; *Cassell/Deutsch* 2020, 8; *Guttentag* 2017, 108; *Zott* 2020, 169 f.). Daneben erschwert das generelle Kenntnisdefizit in dem Bereich sowohl die Untersuchung und Aufklärung der Fälle als auch die Rechtsdurchsetzung. Auf Grundlage von drei Steuerungsbeispielen wird deshalb zunächst aufgezeigt, wie drei internationale Metropolen mit Kurzzeitvermietungen umgehen (I.), um sich sodann dem Kurzzeitvermietungsmarkt und den gegenwärtigen Lösungsansätzen in Deutschland zu widmen (II.).

I. Internationale Steuerungsbeispiele

Nieuwland/van Melik haben die Regulierung von Kurzzeitvermietungen in elf US-amerikanischen und europäischen Städten untersucht und anhand der Regulierungsintensität auf einer Skala von vollständigem Verbot bis hin zu einer Laissez-Faire-Strategie eingeordnet. Sie identifizieren dabei drei grundlegende Typen im Umgang mit Airbnb (*Nieuwland/van Melik* 2018, 6). Die Städte der ersten Fallgruppe (Barcelona, Anaheim und New Orleans) bezwecken, die hohe touristische Nachfrage und den damit auf den Wohnungsmarkt ausgeübten Druck abzumildern, indem sie ein vollständiges oder teilweises Verbot von Kurzzeitvermietungen einführen. Die Städte der zweiten Fallgruppe (Berlin, San Francisco, London, New York und Santa Monica) eint die Unterbindung des Anbietens ganzer Wohnungen oder Häuser (Ganze Unterkunft) über Airbnb, um insbesondere das Angebot bezahlbaren Wohnraums zu schützen. Die Städte der dritten Fallgruppe (Amsterdam, Denver und Paris) wenden ausschließlich eine Beschränkung der Vermietungstage an, allerdings gilt diese nur für Hauptwohnsitze (ebd., 7), Neben- bzw. Zweitwohnungen sowie Untermietverhältnisse sind davon ausgenommen. Angelehnt an ihre Einordnung der Regulierungsintensität wird jeweils eine Stadt aus jeder Fallgruppe herausgegriffen, um überblicksartig die Entwicklung der Regulierung und speziell den Umgang mit Airbnb zu beschreiben. Als Beispiele dienen Barcelona (1.), New York (2.) und Amsterdam (3.).

1. Barcelona

Die katalonische Hauptstadt wird jährlich von ca. 20 Mio. Touristinnen besucht, wovon etwa 1,5 Mio. in Airbnb-Unterkünften übernachten.[29] Anstatt den Generalplan in einem langwierigen Änderungs- und Planungsprozess für die Steuerung von Kurzzeitvermietungen anzupassen (*Aguilera/Artioli et al.* 2019, 17), verabschiedete das Regionalparlament Kataloniens im März 2017 das Planungsgesetz „PEUAT - Plan Especial Urbanístico de Alojamiento Turístico [bzw.] Special Tourist Accommodation Plan"[30]. Der Zweck des PEUAT ist, das Aufkommen neuer touristischer Unterkünfte und insbesondere Kurzzeitvermietungen zu unterbinden (ebd., 9) sowie eine räumlich ausgewogene Verteilung der Touristenunterkünfte zu fördern (*Benítez-Aurioles* 2020, 4; *Blanco/Salazar et al.* 2020, 28). Der Steuerungsmechanismus basiert dabei auf der räumlichen Zonierung des Stadtgebiets in vier Teilbereiche (Art. 13 Nr. 1 PEAUT), in sogenannte „Zona específica" (abgekürzt ZE-1 bis ZE-4). Das Gesetz ermöglicht die Ausweisung sogenannter „Àrees de Tractament Específic" (Art. 13 Nr. 2 PEAUT) bzw. „Special Treatment Areas"[31], die Kurzzeitvermietungen untersagen. Dies betrifft insbesondere einzelne historische Stätten, die aufgrund ihrer besonderen Schutzbedürftigkeit einer Sonderbehandlung gemäß Art. 19 und 20 PEAUT unterliegen.[32] In seinen Anwendungsbereich fallen verschiedene Arten von Beherbergungsbetrieben, insbesondere Touristenunterkünfte wie Hotels und Ferienappartements (Art. 5), Jugendherbergen (Art. 6), temporäre Sammelunterkünfte etwa für den Studierenden- und Lehrbetrieb (Art. 7) sowie die „Habitatges d'ús turístic" (Art. 8) bzw. Housing used for tourism – kurz HUT[33]. Gemäß Art. 8 Nr. 1 PEAUT sind HUTs definiert als Wohnungen, die wiederholt direkt oder indirekt von verfügungsberechtigen Dritten für einen vorübergehenden Aufenthalt gegen Entgelt angeboten werden (*Santolli* 2017, 697). Laut *Aguilera/Artioli et al.* werden dabei drei Nutzungstypen von Kurzzeitvermietungen unterschieden (2019, 15): (1) die kommerzielle Kurzzeitvermieterin, die

---

29 *Mead* 2019: The Airbnb Invasion of Barcelona, In the tourist-clogged city, some locals see the service as a pestilence. {https://newyorker.com/magazine/2019/04/29/the-airbnb-invasion-of-barcelona?fbclid=IwAR1pwczuL-u_GsHGoLmrnmyLPIJTuoOT06e1fBenQxWrFByqnAczUB-DI_A}.

30 *Ajuntament de Barcelona* 2019: PEUAT | Special Tourist Accommodation Plan {http://ajuntament.barcelona.cat/pla-allotjaments-turistics/en}.

31 Ebd.

32 Ebd.

33 Ebd.

die ganze Wohneinheit als Ferienwohnung vermietet und die Wohnung nicht als Hauptwohnsitz nutzt; (2) die temporäre Kurzzeitvermieterin, die bei ihrer Abwesenheit eine ganze Wohneinheit als Ferienwohnung (unter-)vermietet und (3) der Homesharer, der in Anwesenheit einen Teil seines Hauptwohnsitzes an Dritte überlässt. Dabei unterliegen die Typen 1 und 2 einem Genehmigungsvorbehalt (ebd., 15).

Mit der zonenabhängigen Lizenzvergabe ist es der Stadt gelungen, ein Planungsinstrument mit räumlicher Lenkungswirkung zu entwickeln, bei dem Genehmigungen für die Nutzung von Wohnungen als Ferienwohnungen nur noch in solchen Zonen erteilt werden, die die Dichtevorgaben für HUTs, wie sie in Art. 15 bis 18 PEAUT definiert sind, nicht überschreiten. Mit dem Mechanismus verbietet die Stadt die Bildung weiterer Kurzzeitvermietungen in Zonen mit bereits hohem Aufkommen von HUTs und erlaubt sie stattdessen in anderen Zonen, indem die Lizenzen kontingentiert und zeitlich befristet sind und die zulässige Vermietungsaktivität, insbesondere durch eine festgelegte Anzahl der maximal zu vermietenden Nächte pro Monat zu touristischen Zwecken bestimmt wird. Für jede Zone wurden dafür Zielvorgaben erstellt[34]: In ZE-1 befinden sich 60 Prozent aller HUTs. Zielvorgabe hier ist ein Negativwachstum, das durch den Stopp der Vergabe neuer Lizenzen erreicht werden soll. Auslaufende Lizenzen im Falle einer Betriebsstilllegung werden zudem nicht verlängert. In ZE-2 liegt die derzeitige Anzahl von HUTs innerhalb der Dichtebestimmungen. Die Vergabe neuer Lizenzen ist nur möglich, wenn andere HUTs den Betrieb einstellen. Bestehende HUTs werden bei gleichbleibender Nutzungsintensität verlängert. In ZE-3 werden Lizenzen für neue HUTs vergeben und auch die Erhöhung der zulässigen Vermietungsaktivität bestehender HUTs ist möglich. ZE-4 ist hingegen von HUTs freizuhalten.

Mit der Androhung hoher Bußgelder für die Bewerbung nicht lizensierter Ferienwohnungsangebote ist es den Behörden gelungen, einen regelmäßigen Zugang zu den Nutzungsdaten von Airbnb zu erstreiten[35] und damit das Kenntnisdefizit zu überwinden. Durch dieses aggressive

---

34 *Ajuntament de Barcelona* 2019: PEUAT | Special Tourist Accommodation Plan {http://ajuntament.barcelona.cat/pla-allotjaments-turistics/en}.

35 *O'Sullivan* 2018: Barcelona Finds a Way to Control Its Airbnb Market {https://citylab.com/life/2018/06/barcelona-finds-a-way-to-control-its-airbnb-market/562187/}; *Louven* 2018: Wie Barcelonas Bürgermeisterin den Kampf gegen Airbnb anführt {https://handelsblatt.com/unternehmen/dienstleister/tourismus-wie-barcelonas-buergermeisterin-den-kampf-gegen-airbnb-anfuehrt/22901520.html?ticket=ST-44800095-AGxcy09cM4M7gjgzhhaX-ap4}.

Vorgehen ist es der Stadt gelungen, die Einhaltung der Lizenzvorgaben zu kontrollieren und die Rechtsdurchsetzung im Falle von Illegalität anhand der von Airbnb gelieferten Unterkunfts-, Personen- und Adressdaten sicherstellen zu können.

2. New York

Laut dem Mehrfamilienhausgesetz, *Multiple Dwelling Law*[36] – kurz MDW – des Staates New York ist es grundsätzlich untersagt, eine Wohnung in einem Mehrfamilienhaus[37] für weniger als 30 Tage an Dritte zu überlassen, wenn der Nutzungs- bzw. Verfügungsberechtigte nicht zugegen ist (*Schneiderman* 2014, 18). Im Zeitraum von 2010 bis 2014 waren nach Berechnungen des Generalstaatsanwalts demnach etwa 72 Prozent aller Airbnb-Unterkünfte in New York illegal (ebd., 8). Ende 2016 befand sich der Staat New York mit dem Unternehmen in mehreren rechtlichen Auseinandersetzungen. Auch deshalb wurde das MDW am 30.01.2017 novelliert und umfasst u.a. ein explizites Verbot der Bewerbung von Wohneinheiten in einem Mehrfamilienhaus der sogenannten „Klasse A" im Sinne des Mehrfamilienhausgesetzes für jede andere Nutzung als zum Dauerwohnen. Dieses Verbot gilt für alle Formen der Werbung, einschließlich elektronischer (Internet-Plattformen) und gedruckter Materialien, Fernsehen und Radio, für die Vermietung von Wohnungen unter 30 Tagen.[38] Der Verstoß wird beim ersten Mal mit 1.000 US-Dollar, beim zweiten Mal mit 5.000 US-Dollar und beim dritten Mal mit 7.500 US-Dollar Geldbuße geahndet.[39] Airbnb ging gegen das neue Gesetz vor, ließ die Klage aber nach zwei Monaten unter der Bedingung fallen, nicht selbst für die Geldbußen aufkommen zu müssen, sondern die Sanktionen an die jeweiligen Vermieterinnen weiterleiten zu können (*Wachsmuth/Weisler* 2018, 1148). Schließlich verpflichtete sich das Unternehmen, selbstständig Unterkünfte herauszunehmen, die offensichtlich gegen die gesetzlichen Vorgaben verstoßen (ebd., 1148).

---

36 New York State Multiple Dwelling Law – MDW {aktuelle Fassung verfügbar unter https://www1.nyc.gov/assets/buildings/pdf/MultipleDwellingLaw.pdf}.

37 Entspricht einem Gebäude, das von drei oder mehr Familien unabhängig bewohnt werden kann (§ 4 Nr. 7 MDW).

38 *NYC Rules*: Unlawful Advertisement for Certain Occupancies | NYC Rules, Statement of Basis and Purpose of Rule {http://rules.cityofnewyork.us/content/unlawful-advertisement-certain-occupancies}.

39 Ebd.

Der Vollzug des geschaffenen Rechtsrahmens wird im „Office for Special Enforcement“[40] (OSE) gebündelt. Das OSE geht regelmäßig Beschwerden und Meldungen aus der Bevölkerung zu illegal vermieteten Gebäuden und Räumen nach und stellt im Zuge der jährlichen Berichterstattung für die Jahre 2016 bis 2018 jeweils 1.816, 2.557 und 3.456 Verstöße gegen die Vorschriften fest.[41] Dieses manuelle Vorgehen zur Identifizierung potenziell rechtwidriger Fälle erwies sich jedoch als unzulänglich, weswegen im Juli 2018 eine Auskunftspflicht für Plattformen wie Airbnb verabschiedet wurde.[42] In diesem Zuge entwickelte sich der nächste Rechtstreit, bei dem sich die Parteien schließlich im Juni 2020 darauf einigten, dass Airbnb quartalsweise Daten von Vermieterinnen zur Verfügung stellt. Die Datenlieferung erfolgt immer dann, wenn die quartalsweise Vermietung einer Wohnung fünf Nächte überschreitet.[43] Eine potenziell rechtswidrige Vermietungsaktivität einer Unterkunft wird der Behörde von Airbnb gemeldet.

3. Amsterdam

Aus Mangel an bebaubaren Flächen für die Planung weiterer Hotels in zentralen Lagen, wurde die Nutzung von Wohnungen als Kurzzeitvermietungen als Erweiterung der touristischen Übernachtungskapazitäten wohlwollend aufgenommen. 2017 führte die Stadt eine Beherbergungsstrategie mit dem Ziel ein, den Tourismus in der gesamten Metropolregion gleichmäßig zu verteilen und parallel neue Beherbergungsbetriebe, vorzugsweise außerhalb der Stadtgrenze anzusiedeln.[44] Kurzzeitvermietungen wurden

---

40 *City of New York*: Office of Special Enforcement {https://www1.nyc.gov/site/specialenforcement/index.page}.

41 *City of New York* 2020: Office of Special Enforcement – Annual Report {https://www1.nyc.gov/site/specialenforcement/data-reports/annual-report.page}.

42 *Livtak* 2018: Rivera's Airbnb Bill Unanimously Approved By City Council {http://thelodownny.com/leslog/2018/07/riveras-airbnb-bill-unanimously-approved-by-city-council.html}; *Ferré-Sadurní* 2018: To Curb Illegal Airbnbs, New York City Wants to Collect Data on Hosts {https://nytimes.com/2018/06/26/nyregion/illegal-airbnb-new-york-city-bill.html}.

43 *Kerr* 2020: Airbnb finally settles lawsuit against NYC and hands over host data {https://cnet.com/news/airbnb-finally-settles-lawsuit-against-nyc-and-hands-over-host-data/}.

44 *Gemeente Amsterdam*: Policy: Making room for the economy {https://amsterdam.nl/en/policy/policy-economy/making-room/#hac4f8f7f-53e8-4791-aa82-458a75f1345d}.

mit einer Meldepflicht belegt, die grundsätzlich die genehmigungsfreie Urlaubsvermietung des Hauptwohnsitzes als Ganze Unterkünfte bis zu einer Obergrenze von 60 Tagen ermöglicht (*Busch/Demary et al.* 2018, 79). Die detaillierten Vorgaben wie etwa die gleichzeitige Beherbergung von höchstens vier Personen, die Meldung jeder Vermietung in einem digitalen Meldesystem der Stadt sowie die Anwesenheit des Verfügungs- oder Nutzungsberechtigten an mindestens sechs Monaten des Jahres in der Hauptwohnung (*Nieuwland/van Melik* 2018, 6), drückte die grundsätzlich offene aber zugleich auch von klaren Vorstellungen geprägte Haltung gegenüber Kurzzeitvermietungen aus und sollte insbesondere faire Wettbewerbsbedingungen im Hinblick auf das traditionelle Beherbergungsgewerbe sicherstellen (ebd., 7). Darüberhinausgehende Vermietungsaktivitäten von mindestens sieben aufeinanderfolgenden Nächten bis zu sechs Monaten sind nur mit entsprechender Genehmigung möglich und werden zahlenmäßig in der Stadt begrenzt (*Busch/Demary et al.* 2018, 79).

Amsterdam war 2014 außerdem die erste Stadt, die mit Airbnb eine Vereinbarung schloss (ebd., 79). Dabei verpflichtete sich das Unternehmen, seine Vermieterinnen halbjährlich über die geltenden Regelungen für die Vermietung von Privatunterkünften zu informieren. Ferner werden sie auf ihren persönlichen Profilseiten mit einem Übernachtungszähler darauf hingewiesen, wenn sie die städtisch eingeführte Obergrenze von 60 Übernachtungen im Kalenderjahr überschreiten. Auch die Tourismussteuer wird direkt bei der Buchung von Airbnb an die Stadt weitergeleitet sowie halbjährlich aggregierte Daten über die Vermietungsaktivitäten übermittelt (ebd., 80).

Die Stadt verfolgte zunächst einen vorwiegend kooperativen Ansatz im Umgang mit Kurzzeitvermietungen (*Nieuwland/van Melik* 2018, 7) bevor es 2020 die Nutzung von Wohnraum zu touristischen Zwecken stark einschränkte. Viele Anwohnerbeschwerden und das hohe Touristenaufkommen sorgten dafür, dass die Nutzung von Wohnungen für touristische Zwecke stark begrenzt und darüber hinaus in drei zentralen Stadtteilen vollständig verboten wurde.[45] Seit dem 1. Juli 2020 ist die genehmigungsfreie Vermietung von Wohneinheiten aufgehoben und kann seitdem nur noch per kostenpflichtigem Antrag (45 EUR) vom Nutzungsberechtigten

45 *DutchNews.nl* 2020: Amsterdam new holiday rental rules begin on July 1 {https://dutchnews.nl/news/2020/06/amsterdam-new-holiday-rental-rules-begin-on-july-1/}.

für die Zeit bis zum 1. April des Folgejahres eingeholt werden.[46] Vermietungen sind zudem nur noch bis zu 30 Nächten pro Kalenderjahr zulässig und in den zentralen Stadtteilen *Burgwallen-Oude Zijde*, *Burgwallen-Nieuwe Zijde* und *Grachtengordel-Zuid* generell unzulässig.

4. Zusammenfassung

In allen drei Städten wurden explizite Bedingungen zur Nutzung von Wohnraum als Kurzzeitvermietung aufgestellt, die entweder Anzeige-, Melde- oder Genehmigungspflichten beinhalten. Alle drei Beispiele eint die Zusammenarbeit mit dem Unternehmen Airbnb, insbesondere für den Zugang von Daten zur Auswertung und Verfolgung rechtswidriger Fälle. Barcelona und Amsterdam setzen zudem auf eine raumbezogene Lenkung der Bildung von Unterkünften. Während Vermietungsrechte für Kurzzeitvermietungen in Barcelona zonenbezogen über das Lizenzverfahren vergeben werden, beschränkt sich Amsterdam auf Verbote der Ansiedlung von Unterkünften in bestimmten Stadtteilen und erlaubt grundsätzlich die Kurzzeitvermietung einer Ganzen Unterkunft noch bis zu 30 Tage im Jahr. In New York werden Kurzzeitvermietungen ab fünf Nächten im Quartal automatisch von Airbnb bei den Behörden angezeigt. Die anfangs dargestellte Einordnung von *Nieuwland/van Melik* ist durch die rasante Entwicklung bei der Regulierung von Kurzzeitvermietungen bereits nicht mehr aktuell.

New York führte in Form von zahlreichen Rechtsstreitigkeiten lange Zeit einen offenen Schlagabtausch mit dem Unternehmen. Letztlich einigte man sich 2020 auf die regelmäßige Herausgabe der Daten. Und auch in Barcelona erstritt man 2018 den Zugang zu den Daten unter Androhung hoher Bußgelder. Amsterdam hingegen wählte 2014 den Airbnb zugewandten Weg mit Kooperationsvereinbarungen über einen regelmäßigen Austausch der Daten und einer wohlwollenden Haltung gegenüber Kurzzeitvermietungen. Dennoch entschied man sich aufgrund unzureichender Ergebnisse 2020 zu einer Kehrtwende in der politischen Ausrichtung bei der Steuerung von Kurzzeitvermietungen.

46 *Gemeente Amsterdam* 2020: Apply for a permit {https://amsterdam.nl/en/housing/holiday-rentals/applying-permit/}.

II. Steuerung von Kurzzeitvermietungen in Deutschland

Die internationalen Steuerungsbeispiele zeigen, dass für eine effektive Rechtsdurchsetzung der Zugang zu den Daten entscheidend ist. Gleichzeitig nutzen die Städte Schwellenwerte, um die zulässige Anzahl an Vermietungstagen pro Kalenderjahr anzuzeigen. Vor diesem Hintergrund werden zunächst Kennzahlen zum deutschen Kurzzeitvermietungsmarkt anhand einschlägiger empirischer Untersuchungen skizziert (1.), um sich sodann den steuerungstechnischen Ansätzen zur Minderung des Kenntnisdefizits (2.) und zur Lösung des Abgrenzungsproblems (3.) bei Kurzzeitvermietungen zu widmen. Schließlich dient ein Blick auf die Ergebnisse zweier Evaluationen zu Zweckentfremdungsverboten als Bewertungsgrundlage für den Steuerungsansatz und seine Wirkung (4.).

1. Untersuchungen zum deutschen Kurzzeitvermietungsmarkt

Ein erstes Gesamtbild des deutschen Kurzzeitvermietungsmarkts zeichnet die im Auftrag des Bundeswirtschaftsministeriums verfasste Studie „Sharing Economy im Wirtschaftsraum Deutschland“[47] von 2018. Die Studie widmet sich den Geschäftsmodellen der Sharing Economy mit Schwerpunkt auf den Sektoren Mobilität, Unterkunft und Alltagsgegenstände (*Busch/Demary et al.* 2018, 8 f.). Für die Analyse des Unterkunftssektors erhielten die Autorinnen exklusiv Daten von Airbnb (ebd., 50). Diesen zufolge verdoppelte sich die Anzahl der Unterkünfte nahezu jährlich von 19.000 (2013), 38.000 (2014), 58.000 (2015) und schließlich auf knapp 100.000 Unterkünfte Ende des Jahres 2016 (ebd., 38). Zum Stichtag am 01.01.2017 waren 94.700 Unterkünfte aktiv. Über die Hälfte der Unterkünfte befinden sich in Berlin (21.100), Bayern (16.200) und Nordrhein-Westfalen (14.100) (ebd., 50). In Mecklenburg-Vorpommern (86%), Schleswig-Holstein (77%) und Rheinland-Pfalz (73%) sind auffällig viele Ganze Unterkünfte zu finden, was die Autorinnen auf die vielen Ferienorte in den Ländern zurückführen (ebd., 50). Gut 60 Prozent al-

47 Busch, Christoph/Demary, Vera/Engels, Barbara/Haucap, Justus/Kehder, Christiane/Loebert, Ina/Rusche, Christian, 2018: Sharing Economy im Wirtschaftsraum Deutschland - Studie des Instituts der deutschen Wirtschaft Köln in Zusammenarbeit mit DICE Consult für das Bundesministerium für Wirtschaft und Energie, Analyse des Stellenwerts im Allgemeinen sowie Untersuchung der Handlungsoptionen im Einzelsegment 'Vermittlungsdienste für Privatunterkünfte', Berlin.

ler Unterkünfte in Deutschland sind Ganze Unterkünfte. Ihr Anteil am kommunalen Wohnungsbestand beläuft sich in München auf 0,59, in Berlin auf 0,58, in Hamburg auf 0,45 und in Köln auf 0,56 Prozent (ebd., 51 ff.). Die Top-10-Städte[48] mit den meisten Airbnb-Unterkünften vereinen gemeinsam über die Hälfte (56%) aller Unterkünfte in Deutschland. Da der Datenbestand lediglich auf Städte und Länder aggregiert ist, sind mikrolokale Analysen auf Ebene einzelner Stadtgebiete oder Nachbarschaften nicht möglich (*Busch/Demary et al.* 2018, 55). Grundsätzlich begrüßen die Autorinnen die Wettbewerbsintensivierung im Beherbergungsgewerbe durch Kurzzeitvermietungen. Gleichzeitig halten sie etwaige Wettbewerbsverzerrungen zu Lasten der Hotellerie aufgrund von Umgehungsstrategien bei der Abgabe von Gewerbe- und Umsatzsteuern sowie Kurtaxen und Bettensteuern für nicht unproblematisch (ebd., 92).

Zum deutschen Kurzzeitvermietungsmarkt konnten neben der Studie des Bundeswirtschaftsministeriums sechs weitere einschlägige empirische Untersuchungen identifiziert werden (vgl. Tab. 1). Die Schwerpunkte liegen dabei einerseits in der Analyse der allgemeinen Angebotsstruktur der Märkte und andererseits in der Untersuchung des Wohnraumentzugs durch Zweckentfremdung sowie induzierte Preiseffekte durch Kurzzeitvermietungen auf den Mietwohnungsmarkt.

Tab. 1: Untersuchungen zum deutschen Kurzzeitvermietungsmarkt

Autorinnen	Untersuchungsgebiet	Schwerpunkt	Datengrundlage (Untersuchungszeitraum)
Mindl/Arentz 2020	Köln	Preiseffekte	Airdna (2010-2019)
Duso/Michelsen et al. 2020	Berlin	Preiseffekte	InsideAirbnb (2014-2020)
Baba/B. Otto et al. 2020	Dresden	Zweckentfremdung	Airdna (2019)
Adamiak 2019	weltweit	Angebotsstruktur	Eigenerhebung (2018/19)
Deiters-Schwedt/Baba 2019	Berlin, Hamburg, München, Dortmund	Preiseffekte	Airbnb (2018)
Busch/Demary et al. 2018	deutschlandweit	umfassend	Airbnb (2017)
P. Schäfer/Braun 2016	Berlin	Zweckentfremdung	Eigenerhebung (2014)

48 Berlin, München, Hamburg, Köln, Düsseldorf, Frankfurt a.M., Hannover, Leipzig, Dresden und Nürnberg.

Die Studien zu den Mietpreiseffekten bestätigen weitgehend einstimmig[49] den Einfluss von Kurzzeitvermietungen auf die Preisbildung des Mietwohnungsmarktes (*Duso/Michelsen et al.* 2020, 41; *Mindl/Arentz* 2020, 21). Dagegen sind Untersuchungen zur Wirkung der Zweckentfremdungsverbote zum einen seltener und zum anderen weniger eindeutig in ihren Aussagen. Bei den beiden Untersuchungen zu Berlin (*P. Schäfer/Braun* 2016) und Dresden (*Baba/B. Otto et al.* 2020) wird anhand von Marktdaten ermittelt, wie viele Wohneinheiten dem Wohnungsmarkt durch Kurzzeitvermietungen verloren gehen. *P. Schäfer/Braun* nutzen dafür die Tatbestandsvoraussetzungen des Berliner Zweckentfremdungsverbots (*P. Schäfer/Braun* 2016, 296 f.). Ihre Datengrundlage bezieht sich auf den Sommer 2014 und misst insgesamt 11.495 Unterkünfte, davon 7.393 Ganze Unterkünfte (ebd., 292). Für die Untersuchung definieren sie eine Zweckentfremdung, sobald eine Ganze Unterkunft länger als zwei Monate vermietet wurde. Die entsprechenden Bedingungen erfüllen insgesamt 5.555 Unterkünfte, was einem Anteil am gesamten Wohnungsbestand von 0,3 Prozent ausmacht (ebd., 297). Dabei liegen 67 Prozent aller zweckentfremdeten Wohneinheiten in Neukölln, Mitte, Prenzlauer Berg, Kreuzberg und Friedrichshain (ebd., 297). Im Teilsegment der 1- und 2-Zimmer-Wohnungen beträgt der Anteil der zweckentfremdeten Wohneinheiten in Mitte 7,04 Prozent und in allen restlichen Stadteilen 1,39 Prozent (ebd., 302). Im Ergebnis fassen die Autorinnen zusammen, dass sich der Großteil der zweckentfremdeten Unterkünfte räumlich auf wenige Stadtteile beschränkt (ebd., 304).

In der von der Stadt Dresden in Auftrag gegebenen Studie von 2020 wird die Marktlage dahingehend untersucht, wie viele Wohnungen als Ferienwohnung genutzt und damit negative Effekte auf dem Wohnungsmarkt verursacht werden (*Baba/B. Otto et al.* 2020, 1). Die Anzahl der Ferienwohnungen in Dresden belief sich im Dezember 2019 auf rund 1.300 Unterkünfte, was im Vergleich zu 2017 einem Anstieg von rund 50 Prozent entspricht (ebd., 7). Die räumliche Verteilung der Unterkünfte ist dabei besonders ungleich. Die meisten Unterkünfte sind in der Altstadt und Neustadt und in geringerem Maße in den angrenzenden Stadtteilen der Hanglagen entlang der Elbe zu finden (*Baba/B. Otto et al.* 2020, 10 ff.). Der Anteil der potenziell zweckentfremdeten Wohneinheiten am Gesamtwohnungsbestand beträgt 0,4 Prozent (ebd., 19 f.) und besteht überpropor-

49 Anderes Forschungsdesign bei *Deiters-Schwedt/Baba*, Airbnb; hier steht die Frage im Mittelpunkt, ob durch ein vollständiges Verbot von Airbnb positive Mengeneffekte auf dem Wohnungsmarkt entstehen können. Die Autoren verneinen die von Airbnb in Auftrag gegebene Forschungsfrage.

tional häufig (70% aller Unterkünfte) aus 1- oder 2-Zimmer-Wohnungen (ebd., 9). Betrachtet man nur die Unterkünfte in den zentralen und touristisch attraktivsten Stadtteilen, fällt der Anteil gemessen am jeweiligen Teil-Wohnungsbestand überdurchschnittlich hoch aus: 3,6 Prozent in der Altstadt, 2,1 Prozent in der Äußeren Neustadt und 1,6 Prozent in der Inneren Neustadt (ebd., 10). Die Studie kommt zum Schluss, dass „selbst bei geringer absoluter Anzahl und geringem Anteil von Ferienwohnungen im gesamtstädtischen Kontext, die kleinräumige Konzentration auf bestimmte Quartiere Auswirkungen auf lokale Wohnungsmärkte haben kann“ (ebd., 24). Auch sie vermuten die Verstärkung der negativen Externalitäten durch die Akkumulation von Unterkünften in räumlicher Nähe, insbesondere durch Mietpreissteigerungen, erhöhten Lärmpegel und die Veränderung der Nahversorgungs- und Einzelhandelsstruktur durch eine Fokussierung der Händlerinnen auf Touristinnen als Zielgruppe (ebd., 24).

2. Ansätze zur Minderung des Kenntnisdefizits

Aufgrund des Kenntnisdefizits sehen die Autorinnen einen Bedarf für die Einführung von Registrierungspflichten bei Kurzzeitvermietungen, um die Erhebung von Steuern, die Steuerung der Vermietung und den Schutz der Wohnbevölkerung zu gewährleisten (*Busch/Demary et al.* 2018, 87). Für bedenklich jedoch halten sie den dabei entstehenden bürokratischen Mehraufwand für Kurzzeitvermieterinnen (ebd., 126). Deshalb schlagen sie eine direkte Registrierung bei den Behörden mittels eines automatisierten Datenabgleichs über ein *Application Program Interface* (API) oder alternativ die Einführung einer Verpflichtung eines automatischen Datenabgleichs der Kurzzeitvermietungsplattformen mit den lokalen Behörden vor (ebd., 87). Möchte man die Behörden allerdings entlasten, wäre auch eine sogenannte „Pass-Through-Registration“ (wie in Chicago und San Francisco seit 2017 praktiziert) denkbar, bei der sich Kurzzeitvermieterinnen über die ID-Funktion des Personalausweises bei der Plattform und zugleich bei den zuständigen Behörden registrieren (*Busch/Demary et al.* 2018, 87 f.).

Neben der Einführung einer Registrierungspflicht können laufende Analysen einen maßgeblichen Beitrag zur Schließung der Kenntnislücke leisten und die Umgehung der Registrierung durch regelmäßige Erhebungen per Web-Scraping aufdecken (ebd., 128). Durch das Web-Scraping ist eine automatisierte Erhebung von Informationen auf frei zugänglichen Websites möglich (siehe Kap. 6 A I.). Das studentische Projekt *Airbnb vs.*

Berlin zeigt dazu einen entsprechenden Weg für tiefgreifende und mikrolokale Analysen auf.[50] Das Text- und Datamining, wozu im weiteren Sinne auch die Ergebungsmethode des Web-Scrapings zählt, wurde durch die novellierte Fassung des Urheberrechtsgesetztes (UrhG) von 2018 gem. § 60d Abs. 1 für Forschungszwecke als zulässig klargestellt.[51] Ob es für andere Zwecke, etwa zur Aufdeckung ordnungswidriger Vermietungsaktivitäten dienstbar gemacht werden darf, müsste einer gesonderten rechtlichen Prüfung unterzogen werden (ebd., 129).

3. Ansätze zur Lösung des Abgrenzungsproblems

Die Politikwissenschaftlerinnen *Casell* und *Deutsch* führen die Zunahme der kommunalen Zweckentfremdungsverbote in deutschen Städten und Gemeinden auf den Anstieg von Kurzzeitvermietungen zurück (*Cassell/ Deutsch* 2020, 8). München und Stuttgart nutzen Zweckentfremdungsatzungen; Dortmund, Köln und Düsseldorf greifen auf Wohnraumschutzsatzungen zurück; Frankfurt a.M. setzt eine Ferienwohnungssatzung[52] ein und die Stadtstaaten Berlin und Hamburg verwenden Zweckentfremdungsgesetze in Verbindung mit entsprechenden Verordnungen (ebd., 10). Unter den zehn größten Städten ist lediglich in Essen und Leipzig kein Zweckentfremdungsverbot in Kraft, da sich im Falle der Ruhrgebietsstadt der Gemeinderat 2015 gegen die Einführung aussprach und im Falle der sächsischen Metropole eine entsprechende landesrechtliche Ermächtigungsgrundlage fehlt (ebd., 16). Generell beobachten die Autorinnen beträchtliche Unterschiede in der Ausgestaltung der Verbote, im Ausmaß der eingesetzten Personalkapazitäten und im Vorgehen bei der Durchsetzung der Vorschriften (ebd. 2020, 16). München, Berlin und Hamburg verlangen von Airbnb die Bereitstellung von Daten, um Personen zu identifizieren, die ihren Wohnraum widerrechtlich vermieten (ebd., 16). Zudem führten Hamburg, München und Frankfurt a. M. einen Schwellenwert von acht Wochen im Kalenderjahr ein, bis zu dem eine Nutzung von Wohnraum als Kurzzeitvermietung von einer Genehmigung befreit ist

---

50 *Skowronnek/Vogel et al.* 2015: Airbnb vs. Berlin, Was sagen die Daten? {www.airbnbvsberlin.de}.

51 Ausführlich dazu *Raue*, ZUM 8-9/2019, 684.

52 Zweckentfremdungs-, Wohnraumschutz- und Ferienwohnungssatzungen sind zunächst nur semantische Unterscheidungen von Vorschriften, die auf dem Zweckentfremdungsrecht und entsprechenden landesrechtlichen Gesetzesgrundlagen beruhen. Ihre spezifischen Unterschieden werden in Kap. 5 untersucht.

(Cassel/Deutch 2020, 9, 13, 15). In Dortmund werden Kurzzeitvermietungen nicht als Problem wahrgenommen (siehe Kap. 6 B III. 4.) vermutlich, weil die Nachfrage hier im Vergleich zu den anderen neun Städten am geringsten ist (ebd., 13). Allerdings einigte sich Dortmund im Jahr 2018 als erste deutsche Stadt mit Airbnb auf eine automatisierte Weiterleitung der Bettensteuer, die bei einer touristischen Übernachtung in Höhe von 7,5 Prozent fällig wird (ebd., 12 f.).

Grundsätzlich kann die wiederholte Kurzzeitvermietung der eigenen Wohnung in eine genehmigungspflichtige *Nutzungsänderung* umschlagen (*Zott* 2020, 81). Dieses baurechtliche Genehmigungserfordernis vollzieht sich zwischen den Nutzungsarten *Wohnen* i.S.v. § 3 Abs. 1 BauNVO und *Ferienwohnen* i.S.v. § 13a BauNVO. Die Abgrenzung zwischen der Wohn- und Ferienwohnnutzung ist nach qualitativ-wertenden Kriterien in einer Einzelfallbetrachtung nach dem Störpotenzial der geänderten Nutzung vorzunehmen (ebd., 81). Das Zweckentfremdungsrecht hingegen bietet die Möglichkeit, konkrete Schwellenwerte darüber festzusetzen, wie häufig eine kurzzeitige Vermietung einer privaten Wohnung genehmigungsfrei zulässig sein soll (ebd., 93). So stellt die Acht-Wochen-Regelung (Hamburg, München und Frankfurt a.M.) eine Befreiung dar, nach der die Überlassung von Wohnraum als Kurzzeitvermietung keiner Genehmigung bedarf. Zweckentfremdungsverbote stellen die Nutzungsänderung von Wohnraum zu anderen als Wohnzwecken, ungeachtet der baurechtlichen Betrachtung, unter Befreiungsvorbehalt, dessen repressive Natur anzeigt, dass die Erhaltung von Wohnraum Vorrang genießt und die Nutzung von Wohnraum zu anderen Zwecken ohne entsprechende Genehmigung verboten ist (ebd., 65). Insbesondere in der Mischung aus einer quantitativen Bagatellgrenze für untergeordnete Fälle der Kurzzeitvermietung und der qualitativen Einzelfallbetrachtung zur Berücksichtigung von Spezialfällen, sieht *Zott* Rechtssicherheit für gelegentlich vermietende Wohnraumnutzerinnen sowie eine Entlastung der Behörden, die bei zeitlich untergeordneten Fällen der Kurzzeitvermietung auf eine Einzelfallprüfung verzichten können (ebd. 119). In diesem Zusammenhang plädiert er jedoch für eine ökonomisch-rationale Festsetzung der Schwellenwerte mittels einer Break-Even-Analyse, um die Anzahl der Vermietungstage zu bestimmen, die zu einem finanziellen Anreiz führen eine Wohnung eher kurzzeitig als langfristig zu vermieten (ebd., 185). Eine starre aus „anekdotischen Alltagsüberlegungen“ (ebd., 170) abgeleitete Grenzziehung von acht, zehn oder zwölf Wochen erweckt seiner Meinung nach den Eindruck der Willkür (ebd., 168 ff.).

Die Abgrenzung zwischen Gelegenheitsanbieterinnen und professionellen Anbieterinnen ist grundsätzlich sowohl durch das Baurecht als auch durch das Zweckentfremdungsrecht möglich. Neben anderen Vorteilen, bietet letzteres die Möglichkeit der Festlegung eines Schwellenwerts.

4. Evaluationen der Zweckentfremdungsverbote

Zur Rechtsdurchsetzung der Zweckentfremdungsverbote werden zwei durchgeführte Evaluationen im Auftrag des Landes Nordrhein-Westfalen[53] von 2015 und 2018 und eine Evaluation des Landes Baden-Württemberg[54] von 2018 herangezogen. In Nordrhein-Westfalen nutzen die vier Städte Bonn, Dortmund, Köln und Münster sogenannte Wohnraumschutzsatzungen (*Veser/Jacobs et al.* 2015, 8). Weitere 63 Kommunen ohne Satzung nahmen ebenfalls an der schriftlichen Befragung im Rahmen der Evaluierung teil. Lediglich zwei Kommunen erachten noch 2015 die Zweckentfremdung von Wohnraum als ein größeres Problem (ebd. 2015, 14 f.). Gewerbliche Umnutzungen stellten zu der Zeit in allen Städten insgesamt nur ein geringes Problem dar (ebd., 56). Die Studie kommt zu dem Ergebnis, dass Zweckentfremdungsverbote insbesondere in kleinen Städten eine äußerst ungünstige Kosten-Nutzen-Relation aufweisen und deshalb dort keine Anwendung finden. In den vier Anwenderstädten werden zwischen 0,5 bis 1,5 Vollzeitäquivalenten (VZÄ) an Personalaufwand für die Bearbeitung von Zweckentfremdungsfällen eingesetzt (ebd., 55). Aus der Evaluation geht hervor, dass die Zweckentfremdungsverbote tatsächlich als strategisches Instrument mit präventivem Charakter und als öffentlichkeitswirksames wohnungspolitisches Signal und weniger als ein Instrument, das quantitativ zur Entspannung der Wohnungsmärkte beitragen kann, eingesetzt wird (ebd., 57). An dieser Einschätzung änderte sich auch 2018 nichts. Im Kanon der wohnungspolitischen Instrumente wird

---

53 Veser, Jürgen/Jacobs, Tobias/Bachmann, Marie, 2015: Evaluierung der Zweckentfremdungsregelung durch kommunale Satzung gemäß § 10 des Wohnungsaufsichtsgesetzes bzw. § 40 des Gesetzes zur Förderung und Nutzung von Wohnraum für das Land Nordrhein-Westfalen, Evaluierung Satzungsregelung NRW - IfS N82/1; Veser, Jürgen/Jacobs, Tobias/Nelle, Anja, 2018: Evaluierung des Wohnungsaufsichtsgesetzes des Landes Nordrhein-Westfalen, Evaluierung WAG NRW.

54 LT-Drs. 16/4278: Unterrichtung des Landtags gemäß § 6 des Gesetzes über das Verbot der Zweckentfremdung von Wohnraum Zweckentfremdungsverbotsgesetz – ZwEWG) 19.06.2018.

dem Zweckentfremdungsverbot vor allem ein strategischer Charakter mit qualitativen Effekten zugesprochen (*Veser/Jacobs et al.* 2018, 72). Für die Anwenderstädte ist die Satzung ein wichtiges Instrument, weil es „einen dialogorientierten Ansatz ermöglicht und von ihm eine starke präventive Wirkung ausgeht. Diese nimmt umso stärker zu, desto mehr eine zeitliche Kontinuität und Verlässlichkeit hinsichtlich der Regelungen gegeben ist" (ebd., 83). Der Schwerpunkt der Fälle verlagerte sich in Richtung ungenehmigte Kurzzeitvermietungen (ebd., 3). Dabei ist neben der Zunahme der touristischen Vermietung auch insbesondere in Köln die Entstehung des Medizintourismus zu beobachten (ebd., 73).

Das zuständige Ministerium in Baden-Württemberg initiierte 2018, fünf Jahre nach Inkrafttreten der landesrechtlichen Ermächtigungsgrundlage, die Befragung der fünf Kommunen mit Zweckentfremdungsverboten sowie 63 weiterer Städte und Gemeinden mit angespannten Wohnungsmärkten.[55] Vier der fünf Anwenderstädte (Freiburg i.Br., Konstanz, Stuttgart und Tübingen) sind sich einig, dass das Zweckentfremdungsverbot einen Beitrag zur Bekämpfung des örtlichen Wohnraummangels leistet und ein geeignetes Mittel darstellt, um die Umnutzung von Wohnraum in andere lukrative Nutzungsarten zu verhindern.[56] Lediglich die Stadt Heidelberg äußert sich nach einjähriger Erfahrung mit der Satzung zurückhaltend und steht einer Weitergeltung skeptisch gegenüber.[57] „Während der Schwerpunkt der Verfahren in Freiburg und Konstanz im Bereich der Zweckentfremdung durch Abriss besteht, betraf die Mehrzahl der Verfahren in Heidelberg gewerbliche Ferienwohnungen"[58]. Heidelberg sieht die Gründe für den erschwerten Vollzug vor allem im Fehlen einer Auskunftspflicht der Internetportale.[59] Genaue Angaben zu Wohneinheiten, die dem Wohnungsmarkt zurückgeführt wurden, liefern lediglich Konstanz (44) und Tübingen (12). Die Zahl ausgestellter Genehmigungen mit Ausgleich durch Ersatzwohnraum oder Ausgleichszahlungen belief sich in Freiburg auf zwei, in Konstanz auf 35, in Stuttgart auf 133 und in Heidelberg auf sechs Fälle.[60] In Tübingen wurde kein Fall gezählt. Die Zahl der eingeleiteten Verfahren und das eingesetzte Personal belaufen sich seit Inkrafttreten der jeweiligen Satzung bis zum 31.12.2017 in Freiburg i.Br. auf 404

55 LT-Drs. 16/4278, Mitteilung der Landesregierung vom 19.06.2018 (6).
56 Ebd. (7 ff.).
57 Ebd. (7).
58 Ebd. (9).
59 Ebd. (9).
60 Ebd. (15).

Verfahren bei 1,5 VZÄ, in Konstanz auf 247 Verfahren bei 1,0 VZÄ, in Stuttgart auf 608 Verfahren bei 2,0 VZÄ, in Tübingen auf 45 Verfahren bei 3,0 VZÄ und in Heidelberg auf 114 Verfahren bei 0,5 VZÄ.[61] Auf 1,0 VZÄ pro Jahr überschlagen kommt Heidelberg damit auf rund 230, Stuttgart auf 150, Freiburg auf 70, Konstanz auf 90 und Tübingen auf rund 20 Verfahren. Lediglich Konstanz und Heidelberg leiteten ein bzw. 79 Verfahren bezüglich der Nutzung von Wohnraum als Ferienwohnung ein. Alle Gemeinden sind sich bei der Einschätzung des Aufwands einig, dass die Gebühren und Geldbußen den entstehenden Personalaufwand nicht bzw. in Stuttgart und Heidelberg bei Weitem nicht decken.[62]

Busch/Demary et al. zweifeln an der Effektivität von flächendeckenden Zweckentfremdungsverboten, da wohnungspolitische Fehlentwicklungen zwischen den Stadtbezirken stark variieren und die Verbote allein nicht ausreichen, um dem Wohnraumentzug durch Sharing-Plattformen entgegenzuwirken (*Busch/Demary et al.* 2018, 102). Ohne eine Registrierungspflicht und der Vergabe einer Identifikationsnummer für Personen und Unterkunft sei zu befürchten, dass sich der Regulierungsansatz nicht durchsetzen lässt (ebd., 102).

C. *Forschungsfragen und Gang der Untersuchung*

Aus dem Forschungsstand zur Steuerung von Kurzzeitvermietungen stellt sich heraus, dass das Abgrenzungsproblem international anhand von quantitativen Schwellenwerten gelöst wird. Auch in Deutschland ist vereinzelt der Einsatz von auf Tagen oder Wochen basierenden Bagatellgrenzen bei den Zweckentfremdungsverboten zu beobachten. Ferner ist aber auch eine baurechtliche Abgrenzung zwischen dem Wohnen und Ferienwohnen möglich. Besonders schwer wiegt allerdings die Unkenntnis über die konkrete Situation auf dem Kurzzeitvermietungsmarkt. In allen drei internationalen Beispielen ist es den Städten gelungen, das Kenntnisdefizit durch die Einbindung Airbnbs zu mindern. Vergleichbares ist in Deutschland bisher nicht zu beobachten. Neben der Einbindung des Unternehmens in die Rechtsdurchsetzung, wird in der Literatur auch die Einführung von Registrierungsverfahren vorgeschlagen. Fest steht, dass ohne Kenntnis über die Anzahl und Lage der Unterkünfte, ihre Vermietungsaktivität sowie Personen- und Adressdaten, sowohl die bedachte Wahl eines geeig-

61 LT-Drs. 16/4278, Mitteilung der Landesregierung vom 19.06.2018 (14, 17).
62 Ebd. (17).

neten Steuerungsinstruments als auch eine Rechtsdurchsetzung nur eingeschränkt möglich ist. Letztlich bestätigen die Evaluationsergebnisse der Länder mittelbar das Kenntnisdefizit im Bereich von Kurzzeitvermietungen, indem dazu nicht etwa belastbare Zahlen vorgelegt werden, sondern lediglich auf die präventive Wirkung und das strategische Potenzial verwiesen wird. Dennoch greifen zunehmend mehr Städte und Gemeinden auf Zweckentfremdungsverbote zurück, um gegen Kurzzeitvermietungen vorzugehen. Ob ihnen auch eine Wirkung zugesprochen werden kann, lässt sich nur anhand der Airbnb-Daten aus der Literatur erahnen. Einerseits beträgt der Anteil der potenziell zweckentfremdeten Wohneinheiten am Wohnungsbestand weniger als ein Prozent, andererseits zeigen die kleinräumigen Untersuchungen in Dresden und Berlin, dass die negativen Externalitäten durch die räumliche Konzentration von Unterkünften in bestimmten Stadtteilen besonders hoch ausfallen kann. Hier tut sich eine Forschungslücke auf, da weder klar ist, wie sich der jeweilige Kurzzeitvermietungsmarkt in den verschiedenen Städten kleinräumig darstellt, noch, ob Zweckentfremdungsverbote dazu geeignet sind, den metaphorischen Schwarm von Airbnb-Gastgebern in ihrer Vielzahl steuern zu können. Deshalb setzt die Untersuchung bei der Evaluation der Zweckentfremdungsverbote als Steuerungsansatz für Kurzzeitvermietungen mit folgender Forschungsfrage an:

Ffr.1: Inwiefern eigenen sich Zweckentfremdungsverbote als Ansatz zur Steuerung des Airbnb-Schwarms?

Zur Beantwortung der Forschungsfrage dient insbesondere eine empirische Vollerhebung der Airbnb-Unterkünfte in Deutschland in den Jahren 2015 bis 2017. Im Zentrum steht die Wirkungsprüfung der Zweckentfremdungsverbote als Steuerungsansatz von Kurzzeitvermietungen. Gegenwärtig wird das Aufkommen von Kurzzeitvermietungen insbesondere in Metropolen untersucht, weil dort die Ausprägung des Phänomens am größten ist. Dabei handelt es sich weitgehend um Einzel- oder kleinere Vergleichsuntersuchungen. Nicht weniger von Bedeutung sind aber Folgenabschätzungen von Kurzzeitvermietungen auch in mittleren und kleineren Großstädten sowie in Klein- und Mittelstädten. Deshalb beschränkt sich die Untersuchung nicht nur auf Städte mit Zweckentfremdungsverbot, sondern berücksichtigt den gesamten deutschen Kurzzeitvermietungsmarkt in Rahmen einer Clusteranalyse. Vor diesem Hintergrund stellt sich die Frage, wie Städte und Gemeinden, die nicht auf ein Zweckentfremdungsverbot zurückgreifen (können), dennoch Kurzzeitvermietungen steuern. Ferner geht aus dem Forschungsstand hervor, dass von Kurzzeitvermietungen eine Reihe kleinräumiger Konfliktpotenziale durch die räumliche Konzentration von Unterkünften entstehen können. Diese sind mit den gesamtstädtischen Zweckentfremdungsverboten nur mittelbar adressierbar. Deshalb richtet sich der Blick zusätzlich auch den städtebaurechtlichen Steuerungspotenzialen:

Ffr.2: Welche städtebaurechtlichen Ansätze
eigenen sich zur Steuerung von Kurzzeitvermietungen?

Die Untersuchung beginnt mit der Aufarbeitung der Zulässigkeitsvoraussetzungen für die Nutzung von Räumen und Gebäuden, die grundlegend im öffentlichen Baurecht geregelt sind. Dabei unterscheiden sich die Nutzungsarten Wohnen und Ferienwohnen kategorisch voneinander. Inwiefern sich Kurzzeitvermietungen in die bauplanungsrechtliche Systematik einordnen lassen und wie bauordnungsrechtlich gegen die rechtswidrige Nutzung von Wohnraum vorgegangen werden kann, wird in **Kapitel 2** bewertet. Die starke Zunahme von Kurzzeitvermietungen ist insbesondere auf das Geschäftsmodell *Homesharing* zurückzuführen. Als Teil der sogenannten Sharing Economy ist Airbnb dabei das Aushängeschild für die weltweite Vermittlung von Privatunterkünften. Wie sich die Sharing Economy von der Standard Economy unterscheidet und wie das Unternehmen in diesem Gefüge einzuordnen ist, wird in einer ökonomischen Analyse in **Kapitel 3** untersucht. Airbnb gelingt es, eine Vielzahl von Gastgebern und Gästen um sein Geschäftsmodell zu scharen, die ihre Wohnungen als temporäre Unterkünfte anbieten. Die digital verabredeten Transaktionen verändern somit massenhaft die tatsächliche Nutzung von Räumen und Gebäuden. Es entsteht ein raumbezogenes Schwarmphänomen, mit deren Folgen sich die Raumplanung konfrontiert sieht. Mit der Metapher des Schwarms erfolgt unter Hinzunahme der Schwarmtheorie in **Kapitel 4** eine theoretische Annäherung an das digital initiierte Geschäftsmodell Airbnbs in der Absicht, daraus Erkenntnisse für die Ausgestaltung potenzieller Steuerungsansätze abzuleiten. Unter dem Eindruck der kursorischen Anwendung der aus der Theorie abgeleiteten Erkenntnisse, ist **Kapitel 5** der Untersuchung der Zweckentfremdungsverbote und ihrer kommunalen Ausgestaltung gewidmet. Aus der Anwendung der schwarmtheoretischen Perspektive auf die kommunalspezifische Ausgestaltung der Zweckentfremdungsverbote offenbaren sich erste Lücken bei der Steuerung von Kurzzeitvermietungen. Die weitere Vertiefung der kommunalspezifischen Situation findet sodann in der empirischen Erhebung von

Airbnb-Unterkünften und der anschließenden Bewertung von insgesamt 93 kommunalen Kurzzeitvermietungsmärkten in **Kapitel 6** statt. Im Zentrum dabei steht die Frage, inwiefern ein Effekt von den Zweckentfremdungsverboten auf die Vermietungsaktivität ausgeht und ob es den Städten damit gelingt, das vermutete Vollzugsdefizit zu überwinden. Zur Bearbeitung wird ein hypothesengestütztes Verfahren eingesetzt, dass schließlich die Erkenntnisse aus der Theorie und Empirie zusammenführt und in der Beantwortung der ersten Forschungsfrage mündet. Ferner dient eine beispielhafte Untersuchung der räumlichen Verteilung von Unterkünften, um den vermuteten städtebaulichen Problemlagen nachzugehen. Die Beantwortung der zweiten Forschungsfrage erfolgt in **Kapitel 7** im Hinblick auf die Lücken, die die Zweckentfremdungsverbote aufgrund ihrer eingeschränkten Gebiets- und Parzellenschärfe bei der Adressierung der räumlich stark divergierenden negativen Externalitäten hinterlassen. Schließlich wird in **Kapitel 8** ein Fazit zur Steuerung von Kurzzeitvermietungen und zur Kontextsteuerung des Airbnb-Schwarms gezogen sowie die wesentlichen Ergebnisse der Arbeit kondensiert.

Kapitel 2: Raumplanung und Kurzzeitvermietungen

Kurzzeitvermietungen sind der Raumplanung nicht neu, weshalb sie grundsätzlich auch in der gewohnten baurechtlichen Systematik Platz finden. Das Kapitel dient dazu herauszustellen, inwiefern die baurechtliche Steuerung von Kurzzeitvermietungen an ihre Grenzen stoßen kann. Kurzzeitvermietungen können bauplanungsrechtlich sowohl dem Wohnen als auch dem Ferienwohnen zuzuordnen sein. Deshalb werden die beiden Nutzungsarten zunächst anhand ihrer bauplanungsrechtlichen Merkmale voneinander abgegrenzt (A), um sich im nächsten Schritt den genehmigungsrechtlichen Anforderungen einer Nutzungsänderung einer Wohnung in eine Ferienwohnung zu widmen (B), wie es bei Kurzzeitvermietungen der Fall sein kann. Abschließend folgt die Zusammenfassung der wesentlichen Ergebnisse (C).

A. Abgrenzung der Nutzungsarten Wohnen und Ferienwohnen

Die Art der baulichen Nutzung unterscheidet sich einerseits durch ihre baulichen Voraussetzungen,[63] also die objektive Ausgestaltung und Ausstattung des Gebäudes (KRS *Stock* 2019: § 3 BauNVO, 17a) sowie andererseits durch das Nutzungskonzept, das für die Beurteilung und dessen grundsätzliche tatsächliche Verwirklichung maßgeblich ist.[64] Kurzzeitvermietungen entziehen sich einer einfachen Zuordnung zu einer bauplanungsrechtlichen Nutzungsart. Deshalb werden die Merkmale der Nutzungsarten Wohnen (I.) und Ferienwohnen (II.) vergleichend im Hinblick auf eine Nutzungsänderung herausgestellt und voneinander abgegrenzt.

I. Wohnen

Die Wohnnutzung bildet den Ausgangspunkt der Betrachtung, weil typischerweise zu Wohnzwecken genehmigte Räume und Gebäude als Kurz-

---

63 OVG Berlin-Brandenburg, Beschl. vom 06.07.2006 – 2 S 2/06, LKV 2007, 39 (39).

64 Ebd. (40); VGH Mannheim, Beschl. vom 17.01.2017 – 8 S 1641/16, NVwZ 2017, 520-522 (18).

zeitvermietung genutzt werden. Darum wird zunächst die bauplanungsrechtliche Definition des Wohnens sowie die Abgrenzungskriterien der Wohnnutzung dargestellt (1.). Ferner wird auch ein flüchtiger Blick auf Zweitwohnungen geworfen, die bauplanungsrechtlich nicht dem Ferienwohnen, sondern dem Wohnen zuzuordnen sind (2.).

1. Definition und Systematik

Der bauplanungsrechtliche Begriff des Wohnens ist gesetzlich nicht definiert, aber nach ständiger Rechtsprechung durch eine auf Dauer angelegte Häuslichkeit (a), die Eigengestaltung der Haushaltsführung und des häuslichen Wirkungskreises (b) sowie die Freiwilligkeit des Aufenthalts gekennzeichnet (c).[65] Diese qualitativ zu bestimmenden Merkmale dienen zur Abgrenzung anderer Nutzungsarten. Im Gegensatz zur Wohnnutzung dienen Ferienwohnungen und -häuser einem wechselnden Personenkreis zur Erholung und weisen somit keine auf Dauer angelegte Häuslichkeit auf (*Grigoleit/C.-W. Otto* 2018, 173). Es handelt sich städtebaulich demnach um zwei eigenständige und grundverschiedene Nutzungsarten. In der Systematik der BauNVO sind Wohnungen und Wohngebäude in allen Wohn- (§§ 2-4a BauNVO) und Mischgebieten (§§ 5-7 BauNVO) nach Maßgabe der Festsetzungen des Bebauungsplans allgemein zulässig. Grundsätzlich nicht zulässig sind sie in Gewerbe- und Industriegebieten (§§ 8 und 9 BauNVO) sowie in Sondergebieten, die der Erholung dienen (§ 10 BauNVO).

a) Dauerhaftigkeit

In Abgrenzung zu anderen baurechtlichen Nutzungsarten wie Ferienwohnen und Beherbergen ist die *auf Dauer angelegte Häuslichkeit* als wichtigstes Merkmal und zugleich Inbegriff des Wohnens zu verstehen (*Fickert/Fieseler* 2019, 378). Für die Beurteilung des Merkmals wird nicht etwa das Maß der quantitativen Bestimmung anhand einer Übernachtungsanzahl oder des Aufenthalts in den zum Wohnen bestimmten Räumen oder Gebäuden angelegt. Maßgeblich ist das „Nutzungskonzept unter Berücksichtigung

65 BVerwG, Beschl. vom 25.03.1996 – 4 B 302/95, NVwZ 1996, 893 (894); BVerwG, Beschl. vom 17.12.2007 – 4 B 54/07, BeckRS 2008, 30158 (Rn. 3); VGH München, Beschl. vom 04.09.2013 – 14 ZB 13.6, BeckRS 2013, 55726 (Rn. 12).

der objektiven Ausgestaltung und Ausstattung des Gebäudes" (KRS *Stock* 2019: § 3 BauNVO, Rn. 17a).

Das Gepräge des Wohnens ist vorwiegend in der „Qualität der Häuslichkeit" (*Weber* 2018b, 70 f.) zu identifizieren. Darunter ist der Aufenthalt zur Zubereitung und Einnahme von Mahlzeiten, zur Körperhygiene und -pflege, zum Schlafen, zur Pflege von Geselligkeit bzw. ggf. einer Familiengemeinschaft sowie in vielfacher Beziehung zur Freizeitgestaltung zu verstehen (ebd., 71). Dabei ist das Kriterium der Dauerhaftigkeit flexibel zu handhaben.[66] Auch die Dauer von Wohnraummietverträgen ist grundsätzlich nicht entscheidend und kurzfristige Wohnraummietverhältnisse bilden noch keine baugenehmigungspflichtige Nutzungsänderung von Wohngebäuden (EZBK *Stock* 2020: § 3 BauNVO, Rn. 39). Die Nutzungsdauer kann zusätzlich als Kriterium zur Auslegung der Dauerhaftigkeit herangezogen werden, ist dabei allerdings nicht in Form einer Mindestaufenthaltsdauer bestimmbar (KRS *Stock* 2019: § 3 BauNVO, Rn. 17a). Deshalb liefert die Nutzungsdauer keinen unmittelbaren Rückschluss auf das Nutzungskonzept. Ein mehrmonatiger Aufenthalt in einem Hotel stellt keine Wohnnutzung im bauplanungsrechtlichen Sinne dar, eine mehrmonatige Anmietung einer Unterkunft während eines Auslandsaufenthalts im Studium hingegen schon (*Lippert/Kindler* 2016, 222). Auch wenn das Wohnen für einen begrenzten Zeitraum und nicht auf Dauer angelegt ist, reicht dies noch nicht zur Qualifizierung der Nutzung als Beherbergung.[67] Hinter dem Kriterium der Dauerhaftigkeit verbirgt sich vielmehr die Frage, ab welchem Zeitraum das für die Wohnnutzung prägende Merkmal der auf Dauer angelegten *Häuslichkeit* hinreichend erfüllt ist. Oder anders ausgedrückt: ab wann ist das realisierte Nutzungskonzept durch eine hinreichende Qualität der Häuslichkeit geprägt, sodass von einer Wohnnutzung auszugehen ist (*Weber* 2018b, 70 f.)? Gerade bei den neu entstehenden hybriden Nutzungskonzepten ist die Grenzziehung besonders schwierig. Durch die Hinzunahme des Abrechnungsmodus in Verbindung mit der Nutzungsdauer kann ein Beitrag zur Einordnung geleistet werden. Für eine Wohnnutzung sprechen üblicherweise zeitlich unbestimmte Mietverträge und eine monatliche Abrechnung (*Lippert/Kindler* 2016, 223). Für Ferienwohnungen oder die Beherbergung ist ein festgelegter Nutzungszeitraum sowie eine tage- oder wochenweise Abrechnung typisch.

---

66 BVerwG, Beschl. vom 25.03.1996 – 4 B 302/95, NVwZ 1996, 893 (894).

67 OVG Berlin-Brandenburg, Beschl. vom 26.04.2019 – OVG 5 S 24/18, NJW 2019, 1896 (1897).

Problematisch bleibt die nicht näher bestimmte, vorübergehende Zurverfügungstellung einer Wohnung als Unterkunft. Hierzu setzt *Weber* die Schwelle tief an und argumentiert, dass ab einer gewissen Frequenz des Gästewechsels „die Grenze des Unerheblichen" (*Weber* 2019, 766) überschritten sei, sobald aus dem Gelegentlichen das Kontinuierliche werde. Diese Grenze sei bei einer Vermietungsaktivität, die über „vernachlässigbare Ausnahmefälle" (ebd., 766) hinausgehe, nicht mehr mit der Schutzwürdigkeit der Wohnnutzung in Abwägung zum Erwerbs- und Nebenerwerbsinteresse in Einklang zu bringen, da in solch einem Falle dem Wohnungsmarkt tatsächlich Wohnraum entzogen werde (ebd., 767).

b) Eigengestaltung der Haushaltsführung

Das Merkmal der *Eigengestaltung der Haushaltsführung und des häuslichen Wirkungskreises* dient insbesondere zur Abgrenzung von Anlagen für soziale Zwecke (§ 3 Abs. 3 Nr. 2 BauNVO). Für die Eigengestaltung der Haushaltsführung ist nach ständiger Rechtsprechung eine Küche oder eine Kochnische unabdingbar.[68] Daneben sind Waschmöglichkeiten und Stauraum für Reinigungsutensilien weitere Indizien für die eigenständige Haushaltsführung, die eine gewisse Unabhängigkeit von entsprechenden Dienstleistungen ermöglicht (*Lippert/Kindler* 2016, 221). Auch die Belegungssituation ist nicht unerheblich, so fällt die Unterbringung von Arbeitern in sieben Zweibettzimmern mit Vorraum, Dusche/WC und Kochnische im Regelfall nicht unter die Wohnnutzung.[69] Werden die Verhältnisse, insbesondere durch das Vorhandensein und die Größe von Gemeinschaftsräumen beengter und steigt der damit verbundene Verzicht auf Privatsphäre, entfällt die Qualifizierung als Wohnnutzung.[70] Auch in einem Hotel ist die Qualität der Privatheit nicht mit der des Wohnens vergleichbar, bedenkt man den regelmäßigen Zugang der Zimmerreinigung. Zur eigenständigen Haushaltsführung gehört zudem, dass Wohnende die (rechtliche) Zusicherung über die Nutzungsmöglichkeit von Räumlichkeiten haben, die sowohl als Rückzugsraum für die Entfaltung des privaten Lebens wirksam als auch gegen unmittelbare Verfügungsgewalt Dritter hinreichend abgeschirmt sind (EZBK *Stock* 2020: § 3 BauNVO, Rn. 38).

68 BVerwG, Beschl. vom 07.09.1984 – 4 N 3/84, NVwZ 1985, 338 (339).
69 BVerwG, Urt. vom 29.04.1992 – 4 C 43/89, NVwZ 1993, 773 (773).
70 VGH Kassel, Beschl. vom 01.07.2019 – 4 B 866/19, BeckRS 2019, 19204 (Rn. 16).

Unabdingbar ist also ein baulich abgeschlossener Raum, der eine Privatsphäre möglich macht (KRS *Stock* 2019: § 3 BauNVO, Rn. 19).

Entgegen der Qualifizierung als Wohnnutzung steht etwa die zwangsweise Unterbringung von Familien oder Einzelpersonen in Räumen mit Fremden wie z.B. in Notaufnahmelagern. Gemeinschaftsunterkünfte entziehen sich ebenfalls der Einordnung als Wohnnutzung, sobald die Befugnisse der Heimleitung soweit gehen, dass das fremdbestimmte Umquartieren einzelner Personen möglich ist (ebd., Rn. 19). Gebäude zur Betreuung und Pflege können grundsätzlich unter den planungsrechtlichen Wohnbegriff fallen, wenn die Betreuungselemente schwach ausgeprägt sind, also noch eine gewisse Selbstständigkeit der Bewohner anzunehmen ist (*Hebeler/Buhr* 2015, 1022).

c) Freiwilligkeit des Aufenthalts

Schließlich stellt die *Freiwilligkeit des Aufenthalts* das dritte Abgrenzungskriterium für das Wohnen dar. Diese ist etwa im Falle der Unterbringung von Untersuchungs- und Strafgefangenen in Haftanstalten nicht mehr gegeben (EZBK *Stock* 2020: § 3 BauNVO, Rn. 27). Die Freiwilligkeit kann auch bei Unterkünften für Asylbegehrende und Flüchtlinge nicht mehr gegeben sein (*Grigoleit/C.-W. Otto* 2018, 172; KRS *Stock* 2019: § 3 BauNVO, Rn. 20). Planungsrechtlich ist dabei zwischen zentralen und dezentralen Unterkünften zu unterscheiden, da Erstere regelmäßig zu Anlagen für soziale Zwecke und Letztere durchaus dem Wohnen zugeordnet werden können (*Fickert/Fieseler* 2019, 405).

2. Zweitwohnung

Im Bundesmeldegesetz (BMG) ist gem. § 20 BMG jeder umschlossene Raum, der zum Wohnen oder Schlafen benutzt wird, als Wohnung definiert. Stehen einem Einwohner mehrere Wohnungen im Inland zur Verfügung unterscheidet das BMG zwischen der Hauptwohnung (§ 21 Abs. 1 und 2 BMG) und jede weitere Wohnung als Nebenwohnung (§ 21 Abs. 3 BMG). Nebenwohnungen oder auch Zweitwohnungen bilden baurechtlich keine eigene Art der Nutzung, sondern zählen zum Wohnen (*Schink* 2017, 174 f.). Eine Zweitwohnung unterscheidet sich demnach von einer Ferienwohnung insbesondere durch den Benutzerkreis. Während die Nutzung einer Zweitwohnung vorwiegend einem festen Benutzerkreis vorbehalten ist (Verwandten- oder Freundeskreis), findet die Nutzung einer Ferienwohnung durch einen ständig wechselnden Kreis von Gästen statt (EZBK *Blechschmidt* 2020: § 13a BauNVO, Rn. 21; *Fickert/Fieseler* 2019, 1150).

II. Ferienwohnen

Mit der Novellierung der BauNVO[71] von 2017 wurde in § 13a eine Legaldefinition für Ferienwohnungen eingeführt. Diese wird zunächst in ihrer Systematik dargestellt (1.), um sodann die wesentlichen Abgrenzungsmerkmale zum Wohnen aufzuzeigen (2.). Durch die Skizzierung der vorausgegangenen Debatte über die bauplanungsrechtliche Einordnung von Ferienwohnungen, lässt sich schließlich die Entstehung der gegenwärtig zwei Qualitäten des Ferienwohnens (3.) nachvollziehen.

1. Definition und Systematik

Ferienwohnungen sind gem. § 13a BauNVO legal definiert als „Räume oder Gebäude, die [1] einem ständig wechselnden Kreis von Gästen [2] gegen Entgelt vorübergehend als Unterkunft zur Verfügung gestellt werden und die [3] zur Begründung einer eigenen Häuslichkeit geeignet und bestimmt sind" (§ 13a Satz 1 BauNVO). Laut Gesetzesbegründung impliziert der Begriff der Ferienwohnung, „dass eine Anmietung regelmäßig für Zwecke der Freizeit- und Urlaubsgestaltung erfolgt"[72] und es sich dabei zwangsläufig nur um Wohnungen handeln kann, die nicht bzw. nicht ausschließlich dem dauerhaften Wohnen dienen (EZBK *Blechschmidt* 2020: § 13a BauNVO, Rn. 22). Laut Definition können also nicht nur Wohnungen (Räume in einem Gebäude) als Ferienwohnungen gelten, sondern auch Gebäude. Letztere sind allerdings von Ferienhäusern i.S.v. § 10 Abs. 4 BauNVO abzugrenzen, da sich diese nur in Ferienhausgebieten befinden können (ebd., Rn. 22). Räume sind hier also als Teile von Gebäuden zu verstehen, die der Ferienwohnungsnutzung zugeführt werden. Werden in einem Mehrfamilienhaus ausschließlich Ferienwohnungen betrieben, bil-

71 BGBl. 29.11.2017, 3786.

72 BT-Drs. 18/10942, Entwurf eines Gesetzes zur Umsetzung der Richtlinie 2014/52/EU im Städtebaurecht und zur Stärkung des neuen Zusammenlebens in der Stadt vom 23.01.2017 (57).

det nicht das Gebäude im Ganzen eine Ferienwohnung. Stattdessen ist jede jeweils abgeschlossene Einheit als Ferienwohnung (Raum) zu verstehen (ebd., Rn. 23). „Abweichend von Satz 1 können Räume nach Satz 1 in den übrigen Fällen insbesondere bei einer baulich untergeordneten Bedeutung gegenüber der in dem Gebäude vorherrschenden Hauptnutzung zu den Betrieben des Beherbergungsgewerbes [...] oder zu den kleinen Betrieben des Beherbergungsgewerbes [...] gehören" (§ 13a Satz 2 BauNVO). Damit kommen vor allem klassische Einfamilienhäuser in Betracht, in denen einzelne Räume, zumeist Einliegerwohnungen[73] als Ferienwohnung vermietet werden (EZBK *Blechschmidt* 2020: § 13a BauNVO, Rn. 22). Unklar bleibt die Kann-Formulierung in § 13a Satz 2 BauNVO, nach der „die Entscheidung darüber, ob als Ferienwohnung dienende Räume ein Beherbergungsbetrieb sind, erst noch von der zuständigen Behörde getroffen werden muss" (*C.-W. Otto* 2018, 173).

Die bauplanungsrechtliche Einordnung der Ferienwohnungsnutzung wird in der Regel-Ausnahme-Bestimmung der Norm angezeigt (BeckOK *Hornmann* 2020: § 13a BauNVO, Rn. 33). Demnach gehören Räume und Gebäude nach Satz 1 regelmäßig zu den nicht störenden Gewerbebetrieben (ebd., Rn. 38). Abweichend davon sind Räume bei baulich untergeordneter Bedeutung (nach Satz 2), wie etwa im Falle einer Einliegerwohnung, ausnahmsweise den (kleinen) Beherbergungsbetrieben zuzuordnen (ebd., 45 ff.). Insoweit bilden Ferienwohnungen also keine eigene Nutzungsart, sondern sind als Unterart des Gewerbebetriebs zu verstehen (*Grigoleit/C.-W. Otto* 2018, 274). Als Gewerbebetrieb sowie auch als Betrieb des Beherbergungsgewerbes sind Ferienwohnungen in besonderen Wohngebieten gem. § 4a Abs. 2 Nr. 2 BauNVO und allen Mischgebieten gem. §§ 5 Abs. 2 Nr. 5, 6 Abs. 2 Nr. 3, 6a Abs. 2 Nr. 3, 7 Abs. 2 Nr. 2 BauNVO nach Maßgabe der Festsetzungen des Bebauungsplans allgemein zulässig. In Kleinsiedlungsgebieten und allgemeinen Wohngebieten sind sie zudem als nicht störender Gewerbebetrieb gem. §§ 2 Abs. 3 Nr. 4 und 4 Abs. 3 Nr. 2 BauNVO ausnahmsweise zulässig. In reinen und allgemeinen Wohngebieten sind Ferienwohnungen als kleiner Betrieb des Beherbergungsgewerbes gem. § 3 Abs. 3 Nr. 1 BauNVO bzw. als Betrieb des Beherbergungsgewerbes gem. § 4 Abs. 3 Nr. 1 BauNVO ausnahmsweise zulässig (vgl. Tab. 2). Die Aufzählung in der Legaldefinition trifft keine Aussagen über Gewerbe-, Industrie- und Sondergebiete (§§ 8-11 BauNVO). Insbesondere in Gewerbe- und Industriegebieten (§§ 8 und 9 BauNVO) wird die Zulässigkeit aufgrund der wohnähnlichen Nutzung aber stark von der Frage

73 BR-Drs. 806/16, Gesetzentwurf der Bundesregierung vom 30.12.2016 (49).

der Gebietsverträglichkeit abhängen (*Grigoleit/C.-W. Otto* 2018, 274). In Sondergebieten nach §§ 10 und 11 BauNVO ist die Zulässigkeit unproblematisch, da das Ferienwohnen explizit genannt wird (*Hahn* 2018, 397). Dennoch hängt auch hier die Zulässigkeit von der Zweckbestimmung des Baugebietes und von der hinreichenden Würdigung des Rücksichtnahmegebots ab (*C.-W. Otto* 2018, 172).

Tab. 2: Zulässigkeit von Ferienwohnungen nach § 13a BauNVO[74]

Baugebiete nach BauNVO		allgemein zulässig als	ausnahmsweise zulässig als
§ 2	Kleinsiedlungsgebiete	-	nicht störender Gewerbebetrieb
§ 3	reine Wohngebiete	-	kleiner Betrieb des Beherbergungsgewerbes
§ 4	allgemeine Wohngebiete	-	Betrieb des Beherbergungsgewerbes UND sonstige nicht störende Gewerbebetriebe
§ 4a	besondere Wohngebiete	Betrieb des Beherbergungsgewerbes UND sonstiger Gewerbebetrieb	
§ 5	Dorfgebiete	Betrieb des Beherbergungsgewerbes UND sonstiger Gewerbebetrieb	
§ 6	Mischgebiete	Betrieb des Beherbergungsgewerbes UND sonstiger Gewerbebetrieb	
§ 6a	Urbane Gebiete	Betrieb des Beherbergungsgewerbes UND sonstiger Gewerbebetrieb	
§ 7	Kerngebiete	Betrieb des Beherbergungsgewerbes UND sonstiger Gewerbebetrieb	
§ 8	Gewerbegebiet	(Gewerbebetrieb)	
§ 9	Industriegebiete	(Gewerbebetrieb)	
§ 10	Sondergebiete	Ferienhäuser	

2. Abgrenzung zum Wohnen

Im Zentrum der Abgrenzung der Ferienwohnnutzung von der Wohnnutzung steht das Kriterium der *dauerhaften Häuslichkeit* (*Külpmann* 2020,

74 Vgl. dazu *C.-W. Otto* 2018, 171 ff.

657; *Luther* 2017, 365). Bei aller Abgrenzungsbemühung in Anwendung sachlicher Kriterien, handelt es sich bei der Wohn- und Ferienwohnnutzung weniger um eine begriffliche Unterscheidung als um eine normative Setzung (*Külpmann* 2020, 658). Denn Ferienwohnungen zeichnen sich wie auch Wohnungen durch eine eigene Häuslichkeit aus (eigene Küche, Bad, etc.), allerdings mangelt es ihnen regelmäßig am Merkmal der *dauerhaften Begründung* der eigenen Häuslichkeit (*Fickert/Fieseler* 2019, 1149; *Hahn* 2018, 397; BeckOK *Hornmann* 2020: § 13a BauNVO, Rn. 10). Das Abgrenzungsmerkmal des *ständig wechselnden Kreises von Gästen* hebt das Fehlen eines festen Benutzerkreises, insbesondere als Abgrenzung zum Zweitwohnen (vgl. I 2.) hervor (EZBK *Blechschmidt* 2020: § 13a BauNVO, Rn. 24). Während Zweitwohnungen ausschließlich vom Verfügungsberechtigten (sowie dem erweiterten Familien- und Bekanntenkreis), nur zeitweise genutzt werden (ebd., Rn. 21), drückt sich das Merkmal *vorübergehend* im Falle des Ferienwohnens insbesondere durch den Regelfall einer tage- oder wochenweisen Vermietung aus und steht damit dem wohntypischen Merkmal *dauerhaft* unmittelbar entgegen. Zwar eröffnet sich hier eine theoretische Möglichkeit, die Abgrenzung zwischen Wohnen (dauerhaft) und Ferienwohnen (vorübergehend) nicht nur semantisch, sondern quantitativ durch die Festlegung von tages-, wochen- oder monatsbezogenen Schwellenwerten zu vollziehen, praktisch hingegen würde ein festgelegter Schwellenwert den konkreten Einzelfall und das von ihm ausgehende Störpotenzial nicht ausreichend berücksichtigen. Darum hat die bauplanungsrechtliche Einordnung als Ferienwohnung auch dann noch Bestand, wenn etwa die Räumlichkeiten nicht durchgängig, sondern bspw. nur während eines Halbjahres an wechselnde Gäste vermietet und im Übrigen aber vom Berechtigten selbst zum Dauerwohnen genutzt bzw. zwischen zwei Vermietungen durch das Wohnen „unterbrochen“ werden (EZBK *Blechschmidt* 2020: § 13a BauNVO, 25 ff. § 13a BauNVO; *Fickert/Fieseler* 2019, 1150). Bei der Bewertung, wann die ausnahmsweise Vermietung einer Dauerwohnung an Touristen die Variationsbreite einer genehmigten Wohnnutzung verlässt und die Schwelle der Genehmigungspflichtigkeit überschreitet, ist nicht ausschließlich auf das tatsächlich umgesetzte Nutzungskonzept abzustellen, sondern auch darauf, ob die veränderte Nutzung bodenrechtliche Belange in einer Weise berührt, die die Genehmigungsfrage neu aufwirft.[75] Dies wird am Beispiel der Nutzungsänderung einer Wohnung in eine Ferienwohnung weiter unten vertieft (siehe C).

---

75 VGH Mannheim, Beschl. vom 26.01.2017 – 5 S 1791/16, BeckRS 2017, 101691 (Rn. 22); BVerwG, Urt. vom 18.11.2010 – 4 C 10/09, NVwZ 2011, 748 (Rn. 12).

Die Wohnnutzung gilt nicht als aufgehoben, wenn sich die Vermietung in einem zeitlich völlig untergeordneten Rahmen abspielt, bspw. während des eigenen Urlaubs (*Schröder* 2015, 394). Das Merkmal der *Entgeltzahlung* ist für die Einordnung als Ferienwohnung obligatorisch, aber nicht gleichzusetzen mit dem gewerbe- und steuerrechtlichen Begriff des Gewerbes (EZBK *Blechschmidt* 2020: § 13a BauNVO, Rn. 28). Damit sind Angebote wie das Couchsurfing,[76] bei dem Reisende entgeltfrei bei Gastgebern unterkommen, kein Ferienwohnen im bauplanungsrechtlichen Sinne. Das Abgrenzungskriterium der *Eignung und Bestimmung der eigenen Häuslichkeit* dient insbesondere zur Abgrenzung zu Beherbergungsbetrieben, die nicht auf das eigenständige Unterkommen ausgelegt sind (z.B. Hotel). Maßgeblich dafür ist, analog zur Wohnnutzung, eine gewisse Abgeschlossenheit der Räumlichkeiten sowie das Vorhandensein von eigenständig nutzbaren Sanitär- und Kocheinrichtungen (*Fickert/Fieseler* 2019, 1150). Immer noch strittig ist die Einordnung von sogenannten *Boardinghouses*, die nach der neuen Rechtslage nun tendenziell eher zu den Beherbergungsbetrieben zählen (*Grigoleit/C.-W. Otto* 2018, 275). Dennoch ist bei der Einordnung weiterhin das konkrete Nutzungskonzept und dessen Umsetzung entscheidend (*Discher/Lippert* 2020, 686). Für die Einordnung als Beherbergungsbetrieb spricht das Anbieten von Serviceleistungen (z.B. Reinigung, Wäscheservice, Frühstück, Rezeption). Doch auch ein Fehlen dieser hoteltypischen Dienstleistungen kann ein gewisses angewiesen sein begründen und im Ergebnis zu einer Einordnung als Beherbergungsbetrieb führen (*Lippert/Kindler* 2016, 223 f.).

3. Entstehung zweier Qualitäten des Ferienwohnens

Der Einführung des § 13a BauNVO sind in der Literatur und Rechtsprechung strittige Diskussionen über die Einordnung von Ferienwohnungen vorausgegangen. Nach der divergierenden Rechtsprechung der norddeutschen Oberverwaltungsgerichte, die bei der Einordnung von Ferienwohnungen zu widersprüchlichen Schlussfolgerungen kamen,[77] sah sich der

76 *Couchsurfing.com*: About | Couchsurfing {https://couchsurfing.com/about/about-us}.

77 BT-Drs. 18/10942, Entwurf eines Gesetzes zur Umsetzung der Richtlinie 2014/52/EU im Städtebaurecht und zur Stärkung des neuen Zusammenlebens in der Stadt vom 23.01.2017 (34 f.).

Gesetzgeber gezwungen, mit der Einführung einer Legaldefinition 2017 für Rechtssicherheit zu sorgen.[78]

Trotz der gängigen städtebaulichen Praxis des Nebeneinanders von Wohnen und Ferienwohnen in den touristisch geprägten Regionen der Küstenländer (*Schmidt-Eichstaedt* 2016, 225), stellte das *OVG Greifswald* eine Sondergebietspflichtigkeit für Ferienwohnungen fest.[79] Seiner Auffassung nach handle es sich bei Ferienwohnungen weder um einen Beherbergungsbetrieb noch um einen (nicht störenden) Gewerbebetrieb. Vor dem Hintergrund der gängigen Genehmigungspraxis an Nord- und Ostsee äußerte die Bundesregierung Verwunderung über die Rechtsauslegung und vertritt die Auffassung, dass in der ersten Fassung der BauNVO von 1962 keine Anhaltspunkte für eine grundsätzlich restriktive Auslegung von Ferienwohnungen zu finden seien.[80] Die praktische Relevanz der von der Rechtsprechung ausgelösten Unsicherheit lag insbesondere im Missstand, unterschiedliche Nutzungskonzepte des Ferienwohnens nicht eindeutig einer bauplanungsrechtlichen Nutzungsart zuordnen und somit städtebaulich auch nicht praktikabel steuern zu können. Die Sondergebietspflichtigkeit von Ferienwohnungen widersprach nicht nur der jahrelangen städtebaulichen Praxis, sondern auch dem zunehmend weit verbreiteten Städtetourismus (*Schmidt-Eichstaedt* 2016, 229). Nicht zuletzt deshalb stieg der Druck auf den Gesetzgeber (*Nicolai* 2015, 361) und veranlasste eine Reihe von Autoren, die Einordnung von Ferienwohnungen neu aufzugreifen.[81] Als das *OVG Lüneburg* die Unzulässigkeit von Ferienwohnungen in allgemeinen Wohngebieten dann auch noch bestätigte,[82] erkannte der Gesetzgeber die Notwendigkeit für Nachbesserungen.[83] Als Grundlage diente dazu das Gesetz zur Umsetzung der Richtlinie 2014/52/EU im Städtebaurecht und zur Stärkung des neuen Zusammenlebens in der Stadt.[84] Durch

---

78 BT-Drs. 18/10942, Entwurf eines Gesetzes zur Umsetzung der Richtlinie 2014/52/EU im Stadtebaurecht und zur Starkung des neuen Zusammenlebens in der Stadt vom 23.01.2017 (35).

79 OVG Greifswald, Urt. vom 19.02.2014 – 3 L 212/12, openJur 2014, 20887 (Rn. 43); OVG Greifswald, Beschl. vom 27.03.2015 – 3 M 38/15, juris (Rn. 17); OVG Greifswald, Beschl. vom 30.04.2015 – 3 M 116/14, juris (Rn. 12); OVG Greifswald, Beschl. vom 10.06.2015 – 3 M 85/14, juris (Rn. 11).

80 BT-Drs. 18/5076, Antwort der Bundesregierung vom 08.06.2015 2015 (2).

81 insbesondere *Ingold*, DÖV - Zeitschrift für Öffentliches Recht und Verwaltungswissenschaften 14/2016, 595; *Nicolai*, NordÖR; 9/2015, 361; *Pernice-Warnke*, NVwZ 3/2015, 112; *Schröder*, Gewerbearchiv 10/2015, 392.

82 OVG Lüneburg, Urt. vom 15.01.2015 – 1 KN 61/14, ZfBR 2015 (492).

83 BR-Drs. 806/16, Gesetzentwurf der Bundesregierung vom 30.12.2016 (3).

84 BGBl. 04.05.2017, 1057.

die als „klarstellende Ergänzung“[85] zu verstehenden Zulässigkeitsvoraussetzungen für Ferienwohnungen, sollen sich nun verbesserte Steuerungsmöglichkeiten für die Gemeinden, insbesondere auch bei Nebenwohnungen (Zweitwohnungen) ergeben.[86]

Bereits vor der Novellierung wurde in der Literatur die kategorische Unterscheidung zwischen dem Dauerwohnen i.S.v. § 3 Abs. 1 und § 4 Abs. 1 BauNVO und dem Erholungswohnen i.S.v. § 10 BauNVO (*Schmidt-Eichstaedt* 2016, 225) gewürdigt und ausführlich, entlang der Bewertung der städtebaulichen Störpotenziale, die von der Nutzung von Ferienwohnungen in Wohngebieten ausgehen können, diskutiert. Auch in der Rechtsprechung herrschte Einigkeit darüber, „dass planungsrechtlich die allgemeine Wohnnutzung und die Ferienwohnungsnutzung eigenständige Nutzungsarten sind“[87]. Trotzdem war es bis zur Einführung der gesetzlichen Legaldefinition von Ferienwohnungen nicht unumstritten, „ob Ferienwohnungen oder Ferienhäuser unter die Tatbestandsmerkmale der Nutzungsarten Wohnen, Beherbergungsbetriebe, Gewerbebetriebe oder als eigenständiger Begriff zu subsumieren waren“ (*Fickert/Fieseler* 2019, 1139). Die in der Legaldefinition angeführte Regel-Ausnahme-Bestimmung (vgl. 1.) ist Ergebnis der Auseinandersetzung über die Einordnung von Ferienwohnungen in Literatur und Rechtsprechung und spiegelt letztlich zwei Qualitäten des Ferienwohnens wider, die für den Fortgang der Untersuchung als Begleitetes Ferienwohnen (a) und als Gewerbliches Ferienwohnen (b) betitelt werden.

a) Begleitetes Ferienwohnen

In der Literatur wurde vielfach an der Auslegung der norddeutschen Oberverwaltungsgerichte gezweifelt und Ferienwohnungen, trotz des Fehlens hoteltypischer Dienstleistungen, überwiegend als Betriebe des Beherbergungsgewerbes zusammengefasst (*Pernice-Warnke* 2015, 113). Das Fehlen eines unabhängig zu gestaltenden häuslichen Wirkungskreises und die Inanspruchnahme von Serviceleistungen zeichnet Beherbergungsbe-

85 BR-Drs. 806/16, Gesetzentwurf der Bundesregierung vom 30.12.2016 (27).

86 BT-Drs. 18/10942, Entwurf eines Gesetzes zur Umsetzung der Richtlinie 2014/52/EU im Städtebaurecht und zur Stärkung des neuen Zusammenlebens in der Stadt vom 23.01.2017 (33 ff.).

87 OVG Berlin-Brandenburg, Beschl. vom 30.05.2016 – OVG 10 S 34/15, NVwZ-RR 2016, 650 (Rn. 4); BVerwG, Beschl. vom 08.05.1989 – 4 B 78/89, NVwZ 1989, 1060 (1060).

triebe aus.[88] Ferienwohnungen hingegen sind regelmäßig von der ihnen innewohnenden Selbstversorgung und der damit verbundenen Eigengestaltungsmöglichkeit der Haushaltsführung (vgl. I) geprägt. Die Ungebundenheit und Ruhe vor besuchendem Servicepersonal, die Freiheit, selbst zu kochen und die Eigenständigkeit, die Unterkunft zu reinigen, wann es beliebt, widerspricht der Einordnung als Beherbergungsbetrieb (*Nicolai* 2015, 363). Zudem laufen materielle Anforderungen aus dem Bauordnungsrecht, wie ein Kontingent an Stellplätzen, gesonderte Anforderungen an den Brandschutz, Rettungswege und Barrierefreiheit dieser Einordnung ebenfalls zuwider (*Ingold* 2016, 601).

Zur Einordnung von Ferienwohnungen als Unterart des Dauerwohnens stellte das *BVerwG* bereits 1977 klar, dass die ferienwohnungsgemäße Nutzung eine Nutzung in den Ferien und an den Wochenenden bedeutet und eine Dauernutzung hingegen als eine das ganze Jahr hindurch ununterbrochen andauernde Nutzung zu verstehen ist.[89] Diese heute möglicherweise überholte Vorstellung des Wohnens, täuscht jedoch nicht über die Tatsache hinweg, dass die städtebaulichen Störpotenziale der Nutzungen im Ergebnis entscheidend sind.[90] Das räumliche Nebeneinander von Ferienwohnen und Wohnen kann aufgrund der unterschiedlichen Auswirkungen, trotz ähnlicher Ansprüche an die bauliche Ausgestaltung des Gebäudes, Belastungen entwickeln, die sich nicht ohne Weiteres vertragen. Insbesondere langes Feiern in den nächtlichen Stunden kann in Konflikt zum Schlaf- und Ruhebedürfnis der Dauerbewohner stehen (*Nicolai* 2015, 362). Versucht man dennoch die jahrelange städtebauliche Praxis nachzuvollziehen, so kommt man nicht umhin, eine möglicherweise veraltete Vorstellung der Untervermietungspraktik in Wohngebieten der Küstenregionen heranzuziehen. *Nicolai* nennt das Modell „eigentümerbegleitetes Ferienwohnen“ (ebd., 365) und verweist dabei auf die ausgeprägte soziale Kontrolle, die durch die räumlich-funktionale Präsenz des Vermieters entsteht und für ein störgradgemindertes Verhalten des Feriengastes sorgt. Demnach bleibt der vom Ferienwohnen ausgelöste Störgrad für das Dauerwohnen erträglich, solange „der Vermieter oder eine die Vermietung der Ferienwohnung betreuende Person in dem Gebäude dauerhaft wohnt oder ein enger räumlich-funktionaler Zusammenhang zwischen Vermieterwohnung und Ferienwohnung gegeben ist und sich die Ferienwohnungsnut-

88 OVG Greifswald, Urt. vom 19.02.2014 – 3 L 212/12, openJur 2014, 20887 (Rn. 47).

89 BVerwG, Urt. vom 03.08.1977 – VIII C 59.76, juris 1977 (Rn. 20).

90 BVerwG, Urt. vom 18.10.2017 – 4 C 5/16, NVwZ 2018, 824 (Rn. 33).

zung insgesamt als dem Dauerwohnen untergeordnet darstellt, sodass gewährleistet ist, dass keine ferienwohnungstypischen Störungen (wie z. B. werktäglich nächtliches Feiern, Missachtung von allgemeinen Ruhezeiten etc.) auftreten" (ebd., 365). Auch können hier beherbergungstypische Service-Dienstleistungen fehlen und die Erzielung von Einkünften ausschließlich aus der Vermietung erfolgen, solange die Nutzung eine baulich untergeordnete Bedeutung gegenüber der in dem Gebäude vorherrschenden Hauptnutzung aufweist (EZBK *Blechschmidt* 2020: § 13a BauNVO, Rn. 8). Damit rekurriert diese Art der Ferienwohnungsnutzung unmittelbar auf die vom *OVG Berlin-Brandenburg* beschriebene Vermietung zu Zwecken der Fremdenbeherbergung.

> Eine Vermietung zum Zwecke der Fremdenbeherbergung liegt vor, „wenn Räume ständig wechselnden Gästen zum vorübergehenden Aufenthalt zur Verfügung gestellt werden, ohne dass diese dort ihren häuslichen Wirkungskreis unabhängig gestalten können. Bei einer Fremdenbeherbergung besteht in der Regel keine Kochgelegenheit; häufig sind die Räume mangels ausreichender Sitz- und Essmöglichkeiten eher nicht zu längeren Aufenthalten auch tagsüber geeignet. Gegebenenfalls, aber nicht zwingend, werden bei einer Fremdenbeherbergung Nebenleistungen wie zum Beispiel Frühstück angeboten"[91].

Diese Art der Vermietung ist trotz Fehlens von Bewirtungsleistungen und ausgeprägter Möglichkeit der eigenständigen Haushaltsführung als kleiner Beherbergungsbetrieb im reinen Wohngebiet gem. § 3 Abs. 3 Nr. 1 BauNVO zu qualifizieren (*Grigoleit/C.-W. Otto* 2018, 275). Diese klassische Ferienwohnungsvermietung, bei der die Versorgung von „Fremden durch Laien" unter einem Dach erfolgt (*Nicolai* 2015, 364 f.), mündet heute weitgehend in der Ausnahmebestimmung der Ferienwohnungsnorm (§ 13a Satz 2 BauNVO) und soll im Weiteren als *Begleitetes Ferienwohnen* tituliert werden. Dieses ist als Betrieb des Beherbergungsgewerbes in allen Baugebieten, die das Wohnen bezwecken, mit Ausnahme der Kleinsiedlungsgebiete zulässig.

91 OVG Berlin-Brandenburg, Beschl. vom 26.04.2019 – OVG 5 S 24/18, NJW 2019, 1896 (Rn. 9).

b) Gewerbliches Ferienwohnen

Im Gegensatz zur nachvollziehbaren Begründung der Ausnahmebestimmung fehlt es der Regelbestimmung gem. § 13a Satz 1 BauNVO an entsprechend überzeugender Argumentationstiefe, speziell bezogen auf die Bewertung des Störgrades. § 13a ist in der Systematik der BauNVO als Fortsatz eines Gewerbebetriebs zu den Gebäuden und Räumen für freie Berufe (§ 13 BauNVO) platziert worden. Dies ist aus der grundsätzlichen Einordnung von Ferienwohnungen als Gewerbebetriebe zu schließen, die zur Erzielung von Einkünften als die organisatorische Zusammenfassung von Betriebsanlagen und Betriebsmitteln zu einem bestimmten Betriebszweck dienen (*Reidt/Landwüst* 2015, 13). Laut *BVerwG* ist „Gewerbe im Sinne des Gewerberechts [.] jede nicht sozial unwertige (generell nicht verbotene), auf Gewinnerzielung gerichtete und auf Dauer angelegte selbständige Tätigkeit, ausgenommen Urproduktion, freie Berufe [...] und bloße Verwaltung und Nutzung eigenen Vermögens.“[92] Ob die Vermietung der Ferienwohnung als Ausübung eines Gewerbes in Sinne des Gewerberechts oder lediglich als die Verwaltung und Nutzung des eigenen Vermögens zu qualifizieren ist, kann nur nach dem Gesamtbild der Tätigkeit unter Berücksichtigung der gewerberechtlichen Zielsetzung beantwortet werden. Diese Prüfung ersetzt jedoch keine baurechtliche Einordnung des Nutzungskonzepts (*Nicolai* 2015, 363), da der baurechtliche Begriff des Gewerbes nicht mit dem des gewerberechtlichen identisch ist. Das grundlegende Motiv bei der Vermietung einer Ferienwohnung zur Erzielung von Einkünften und die damit verbundene allgemeine Zuordnung zu den Gewerbebetrieben, ist weitgehend unstrittig.[93] Dabei müssen nicht immer Gewinnerzielungsabsichten im Vordergrund stehen – die Deckung der eigenen Miete durch die Mehreinnahmen reicht hier aus. Das *BVerwG* deutet bereits in einer Entscheidung von 1989 an, dass es die Zuordnung von Ferienwohnungen zu den Beherbergungsbetrieben für abwegig hält.[94] Durch den Ausschluss der Einordnung des Ferienwohnens sowohl als

92 BVerwG, Urt. vom 26.01.1993 – 1 C 25/91, NVwZ 1993, 775 (Ls. 1).

93 a.A. *Weber* 2019, 766.

94 BVerwG, Beschl. vom 08.05.1989 – 4 B 78/89, NVwZ 1989, 1060 (1060): „Auch ein Vermieten von Appartements ist schon nach allgemeinem Sprachgebrauch keine Beherbergung. In der BauNVO werden zudem die allgemeine Wohnnutzung und die Ferienwohnnutzung als eigenständige Nutzungsarten aufgeführt. Die damit vorgegebene Unterscheidung verbietet es, den Begriff der Beherbergung so weit zu fassen, daß er auch die mietweise Überlassung von selbständigen Wohnungen, sei es auch nur zu Ferienzwecken, einschließt.“.

Wohnnutzung als auch als Beherbergungsbetrieb, verblieb somit als einzig plausible Möglichkeit die Einordnung als *Gewerbebetrieb*. Da Ferienwohnungen als Betrieb im Katalog der BauNVO (§§ 4 Abs. 3, 6 Abs. 2) nicht ausdrücklich benannt sind (ebd., 362), erfolgt die Einordnung als *sonstiger Gewerbebetrieb*. Das Gewerbliche Ferienwohnen stellt nach der Systematik der BauNVO den Regelfall dar und ist in allen Mischgebieten (MD, MI, MU, MK) und im Besonderen Wohngebiet (WB) allgemein zulässig.

Die Bewertung des Gewerblichen Ferienwohnens als *nicht störendes Gewerbe* in Kleinsiedlungsgebieten und allgemeinen Wohngebieten (WK und WA) ist jedoch diskutabel und wirft insbesondere im Vergleich zu § 13 BauNVO einige Fragen auf. Abgesehen von ihrer Gemeinsamkeit, potenzielle Verdrängungseffekte für die Wohnnutzung durch Häufung hervorzurufen zu können (EZBK *Stock* 2020: § 13 BauNVO, Rn. 4), unterscheiden sich Gebäude und Räume für freie Berufe gem. § 13 BauNVO und Ferienwohnungen gem. § 13a BauNVO in ihrer städtebaulichen Qualität und insbesondere in Bezug auf ihr Störpotenzial erheblich voneinander. Die bauplanungsrechtliche Privilegierung der freien Berufe gegenüber den nicht störenden Handwerks-, Gewerbe- und sonstigen Dienstleistungsbetrieben führt dazu, dass die erfassten Nutzungen in allen Baugebieten mit Ausnahme der Sondergebiete allgemein zulässig sind (ebd., Rn. 3). Sie fügen sich offenbar problemlos in jede Gebietskulisse ein. Während sich die Störpotenziale bei Gebäuden und Räumen für freie Berufe noch in Grenzen halten (An- und Abfahrtsverkehr), sind sie bei Ferienwohnungen durch den regelmäßigen Gästewechsel, mitunter zu unüblichen Zeiten (*Schink* 2017, 178) sowie das wenig ausgeprägte Bemühen der Gäste um den nachbarlichen Frieden (*Windoffer* 2016, 340), wesentlich ausgeprägter. Bei der Bewertung des Störpotenzials wird deutlich, dass der Gesetzgeber insbesondere die Ferienorte an der Nord- und Ostsee im Blick hatte und weniger das Aufkommen von Kurzzeitvermietungen in Großstädten. Dies wird deutlich, indem man einen Bereich heranzieht, in dem „neben Ferienwohnungen und einer allgemeinen Wohnnutzung in größerem Umfang insbesondere auch Gewerbebetriebe (Geschäfte, Gastronomie usw.) vorhanden sind“ (*Reidt/Landwüst* 2015, 16) und diesen auf ein Wohngebiet einer Großstadt überträgt. Die Einordnung als nicht störender Gewerbebetrieb führt dazu, dass diese Konstellation des ferienortartigen Nebeneinanders in allgemeinen Wohngebieten genehmigungsfähig ist, weil der Gesetzgeber den Störgrad von Ferienwohnungen von Gesetzes wegen der Wohnnutzung gegenüber als nicht störend einordnet (*Grigoleit/C.-W. Otto* 2018, 274). In der Praxis kann deshalb gerade diese Konstellation in Wohngebieten regelmäßig für Konflikte sorgen, weshalb davon auszugehen ist, dass das Gewerbliche Ferienwohnen regelmäßig die Voraussetzungen für eine Ausnahme nach § 31 Abs. 1 BauGB nicht erfüllt (*Schink* 2017, 178 f.).

B. Nutzungsänderung einer Wohnung in eine Ferienwohnung

Nach ständiger Rechtsprechung liegt eine Nutzungsänderung vor, „wenn durch die Verwirklichung eines Vorhabens die einer genehmigten Nutzung eigene Variationsbreite verlassen wird und durch die Aufnahme dieser veränderten Nutzung bodenrechtliche Belange neu berührt werden können, so dass sich die Genehmigungsfrage unter bodenrechtlichem Aspekt neu stellt"[95]. Eine eigenmächtige Nutzung einer zu Wohnzwecken genehmigten Wohnung i.S.d. § 4 Abs. 1 BauNVO als Ferienwohnung i.S.d. § 13a BauNVO ist ohne entsprechende Genehmigung zwangsläufig „formell illegal"[96], da es sich um eine genehmigungspflichtige Nutzungsänderung handelt. Gebäude und Räume, die dem Wohnen dienen, können zwar ohne besondere bauliche Veränderungen für die kurzfristige Vermietung an wechselnde Gäste genutzt werden. Dennoch stellt die „dauerhafte Nutzung einer Wohnung, für die eine Genehmigung als Wohngebäude vorliegt als Ferienwohnung für einen wechselnden Personenkreis, [.] eine baugenehmigungspflichtige Nutzungsänderung dar"[97].

Hierzu werden zunächst die allgemeinen Anforderungen (I.) an bauplanungsrechtliche Nutzungsänderungen dargestellt, um sodann die Leitplanken der im Mittelpunkt stehenden bauplanungsrechtlichen Zulässigkeit (II.) von Ferienwohnungen im beplanten und unbeplanten Bereich aufzuzeigen. Schließlich wird durch die bauplanungsrechtliche Beurteilung von vier Fallkonstellationen der Kurzzeitvermietung (III.) geprüft, wann von einer genehmigungspflichtigen Nutzungsänderung auszugehen ist und wie bauordnungsrechtlich gegen die illegale Nutzung vorgegangen werden kann (IV.).

---

95 BVerwG, Urt. vom 18.11.2010 – 4 C 10/09, NVwZ 2011, 748 (Rn. 12); BVerwG, Beschl. vom 14.04.2000 – 4 B 28/00, NVwZ-RR 2000, 758 (758); BVerwG, Beschl. vom 07.11.2002 – 4 B 64/02, BeckRS 2003, 20062 (II.).

96 VGH München, Beschl. vom 12.08.2019 – 15 ZB 19.918, BeckRS 2019, 19749 (Rn. 8); VGH Mannheim, Beschl. vom 26.01.2017 – 5 S 1791/16, BeckRS 2017, 101691 (Rn. 22).

97 OVG Berlin-Brandenburg, Beschl. vom 30.05.2016 – OVG 10 S 34/15, NVwZ-RR 2016, 650 (Ls.).

I. Allgemeine Anforderungen

Grundsätzlich besteht Baufreiheit in Deutschland, die sich insbesondere aus der Eigentumsfreiheit aus Art. 14 Abs. 1 GG ableitet (*Anders* 2015, 604). Zur Prävention von Gefahren sind Vorhaben, die die Errichtung, Änderung und Nutzungsänderung oder den Abbruch von Anlagen betreffen, genehmigungsbedürftig (*Stüer* 2015, Rn. 2571). Das in den Bauordnungen der Länder normierte Baugenehmigungsverfahren (ebd., Rn. 2568) dient der Prüfung der Vereinbarkeit eines Bauvorhabens mit geltendem Recht, mit dem Ziel der Erteilung oder Versagung einer Genehmigung. Dabei handelt es sich um ein präventives Verbot mit Erlaubnisvorbehalt.[98]

Mit der Trennung zwischen Bauordnungs- und Bauplanungsrecht und der Einführung des Bundesbaugesetzes[99] 1960, machte der Bund erstmals Gebrauch von seiner Gesetzgebungskompetenz im Bereich der konkurrierenden Gesetzgebung nach Art. 72 Abs. 1 GG.[100] Zuvor lag die Zuständigkeit für das gesamte Baurecht bei den Ländern (*Schmidt-Eichstaedt/Weyrauch et al.* 2019, 10). Die Ermächtigungsgrundlage bildet die Zuordnung des Bodenrechts zur konkurrierenden Gesetzgebung in Art. 74 Nr. 18 GG (ebd., 71; *Stüer* 2015, Rn. 177), wonach insbesondere das Recht der städtebaulichen Planung und das Recht der Bodenordnung in die Zuständigkeit des Bundes fällt (*Schmidt-Eichstaedt/Weyrauch et al.* 2019, 78; *Stüer* 2015, Rn. 28). Damit erfolgte die Zusammenführung aller *bodenrechtlich relevanten* Fragestellungen im Bundesbaugesetz und wird im heutigen Baugesetzbuch (BauGB) fortgeführt. Davon unberührt blieb das Baupolizeirecht bzw. das heutige Bauordnungsrecht, das Ausdruck in den landeseigenen Bauordnungen findet (*Schmidt-Eichstaedt/Weyrauch et al.* 2019, 68). Die Erteilung einer Baugenehmigung ist in den Bauordnungen und in den Verwaltungsverfahrensgesetzen der Länder geregelt, denn „sowohl das allgemeine Verwaltungsrecht als auch das Verfahren zur Erteilung von Baugenehmigungen [...] gehören zur Regelungskompetenz der Länder" (ebd., 359). Im antragsgebundenen Baugenehmigungsverfahren werden sowohl die bauordnungs- als auch die bauplanungsrechtlichen Anforderungen an ein Vorhaben geprüft. Durch die Erteilung der Baugenehmigung erfolgt

---

98 „Das Genehmigungserfordernis qualifiziert die Bautätigkeit damit nicht als generell unerwünscht [...] i.S. eines *„repressiven Verbots mit Befreiungsvorbehalt"*, sondern spricht lediglich ein sog. *„präventives Verbot mit Erlaubnisvorbehalt"* aus (*Hoppe/Bönker et al.* 2010, 450).

99 Bundesbaugesetz, BGBl. 29.06.1960, 341.

100 BVerfG, Rechtsgutachten vom 16.06.1954 – 1 PBvV 2/52.

die Baufreigabe, „die das präventive Verbot durch eine öffentlich-rechtliche Erlaubnis überwindet" (*Stüer* 2015, Rn. 2593).

Das Erfordernis einer Nutzungsänderungsgenehmigung ist insbesondere dann gegeben, wenn die veränderte Nutzung bodenrechtliche Belange berührt, sodass sich die Genehmigungsfrage neu stellt.[101] Eine Nutzungsänderung baulicher Anlagen im bauordnungsrechtlichen Sinne liegt nach ständiger Rechtsprechung vor, wenn sich die neue Nutzung von der bisherigen, durch die Baugenehmigung gedeckte Nutzung derart verändert, dass sie die Variationsbreite verlässt und durch die Veränderung bodenrechtliche Belange neu berührt werden.[102] Die Nutzung einer Wohnung als Ferienwohnung ist demnach keine Wohnnutzung im Sinne der §§ 3 Abs. 2 Nr. 1, 4 Abs. 2 Nr. 1 oder 6 Abs. 2 Nr. 1 BauNVO.[103] Auch die temporäre, jährlich wiederkehrende Nutzung einer Wohnung als Ferienwohnung unter sechs Monate im Jahr kann die Variationsbreite eines zum Wohnen genehmigten Gebäudes i.S.v. § 4 Abs. 1 BauNVO verlassen und eine Nutzungsänderungspflicht i.S.d. § 29 Abs. 1 BauGB begründen.[104] Bei der tage- oder wochenweise Vermietung einer Wohnung an wechselnde Gäste stellt sich also die planungsrechtliche Frage neu, da bodenrechtliche Belange anders oder stärker als bisher betroffen sind. Nach ständiger Rechtsprechung führt dies im Ergebnis zu einer baugenehmigungspflichtigen Nutzungsänderung.[105]

Über die Erteilung oder Versagung einer Nutzungsänderung wird im Rahmen des Baugenehmigungsverfahrens entschieden. Dieses ist in der Hauptsache in den Landesbauordnungen geregelt (*Schmidt-Eichstaedt/Weyrauch et al.* 2019, 359). Neben *genehmigungspflichtiger Vorhaben mit bodenrechtlicher Relevanz* existieren auch von der *Genehmigungspflicht befreite, bauordnungsrechtlich nicht relevante* oder auch *von der Bauordnung nicht erfasste Vorhaben.*[106] Ebenfalls grenzt sich der bauplanungsrechtliche Be-

---

101 VGH Mannheim, Beschl. vom 26.01.2017 – 5 S 1791/16, BeckRS 2017, 101691 (Rn. 22); BVerwG, Urt. vom 18.11.2010 – 4 C 10/09, NVwZ 2011, 748 (Rn. 12).

102 OVG Berlin-Brandenburg, Beschl. vom 30.05.2016 – OVG 10 S 34/15, NVwZ-RR 2016, 650 (Rn. 4).

103 BVerwG, Urt. vom 18.10.2017 – 4 CN 6/17, NVwZ 2018, 828 (Rn. 14).

104 VGH Mannheim, Beschl. vom 26.01.2017 – 5 S 1791/16, BeckRS 2017, 101691 (Rn. 19).

105 VGH München, Beschl. vom 04.09.2013 – 14 ZB 13.6, BeckRS 2013, 55726 (Rn. 11); OVG Berlin-Brandenburg, Beschl. vom 30.05.2016 – OVG 10 S 34/15, NVwZ-RR 2016, 650 (651); VGH Mannheim, Beschl. vom 26.01.2017 – 5 S 1791/16, BeckRS 2017, 101691 (Rn. 19); VGH München, Beschl. vom 12.08.2019 – 15 ZB 19.918, BeckRS 2019, 19749 (Rn. 7).

106 beispielhaft Art. 55-60 BayBO; §§ 60-65 NRWBauO; §§ 59-62 HBauO.

griff der *baulichen Anlage* i.S.v. § 29 Abs. 1 BauGB trotz vielfältiger Überschneidungen vom stärker gefahrenrechtlich geprägten Anlagenbegriff der Landesbauordnungen ab (*Finkelnburg/Ortloff et al.* 2018, 331 f.). Letztlich sind die genehmigungsrechtlichen Anforderungen in den jeweiligen Landesbauordnungen geregelt (*Schmidt-Eichstaedt/Weyrauch et al.* 2019, 363) und die bauplanungsrechtliche Zulässigkeit eines Vorhabens im BauGB.

Die Nutzungsänderung einer Wohnung in eine Ferienwohnung ist in aller Regel dem ordentlichen Baugenehmigungsverfahren gem. § 64 MBauO bzw. der entsprechenden landesbaurechtlichen Norm über das ordentliche Baugenehmigungsverfahren zuzuordnen. Dabei prüft die Bauaufsichtsbehörde die Erteilung der Baugenehmigung i.d.R. in drei Schritten[107]:

- die Übereinstimmung mit den Vorschriften über die Zulässigkeit der baulichen Anlagen nach den §§ 29 bis 38 BauGB,
- Anforderungen nach den Vorschriften der jeweiligen Landesbauordnung und
- andere öffentlich-rechtliche Anforderungen, soweit wegen der Baugenehmigung eine Entscheidung nach anderen öffentlich-rechtlichen Vorschriften entfällt oder ersetzt wird.

Entscheidend bei der vorliegenden Nutzungsänderung ist die Frage der bauplanungsrechtlichen Zulässigkeit, da zur Wohnnutzung genehmigte Anlagen die bauordnungsrechtlichen sowie auch die anderen öffentlich-rechtlichen Anforderungen an eine Ferienwohnung i.d.R. erfüllen. Etwas Anderes kann sich im Falle von Beherbergungsstätten ergeben, weil an sie im Vergleich zu Ferienwohnungen erhöhte bauordnungsrechtliche Anforderungen im Bereich des Brandschutzes, der Barrierefreiheit und der Stellplatzkontingente gestellt werden (*Ingold* 2016, 601; *Lippert/Kindler* 2016, 224). Näheres regeln hier neben den Bauordnungen auch die Beherbergungsstättenverordnungen der Länder. Werden die bauordnungsrechtlichen Standards einer Wohnung nicht erfüllt (z.B. keine Küche bzw. Kochnische oder keine eigenständigen Sanitäranlagen), deutet dies bereits aus Mangel der Möglichkeit zur selbstständigen Haushaltsführung auf einen Betrieb des Beherbergungsgewerbes hin und nicht auf eine Ferienwohnung (vgl. A II. 2.).

107 Insbesondere die Berliner Bauordnung weicht seit 2018 von diesem Schema ab und ergänzt die Voraussetzung für die Erteilung der Baugenehmigung um die „Einhaltung der Vorschriften über das Verbot der Zweckentfremdung von Wohnraum“ (§ 64 Nr. 4 BlnBauO).

II. Bauplanungsrechtliche Zulässigkeit einer Ferienwohnung

Entscheidend für die Bewertung der Nutzungsänderung ist der Vergleich von Art und Umfang der bisher genehmigten Nutzung mit der geplanten Nutzung.[108] Ob die Nutzungsänderung materiell genehmigungsfähig ist, entscheidet sich anhand der Zulässigkeitsprüfung nach §§ 30 ff. BauGB. Weiterhin kann die Nutzungsänderung auch das Einvernehmen der Gemeinde erforderlich machen (§ 36 Abs. 1 BauGB), sobald eine Ausnahme und Befreiung von Festsetzungen im Bebauungsplan gestattet (§ 31 Abs. 1 oder 2 BauGB), eine Baugenehmigung während der Aufstellung des Bebauungsplans (§ 33 BauGB), eine Baugenehmigung im nicht beplanten Innenbereich (§ 34 BauGB) oder eine Baugenehmigung im Außenbereich erteilt (§ 35 BauGB) werden soll (*Stüer* 2015, Rn. 2609). Letzteres wird aus der Betrachtung ausgeklammert, da sowohl die Wohnnutzung als auch das Ferienwohnen kein privilegiertes Vorhaben nach § 35 Abs. 1 BauGB darstellen, sodass die Zulässigkeit nicht regelmäßig nach § 35 Abs. 2 BauGB zu beurteilen ist (*Hahn* 2018, 406). Hier kann im Einzelfall die Vermietung von Ferienzimmern oder Ferienwohnungen im Zuge eines landwirtschaftlichen Betriebs miteinbezogen werden. Allerdings bedarf es einer baulichen Ausgestaltung, die nicht eine Dauervermietung umfasst, sondern sich auf die bloße Feriennutzung beschränkt (Battis/Krautzberger/Löhr *Mitschang/Reidt* 2019: § 35 BauGB, Rn. 15). Der Umbau in eine Ferienwohnung als sonstiges Vorhaben gem. § 35 Abs. 4 Satz 1 Nr. 5 ist im Übrigen nicht anwendbar.[109] Ebenso werden Ausnahmen und Befreiungen gem. § 31 Abs. 1 oder 2 BauGB und die Zulässigkeit während der Planaufstellung gem. § 33 BauGB nicht weiter berücksichtigt.

Die gegenständliche Prüfung ist geleitet von der Frage, inwiefern die materiellen Zulässigkeitsvoraussetzungen für das Gewerbliche Ferienwohnen (vgl. II. 3. lit. b) und das Begleitete Ferienwohnen (vgl. II. 3. lit. a) im beplanten Bereich gem. § 30 Abs. 1 BauGB (1.) und im unbeplanten Innenbereich gem. § 34 BauGB (2.) erfüllt sind.

---

108 BVerwG vom 18.04.1996 – 4 C 17/94, NVwZ-RR 1997, 397 (397 f.); VGH Mannheim, Beschl. vom 17.01.2017 – 8 S 1641/16, NVwZ 2017, 520-522 (Rn. 22).

109 BVerwG, Beschl. vom 06.10.1994 – 4 B 178/94, NVwZ 1995, 700.

1. Beplanter Bereich

Ein Vorhaben ist grundsätzlich zulässig, solange es den Festsetzungen eines Bebauungsplans nicht widerspricht und die Erschließung gesichert ist (*Schmidt-Eichstaedt/Weyrauch et al.* 2019, 96). Liegt ein qualifizierter Baubauungsplan nach § 30 Abs. 1 BauGB vor, sind die Festsetzungen des Bebauungsplans maßgeblich für die Beurteilung der Zulässigkeit eines Vorhabens (*Stüer* 2015, Rn. 2663). Liegt ein vorhabenbezogener Bebauungsplan nach § 12 BauGB vor, richtet sich die Zulässigkeit nach den verbindlichen Regelungen des Vorhaben- und Erschließungsplans (ebd., Rn. 2674). Liegt ein Vorhaben im Geltungsbereich eines einfachen Bebauungsplans, sind die Festsetzungen beachtlich, im Übrigen sind die Vorschriften des unbeplanten Innenbereichs (siehe 2.) anzuwenden (ebd., Rn. 2675). Grundsätzlich ist jene Fassung der BauNVO anzuwenden, die zur Zeit der Aufstellung des Bebauungsplans galt.[110] Darum gilt die neue Norm nicht für Bebauungspläne, die vor dem 13.05.2017 (Inkrafttreten des § 13a BauNVO) aufgestellt wurden, weil ihr keine formale Rückwirkung zukommt.[111] Dennoch kann die Legaldefinition gem. § 13a BauNVO als Auslegungshilfe mit faktischer Geltung auch für „alte" Bebauungspläne herangezogen werden (BeckOK *Hornmann* 2020: § 13a BauNVO, Rn. 7).[112] Für die Zulässigkeit kann im Einzelfall auch das Gebot der Rücksichtnahme gem. § 15 Abs. 1 Satz 2 BauNVO entscheidend sein. Die Norm greift insbesondere dann, wenn der Bebauungsplan noch Konflikte offengelassen hat (EZBK *Söfker* 2020: § 15 BauNVO, Rn. 7a). Auch Nutzungsänderungen fallen unter den Anwendungsbereich des Rücksichtnahmegebots, das unter bestimmten Voraussetzungen auch drittschützende Wirkung entfaltet und Ansprüche auf Nachbarschutz, insbesondere in Bezug auf die Wahrung des Gebietscharakters eines Baugebiets sowie die Vermeidung unzumutbarer Belästigungen oder Störungen, begründen kann (EZBK *Söfker* 2020: § 15 BauNVO, Rn. 8).

Nach grundsätzlicher Systematik sind beide Qualitäten des Ferienwohnens in jenen Gebietskategorien nach § 13a BauNVO allgemein zulässig (vgl. A II. 1.), in denen sie im Rahmen der Feinsteuerung nach § 1 Abs. 4 bis 9 BauNVO nicht explizit eingeschränkt oder ausgeschlossen sind (*Hahn* 2018, 398 f.). Eine bauplanungsrechtliche Zulässigkeit ist demnach in be-

110 BVerwG, Urt. vom 18.10.2017 – 4 CN 6/17, NVwZ 2018, 828 (Rn. 7).

111 Ebd. (Rn. 9).

112 tendenziell bejahend EZBK *Blechschmidt* 2020: § 13a BauNVO, Rn. 15; verneinend *Hahn* 2018, 404.

sonderen Wohngebieten, Dorfgebieten, Mischgebieten, urbanen Gebieten und Kerngebieten aus bauplanungsrechtlicher Sicht regelmäßig gegeben. Besonderheiten ergeben sich in reinen und allgemeinen Wohngebieten (ebd., 396), da Ferienwohnungen hier im Widerspruch zum Gebietszweck stehen können. Der Regelfall zeichnet sich also durch eine materielle Genehmigungsfähigkeit von Ferienwohnungen aus.

Eine Versagung der Genehmigung kann sich aus expliziten Festsetzungen im Bebauungsplan ergeben. Sind in einem Plangebiet nicht störende bzw. sonstige nicht störende Gewerbebetriebe ausnahmsweise zulässig, dürfte das Gewerbliche Ferienwohnen in Kleinsiedlungsgebieten sowie in allgemeinen Wohngebieten i.d.R. auch davon erfasst sein. In Kleinsiedlungsgebieten wird Beherbergungsbetrieben offensichtlich ein größeres Störpotenzial beigemessen als sonstigen nicht störenden Gewerbebetrieben (EZBK *Blechschmidt* 2020: § 13a BauNVO, Rn. 33). Liegt ein Ausschluss dieser Gewerbebetriebe gem. § 1 Abs. 5 oder 9 BauNVO vor, ist die Nutzungsänderung sowohl nach § 13a Satz 1 als auch Satz 2 BauNVO zu versagen. Auch in allgemeinen Wohngebieten ist die Versagung einer Genehmigung für das Gewerbliche Ferienwohnen, sowohl unter alter als auch unter neuer Rechtslage weitgehend unproblematisch (*Hahn* 2018, 401), weil dem allgemeinen Wohngebiet als kollektive Wohngemeinschaft ein grundsätzliches Ruhebedürfnis zugeschrieben wird.[113] Weiterhin möglich ist eine Genehmigung für das Begleitete Ferienwohnen als Betrieb des Beherbergungsgewerbes gem. § 4 Abs. 3 Nr. 1 BauNVO (*C.-W. Otto* 2018, 172). Sind in einem Plangebiet Betriebe des Beherbergungsgewerbes gem. § 1 Abs. 5 oder 9 BauNVO ausgeschlossen, ist die Versagung einer Genehmigung in reinen Wohngebieten unproblematisch, da in diesem Fall weder Satz 1 noch Satz 2 des § 13a BauNVO Anwendung finden (*Hahn* 2018, 401). Unter dieser Ausschlussbedingung ist eine Ferienwohnung im allgemeinen Wohngebiet als nicht störendes Gewerbliches Ferienwohnen und als Begleitetes Ferienwohnen ausnahmsweise zulässig. Damit wird die Absicht des Verordnungsgebers deutlich, Ferienwohnungen in allgemeinen Wohngebieten keinen gebietsprägenden Charakter zugestehen zu wollen. Der Ausschluss von Betrieben des Beherbergungsgewerbes sorgt im Ergebnis dafür, dass das Begleitete Ferienwohnen unzulässig ist und die Zulässigkeitsvoraussetzungen des Gewerblichen Ferienwohnens weiterhin erfüllt sind.

Fand weder der Ausschluss von der einen noch der anderen Nutzungsart im Bebauungsplan statt, kann sich die Zulässigkeit nach der Auslegung

113 BVerwG, Urt. vom 18.10.2017 – 4 CN 6/17, NVwZ 2018, 828 (Rn. 24).

des planerischen Willens richten. Ist etwa aus einem Bebauungsplan abzuleiten, dass das Erholungswohnen, Ferienwohnen oder das Beherbergen im jeweiligen Plangebiet grundsätzlich unerwünscht oder der Wohnruhe eine besondere Bedeutung beizumessen ist, wären Rückschlüsse auf die Zulässigkeit von Ferienwohnungen zumindest mittelbar möglich. Allerdings wird diese Art der Auslegung nicht nur selten möglich sein, sondern kann sich vor den Verwaltungsgerichten auch als unzureichende Begründung herausstellen. Deshalb ist die Zulässigkeit, auch in Anbetracht der Rechtssicherheit, unter Berücksichtigung der Rechtsprechung zur jeweiligen Zeit zugrunde zu legen. Dazu identifiziert *Hahn* zwei Zeiträume: Bebauungspläne für die Zeit bis zum 28.12.2007 (ebd., 402) und jene zwischen dem 28.12.2007 bis zum Inkrafttreten von § 13a BauNVO am 13.05.2017 (ebd., 404). Der erste Zeitraum steht weitgehend in Einklang mit Satz 1 der heutigen Legaldefinition, wonach Ferienwohnungen als sonstige nicht störende Gewerbebetriebe subsumiert werden können. Das *BVerwG* bestätigt dies in seiner Entscheidung vom 08.05.1989, nach der die Vermietung eines Appartements – hierunter sind auch Ferienwohnungen zu fassen – zweifelsfrei keinen Betrieb des Beherbergungsgewerbes im Sinne der BauNVO darstellt[114] und im Umkehrschluss nur den Gewerbebetrieben zugeordnet werden kann. In reinen Wohngebieten konnten Ferienwohnungen unter keiner der in § 3 BauNVO aufgelisteten Nutzungsarten subsumiert werden und sämtliche Anträge hätten ohnehin abgelehnt werden müssen (*Hahn* 2018, 402). In den sonstigen Baugebieten ist für eine Versagung des Antrags der Ausschluss von (sonstigen) nicht störenden Gewerbebetriebe notwendig. Der zweite Zeitraum ist von der Entscheidung des *OVG Greifswald* (in Bestätigung des *OVG Lüneburg*[115]) geprägt, nach der Ferienwohnungen aufgrund der Systematik der BauNVO in allgemeinen Wohngebieten unzulässig seien.[116] In Bebauungsplänen aus diesem Zeitraum war die in Rede stehende Nutzungsänderung in allgemeinen Wohngebieten und spätestens seit 2014[117] in anderen als Sondergebieten generell zu versagen. Aus heutiger Sicht ist diese Auslegung jedoch nicht mehr haltbar (BeckOK *Hornmann* 2020: § 13a BauNVO, Rn. 9). Damals abgelehnte Anträge führen bei heutiger Neustellung zu anderen Ergebnissen.

---

114 BVerwG, Beschl. vom 08.05.1989 – 4 B 78/89, NVwZ 1989, 1060 (1060).

115 OVG Lüneburg, Urt. vom 15.01.2015 – 1 KN 61/14, ZfBR 2015.

116 OVG Greifswald, Beschl. vom 28.12.2007 – 3 M 190/07, BeckRS 2008, 36782.

117 OVG Greifswald, Urt. vom 19.02.2014 – 3 L 212/12, openJur 2014, 20887 (Rn. 51).

2. Unbeplanter Innenbereich

Liegt das Vorhaben im Geltungsbereich des unbeplanten Innenbereichs, bemessen sich die Zulässigkeitsvoraussetzungen innerhalb eines Bebauungszusammenhangs nach § 34 BauGB. Entspricht die Eigenart der näheren Umgebung einem der Baugebiete der BauNVO, handelt es sich um ein faktisches Baugebiet gem. § 34 Abs. 2 BauGB (*Stüer* 2015, Rn. 2772). In diesem Fall beurteilt sich die Zulässigkeit des Vorhabens an den Voraussetzungen des jeweiligen Baugebiets der BauNVO, mit Ausnahme der besonderen Wohngebiete gem. § 4a BauNVO[118] (EZBK *Söfker* 2020: § 34 BauGB, Rn. 77; *Stüer* 2015, Rn. 2772). Auch wenn von § 13a BauNVO keine formale Geltungswirkung auf alte Bebauungspläne ausgeht, so ist die Rechtsfolgenverweisung in § 34 Abs. 2 BauGB in der Weise dynamisch, dass die jeweils geltende Fassung der BauNVO maßgeblich ist (BeckOK *Hornmann* 2020: § 13a BauNVO, Rn. 21). Demnach kann es in Dorf- und Mischgebieten aufgrund ihrer bereits in der Zweckbestimmung festgelegten Durchmischung verschiedener baulicher Nutzungsarten im Falle einer Nutzungsänderung zu einem Umkippen in die eine oder andere Richtung im Sinne eines disharmonischen Überwiegens einer Nutzungsart kommen (BeckOK *Henkel* 2020: § 15 BauNVO, Rn. 20). Um in diesen Fällen eine möglichst harmonische Gewichtung beizubehalten, kommt dem Rücksichtnahmegebot als Schwelle zur Erteilung oder Versagung einer Genehmigung größere Bedeutung zu. Liegt kein faktisches Baugebiet vor, so bemessen sich die Zulässigkeitsvoraussetzungen innerhalb eines Bebauungszusammenhangs nach § 34 Abs. 1 Satz 1 BauGB. Dabei ist insbesondere zu prüfen, ob sich das Vorhaben nach Art und Maß der baulichen Nutzung, der Bauweise und der Grundstücksfläche in die Eigenart der näheren Umgebung einfügt (a) und die Erschließung gesichert ist (*Stüer* 2015, Rn. 2739). Die Nutzungsänderung ist zu versagen, sobald es dem Vorhaben an der gebotenen Rücksichtnahme gem. § 15 Abs. 1 BauNVO auf die Umgebungsbebauung fehlt. Weiterhin ist auch bei gebotener Rücksichtnahme die Genehmigung zu versagen (b), wenn die Nutzungsänderung imstande ist, bodenrechtlich beachtliche Spannungen

---

118 „Planerische Absichten der Gemeinde i. S. von § 4a Abs. 1 BauNVO sind einer Wahrnehmung regelmäßig nicht zugänglich, deren Aufgabe es ist, den tatsächlichen Gebietscharakter zu dem Zeitpunkt zu ermitteln, in dem über die Zulässigkeit eines Bauvorhabens zu befinden ist. Im Hinblick hierauf scheidet eine Anwendung des § 4a BauNVO über § 34 Abs. 2 BauGB aus." BVerwG, Beschl. vom 11.12.1992 – 4 B 209/92, NVwZ 1993, 1100 (Ls.).

zu begründen oder vorhandene Spannungen zu erhöhen (EZBK *Söfker* 2020: § 34 BauGB, Rn. 30).

a) Sicheinfügen einer Ferienwohnung

Aufgeworfen wird hier also die Frage nach dem *Sicheinfügen* einer Ferienwohnung. Bei dem Einfügungsgebot[119] handelt es sich um eine behördliche Prüfung, die stark von den Umständen des Einzelfalles abhängt (*Hahn* 2018, 405) und deren zentraler Akteur die Bauaufsichtsbehörde ist (*S. Dörr* 2019, 80). Bei der Zulässigkeitsprüfung dient die Umgebung als rahmensetzendes Regime, das zum einen durch die Auswirkungen des Vorhabens beeinflusst werden und zum anderen das Vorhaben selbst durch seinen bodenrechtlichen Charakter prägen kann (*Stüer* 2015, Rn. 2740). Das Einfügen ist gewährleistet, solange das gegenständliche Vorhaben den Rahmen der *tatsächlichen Umstände* der städtebaulichen Situation vorbehaltlicher Ausnahmen nicht zu überschreiten in der Lage ist. Dies kann bspw. der Fall sein, wenn sich in der näheren Umgebung bereits *genehmigte* Ferienwohnungen befinden.[120] Auch in einer Gemengelage, die sich durch das Nebeneinander von Wohnen und Gewerbe auszeichnet, ist davon auszugehen, dass sich eine Ferienwohnung aufgrund ihres wohnähnlichen Charakters als nicht störender Gewerbebetrieb i.d.R. einfügt (EZBK *Blechschmidt* 2020: § 13a BauNVO, Rn. 4).[121] Ein bestimmtes Mischungsverhältnis von gewerblicher Nutzung und Wohnnutzung, ist dem Einfügungsgebot fremd.[122] Eine Ferienwohnung fügt sich nicht ein, ziehen die vom Ergebnis des Einfügens ausgelösten Folgen das Bedürfnis einer Bauleitplanung nach sich (EZBK *Söfker* 2020: § 34 BauGB, Rn. 31). Wird lediglich die städtebauliche Situation verändert, also der gesetzte Rahmen überschritten, kommt es beim Einfügen darauf an, ob das Vorhaben bo-

---

119 BVerwG, Beschl. vom 04.02.1986 – 4 B 7-9/86, NVwZ 1986, 740 (740); BVerwG, Urt. vom 14.01.1993 – 4 C 19/90, NVwZ 1993, 1184 (1185); BVerwG, Urt. vom 27.08.1998 – 4 C 5–98, NVwZ 1999, 523 (526).

120 VG Schwerin, Urt. vom 26.10.2018 – 2 A 1766/16 SN, BeckRS, 27372 2018 (Rn. 36).

121 Beispiel des Einfügens einer Ferienwohnung in der Lübecker Altstadt: VG Schleswig, Beschl. vom 09.12.2019 – 8 B 45/19, BeckRS 2019, 31264 2019 (Rn. 21); bereits vor der Novellierung bestätigend: VGH Mannheim, Beschl. vom 19.07.2016 – 5 S 2220/15, ZfBR - Zeitschrift für deutsches und internationales Bau- und Vergaberecht 2016, 805 (806).

122 BVerwG, Urt. vom 14.01.1993 – 4 C 19/90, NVwZ 1993, 1184 (1185).

denrechtlich beachtliche Spannungen begründen oder verstärken kann (ebd., Rn. 31). Beurteilungsmaßstab hierbei ist das *tatsächlich* in der Umgebung Vorhandene, soweit es prägende Wirkung hat (*Stüer* 2015, Rn. 2744). Das Vorhaben wird demnach einerseits hinsichtlich seiner Auswirkungen auf die nähere Umgebung und andererseits hinsichtlich seines Einflusses auf den bodenrechtlichen Charakter bewertet (EZBK *Söfker* 2020: § 34 BauGB, Rn. 30). Entscheidend für die Zulässigkeit der Nutzungsänderung gem. § 34 Abs. 1 BauGB ist also die Frage, ob sich das Vorhaben noch innerhalb des Rahmens bewegt (Gebot der Rücksichtnahme) oder ob der Rahmen durch die Nutzungsänderung überschritten und dadurch die Frage der bodenrechtlich beachtlichen Spannungen aufgeworfen ist.

b) Versagung einer Genehmigung

Das Rücksichtnahmegebot ist Bestandteil der Zulässigkeitsvoraussetzungen des Sicheinfügens i.S.v. § 34 Abs. 1 BauGB.[123] Das Gebot der Rücksichtnahme geht im Einfügegebot auf (ebd., Rn. 48) und ist nicht mit dem Verbot der Begründung oder Erhöhung bodenrechtlich beachtlicher Spannungen identisch.[124] Dem Rücksichtnahmegebot kommt vielmehr eine Korrekturfunktion zu (EZBK *Söfker* 2020: § 34 BauGB, Rn. 48), die vor allem einen gerechten Interessenausgleich zwischen den Nachbarn rund um das Vorhaben erzielt.[125] Ist ein Vorhaben gegenüber der Nachbarschaft als rücksichtslos zu bewerten, so ist es wahrscheinlich, dass es auch bodenrechtliche Spannungen hervorruft. Das Gebot der Rücksichtnahme setzt Grenzen, sobald etwa durch ein Vorhaben, das im vorhandenen Rahmen ein Vorbild hat, die Umgebungsbebauung durch zusätzliche, unzumutbare Immissionen belastet wird (ebd., Rn. 30): „Je empfindlicher und schutzwürdiger die Stellung derer ist, denen die Rücksichtnahme im gegebenen Zusammenhang zugutekommt, umso mehr kann an Rücksichtnahme verlangt werden" (*Stüer* 2015, Rn. 2765). Entscheidend dabei ist die abwägungserhebliche schutzwürdige Position des Nachbarn. Um örtliche Vorbelastungen und bestehende Spannungen innerhalb der Umgebung auszutarieren, sind die städtebaulichen Belange heranzuziehen. Im Falle einer Ferienwohnung sind dazu insbesondere die Wohnbedürfnisse der Bevölkerung gem. § 1 Abs. 6 Nr. 2 BauGB, die Umweltbelange durch

---

123 BVerwG, Urt. vom 26.05.1978 – 4 C 9/77, NJW 1978, 2564 (2566).

124 BVerwG, Urt. vom 16.09.2010 – 4 C 7/10, NVwZ 2011, 436-438 (Rn. 23).

125 BVerwG, Urt. vom 25.02.1977 – IV C 22/75, NJW 1978, 62 (62).

Auswirkungen auf die Nachbarschaft gem. § 1 Abs. 6 Nr. 7 lit. c BauGB sowie die Belange des Verkehrs durch vermehrten Kfz.-(Anlieger-)Verkehr gem. § 1 Abs. 6 Nr. 9 BauGB[126] maßgeblich (vgl. Kap. 1 A).

Abstrakt betrachtet könnte die in Rede stehende Nutzungsänderung als rücksichtslos zu bewerten sein, wenn sie sich etwa in einer Umgebung befindet, die sich in einem hohen Maße durch Wohnruhe kennzeichnet und so dem Ruhebedürfnis der Nachbarschaft entgegensteht. Konkret ist es mitunter nicht offensichtlich, dass sich Ferienwohnungen in die Eigenart der näheren Umgebung, etwa eines Kurgebiets einfügen.[127] Gemäß dem Fall einer bereits hohen Anzahl von genehmigten Ferienwohnungen und weiterer Formen genehmigter und ggf. auch illegaler Ferienwohnungen in der Umgebung, könnte die Nutzungsänderungsgenehmigung zu versagen sein, da das Maß der örtlichen Vorbelastungen und die zu erwartenden bodenrechtlichen Spannungen über das Zumutbare hinausgehen.[128]

3. Zusammenfassung

Die bauplanungsrechtliche Zulässigkeit einer Ferienwohnung ist in weitgehend allen innerstädtischen Gebieten, in denen auch die Wohnnutzung zulässig ist, gegeben. Dies bedeutet, dass ein etwaiger Antrag auf eine Nutzungsänderungsgenehmigung einer Wohnung in eine Ferienwohnung standardmäßig materiell genehmigungsfähig ist. Einschränkungen ergeben sich aufgrund des Gebietszwecks (§§ 3 Abs. 1, 4 Abs. 1 BauNVO) in reinen und allgemeinen Wohngebieten. Dort wie auch im unbeplanten Innenbereich kommt dem Gebot der Rücksichtnahme bei der Frage der Zulässigkeit eine besondere Rolle zu, die außerhalb faktischer Gebiete noch zusätzlich durch die Bewertung der Begründung oder Erhöhung bodenrechtlich beachtlicher Spannungen ergänzt wird. Die Erteilung oder Versagung entscheidet sich aber letztlich nicht nur am Vorhaben selbst, sondern insbesondere an der Bewertung seines zu erwartenden Störpotenziales auf die Umgebung.

---

126 VGH Mannheim, Beschl. vom 26.01.2017 – 5 S 1791/16, BeckRS 2017, 101691 (22).

127 VGH München, Beschl. vom 12.08.2019 – 15 ZB 19.921, BeckRS, 19746 2019 (Rn. 8).

128 BVerwG, Urt. vom 27.08.1998 – 4 C 5–98, NVwZ 1999, 523 (526).

III. Fallkonstellationen der Kurzzeitvermietung

Der Trend des „Wohnen auf Zeit" (*Lippert/Kindler* 2016, 219) bringt eine Vielfalt neuer Betriebsformen wie bspw. Aparthotels, Serviced Apartments, Micro-Living oder Co-Living hervor. Sie sind genauso unter dem Oberbegriff der Kurzzeitvermietung zu subsumieren wie auch Beherbergungsbetriebe und Ferienwohnungen. Im Gegensatz zu Airbnb-typischen Kurzzeitvermietungen lösen sie allerdings regelmäßig kein Nutzungsänderungserfordernis aus, weil ihr einmal genehmigtes Nutzungskonzept i.d.R. keiner Änderung mehr unterzogen wird. In der vorliegenden Untersuchung wird stattdessen der Begriff der Kurzzeitvermietung auf die problematischen Fälle der *tage- oder wochenweisen Vermietung einer Privatunterkunft gegen Entgelt im Übergang von Wohnen in Ferienwohnen* beschränkt. Darunter sind also weder entgeltfreie Vermietungen wie z.B. Couchsurfing noch Hotels, Hostels oder andere gewerbliche, also nicht in Privatunterkünften vollzogene Formen der Beherbergung zu verstehen. Die Entgeltlichkeit allein führt allerdings noch nicht zur Einkreisung der problematischen Fälle, da auch Mietwohnungen gegen Entgelt vermietet werden. Entscheidende Indizien sind die Leistungspositionen, die durch das Entgelt abgegolten sind. Bei der Überlassung einer Wohnung zu Wohnzwecken wird üblicherweise nur die Unterbringung in Rechnung gestellt. Versorgungsleistungen wie Strom, Wasser, Heizung und Internet werden getrennt abgerechnet. Für das Unterkommen in einer Ferienwohnung oder einem Beherbergungsbetrieb wird i.d.R. ein Pauschalpreis berechnet, in dem sowohl Nebenkosten als auch weitere Serviceleistungen wie z.B. Rezeption, Wäscheservice und Zimmerreinigung inbegriffen sind (*Lippert/Kindler* 2016, 223). Merkmale wie die Eigengestaltung der Haushaltsführung oder die Privatheit helfen zwar bei der Abgrenzung zwischen dem Ferienwohnen und dem Beherbergen, nicht aber zwischen dem Ferienwohnen und dem Wohnen. Hierzu ist also letztlich doch auf das Merkmal der Dauerhaftigkeit zurückzugreifen. In welchen Fällen die Variationsbreite der genehmigten Nutzungsart Wohnen potenziell überschritten und eine Genehmigungspflicht in Form einer Nutzungsänderung erreicht ist,[129] wird anhand der folgenden vier typische Fallkonstellationen von Kurzzeitvermietungen in Anlehnung an *Busch/Demary et al. (2018, 97)* und *Zott* (2020, 46) schlaglichtartig diskutiert:

---

129 VGH Mannheim, Beschl. vom 26.01.2017 – 5 S 1791/16, BeckRS 2017, 101691 (Rn. 22).

1) die Kurzzeitvermietung einzelner Zimmer in der Hauptwohnung
2) die Kurzzeitvermietung der gesamten Hauptwohnung während der Abwesenheit des Hauptnutzers
3) die regelmäßige Kurzzeitvermietung der gesamten Hauptwohnung
4) die Kurzzeitvermietung einer Nebenwohnung/Zweitwohnung

Die Fallkonstellation der Kurzzeitvermietung einzelner Zimmer in der Hauptwohnung (Fall Nr. 1) ist baurechtlich unbedenklich, da die regelmäßige Anwesenheit des Hauptnutzers gewährleistet ist und die Wohnnutzung aufrechterhalten wird (*Schröder* 2015, 394). Die Kurzzeitvermietung der gesamten Hauptwohnung während kürzerer Abwesenheiten des Hauptnutzers (Fall Nr. 2) ist noch unter die Wohnnutzung zu subsumieren, weil durch die (Unter-)Vermietung der Wohnung, zumindest bei kurzen und üblichen Abwesenheiten wie etwa Urlauben oder Geschäftsreisen, der Wohnzweck i.d.R. erhalten bleibt (*Ingold* 2016, 601; *Ludwigs* 2017, 1651). Damit bewegt sich das Nutzungskonzept in den ersten beiden Fallkonstellationen noch innerhalb der Variationsbreite der Wohnnutzung i.S.d. § 3 BauNVO und löst für gewöhnlich nicht das Erfordernis einer Nutzungsänderungsgenehmigung aus.

Die regelmäßige Kurzzeitvermietung der gesamten Hauptwohnung (Fall Nr. 3) hingegen ist vermutlich eher als Ferienwohnung i.S.v. § 13a BauNVO zu qualifizieren, zumindest soweit es sich um eine vorübergehende Zurverfügungstellung an einen ständig wechselnden Kreis von Gästen handelt und es damit an einer dauerhaften Häuslichkeit fehlt.[130] Dazu gehört weder die Überlassung einer Wohnung an einen Gast, etwa in Form einer Zwischenmiete noch die Überlassung an einen festen Kreis von Gästen, wie etwa im Falle einer Zweitwohnung. Die Überlassung einer Wohnung an einen ständig wechselnden Kreis von Gästen kann hingegen zeitlich schon bei weniger als sechs Monaten im Kalenderjahr eine Einordnung als Ferienwohnung begründen.[131] Als Faustformel gilt hier, dass bei steigender Anzahl von Übernachtungstagen an wechselnde Gäste von einem wachsenden städtebaulichen Störpotenzial auszugehen ist und damit die Konturen der Dauerhaftigkeit als Kernelement des Wohnens (vgl. A I. 1. lit. a) in Abgrenzung zum Ferienwohnen (vgl. A II. 2.) verschwimmen. Eine auf dem Bauplanungsrecht beruhende Abgrenzung auf Grundlage einer nach Tagen oder Wochen bemessenen Vermietungsakti-

130 OVG Berlin-Brandenburg, Beschl. vom 30.05.2016 – OVG 10 S 34/15, NVwZ-RR 2016, 650 (651).

131 VGH Mannheim, Beschl. vom 26.01.2017 – 5 S 1791/16, BeckRS 2017, 101691 (Rn. 22).

vität zwischen der Wohnnutzung und der Ferienwohnnutzung, ist indes nicht möglich (*Zott* 2020, 84), sondern bedarf stets der qualitativ-wertenden Berücksichtigung der von der Nutzung ausgehenden Störpotenziale auf die Umgebung (vgl. II. 3.). Eine Zweitwohnung, die für Kurzzeitvermietungen genutzt wird (Fall Nr. 4), ist grundsätzlich als Wohnnutzung zu qualifizieren. Findet die regelmäßige Überlassung (auch gegen Entgelt) an einen festen Benutzerkreis wie etwa den erweiterten Kreis der Familie statt, ist wie im Fall zuvor noch von einer Wohnnutzung auszugehen (*Schink* 2017, 174). Erst, wenn die Nutzung als Kurzzeitvermietung prägend ist, kann sie, wie in Fall Nr. 3 eine Genehmigungspflicht auslösen (ebd., 175).

Damit bleibt festzuhalten, dass die Fälle Nr. 1 und 2 bauordnungsrechtlich zumeist keine Genehmigungspflicht auslösen. Bei Fall Nr. 4 ist die Schwelle hin zur Nutzungsänderungserfordernis weit auszulegen, bei dem die Auswirkungen auf die Umgebung vermutlich entscheidender sind als das Nutzungskonzept selbst. Lediglich Fall Nr. 3 ist weitgehend eindeutig als Ferienwohnen zu qualifizieren und ist ohne entsprechende Genehmigung formell illegal.

IV. Bauordnungsrechtliche Eingriffsmöglichkeiten

Abschließend stellt sich die Frage, wie gegen eine ungenehmigte Nutzungsänderung einer Wohnung in eine Ferienwohnung und damit gegen eine rechtswidrige Nutzung vorgegangen werden kann. Grundsätzlich ermächtigen die Landesbauordnungen die Bauaufsichtsbehörden dazu, gegen die Nutzung von Anlagen, die im Widerspruch zu öffentlich-rechtlichen Vorschriften stehen (Eingriffsverwaltung), einzuschreiten (*Schmidt-Eichstaedt/Weyrauch et al.* 2019, 16). Im Falle von Ferienwohnungen ist insbesondere die Nutzungsuntersagung nach § 80 MBauO[132] von Bedeutung (*Pernice-Warnke* 2015, 114 f.). Der Inhalt der Nutzungsuntersagung besteht aus dem Verbot, eine rechtswidrige Nutzung aufzunehmen oder fortzusetzen (*Jobs* 2017, 247). Ihr Erlass ist auch bei nur formeller Illegalität in aller Regel gerechtfertigt.[133] Die bauaufsichtlichen Verfügungen sind Ermessensvorschriften, bei denen die Bauaufsichtsbehörde bei Feststellung eines Baurechtsverstoßes dazu verpflichtet ist rechtmäßige Zustände herzu-

132 z.B. § 82 BauONRW; Art. 76 BayBO; § 76 HBauO.

133 OVG Schleswig, Beschl. vom 16.09.2020 – 1 MB 12/20, BeckRS 2020, 24001 (Ls. 1).

stellen (intendiertes Ermessen)[134] und lediglich in atypischen Fällen ermessensgeleitet davon absehen kann (ebd., 247). Wird also eine Wohnung als Ferienwohnung genutzt, hat die Bauaufsichtsbehörde „ein sofort vollziehbares Nutzungsverbot mit Zwangsgeldandrohung zu erlassen“ (BeckOK *Hornmann* 2020: § 13a BauNVO, Rn. 10a). Da die Funktion der Nutzungsuntersagung in erster Linie dazu dient, den Bauherrn auf das Genehmigungsverfahren zu verweisen,[135] reichen bereits konkrete Anhaltspunkte, die auf eine bevorstehende rechtswidrige Nutzung einer Anlage schließen lassen, um sie unter präventiv-bauaufsichtsrechtlichen Gesichtspunkten vorbeugend zu unterbinden (*Jobs* 2017, 247).

Bei der Nutzung einer Wohnung als Kurzzeitvermietung stößt die Effektivität der Nutzungsuntersagung an ihre Grenzen, weil sich zum einen das Nutzungskonzept baulich oder augenscheinlich nicht vom Wohnen unterscheidet und infolgedessen die Bauordnungsbehörden zwingend auf Meldungen aus der Bevölkerung angewiesen sind (*Weigelt* 2016, 266). Hier steht also insbesondere das Kenntnisdefizit im Wege. Zum anderen kann gegen eine Nutzung nicht vorgegangen werden, wenn eine Nutzungsänderung materiell genehmigungsfähig ist (vgl. II. 3.). Zwar läge dann eine formelle Illegalität vor und ein Einschreiten wäre grundsätzlich möglich. Dennoch könnte ein zögerndes Verhalten seitens der Bauaufsichtsbehörden begründet sein, weil der Bauherr durch eine Nutzungsuntersagung zu einer formellen Legalisierung ermutigt werden könnte und aufgrund des Anspruchs auf Erteilung einer Genehmigung (vgl. I.) im Ergebnis möglicherweise dringend benötigter Wohnraum verloren ginge. Anders sieht es aus, liegt eine offensichtliche Genehmigungsfähigkeit vor. In diesem Fall wäre der Erlass einer Nutzungsuntersagungsverfügung ermessenfehlerhaft (*Jobs* 2017, 247). Zur effektiven Begrenzung der Ferienwohnungsbildung ist das Einschreiten der Bauaufsichtsbehörden also im Falle einer offensichtlichen Genehmigungsfähigkeit nur bei Vorliegen weiterer Nutzungsänderungsverbotstatbestände tatsächlich zielführend.

---

134 VGH München, Beschl. vom 18.09.2017 – 15 CS 17.1675, BeckRS 2017, 126544 (Rn. 29).

135 OVG Schleswig, Beschl. vom 25.06.2020 – 1 MB 31/19, BeckRS, 21921 2020 (Rn. 13).

C. Zwischenergebnisse

Die Effektivität der baurechtlichen Steuerung von Kurzzeitvermietungen ist durch den Aufwand einer Einzelfallprüfung eingeschränkt. Ob sich die Genehmigungsfrage bei der Kurzzeitvermietung neu stellt und deshalb eine rechtswidrige Nutzungsänderung vorliegt, erfolgt qualitativ-wertend anhand des tatsächlich realisierten Nutzungskonzepts und entscheidet sich insbesondere am Merkmal der Dauerhaftigkeit. Zusätzlich ist das Vorhaben nicht isoliert zu betrachten, sondern auch danach zu beurteilen, ob es in seiner unterstellten Häufung Belange erfasst oder berührt, welche eine städtebauliche Betrachtung und Ordnung erfordern.[136] Mit einer einfachen Prüfung hierzu ist nur im Falle der regelmäßigen Kurzzeitvermietung zu rechnen (Fall Nr. 3). Zu vermuten ist aber, dass die meisten Fälle im Übergang von Fallkonstellation Nr. 2 zu Nr. 3 zu verorten sind und dadurch eine aufwendigere Prüfung erfordern. Schließlich ist zu konstatieren, dass die hybriden Fallkonstellationen der Kurzzeitvermietung *zwischen* den Nutzungsarten Wohnen und Ferienwohnen baurechtlich nicht erfasst werden können.

Stellt die Bauaufsichtsbehörde eine illegale Nutzung fest, kann durch die Verfügung einer Nutzungsuntersagung gegen sie vorgegangen werden. Allerdings steht diesem bauordnungsrechtlichen Einschreiten einerseits ein Kenntnisdefizit und andererseits die weitgehende materielle Genehmigungsfähigkeit von Ferienwohnungen in den meisten innerstädtischen Lagen entgegen. Entsprechende Nutzungsänderungsanträge – auch bei der Verfügung einer Nutzungsuntersagung – müssten in den meisten Fällen genehmigt werden. Im Ergebnis also verbessert die Einführung der Legaldefinition in § 13a BauNVO die Voraussetzungen für die Realisierung des Geschäftsmodells nach dem Airbnb-Modell (*Ludwigs* 2018, 141). Will eine Gemeinde also die Wohnnutzung erhalten, ist die Anpassung der materiellen Zulässigkeitsbestimmungen durch Planung erforderlich.

---

136 VGH Mannheim, Beschl. vom 26.01.2017 – 5 S 1791/16, BeckRS 2017, 101691 (Rn. 22).

Kapitel 3: Sharing Economy und Kurzzeitvermietungen

Die große Beliebtheit von Kurzzeitvermietungen der letzten Jahre geht insbesondere auf die Unternehmen der Sharing Economy zurück. Mit dem Geschäftsmodell des Homesharing gelingt es Airbnb einen Schwarm von Nutzerinnen zu aktiveren, der entgegen zahlreicher Vorschriften weltweit eine Parahotellerie betreibt und dadurch das Unternehmen zum größten Vermittler von Kurzzeitvermietungen aufsteigen ließ. Die Voraussetzung dafür besteht im Aufkommen von digitalen Plattformen, die in den letzten Jahren große kommerziellen Erfolg feierten und etablierte Institutionen ins Wanken brachten (*Sutherland/Jarrahi* 2018, 328). Ein Teil dieser Plattformen wird unter der sogenannten Sharing Economy subsumiert (A). Darunter ist auch das Geschäftsmodell Airbnbs Homesharing zu fassen (B). Die Analyse der Sharing Economy und des Homesharing mündet insbesondere in der Beantwortung der Frage, wie sich Kurzzeitvermietungen über Airbnb zahlreichen Vorschriften, wie denen des zuvor dargestellten Baurechts, erfolgreich entziehen können (C).

A. Sharing Economy

Die Entstehung der Sharing Economy in den 2010er Jahren ist von einer kontroversen öffentlichen und wissenschaftlichen Debatte begleitet worden (I.). Entgegen der suggerierten Ähnlichkeit der Unternehmen, die der Sharing Economy weitläufig zugeschrieben werden, unterscheiden sich die Geschäftsmodelle zum Teil beträchtlich voneinander. Eine genaue Ausdifferenzierung der vielfältigen Konzepte der Sharing Economy würde den Rahmen dieser Untersuchung übersteigen. Deshalb werden drei besonders unterschiedliche Konzepte herausgegriffen, denen sich Airbnb im weitesten Sinne zuordnen lässt oder sich selbst zuordnet (II.). Abschließend folgt eine systematische Verortung und Bewertung Airbnbs im Gefüge der Sharing Economy (III.).

I. Entstehung

Der Begriff *Sharing Economy* (alternativ auch *Share Economy*) umfasst „alle Angebote zur temporären exklusiven Nutzung oder Mitbenutzung eines dauerhaften Gutes" (*Schwalbe/Peitz* 2016, 233 f.). Anders als im traditionellen Verständnis von Wirtschaft findet i.d.R. keine Eigentumsübertragung statt, sondern der Gedanke des Teilens tritt in den Vordergrund (*J. Dörr/Goldschmidt* 2018, 3). Die Angebote zeichnen sich regelmäßig durch die „webbasierte Vermittlung von temporären Nutzungsrechten" (*Busch/Demary et al.* 2018, 7) an wechselnde Endkonsumentinnen aus:

> „Consumers granting each other temporary access to under-utilized physical assets ("idle capacity"), possibly for money" (*Frenken/Schor* 2017, 4 f.).

Dazu gehören Geschäftsmodelle, in denen das Unternehmen selbst die Güter bereitstellt, sowie solche, bei denen fremde Güter vertrieben werden. Die Unternehmen versprechen, auf diese Weise vorhandene Ressourcen durch das *Teilen* besser und effizienter nutzen und mit der digitalen Gemeinschaft, den „Peers" (siehe II. 3.), alte Probleme mit neuen Werkzeugen lösen zu können. Die Stadt werde durch die Verwertung ungenutzter Kapazitäten bestehender Assets wie Fahrräder, Autos, Gebäude oder Garagen effizienter und nachhaltiger, indem Abfälle reduziert würden, wirtschaftliche Chancen für die Nutzerinnen entstünden und soziales Kapital geschaffen werde (*Brachya/Collins* 2016, 13 f.). Dabei versuchen sich die Unternehmen der Sharing Economy nicht lediglich auf die Bedürfnisbefriedigung durch wirtschaftliche Transaktionen zu beschränken, sondern verfolgen bis zu einem gewissen Grad übergeordnete Ziele, die moralisch geboten erscheinen (*J. Dörr/Goldschmidt* 2018, 16). Dies wird am weitverbreiteten und zumeist positiv behafteten Leitsatz ‚Teilen statt Haben' besonders deutlich (*Theurl/Haucap et al.* 2015, 87). Der konstruierte Gegensatz vom (altruistischem) *teilen* und *haben* führt allerdings zu einer irreführenden Schlussfolgerung, die in Anbetracht der Gewinnmaximierungsabsicht von Uber und Airbnb einer sozialromantisierenden Verklärung gleichkommt (*Dittmann/Kuchinke* 2017, 20). Jemand, der mit anderen teilen möchte, muss etwas haben, wofür sich andere interessieren und wer nichts hat, kann allenfalls seine Zeit und Muskelkraft anbieten, um anderen zu helfen oder sich ein paar Euro zu verdienen – nur wer etwas hat, das andere nicht haben, kann das mit anderen teilen (*Wewer* 2016, 156). So einfach und unverfänglich der Leitsatz auf den ersten Blick scheint, so kontrovers ist der Kampf um die Deutungshoheit der Sharing Economy.

Größere theoretische Beachtung wurde der Idee der Sharing Economy 2011 im einschlägigen Werk "What's mine is yours" (*Botsman/Rogers* 2011) zuteil, wobei die terminologische Tradition des Begriffs Share Economy auf eine wesentlich längere Geschichte zurückblickt.[137] Der Frohgesang auf die *Collaborative Consumption* hat seine Ursprünge in der Beobachtung des gemeinsamen kurzweiligen Nutzens und Tauschens von Gütern und Dienstleistungen über Internetplattformen wie z.B. *Ebay*. Gemeinsamer Konsum und ein gemeinschaftlicher Lebensstil, verbunden durch das Teilen von Waren und Dienstleistungen, ermögliche Menschen die enormen Vorteile des Zugangs zu Produkten und Dienstleistungen gegenüber dem Eigentum zu nutzen und gleichzeitig Geld, Raum und Zeit zu sparen, neue Freunde zu finden und als aktive Bürgerinnen aufzutreten (ebd., xv). Ferner seien echte und sinnvolle Fortschritte in Sachen Nachhaltigkeit nur dann zu erreichen, wenn sowohl Verbraucherinnen als auch Unternehmen motiviert seien, ihr Verhalten zu ändern. Denn kollaborativer Konsum böte den Vorteil, dass er das Eigeninteresse der Nutzerinnen anspräche, ohne etwa Schuldgefühle oder gar persönliche Opferbereitschaft hervorzurufen oder zu fordern (ebd., 74). Ins öffentliche Bewusstsein trat die Sharing Economy schließlich etwa 2013/2014 (*Busch/Demary et al.* 2018, 6; *Slee* 2016, 9), wie auch die Anzahl der Google-Suchanfragen mit dem Begriff „Sharing Economy“ verdeutlicht (vgl. Abb. 1). Die relativen Suchanfragen überstiegen im April 2014 weltweit erstmals den indizierten Wert 20[138] und erreichten im Oktober 2014 den Wert 60. Gleichzeitig verzeichneten die Suchanfragen in Deutschland ihren Höhepunkt mit einem Wert von 100. Weltweit erreichten die indizierten Suchanfragen schließlich Oktober 2016 den Wert 100. Der Suchindex quantifiziert jenen globalen Interessenshöhepunkt, den *Scholz* wie folgt zusammenfasst:

„Companies like Uber and airbnb are enjoying their Andy Warhol moment, their $15 billion of fame, in the absence of any physical infrastructure of their own” (*Scholz* 2014).

137 vgl. insbesondere Weitzman, Martin L., 1984: The share economy, Conquering stagflation. Harvard Univ. Press, Cambridge, Mass.

138 Die Werte geben das Suchinteresse relativ zum höchsten Punkt im Diagramm für die ausgewählte Region im festgelegten Zeitraum an. Der Wert 100 steht für die höchste Beliebtheit dieses Suchbegriffs. Der Wert 50 bedeutet, dass der Begriff halb so beliebt ist und der Wert 0 bedeutet, dass für diesen Begriff nicht genügend Daten vorlagen (*Google Trends* 2019).

Abb. 1: Indizierte Suchanfragen nach dem Begriff „Sharing Economy" (Google Trends 2019)

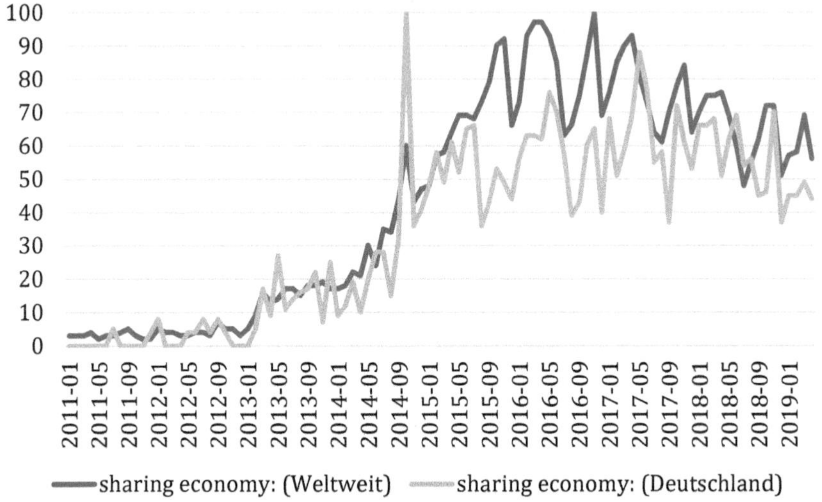

Der Artikel „The Sharing Economy"[139] des Technologie- und Wirtschaftsblogs *FastCompany* greift eben jene Analyse von *Botsman/Rogers* auf und zieht aus den gleichen Beobachtungen andere Schlüsse. *Sacks* konstatiert eine kompetitive und wirtschaftliche Sprengkraft hinter dem disruptiven System der Sharing Economy, auf welches die Wagniskapitalgeberinnen bereits schielten[140] und was nicht zuletzt eher ein Indiz für ein attraktives Renditemodell als für die Erfüllung gesellschaftlicher Ziele darstelle. Einer der Hauptkritiker der Sharing Economy ist *Slee*, der mit seiner 2015 erschienen Veröffentlichung „What's yours is mine"[141] unmittelbar auf die Ausführungen von *Botsman* und *Rogers* „What's mine is yours" reagierte. Darin unterstellt der Autor den Unternehmen der Sharing Economy die Monetarisierung sozialer Beziehungsformen, die bisher weitgehend von geldwertem Austausch ausgeklammert waren (*Slee* 2016, 11 ff.). Demzufolge fordert er von den Anhängerinnen der Sharing Economy, der Versuchung zu widerstehen, für gesellschaftliche Probleme technologische

---

139 *Sacks* 2011: The Sharing Economy {https://fastcompany.com/1747551/sharing-economy}.

140 Ebd.

141 Die deutschsprachige Aussage erschien unter dem Titel „Deins ist meins" (*Slee* 2016).

Lösungen zu suchen, die mit Wagniskapital finanziert sind (ebd., 210 f.). Er warnt vor der Gefahr der immer größeren Monopolisierung durch die Unternehmen der Sharing Economy, weil ihr Wachstum auf dem Anschein eines sozialen Anstriches basiere und immer mehr Wettbewerber zerstöre:

> „Offenheit zieht auch jene an, die noch größere Konzerne aufbauen wollen. Kommerzielle Interessen nutzen den nicht kommerziellen Anschein von Offenheit immer gern als Fassade, hinter der sie ihre durch und durch kommerziellen Interessen verbergen können. Das Problem ist, dass Offenheit nicht einfach neue Märkte und neue Unternehmen schafft, die die alten zerstören und ersetzen, sondern dass sie weniger wettbewerbsintensive Märkte und mächtigere Unternehmen entstehen lassen“ (ebd., 141 f.).

Differenzierte und weniger populärwissenschaftliche Untersuchungen folgten alsbald insbesondere aus dem Kreis der Wirtschaftswissenschaften, aber auch der Soziologie und der Planung. So unterscheidet *Belk* die Geschäftsmodelle in echte Sharing Konzepte (2014a, 14 ff.) und Pseudo-Sharing Konzepte (ebd., 11 ff.). Mit dem Vorliegen von Geldaustausch, egoistischen Motiven (als Gegensatz zu gemeinschafsorientierten Motiven), der Erwartung an Gegenseitigkeit sowie dem Fehlen eines Gemeinschaftsgefühls benennt er vier Kriterien für Pseudo-Sharing Konzepte (ebd., 16). Am Beispiel von Kurzzeitvermietungen ordnet er *Airbnb* - im Gegensatz zu *Couchsurfing.org* - den Pseudo-Sharing Konzepten zu. Dies begründet er damit, dass die Einkünfte des Individuums im Vordergrund stehen und weniger die Förderung eines Gemeinschaftsgefühls oder eines Mehrwerts für die Gemeinschaft. Daran anknüpfend unterscheiden andere Autorinnen wiederum die Geschäftsmodelle in extraktive und generative Modelle (*Dredge/Gyimóthy et al.* 2016, 3; *Dredge/Gyimóthy* 2017, 3 f., 2017b, 27; *Gurran* 2018, 2; *Scholz* 2016, 11 ff.). Generative Modelle sorgen für einen Überschuss in einer Community durch Sharing, wie z.B. Couchsurfing. Das Modell basiert auf der Commons-Idee und wird oft mit der Solidar- bzw. Gemeinwohlökonomie oder mit einer nachhaltigen Kreislaufwirtschaft in Verbindung gebracht und dient insbesondere dazu, mit zumeist in Gemeinschaftseigentum befindlichen digitalen Plattformen oder auch Plattform-Genossenschaften (*Meyer/Theurl* 2017, 100 ff.; *Scholz* 2016) kooperative lokale oder regionale Marktplätze zu unterhalten (*Dredge/Gyimóthy et al.* 2016, 3). Extraktive Modelle hingegen sind oftmals skalierbare Geschäftsmodelle, bei denen User persönliche Assets anbieten. Das kann z.B. eine Wohnung oder ein Haus zur temporären Unterkunft

(Modell Airbnb) oder auch die eigene Arbeitskraft (Modell TaskRabbit) sein. Etwa 85 Prozent der Wertschöpfung verbleibt dabei beim User und die restlichen 15 Prozent werden von der Plattform abgeschöpft (ebd., 3). Die extraktiven Modelle zeichnen sich dadurch aus, dass nicht in die Gemeinschaft der User zurückinvestiert wird. Airbnb ist neben weiteren Wettbewerbern wie *Wimdu*, *Flipkey* und *9flats* den extraktiven Modellen zuzuordnen. *Slee* bringt das – als generatives Modell getarnte – extraktive Modell der Branche wie folgt auf den Punkt:

> „Die Sharing Economy ist durchaus eine Bewegung: eine Bewegung für Deregulierung. Große Finanzinstitute und einflussreiche Wagniskapitalfonds ergreifen die Gelegenheit, die Regeln zu attackieren, die demokratisch gewählte Stadtverwaltungen überall auf der Welt aufgestellt haben, um die Städte nach ihren eigenen Interessen umzugestalten. Es geht nicht um eine Alternative zu einer von Konzernen geprägten Marktwirtschaft, sondern darum, die Prinzipien deregulierter freier Märkte auf immer neue Bereiche unseres Lebens auszudehnen" (*Slee* 2016, 30 f.).

Möglichweise liegt die Ursache für die kontroverse Auslegung der Sharing Economy auch in der gewählten oxymoronischen Zusammensetzung der zwei Begriffe. Einerseits (*Sharing*) wird er als eine Art „frohe Botschaft" (*Wewer* 2016, 156) und als Wiederentdeckung menschlicher Kooperation (*Buczynski* 2013) gefeiert (Sharing is caring) und andererseits (*Economy*) werden Bilder eines neuen, bis dahin nicht gekannten neoliberalen „Turbokapitalismus" (*Schwalbe/Peitz* 2016) geweckt, der jede Bürgerin zugleich zur potenziellen Unternehmerin macht.

II. Konzepte

Im Verlauf der Debatte über die Deutungshoheit der Sharing Economy setzte sich bislang keine einheitliche Definition durch (*J. Dörr/Goldschmidt* 2018, 3). Stattdessen kristallisierten sich viele Konzepte und Begriffe,[142] die mit jeweils anderer Brille die Sharing Economy zu beschreiben versuchen

142 Dazu gehören insbesondere die Begriffe "sharing economy", "shareconomy", "collaborative consumption", "collaborative economy", "gig economy", "access-based consumption", "platform economy", "peer-to-peer economy", "on-demand economy". Eine strukturierte Übersicht dazu liefern *Sutherland/Jarrahi*, International Journal of Information Management 2018, 328 (329).

(*Sutherland/Jarrahi* 2018, 329). Entsprechende Differenzierungen von Konzepten der Sharing Economy sind nicht als trennscharfe Abgrenzungen, sondern als Einordnungsversuche zu verstehen. Um sich dem Geschäftsmodell Airbnbs anzunähern, werden insbesondere drei Konzepte herausgestellt. Dazu zählt zunächst der sogenannte Plattformkapitalismus (1.), der insbesondere durch Plattformen als neue Unternehmensform gekennzeichnet ist. Weiterhin wird Airbnb, wenn auch mit Einschränkung, der Collaborative Economy (2.) sowie als Unternehmen der Peer-to-Peer-Economy (3.) zugeordnet.

1. Platform Capitalism – Plattformkapitalismus

Plattformen sind neuartige Unternehmen, die sich durchaus von üblichen Wettbewerbern unterscheiden. Einige von ihnen, wie Uber und Airbnb, sind zu echten Gamechangern in ihren Branchen aufgestiegen und lassen sich nur noch schwer mit anderen Unternehmen aus der Branche vergleichen. Denn längst sind aus den ursprünglichen Ideen von Airbnb – gegenseitig Wohnungen oder Häuser zu tauschen – und Uber – jemanden von Ort A nach Ort B im privaten PKW mitzunehmen – große Milliarden-Geschäfte geworden (*BMWi* 2014, 8 ff.). *Lobo* deklarierte bereits früh diese Geschäftsmodelle als „Plattform-Kapitalismus“ (*Lobo* 2014). *Srniceks* Herleitung des Plattformkapitalismus setzt bei der Beschreibung der globalökonomischen Rahmenbedingungen des späten 20. und frühen 21. Jahrhunderts an. Den Wendepunkt für die Entstehung des heutigen Plattformkapitalismus steckt er zeitlich bei der globalen Finanz- und Wirtschaftskrise im Jahre 2008 ab (*Srnicek* 2017, 34 f.). Airbnb und Uber, die beiden Starunternehmen der Sharing Economy, wurden beide im Ausklang der Finanzkrise im Sommer 2008 bzw. Frühling 2009 in der San Francisco Bay Area, im sogenannten Silicon Valley gegründet (*Slee* 2016, 71 f.).

Srnicek definiert Plattformen als eine neue „Art von Unternehmen“ (*Srnicek* 2017, 48), die sich durch vier Merkmale auszeichnen. Sie stellen die Infrastruktur für die Vermittlung zwischen verschiedenen Benutzergruppen bereit, sie weisen Monopoltendenzen auf, die von Netzwerkeffekten getrieben werden, sie nutzen Quersubventionen, um verschiedene Benutzergruppen einzubeziehen und sie haben eine entworfene (IT-) Kernarchitektur, die die Interaktionsmöglichkeiten regelt (ebd., 48). Für den Zugang zu den Plattformen und Marktplätzen werden mindestens zwei Formen der Kompensation fällig. Zum einen zahlt die Nutzerin eine Gebühr in Form einer Matching-Provision, die in der Regel einen Prozentsatz des gesamten Service- bzw. Produktwertes darstellt. Zum anderen liefert die Nutzerin wertvolle personenbezogene Daten (*Dittmann/Kuchinke* 2017, 13). Um die algorithmische Koordination – also das Zusammenbringen der Peers – noch besser aufeinander abzustimmen, werden die personenbezogenen Daten passgenau für das Matching eingesetzt. Somit bildet der Zugang zu den Plattformen zugleich auch den Treibstoff für die Matching-Maschine selbst (*Srnicek* 2017, 43 ff.). Eine solche Plattform zu betreiben, bedeutet im Umkehrschluss, Eigentümerin von Code zu sein. *Google* etwa besitzt zwei Mrd. Zeilen Code, *Facebook* kommt auf etwa 20 Mio. Zeilen (ebd., 48).

Laut *Seemann* sind die Plattformen aufgrund ihrer Größe und ihrer Organisation nicht mehr nur als bloße Unternehmen zu verstehen, sondern vielmehr als Systemkonkurrenten von Staaten (*Seemann* 2017, 45). Sie erfahren Legitimation durch ihre Peers, betreiben (Netz-)Innen-, Außen- und Sicherheitspolitik und verfügen schließlich über eine kritische digitale Infrastruktur (ebd., 46 ff.). Durch Netzwerkeffekte – er spricht von Netzwerkmacht – wachsen die Plattformen durch Standards-setzende Geschäftsmodelle in kürzester Zeit zu großen Unternehmen auf (ebd. 45). Um dieser wachsenden Macht auch in Zukunft entgegentreten zu können, richtet *Seemann* seinen Appell an den Staat, langfristig selbst zum Plattformanbieter zu werden, um die Abhängigkeit von den Internetgiganten und ihrer Infrastruktur zu verringern (ebd., 49). Unterschiede der Plattformen identifiziert *Srnicek* insbesondere nach fünf Arten der Plattformen (a) entlang ihrer übergeordneten Geschäftskonzepte in Werbe-, Cloud-, Industrie-, Produkt- und Lean-Plattformen (*Srnicek* 2017, 49). Zudem ist zu beobachten, dass Plattformen in immer mehr Branchen (b) vordringen, insbesondere auch in Konkurrenz zur Standard Economy.

a) Arten von Plattformen

Werbeplattformen zeichnen sich durch die Extraktion und Analyse der Informationen über ihre Nutzerinnen aus, um dann Werbeflächen für passgenaue Produkte zu verkaufen. Beispiele sind *Google* und *Facebook* (*Srnicek* 2017, 50 ff.).

Cloud-Plattformen sind in Besitz der Hard- und Software und stellen diese für den Betrieb der Internetgiganten bereit, angefangen von Microsofts künstlicher Intelligenz bis hin zu IBMs Quantum Rechner. Dazu gehört die vollständige Bereitstellung der IT-Infrastruktur, insbesondere aber Rechenzentren und Rechenkapazität (ebd., 62 f.). Die größten Unternehmen dieser Art sind *Amazon Web Services* – kurz AWS – und *Salesforce.* Ihre Geschäftskonzepte bestehen in der bedarfsweisen Vermietung ihrer Clouddienste, die insbesondere die Datenanalyse, die Auswertung von Nutzerdaten und die Instandhaltung der Serverinfrastruktur für die Kunden übernehmen (*Srnicek* 2017, 61 f.). Jeff Bezos, der CEO von Amazon, vergleicht seine Cloudplattform mit Stromnetzen der Industriegesellschaft – zu Beginn hatte noch jedes Unternehmen seinen eigenen Generator, doch später wurde die Infrastruktur zentralisiert und die benötigte Nachfrage passgenau geliefert (ebd., 63).

Industrieplattformen nutzen Hard- und Software für die Umwandlung traditioneller Fertigung durch internetbasierte Prozesse, die die Produktionskosten senken. Beispiele sind *Siemens*, *General Electric*, *Microsoft* und *Intel.* Dabei werden insbesondere Zulieferketten im Produktionsprozess automatisiert, Lager- und Wartungszeiten verkürzt und der Energieverbrauch gesenkt (ebd. 65). Die Hoffnung der Unternehmen liegt in der Verringerung der Produktions- und Lieferzeiten bis hin zur unmittelbaren Heranführung des Produktionsprozesses an die tatsächliche Prozessrealisierung. In Deutschland ist diese Art von Unternehmen unter dem Begriff der *Industrie 4.0* bekannt (ebd., 65 f.).

Produktplattformen wandeln den traditionellen Verkauf eines Produkts in den Verkauf von temporären Nutzungsrechten so ab, dass sie das Produkt durch Leasing- oder Abonnementmodelle über Plattformen anbieten (ebd., 72 f.). Beispiele sind *Rolls Roys*, *Spotify* und *Zipcar.* Rolls Roys führte als eines der ersten Unternehmen bereits Ende der 1990er Jahre das Ware-als-Dienstleistung-Prinzip ein (ebd., 72 f.). Heute vermietet (statt verkauft) Rolls Roys fortan nur noch mit Sensoren ausgestattete Motoren an Fluggesellschaften und wertet sämtliche Performance-Daten eines jeden Flugs aus, um so den technologischen Vorsprung vor Wettbewerbern aufrechtzuerhalten (ebd., 74).

Lean-Plattformen, übersetzt auch schlanke oder virtuelle Plattformen genannt, verfolgen das Hyper-Outsourcing-Modell und versuchen das Eigentum ihrer Assets auf ein Minimum zu reduzieren, um so ihre Kosten zu senken (ebd., 75 f.). Beispiele sind *Uber*, *Airbnb*, *TaskRabbit* und *Mechanical Turk.* Diese Plattformen sind im Idealfall nur in Besitz der Kontrolle über die Plattform. Unter dem Begriff der *Gig-Economy* (auch *1099-Economy*) sammeln sich häufig jene arbeitsrechtlichen Probleme der Lean Plattformen, von denen insbesondere die vielen freiberuflichen und prekär beschäftigten Arbeitsnehmerinnen der Internetplattformen, wie z.B. Uber-Fahrerinnen betroffen sind (ebd., 78 f.).

Die Zuordnung von Airbnb zu den *Lean Platforms* führt zu zwei wesentlichen Erkenntnissen. Zum einen ist hier eine Rückkehr zum „Wachstum-vor-Gewinn-Modell" der 1990er Jahre zu beobachten (Dotcom-Blase). Zum anderen beobachtet *Srnicek* bei Airbnb den Versuch, sich als Schnittstelle zu etablieren, an der sich Anwenderinnen, Kundinnen und Mitarbeiterinnen treffen und dabei sämtliche Servicedienstleistungen wie Personal, Anlagekapital, Infrastruktur, Wartungskosten und Schulungen nach einem „Hyper-Outsourcing-Modell" (*Srnicek* 2017, 76) auslagern. Was bleibt ist das absolute Minimum: die Kontrolle über die Plattform selbst in Form der Software- und Datenanalyse, das Matching zwischen *Gastgeber* und *Gast* sowie die Monopolprovision (ebd. 75 f.). Bei den restlichen Beispielunternehmen ist zu beobachten, dass sowohl alte als auch neue Marktteilnehmer das Feld des Plattformkapitalismus betreten (z.B. Rolls Roys und TaskRabbit). Aufgrund seiner Unternehmensvielfalt fällt auf, dass *Amazon* zu fast jedem der Plattformtypen zugeordnet werden kann. Insbesondere AWS – Amazon Web Services – sind mit vielen der Lean Plattformen eng verwoben, da sie sämtliche Dienstleistungen per Definition auslagern (ebd., 83). Aber auch Google hat eine ähnlich verwobene Stellung im Gesamtgefüge des Plattformkapitalismus. Allen Plattformtypen ist gleich, dass für ihr Geschäftskonzept die massive Sammlung von Daten von zentraler Bedeutung ist (ebd., 89).

b) Branchen

Um die Vielfalt und ihre ökonomische Bedeutung bereits bestehender Plattformen zu reflektieren, stellen *Puschman/Alt* Startups der Sharing Economy Unternehmen der Standard Economy nach Branchen sortiert gegenüber. Zudem differenzieren sie die Unternehmen nach der Art der Kundenbeziehung zwischen Business-to-Conumser (B2C) und Consumer-to-Consumer (C2C) (vgl. Tab. 3).

Tab. 3: Beispielunternehmen der Sharing Economy (nach Puschmann/Alt 2016, 94)

Unternehmensform		Startup		Standard	
Kundenbeziehung		**B2C**	**C2C**	**B2C**	**C2C**
BRANCHE	Ernährung	Kuhteilen.ch	Eat with me	WeFarm (Google)	P2P Food Lab (Sony)
	Finanzen	Finpoint	Lendico	openforum (Bank of America)	Crowdfunding (Volksbank)
	Mobilität	Uber	Getaround	car2go (Daimler)	Parkatmyhouse (BMW)
	Reisen	Onefinestay	Airbnb	Tripping.com (viele Unternehmen)	TripAdvisor (Expedia)
	Logistik	Instacart	ShareMy-Storage.com	DoorDash (FedEx)	MyWays (DHL)
	Arbeit	WeWork	Free-lancer.com	Workspace on Demand (Marriott)	TaskRabbit (Walgreen, Pepsi)
	Bildung	Chegg	P2PU	Coursera (Stanford)	Khan Academy (Google)

Petropoulos unterteilt die Plattformen in die vier Branchen Übernachtungsgewerbe, Verkehr und Mobilität, Online-Arbeitsmärkte und Finanzplattformen (*Petropoulos* 2017, 4). Zu den Plattformen des *Übernachtungsgewerbes* zählt er Unternehmen, die Immobilien oder Teile von Immobilien zur Vermietung bereitstellen, wie z.B. Airbnb, HomeAway, HouseTrip, 9Flats, Wimdu, Onefinestay, Roomerama, Sleepout, Love Home Swap und Holiday Lettings. Im Bereich *Verkehr und Mobilität* unterscheidet er zwischen Unternehmen, die Fahrzeuge vermieten und Unternehmen, die Fahrdienste anbieten, zu Ersteren zählt er ZipCar, EasyCar, car2go, Autolib und Velib, zu Letzteren BlaBlaCar, Sidecar, Uber und Lyft. Weiter identifiziert er Plattformen, die *Online-Arbeitsmärkte* darstellen und insbesondere auf Micro-Tasking[143] spezialisiert sind. Dabei werden Arbeitnehmerinnen mit Arbeitgeberinnen gematcht, um Kleinstaufgaben, sogenannte Human-Intelligence-Tasks, zu erledigen, die Maschinen eben nicht übernehmen können. Beispielunternehmen sind etwa Amazon Mechanical Tusk, Adtriboo, TaskRabbit, Oltretata, Freelancer, Crowdsource, Crowdflower und Click-

143 Micro-Tasking ist der Prozess der Zuweisung von Aufgaben an eine zufällige Menge von Menschen. Eine typische Strategie des Micro-Tasking besteht darin, zu beantwortende Fragen wiederholt und nach dem Zufallsprinzip mehreren Arbeiterinnen zuzuweisen. Schließlich werden die gesammelten Antworten aggregiert (z.B. *Moayedikia/Ong et al.* 2018, 213).

worker. Bei den *Finanzplattformen* unterscheidet er zwischen Crowdfunding-Plattformen, wie z.B. Kickstarter und IndieGogo und Peer-to-Peer-Kreditplattformen, wie etwa Lending Club und Prosper, die Kreditnehmerinnen mit potenziellen Kreditgeberinnen zusammenbringen.

Im deutschsprachigem Raum identifizieren *Flick* und *Henseling* insgesamt 110 aktive Plattformen, wovon 63 in Deutschland gegründet worden sind, 12 aus den USA stammen und die restlichen 35 sich auf 14 weitere Herkunftsländer verteilen (*Flick/Henseling* 2019, 13). Sie unterscheiden die Unternehmen nach sechs Konsumbereichen: Mobilität (40 Plattformen), Gebrauchsgegenstände (31 Plattformen), Übernachtung (20 Plattformen), Kleidung (10 Plattformen), Ernährung (6 Plattformen) und Medien (3 Plattformen) (ebd., 15 f.).

2. Collaborative Economy – Kollaborative Ökonomie

Bei der Collaborative Consumption bzw. beim kollaborativen Konsum werden Plattformen und Unternehmen unter dem Kollaborationsaspekt der Vielen in den Blick genommen. Es handelt sich um ein weites Begriffsverständnis, das den Blick von der objektbezogenen Perspektive der Plattformen auf die subjektbezogene Perspektive der Nutzerinnen lenkt. *Botsman* und *Rogers* widmen sich als eine der ersten Autorinnen dem kollaborativen Konsum und identifizieren für sein Gelingen vier Grundsätze: eine kritische Masse, Leerlaufkapazität, der Glaube an die Allmende und das Vertrauen zwischen Fremden (*Botsman/Rogers* 2011, 75). Das weitgehend beschreibende Werk *What's mine is yours* leistet wichtige Pionierarbeit. Die drängendsten Fragen wie etwa, was genau kollaborativen Konsum von nicht kollaborativem Konsum abgrenzt oder wie die *Collaborative Economy* im Vergleich zur Standard Economy zu bewerten ist, werden allerdings weitgehend nur sporadisch behandelt. Stattdessen führen sie aus, wie der kollaborative Konsum durch gemeinschaftliche Nutzung von ungenutzten Ressourcen einen wesentlichen Beitrag zum nachhaltigen Leben leistet. Sie beobachten kollaborative Konsumsysteme (ebd., 71), Produktionsservicesysteme (ebd., 71 f.), Umverteilungsmärkte (ebd., 72 f.) und kollaborative Lebensstile (ebd., 73 ff.), die allesamt den vier zuvor genannten Grundsätzen folgen. Die Beobachtungen sind aus soziologischer Perspektive interessant, tragen allerdings im Rahmen des vorliegenden Untersuchungsansatzes nicht wesentlich dazu bei, Airbnb als Unternehmen oder als Geschäftskonzept besser einordnen zu können.

Belk hingegen grenzt seine Definition des kollaborativen Konsums von *Botsmans* und *Rogers* Ansatz ab. Unter kollaborativen Konsum versteht er Personen, die den Erwerb und die Verteilung einer Ressource gegen eine Gebühr oder eine andere Form der Kompensation koordinieren (*Belk* 2014b, 1597). Durch die Einbeziehung anderer Kompensationsformen umfasst die Definition auch den Tauschhandel, bei dem Sachbezüge gewährt und erhalten werden können. Die Definition schließt bewusst Aktivitäten wie CouchSurfing aus, da diese auf das tatsächliche Teilen als soziale oder familiäre Kompensationsform abzielt. Jegliche Formen der finanziellen Kompensation sind bei CouchSurfing sogar ausdrücklich verboten (ebd., 1597). *Belk* verortet den kollaborativen Konsum *zwischen* dem tatsächlichen, nicht-monetären Teilen und dem marktplatzartigen Austausch. Ähnlich sehen es *Dredge* und *Gyimóthy*, die die kollaborative Ökonomie zunächst als Sammelbegriff für „Sharing economy", „Gift economy", „Gig economy", „Access economy", „On-demand economy" und „We-economy" (*Dredge/Gyimóthy* 2017b, 15) verwenden. Aufgrund ihres weiten Verständnisses verwehren sie sich gänzlich einer definitorischen Binnenpräzisierung (ebd., 23 f.) und legen stattdessen den Schwerpunkt ihrer Beobachtungen auf die Hybridität der Geschäftsmodelle:

> "The novelty of collaborative business platforms lies in their hybrid networking functionalities, which may simultaneously serve commercial and social purposes. Some of the new platforms are built around genuine sharing and pooling of resources while others facilitate monetised exchanges among strangers" (*Gyimóthy* 2017a, 33).

Die hybriden, zwitterartigen Geschäftsmodelle der Collaborative Economy zwischen sozialem und kommerziellem Zweck sind es letztendlich, die es den Unternehmen auf der einen Seite ermöglichen, moralische Werte wie Nachhaltigkeit, Gemeinschaft und individuellen Zuverdienst hochzuhalten und auf der anderen Seite innerhalb kürzester Zeit zu den umsatzstärksten Unternehmen der Welt aufzuschließen.

3. Peer-to-Peer Economy – P2P-Prinzip

Unter dem Begriff der *Peer-to-Peer Economy* (P2P-Economy) werden Unternehmen gefasst, die die Nutzerinnen in den Vordergrund stellen. Im Gegensatz zur Collaborative Economy unterstreicht die P2P-Economy die Beziehung der User zueinander und nennt sie *Peers*. Bei dieser idealen Form der Zusammenarbeit innerhalb der Nutzergemeinschaft wird ein

Nutzwert von den und für die Peers generiert (*Oskam* 2019, 10). Plattformunternehmen wie Airbnb bauen ihr Geschäftsmodell rund um eine P2P-Architektur auf, um einen Nutzwert der Peers zu ermöglichen und an ihm schließlich auch mitzuverdienen (ebd., 10). Dazu werden die Entstehung (a), die Systematik (b) sowie die Archetypen (c) des P2P-Prinzips skizziert.

a) Entstehung

Das P2P-Prinzip entstammt der IT und bezeichnet eine Architektur, die auf der Kommunikation einzelner Rechner ohne Zwischeninstanz basiert. Die bekanntesten P2P-Anwendungen sind Soziale Medien wie *Facebook* oder *Twitter* (*Hoßfeld/Hirth et al.* 2012, 204). Das erste P2P-Unternehmen von Bedeutung war allerdings *Napster*, das zwischen 1999 und 2002 einen turbulenten Auf- und Abstieg durchlief (*Oskam* 2019, 27). User tauschten über die Software Musikdateien (MP3s, WMAs) aus, ohne dass diese auf einem Server zwischengespeichert wurden (*Zwack* 2017, 41). Im Gegensatz zum damals üblichen Client/Server-Paradigma erfolgte bei Napster der Austausch zwischen den Clients nicht über einen zentralen Server, sondern fortan zwischen gleichstehenden Usern peer to peer (ebd., 42). Das *P2P-Prinzip* machte den Umweg über Dritte obsolet, was es nach damaliger Rechtslage zunächst unmöglich machte, das Unternehmen für die illegalen Tauschgeschäfte zu belangen. Dies ist maßgeblich darauf zurückzuführen, dass Maßnahmen gegen einzelne Nutzerinnen zum Zwecke der Vermeidung der P2P-Nutzung aufgrund des Aufwandes und der mangelnden Erfolgsaussichten von vornherein zum Scheitern verurteilt waren (*Kreutzer* 2001, 307). Das P2P-Prinzip kam damit einer kleinen Revolution in der IT gleich. Dem Prinzip folgend reichte es damit nicht, Musik einfach nur online als Download zur Verfügung zu stellen. Aus der anfänglichen Experimentierphase schaffte Napster den Durchbruch als die Plattform, die das Prinzip der Gegenseitigkeit technisch einforderte, indem die User erst Musik herunterladen konnten, wenn sie ihre eigene Musik anderen Usern zum Download bereitstellten (Giesler 2006 zit. n. *Belk* 2014a, 15). Dieses Bereitstellen fremden Eigentums an Dritte ohne einen Beitrag zu den Erstellungskosten zu leisten, kommt in der Güterlehre einer Umwandlung eines privaten Klubguts in ein öffentliches Gut gleich (*Zwack* 2017, 46). Im Vertrieb der Dateien ist letztlich die Rechtswidrigkeit zu identifizieren, die per IP-Adresse auf einzelne User als Uploader zurückgeführt werden kann (*Kreutzer* 2001, 310 f.).

Doch die potenzielle Rechtswidrigkeit und Austauschdynamik auf der Plattform kurz beiseitegestellt, löste die Einführung des Prinzips der Gegenseitigkeit ein Grundproblem, an dem alle P2P-Modelle bislang krankten: das Free Riding (*Zwack* 2017, 46). Eine Napster-Nutzerin machte in aller erster Linie von der Software Gebrauch, um selbst in den Genuss von Musikdateien zu kommen und nicht, um anderen ihren eigenen Katalog zur Verfügung zu stellen. Mehr noch versuchte sie aktiv zu vermeiden, ihre eigene Bandbreite durch Uploads zu verringern und sich zusätzlich der Gefahr des strafbaren Vertriebs auszusetzen. Damit neigte sie stets dazu, möglichst viele Files für sich herunterzuladen und anderen möglichst wenige zur Verfügung zu stellen. Die Community litt an diesem Einzelverhalten, weil das Angebot insgesamt sank und sich damit die Attraktivität der Plattform verringerte. Dieses Free Riding Problem ist durchaus bekannt und spätestens durch *Hardin* theoretisch eindrücklich skizziert worden.[144] Napster löste zwar das interne Free Riding Problem, indem es die Zurückhaltung seiner User durch das Prinzip der Gegenseitigkeit oder ein „Wie du mir, so ich dir" technisch einforderte. Allerdings löste das Unternehmen nicht das äußere Free Riding Problem des illegalen File-Sharings. Dazu bedurfte es der Einführung einer starken Zentralinstanz, die ihre Peers (per Anmeldung und Kontrolle) zügelt (*Zwack* 2017, 46). Als Napster auf Druck seitens der Rechteinhaber und wegen Vorwürfen der Piraterie sein Modell selbst in eine extraktive abonnementbasierte Plattform umwandeln wollte, war es für einen Kompromiss oder irgendeine Art der Zusammenarbeit mit der Musikindustrie zu spät (*Oskam* 2019, 27 f.): „The companies wanted the enemy crushed and humbled" (Honigsberg 2002, 487 zit. n. ebd., 28). 2001 wurde Napster schließlich aufgrund von massenhafter Urheberrechtsverletzungen erfolgreich offline geklagt.

Es dauerte nicht lange, bis andere Plattformen wie *Kazaa*, *eDonkey* und schließlich *BitTorrent* Napsters illegales File-Sharing beerbten (*Seemann* 2019, 12). Allerdings reichten sie nicht an die Größe ihres Vorgängers heran. *Apple* hingegen schaffte es die Gunst und Technik (P2P) der Stunde zu nutzen und der Musikindustrie 2003 mit *iTunes* ein Angebot zu machen, das sie nicht ausschlagen konnte: der legale Download eines Songs zum Preis von 0,99 US-Dollar (*Sprigman* 2006, 88). *Seemann* deutet diesen vorteilhaft ausgenutzten Moment des US-Unternehmens Apple als die Durchsetzung der „marktfähigen Verfügungsgewalt" (*Seemann* 2019, 12). Eigentum an den Rechten allein reichten dafür nicht (mehr) aus. Es

144 *Hardin*, Science 3859/1968, 1243 (1244): „Freedom in a commons brings ruin to all".

braucht dazu die technische Möglichkeit, ein Gut anbieten und zugleich vorenthalten zu können. Dem Staat ist es im Fall von Napster zwar gelungen, die Vorenthaltung durchzusetzen, an den unmittelbaren Folgeunternehmen (Kazaa, eDonkey, BitTorrent) scheitert es jedoch. Im Vergleich zu Gütern wie Autos oder Kühlschränken ist das Vorenthalten von kopierbaren Daten, also privaten Klubgütern, anspruchsvoller. Napster ist als Präzedenzfall für P2P-Unternehmen zu verstehen. Die heutigen abonnementbasierten Plattformen der Musik- und Filmindustrie wie *iTunes*, *Spotify* oder *Netflix* basieren nicht mehr auf dem P2P-Prinzip. Stattdessen haben Unternehmen der Sharing Economy das Prinzip für sich entdeckt und nutzen es auf Basis von hybriden Modellen, die insbesondere darauf bedacht sind, einerseits den Schwarm der Peers als Kundinnen und Dienstleisterinnen zu erwecken und andererseits als Intermediär bzw. als Vermittler die Verflechtung (Eigentum, Haftbarkeit) mit dem individuellen User auf das möglichste Minimum zu reduzieren: „Uber, the world's largest taxi company, owns no vehicles. Facebook, the world's most popular media owner, creates no content. Alibaba, the most valuable retailer, has no inventory. And Airbnb, the world's largest accommodation provider, owns no real estate. Something interesting is happening" (*Goodwin* 2015).

b) Systematik

Peer-to-Peer ist die digitale Form der in der Standard Economy bekannten Marktform Consumer-to-Consumer (C2C) (*Plouffe* 2008, 1180). Akteursbeziehungen in Geschäftsmodellen basieren traditionell auf dem Verhältnis zwischen Unternehmen und Kunde und werden als Business-to-Consumer (B2C) bezeichnet. Alternativ können auch Unternehmen untereinander in ein Geschäftsverhältnis treten, das als Business-to-Business (B2B) bezeichnet wird (*Haucap/Kehder* 2018, 40). Beim P2P treten Privatpersonen als Anbieterinnen (peer provider) oder als Konsumentinnen (peer consumer) auf (*Andersson/Hjalmarsson et al.* 2013, 3; *Scholl/Behrendt et al.* 2015, 11) und poolen dabei Ressourcen, auf die sie gemeinsam zugreifen (*Oskam* 2019, 10). Gegenwärtig werden nicht Musikdateien (Napster), sondern z.B. Wohnungen, Autos oder Geräte gepoolt und zur gemeinsamen (Mit-)Nutzung angeboten und nachgefragt (*Haucap/Kehder* 2018, 40). Die Koordinationsleistung der Peers und damit der Aufbau des eigentlichen Marktes können einem Dritten vorbehalten sein, einem sogenannten „Intermediär, dessen Leistung darin besteht, den Anbieter einer bestimmten Ressource und denjenigen, der Interesse an der Nutzung dieser Ressource hat, zusammenzubringen" (*Scholl* 2019, 10). Das Matching der Peers haben schließlich bekannten Intermediäre Google, Amazon, Facebook und Apple perfektioniert (*Höppner* 2020, 73). Das *Matching* kann aber auch von den *Peers* selbst erfolgen, wie es beim *Crowdsourcing* der Fall ist. Beim Crowdsourcing werden jene Prozesse, die nicht automatisiert werden können, durch die Peers selbst vorgenommen und dadurch die Prozesskosten insgesamt durch Ressourceneffizienz minimiert (*Zwack* 2017, 45).

Die Peers partizipieren digital und gemeinsam an einer Sache und agieren dezentral, selbstorganisiert und autonom. Zudem sind die Informationen zu ihren Assets jederzeit einsehbar (ebd., 45). Ein P2P-Geschäftsmodell lässt sich demnach wie folgt charakterisieren:

- *dezentral – keine zentrale Datenbasis und keine zentrale Koordination*

Die Koordination erfolgt durch die Interaktion der Peers untereinander und die Daten werden auf unterschiedlichen IT-Systemen dezentral vorgehalten.

- *selbstorganisiert – kein Vermittler zwischen den Peers*

Das Geschäftsmodell ist Ergebnis des globalen Verhaltens der Entscheidungen der einzelnen Peers, die direkt miteinander kommunizieren.

- *autonom – keine Einschränkungen der Bestimmung über Preise, Produkte oder Dienstleistungen*

Dabei sind die Peers von autonomen Verhalten geprägt und damit selbstbestimmt, unabhängig und frei in ihren Entscheidungen.

- *verfügbar – keine Einschränkungen der Zugriffsrechte durch Dritte*

Auf Informationen von anderen Peers können sie aufgrund der dezentral verfügbaren Informationen jederzeit zugreifen. Liegen alle Eigenschaften vor, ist von einem reinen P2P-Geschäftsmodell auszugehen. Im Falle einer starken Zentralinstanz, die als Intermediär die Koordination der Peers übernimmt und folglich die Dezentralität einschränkt, liegt ein hybrides P2P-Modell vor (*Zwack* 2017, 45). Dies trifft etwa auf Airbnb zu. Die Eigenschaften der Selbstorganisation und des autonomen Verhaltens sind durch die Airbnb-Nutzerinnen (Gastgeber und Gäste) erfüllt. Airbnb tritt zwar als technischer Vermittler auf, sein Einfluss ragt jedoch nicht soweit, als dass es die Organisation oder Entscheidungen der Peers in ihrem Verhalten lenken würde.[145] Alle für eine Transaktion erforderlichen Informationen sind jederzeit für die anderen Peers verfügbar (vertiefend siehe B III.).

---

145 anders bei Uber (siehe Kap. 4 B III. 1.).

c) Archetypen

Andersson et al. unterscheiden zwischen den vier Archetypen des P2P-Austauschs *P2P File Sharing*, *P2P Trading*, *P2P Goods Sharing* und *P2P Service Sharing* und ordnen das Geschäftsmodell Airbnbs dem *P2P Goods Sharing* zu (*Andersson/Hjalmarsson et al.* 2013, 3). Im Gegensatz zum P2P-File Sharing und Trading findet beim Goods Sharing keine Eigentumsübertragung statt. Stattdessen ermöglicht die Plattform einen zeitlich begrenzten Zugang zu einer Ware oder Dienstleistung sowie seine Nutzung gegen eine festgelegte Gebühr. Solche Plattformen koordinieren den Zugang zu relativ teuren physischen Objekten wie etwa Fahrzeugen, Parkplätzen und Unterkünften. Die Transaktion wird in der Regel lange im Voraus vereinbart und der Peer Consumer wird ganz oder teilweise vom Peer Provider abgekoppelt (ebd., 3). Beim *Service Sharing* hingegen arbeiten Peer Provider und Peer Consumer am selben Ort zusammen, um eine für beide Seiten vorteilhafte Kooperation zu ermöglichen. Dies bedeutet eine hochgradig koordinierte Anordnung der Ressourcen in einem eng definierten Zeitrahmen (ebd., 3). „Wie schon das Konzept des allgemeinen Sharing oder des kollaborativen Konsums, steht auch das Konzept des Peer-to-Peer Sharing überwiegend, aber nicht ausschließlich für eigentumslose und zugangsbasierte Formen des Konsums" (*Scholl* 2019, 10).

III. Einordnung Airbnbs

Nach der Beschreibung der Entstehung und der Konzepte der Sharing Economy, wird Airbnb abschließend zusammenfassend nach seinen identifizierten Bestandteilen bewertet.

Das Unternehmen ist als ein lehrbuchartiges Beispiel für ein Geschäftsmodell des Plattformkapitalismus nach *Srnicek* zu verstehen: es betreibt eine Infrastruktur zur Vermittlung (*Matching*) von Benutzergruppen (*Gastgeber und Gäste*), weist Monopoltendenzen auf (*Winner-Take-All*) und profitiert von Netzwerkeffekten in Verbindung mit Quersubventionen zur Einbeziehung verschiedener Benutzergruppen (*Zweiseitiger Markt*). Nach *Zwack* ist es als hybrides *P2P-Geschäftsmodell* zu verstehen, weil die Plattform als regulierende Instanz zwischen den Peers waltet. Airbnb agiert als Intermediär, der Unterkunftsanbieterinnen und Unterkunftssuchende miteinander verknüpft (*Zwack* 2017, 47). Auch wenn sich das Unternehmen selbst gern als Teil der kollaborativen Ökonomie, insbesondere durch die *Feel-Good-Rhetorik*, verstanden sehen möchte, ist das Geschäftsmodell als extraktives Pseudo-Sharing nach *Belk* und *Drede/Gyimóthy* und nicht als generatives Sharing im Sinne des geschwisterlichen Teilens zu bewerten. Auch *Oskam* unterstreicht diese Einordnung und resümiert, dass Airbnb weder der kollaborativen Ökonomie als Sharing im engeren Sinne zuzuordnen ist, noch, dass es einen Handel mit dem Versprechen menschlicher Verbindung ermöglicht, in der User unausgelastete Ressourcen gemeinschaftlich sozial und effizient nutzen (*Oskam* 2019, 19). Gegenstand des Handelsplatzes ist nicht etwa eine gemeinschaftliche Allmende, an die das Kollektiv glaubt, sondern vielmehr die individuelle Gelegenheit, mit (s)einer Wohnung in bevorzugter Lage einen Ertrag zu erzielen, der unter gängigen Vermietungs- und Nutzungsbedingungen nicht zu erzielen wäre. Mit dem *Hyper-Outsourcing-Modell* verfolgt das Unternehmen zudem die Reduzierung seines Eigentums auf ein Minimum und ist deshalb als *Lean Plattform* nach *Srnicek* zu bewerten. Lediglich die Kontrolle über die Plattform in Form von Code, der den Matching-Mechanismus steuert, sowie die Abwicklung der Transaktionen, einschließlich der Provision, verbleiben beim Unternehmen selbst.

B. Homesharing über Airbnb

Nach der Einordnung Airbnbs innerhalb der Sharing Economy, folgt die Auseinandersetzung mit den Besonderheiten des Unternehmens. Dazu wird zunächst die Entstehung nachgezeichnet (I.) und das tatsächliche Geschäftsmodell des Homesharing über Airbnb herausgestellt (II.). Abschließend wird anhand der Fallkonstellationen aus Kap. 2 B III. die Ausprägung der Vermietungsaktivität einer Kurzzeitvermietung zwischen dem Homesharing und dem Ferienwohnen diskutiert (III.).

I. Entstehung

Airbnb gelingt es schätzungsweise 150 Mio. User[146] so zu kanalisieren, dass Wohnungseigentümerinnen ebenso wie Wohnungsmieterinnen ihren Wohnraum weltweit als Ferienwohnung anbieten (*C.-W. Otto* 2018, 155). Es revolutionierte das Beherbergungsgewerbe und machte aus unzähli-

146 *Davis* 2018: Everyone Loves Airbnb in Europe, Except European Residents, South EU Summit {https://southeusummit.com/europe/everyone-loves-airbnb-in-europe-except-european-residents/}.

gen Wohnungsnutzerinnen Mikrohoteliers (*Guttentag* 2019, 815). Seit der Gründung Mitte 2008 brauchte Airbnb auf der Nachfrageseite lediglich drei Jahre, um die erste Mio. Übernachtungen im Februar 2011 zu akkumulieren; die zweite Mio. war im Juni des gleichen Jahres erreicht; fünf Mio. waren es dann Ende Januar 2012 und zehn Mio. Ende Juni 2012 (*Guttentag* 2015, 1198). In dieser Geschwindigkeit entstanden in rund einer Dekade über sechs Mio. Unterkünfte in 191 Ländern (*Airbnb.com* 2019), was die Plattform zum weltweit größten Handelsplatz des Beherbergungsgewerbes aufsteigen ließ und mittelbar zum größten Anbieter von Unterkünften, noch vor Branchenprimus *Marriot International* mit rund 1,33 Mio. Zimmern in 131 Ländern (*Marriot International* 2019). Die Verbreitung nahm von dem Gründungsort San Francisco sowie von New York City aus in den Vereinigten Staaten ihren Lauf und mündete schließlich 2012 in Niederlassungsgründungen in Paris, Sao Paolo und Moskau (*Guttentag* 2015, 1199). Der europäische Ableger *Airbnb Ireland UC, private unlimited company* ist im irischen Dublin registriert und als private Kapitalgesellschaft vergleichbar zu einer deutschen Gesellschaft mit beschränkter Haftung. Die Zahlungsdienste sind im Tochterunternehmen *Airbnb Payments UK Ltd.*[147], einer Gesellschaft nach dem Recht des Vereinigten Königreichs mit Sitz in London, ausgegliedert.[148] Seit Mitte 2018 gehören Airbnb und Uber in die Riege der 20 wertvollsten Internetunternehmen der Welt mit einem fiktiven Börsenwert von 31 Mrd. US-Dollar bzw. 72 Mrd. US-Dollar. Die Anführer der Rangliste sind Apple und Amazon mit einem Börsenwert von 924 Mrd. US-Dollar bzw. 783 Mrd. US-Dollar (*Kleiner Perkins Caufield & Byers* 2018). Sowohl Uber als auch Airbnb bauten ihre Geschäftsmodelle auf digitalen Vorgängern auf. Zimmer und Wohnungen wurden bereits vor Airbnb nicht kommerziell bei *Couchsurfing.org* und kommerziell über *VRBO* und *HomeAway* getauscht und vermittelt (*Slee* 2016, 40). *Zipcar* und *Lyft* boten Fahrdienste bereits vor Uber an (ebd., 63 ff.). Dennoch gelang es Uber und Airbnb die Marktanteile ihrer Vorläufer weitgehend vollständig zu übernehmen und darüber hinaus zu den höchst bewerteten Internetunternehmen der Welt aufzuschließen.

---

147 *Airbnb*: Impressum - Airbnb {https://airbnb.de/about/company-details}.

148 EuGH, Urt. vom 19.12.2019 – C-390/18, MMR - Zeitschrift für IT-Recht und Recht der Digitalisierung 2020, 171 (171).

Abb. 2: Anzahl der Unterkünfte in ausgewählten europäischen Städten 2016-2020 (Eigenerhebung Deutsche Städte 2016/17; Airdna.co 30.09.2020)

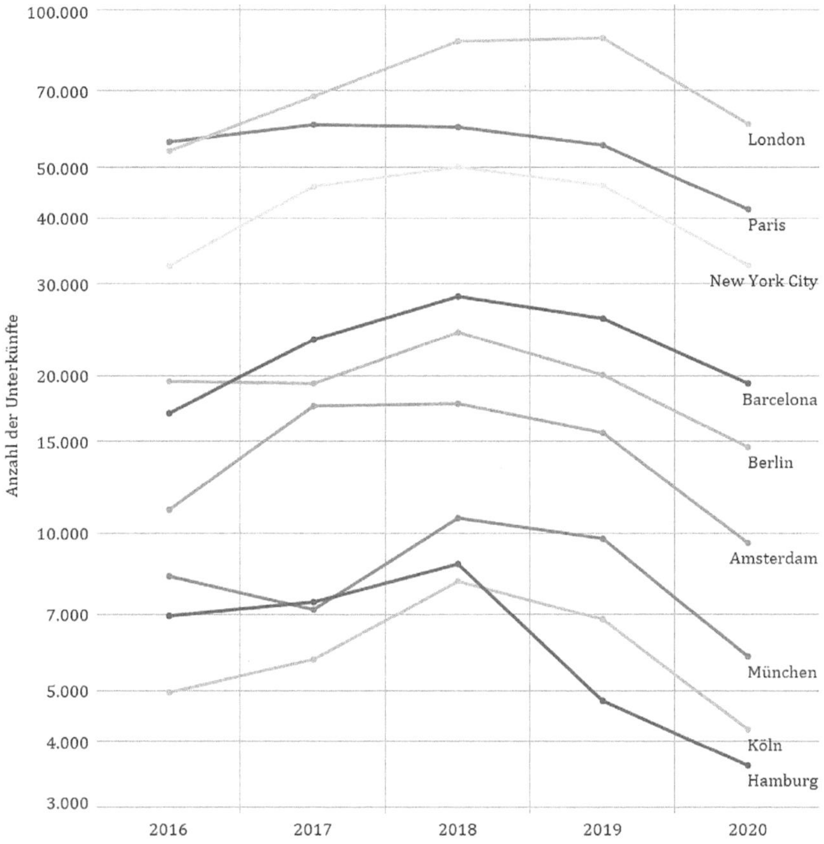

Dieser rasante Aufstieg führte zu einem großen Unterkunftsangebot in vielen internationalen Destinationen, was Airbnb zu einem echten Konkurrenten zum traditionellen Beherbergungsgewerbe aufsteigen ließ. 2018 zählt Amsterdam über 15.000 sowie Barcelona und Berlin jeweils über 20.000 aktive Unterkünfte (vgl. Abb. 2). New York City und Paris kommen jeweils auf über 50.000 und London sogar auf über 80.000 Unterkünfte. Hamburg und Köln zählen jeweils über 8.000 und München über 10.000 Unterkünfte. Die Wachstumsphase scheint, mit Ausnahme von London, 2018 ihren Höhepunkt erfahren zu haben. Seitdem stagniert die Anzahl der Unterkünfte weitgehend oder geht leicht zurück. In Hamburg sinkt die Anzahl 2019 um fast 40 Prozent auf unter 5.000 aktive Unterkünfte. Das Jahr 2020 schließlich ist spätestens seit März von der weltweiten Corona-Pandemie geprägt, was einen starken Rückgang der aktiven Unterkünfte in allen Städten zur Folge hat.

II. Geschäftsmodell

Airbnb versteht seine Plattform selbst als „Online-Marktplatz, auf dem Reisende (Gäste) und Anbieter von Unterkünften (Gastgeber) Kontakt aufnehmen, in Verbindung treten und direkt miteinander interagieren können."[149] Das Unternehmen besitzt dabei keine eigenen Unterkünfte, sondern organisiert nur die Vermittlung fremder Unterkünfte. Im Zentrum steht die Plattform, die auf Grundlage einer strukturierten Auflistung von Unterkünften, Personen auf der Suche nach einer kurzfristigen Beherbergung mit Gastgebern zusammenbringt, die über zu vermietende Unterkünfte verfügen.[150] Airbnb definiert diese Personen als *Homesharer*: „Menschen, die wiederholt kurzzeitig ihre selbst bewohnte Wohnung oder ein Zimmer in dieser Wohnung bei eigener Anwesenheit vermieten"[151]. Homesharing basiert also auf der Idee, den eigenen Wohnraum anderen Privatpersonen (Peers) gegen Entgelt vorübergehend zur Verfügung zu stellen, wenn dieser selbst gerade nicht benötigt wird (*Frenken/Schor* 2017, 5). Damit sind insbesondere Gästezimmer und verwaiste Kinderzimmer sowie auch komplette Wohnungen oder Häuser während der Urlaubs- oder Dienstreise gemeint (*Stors/Kagermeier* 2017, 204).

Ganz im Sinne der Sharing Economy argumentieren Befürworterinnen von Homesharing, dass die Zurverfügungstellung der eigenen Wohnung eine Erschließung verborgener Kapazitäten darstelle,[152] welche durch das Teilen mit anderen zu effizienteren und nachhaltigeren Städten führt (Airbnb 2015 zit. nach *Dredge* 2017, 51; Sharable 2013 zit. nach *Gurran* 2018, 2). Airbnb sieht in einem unbewohnten oder ungenutzten Heim eine temporäre Leerkapazität, eine untergenutzte Ressource, einen unaus-

---

149 Drs. 17/157, Stellungnahme von Airbnb zum Antrag der Fraktion der SPD (LT-Drs. 17/3596) vom 08.12.2017 (1).

150 EuGH, Urt. vom 19.12.2019 – C-390/18, MMR - Zeitschrift für IT-Recht und Recht der Digitalisierung 2020, 171 (Rn. 53).

151 Drs. 17/157, Stellungnahme von Airbnb zum Antrag der Fraktion der SPD (LT-Drs. 17/3596) vom 08.12.2017 (3).

152 „idle capacity" nach *Frenken/Schor* 2017, 5, „latent capacity" nach *Gurran* 2018, 2 und „idling capacity nach *Botsman/Rogers* 2011, 93.

gelasteten Vermögenswert bzw. ein Asset (*Botsman* 27.05.2015; *Dredge/Gyimóthy* 2017b, 24f.; *Ferreri/Sanyal* 2018, 3364; *Gurran* 2018, 5; *Gyimóthy* 2017a, 33f.). Zudem sei Homesharing Ausdruck dessen, „wie Menschen im 21. Jahrhundert reisen, aber auch leben und mit der Ressource des privaten Wohnraums umgehen wollen - was wiederum u.a. über Airbnb als digitale Plattform ermöglicht wird. Dazu gehört unter anderem, dass durch Airbnb Bürgerinnen und Bürger befähigt werden, ihren Wohnraum zu teilen und damit neue Wertschöpfung am Ort der Vermietung zu erzeugen"[153]. Daraus lässt sich folgende Arbeitsdefinition von Homesharing ableiten:

> Beim Homesharing treten Reisende (Gäste) und Anbieterinnen von Unterkünften (Gastgeber) auf einer Peer-to-Peer-Plattform als Community in Kontakt, um selbst bewohnten Wohnraum als Ressource zu poolen.[154]

Aus dem Geschäftsmodell ergeben sich im Wesentlichen drei vermeintlich gesamtgesellschaftliche Vorteile. Der offensichtlichste Vorteil kommt Immobilienbesitzerinnen zugute, die durch Airbnb ihre Vermietungsmodelle diversifizieren können. Sie haben im Wesentlichen drei Möglichkeiten eine Rendite mit der Immobilie zu erwirtschaften: Sie können in der Wohnung wohnen und müssen daher keine Miete an anderer Stelle zahlen, sie können sie an Langzeitmieterinnen oder an Kurzzeitmieterinnen vermieten (*Bivens* 2019, 6). Zweitens entsteht für Reisende eine größere Auswahl und Vielfalt an Unterkünften, durch die das Unterkommen, insbesondere im Vergleich zur Beherbergung in einem Hotel, erschwinglicher sein kann (ebd., 9; *Zervas/Proserpio et al.* 2017, 704). Drittens ist die zusätzliche wirtschaftliche Aktivität zu nennen, die mit dem von Kurzzeitvermietungen ausgelösten Besucherinnen einhergeht und von denen besonders der umliegende Einzelhandel, Restaurants, Lebensmittelgeschäfte, Souvenirläden und weitere Dienstleistungen profitieren (*Bivens* 2019, 10). Besonders den letzten Punkt hebt Airbnb in zahlreichen Länder- und Stadtberichten regelmäßig hervor.[155]

---

153 Drs. 17/157, Stellungnahme von Airbnb zum Antrag der Fraktion der SPD (LT-Drs. 17/3596) vom 08.12.2017 (3).

154 Eigene Definition basierend auf *Gyimóthy* 2017b, 67; *Schröder* 2015, 397; *Ritzer* 2015, 413 ff.; Drs. 17/157, Stellungnahme von Airbnb zum Antrag der Fraktion der SPD (LT-Drs. 17/3596) vom 08.12.2017 (3).

155 z.B. *Airbnb.com* 2015: Airbnb Economic Impact {https://blog.atairbnb.com/economic-impact-airbnb/}; *Airbnb.com* 2015: Airbnb's Positive Impact in France {https://blog.atairbnb.com/airbnb-economic-impact-france/}; *Airbnb.com* 2015:

Mit diesen Vorteilen gehen auch unmittelbare Nachteile einher. *Bivens* sieht durch Airbnb im Wesentlichen eine Verlagerung des potenziellen Wohnungsmarktangebots für Dauerbewohnerinnen hin zu Kurzzeitmieterinnen, die zwar die Preise für Unterkünfte zum Reisen sinken, gleichzeitig die Mietpreise für Langzeitmieterinnen aber steigen lässt (*Bivens* 2019, 20). Aus der wohlfahrtsökonomischen Perspektive überwiegen seiner Ansicht nach die Nachteile gegenüber den Vorteilen, weshalb eine Ungleichbehandlung etwa im Vergleich zum traditionellen Beherbergungsgewerbe nicht gerechtfertigt sei (ebd., 21).

Diese überblicksartige Bewertung des Geschäftsmodells wird im nächsten Teilabschnitt entlang der einzelnen Bestandteile des Geschäftsmodells vertieft. Dabei besteht das Homesharing über Airbnb aus dem Matching (1.) von Gastgeber (2.) und Gast (3.), bei dem das Unternehmen die Vorteile eines zweiseitigen Markts (4.) ausschöpft und nach dem Winner-Take-All-Prinzip (5.) seine Monopolstellung durch die Feel-good-Rhetorik (6.) ausbaut. Die Grundlage dafür bilden die gegenseitigen Reviews und Bewertungen seiner Community (7.).

1. Matching der Peers

Die Plattform Airbnbs vermittelt digital zwischen Gastgeber und Gast und führt sie in ein temporäres Vertragsverhältnis. Die Kernfunktion der Plattform ist die Stellung als Intermediär zwischen Peers, die Unterkünfte anbieten, und Reisenden, die Unterkünfte gegen Entgelt suchen (*Oskam* 2019, 4; *Zwack* 2017, 47) In dieser Funktion reguliert die Plattform die wichtigsten Rechte und Pflichten von Gastgebern und Gästen und setzt diese Ordnung um, indem sie Aufsichtsmechanismen wie Bewertungen und Reviews ermöglicht, die Kommunikation lediglich über die Plattform akzeptiert und zudem Streitbeilegungsmechanismen für die Parteien anbietet (*Ulfbeck/Petersen et al.* 2019, 39). Auf Grundlage von Reisedaten und eines Reiseziels erfolgt die Suche nach einer Unterkunft auf der Plattform, die durch weitere Attribute wie Preis, Nachbarschaft und Ausstattungsmerkmale verfeinert werden kann (*Guttentag* 2015, 1193). Das Ergebnis ist eine Liste von Unterkünften, bei denen per Klick ein Portfolio mit Fotos, Reviews, Hausregeln sowie Informationen über den Gastgeber und

---

Airbnb Economic Impact in Japan {https://blog.atairbnb.com/airbnb-economic-impact-in-japan/}; *Airbnb.com* 2016: Economic Impacts in Ireland {https://blog.atairbnb.com/economic-impacts-in-ireland/}.

die Einrichtung der Unterkunft erscheint (*Fradkin* 2017, 10 f.). Bei Interesse wird eine Reservierungs- oder Buchungsanfrage verschickt, die die Unterkunftsanbieterin entweder manuell bestätigen oder ablehnen bzw. im Falle der aktivierten Sofort-Buchungs-Option mit einer automatisierten Buchungsbestätigung beantworten kann (ebd., 11; *Guttentag* 2015, 1193 f.). Einzelheiten wie die Schlüsselübergabe, die Ankunftszeit oder Rückfragen können (auch bereits vor der Buchung) über den plattformeigenen Messenger kommuniziert werden. Der Austausch der Kontaktdaten (Name des Gasts/Gastgebers, genaue Adresse der Unterkunft, Telefonnummer, Email-Adresse) zwischen den beiden Parteien erfolgt erst nach bestätigter Buchung. Ein selbstständig initiierter Austausch von Telefonnummern über den Chat wird von Airbnb automatisch geblockt, indem die Nummern geschwärzt werden. Bei erfolgter Buchung behält das Unternehmen eine Vermittlungsprovision von 6 bis 18 Prozent ein.[156]

2. Gastgeber

Die Gastgeber bilden das Fundament des Unternehmens. Ohne sie würde das Geschäftsmodell nicht funktionieren (*Guttentag* 2019, 825). Sie erzeugen das Angebot, indem sie Unterkünfte auf der Plattform zur Übernachtung anbieten. Dabei wird ein User-Profil mit Pseudonym erstellt und ein Unterkunftsportfolio angelegt, das eine Beschreibung über die Einrichtung, Art und Lage, Fotos der Unterkunft, einen Buchungskalender und den Tagespreis sowie mögliche Rabatte enthält. Im Rahmen der Erstellung des Angebots müssen Gastgeber zusätzlich ihre Personaldaten mit Abgleich des Personalausweises sowie die genaue Adresse hinterlassen. Bei der Darstellung auf dem Unterkunftsportfolio ist es den Gastgebern jedoch überlassen, ob sie den genauen Standort ihrer Unterkunft öffentlich angeben oder diesen auf einer Karte in einem Umkreis von 150 bis 200 Metern mit einer gewissen Ortsunschärfe versehen.[157]

Aufgrund der herausragenden Bedeutung für Airbnbs Geschäftsmodell, pflegt das Unternehmen ein gutes Verhältnis zu seinen Gastgebern, indem

156 zwischen 8% bis 18% nach *Wachsmuth/Weisler* 2018, 1149; zwischen 6% bis 12% nach EuGH, Urt. vom 19.12.2019 – C-390/18, MMR - Zeitschrift für IT-Recht und Recht der Digitalisierung 2020, 171 (171).

157 150 Meter laut *InsideAirbnb*: About {http://insideairbnb.com/about.html}; 200 Meter laut *Skowronnek/Vogel et al.* 2015: Airbnb vs. Berlin, Was sagen die Daten? {www.airbnbvsberlin.de}; *Hörz*, Stadtforschung und Statistik 1/2016, 35 (37).

es z.B. ihre Bedürfnisse und Interessen auf der Serviceplattform *Airbnbcitzens.com* durch lokale „Homesharing Clubs" (*AirbnbCitizen.com*) aktiv unterstützt. Die Professionalisierung von Gastgebern ist dabei unverzichtbarer Bestandteil des Geschäftsmodells, insbesondere auch zur Vergrößerung des Marktanteils (*Oskam* 2019, 58). Deshalb zeichnet Airbnb besonders aktive und gut bewertete Gastgeber als *Superhosts* aus.[158] Die Auszeichnung geht mit Belohnungen einher, die sich insbesondere in der besseren Auffindbarkeit ihrer Unterkünfte sowie einem frühzeitigen Zugang zu neuen Programmen niederschlägt. Anforderungen an die Auszeichnung sind eine Gesamtbewertung von mindestens 4,8 (von 5) Sternen, eine Antwortrate von mindestens 90 Prozent auf Anfragen innerhalb von 24 Stunden, eine Vermietungstätigkeit von mehr als 10 Transaktionen pro Jahr und eine Stornierungsrate von weniger als einem Prozent. 400.000 Gastgeber sind mittlerweile in den Genuss dieser Auszeichnung gekommen und erzielen dabei ca. 22 Prozent höhere Einnahmen als durchschnittliche Gastgeber (*Oskam* 2019, 59). Auf die Frage, aus welchen Gründen Personen als Airbnb-Gastgeber aktiv werden, liefern mittlerweile einigen Studien erste Antworten. Die Hauptmotivation liegt sowohl im finanziellen Aspekt der zusätzlichen Einnahmen als auch in der Gelegenheit, positive (soziale) Erfahrungen machen zu können (*Guttentag* 2019, 825).[159] Dabei spielt auch das Erleben einer kosmopolitischen Geselligkeit, die durch die Aufnahme von Menschen aus aller Welt neue persönliche Perspektiven eröffnet, eine Rolle (*Ladegaard* 2018, 395).

Das Belohnungssystem schafft große Anreize für die Professionalisierung seitens der Gastgeber. Die Lage der Unterkunft ist dabei entscheidend. Standortfaktoren wie z.B. die Entfernung zum Stadtzentrum oder die Lage innerhalb eines beliebten Stadtteils haben den größten Einfluss auf die Preisbildung (*Deboosere/D. Jane Kerrigan et al.* 2019, 152; *Gyódi* 2019, 545). Die Plattform bietet den Gastgebern dabei an, ihr Unterkunftsangebot nach den Arten „Gesamte Unterkunft" (Ganze Unterkunft), „Privatzimmer" oder „Gemeinsames Zimmer"[160] zu unterscheiden. Nicht nur

158 *Airbnb.de* 2020: Superhost: Bei der Gastfreundschaft ganz vorne dabei {www.airbnb.de/superhost}.

159 Einschlägige Untersuchungen über Airbnb-Gastgeber z.B. *Karlsson/Dolnicar*, Annals of Tourism Research 2016, 159; *Visser/Erasmus et al.*, Tourism Review International 2/2017, 151; *Ladegaard*, The Sociological Review 2/2018, 381.

160 Seit Sommer 2019 ist auf der deutschen Variante von Airbnb die weitere Unterkunftsart „Hotelzimmer" hinzugekommen. Diese wird in der vorliegenden Arbeit jedoch nicht weiter berücksichtigt, da sie sich nicht in die Logik des Homesharing einfügt.

die Vermietung einer gesamten Unterkunft steigert die durchschnittlichen monatlichen Einnahmen, sondern auch eine professionelle Umsetzung der Vermietung. Dafür bieten mittlerweile zahlreiche Servicedienstleister die Übernahme wesentlicher Leistungen der Vermietung an, insbesondere die Kommunikation mit Gästen, die Ausstattung und Reinigung der Unterkunft, eine laufende Preisoptimierung sowie Verwaltung der Wohnung.[161] Merkmale wie der Superhost-Status, eine hohe Anzahl von Reviews und die Sofort-Buchungs-Option schlagen sich unmittelbar auf die Einnahmen der Gastgeber nieder (*Deboosere/D. Jane Kerrigan et al.* 2019, 152). Gastgeber, die ihre Unterkünfte wie ein Hotel, vorzugsweise mit mehr als zehn Unterkünften managen, erzielen nachweislich höhere Einnahmen auf dem Online-Marktplatz und werden dadurch von der Plattform bevorzugt behandelt (ebd., 153). Nicht zuletzt beobachten *Stors/Kagermeier* aber auch Kompensationsstrategien einzelner Mieterinnen, die mit der Kurzzeitvermietung versuchen, steigende oder nicht bezahlbare Mietkosten zu decken (*Stors/Kagermeier* 2017, 199 ff.).

3. Gäste

2018 nutzen weltweit gut 400 Mio. Gäste Airbnb, davon kamen 7,9 Mio. Gäste aus Deutschland (*Airbnb* 2019, 3). Von den Airbnb-Usern aus Deutschland waren 40 Prozent im Alter von 18 bis 29 Jahren, 45 Prozent im Alter von 30 bis 49 Jahren und 15 Prozent über 50 Jahre (ebd., 8). Damit ist klar, dass sich die Nutzergruppe Airbnbs nicht mehr nur auf junge Erwachsene beschränkt, sondern auf fast alle Kohorten verteilt. Auf der Basis einer Befragung von 800 Airbnb-Gästen und auf der Grundlage einer Kategorisierung von 17 verschiedenen Motivationen, führten *Guttentag et al.* eine Clusteranalyse durch, um herauszufinden, worauf Reisende bei Airbnb besonderen Wert legen. Aus den Ergebnissen bildeten sie fünf Airbnb-Typen: „Money Savers, Home Seekers, Collaborative Consumers, Pragmatic Novelty Seekers [und] Interactive Novelty Seekers" (*Guttentag/S. Smith et al.* 2018, 351). Bei der Untersuchung stellte sich heraus, dass das prägendste Unterscheidungsmerkmal zwischen den Gästen der Faktor Interaktion war (ebd., 356). Dies referiert insbesondere auf den Wunsch,

161 z.B. *air-ledigt*: Airbnb Management Service, Airbnb Vermietungsservice | air-ledigt {https://air-ledigt.de/}; *HomeGuest*: HomeGuest - AirBnB Management Service für deine Wohnung {https://homeguest.de/airbnb-management-service/}; *Airgreets*: Dein Home Sharing Service - Airgreets {https://airgreets.com/}.

mit dem Gastgeber oder anderen Ortsansässigen in Kontakt treten zu wollen oder eben nicht (ebd., 353). Dieser Wunsch äußerst sich mitunter auch in der Wahl der Unterkunftsart selbst, wie etwa bei der Präferenz der gesamten Unterkunft im Gegensatz zu einer Gemeinschaftsunterkunft deutlich wird (*Guttentag* 2019, 820). Demnach bejahen die Collaborative Consumers und die Interactive Novelty Seekers den Wunsch nach Interaktion, während die Money Savers, Home Seekers, und Pragmatic Novelty Seekers diese ablehnen. *Guttentag et al.* identifizieren darin zwei grundverschiedene Gasttypen, die Airbnb beide bedienen kann. Das ist ein großer Wettbewerbsvorteil von Airbnb gegenüber klassischen Hotels und anderen Beherbergungsarten.

Aus welchen Gründen sich Reisende immer öfter für die Nutzung von Airbnb entscheiden, ist mittlerweile ebenfalls gut untersucht.[162] Die Motivation der Reisegäste beruht zuvorderst auf den praktischen Vorteilen im Vergleich zu anderen Beherbergungsarten, wie z.B. dem Preis, der Lage und der Ausstattung der Unterkunft (*Sthapit/Jiménez-Barreto* 2018, 283). Die erfahrungsbedingten Anreize, wie z.B. soziale Interaktion, Authentizität und Neuheit sind hingegen zweitrangig (*Guttentag* 2019, 819; *Guttentag/S. Smith et al.* 2018, 354), obgleich das Selbstbild des Reisenden insbesondere auf der Suche nach Authentizität und dem Versuch, ‚die ausgetretenen Pfade' zu verlassen und in das lokale Leben einzutauchen, fußt (*Week* 2012, 193). Bei der Wahl der passenden Unterkunft spielen Einrichtung und Atmosphäre, die Interaktion mit dem Gastgeber sowie die Gelegenheit nach authentischen Erfahrungen eine herausragende Rolle (*Paulauskaite/Powell et al.* 2017, 625). Airbnb-Unterkünfte grenzen sich damit nicht ausschließlich über den Preis von Hotels ab, sondern bieten auch einer wachsenden Nische von Touristinnen Lifestyle-konforme Unterkünfte an.

4. Zweiseitiger Markt

Das Unternehmen bedient einen zweiseitigen Markt, der sich insbesondere durch indirekte Netzwerkeffekte auszeichnet (*Schwalbe* 2014, 13). Zum einen werden Gastgeber angezogen, zum anderen sind auch Gäste Kundinnen der Plattform. Grundsätzlich gilt, je mehr Gastgeber auf der Plattform aktiv sind, desto interessanter ist das Angebot für potenzielle Gäste. Umgekehrt gilt, je mehr Gäste von der Plattform angezogen werden, desto mehr

162 *Guttentag*, JHTT 4/2019, 814 (819), Überischt zur Forschung über Airbnb-Gäste.

Eigentümerinnen und Mieterinnen entscheiden sich, als Airbnb-Gastgeber aktiv zu werden. Entscheidender Vorteil für das Unternehmen ist der indirekte Einfluss auf die Preisstruktur, die die eine Gruppe (Gastgeber) gegenüber der anderen Gruppe (Gäste) bevorteilen kann, etwa indem geringere Provisionen aufgeschlagen werden (*Oskam* 2019, 20 f.). Damit besitzt die Plattform einen Lenkungshebel, um letztlich sowohl die Produzenten- als auch die Konsumentenrente ideal abzuschöpfen. Im Ergebnis sind diese auf die lokale Bodenrente zurückzuführen (*Oskam* 2019, 18 f.). Aber auch für die Gäste entstehen Vorteile, da insbesondere die Preise für eine Unterkunft durch höhere Markttransparenz und ein gesteigertes Angebot in der Summe sinken (*Frenken/Schor* 2017, 7). Airbnb-Unterkünfte können so insbesondere in Gebieten mit hoher Hoteldichte günstiger ausfallen, wohingegen die Preisvorteile in Gebieten mit wenigen traditionellen Beherbergungsbetrieben sinken (*Gyódi* 2019, 547).

5. Winner-Take-All

Airbnbs zweiseitiger Markt bildet die Voraussetzung, um die den Plattformen zugrundeliegende „Tendenz zur Monopolisierung“ (*Theurl/Haucap et al.* 2015, 89) durch Vorteile für Anbieterinnen und Nachfragerinnen auszuspielen. Als unangefochtener Marktführer (*Oskam* 2019, 24) ist es Airbnb gelungen, die zuvor erwähnten kommerziellen Vorgänger *VRBO* und *HomeAway* weitgehend zu verdrängen (vgl. I.). Die angebotsseitigen Skaleneffekte (Größe des Marktes) wirken als Markteintrittsbarrieren für weitere Wettbewerber, sodass neben dem Quasi-Monopol Airbnbs kein Platz mehr für weitere Wettbewerber ist (*Beise/U. Schäfer* 2016, 104). Ähnlich wie bei Google oder Facebook entstehen bei Airbnb nachfrage- und kostenseitige Skaleneffekte, die die Transaktionskosten signifikant senken und im Ergebnis zu einer Winner-Take-All-Dynamik führen (*Brühn/Götz* 2014, 5).

6. Feel-good-Rhetorik

Airbnb bezeichnet sich selbst als „people-to-people Plattform“ (Airbnb nach *Gyimóthy* 2017b, 67). Es suggeriert damit, dass es von Menschen für Menschen einen Nutzen generiert, indem beim Homesharing individuell und gemeinschaftlich soziale, ökologische und ökonomische Vorteile entstehen. Die Vermieterinnen adaptieren das Unternehmensnarrativ, das insbesondere seitens der Gäste auf „feel-good-Rhetorik“ (*Frenken/Schor* 2017, 3) setzt. Unter der Marketingkampagne „Live There“[163] beschwört Airbnb mit den Imperativen „live like a local“ und „belong anywhere“ den Zeitgeist der Reisenden in Abgrenzung zur „normalen“ Touristin (*Oskam* 2019, 31 ff.; *Week* 2012). Seitens der Gastgeber setzt Airbnb ganz auf das finanzielle Versprechen zusätzlicher Einkünfte. Mit einem Einnahmenrechner[164] werden potenzielle Gastgeber angeworben, ihren Wohnraum finanziell in Wert zu setzen.

7. Reviews und Bewertungen

Das Bewertungs- und Rezensionsverfahren (Reviews) ist zentral für das Gelingen des Geschäftsmodells von Airbnb, denn dadurch entsteht zum einen Vertrauen zwischen Fremden (Gastgeber und Gast) und zum anderen wird im Zuge der Auswertung eine Rangfolge der Unterkünfte bei der Auflistung erzeugt (*Guttentag* 2019, 822; *Haucap/Kehder* 2018, 43). Um eine Beurteilung nach dem „Wie du mir, so ich dir“-Prinzip zu verhindern, räumt Airbnb dem Gast und Gastgeber jeweils zwei Wochen Zeit für die Abgabe einer Review ein, die dann gleichzeitig veröffentlicht wird (*Busch/Demary et al.* 2018, 108). Zwar sind die User nicht dazu gezwungen, (öffentlich) Reviews auf der Plattform zu hinterlassen, dennoch zeigt Airbnb durch mehrmalige Erinnerungen und Aufforderungen ein sichtliches Interesse daran, dass ein Feedback, entweder in Form einer Review oder (nur) in Form einer Bewertung von den Beteiligten abgegeben wird.

Die Erstellung der Review erfolgt durch das Verfassen eines Freitextes auf der Plattform über den jeweils anderen. Der Gast wählt selbst, ob der Text öffentlich dargestellt wird oder nur für den Gastgeber und Airbnb einsehbar ist. Wählt der Gast die öffentliche Variante, ist die Review auf dem Unterkunftsportfolio mit Monats- und Jahresangabe für Dritte einsehbar. Damit verbunden ist auch eine Bewertung in mehreren Kategorien, die als Ergebnis in einem Fünf-Sterne-System aggregiert und auf dem Unterkunftsportfolio öffentlich dargestellt wird. Anhand des Feed-

163 „When you stay in an Airbnb, you get more than a home. You get more than a city. You get a neighbourhood. The local coffee shop is yours, too. Wherever you go, you get to feel like you #LiveThere. Even if it’s just for a night.“ *Airbnb* 2016: Don’t Go There. Live There. {https://youtube.com/watch?v=bbdF8Muiwtk}.

164 *Airbnb.de*: Verdiene dir als Gastgeber etwas auf Airbnb dazu, Finde heraus, was du dir dazuverdienen könntest {www.airbnb.de/host/homes}.

backs lässt sich die Vermietungsaktivität erahnen und eine Unterkunft räumlich zuordnen. Je mehr Reviews abgegeben wurden, desto mehr Buchungen fanden statt. Dennoch bleibt das Risiko vom Gast oder Gastgeber getäuscht zu werden hoch. Darum führt das Unternehmen, neben dem Bewertungs- und Rezensionsverfahren, auch eine Identitätsprüfung durch, bei der die Gäste und Gastgeber ihren Ausweis digital hinterlegen.[165]

III. Zwischen Homesharing und Ferienwohnen

Nachdem das tatsächliche Geschäftsmodell Airbnbs aufgearbeitet wurde, folgt die Diskussion, ab welcher Vermietungsaktivität eine Kurzzeitvermietung noch dem Homesharing (Wohnen) oder schon dem Ferienwohnen (vgl. Kap. 2 A II. 2.) zuzuordnen ist. Grundlage hierzu bilden die Fallkonstellationen der Kurzzeitvermietung (vgl. Kap. 2 B III.) und die Arbeitsdefinition zu Homesharing (vgl. B II.). Beim Homesharing treten Gäste und Gastgeber auf der Airbnb-Plattform in Kontakt, um selbst bewohnten Wohnraum als Ressource zu poolen. Bei der Anwendung auf die Fallkonstellationen kommt es also auf die Einordnung des *selbst bewohnten Wohnraums* an, der einer Qualifizierung bedarf. Dabei wird die Nutzungsherrschaft über den Wohnraum über das *selbst* ausgedrückt. Hier ist auf eine Verfügungs- oder Nutzungsberechtigte zu schließen. Bei der Definition ist der Begriff des *Wohnraums* nicht im bauordnungsrechtlichen Sinne einer baulichen Anlage zum Wohnen, sondern im weiteren Sinne zu verstehen, der etwa auch Jurten, Zelte oder Bauwagen erfasst. Die Handlung des *Bewohnens* hängt stark von subjektiven Vorstellungen ab, denen sich hier nur angenähert werden kann.

Die Kurzzeitvermietung eines einzelnen Zimmers in der Hauptwohnung (Fall Nr. 1) ist als typischer Regelfall des Homesharing zu begreifen, wenn etwa ein Zimmer als Gästezimmer wechselnden Gästen überlassen wird. Dabei ist nicht davon auszugehen, dass die Wohnnutzung aufgegeben wird, selbst wenn die Vermietung über das gesamte Kalenderjahr hinweg erfolgt.

Die Kurzzeitvermietung der gesamten Hauptwohnung während der Abwesenheit der Hauptnutzerin (Fall Nr. 2) stellt den zweiten typischen Regelfall des Homesharing dar und ist grundsätzlich für die Zuordnung

165 *Airbnb.de*: Ausweisdokument und Verifizierung {https://airbnb.de/help/topic/1389/ausweisdokument-und-verifizierung}.

zur Wohnnutzung unschädlich.[166] Allerdings eröffnen sich Lücken. Zum einen, indem eine Nutzungs- oder Verfügungsberechtigte den selbst bewohnten Wohnraum aus beruflichen oder privaten Gründen vorwiegend nicht nutzt und während ihrer Abwesenheit wechselnden Gästen überlässt. Zum anderen, indem eine Nutzungsberechtigte eine Wohnung unter dem Vorwand, sie selbst zu bewohnen, dauerhaft als Kurzzeitvermietung wechselnden Gästen überlässt. Während der erste Fall im weiteren Sinne noch als Homesharing aufzufassen ist, fällt der zweite Fall tendenziell unter das Gewerbliche Ferienwohnen. Die Schwelle zur regelmäßigen Kurzzeitvermietung der gesamten Hauptwohnung (Fall Nr. 3) ist nicht erst bei der ständigen Vermietung erreicht, sondern bereits dann, wenn die Qualität der Wohnnutzung nicht mehr gegeben ist oder die externen Effekte durch die ständig wechselnden Bewohnerinnen nicht mehr hinnehmbar sind (*Weigelt* 2016, 260). Dieser Übergang zwischen dem wohnnutzungskonformen Homesharing und dem Ferienwohnen i.S.v. § 13a BauNVO manifestiert sich in der Variationsbreite, die mit der genehmigten Wohnnutzung einhergeht und die je nach Einzelfall enger oder weiter auszulegen ist. Schließlich bietet gerade diese relative, qualitativ-wertende bauplanungsrechtliche Prüfung des Vorliegens einer Wohnnutzung den Deckmantel, um Wohnraum unter Vorwand als Ferienwohnung zu vermieten.

Viele Fälle entziehen sich deshalb einer einfachen Einordnung. So etwa die regelmäßige Nutzung einer Wohnung als Kurzzeitvermietung, die sich *nicht* über die gesamte Wohnfläche der Hauptwohnung erstreckt, dabei aber einen überwiegenden Teil einnimmt und die Hauptnutzerin selbst zugegen ist. Dies könnte noch der Wohnnutzung zuzuordnen sein. Die jährlich wiederkehrende Nutzung als Kurzzeitvermietung, etwa im Rahmen einer saisonalen Überlassung an wechselnde Gäste in den Sommermonaten, wäre hingegen schon eher als Ferienwohnen zu qualifizieren, während die einmalige Kurzzeitvermietung von mindestens drei Monaten bei gleichzeitiger Abwesenheit der Hauptnutzerin wiederrum noch dem Wohnen zuzuordnen wäre. Diese Spezialfälle lassen sich abschließend nur durch die Hinzunahme weiterer Prüfkriterien wie der tatsächlichen Vermietungsdauer, der Anzahl der wechselnden Gäste, dem Anbieten von Nebenleistungen und letztlich auch den Auswirkungen auf die Umgebung bewerten. Hier stößt die abstrakte begriffliche Auslegung an ihre Grenzen.

---

166 OVG Berlin-Brandenburg, Beschl. vom 06.07.2006 – 2 S 2/06, LKV 2007, 39 (40).

Eine einfache Grenzziehung liefert das Baurecht also nicht. Dennoch lassen sich Anker entlang der Vermietungsaktivität und der Effekte, die auf die Umgebung ausstrahlen, als Orientierung setzen, bei denen Homesharing baurechtlich noch unter die Wohnnutzung zu subsumieren ist. Zieht man dazu den Betrachtungszeitraum eines Kalenderjahres heran, so ist bei einer sechs Monate übersteigenden Kurzzeitvermietung baurechtlich tendenziell vom Ferienwohnen auszugehen. Laut *VGH Mannheim* kann die regelmäßige Kurzzeitvermietung der Hauptwohnung aber auch schon unter sechs Monaten als Ferienwohnen zu qualifizieren sein.[167] Hierbei sind insbesondere die bodenrechtlichen Belange zu berücksichtigen, die von der Kurzzeitvermietung berührt werden können. In einem Mischgebiet fallen diese etwa geringer aus, da es grundsätzlich von stärkerer Unruhe durch An- und Abfahrten und auch Lärm gekennzeichnet ist. In einem von Wohnruhe geprägtem allgemeinen oder reinen Wohngebiet fallen sie stärker ins Gewicht.

Schließlich knüpft die Einordnung der Kurzzeitvermietung in einer Nebenwohnung bzw. Zweitwohnung (Fall Nr. 4) unmittelbar an den zuvor angelegten Maßstab an. Allerdings ist eine Zweit-/Nebenwohnung bereits per Definition von kürzeren oder auch längeren Nutzungsunterbrechungen geprägt. Deshalb ist hier gerade bei der Vermietungsaktivität und damit letztlich beim tatsächlich realisierten Nutzungskonzept ein wesentlich größerer Zulässigkeitsmaßstab anzuwenden. Grundsätzlich ist das Zweitwohnen als Wohnnutzung einzuordnen, solange eine Selbstnutzung von drei Monaten über das Kalenderjahr hinweg gewährleistet ist. Umgekehrt bedeutet dies, dass eine Kurzzeitvermietung in Form des Homesharing bis zu neun Monaten noch als Wohnnutzung zu begreifen ist. In diesem Fall besteht ein besonderer Anreiz, die ungenutzte Nebenwohnung als Ferienwohnung wechselnden Gästen zu überlassen. Folglich stellt sich bei dieser Fallkonstellation insbesondere die Frage, ob das Zweitwohnen oder die Nutzung als Kurzzeitvermietung überwiegt, vor allem deshalb, weil „die Selbstnutzung einer Nebenwohnung in rechtsmissbräuchlicher Absicht vorgegeben wird, tatsächlich aber nicht stattfindet" (*Hinrichs* 2017, 593).

Im Ergebnis ist festzuhalten, dass unter dem bauplanungsrechtlichen Begriffsverständnis der Wohnnutzung ein weiter Spielraum für die Nutzung einer Wohnung als Kurzzeitvermietung geboten wird, der durch das Homesharing in eine Ferienwohnnutzung umschlagen kann. Je mehr

---

167 VGH Mannheim, Beschl. vom 26.01.2017 – 5 S 1791/16, BeckRS 2017, 101691 (Ls. 1).

Gästewechsel stattfinden und mehr Wohnfläche für das Homesharing genutzt wird, desto mehr tendiert das realisierte Nutzungskonzept dazu, nicht mehr von der Variationsbreite einer genehmigten Wohnnutzung abgedeckt zu sein.

C. Zwischenergebnisse

Airbnb gelingt es auf Grundlage der starken finanziellen Anreize, die vom Homesharing ausgehen (vgl. III 2.), einen immer größer werdenden Schwarm von Gästen und Gastgebern anzuziehen, die entweder als Reisende die Nachfrage nach Unterkünften erhöhen oder als Vermieterinnen Beherbergungsmöglichkeiten in touristisch interessanten Lagen eröffnen. Den Baukasten zur Effektivierung eines Schwarms liefert das Peer-to-Peer-Prinzip (vgl. II 3.). Je größer und aktiver der Airbnb-Schwarm ist, desto besser gelingt das Matching und damit die Abschöpfung durch Provision. Bewertet man Wohnraum unter seinem Warenwert, kann Homesharing Ineffizienzen bei der Wertschöpfung verringern (*Botsman/Rogers* 2011, 93; *Haucap/Kehder* 2018, 47 f.). Der tatsächliche Nutzwert als Ort zur Begründung der eigenen Häuslichkeit geht verloren, was in Zeiten eines Wohnraummangels besonders schwer wiegt (vgl. Kap. 1 A).

Angesichts der wachsenden Verflechtungen mit der Standard Economy (vgl. I. 3.) und dem starken Anreiz, sich als Airbnb-Vermieterin zu professionalisieren (vgl. III. 3.), ist bei regulativer Zurückhaltung seitens des Staates durchaus mit einem Anstieg der Parahotellerie zu rechnen. Zum Teil ist das Homesharing schon jetzt in ein Verwertungsmodell übergegangen, bei dem die Plattformen durch Netzwerk- und Skaleneffekte sowie durch ihre fleißigen Bienen die globale (Mit-)Abschöpfung der Bodenrente automatisieren. Der Zugang zu einem globalen Pool von Nachfragerinnen und die weitgehende Diskretion bei der Anwendung des Geschäftsmodells motiviert dazu, baurechtliche Schlupflöcher auszunutzen, um unter dem Vorwand des Homesharing eine Ferienwohnung zu betreiben. Hierfür sind Zweitwohnungen besonders geeignet. Bei einem Teil der Airbnb-Vermieterinnen ist davon auszugehen, dass das Bewusstsein für baurechtliche Anforderungen an eine regelmäßige Kurzzeitvermietung fehlt, da Baugenehmigungen weitläufig mit baulichen Veränderungen konnotiert sind. Bei einem anderen Teil der Vermieterinnen ist hingegen davon auszugehen, dass sie die Illegalität zur Generierung zusätzlicher Einkünfte bewusst in Kauf nehmen.

Kapitel 4: Die Macht des Schwarms

Der Fähigkeit, sich dezentral organisieren zu können, wohnt eine Macht inne, die es im Falle von Homesharing den Nutzern ermöglicht, über geltende Vorschriften hinweg Wohnraum als Kurzzeitvermietung zu nutzen. Diese ungewöhnliche kollektive Macht wird im vorliegenden Kapitel mit der Metapher des Schwarms hergeleitet und mit *Kerstens* Theorie über digital initiierte menschliche Schwärme konzeptualisiert (A). Dabei werden die Merkmale des Schwarms untersucht und auf das Geschäftsmodell Airbnbs angewandt (B). Ziel ist es, die Suche nach potenziellen Steuerungsansätzen von Kurzzeitvermietungen zu systematisieren, indem die Funktionsmerkmale des Airbnb-Schwarms offengelegt werden. Inwiefern dadurch eine Kontextsteuerung des Airbnb-Schwarms gelingen kann, wird abschließend reflektiert und eingeordnet (C).

A. *Konzept des Schwarms*

Das Konzept des Schwarms hat seinen Ursprung in der Biologie (*Thacker* 2009, 47). Die selbstorganisierten Zusammenschlüsse von einzelnen Vögeln, Fischen und Insekten zu einem massenhaften Verbund sind faszinierende Beispiele für Schwärme des Tierreichs.[168] Das plötzliche Auftreten von Extremwetterereignissen, die Entstehung der Planentensysteme[169] bis hin zu Staus im Berufsverkehr sind im weitesten Sinne ebenfalls geschwisterliche Phänomene eben jener Zusammenschlüsse aus dem Tierreich. Schwärme sind besonders eindrucksvolle Beispiele für das deterministische

168 Gustav Theodor *Fechner* gibt im ersten Teil der „Vorschule der Ästhetik" (1876) seine Faszination für die Ästhetik von Vogelschwärmen wie folgt wieder: „Lange kann man sich an den Evolutionen eines Fluges von Tauben oder Staren ergötzen, so mehr und so länger, je mannigfacher die Wendungen, Schwenkungen, Gestaltveränderungen desselben sind. Jetzt ballt sich der Schwarm zur Kugel, jetzt dehnt er sich zum Ellipsoid, jetzt bietet er uns eine breite, jetzt eine schmale Seite dar, jetzt zieht er sich zusammen und verdunkelt sich dadurch, jetzt dehnt er sich aus und wird dadurch lichter; jetzt trennt sich die Masse, jetzt vereinigt sie sich wieder, und oft blitzähnlich geht eine Veränderung in die andere über; man wird nicht müde dem zuzusehen" (in *Schmidt* 2010, 11).

169 vgl. Urknallmodell z.B. nach *Kusserow* 2018, 89 ff.

Chaos durch kollektive Selbstorganisationsprozesse und Emergenz. Ein bekanntes Beispiel für diese emergente Selbstorganisation ist die Ameisenkolonie, die den optimierten Weg vom Nest zur Nahrungsquelle plant und zurücklegt. Allerdings können die Prinzipien der Selbstorganisation und Emergenz auch unabhängig voneinander auftreten. Im Falle eines Tornados fehlt etwa die Komponente der selbstorganisierten Subjekte auf Mikroebene. Dennoch ist der Tornado als emergenter Prozess zu verstehen, bei dem die Interaktion der Gaspartikel auf Mikroebene die Entstehung des Tornados auf Makroebene bedingt (*Burguillo* 2018, 95). Erst wenn Selbstorganisation und Emergenz zusammenwirken, kann es zur Schwarmbildung kommen. Zu unterscheiden sind deshalb Selbstorganisationsprozesse in der belebten Natur, in der unbelebten Natur und in gesellschaftlichen Zusammenhängen (*Kusserow* 2018, 261 ff.). Letzterem widmet sich der vorliegende Abschnitt, indem sich die Untersuchung dem Schwarm nicht als biologische Lebensform, sondern als „Strukturmodell" (*E. Horn* 2009, 8) und „Metapher" (*Kersten* 2012, 261) annähert (I.). Daraus ableitend erfolgt die Darstellung von *Kerstens* Modell des digital initiierten Menschenschwarms und seiner gattungsspezifischen Merkmale (II.).

I. Beschreibung und Abgrenzung

Zur näheren Bestimmung wird in der Folge sukzessive der Schwarm einer Einordnung und Abgrenzung unterzogen. Das Konzept des Schwarms ist der kollektiven Intelligenz zuzuordnen und zeichnet sich durch emergente Selbstorganisation aus (1.). Abzugrenzen ist der Schwarm von der Masse der Moderne (2.) und vom Leviathan der Aufklärung (3.). Der Schwarm erzeugt einen emergenten Mehrwert (4.), der spätestens seit der Computerisierung der 1980er Jahre durch Nachbildung von Schwarmmustern (5.) in verschiedenen Bereichen nutzbar gemacht wird.

1. Emergente Selbstorganisation

Die Besonderheit von Schwärmen liegt in der Abwesenheit einer zentralen Steuerung (*E. Horn* 2009, 10), also dem Fehlen expliziter externer Kontrolle (*Burguillo* 2018, 91) mit gleichzeitiger Fähigkeit, Selbstorganisationsprozesse zu initiieren und sich neuen Gegebenheiten anzupassen, d.h. daraus zu lernen. Diese Adaptionsfähigkeit von Organisationsformen sozialer, gesellschaftlicher und politischer Ordnungen, aber auch technischer und wirtschaftlicher Entwicklungen wird durch selbstregulierende Prozesse bestimmt (*Kusserow* 2018, 261). Voraussetzung für die Entstehung von Schwärmen sind selbstorganisierte, selbstbestimmte und gleichberechtigte Agenten (*Brezina* 2013, 26 ff.; *Burguillo* 2018, 91; *E. Horn* 2009, 10). Selbstorganisation ist als interne treibende Kraft zu verstehen, die zu einer gesteigerten Organisationsfähigkeit beiträgt, etwa zur Verbesserung der Interaktion zwischen den Agenten (*Burguillo* 2018, 91). Es handelt sich dabei um einen adaptiven Prozess, bei dem sich die Schwarm-Agenten an ihre Umgebung anpassen können. Dabei ist zwischen starken und schwachen Selbstorganisationssystemen zu unterscheiden. Schwache Selbstorganisationssysteme weisen eine gewisse zentrale Kontrolle oder Planung auf, wie es etwa bei Termiten der Fall ist, bei denen die Königin einen höheren Einfluss als die Termitensoldaten hat (ebd., 91). In starken Selbstorganisationssystemen fehlt jegliche Form der zentralen Kontrolle (ebd., 91). Sich zu einem Schwarm zu vereinigen, geht allerdings noch einen Schritt weiter und kann als Akt der *emergenten* Selbstorganisation von Agenten zu einem größeren Ganzen beschrieben werden (*E. Horn* 2009, 13), das durch gegenseitiges Feedback bzw. Rückkopplungsvorgänge entsteht (ebd., 11; *Kusserow* 2018, 261). Die Prinzipien der Selbstorganisation und Emergenz sind zu unterscheiden. Die größte Ähnlichkeit besteht darin, dass beides dynamische Prozesse sind, die aber nicht immer gemeinsam auftreten (*Burguillo* 2018, 95). Ein Selbstorganisationssystem gilt als emergent, wenn es mindestens auf zwei voneinander abhängigen Ebenen, einer Makro- und einer Mikroebene, wahrgenommen wird und es auf der Makroebene kohärente Merkmale (Eigenschaften, Verhalten, Struktur, Muster usw.) gibt, die sich dynamisch aus den Interaktionen zwischen den Teilen auf der Mikroebene ergeben (ebd., 93).

Seit einigen Dekaden versuchen sich mehrere gesellschaftswissenschaftliche Disziplinen die Gesetzmäßigkeiten des Schwarmverhaltens zu Nutze zu machen, um daraus Erklärungsansätze für menschliches Verhalten abzuleiten (ebd., 90). Die Frage, ob die emergente Selbstorganisation nicht nur auf maschinelle Operationen und biologische Prozesse, sondern vielmehr auch auf das Verhalten von Menschen und Gruppen der Gesellschaft zu übertragen ist, stellten sich bereits Denker in der Antike[170] (*Paslack* 1991, 15 ff.). Die Anwendung und Adaption auf menschliche Gegebenhei-

---

170 „Einer noch ungeformten „Ersten Materie“ unterstellte [Aristoteles] die kreative Fähigkeit zur Selbstorganisation, zur Ausformung der heute beobachtbaren „Materia secunda“ mit zunehmend komplexer werdenden Merkmalen aus einem anfänglichen Urstoff. Die Materie selbst besaß nach seiner Ansicht ein

ten ist spätestens seit dem 20. Jhd. (wieder) in Mode gekommen (*Schmidt* 2010, 7). Die heutige Forschung nutzt die Vorbilder aus der Natur (*E. Horn* 2009, 9) und bildet durch Rechenoperationen (mit Bots oder Agenten) Schwarmmuster und Schwarmverhalten nach, um die Organisation und die Prinzipien des Schwarms besser zu verstehen. Dieses Vorgehen hält Einzug in die Informatik, Verhaltensbiologie, Mikrobiologie, Nanotechnologie, Robotik, Soziologie und Psychologie (*Schmidt* 2010, 7). Im weiteren Sinne sind unter dem übergeordneten Begriff der Kollektiven Intelligenz dazu aber schon beachtliche Schriften im 18. und 19. Jahrhundert entstanden. Zu nennen sind hier etwa die zum Ende des 19. Jhd. veröffentlichten Studien zur Psychologie der Massen von *Tarde*[171] und *Le Bon*[172] (1890) sowie *Durkheims* Abhandlungen zum Kollektivbewusstsein[173] (1893), nach dem der Aufbau gemeinsamer Überzeugungen und Werte einer sozialen Gruppe zu Gruppensolidarität führt. Auch *Smiths* (1776) Metapher der unsichtbaren Hand[174], die die Zuteilung von Ressourcen auf einem Markt lenkt (*Malone/Bernstein* 2015, 7), ist hier im weiteren Sinne zu nennen. Bereits vor *Smiths* „Wohlstand der Nationen" nutzte *Mandeville* 1705 in einem als Flugblatt publizierten Gedicht erstmals die Metapher des Schwarms als gesellschaftskritische Klage: „The Grumbling Hive or Knaves turn'd Honest" – „Der Unzufriedene Bienenstock oder Die ehrlich gewordenen Schurken"[175]. In seiner prosaischen Ausführung begreift er bürgerliche Gesellschaften als einen sozialen Organismus und geht dabei der Frage nach, ob es in der arbeitsteiligen Gesellschaft das Wohlwollen des Einzelnen gibt (*Kersten* 2012, 262). Er pointiert, dass das Eigeninteresse als Motor der allgemeinen Entwicklung anzuerkennen ist und die Akteure sich dabei nicht als gewissenlos selbstsüchtig, sondern in wirtschaftlicher Rationalität als tugendhaft erweisen (*Wendt* 2019, 163). Auf diese Zeit der Anfänge individueller Selbstbestimmtheit ist die heute neu entstehende Macht der Vielen zurückzuführen. Sie schlägt sich in menschlichem Schwarmverhalten emergenter Kollektivität nieder (*Kersten* 2017b, 30). Digitale Massenmedien und mobile Kommunikati-

---

ihr innewohnendes „Wissen", die Fähigkeit und Kraft, sich höher zu entwickeln." (*Kusserow* 2018, 263 f.).

171 *Tarde*, Die Gesetze der Nachahmung 2009; im Original: Les lois de l'imitation.

172 Le Bon, Gustave, 2016: Psychologie der Massen. Null Papier Verlag, Stuttgart.

173 Zum Begriff des Kollektivbewusstseins nach *Durkheim* vgl. *Abels* 2020, 27 ff.

174 *A. Smith* 1776, 456.

175 *Mandeville* 1705: Der murrende Bienenstock oder Wie Schurken redlich wurden, Flugblatt {http://de.scribd.com/doc/31076239/Mandeville-Bienenfabel-1705 }.

onstools lassen heutzutage die zeitlichen Hürden, die räumlichen Distanzen und die finanziellen Kosten für Selbstorganisation kollabieren und vereinfachen so die latente Gruppenbildung (*Kersten* 2012, 249, 2017b, 10). Daraus kann sich eine Art Schwarmintelligenz entfalten, die Individuen ohne zentrale Steuerung und hierarchische Organisation vereint und menschliche Schwärme entstehen lässt (*Kersten* 2012, 250). „Die globale Ubiquität (im)mobiler Kommunikationstools hat in Verbindung mit der Herabsetzung der Kommunikationskosten zu einer interaktiven Nutzung massenhaft vernetzter Kommunikationsmedien geführt, die das alltägliche Online- und Offline-Leben verbinden“ (*Kersten* 2017b, 10). Die daraus entstandene netzbasierte „Macht der Vielen“ (*Reichert* 2013) ist allerdings von der „Macht der Masse“ (*Canetti* 1960) zu unterscheiden.

2. Abgrenzung zur Masse

Bereits Ende des 19. Jahrhunderts definiert *Le Bon* die Moderne als das „Zeitalter der Massen“ (*Le Bon* 2019, 13), das immer mehr durch eine neue Herrschaftsordnung geprägt ist, und in der die Stimme des Volkes Übergewicht erlangt. *Han* zieht *Le Bons* Ausführungen heran, um den Schwarm als neue Formation der Vielen von der Masse abzugrenzen (*Han* 2013, 18 ff.). Statt der Masse wie zu *Le Bons* Zeit bedrängt heute der digitale Schwarm die Macht- und Herrschaftsverhältnisse (ebd., 19). Der Topologie der Masse ist die Manifestation an einem physischen Ort zu eigen. Einzelne Menschen versammeln sich in Versammlungsstätten wie Sportstadien oder Plätzen und verschmelzen dort für eine Zeit lang zu einer neuen Einheit, zu einer Masse, in der das Profil des Einzelnen verschwindet (ebd., 20). Sie spricht mit einer Stimme, indem sie politische Forderungen stellt oder im Einklang eine Sportmannschaft mit Gesängen unterstützt. Es entsteht ein Wir, indem die private Identität temporär in den Hintergrund rückt und die einzelne Person vollkommen in der Masse aufgeht und dadurch zum massenmedialen Niemand wird (ebd., 21).

Dem Schwarm hingegen sind derartige Versammlungsstätten fremd, denn er besteht aus vereinzelten Individuen (ebd. 19). Die Topologie des Schwarms kennt keine Versammlung, sondern lediglich die Ansammlungen einer Menge, es fehlt dem Schwarm an der Innerlichkeit sich versammeln und ein *Wir* herstellen zu können (ebd., 21). Ihm fehlt die Seele, die der Masse in Form eines gemeinschaftlichen, übergeordneten und verbindenden Ziels (politische Forderungen, Anfeuern der eigenen Mannschaft) zugrunde liegt (ebd., 19). Auch fehlt es dem Schwarm im Vergleich zur

Masse an einer gemeinsamen Stimme, weshalb etwa Shitstorms nicht als Ergebnis einer Einheit, sondern als Lärm wahrgenommen werden (Han 2013, 20). Das Formieren der digitalen Individuen führt gelegentlich zum Überschwappen vom Topos Schwarm zum physisch manifestierten Topos der Masse, etwa in Form von Smart Mobs[176] (*Rheingold* 2007, 359), allerdings nicht als feste Formation und mit (ideologisch) geeinter Entschlossenheit, wie es die Masse kennzeichnet (*Han* 2013, 22). Dem Schwarm ist diese Art der Versammlung nicht geheuer. Die kollektiven Bewegungsmuster des Schwarms sind von Flüchtigkeit, Instabilität und Volatilität geprägt (ebd., 22). Die Schwarmindividuen sind auch kein *Niemand* wie im Falle der Masse, sondern stets *Jemand*, der sich in Anonymität kleidet (ebd., 21).

Der Schwarm symbolisiert die Macht einer anonymen Masse. Diese Macht eignet sich deshalb insbesondere auch für den Horror der Populärkultur, wie z.B. in Form von Schwarm-Invasionen und Monster-Insekten (*E. Horn* 2009, 8). Ob diese Macht nun Gutes oder Schlechtes bewirkt, liegt wohl im Auge des Betrachters: „Auf den politischen Schwarmbildern des Nationalsozialismus ist schlicht etwas anderes als auf den Schwarmbildern einer liberalen Verfassungsordnung zu sehen“ (*Kersten* 2017b, 40). Hier wird deutlich, dass der Schwarm als Bedrohung und Potenzial zugleich angesehen werden kann. „Als Kollektive ohne Zentrum und ohne hierarchische Strukturierung erscheinen Schwärme im Sozialen als Organisationsformen mit größeren Freiheitsgraden, im Denken als kreativer und schneller, im Krieg als effizienter“ (*E. Horn* 2009, 7). Ungeachtet dieser vermeintlich neutralen Sichtweise scheint das gesellschaftliche Bild von Schwärmen eher von einer grundsätzlichen Besorgnis des Kontrollverlusts geprägt zu sein, weil anonyme Schwarmsubjekte aus einer nicht nachvollziehbaren Logik miteinander (inter-)agieren. Eine Vereinigung Vieler findet auch im Bild des Leviathans statt, jedoch in Form eines klaren Zentrums und einer verfestigenden und darum kontrollierbaren Struktur.

176 Smart Mobs sind spontane (politische) Interessengruppen, die sich ad hoc, ohne zentrale Mobilisierungsinstanz über mobile (digitale) Kommunikation zu neuen, situationsbezogenen Formen des Protests zusammenfinden (*E. Horn* 2009, 8).

3. Abgrenzung zum Leviathan

Thomas *Hobbes* beschreibt in seinem 1651 erschienenen Werk den titelgebenden Leviathan[177] als „*Gemeinwesen* oder Staat, auf lateinisch *civitas*, der nichts anderes ist als ein künstlicher Mensch, wenn auch von größerer Gestalt und Stärke" (Hobbes in *Kersten* 2012, 255). Die Menschen schließen demnach aus Gründen der Selbsterhaltung einen Gesellschafts- und Herrschaftsvertrag, um dem Naturzustand (lex naturalis) zu entfliehen und den „Krieg eines jeden gegen jeden" zu vermeiden (Hobbes in ebd., 255). Sie gehen im Leviathan sprichwörtlich auf, auch indem sie persönliche Freiheiten abtreten und zugleich den Leviathan selbst verkörpern. Die Menschen vereinen sich unter dem Mehrheitsprinzip, das ihnen der repräsentative Superorganismus des Leviathans bietet (*Kersten* 2017b, 68). Dabei repräsentiert er das Hoheitliche und das Territoriale, als Richter, als Beschützer und als „Herr über die Kategorien und Klassifikationen" (*Witte* 2018, 326). Auch Durkheims Idee des Staates ist von entsprechenden Vorstellungen des Leviathans beeinflusst (ebd., 326):

> „Der Staat, wiederholt und explizit als eine klar umrissene Menge von Akteuren gedacht, als eine „Gruppe von Funktionsträgern sui generis" nämlich [...], ist das „Organ" gesellschaftlicher Reflexion und des Denkens, genauer: der Zusammenführung und Kanalisierung der diffus verteilten gesellschaftlichen Meinungen, Vorstellungen und Empfindungen. In Abgrenzung also zu einem Kollektivbewusstsein, das ohne Struktur und Zentrum, ohne Ordnungsprinzip und Kohärenz auskommen muss, ist der Staat derjenige Ort, in dessen „Schoß Vorstellungen und Willensakte entwickelt werden, die für die Gemeinschaft bindende Kraft haben, obwohl sie nicht das Werk der Gemeinschaft sind"" (Durkheim in *Witte* 2018, 317).

Wie die Beschreibung zu *Hobbes*' Leviathan ist auch der Schwarm als Metapher zu verstehen. Eine Metapher ist als semantischer Ferntransporter (Sloterdijk in *Kersten* 2012, 253) zu begreifen, um das Erkennen von Verhaltensmustern, die aus Einzelbeobachtungen nicht ohne Weiteres hervorgehen, zu bewerkstelligen. Die Metapher des Schwarms dient der Vergegenwärtigung einer Interaktionssystematik von Individuen, die sich nicht nur durch die Abwesenheit einer zentralen Steuerung, sondern durch die Skalierbarkeit der Anzahl der Interaktionen auszeichnet und die im

177 Hobbes, Thomas, 1965: Leviathan, oder Wesen, Form und Gewalt des kirchlichen und bürgerlichen Staates. Rowohlt, Leck/Schleswig.

Ergebnis mehr ist als lediglich die Summe ihrer Interaktionen (*Mehrwert* – siehe 4.). Schwarmstrukturen zeichnen sich durch Undurchsichtigkeit und Gewusel aus. Die Bedeutung des Individuums ist dabei gering und doch zugleich konstituierend.

Die Metapher des Schwarms als politisches Modell lebt vom Gegensatz zur Metapher des *Leviathans* (*Kersten* 2017b, 104f.), bei dem die modernen Staats- und Verfassungstheorien des Leviathans und des Schwarms in einem gegenseitigen Ergänzungs- und Spannungsverhältnis stehen (*Kersten* 2012, 290). Geradezu aus der Reibung selbst, im Zusammenspiel von hoheitlichen Maßnahmen des Leviathanstaates und emergenter Ausweichmanöver, entsteht ein Schwarm, der als gesellschaftlicher Superorganismus im Gegensatz zum territorial gefangenen Leviathan praktisch grenzenlos globalisierbar ist (ebd., 263). Dieses „soziale Kohäsionskonzept" (ebd., 263) zwischen Leviathan und Schwarm wird in *Smiths* Metapher der unsichtbaren Hand besonders anschaulich. Nach *Smith* beabsichtigt ein Händler nur seinen eigenen Gewinn und wird dabei, wie in vielen anderen Fällen auch, von einer unsichtbaren Hand geleitet, um ein Ende zu fördern, das nicht Teil seiner Absicht war (frei übersetzt nach *A. Smith* 1776, 456). Werden viele Händler von einer unsichtbaren Hand geleitet, wie es in einer globalisierten Wirtschaft der Fall ist, entsteht so etwas wie ein Schwarmmuster. Indem jeder Händler nur mit seinen unmittelbaren Handelspartnern interagiert, bietet sich ihm immer nur ein kleiner Ausschnitt des Gesamtbildes des Schwarmmusters in Form von Handelsprozessen. Abstrahiert betrachtet ist ein Einzelbestandteil des Schwarms nicht imstande, den Gesamtprozess zu überblicken oder gar zu lenken. Also beschränkt er sein von aufklärerischer Ratio geprägtes Handeln auf lediglich das, was ihm zugutekommt. Dabei entsteht mehr, als nur von ihm beabsichtigt wurde. Der Leviathan setzt diesem *Mehr* durch Vorschriften einen Rahmen, insbesondere dann, wenn das Rauschen des Schwarmgewusels insgesamt unerträglich wird. Notfalls kann der Leviathan aber auch den Schwarm vernichten und umgekehrt (siehe II. 2. lit. a). Die Gegenwart ist allerdings durch ihr Nebeneinander gekennzeichnet.

4. Der emergente Mehrwert

Der emergente Mehrwert des Schwarms ist jener Wert, der nach Abzug aller individuellen Schwarmhandlungen noch verbleibt (*Kersten* 2017b, 284). Dieser Mehrwert, der angelehnt an das aristotelische Ganze mehr ist als bloß die Summe seiner Teile, ist aus Sicht des Schwarms freilich unproblematisch. Aus Sicht des Staates hingegen schwebt er sozusagen zugehörigkeitslos in einer „Wolke individueller Grundrechtsträger“ (ebd., 101) und kann im Falle von auftretenden Delikten nur auf individueller, nicht aber auf kollektiver Ebene geahndet werden. Sobald diese aus dem Mehrwert entstandenen *kollektiven Effekte* nicht mehr individualisiert, also Subjekten zugeordnet werden können, versagt die Dichotomie zwischen Individuum und organisatorisch verfestigtem Kollektiv. Das Resultat ist ein blinder Fleck in der Grundrechtsdogmatik für kollektive Zwischenformen (*Ingold* 2014, 207). Gegenwärtig können sich die Scharmindividuen beim rechtlichen Schutz ihres Schwarmverhaltens jeweils auf ihre individuell subjektiven Grundrechte berufen (*Kersten* 2012, 268 f., 2017b, 100 f.). Daraus ergibt sich aus haftungsrechtlicher Perspektive für sie eine vorteilhafte Rechtsstellung. Einerseits sind sie als Organisationseinheit bzw. als Kollektiv nicht abgebildet und für den Staat so nicht ‚greifbar‘. Andererseits genießen sie individuellen Rechtsschutz, sobald der sogenannte „Mehrwert“ (*Kersten* 2017b, 101) des Kollektivhandelns möglicherweise in eine ordnungswidrigkeits- oder strafbarkeitsbedenkliche Richtung abzugleiten droht. Für die Schwarmindividuen besteht so eine doppelte Schutzfunktion, zum einen durch den individuellen Grundrechtsschutz, zum anderen durch die Möglichkeit als Individuum im Schwarm ‚untertauchen‘ zu können, weil der Mehrwert emergenter Kollektivität rechtlich (noch) nicht abgebildet ist (*Kersten* 2017b, 101).

Sowohl *Kersten* als auch *Ingold* stellen deshalb Überlegungen an, den Schwarm als Rechtssubjekt zu normieren (*Ingold* 2014, 214 ff.; *Kersten* 2017b, 99 ff.). Auf den ersten Blick geht die Rechtsordnung von Individualrechten aus, die jeder natürlichen Person verfassungsrechtlich zugestanden wird (Art. 1 Abs. 1 GG). Der Rechtsstaat verfügt über die Gestaltungsfreiheit, menschliche Kollektive als inländische juristische Personen gem. Art. 19 Abs. 3 GG zu definieren und sie dadurch ebenfalls mit Grundrechten auszustatten (*Kersten* 2017b, 99). Allerdings wird von einer juristischen Person ein „Mindestmaß an organisatorischer Verfestigung“ (Maunz/Dürig/Langenfeld *Remmert* 2019: Art. 19 Abs. 3 GG, Rn. 41) erwartet, um die Voraussetzung für die Zurechnung von Grundrechten zu erfüllen. Dieses Mindestmaß zu definieren, kommt dem politischen Einfluss des Staates durch Ausdifferenzierung des Begriffs der juristischen Person zu (*Kersten* 2017b, 100). Nach gegenwärtigem Rechtsverständnis ist ein Schwarm, etwa in Form eines spontanen Flashmobs, nicht hinreichend organisatorisch verfestigt, um ihn als Rechtssubjekt zu erfassen. Zum Beispiel taugt er nicht als anerkannte Organisationseinheit im Arbeitskampf (*Giesen/Kersten* 2018, 4). Seine niedrige Organisationsstruktur ist gar Ursache dafür, dass er Regularien des Rechtstaats unterlaufen kann (*Giesen/Kersten* 2018, 4). *Ingold* plädiert hier für eine Neukonfiguration des Begriffs der juristischen Person, in der die Auslegung des Begriffs nicht lediglich an das Kriterium organisatorischer Verfestigung geknüpft ist, sondern insbesondere auf dem der Durchgriffskonzeption[178] fußen sollte (ebd. 217 f.). Der idiosynkratische Mehrwert generiere sich nicht spezifisch durch die organisatorische Verfestigung, sondern setze vorgelagert bei allen irreduziblen Effekten sozialer Emergenz ein, die dann zugleich das Begriffsverständnis juristischer Personen prägen sollen (ebd. 218). *Kersten* geht noch einen Schritt weiter und argumentiert für einen relativen Rechtssubjektivitätsbegriff, der sich insbesondere am Grad der Autonomie einer Entität ausrichtet (*Kersten* 2017a, 12). Damit wäre die Rechtssubjektivität nicht mehr nur Menschen und organisatorisch verfestigten Menschenkollektiven vorbehalten, sondern richtete sich auch an nicht-menschliche Entitäten, sofern „autonomes" Verhalten mit einer „gesteigerten" Interaktions- und Kommunikationsfähigkeit bzw. mit „gesteigerter" sozialer Kapazität zusammentrifft (ebd., 12).

5. Prinzipien der Schwarmbildung

Beispiele für die „netzbasierte Macht der Vielen" (*Kersten* 2017b, 28 f.) ist in der Kombination aus Menschen, Technologie und Schwarmmuster vorzufinden. Diese ist im Kommunikationsverhalten (z.B. Social Media), in Bewegungsmustern (z.B. Flashmobs), in militärischer Taktik (z.B. Crowd and Riot Control), in emergenter Gruppenbildung (z.B. Particle Swarm Optimatzion), in Formen politischer Mobilisierung (z.B. Smart Mobs) bis hin zu Formen der Wissens- und Kommunikationskonstitution durch e-Petitionen, Shitstorms, Internetenzyklopädien, Crowdfunding und Crowdsourcing vorzufinden (*E. Horn* 2009, 8 f.; *Kersten* 2017b, 96).

178 *Durchgriffskonzeption* nach BVerfGE 21, 362 (369): „Die Grundrechte sollen in erster Linie die Freiheitssphäre des Einzelnen gegen Eingriffe der staatlichen Gewalt schützen und ihm insoweit zugleich die Voraussetzungen für eine freie aktive Mitwirkung und Mitgestaltung im Gemeinwesen sichern. Von dieser zentralen Vorstellung her ist auch Art. 19 Abs. 3 GG auszulegen und anzuwenden. Sie rechtfertigt eine Einbeziehung der juristischen Personen in den Schutzbereich der Grundrechte nur, wenn ihre Bildung und Betätigung Ausdruck der freien Entfaltung der natürlichen Personen sind, besonders, wenn der "Durchgriff" auf die hinter den juristischen Personen stehenden Menschen dies als sinnvoll oder erforderlich erscheinen läßt".

Dabei offenbaren sich Schwärme in tanzenden *Flashmobs* als Tribut zu Michael Jacksons Tod oder in *Shitstorms* über soziale Medien. Sie finden sich in liebevoll ausgestalteten Rätseln in der Natur, die von anderen als *Geocaches* gelöst werden, wie auch in der schwarmbasierten Vermessung der Welt über *OpenStreetMaps*. Der Schwarm trägt das allgemein zugängliche Wissen auf *Wikipedia* zusammen, bewertet Restaurants und Arztpraxen über *tripadvisor* und *jameda*, bildet die Voraussetzung für die Funktionsfähigkeit von Internet-Suchmaschinen, Kaufempfehlungen und für staufreieres Autofahren,[179] erledigt Kleinstaufgaben, die Maschinen nicht in der Lage sind zu erledigen, und kann selbst für das Finden eines Partners verantwortlich sein.[180] Diese Liste kann noch nahezu unendlich fortgeführt werden. Die Beispiele sind abstrahiert als Schwarmmuster unterschiedlicher Ausprägung zu begreifen. Sie können durch verschiedene Prinzipien nachgebildet werden. Die wohl bekannteste und einfachste hat *Reynolds* in den 1980er Jahren entwickelt. Anhand einer Computersimulation ist es ihm gelungen aus dem Regelkanon von Abspaltung (Seperation), Angleichung (Alignment) und Übereinstimmung (Cohesion) ein Verhaltensmodell zur Darstellung von Schwarmmustern zu destillieren:

- Abspaltung: Bewege dich weg, sobald dir jemand zu nahekommt.
- Angleichung: Bewege dich in Richtung des Mittelpunkts derer, die du in deinem Umfeld siehst.
- Übereinstimmung: Bewege dich in etwa in dieselbe Richtung wie deine Nachbarn.

Auf Grundlage dieser drei Regeln lässt sich einfaches Schwarmverhalten von „Flocks, Herds, and Schools" (*Reynolds* 1987, 25), von Fischen, Vögeln oder auch Bienen, per Computer simulieren (*Thacker* 2009, 50). *Millonas* hingegen beschäftigte sich mit Modellen für Anwendungen künstlichen Lebens und entwickelte fünf Grundprinzipien der Schwarmintelligenz (Millonas in *Eberhart/Kennedy* 1995, 42):

- Prinzip der Nähe: Die Population sollte in der Lage sein, einfache Raum- und Zeitberechnungen durchzuführen zu können.
- Qualitätsprinzip: Die Population sollte in der Lage sein auf Qualitätsfaktoren in der Umwelt reagieren zu können.
- Prinzip der unterschiedlichen Reaktion: Die Population sollte ihre Aktivitäten nicht über zu enge Kanäle verlagern.
- Prinzip der Stabilität: Die Population sollte ihre Verhaltensweise nicht jedes Mal ändern, wenn sich die Umgebung ändert.

---

179 Beispiele sind u.a.: GoogleMaps; GoogleSearch oder auch Amazon.
180 Beispiele sind u.a.: Amazon Mechanical Turk; Tinder.

- Prinzip der Anpassungsfähigkeit: Die Population muss in der Lage sein, den Verhaltensmodus zu ändern, wenn es sich kalkulatorisch rechnet.

Auf Grundlage dieser Überlegungen entwickelt *Kersten* selbst fünf Merkmale für einen idealtypischen Gattungsbegriff für menschliches Schwarmverhalten (*Kersten* 2017b, 96 f.), auf den im Folgenden ausführlicher eingegangen wird.

II. Der digitale Schwarm

In Abgrenzung zu anderen Typisierungsansätzen des Schwarms, insbesondere zu *Thackers* (2009, 52 ff.), *Millonas* und *Reynolds* (vgl. I. 5.) Schwarmverständnis, stellt *Kersten* ein eigenes Typisierungsmodell vor, welches für den Fortgang dieser Arbeit zugrunde gelegt wird. Sein Schwarmbegriff ist für die Arbeit besonders zweckmäßig, da er nicht versucht, alle Schwarmarten wie etwa Tierschwärme, molekulare Schwärme und menschliche Schwärme abzubilden, sondern sich auf rein menschliches Schwarmverhalten eines idealtypischen Verständnisses von Schwärmen als emergente Kollektivität beschränkt (*Kersten* 2017b, 96). Dazu bietet er neben den fünf konstituierenden Merkmalen eines Schwarms (1.) auch zehn Regelungsmöglichkeiten für den Umgang mit dem Schwarm an (2.).

1. Merkmale des digitalen Schwarms

Voraussetzung für das Entstehen von digitalen Schwärmen ist zum einen die grundsätzliche Entscheidungsfreiheit seiner Individuen (vgl. I. 1.) und zum anderen die Kommunikation des Schwarmmusters durch seine Subjekte in Form einer Schwarmordnung (*Kersten* 2017b, 107 f.). Die Schwarmsubjekte selbst zeichnen sich durch Verhaltenswechsel und Anonymität aus, wodurch ein flexibles und variierendes Schwarmmuster entsteht (ebd., 109). Die Schwarmbildung ist mit einer Spirale zu verbildlichen: je mehr sie sich weitet, desto erfolgreicher erzeugen die Schwarmindividuen durch mediale Resonanz Aufmerksamkeit für ihre neue Schwarmordnung. Dieser selbstverstärkende Prozess führt im Falle positiver Rückkopplung nicht nur zu einer wachsenden (medialen) Reichweite des Schwarms, sondern schließlich auch zu einer wachsenden Macht des Schwarms, indem er seine eigene Schwarmordnung in Konkurrenz zur staatlichen Rechtsordnung bestätigt sieht. Dieses Schwarmverhalten zeichnet sich regelmäßig durch die folgenden fünf Merkmale aus (*Kersten* 2017b, 96 f.): Prä(in)formation (a), Spontanität (b), Ko-Isolation (c), Dynamische Instabilität (d) und Mediale Manifestation (e).

a) Prä(in)formation

> *„Der Schwarm bildet sich regelmäßig auf der Grundlage eines digital vorab kommunizierten Schwarmmusters“* (ebd., 96).

Das Merkmal Prä(in)formation besteht aus drei wesentlichen Elementen und beschreibt die Entstehung des Schwarms. Zunächst ist der Schwarm auf ein zentrales Kommunikationsmedium angewiesen, denn erst durch *Kommunikation* kann er entstehen und die zentralen Regeln des Schwarmmusters verbreiten (*Kersten* 2017b, 107). Nach Luhmann ist die Gesellschaft ein geschlossenes System, das mit Kommunikation operiert, jedoch umweltlos agiert, da es kein anderes Kommunikationssystem gibt, das diesen Operationstypus verwendet (*Luhmann* 1984, 60). „Handlung wird in sozialen Systemen über Kommunikation und Attribution konstituiert als eine Reduktion der Komplexität, als unerläßliche Selbstsimplifikation des Systems" (ebd., 191). Ebenso beginnt das Handeln des Schwarms mit Kommunikation. Dabei vermittelt der Schwarm *zentrale Regeln*, die dafür nötig sind, das *Schwarmmuster* zu bilden und zu reproduzieren. Etwa wie es für alle Subsysteme gilt, muss der Schwarm auch seine „spezifische Operationsweise definieren oder über Reflexion [seine] Identität bestimmen, um regeln zu können, welche Sinneinheiten intern die Selbstproduktion des Systems ermöglichen, also immer wieder zu reproduzieren sind“ (ebd., 60 f.). Die Kommunikation der zentralen Regeln lassen ein Muster entstehen, das von anderen reproduziert werden kann. Weiter kann der Schwarm sein Schwarmmuster nutzen, um „die staatliche Rechtsordnung zu umgehen bzw. außer Kraft zu setzen“ (*Kersten* 2017b, 107). Auch wenn *Kersten* hier bewusst vom *kann* spricht, so nutzen Schwärme oftmals die *Außerkraftsetzung* oder zumindest die vorübergehende Verdrängung der staatlichen Rechtsordnung. Zumeist setzt der Schwarm die „Schwarmordnung [lediglich] an die Stelle der staatlichen Rechtsordnung“ (ebd., 107), anstatt unmittelbar mit ihr in Konflikt zu treten oder ihr gar völlig entgegenzustehen. Das Substitut in Form der *Schwarmordnung* gefällt den Schwärmern besser als sein staatliches Pendant. Wer mitschwärmen will, befolgt die kommunizierten Regeln der Schwarmordnung und wird so Teil des Schwarmmusters. Zusammengefasst bildet das Merkmal *Prä(in)formation* die Grundlage für die Kommunikation der Schwarmsubjekte, um so die Vermittlung zentraler Regeln zu gewährleisten und das Schwarmmuster reproduzierbar zu machen. Die so verbreitete neue Schwarmordnung dient als normativer Kompass für das Verhalten der Schwarmsubjekte und kann – zumindest vorübergehend – zur Außerkraftsetzung der staatlichen Rechtsordnung beitragen.

b) Spontanität

> *„Der Schwarm konstituiert sich aufgrund der spontanen Entscheidungen der beteiligten Individuen, sodass sich das Auftauchen und die Größe eines Schwarms nicht vorhersagen lassen“* (*Kersten* 2017b, 96).

Das Merkmal Spontanität besteht aus einem Element, das die Schwarmindividuen näher beschreibt. Die Subjekte des Schwarms sind selbstbestimmt. Ob und inwiefern sich ein Schwarmmuster tatsächlich entfaltet, beruht „auf der individuellen Entscheidung der Schwarmindividuen“ (ebd., 108). Die *individuelle Entscheidungsfreiheit* kann für das Subjekt im Ergebnis bedeuten, ein Teil vom kommunizierten Schwarmmuster zu werden oder umgekehrt, darauf zu verzichten ein Teil vom Schwarm zu sein. Wie viele Subjekte tatsächlich das kommunizierte Schwarmmuster reproduzieren ist vorab oftmals unklar. Aus dem Merkmal der Spontanität folgt deshalb die *Unvorhersehbarkeit der Größe* und Intensität des Schwarms. Schwärme können demnach spontan sehr groß werden, zugleich aber erwartungsmäßig große Schwärme doch nur klein ausfallen. Damit geht von Schwärmen eine gewisse Unberechenbarkeit aus. Prä(in)formation und Spontanität bilden die Grundlage für die Entstehung eines Schwarms. Sein Muster wird durch zentrale Regeln in Form der Schwarmordnung kommuniziert, sodass die Schwarmsubjekte selbstbestimmt entscheiden, ob sie sich anschließen oder nicht.

c) Ko-Isolation

> *„Der Schwarm entfaltet sein Schwarmmuster aufgrund des ko-isolierten Parallelverhaltens der Schwarmindividuen, ohne dass diese dabei zu einer entindividualisierten Masse im Sinn der klassischen Massenpsychologie verschmelzen“* (*Kersten* 2017b, 96 f.).

Das Merkmal Ko-Isolation besteht aus zwei Elementen, die insbesondere das Verhalten der Schwarmsubjekte beschreiben. Die Ko-Isolation steht im engen Verhältnis zu den Merkmalen *Prä(in)formation* und *Spontanität*. Aus der Kombination der laufenden Kommunikation und der individuellen Entscheidungsfreiheit entstehen *individuelle Verhaltenswechsel*. Das Element beschreibt die Sprunghaftigkeit der Subjekte, die sich im Wechsel zwischen „Individualverhalten in ko-isoliertes Parallelverhalten und wieder in Individualverhalten“ (ebd. 109) äußert. Durch die neue Schwarmordnung entstehet eine Maske, die die Identität der Subjekte verbirgt. Durch das Auf- und Absetzen dieser Maske kann sich jedes Individuum spontan entscheiden, ob es seine eigene Person offenbart oder weiterhin mit Schwarmmaske unerkannt bleibt. Sollte mit Sanktionen zu rechnen sein, genießen die Schwarmindividuen Schutz durch den Schwarm, indem sie als ko-isolierte Subjekte temporär ihre Individualidentität scheinbar ablegen und sich dadurch im Schwarm verstecken. Das zweite Element bildet die *Anonymität*, die ebenfalls die Schutzfunktion der Individuen stärkt. „Ich muss meine Mitschwärmer nicht kennen, um trotzdem kollektiv mit ihnen handeln und zugleich in der anonymen Masse der ko-isolierten Schwarmmitglieder verschwinden zu können“ (ebd., 109). Das fehlende Wissen über die Identität der anderen Schwarmindividuen hindert sie nicht, sich in der Anonymität der Masse der Schwarmindividuen zu verstecken. Nach der Entstehung des Schwarms dient die Ko-Isolation der Subjekte der Beschreibung des Schwarms. Sie sind von individuellen Verhaltenswechseln und Anonymität geprägt, wodurch eine gewisse Distanz zum sanktionierenden Rechtsstaat sichergestellt werden kann.

d) Dynamische Instabilität

> *„Der Schwarm generiert ein dynamisches und zugleich instabiles Schwarmmuster, das die sich gegenseitig affizierenden Schwarmindividuen reproduzieren, variieren oder kollabieren lassen“* (*Kersten* 2017b, 97).

Das Merkmal der *dynamischen Instabilität* besteht aus zwei Elementen, die insbesondere die Eigenschaften des Schwarmmusters beschreiben. Die dynamische Instabilität knüpft an die Reproduzierbarkeit des Schwarmmusters an und zeichnet sich durch *Flexibilität* aus (ebd., 109). Dem Schwarm gelingt es in kürzester Zeit, kontrollierenden oder zerstörerischen Einwirkungen von außen auszuweichen und das Schwarmmuster an anderer Stelle wieder aufleben zu lassen. Das zweite Element des Merkmals knüpft an die Eigenschaften der Schwarmindividuen an. Die dynamische Instabilität zeichnet sich durch *Variationsfähigkeit* aus, die insbesondere auf die individuellen Verhaltenswechsel und die Anonymität der Schwarmindividuen zurückzuführen ist. Hiermit werden Variationen des Schwarmmusters möglich, die – sobald kommuniziert – relativ spontan und kurzfristig eintreten können. Durch Flexibilität und Variationsfähigkeit gelingt es dem Schwarm, Robustheit gegenüber äußeren Kontrollinstanzen aufzubauen. Auf innere Reize hingegen reagiert er zugeneigt. Diese können bei hinreichend großem Erfolg einzelner Variationen, ausgehend von Einzelnen oder kleineren Gruppen zur *Eskalation* führen, bei der mit der gegenwärtigen Schwarmordnung gebrochen und durch eine neue ersetzt wird. Denn „nicht nur die schiere Masse des Schwarms setzt staatliche Regeln außer Kraft, sondern die Schwarmordnung kann dabei spontan variieren und auch eskalieren“ (*Kersten* 2017b, 110). Der Schwarm weist durch Anpassungsfähigkeit eine laufende Dynamik auf, die ihn letztlich auch auflösen kann. Neben der Grundlage zur Entstehung des Schwarms und der Eigenschaften der Schwarmindividuen, wird mit der dynamischen Instabilität die Eigenschaft des Schwarmmusters beschrieben. Schwärme sind durch die Flexibilität ihrer Reproduktion besonders robust gegen Einwirkungsversuche von außen. Nach Innen zeigen sie sich durch ihre Variationsfähigkeit offen für Veränderungen, die schließlich auch zur Zerstörung der Schwarmordnung selbst führen können.

e) Mediale Manifestation

> *„Der Schwarm versucht in der Regel, seine Bewegungen und seine Effekte medial zu manifestieren, um diese während und auch nach dem Kollaps des Schwarmmusters dokumentiert zu sehen“* (*Kersten* 2017b, 97).

Das Merkmal der medialen Manifestation greift die Außenwirkung des Schwarms auf. Der Schwarm feiert den Erfolg des Schwarmmusters und die (temporäre) Außerkraftsetzung der staatlichen Rechtsordnung durch seine mediale Manifestation. Die neue Schwarmordnung wird aktiv beworben und verbreitet. Dieser Prozess der *Selbstbestätigung* durch Rückkopplung verstärkt das Schwarmverhalten (ebd., 110) und nährt zugleich das Selbstbewusstsein des Schwarms und seiner Individuen. Die öffentliche Darstellung der Überlegenheit des Schwarms *stimuliert* weitere Schwarmindividuen dazu, sich der manifestierten Prophezeiung anzuschließen und mitzuschwärmen: „Seht her, so leicht könnt auch Ihr Eure Ordnung etablieren“ (ebd. 110). So schließt die mediale Manifestation den Schwarmbildungsprozess ab, indem sie an den ersten Schritt der Kommunikation anknüpft.

2. Governance des Schwarms?

Unter Governance ist die Steuerung und Koordinierung der Gesamtheit von Prozessen, Strukturen, Regeln, Normen und Werten von kollektiven Aktivitäten zu verstehen (*Frey/Hamedinger et al.* 2008, 27). Dabei wird davon ausgegangen, dass sich die Grenzen zwischen den zentralen Institutionen *Staat*, *Markt* und *Gesellschaft* zusehends auflösen und eine Mischung von unterschiedlichen Regelsystemen zu Steuerungszwecken angewandt werden (ebd., 28). *Hamedinger* unterscheidet dazu beispielhaft zwischen den Regelungssystemen Markt und Hierarchie (Hamedinger 2006 in ebd., 28), bei denen dem Steuerungsmodus des Marktes in Form der wechselseitigen „Kooperation egoistischer Individuen, die sich in einem freien Wettbewerb um Ressourcen befinden" (*Brezina/Bunse et al.* 2008, 294), immer größere Bedeutung zukommt. Kooperative Regelungssysteme sind vor allem dort eingerichtet worden, wo die alleinige Steuerung durch das politisch-administrative System an seine Grenzen stößt (*Frey/Hamedinger et al.* 2008, 29). Aufgrund der Eigenschaften des Schwarms scheidet eine direkte Steuerung als Handlungsoption aus, da der Schwarm nicht beherrscht werden kann (*Kersten* 2014, 675). Insbesondere aufgrund der Fähigkeit des ko-isolierten Verhaltens der Individuen (vgl. 1. lit. c) können Schwärme regelmäßig jede Form staatlicher Intervention unterlaufen (ebd., 675).

Die Zuordnung zu einem Eigentümer im juristischen Sinne (vgl. I. 4.) ist (bislang) nicht möglich, weshalb Schwärme in der Rechtsordnung als „res nullius (herrenlose Sache)" (MüKoBGB *Oechsler* 2020: § 960 BGB, Rn. 1) angesehen werden. Angelehnt an § 960 Abs. 1 Satz 1 BGB gelten wilde Tiere als herrenlos, solange sie sich in Freiheit befinden. Darunter ist auch der *Bienenschwarm* gem. § 961 BGB zu begreifen, sobald er auszieht (schwärmt), nicht aber die einzelne Biene (MüKoBGB *Oechsler* 2020: § 960 BGB, Rn. 1). Die eigentumsrechtliche Zuordnung kommt nur durch äußeren Zwang, durch Einsperrung oder Verfolgung und die damit verbundene Wahrung der räumlichen Nähe des Eigentümers in Betracht (ebd., Rn. 2; MüKoBGB *Oechsler* 2020: § 961 BGB, Rn. 2). Eine staatliche Governance der Schwärme hat deshalb stets den Eigensinn des Schwarms in Rechnung zu stellen (*Kersten* 2017b, 113). Der Ansatz eines entsprechenden Steuerungssystems des Schwarmverhaltens kann also nicht auf den Schwarm als Ganzes ausgerichtet sein, sondern hat sowohl auf die *Schwarmindividuen als Einzelsubjekte* als auch auf ihre Summe, also den Mehrwert, der in Form von *kollektiven Effekten* entsteht, einzugehen. Diese Form der Steuerung ist als Kontextsteuerung zu begreifen, die sich auf die Kommunikationsbedingungen und Kommunikationsinfrastrukturen der Schwarmbildung bezieht (*Kersten* 2014, 675). Dazu destilliert *Kersten* zehn Regelungsmöglichkeiten von Schwärmen aus der Belletristik des 19. und 20. Jahrhunderts. In der Literatur der bürgerlichen Epoche des auslaufenden 19. Jhd. wurde der Schwarm als Ort der Gesichtslosen und der Gleichgemachten rezipiert und deshalb als Bedrohung und Krisenphänomen erfahren (*Schmidt* 2010, 12). Schlimmer war da nur noch die undifferenzierte Masse (ebd., 13). Auch die erste Hälfte des 20. Jhd. war von keinem positiven Bild von Schwärmen und Massen geprägt, waren sie doch insbesondere mit den Vernichtungsphantasien der totalitäreren Diktaturen der damaligen Zeit konnotiert. Gegenwärtig sieht *Kersten* einen Wandel in der kulturellen Perzeption von Schwärmen, bei der die gegenseitigen Vernichtungsphantasien zwischen Mensch und Schwarm abgebaut und nicht mehr nur einseitig negativ, sondern auch positiv beschrieben werden (*Kersten* 2017b, 122).

Eine Kontextsteuerung kann durch die Adressierung der Kernelemente des Schwarms erfolgen, bei der die Rationalitäten der Schwarmsubjekte in einem Regelsystem berücksichtigt werden. Die Rationalitäten einer Governance können dabei zwischen Kontrolle (a), Freiheit (b) und im weiteren Sinne auch der Gemeinschaft (c) unterschieden werden (*Brezina/Bunse et al.* 2008, 293). Sie dienen im Folgenden als Kategorien für *Kerstens* zehn Regelungsmöglichkeiten des liberalen Verfassungsstaats mit menschlichen Schwarmbildungen (*Kersten* 2017b, 113 ff.).

a) Rationalität der Kontrolle (Macht)

Ein Steuerungsansatz durch Macht adressiert die Rationalität der Kontrolle, indem insbesondere gesetzliche Verbote Gehorsam erzwingen (*Brezina/Bunse et al.* 2008, 294). Hierzu sind *Kerstens* Regelungsmöglichkeiten der beidseitigen Vernichtung als auch das Ausschließen und Ausweichen des Schwarms einzuordnen. Für die *Vernichtung des Schwarms* durch den Leviathanstaat dient das Beispiel der „Käferkrabbelei“ von Wilhelm Buschs „Max und Moritz“ (1865), bei der ihr Onkel Fritz sich des Schwarms durch die Vernichtung der Käfer entledigt (*Kersten* 2017b, 114 f.). Hierbei ist die Heuschreckenplage als gegenwärtig reale Bedrohung für die Landwirtschaft eine besonders anschauliche Vergegenwärtigung für diesen kontrollierenden Umgang mit einem Schwarm nach der Onkel-Fritz-Methode. Heuschrecken versammeln sich durch den Ausstoß eines anziehenden Pheromons, woraus durch sukzessive Häufung ein mehrere Quadratkilometer großer Schwarm entstehen kann. Die Kommunikationstechnik der Heuschrecken, die für die Bildung des Schwarms ursächlich ist, wurde jüngst im Aggregationspheromon *4VA* identifiziert (*Guo/Q. Yu et al.* 2020, 4). Aus dieser Erkenntnis ergeben sich zwei Steuerungsmöglichkeiten. Zum einen können die Heuschrecken durch die synthetische Nachbildung des Pheromons angelockt, eingefangen und getötet werden. Zum anderen ist es möglich den ebenfalls identifizierten Pheromonrezeptor *OR35* zu blockieren, sodass die Heuschrecken sich in ihre ursprünglich einsame Lebensweise zurückziehen und so eine Schwarmbildung unterbunden wird.[181]

Auch das entgegengesetzte Ereignis kann eintreten, und zwar, wenn *der Schwarm selbst vernichtet* (*Kersten* 2017b, 115 f.). In der angeführten Literatur sind die Gründe für die Vernichtung der Menschheit oftmals auf wildgewordene Schwärme aus dem Tierreich wie Ameisen, Fliegen oder Vögel zurückzuführen.[182] Die vielleicht bekannteste und bildlich prägendste Abhandlung dazu ist Alfred Hitchcocks Verfilmung „Die Vögel" (1952) der gleichnamigen Kurzgeschichte von Daphne du Maurier. Das Bild der zerstörerischen Schwarmintelligenz hält sich bis in die Gegenwart wie etwa in Frank Schätzings „Der Schwarm" (2004). *Den Schwarm auszuschließen* kann in Anbetracht einer überlegenen Schwarmintelligenz angezeigt sein. Hierzu eignet sich die Einrichtung schwarmfreier Zonen als Umgangs- und Überlebensstrategie (*Kersten* 2017b, 116 f.). Ist dieser Schwarm dann zusätzlich auf Konfrontation aus, verbleibt lediglich das *Ausweichen* als Handlungsoption. Dieses Grundmotiv durchzieht sich etwa in Stanislaw Lems „Der Unbesiegbare" (1964), indem der Menschheit nichts Anderes übrigbleibt, als dem Mikroschwarm aus dem Weg zu gehen (ebd., 117).

b) Rationalität der Freiheit (Markt)

Ein Steuerungsansatz durch Markt adressiert die Rationalität der Freiheit, indem durch Aushandlungsprozesse und Verträge Anreize für kooperatives Verhalten geschaffen werden (*Brezina/Bunse et al.* 2008, 294). Hierzu zählen die Regelmöglichkeiten des Anlockens, des Überlistens, des Irritierens und des Ignorierens des Schwarms. Die Instrumentalisierung von Schwärmen durch ihr *Anlocken* kann durch die Schaffung von Anreizen gelingen. Dieser Ansatz kann sich aber als fatal herausstellen, sobald der

---

181 *Vosshall* 2020: Catching plague locusts with their own scent {https://nature.com/articles/d41586-020-02264-x}.

182 „Die letzten und die ersten Menschen" (1930); „Leinings Kampf mit den Ameisen" (1937); „Satres Fliegen" (1943).

Schwarm nicht mehr beherrschbar ist (*Kersten* 2017b, 118). Im Falle des zuvor angeführten Beispiels der Heuschreckenplage hat sich die Strategie des Anlockens als (noch) nicht hinreichend wirksam herausgestellt, weshalb die wesentlich erfolgversprechendere Regelungsmöglichkeit in der *Überlistung des Schwarms* und seine anschließende Vernichtung gesehen wird.[183] Die Überlistung gelingt durch die Imitation des Schwarmmusters (ebd., 118) bzw. die Manipulation seiner Kommunikationskanäle. Der Schwarm lässt sich auch *irritieren*. Anhand von Interventionen ist das Schwarmmuster und das Verhalten des Schwarms beeinflussbar (ebd., 120). Auch das schlichte *Ignorieren des Schwarms* wie in Ernst Jüngers „Gläserne Bienen" (1957) kann eine Handlungsoption sein. Hierbei besteht allerdings die Gefahr von Übersprunghandlungen seitens der Ignorierenden, die die penetrante Gegenwart des Schwarms nicht mehr ertragen und im Ergebnis die Situation verschlimmern (*Kersten* 2017b, 118).

c) Rationalität der Gemeinschaft (Moral)

Ein Steuerungsansatz durch Moral adressiert die Rationalität der Gemeinschaft, indem auf Grundlage von Vertrauen und Solidarität durch Appelle ein rücksichtsvoller Umgang eingefordert wird (*Brezina/Bunse et al.* 2008, 294). Hierzu sind die Regelungsmöglichkeiten der Kontaktherstellung sowie das Schwärmen mit dem Schwarm zu zählen. Den *Schwarm kontaktieren* taucht etwa am Ende von Schätzings „Der Schwarm" als Motiv auf, bei dem die Menschheit Kontakt zu Yrr aufnimmt, um eine zumindest instabile Koexistenz aufzubauen (*Kersten* 2017b, 121). Ferner ist aber auch eine Symbiose von Mensch und Schwarm möglich, wie in Wilsons „Ameisenroman" (2010) beschrieben wird (ebd., 122). *Mit dem Schwarm mitschwärmen* ist ein weiteres Motiv, das u.a. in J.K. Rowlings „Harry Potter und der Stein der Weisen" (1997) aufgegriffen wird. Dabei will der Protagonist einen fliegenden Schlüssel einfangen und wird deshalb selbst Teil des Schlüsselschwarms, dessen Muster er als Mitschwärmer beeinflussen und variieren kann (ebd., 119 f.).

---

183 *Vosshall* 2020: Catching plague locusts with their own scent {https://nature.com/articles/d41586-020-02264-x}.

3. Zusammenfassung

Die konstituierende Grundbedingung für die Bildung von digitalen Schwärmen ist die Kommunikation. Mit dem flächendeckenden Zugang zu digitalen und mobilen Kommunikationsmöglichkeiten ist die Bildung von Schwärmen praktisch uneingeschränkt möglich. Die Anonymität, die Unvorhersehbarkeit seiner Größe und die individuellen Verhaltenswechsel tragen zur hohen Widerstandfähigkeit des Schwarms bei. Legt man allerdings die Regelungsmöglichkeiten zugrunde, so wird deutlich, dass auch der Schwarm Anknüpfungspunkte und Einfallstore für Manipulationen von außen bietet. Für die Erhaltung und Vergrößerung des Schwarms ist es z.B. notwendig, das Schwarmmuster reproduzieren zu können. Sind die zentralen Regeln der Schwarmordnung nicht mehr nachvollziehbar oder verzerrt, ist die Reproduzierbarkeit eingeschränkt und das Schwarmmuster in Gefahr. Auch durch die Variationsfähigkeit kann das Schwarmmuster von Mitschwärmern von innen manipuliert werden und den Schwarm zum Einsturz bringen. Durch Maßnahmen zur Individualisierbarkeit der Schwarmsubjekte, kann die Maske der individuellen Verhaltenswechsel entzogen und ihre Identität zumindest in Teilen offengelegt werden. Bei der Governance von Schwärmen ist stets der Eigensinn des Schwarms einzuberechnen. Die Ausgestaltung einer Kontextsteuerung kann entlang der Funktionsmerkmale des Schwarms erfolgen, um ihn so eingeschränkt auch lenken zu können.

B. Anwendung des Schwarmkonzepts auf Homesharing

Nachdem die Schwarmtheorie hinreichend konzeptualisiert wurde, kann sie im nächsten Schritt auf Homesharing angewandt werden. Die Grundlage dazu bilden die Analyseergebnisse über das Geschäftsmodell Airbnbs (vgl. Kap. 3 B). Dazu werden zunächst die allgemeinen Voraussetzungen für die Übertragbarkeit des Schwarmkonzepts (vgl. A I.) auf Airbnb diskutiert (I.), um schließlich die Bestandteile des Geschäftsmodells (vgl. Kap. 3 B II.) unter die Merkmale des digitalen Schwarms (vgl. A II. 1.) zu subsumieren (II.). Aus der Anwendung des Schwarmkonzepts eröffnet sich schließlich eine neue Perspektive auf die Funktionsmerkmale des Airbnb-Schwarms. Auf dieser Grundlage werden abschließend rechtliche Adressierungsansätze zum Aufbau einer Kontextsteuerung diskutiert (III.).

I. Übertragbarkeit

Zunächst gilt es zu prüfen, ob die Voraussetzungen für die Anwendung des Schwarmkonzepts auf Airbnb vorliegen. Dabei ist insbesondere der Frage nachzugehen, inwiefern Airbnb einen emergenten selbstorganisierten Schwarm erzeugt. Ein Selbstorganisationssystem gilt als emergent, wenn es mindestens auf zwei voneinander abhängigen Ebenen, einer Makro- und einer Mikroebene, wahrgenommen wird und wenn es auf der Makroebene kohärente Merkmale (Eigenschaften, Verhalten, Struktur, Muster usw.) gibt, die sich dynamisch aus den Interaktionen zwischen den Teilen auf der Mikroebene ergeben (vgl. A I. 1.) und daraus ein emergenter Mehrwert entsteht (vgl. A I. 4.). Die Voraussetzung für das Entstehen eines digitalen Schwarms als emergentes Selbstorganisationssystem ist die Kommunikation des Schwarmmusters in Form einer Schwarmordnung sowie die grundsätzliche Entscheidungsfreiheit seiner Subjekte (vgl. A II. 1.). Die Gastgeber und Gäste sind die Subjekte des Airbnb-Schwarms. Sie bilden eine Ansammlung autonomer und anonymer Individuen, die viele[184] im schwarmtypischen Sinne (vgl. A I. 2.) sind, aber nicht als ein Wir auftreten. Sie sind als selbstorganisierte, selbstbestimmte und gleichberechtigte Subjekte zu verstehen, die über die Plattform kommunizieren und autonom Unterkünfte buchen oder vermieten (vgl. A I. 1.). Insbesondere hieran wird die Raumbezogenheit des Airbnb-Schwarms deutlich.

Die Selbstorganisation und Selbstbestimmtheit der Gastgeber spiegelt sich in der selbstständigen Abwicklung der Vermietung und in den organisatorischen Anforderungen eines Unterkunftsanbieters wider. Sie können dabei Preise, Angebotszeiträume und Angebotsqualität selbstständig anpassen (vgl. Kap. 3 B III. 2.). Auch auf Seiten der Gäste ist die Selbstorganisation und die Selbstbestimmtheit durch die freie Auswahl einer Unterkunft, Buchung und Kommunikation gegeben. Airbnb übt keinen entscheidenden Einfluss auf die Bedingungen der Beherbergungsleistung aus (vgl. Kap. 3 B III. 3.). Die auf der Airbnb-Plattform (Makroebene) abgeschlossenen Transaktionen können schließlich lokal (Mikroebene) einen emergenten Mehrwert in Form von wahrnehmbaren Externalitäten erzeugen. Vereinzelte Unterkünfte sind dabei noch weitgehend unbedeutend, jedoch steigt die Wahrnehmbarkeit mit der Häufung von Unterkünften in unmittelbarer räumlicher Nähe an. Ab einem gewissen *Kipppunkt* in Anzahl der Unterkünfte und Vermietungsaktivität entstehen durch den

---

184 Schätzungen zufolge sind es etwa 150 Mio. angemeldete Airbnb-User (*Davis* 2018).

emergenten Mehrwert kollektive Effekte (vgl. A I. 4.), die im Ergebnis nicht nur Vorteile für Gäste und Gastgeber erzeugen, sondern insbesondere negative Externalitäten für das Umfeld entstehen lassen (vgl. Kap. 1 A).

Das Geschäftsmodell Airbnbs ist nicht als reines P2P-Modell (Kap. 3 A III.) zu verstehen. Die besondere Abhängigkeit der Peers von der Plattform hat zur Folge, dass der Airbnb-Schwarm als schwaches Selbstorganisationssystem einzuordnen ist. Der Airbnb-Schwarm organisiert sich in der virtuellen Welt (Makroebene) und schwappt dabei regelmäßig durch individuelles Verhalten im Rahmen der Buchung in die analoge Welt (Mikroebene) über. Allerdings nicht als Masse (vgl. A I. 2.), sondern mit einem von Flüchtigkeit und Volatilität geprägten Bewegungsmuster, bei dem die Manifestation einer Wohnung als Unterkunft nie von Dauer ist. Sein subversives Potenzial wird insbesondere bei der Außerkraftsetzung der baurechtlichen Vorschriften (Kap. 3 B III.) und der Installation der eigenen Schwarmordnung durch die Geschäftsbedingungen Airbnbs deutlich.

Die Grenzen der Übertragbarkeit liegen einerseits in der starken Zentralität, die von der Plattform ausgeht, und andererseits in den Einschränkungen der User während des Buchungsvorgangs. Das wird besonders deutlich, betrachtet man ein idealtypisches Schwarm-Konzept einer Vermittlungsplattform. Dieses müsste ohne zentrale Instanz an der Schnittstelle der Peers auskommen. Stattdessen wäre die Schnittstelle als Dienst zu verstehen, der lediglich technisch das Matching und die Kommunikation zwischen den Peers übernimmt. Solch ein Konzept könnte etwa durch eine Blockchain-Technologie[185] realisiert werden. Entsprechende Geschäftsmodelle scheinen sich bereits in der Entwicklung zu befinden.[186] Grundsätzlich erfüllt das Geschäftsmodell aber alle wesentlichen Voraussetzungen, um als digitaler Schwarm verstanden zu werden.

---

185 Vor allem durch Kryptowährungen wie z.B. BitCoins bekannt, ist eine Blockchain im Grunde ein P2P-Netzwerk von global verteilen Knoten transaktionaler Datenbanksystemen, die kryptographisch miteinander kommunizieren (*Glaser* 2017, 1545). Die Anwendung des P2P-Prinzips auf maschinelle Knoten (statt Endgerät zu Endgerät) ermöglicht den globalen Austausch von verschlüsselten Transaktionen zwischen zwei Endgeräten ohne definierte Zwischeninstanz, die sonst für die Vertrauensbildung notwendig war (*Glaser* 2017, 1548 f.).

186 *Schiller* 2018: On This Blockchain-Based Version Of Airbnb, There's No Middleman {https://fastcompany.com/40524021/on-this-blockchain-based-version-of-airbnb-theres-no-middleman}.

II. Subsumtion Airbnbs unter das Konzept des digitalen Schwarms

Im nächsten Schritt erfolgt die Subsumtion der Bestandteile des Geschäftsmodells unter die Merkmale des digitalen Schwarms. Die Prä(in)formation des Schwarms kommt dabei in der Plattform (1.) Airbnbs zum Ausdruck. Die Spontanität des Schwarms schlägt sich im Verhalten der Airbnb-User (2.) nieder. Die Ko-Isolation des Schwarms ist insbesondere dem Verhalten der Gastgeber (3.) zuzuschreiben. Die dynamische Instabilität des Schwarms findet sich in der Variation der Vermietungsaktivität (4.) wieder. Die mediale Manifestation des Schwarms erfolgt über die öffentliche Präsentation des Unterkunftsportfolios auf der Plattform (5.).

1. Plattform als Prä(in)formation

Die drei Elemente der Prä(in)formation des Schwarms lauten Kommunikation, Schwarmmuster und Installation der eigenen (Schwarm-)Ordnung. Sie schaffen die Grundlage für die Konstitution des Schwarms. Die Prä(in)formation des Schwarms findet dabei Ausdruck in der Plattform Airbnbs. Sie stellt technisch die Grundlage für die Vermittlungstätigkeit dar und ermöglicht seinen Usern die gegenseitige Kommunikation, die Festsetzung klarer Regeln, die automatisierte finanzielle Abwicklung der Transkationen und die Möglichkeit der Suche und Werbung einer Unterkunft. Das kommunizierte Schwarmmuster ist die Vermietung der eigenen Wohnung an Fremde (Homesharing) und findet sich insbesondere im Leitbild „Live like a local“ und der Aufforderung: „Verdiene dir Geld mit der Vermietung deiner Wohnung“ wieder. Die Schwarmordnung spiegelt sich in den Nutzungs-[187] und Geschäftsbedingungen[188] wider. Zudem setzt Airbnb auf sogenannte Community-Standards,[189] die ein umfangreiches FAQ zum richtigen Verhalten von Gästen und Gastgebern vermitteln. Diese Ordnung gilt im Rahmen der Buchung einer Unterkunft in Deutschland, die letztlich in einem Vertrag zwischen Airbnb-User und *Airbnb*

---

187 *Airbnb*: Nutzungsbedingungen {https://airbnb.de/terms}.

188 *Airbnb*: Geschäftsbedingungen {https://airbnb.de/help/topic/250/gesch%C3%A4ftsbedingungen}.

189 *Airbnb*: Community-Standards {https://airbnb.de/help/article/1199/was-sind-die-standards-erwartungen-von-airbnb}.

Ireland sowie in der über *Airbnb Payments UK* abgewickelten Zahlung[190] mündet.

2. Spontanität der User

Die Spontanität des Schwarms geht aus der individuellen Entscheidungsfreiheit hervor, die in einer Unvorhersehbarkeit der Größe mündet. Der Airbnb-Schwarm verabredet sich in spontanen Transaktionen zwischen Gästen und Gastgebern, sodass sich die Vermietungsaktivität und die Anzahl der aktiven Unterkünfte nicht vorhersagen lassen. Die Spontanität des Airbnb-Schwarms ist insbesondere auf die Möglichkeiten zurückzuführen, dass aus einer Wohnung eine Beherbergungsunterkunft in einer Nachbarschaft erzeugt und diese einem globalen Markt an Nachfragern unkompliziert zur Verfügung gestellt werden kann. Dafür ist lediglich die Einrichtung eines Airbnb-Accounts, das Verfassen einer Unterkunftsbeschreibung und der Upload einiger Unterkunftsbilder erforderlich. Die Vermietungsaktivität basiert ausschließlich auf der individuellen Entscheidungsfreiheit der User bzw. auf der Kombination aus Nachfrage und Angebot. Die Gastgeber unterliegen keinen Zwängen, die die Vermietungsaktivität direkt beeinflussen (z.B. Mindestanzahl der Übernachtungen). Neben den finanziellen Einkünften erzeugt das Belohnungssystem Airbnbs weitere Anreize, um eine Wohnung möglichst häufig als Unterkunft zu vermieten (vgl. Kap. 3 B III 2.). Aus der Verbindung von hoher Nachfrage mit gleichzeitig hohem Angebot, kann eine Unvorhersehbarkeit der Vermietungsaktivität entstehen. Diese ist weniger in der Vermietungsdauer als in der Menge der Wohnungen, die zu einem Zeitpunkt gleichzeitig als Unterkünfte vermietet werden, zu sehen. Seitens der Gäste kann sich, ausgelöst durch eine hohe Nachfrage, spontan ein Gebiet temporär zu einem Touristenhotspot verwandeln. Das Merkmal der Spontanität ist somit auf die Airbnb-User als Schwarm anzuwenden. Es schlägt sich in der individuellen Entscheidungsfreiheit der User und in der Unvorhersehbarkeit seiner Größe nieder.

190 EuGH, Urt. vom 19.12.2019 – C-390/18, MMR - Zeitschrift für IT-Recht und Recht der Digitalisierung 2020, 171 (171).

3. Ko-Isolation der Gastgeber

Die Ko-Isolation des Schwarms entsteht aus individuellen Verhaltenswechseln und der Anonymität der User. Im verheimlichenden Ausweichverhalten des Airbnb-Schwarms werden potenziell illegale Vermietungen möglich, weil Gastgeber i.d.R. darauf vertrauen können, dass Airbnb ihre wahre Identität nicht preisgibt. Sowohl die Ortsunschärfe, d.h. die öffentlich bewusst ungenaue Verortung der eigenen Unterkunft, als auch das sich Verbergen der User hinter Pseudonymen (vgl. Kap. 3 B II. 2.) tragen wesentlich zur Diskretion der User bei. Bei Kontrollen durch Behörden kann als Umgehungsstrategie auf nur gelegentliche Vermietungsaktivitäten oder einen kurzzeitigen Besuch von Freunden oder der Familie verwiesen werden, um nicht unter eines der Ordnungswidrigkeitstatbestände zu fallen. Diese Diskretions- und Verheimlichungsstrategien in Form der fehlenden Möglichkeit einer Individualisierung der Airbnb-User schützen die Gastgeber vor vermeintlichen Zugriffen des Staates. An der Stelle offenbart sich die unmittelbare Folge des Kenntnisdefizits seitens der Behörden. Das ko-isolierte Verhalten der Gastgeber ist durch die individuelle Möglichkeit des Auf- und Absetzens der digitalen Maske und dem daraus entstehenden Schutz durch Anonymität gegeben.

4. Variation durch Vermietungsaktivität

Die dynamische Instabilität des Schwarms beschreibt flexible und variationsfähige Schwarmmuster. Dieses ist beim Airbnb-Schwarm auf das dynamische und zugleich wechselnde Gesamtbild der Nutzung von Wohnungen als Wohnraum oder als Unterkunft für eine Kurzzeitvermietung zu übertragen. Die Bandbreite der Vermietungsdynamik variiert dabei von gelegentlichen, unregelmäßigen Kurzzeitvermietungen bis hin zum professionalisierten Immobilienvermittler mit einer großen Angebotsvielfalt verteilt über mehrere Städte. Die Vermietungsdauer kann dabei von einigen Wochenenden im Jahr bis hin zur regelmäßigen Vermietung an mehreren Tagen in der Woche ebenfalls beträchtlich variieren und verdeutlicht damit die Volatilität und Flüchtigkeit des Airbnb-Schwarms. Die dynamische Instabilität Airbnbs ist damit durch die Flexibilität des Angebots sowie die Variationsfähigkeit der Vermietungsaktivität gekennzeichnet.

5. Mediale Manifestation durch Unterkunftsportfolio

Die mediale Manifestation des Schwarms ist ein Prozess der Selbstbestätigung und Stimulation weiterer Schwarmsubjekte. Die zwei Elemente schlagen sich beim Airbnb-Schwarms insbesondere in den Reviews und Bewertungen im Unterkunftsportfolio nieder. Dabei dokumentiert der Schwarm seine Erfahrungen und teilt sie öffentlich mit anderen potenziellen Gästen, was letztlich auch die Funktion der Werbung erfüllt. Die Verortung der Unterkunft auf einer Karte in Kombination mit der Anzahl der abgegebenen, mit einem Zeitstempel versehenen Reviews, lässt die Lage und Vermietungsaktivität einer Unterkunft erahnen. Dadurch trägt die mediale Manifestation des Schwarms mittelbar zur Einordnung der Schwarmaktivitäten von außen bei.

III. Adressierung der Funktionsmerkmale des Airbnb-Schwarms

Aus der vorangegangenen Subsumtion wird deutlich, dass sich die Bestandteile des Geschäftsmodells zu den Merkmalen des digitalen Schwarms zuordnen lassen. *Kerstens* Schwarmtheorie liefert damit eine Schablone, um Schwarmphänomene in ihre Einzelbestandteile zu zerlegen und sie dadurch zu adressieren. In Anwendung dieser Perspektive werden im Folgenden überblicksartig rechtliche Handlungsoptionen gegenüber den fünf Funktionsmerkmalen des Airbnb-Schwarms geprüft, nämlich der Plattform (1.), dem Verhältnis von Gastgeber und Gast (2.), den Gastgebern (3.), der Vermietungsaktivität (4.) und des öffentlichen Unterkunftsportfolios (5.). Unter lit. a finden sich jeweils dazu bundesweit und gegenwärtig geltende Rechtsgrundlagen. Unter lit. b hingegen werden auch landesrechtliche sowie neue Vorschläge zur Adressierung des jeweiligen Funktionsmerkmals diskutiert. Abschließend erfolgen eine steuerungstheoretische Reflexion und Bewertung der Handlungsoptionen (6.).

1. Plattform

Grundsätzlich ist die Tätigkeit Airbnbs als gewerbsmäßig einzuordnen, da sie weder sozial unwertig erscheint, es ihr noch an Selbstständigkeit, Dauerhaftigkeit oder Gewinnerzielungsabsicht mangelt und sie zudem keine Urproduktion, freiberufliche Tätigkeit oder die bloße Verwaltung eigenen Vermögens darstellt (*Ingold* 2016, 596). Ein pauschales Vorgehen gegen die Plattform, etwa durch eine gewerberechtliche Untersagungsverfügung wegen Unzuverlässigkeit, scheidet deshalb aus. Dieses bedürfe einer personengebundenen Unzuverlässigkeitsprognose i.V.m. einer personal-charakterlichen Zurechnung von Störungen, die im Falle von Kurzzeitvermietungen über Airbnb nicht zu erwarten sind (ebd., 598). Anders gestaltet sich dies im Falle von Uber. Laut *EuGH* ist der Vermittlungsdienst Ubers integraler Bestandteil der Gesamtdienstleistung und somit nicht als Dienst der Informationsgesellschaft, sondern als Verkehrsdienstleistung einzustufen.[191] Dies ist zuvorderst auf den Einfluss des Unternehmens auf die wesentlichen Modalitäten der Beförderungsleistungen zurückzuführen, insbesondere durch die Festsetzung des Preises.[192] In der Folge hat sich Uber damit den nationalen Vorschriften und den damit einhergehenden Anforderungen einer Verkehrsdienstleistung zu unterwerfen und kann sich nicht auf die privilegierte Stellung eines Dienstes der Informationsgesellschaft berufen.

Airbnb ist als Unternehmen an die Vorgaben des deutschen Gewerberechts gem. §§ 1 Abs. 1, 14 Abs. 1 Satz GewO gebunden (*Ingold* 2016, 596 f.). Allerdings besteht aufgrund der internationalen Tätigkeit des Unternehmens keine gewerberechtliche Anzeige- oder Überwachungspflicht in Deutschland (*Ludwigs* 2017, 1651). Nach geltendem Recht sind deshalb nur einzelne telemedienrechtliche Auskunftsanordnungen möglich, die seitens der Behörden geltend gemacht werden können. Analog zu Uber war bis zuletzt auch bei Airbnb strittig, ob das Unternehmen einer Genehmigungspflicht als Immobilienmakler untersteht. Dieser Frage ging der *EuGH* in seiner Entscheidung vom 19.12.2019 nach und ordnete Airbnb als Dienst der Informationsgesellschaft ein. Daraus folgt, dass die Plattform einerseits als Dienstleister i.S.d. Telemediengesetzes und andererseits als Dienst der Informationsgesellschaft i.S.d. europäischen Dienstleistungsrichtlinie einzustufen ist. Deshalb werden zunächst entsprechende Handlungsoptionen, die aus der Einordnung erwachsen diskutiert (a). Aufgrund der Einordnung als Dienst der Informationsgesellschaft und der damit einhergehenden rechtlichen Privilegierung erfolgte 2020 ein öffentlicher Aufruf von 20 europäischen Städten zur Anpassung der europäischen Dienstleistungsrichtlinie (ECRL), um Plattformunternehmen eine generelle Auskunftspflicht aufzuerlegen (b).

---

191 EuGH, Urt. vom 20.12.2017 – C-434/15, Deutsches Autorenrecht 2018, 138 (Rn. 40).

192 Ebd. (Rn. 39).

a) Airbnb als Diensteanbieter und Dienst der Informationsgesellschaft

Das Telemedienrecht kann für Auskünfte von Telemediendiensten genutzt werden. Das Telemediengesetz (TMG) steht dabei als Rechtsgrundlage einem behördlichen Auskunftsersuchen grundsätzlich nicht entgegen, solange die engen datenschutzrechtlichen Vorgaben eingehalten werden (*Zott* 2020, 286). Ein Diensteanbieter i.S.v. § 2 Nr. 1 TMG hat gem. § 14 Abs. 2 TMG auf Anordnung der zuständigen Stellen im Einzelfall Auskunft über Bestandsdaten zu erteilen. Maßgebliches Kriterium für eine Einstufung als Diensteanbieter i.S.d. TMG ist die sogenannte Funktionsherrschaft.[193] Durch das Herkunftslandprinzips nach § 3 TMG besteht ein Auskunftsanspruch seitens Airbnbs bei der irischen Geschäftsstelle und nicht etwa bei der deutschen Niederlassung.[194] Für den Datenaustausch bedarf es sowohl seitens der auskunftsersuchenden als auch der auskunftsübermittelnden Stelle einer Rechtsgrundlage. Für Letztere stellt § 15 Abs. 5 Satz 4 i.V.m. § 14 Abs. 2 TMG eine datenschutzrechtliche Öffnungsklausel für den Diensteanbieter zur Erteilung von Auskünften.[195] Die auskunftsbegehrende Seite bedarf einer spezialgesetzlichen Ermächtigungsgrundlage für den Auskunftsanspruch, die Übermittlung und den Empfang der Daten.[196] Hier können etwa kommunale Zweckentfremdungsverbote zum Einsatz kommen (*Windoffer* 2016, 339).

Der Auskunftsanforderungen steht auch nicht die Einordnung Airbnbs als Dienst der Informationsgesellschaft entgegen. Im Zuge eines Rechtsstreits in Frankreich sah sich der *EuGH* veranlasst zu prüfen, inwiefern Airbnb nach der E-Commerce-Richtlinie[197] (ECRL) als „Dienst der Informationsgesellschaft" gem. Art. 2 lit. a ECRL einzuordnen ist.[198] Die dahinterliegende Unklarheit ging aus der Vermittlungsdienstleistung Airbnbs hervor. Nach Auffassung der *Association pour un hébergement et un tourisme professionnels* (*AHTOP* – Vereinigung für eine professionelle Beherber-

193 VG Berlin, Urt. vom 14.03.2018 – 6 K 676.17, Zeitschrift für Datenschutz 2018, 603 (Ls.).

194 Ebd. (Rn. 52 ff.).

195 VGH München, Beschl. vom 20.05.2020 – 12 B 19.1648, juris (Rn. 51).

196 Ebd. (Rn. 51).

197 Richtlinie 2000/31/EG des Europäischen Parlaments und des Rates über bestimmte rechtliche Aspekte der Dienste der Informationsgesellschaft, insbesondere des elektronischen Geschäftsverkehrs, im Binnenmarkt, ABl. (Amtsblatt der Europäischen Union) 17.07.2000, 1.

198 EuGH, Urt. vom 19.12.2019 – C-390/18, MMR - Zeitschrift für IT-Recht und Recht der Digitalisierung 2020, 171 (Rn. 39).

gung und einen professionellen Tourismus) übt Airbnb eine Tätigkeit der Vermittlung und der Verwaltung von Gebäuden ohne entsprechende beherbergungsrechtliche Erlaubnis aus.[199] Airbnb hingegen bestreitet die Einordnung als Beherbergungsdienstleister und beruft sich auf eine Unanwendbarkeit des Loi Hoguet[200] aufgrund der Unvereinbarkeit mit der ECRL.[201] Das Gericht fasst die Dienstleistung Airbnbs als die Anbahnung einer Geschäftsbeziehung über eine elektronische Plattform gegen Entgelt zwischen potenziellen Mietern und gewerblichen oder nichtgewerblichen Vermietern, die kurzfristige Beherbergungsleistungen anbieten, um den potenziellen Mietern die Buchung einer Unterkunft zu ermöglichen, zusammen.[202] Nach kumulativer Prüfung seitens des Gerichts erfüllt das Unternehmen alle Voraussetzungen, um grundsätzlich als „Dienst der Informationsgesellschaft" eingeordnet zu werden.[203] Etwas anderes gilt, „wenn dieser Vermittlungsdienst offensichtlich integraler Bestandteil einer Dienstleistung ist, die rechtlich anders einzustufen ist".[204] Das Gericht kommt in summarischer Prüfung zum Ergebnis, dass die Plattformfunktionen Airbnbs eben jenen entscheidenden Einfluss auf die Bedingungen der Beherbergungsleistung, wie die direkte oder indirekte Preisgestaltung oder die Auswahl der Vermieter oder Unterkünfte, nicht ausübt.[205] Weiter verändert auch die Einziehung der Mietbeträge bei den Mietern durch *Airbnb Payments UK*, um diese sodann an die Vermieter auszukehren, nichts am eigentlichen Wesensgehalt des Vermittlungsdienstes.[206] Die Zurverfügungstellung weiterer optionaler Zusatzdienstleistungen zum Vermittlungsdienst, wie eine Garantie zum Schutz gegen Schäden und eine Haftpflichtversicherung,[207] ein Fotodienst[208] und ein Tool zur Schätzung

---

199 EuGH, Urt. vom 19.12.2019 – C-390/18, MMR - Zeitschrift für IT-Recht und Recht der Digitalisierung 2020, 171 (171).

200 Das Hoguet-Gesetz regelt den ordnungsrechtlichen Rahmen insbesondere für den Handel, die Vermietung oder Untervermietung und Verwaltung von Immobilien in der Französischen Republik *legifrance.gouv.fr*: Loi Hoguet {https://legifrance.gouv.fr/loda/id/JORFTEXT000000512228/2020-11-18/}.

201 EuGH, Urt. vom 19.12.2019 – C-390/18, MMR - Zeitschrift für IT-Recht und Recht der Digitalisierung 2020, 171 (172).

202 Ebd. (Rn. 45).

203 Ebd. (Rn. 49).

204 Ebd. (Rn. 50).

205 Ebd. (Rn. 68).

206 Ebd. (61 ff.).

207 Ebd. (Rn. 63).

208 Ebd. (Rn. 59).

des Mietpreises,[209] steht der Einordnung als Dienst der Informationsgesellschaft nicht entgegen.[210]

Abschließend geht das Gericht der Frage nach, ob die vorgesehenen Bestimmungen der Loi Hoguet sich noch innerhalb des zulässigen Rahmens der Beschränkung des freien Verkehrs von Diensten der Informationsgesellschaft bewegen[211] und ob Airbnb in diesem Rahmen der Anforderung zum Besitz eines Gewerbeausweises nachkommen muss. Entscheidend ist dabei erstens, ob die beschränkende Maßnahme erforderlich ist, um den Schutz der öffentlichen Ordnung, der öffentlichen Gesundheit oder der Verbraucher zu gewährleisten.[212] Dafür müssen die aufgeführten Schutzziele tatsächlich beeinträchtigt oder eine ernsthafte und schwerwiegende Gefahr der Beeinträchtigung dieser Ziele vorliegen.[213] Zweitens hat der betreffende Mitgliedstaat vor Ergreifen der Maßnahmen die *Kommission* und den Mitgliedstaat, in dessen Hoheitsgebiet der Erbringer der genannten Dienstleistung ansässig ist (in dem Fall Irland), über seine Absicht, restriktive Maßnahmen ergreifen zu wollen, zu unterrichten[214] und darzulegen, dass die Maßnahmen aus zwingenden Gründen des Allgemeininteresses erforderlich sind.[215] Der *EuGH* stellte hierzu fest, dass weder eine Mitteilung seitens der Französischen Republik erfolgte noch die Voraussetzungen für die Erforderlichkeit der Maßnahmen bestehen,[216] was im Ergebnis dazu führt, dass Airbnb nicht unter den Anwendungsbereich des Loi Hoguet fällt.

Zusammenfassend ist festzuhalten, dass Vorschriften und Einschränkungen des Beherbergungsgewerbes keine Anwendung auf Airbnb finden, da im Zentrum der unternehmerischen Tätigkeit die Vermittlungsleistung steht und die vermittelnden Güter eben nicht von der Plattform beeinflusst werden (insb. Qualität, Lage, Ausstattung, Größe), wie es etwa typisch für Beherbergungsbetriebe ist. Beim Geschäftsmodell Airbnbs ist ausschließlich der Vermieter selbst für entsprechende Beherbergungsbedingungen verantwortlich. Das Unternehmen kann sich also auf die privilegierte Stellung als Dienst der Informationsgesellschaft berufen, was kon-

---

209 EuGH, Urt. vom 19.12.2019 – C-390/18, MMR - Zeitschrift für IT-Recht und Recht der Digitalisierung 2020, 171 (Rn. 56).
210 Ebd. (Rn. 69).
211 Ebd. (79 ff.).
212 Ebd. (Rn. 84).
213 Ebd. (Rn. 84).
214 Ebd. (Rn. 85).
215 Ebd. (Rn. 91).
216 Ebd. (Rn. 99).

kret in Deutschland dazu führt, dass die damit verbundene Tätigkeit weder genehmigungs- (§ 29 GewO) noch anzeigepflichtig (§§ 1 Abs. 1, 14 Abs. 1 Satz 1 GewO) ist oder unter das gewerberechtliche Überwachungsregime gem. § 38 Abs. 1 Nr. 4 GewO fällt (*Ludwigs* 2017, 1650 f.; *Zott* 2020, 275 ff.).

b) Anpassung der ECRL

Mitunter auch als Reaktion auf die Entscheidung des höchsten europäischen Gerichts, veröffentlichten 20 europäische Städte ein Positionspapier[217], in dem sie die fehlenden Möglichkeiten der Adressierung der illegalen Nutzungen von Wohnraum als Kurzzeitvermietung kritisieren und von der Europäischen Kommission eine Verpflichtung für den Datenaustausch der Plattformbetreiber mit den Behörden einfordern. Bei derzeitiger Gesetzeslage sei es den Städten „nahezu unmöglich, bestehende Rechtsvorschriften zu solchen Fragen wie Grenzen für die maximale Anzahl der Vermietungstage, Steuererhebung und Sicherheitsvorschriften durchzusetzen“[218]. Darum fordern sie insbesondere die mittlerweile veraltete, im Jahre 2000 erlassene E-Commerce-Richtlinie an die gegenwärtigen Anforderungen anzupassen und mit besseren Haftungs- und Sicherheitsvorschriften für digitale Plattformen, Dienste und Produkte auszustatten.

Auch *Zott* sieht starken Reformbedarf bei der ECRL (*Zott* 2020, 313 f.), weil das strenge Verbot einer allgemeinen Überwachungspflicht nach Art. 15 Abs. 1 ECRL europäische Gesetzgeber daran hindert, Online-Plattformen nach dem Vorbild San Franciscos zu verpflichten, Inserate zur präventiven Kontrolle zu prüfen (ebd., 313). Praktischer Hintergrund und Vorbild ist ein automatisierter Datenabgleich per Application Program Interface (API) zwischen Behörden und Plattform (*Busch/Demary et al.* 2018, 83 f.). Diese *API-Lösung* trägt dazu bei, dass Plattformen mit relativ geringem Aufwand durch einen Datenabgleich mit Behörden die Prüfung der Rechtmäßigkeit von Unterkünften vornehmen können. Ohne die rechtliche Prüfungsverantwortung an die Plattformen zu delegieren, wäre alternativ auch die automatisierte Weitergabe von monatlichen Berichten in

---

217 *Berlin.de* 04.03.2020: Positionspapier zu besseren EU-Rechtsvorschriften für Plattformen für Kurzzeitvermietung von Wohnraum an Feriengäste {https://stadtentwicklung.berlin.de/download/internationales/positionspapier_kurzzeitvermietungen.pdf}.

218 Ebd.

Form von sogenannten *Spread Sheets* möglich, wie es etwa bereits in Amsterdam praktiziert wird (vgl. Kap. 1 B I. 3.). Dadurch könnten Behörden die Überwachung und Prüfung selbstständig vornehmen (*Busch/Demary et al.* 2018, 84). Aber auch ohne die Anpassung der ECRL ist die Spread-Sheet-Lösung auf Basis freiwilliger Kooperationsvereinbarungen zwischen Behörde und Plattform möglich (*Zott* 2020, 314). Allerdings werden sie mit einer gewissen Skepsis betrachtet, da aufgrund der diametral entgegengesetzten Interessenslagen der Behörden (Marktbegrenzung) und des Plattformbetreibers (finanzielles Eigeninteresse) die Gefahr einer unzureichenden Kontrolle verbleibt (ebd., 315).

2. Verhältnis von Gastgeber und Gast

Das Airbnb-seitige Verhältnis zwischen Gastgeber und Gast ist auf das Verhältnis Vermieter und Mieter zu übertragen. Dabei entstehen insbesondere Anforderungen an den Vermieter. Das Anmieten von Wohnraum unterliegt rechtlich grundsätzlich keiner gesonderten Einschränkungen. Eine tage- oder wochenweise Anmietung oder Nutzung von Wohnraum stellt keine Ordnungswidrigkeit dar (*Hinrichs* 2013, 785). Bei der Überlassung von Wohnraum an Mieter entstehen Pflichten für den Vermieter, die bundesrechtlich insbesondere aus dem Miet-, Wohnungseigentums- und Steuerrecht hervorgehen (a). Ferner ist über die Einführung einer allgemeinen Anzeigepflicht für Kurzzeitvermietungen nachzudenken (b).

a) Miet-, wohnungseigentums- und steuerrechtliche Anforderungen

Eine Kurzzeitvermietung ist mietrechtlich als Wohnraum zum vorübergehenden Gebrauch gem. § 549 Abs. 2 Nr. 1 BGB anzusehen, die für das Verhältnis zwischen Mieter (Gast) und Vermieter (Gastgeber) gilt (*Bueb* 2016, 209). Grundsätzlich steht einer Vermietung zum vorübergehenden Gebrauch (§ 549 BGB) mietrechtlich nichts entgegen, solange es sich um Mietverhältnisse handelt, „die aufgrund *besonderer Umstände* nach dem Willen beider Vertragsparteien nur von einer *relativ kurzen Dauer* sein sollen" (Schmidt-Futterer *Blank* 2019: § 549 BGB, Rn. 4). Der Anwendungsbereich umfasst dabei solche Mietverhältnisse, die sich durch das Fehlen des „Sich-Einrichtens des Mieters" (ebd., Rn. 5) bzw. das „wohnliche Einrichten" kennzeichnen, das sich insbesondere durch die Ausstattung mit Möbeln und sonstigen Einrichtungsgegenständen sowie durch eine persönliche Prägung auszeichnet.[219] Typischerweise ist das bei Wohnungen für wechselnde Feriengäste der Fall, wie z.B. Handwerker am Ort der Montage, Messebesucher, Kurgäste oder Medizintouristen (Schmidt-Futterer *Blank* 2019: § 549 BGB, Rn. 5; *Lang* 2019, 747). Explizit ausgenommen in § 549 BGB sind die Vorschriften zur Mietpreisregulierung in Gebieten mit angespannten Wohnungsmärkten gem. §§ 556d ff. BGB, weshalb sie als privilegierte Mietverhältnisse einzuordnen sind (*Lang* 2019, 747). Dieser weitgehende Wegfall des sozialen Mieterschutzes wird damit gerechtfertigt, dass ein Mieter durch die Anmietung von Wohnraum zum vorübergehenden Gebrauch dort nicht den Mittelpunkt seiner Lebensführung begründet und der Entzug des Wohnraums somit nicht schwer wiegt (BeckOK MietR *Bruns* 2020: § 549 BGB, Rn. 13). Ein entsprechendes Mietverhältnis ist also von einer gewissen Flüchtigkeit des Mietbedarfs gekennzeichnet, deren zeitliche Höchstgrenze der Mietdauer je nach Auslegung regelmäßig etwa bei sechs bis allerhöchstens 12 Monaten liegen dürfte (Schmidt-Futterer *Blank* 2019: § 549 BGB, Rn. 4; BeckOK MietR *Bruns* 2020: § 549 BGB, Rn. 13). Kurzzeitvermietungen und konkret Ferienwohnungen sind mietrechtlich privilegiert, was letztlich zu einem vermieterseitigen Ausweichverhalten zulasten von Dauermietverhältnissen führen kann.

Die Überlassung von Wohnraum als Kurzzeitvermietung eines Mieters hingegen ist mit höheren mietrechtlichen Hürden versehen. Besteht kein Vertrag zwischen den beiden Parteien und vermietet der Mieter seine Wohnung an wechselnde Gäste unter, so ist dies gem. § 540 BGB dem Grundsatz nach verboten (HK-BGB *Scheuch*: § 540 BGB, Rn. 3). Liegt dem Mieter eine Untermieterlaubnis vor und will er die Wohnung oder auch nur einen Teil des Wohnraums gem. § 553 Abs. 1 BGB kurzzeitig an wechselnde Feriengäste überlassen, besteht nach Entscheidung des *BGH* die Notwendigkeit einer expliziten Erlaubnis des Vermieters, die ausdrücklich diesen Zweck umfasst.[220] Das Vorliegen einer generellen Untervermietungserlaubnis deckt den beschrieben Fall der Untervermietung an wechselnde Gäste nicht ab, denn touristische oder sonstige vorübergehende Unterkunftszwecke sind Nichtwohnzwecke und das bloße Unterkommen ist kein Wohnen (BeckOK MietR *Weber* 2020: § 553, Rn. 23). Dadurch stellt das Zuwiderhandeln einen Abmahn- und Kündigungsgrund dar (*Bueb* 2016, 209; *Henke/Singbartl et al.* 2018, 5).

---

219 OLG Hamburg, Urt. vom 30.09.1992 – 4 U 94/92, NJW-RR 1993, 84 (85).
220 BGH, Urt. vom 08.01.2014 – VIII ZR 210/13, NJW 2014, 622 (Rn. 10).

Wohnungseigentümer hingegen genießen gem. § 13 Abs. 1 WEG den Grundsatz der Nutzungsfreiheit des Wohnungseigentums. Die besondere Stellung des Wohnungseigentümers bekräftigte zuletzt noch der *BGH* mit der Entscheidung vom 12.04.2019 in einem Fall von Kurzzeitvermietung, bei dem der Eigentümer gegen den Willen der übrigen Eigentümer der Wohnungseigentümergemeinschaft seine Wohnung vorübergehend an Feriengäste überließ. Auch hier gilt die freie Zweckbestimmung des Wohnungs- oder Teileigentums als unentziehbares Recht des Sondereigentümers und kann nicht durch Mehrheitsbeschluss geändert oder eingeschränkt werden.[221] Daraus ergibt sich, dass Wohnungseigentümer nicht verhindern können, dass andere Eigentümer ihre Wohnungen an Kurzzeitmieter überlassen – auch wenn eine Wertminderung oder -steigerung der Immobilie damit einherginge (*Lang* 2019, 749). Die Vermietung einer Eigentumswohnung an täglich oder wöchentlich wechselnde Feriengäste ist von der Gebrauchsregelung gem. § 15 Abs. 1 WEG abgedeckt. Sie ist weder als gewerbliche noch als sonstige Nutzung, die nur in Teileigentumseinheiten zulässig wäre, einzuordnen[222] und gilt regelmäßig als die Verwaltung eigenen Vermögens.[223] Da Wohneigentum gem. § 1 Abs. 2 WEG nur an einer Wohnung begründet werden kann, richtet sich zwar die ordnungsgemäße Nutzung in erster Linie zur Nutzung der Wohnung als Lebensmittelpunkt, allerdings ist die Zweckbestimmung nicht nur darauf beschränkt, sondern umfasst gem. § 13 Abs. 1 WEG auch das ausdrückliche bestimmte Recht, sein Wohneigentum zu vermieten.[224]

Erzielte Einkünfte einer Vermietung unterliegen generell der Einkommenssteuer gem. § 2 Abs. 1 Nr. 6 EStG als Einkünfte aus Vermietung und Verpachtung und sind steuerrechtlich gem. § 21 Abs. 1 Nr. 1 EStG zu behandeln (*Bueb* 2016, 211). Die bloße Vermietung von Räumen der eigenen Wohnung an Feriengäste ist ebenfalls darunter zu fassen (Blümich *Bode* 2019: § 15 EStG, Rn. 118). Mieter, die ihre Wohnung mehrfach an Gäste untervermieten wollen, sind ebenfalls steuerpflichtig gem. § 21 EStG, wenn die „Einkünfte die Miete übersteigen, die der Mieter selbst an den Vermieter zahlen muss" (*Bueb* 2016, 211). Übersteigen die Einkünfte zudem den Umsatzsteuerfreibetrag gem. § 19 Abs. 1 UStG des

221 BGH, Urt. vom 12.04.2019 – V ZR 112/18, NJW 2019, 2083 (Rn. 15).

222 BGH, Urt. vom 15.01.2010 – V ZR 72/09, NZM 2010, 285 (Rn. 14); BGH, Urt. vom 12.04.2019 – V ZR 112/18, NJW 2019, 2083 (Rn. 5).

223 BVerwG, Urt. vom 24.06.1976 – I C 56/74, NJW 1977, 772 (772).

224 BGH, Urt. vom 15.01.2010 – V ZR 72/09, NZM 2010, 285 (Rn. 15); BVerfG, Beschl. vom 15.10.1996 – 1 BvL 44/92, 1 BvL 48/92, BVerfGE 95, 64-96 (Rn. 99).

vorangegangenen Kalenderjahres (Kleinunternehmerregelung) ist zudem auch die Umsatzsteuer abzuführen. Auf Grundlage einer überschlägigen Modellrechnung der Vermietungsaktivitäten von Airbnb in Deutschland, ergebe die Einkommensteuerverpflichtung bei einer Einführung einer Abzugssteuer mit einem Steuersatz von 10 Prozent ein Steueraufkommen von insgesamt knapp 65,02 Mio. Euro (*Bräutigam/Ludwig et al.* 2019, 14).

Allerdings ist die Ermittlung der Steuerpflichtigen aufgrund des Kenntnisdefizits stark erschwert. Denn abseits angemeldeter Betriebe des Beherbergungsgewerbes, verschwimmen die typischen Kurzzeitvermieter im Gros der Verwalter des eigenen Vermögens. Darum unternimmt die Bunderegierung bei der Einkommenssteuerpflicht möglicherweise einen anderen Versuch. Laut einer kleinen Anfrage im Bundestag von 2018 wird auf die Ermittlungsmöglichkeiten bei der Besteuerung von Wohnraumvermittlungseinkünften deutscher Finanzbehörden nach der Abgabenordnung (AO) verwiesen, wonach auf Grundlage zwischenstaatlicher Vereinbarungen Daten ausländischer Steuerverwaltungen ersucht werden können, sofern diese für die Besteuerung im Inland erheblich sind.[225] Denn trotz des irischen Unternehmenssitzes von Airbnb sind Ersuchen über Auskünfte zu Steuerpflichtigkeiten inländischer (Kurzzeit-)Vermieter durch zwischenstaatliche Amtshilfe gem. § 117 AO möglich. Dass die Bundesregierung diese Möglichkeit im Falle von Airbnb in Anspruch nimmt, scheint sich nun aufgrund neuer Meldungen zu erhärten. Am 02.09.2020 meldete die Hamburger Steuerfahndung, dass für ein weltweit agierendes Vermittlungsportal Kontrolldaten für Buchungen und Vermittlung von Unterkünften geliefert wurden.[226] In der Hamburger Pressemitteilung ist zwar nirgends Airbnb erwähnt, allerdings ist davon auszugehen, dass der US-amerikanische Konzern gemeint ist. In einem Gastbeitrag in der F.A.Z.[227] wurde zumal jene Hamburger Meldung mit Verweis auf

---

225 BT-Drs. 19/4913, Antwort der Bundesregierung auf die kleine Anfrage der Abgeordneten Fabio De Masi, Jörg Cezanne, Klaus Ernst, weiterer Abgeordneter und der Fraktion DIE LINKE vom 11.10.2018 (4).

226 *Hamburg.de* 2020: Weltweit agierendes Vermittlungsportal für Buchung und Vermittlung von Unterkünften liefert Kontrolldaten an die Hamburger Steuerfahndung, Hamburg erkämpft höchstrichterliche Entscheidung und liefert Daten zu deutschen Vermietern an andere Bundesländer {https://hamburg.de/pressearchiv-fhh/14267928/2020-09-02-fb-weltweit-agierendes-vermittlungsportal-fuer-buchung-und-vermittlung-von-unterkuenften/}.

227 *H. Hoffmann/Judis* 2020: Steuerfahndung nimmt Airbnb-Vermieter ins Visier, F.A.Z. Einspruch {https://faz.net/einspruch/steuerfahndung-nimmt-airbnb-vermieter-ins-visier-16975499.html}.

Airbnb aufgegriffen und von den Autoren „als Weckruf und Hinweis an Vermieter - und damit als "goldene Brücke" zurück in die Steuerehrlichkeit“[228] deklariert. Sie rufen Airbnb-Vermieter geradezu alarmierend zur Selbstanzeige auf, um unverzüglich den zuständigen Finanzbehörden entsprechend nicht ordnungsgemäß angezeigte einkommenssteuerpflichtige Einkünfte aus Vermietung und Verpachtung mitzuteilen.[229] Erhören die steuerlich unredlichen Airbnb-Vermieter diesen Weckruf, könnte durch dieses Verfahren möglicherweise ein nicht unbedeutender Teil der bisher nicht zu ermittelnden Kurzzeitvermieter in Deutschland identifiziert werden.

b) Einführung einer allgemeinen Meldepflicht für Kurzzeitvermietungen

Zu den bereits bestehenden Bedingungen des Verhältnisses zwischen Gastgeber und Gast kann bei der statistischen Erhebung der Beherbergung im Reiseverkehr des Beherbergungsstatistikgesetzes über eine Herabsenkung der Schwelle in § 3 Abs. 1 BeherbStatG der Auskunftspflicht gem. § 6 Abs. 1 Satz 1 BeherbStatG nachgedacht werden, die zu einer allgemeinen Meldepflicht für Buchungen bei Kurzzeitvermietungen führen könnte. *Busch/Demary et al.* lehnen diese ab (vgl. Kap. 1 B II.), obwohl sie die Maßnahme zur Erhebung relevanter Informationen für grundsätzlich geeignet halten (ebd., 126). Eine Erweiterung des Anwendungsbereichs müsste sich demnach auf den gesamten Unterkunftssektor beziehen, worunter auch kleinere Pensionen, Ferienhäuser und Ferienwohnungen fallen würden und dies nach Einschätzung der Autoren zu einer Übererfassung führe (ebd., 126). Die Ausgestaltung der konkreten Schwellenwerte für eine Befreiung der Meldepflicht wäre im Detail noch diskutieren. Im Ergebnis jedoch sollte der Großteil der Unterkünfte von dieser erfasst sein, solange eine weitgehend automatisierte und digitale Umsetzung gewährleistet werden kann. Die Skepsis der Autoren kann angesichts der Bedeutung des Kenntnisdefizits bei Kurzzeitvermietungen nicht geteilt werden, zumal vergleichbare nationale Meldepflichten entweder mit ordnungs- oder

---

228 H. *Hoffmann/Judis* 2020: Steuerfahndung nimmt Airbnb-Vermieter ins Visier, F.A.Z. Einspruch {https://faz.net/einspruch/steuerfahndung-nimmt-airbnb-vermieter-ins-visier-16975499.html}.

229 Ebd.

steuerrechtlicher Ausrichtung beispielhaft schon in Österreich 2017[230], in Frankreich 2017[231] und in Spanien 2018 (*Nadal* 2019, 44) bestehen. Dabei sind Vermieter i.d.R. dazu verpflichtet, auf elektronischem Wege die Beherbergung von Touristen auch in kleinen Ferienwohnungen, Pensionen und Privatunterkünften anzuzeigen. In Frankreich sind Vermieter von der Meldepflicht ausgenommen, wenn es sich dabei um den Hauptwohnsitz handelt. In Österreich ist eine Meldung erst ab dem vierten Tag erforderlich. Der Betrieb *einer* zentralen Meldestelle auf Bundesebene wäre zudem ressourcenärmer und praktikabler. Ferner stünde das Vorhaben im gedanklichen Fahrwasser der gegenwärtigen Bemühungen zur Verwaltungsmodernisierung, insbesondere im Hinblick auf die Registermodernisierung.

3. Gastgeber

Wie bereits zu Beginn angedeutet sind die Behörden zur Aufklärung potenziell rechtswidriger Nutzungsänderungen zwingend auf Meldungen aus der Bevölkerung angewiesen (vgl. Kap. 2 B IV.). Dafür kann die Einführung eines Online-Meldeportals (a), insbesondere für ein strukturiertes Vorgehen und ohne gesonderte Rechtsgrundlage, dienlich sein. Ferner kann über die Einführung von Melde-, Anzeige- und Registrierungspflichten (b) für Gastgeber nachgedacht werden. Dazu kann auf Rechtsgrundlagen der Länder zurückgegriffen oder auch die Einführung einer nationalen Meldepflicht erwogen werden.

a) Online-Meldeportale für potenziell rechtswidrige Zustände

Für die Strukturierung der Meldungen aus der Bevölkerung kann die Einführung eines Online-Meldeportals dienlich sein. Statt telefonisch oder postalisch können Bürger Meldungen über potenziell rechtwidrige Nut-

---

230 Österreichisches Bundesgesetz über das polizeiliche Meldewesen (Meldegesetz 1991 – MeldeG) i.V.m. der Verordnung des Bundesministers für Inneres über die Durchführung des Meldegesetzes (Meldegesetz-Durchführungsverordnung – MeldeV) *Unternehmensservice Portal*: Gästeblattsammlung/Gästeverzeichnis {https://usp.gv.at/brancheninformationen/gastronomie-und-tourismus/gaest everzeichnis.html}.

231 EuGH, Urt. vom 22.09.2020 – C-724/18, C-727/18, BeckRS, 23418 2020 (Rn. 12).

zungen von Wohnraum in einem Online-Formular einreichen. Der Vorteil für die Behörden liegt dabei insbesondere in der standardisierten Form der Meldung, die eine automatisierte und dadurch effizientere Bearbeitung der Meldungen ermöglichen. Allerdings ist diese Option lediglich als erweiterter Zuruf aus der Bevölkerung und nicht als wesentlicher Beitrag zur Verbesserung der allgemeinen Kenntnislage zu sehen. Auch sind in diesem Zusammenhang weitere öffentlichkeitswirksame Maßnahmen wie mediale Kampagnen und Aufrufe an die Bevölkerung möglich. Gesammelte Indizien können dann im Zuge von örtlichen Ermittlungen und in Prüfungen vor Ort weiterverarbeitet werden. Dafür kann auch das Betreten der Wohnung durch Mitarbeiter der Bauaufsichtsbehörden zulässig sein.[232]

b) Einführung von Melde-, Anzeige- oder Registrierungspflichten

Neben Auskunftsanordnungen bei der Plattform (vgl. 1. lit. a) kann die Einführung von Anzeige- und Registrierungspflichten zur systematischen Auflösung von Diskretions- und Verheimlichungsstrategien seitens der Gastgeber beitragen. Diese können auf Grundlage des Zweckentfremdungsrechts der Länder eingeführt werden (*Discher/Hamm* 2018, 792; *Rossi* 2019, 343). Dadurch ließe sich der Aufbau einer Datenbank zu aktiven Unterkünften und Vermietern realisieren und das Kenntnisdefizit bei Kurzzeitvermietungen erheblich mindern.

Insgesamt gestaltet sich die Adressierung der Gastgeber durch geltende Vorschriften auf kommunaler Ebene noch recht dünn. Deshalb ist möglicherweise die Einführung einer allgemeinen Meldepflicht gem. § 23 Abs. 1 BMG mit der Erweiterung der Datenerhebung gem. § 24 BMG um die Art des Wohnraummietverhältnisses zu erwägen. Demnach könnten die bestehenden bundesrechtlichen Meldepflichten für Vermieter bei der Überlassung von Wohnraum dazu verpflichten, Änderungen bei der Art des Wohnraummietverhältnisses angeben zu müssen. Angelehnt an das Mietrecht könnte dabei zwischen folgenden drei Angaben unterschieden werden:

- Wohnraummietverhältnis zum dauernden Gebrauch (gem. §§ 535 bis 548 BGB)
- Wohnraummietverhältnis zum vorübergehenden Gebrauch (gem. § 549 Abs. 2 Nr. 1 bis 3 BGB)

232 z.B. gem. Art. 54 Abs. 2 BayBO; § 58 Abs. 7 NRWBauO; § 58 Abs. 3 HBauO.

- Wohnraummietverhältnis mit Gebrauchsüberlassung an Dritte (gem. § 553 Abs. 1 BGB)

Mit der Datengrundlage wäre es den Behörden möglich, die Wohnraumnutzung zu überwachen, um die Erkenntnisgrundlage über mögliche Ursachen für eine Wohnraummangellage zu erweitern.

4. Vermietungsaktivität

Die regelmäßige Beherbergung von Personen in einer Unterkunft kann grundsätzlich als Geschäftsmäßigkeit eingeordnet werden. Ausschlaggebend für das Vorliegen einer Gewerbepflichtigkeit i.S.v. § 1 Abs. 1 GewO ist die Vermietungsaktivität. Im Einzelfall kann die Gewerblichkeit begründet sein, sofern ein geschäftsmäßiger Verwaltungsaufwand oder hotelähnliche Nebenleistungen erbracht werden (*Ludwigs* 2017, 1650; *Windoffer* 2016, 338). Laut *BVerwG* ist dabei die Grenze des Unerheblichen überschritten, sobald die Tätigkeit über das übliche Maß von Kapitaleinsatz, Arbeitskraft und Organisation bei der Vermietung einer möblierten Wohnung hinausgeht und eine gewisse unternehmerische Organisation unabdingbar wird.[233] Im Falle der Vermietung der eigenen Wohnung in Zeiten eigener Abwesenheit scheint die Befreiung einer Gewerblichkeit allerdings offensichtlich[234] (*Ludwigs* 2017, 1650). Zu einem anderen Ergebnis gelangt man indes, findet die Vermietung einer Wohnung als Ferienwohnung ganzjährig statt, weil sich diese durch eine deutlich höhere Fluktuation von Mietern im Vergleich zu klassischen Wohnungsvermietungen auszeichnet (Blümich *Bode* 2019: § 15 EStG, Rn. 118; *Ludwigs* 2017, 1650). Aber auch die zeitgleiche Vermietung von etwa drei Unterkünften könnte den privat-beiläufig zu leistende Organisations- und Abwicklungsaufwand einer Vermögensverwaltung übersteigen (*Ingold* 2016, 600) und eine Gewerbepflicht begründen. Grundsätzlich gilt, dass bei steigender Anzahl der Vermietungen der privaten Wohnung an Übernachtungsgäste, die Tätigkeit immer mehr den Bereich des privatgelegentlichen verlässt und sich hin zu einer gewerblich orientierten Vermietung wandelt (*Zott* 2020, 123).

Dies vorangestellt regte die Europäische Kommission an, dass branchenspezifische und realistische Schwellenwerte zur Abgrenzung zwischen gewerblichen und gelegentlichen Anbietern bei Geschäftsmodellen der

---

233 BVerwG, Urt. vom 26.01.1993 – 1 C 25/91, NVwZ 1993, 775 (776).

234 a.A. *Weber*, NVwZ - Neue Zeitschrift für Verwaltungsrecht 11/2019, 761; vgl. Kap. 2 A I. 1. lit. a.

Sharing Economy zu klaren rechtlichen Rahmenbedingungen beitragen können.[235] Der Bund-Länder-Ausschuss zum Gewerberecht diskutierte sodann die Einführung eines solchen Schwellenwerts, der bei der „Höhe des Umsatzes oder der Zahl der Übernachtungen“ (*Lücke* 2017, 229) anknüpfen sollte. Allerdings bestand Einigkeit darüber, dass eine Festlegung quantitativer Schwellenwerte weder zielführend noch möglich ist, weil die Abgrenzung auf Grundlage der vorgeschlagenen Kriterien erst rückwirkend für das jeweils vorangegangene Kalenderjahr möglich wäre und sich damit als Vollzugskriterium nicht eigne (*Lucke* 2017, 229). Der *EuGH* bestätigte jüngst, dass die Nutzung von Wohnraum als Kurzzeitvermietung grundsätzlich von einer vorherigen Genehmigung abhängig gemacht werden kann,[236] solange die in Art. 10 Abs. 2 Richtlinie 2006/123/EG genannten Erfordernisse des innerstaatlichen Rechts erfüllt sind.[237] Mit dem Unionsrecht vereinbare Genehmigungsvorbehalte sind insbesondere Regelungen, die das Ziel der sozialen Durchmischung unter Berücksichtigung der örtlichen Wohnungsmärkte verfolgen oder die einer Verstärkung des Wohnungsmangels vorbeugen sollen.[238] Nach deutschem Recht kommen hierfür insbesondere erhaltungs- und zweckentfremdungsrechtliche Genehmigungsvorbehalte in Frage.

Zur Abgrenzung, ab wann es sich um eine Kurzzeitvermietung handelt, bedarf es dennoch des Rückgriffs auf die Vermietungsaktivität. Diese findet als Indiz bei der qualitativ-wertenden Prüfung einer baugenehmigungspflichtigen Nutzungsänderung (vgl. Kap. 2 B) Berücksichtigung. Um solche Nutzungsänderungen zu unterbinden, können städtebaurechtliche Genehmigungsvorbehalte eingesetzt werden (a). Der Vorschlag der Europäischen Kommission zur Einführung von Schwellenwerten kann hingegen durch das Zweckentfremdungsrecht aufgegriffen und die Nutzung von Wohnraum zu anderen als Wohnzwecken ab einem festgelegten Schwellenwert unter Genehmigungsvorbehalt gestellt werden (b).

---

235 Europäische Kommission, Mitteilung der Kommission an das Europäische Parlament, den Rat, den Europäischen Wirtschafts- und Sozialausschuss und den Ausschuss der Regionen vom 02.06.2016 – COM(2016) 356 final 2016 (5 f.).

236 EuGH, Urt. vom 22.09.2020 – C-724/18, C-727/18, BeckRS, 23418 2020 (Rn. 53).

237 Ebd. (Rn. 78).

238 Ebd. (Ls. 4).

a) Städtebaurechtliche Handlungsoptionen

Das Erhaltungsrecht gem. § 172 BauGB bietet die Möglichkeit, Nutzungsänderungen von Wohnen in Ferienwohnen (vgl. Kap. 2 B) innerhalb eines räumlichen Geltungsbereichs unter Genehmigungsvorbehalt zu stellen, sobald die Erhaltung der Zusammensetzung der Wohnbevölkerung gem. § 172 Abs. 1 Satz 1 Nr. 2 BauGB bedroht ist. Durch diese Soziale Erhaltungssatzung (sogenannte Milieuschutzsatzung) kann ein Erhaltungsgebiet sowohl im beplanten als auch im unbeplanten Bereich bestimmt werden (*Mitschang* 2017, 69). Sie kann insbesondere dazu dienstbar gemacht werden, „die Verdrängung der ortsansässigen Wohnbevölkerung und die Verödung eines Stadtviertels durch die Errichtung von Ferienwohnungen oder Zweitwohnungen“ (ebd., 100) zu verhindern. Der erhaltungsrechtliche Genehmigungsvorbehalt gestaltet sich analog zur Baugenehmigung (vgl. Kap. 2 B I.) als „präventives Verbot mit Erlaubnisvorbehalt“ (ebd., 90). Eine Genehmigung ist hiernach nur zu versagen, wenn die Voraussetzungen für ein Verbot gem. § 172 Abs. 4 Satz 1 BauGB nicht gegeben sind. Dies ist in aller Regel bei einer Nutzungsänderung von Wohnraum in eine Zweit- oder Ferienwohnung der Fall.

Ferner kann eine Gemeinde auch per Bauleitplanung die Zulässigkeitsvoraussetzungen so anpassen, dass die Genehmigungsfähigkeit von Ferienwohnungen in einem Gebiet nicht mehr gegeben ist. Neben der aufwendigen Aufstellung eines qualifizierten Bebauungsplans gem. § 30 BauGB, können bestehende Bebauungspläne in einem vereinfachtem Verfahren gem. § 13 BauGB so geändert werden, dass die bauplanungsrechtliche Zulässigkeit von Ferienwohnungen gem. § 13a BauNVO durch entsprechende Festsetzungen per Feinsteuerung eingeschränkt ist.

b) Zweckentfremdungsrechtliche Genehmigungsvorbehalte

Die größte Hürde für die Nutzung von Wohnraum als Kurzzeitvermietung stellen kommunale Zweckentfremdungsverbote dar (*Ludwigs* 2017, 1652). Sofern die Voraussetzungen erfüllt sind, kann eine Gemeinde die Nutzung von Wohnraum zu anderen als Wohnzwecken unter *repressives Verbot mit Befreiungsvorbehalt* stellen und die zweckfremde Nutzung von der Erteilung einer behördlichen Genehmigung abhängig machen (*C.-W. Otto* 2017, 251; *Zott* 2020, 59 f.). Aus der repressiven Natur des Genehmigungsvorbehalts ergibt sich, dass das öffentliche Interesse an der Erhaltung des Wohnraums grundsätzlich Vorrang genießt. Dabei bildet das Verbot der Nutzung von Wohnraum zu anderen Zwecken den Regelfall und die Genehmigung in Form einer Befreiung vom Verbot die Ausnahme (*Schollmeier* 2020, 402; *Zott* 2020, 65). Unter die zweckentfremdungsrechtlichen Tatbestände kann auch die Nutzung von Wohnraum als Kurzzeitvermietung fallen. Die Ermächtigung der Verbote obliegt den Ländern, die konkrete Ausgestaltung hingegen den Kommunen, weshalb die Vorschriften in ihrer materiellen Gestalt beträchtlich variieren können.

Zusätzlich bietet das Zweckentfremdungsrecht die Möglichkeit, Schwellenwerte festzulegen und damit auf Grundlage der Vermietungsaktivität das Abgrenzungsproblem bei Kurzzeitvermietungen zu lösen. Dabei stellt die Nutzung von Wohnraum als Kurzzeitvermietung bis zu einer zeitlichen Obergrenze im Kalenderjahr (z.B. acht Wochen in Hamburg und München) keine Zweckentfremdung von Wohnraum dar. *Zott* plädiert in diesem Zusammenhang für die Setzung dynamischer, ökonomisch-rational begründeter Bagatellgrenzen (*Zott* 2020, 168), um sie insbesondere durch das Vorliegen erhöhter Anreize besser zu rechtfertigen. Allerdings gilt sowohl bei statisch als auch dynamisch festgesetzten Schwellenwerten die Voraussetzung, dass „die Behörden die Einhaltung der Schwellenwerte durchsetzen können" (ebd., 317). Auch wenn seine Herleitung eine gewisse rechtsdogmatische Eleganz ausstrahlt, wiegen gegenwärtig die Probleme bei der Rechtsdurchsetzung schwerer. Anders ausgedrückt steht weniger die Frage der *Höhe* des Schwellenwerts zur Disposition, sondern grundsätzlich, *ob* überhaupt ein Schwellenwert eingesetzt wird und damit die Vermietungsaktivität als Funktionsmerkmal des Airbnb-Schwarms adressiert wird.

5. Unterkunftsportfolio

Die öffentlich aufgeführten Unterkunftsportfolios bieten einerseits die Möglichkeit der händischen Online-Streife (a) und andererseits der systematischen Erhebung und Auswertung der Vermietungsaktivitäten (b).

a) Online-Streife

Die mediale Manifestation des Airbnb-Schwarms findet über die Portfolios der Unterkünfte statt, die in erster Linie den Zweck der Werbung für das Unterkunftsangebot erfüllen. Die öffentlich zugänglichen Informationen zu den Unterkünften lassen sich für die behördliche Sachverhaltsaufklärung einsetzen. So sind sogenannte Online-Streifen analog zur Streifenfahrt im Dienstwagen denkbar, bei denen über die frei zugänglichen Internetseiten der jeweiligen Plattformen Indizien gesammelt werden, die auf zweckfremde Nutzungen von Wohnraum hindeuten (*Schröder* 2015, 396). Solange dabei die Verarbeitung personenbezogener Daten ausgeschlossen ist, bedarf es auch keiner zusätzlichen Rechtsgrundlage (ebd., 395 f.). Bei der Zuordnung eines Angebots zu einem bestimmten Gebäude durch weitere Recherchen, etwa den automatisierten Abgleich mit anderen Informationen aus dem Internet wie etwa Gebäudefotos, und für den Abgleich aus dem Internet gewonnener personenbezogener Daten mit eigenen Behördenakten, ist die Schwelle der Gefahrerforschung überschritten und bedarf einer gesonderten Rechtsgrundlage, die sich laut *Schröder* im Ordnungswidrigkeitenrecht oder auch in den allgemeinen bauordnungsrechtlichen Generalklauseln finden lässt (*Schröder* 2015, 396).

b) Automatisierte Gefahrerforschung durch Web-Scraping?

Die Sammlung und Analyse der Informationen über die Unterkünfte auf öffentlich zugänglichen Seiten von Plattformen kann zudem über ein Web-Scraping-Verfahren automatisiert werden (vgl. Kap. 1 B II.). Während für Forschungszwecke im Urheberrecht jüngst eine entsprechende Ermächtigungsgrundlage geschaffen wurde, ist bislang unklar, ob Behörden solche Dienste als Gefahrerforschungseingriffe in Anspruch nehmen können oder alternativ entsprechende Daten zur Sachverhaltsaufklärung erwerben dürfen. Es spricht allerdings einiges dafür, dass das systematische Abspeichern und Analysieren von Informationen auf Internetseiten nicht ohne entsprechend explizite Rechtsgrundlage möglich ist. Eine solche gesetzliche Grundlage könnte das Zweckentfremdungsrecht bieten (*Windoffer* 2016, 343). Obgleich durch Web-Scraping von Airbnb keine unmittelbaren Rückschlüsse auf Personen möglich sind, handelt es sich dennoch um die Verarbeitung personenbezogener Daten (*Hacker* 2019, 160). Darum bleibt dieser Ansatz rechtlich noch unklar. Der Erwerb solcher Analysen von entsprechenden Dienstleistern sollte allerdings unbedenklich sein.

6. Reflexion und Bewertung der Handlungsoptionen

Aus der kursorischen Prüfung geht hervor, dass bei der Regulierung des Airbnb-Schwarms grundsätzlich kein Gesetzesdefizit besteht. Als telemedienrechtlicher Dienstleister und Dienst der Informationsgesellschaft ist die Plattform rechtlich klar eingeordnet. Auch das Verhältnis von Gastgeber und Gast wird hinreichend durch bestehende Rechtsgrundlagen im Miet-, Wohneigentums- und Steuerrecht abgebildet. Lücken hingegen ergeben sich bei der Identifikation der Gastgeber und bei der klaren Abgrenzung der Vermietungsaktivität. Ob der Einsatz automatisierter Datenauswertungen für die Rechtsdurchsetzung auf Grundlage der Informationen, die aus den Unterkunftsportfolios hervorgehen, zulässig ist, stellt noch einen rechtlichen Graubereich dar.

Die fünf Funktionsmerkmale stellen sich als geeigneter Ansatz zur Offenlegung und Adressierung der Bestandteile des Airbnbs-Schwarms heraus. Gleichzeitig werden bestimmte Bestandteile des Geschäftsmodells nicht abgebildet. So erfahren etwa die Informationsasymmetrie des zweiseitigen Marktes (vgl. Kap. 3 B II. 4.) und das Winner-Take-All-Prinzip (vgl. Kap. 3 B II. 5.), die etwa durch verbraucherschutz- oder kartellrechtliche Maßnahmen adressiert werden könnten, keine Berücksichtigung durch die Schwarmtheorie. Sie sind für die Bildung des Schwarms nicht maßgeblich, sondern eher als Bedingung oder Folge einzuordnen.

Zudem geht aus der Prüfung hervor, dass das Zweckentfremdungsrecht der Länder zur Adressierung des Airbnb-Schwarms besonders heraussticht. In vielen der Funktionsmerkmale kann es als gesetzliche Grundlage zum Einsatz kommen. Das Zweckentfremdungsrecht bietet einen kontrollierenden Steuerungsansatz als repressives Verbot. So eignet es sich etwa zur Einbindung telemedienrechtlicher Auskunftsersuchen (vgl. 1), zur Einführung von Anzeige- und Registrierungspflichten (vgl. 3) oder auch für den Einsatz eines Genehmigungsvorbehalts mit der Festsetzung eines Schwellenwerts auf Basis der Vermietungsaktivität (vgl. 4.).

Wie aus dem Positionspapier der Städte und Gemeinden zur ECRL hervorgeht (1. lit. b), bestehen allerdings immer noch rechtliche Lücken bei der Rechtsdurchsetzung in Bezug auf Kurzzeitvermietungen. Obwohl Airbnb aufgrund seiner privilegierten Stellung als Dienst der Informationsgesellschaft nicht zur Auskunft durch die Bereitstellung von Daten verpflichtet ist, bietet es dennoch eine Zusammenarbeit mit den Behörden an (*Zott* 2020, 315). Die Effektivität dieser Herangehensweise ist gerade mit Blick auf die drei Steuerungsbeispiele aus der Praxis (vgl. Kap. 1 B I.) nicht zu unterschätzen. Wenn hieraus etwas zu lernen ist, dann, dass eine kooperative Haltung zum Unternehmen zu vielen Vorteilen hinsichtlich der Rechtsdurchsetzung führen kann. Eine gewisse Form der Zusammenarbeit mit den Unternehmen in Form von kooperativen Regelungsmöglichkeiten, sind für eine effektive Rechtsdurchsetzung empfehlenswert (*Nadal* 2019, 45). Durch die regelmäßige Zurverfügungstellung von „Spread Sheets“ (*Busch/Demary et al.* 2018, 84) etwa können professionelle Vermieter auf Grundlage der Vermietungsaktivität systematisch identifiziert und die Verfolgung steuerlicher Verpflichtungen automatisiert umgesetzt werden (vgl. 1., 2., 3. und 4.). Allein die Kenntnis über die Anzahl der Vermieter und ihrer Adressdaten schützt den Wohnraumbestand allerdings noch nicht vor Missbrauch.

Schließlich sind Kooperationsvereinbarungen mit der Plattform auch dienlich, um die Rationalität der Gemeinschaft zu adressieren. In diesem Rahmen wäre etwa eine direkte Ansprache der Vermieter über die Plattform möglich, um durch Appelle auf die Unterlassung des Missbrauchs von Wohnraum hinzuweisen. Das gleiche ist durch öffentlichkeitswirksame Maßnahmen wie etwa kommunale Informationskampagnen möglich und erweitert damit die Appellwirkung an alle User. Weiterhin ist die direkte Ansprache der Vermieter in der Stadt möglich, um sie auf die potenziell unerlaubte Untervermietung seitens ihrer Mieter hinzuweisen. Die Effektivität dieser Maßnahmen ist nur schwer zu ermitteln. Gerade in der Breite könnten sie eine gewisse Wirkung zeigen, allerdings ist bei den Einzelfällen, die durch hohe finanzielle Anreize getrieben sind, davon auszugehen, dass die Appelle unerhört verhallen.

C. Zwischenergebnisse

Die Anwendbarkeit von *Kerstens* Theorie für menschliches Schwarmverhalten konnte am Beispiel von Airbnb grundsätzlich bestätigt werden. Über die Subsumtion der einzelnen Merkmale kann im Detail gestritten werden, allerdings werden die wesentlichen Bestandteile des Geschäftsmodells erfasst. Damit eröffnet die Theorie insbesondere für raumbezogene Schwarmphänomene die Möglichkeit der systematischen Analyse und Identifikation der Funktionsmerkmale eines Schwarms sowie die Suche nach potenziellen Handlungsoptionen für die Installation einer Kontextsteuerung. Ihre Notwendigkeit geht insbesondere auf den idiosynkratischen Mehrwert (vgl. A I. 4.) zurück, der durch den Schwarm erzeugt wird und rechtlich nicht abgebildet ist. Die daraus entstehenden kollektiven Effekte können zu Konflikten mit Dritten führen und dadurch nur schwer lösbare Haftungsfragen erzeugen. Für die Governance der Schwärme schlägt *Kersten* zehn Regelungsmöglichkeiten vor, die in den drei Rationalitäten Macht, Markt und Moral aufgehen (vgl. A II. 2.). Sie sind als Bewertungsmaßstab eines Steuerungsansatzes für den Schwarm zu verstehen. Der Aufbau einer Kontextsteuerung sollte dabei stets aus einer Gemenge mehrerer Regelungsmöglichkeiten und im besten Fall aller Rationalitäten erfolgen.

Aus der Anwendung des Schwarmkonzepts wird deutlich, dass Airbnb aus Usern besteht, die auf der Airbnb-Plattform Transaktionen vereinbaren, um diese dann auf der physisch lokal-räumlichen Ebene zu vollziehen. Als Protagonisten des Geschäftsmodells hingegen treten die Gastgeber bzw. Vermieter auf. Insbesondere ihnen ist eine selbstorganisierte dynamische Adaptionsfähigkeit zuzusprechen, nach der sie durch Feedback- und Rückkopplungsvorgänge in Form von Reviews und Bewertungen auf die Wünsche der Reisenden eingehen können. Dies spiegelt sich im Ergebnis sodann in Form von angepassten Ausstattungsmerkmalen, Preisen und Vermietungsaktivitäten wider. Bei der Ausgestaltung einer Steuerung sind deshalb vor allem die Gastgeber in den Blick zu nehmen, weil sie durch ihr ko-isoliertes Verhalten Vorschriften umgehen und Sanktionen durch den Staat vermeiden können.

Bei der Adressierung der Funktionsmerkmale stellt sich das Zweckentfremdungsrecht als besonders geeignet heraus, da es als gesetzliche Grundlage gleich mehrere Funktionsmerkmale des Schwarms adressieren kann. Dies erklärt auch die wachsende Beliebtheit des repressiven Ansatzes bei den Städten und Gemeinden. Sowohl der Unionsgesetzgeber (vgl. B III. 1. lit. a) als auch der Bundesgesetzgeber (vgl. Kap. 2 C) lassen die Städte und Gemeinden bei der effektiven Rechtsdurchsetzung illegaler Kurzzeitvermietungen im Stich. Auf landesgesetzlicher Ebene allerdings tut sich mit dem Zweckentfremdungsverbot ein Instrument auf, dass die Steuerung von Kurzzeitvermietungen verbessern kann.

Kapitel 5: Zweckentfremdungsverbote als Steuerungsansatz

Zweckentfremdungsverbote bieten großes Potenzial, um den Airbnb-Schwarm in seinen Funktionsmerkmalen zu adressieren und dadurch eine Kontextsteuerung zu erwirken. In diesem Kapitel wird untersucht, wie sich die Zweckentfremdungsverbote als Steuerungsansatz ausgestalten lassen. Grundsätzlich liegt die Gesetzgebungskompetenz für das Zweckentfremdungsrecht bei den Ländern, die durch entsprechende Ermächtigungsgrundlagen den Rahmen für die Ausgestaltung eines kommunalen Zweckentfremdungsverbots vorgeben (A). Dies führt zu mitunter großen Unterschieden bei den Kommunen, die sich insbesondere im Anwendungsbereich niederschlagen (B). Abschließend wird die zweckentfremdungsrechtliche Adressierung Airbnbs unter schwarmtheoretischer Perspektive bewertet (C).

A. Rechtliche Grundlage

Zunächst gilt es, die Materie des Zweckentfremdungsrechts allgemein zu beleuchten (I.), um schließlich die Voraussetzungen für die Einführung eines kommunalen Zweckentfremdungsverbots zu untersuchen (II.). Abschließend folgt eine Einordnung des Zweckentfremdungsrechts als rechtliche Grundlage zur Steuerung von Kurzzeitvermietungen (III.).

I. Zweckentfremdungsrecht als Teil des Wohnungswesens

Nach herrschender Meinung ist das Zweckentfremdungsrecht dem Wohnungswesen zuzuordnen (*Siegel* 2019, 400; *Zott* 2020, 51) und umfasst alle Regelungen, „die sich aus sozialen Gründen […] auf privaten Wohnzwecken dienende Gebäude beziehen“[239] (*Jarass/Pieroth* 2018, Rn. 48 Art. 74 GG). Seit der Föderalismusreform I von 2006[240] ist die konkurrierende Gesetzgebungskompetenz (Art. 70 Abs. 2 GG) für das Wohnungswesen

239 dazu ausführlicher BVerfG, Rechtsgutachten vom 16.06.1954 – 1 PBvV 2/52 (C II 2.).

240 Gesetz zur Änderung des Grundgesetzes, BGBl. 28.8.2006, 2034.

mit der Herausnahme wesentlicher Bestandteile, wie dem Zweckentfremdungsrecht, der sozialen Wohnraumförderung, dem Abbau von Fehlsubventionierung im Wohnungswesen, dem Wohnungsbindungsrecht sowie dem Wohnungsgenossenschaftsvermögensrecht (Art. 74 Abs. 1 Nr. 18 GG aF) erheblich eingeschränkt worden (*Ludwigs* 2017, 1652). In der Folge verblieben nur noch die Teilbereiche des städtebaulichen Grundstücksverkehrs, das Bodenrecht (ohne das Erschließungsbeitragsrecht), das Wohngeldrecht, das Altschuldenhilferecht, das Wohnungsbauprämienrecht, das Bergarbeiterwohnungsbaurecht und das Bergmannssiedlungsrecht in Bundeskompetenz (Art. 74 Abs. 1 Nr. 18 GG).[241] Im Gutachten des *BVerfG* von 1954 wird zwar noch offen gelassen, „ob der Begriff Wohnungswesen nur bereits erstellte Wohnungen oder auch Maßnahmen zur Förderung des Wohnungsbaues umfaßt“[242], heute hingegen besteht weitgehend Einigkeit darüber, dass das Wohnungswesen alle öffentlich-rechtlichen Maßnahmen zur Wohnraumbeschaffung und zur Wohnraumnutzung zum Gegenstand hat.[243]

Die kompetenzrechtliche Frage der formellen und materiellen Abgrenzung zwischen dem Recht des Wohnungswesens und dem Bodenrecht war bis zur Föderalismusreform weitgehend unproblematisch, da beide Rechtsgebiete auf der Ebene des Bundes angesiedelt waren. Heute hingegen können die Länder von ihrer Kompetenz im Bereich des Wohnungswesens Gebrauch machen, was insbesondere aufgrund der Sachnähe des Zweckentfremdungsrechts und des Baurechts zu mitunter nicht unbedeutenden kompetenzrechtlichen Konflikten führen kann. Darum werden zunächst der Zweck und die Gesetzgebungskompetenz (1.). des Wohnungswesens geklärt, um sich anschließend dem Verhältnis zum Bodenrecht zu näheren (2.). Abschließend folgt der Blick auf den räumlichen Geltungsbereich (3.), der als wesentliches Abgrenzungsmerkmal der beiden Kompetenzbereiche zu sehen ist.

---

241 BT-Drs. 16/813, Entwurf eines Gesetzes zur Änderung des Grundgesetzes vom 07.03.2006 (13).

242 BVerfG, Rechtsgutachten vom 16.06.1954 – 1 PBvV 2/52 (II. 3.).

243 Wissenschaftliche Dienste des Deutschen Bundestages, Ausarbeitung vom 11.02.2019 – WD 3 - 3000 - 017/19 2019 (4).

1. Zweck und Gesetzeskompetenz

Das zweckentfremdungsrechtliche Instrumentarium soll eine Wohnraummangellage lindern, indem der Erhalt von bestehendem Wohnraum sichergestellt und das Finden einer entsprechenden Wohnung in einer Gemeinde erleichtert wird (*Fock* 2003, 498; *Siegel* 2019, 399 f.). Wenn große Teile der Bevölkerung nicht mehr in der Lage sind, aus eigener Kraft Wohnraum für sich zu schaffen und deshalb auf Mietwohnungen angewiesen sind,[244] soll das Wohnraumangebot nicht durch weitere Umnutzungen gemindert werden. Deshalb wird die Nutzung von Wohnraum zu anderen als Wohnzwecken regelmäßig unterbunden[245], indem eine anderweitige Nutzung nur mit der Erteilung einer Genehmigung der zuständigen Behörde gestattet ist (*C.-W. Otto* 2017, 251; *Sodan* 2015, 82). Dieses *repressive Verbot mit Befreiungsvorbehalt*[246] stützt sich damit auf das Vorliegen einer Wohnraummangellage, die gegeben ist, sobald „die Versorgung der Bevölkerung mit ausreichendem Wohnraum zu angemessenen Bedingungen besonders gefährdet ist"[247]. Darunter fällt auch die Nutzung von Wohnungen als Kurzzeitvermietungen (*Ludwigs* 2017, 1652). Gemeinden werden durch Landesgesetze ermächtigt, per Satzung bestimmte Gebiete einer Gemeinde oder das gesamte Gemeindegebiet mit einem Zweckentfremdungsverbot zu belegen (ebd., 1652; *C.-W. Otto* 2017, 250). Die Gesetze bringen zum Ausdruck, dass Zweckentfremdungen von Wohnraum in diesen Gebieten „als sozial unerwünscht mißbilligt"[248] werden. Eine genehmigungspflichtige Zweckentfremdung liegt vor, sobald einer der Verbotstatbestände erfüllt ist (*C.-W. Otto* 2017, 252).

Vor der Föderalismusreform beanspruchte die Bundesgesetzgeberin das Zweckentfremdungsrecht mit dem Gesetz zur Verbesserung des Mietrechts und zur Begrenzung des Mietanstiegs sowie zur Regelung von Ingenieur- und Architektenleistungen[249] - laut Mietrechtsverbesserungsgesetz (MRVerbG). Gem. Art. 6 § 1 Abs. 1 Satz 1 MRVerbG wurden die

---

244 BVerfG, Urt. vom 04.02.1975 – 2 BvL 5/74, NJW 1975, 727 (730).

245 BVerwG, Urt. vom 22.04.1994 – 8 C 29/92, NJW 1995, 542 (543).

246 BVerfG, Urt. vom 04.02.1975 – 2 BvL 5/74, NJW 1975, 727 (729 f.); OVG Berlin-Brandenburg, Beschl. vom 06.04.2017 – 5 B 14.16, BeckRS 2017, 106491 (Rn. 64).

247 BVerfG, Urt. vom 04.02.1975 – 2 BvL 5/74, NJW 1975, 727 (729).

248 Ebd. (727).

249 Gesetz zur Verbesserung des Mietrechts und zur Begrenzung des Mietanstiegs sowie zur Regelung von Ingenieur- und Architektenleistungen, BGBl. 04.11.1971, 1745.

Landesregierungen durch Rechtsverordnung dazu ermächtigt, Gemeinden zu bestimmen, die unter den zweckentfremdungsrechtlichen Genehmigungsvorbehalt fallen. Bereits in der Fassung von 1971 wurde die Kurzzeitvermietung von Wohnraum als Tatbestand für Zweckentfremdung von Wohnraum gewürdigt:

> „Als Aufgabe des Wohnzweckes im Sinne des Satzes 1 ist es auch anzusehen, wenn Wohnraum zum Zwecke einer dauernden Fremdenbeherbergung, insbesondere einer gewerblichen Zimmervermietung oder der Einrichtung von Schlafstellen verwendet werden soll“ (Art. 6 § 1 Abs. 1 Satz 2 MRVerbG).

Im Rahmen der in den 2000er Jahren geführten Debatte über die kompetenzrechtliche Entflechtung von Bund und Ländern, die 2006 in der Föderalismusreform I mündete, wurde auch die Vorschrift des MRVerbG als bundesrechtliche Regelung aufgehoben. Im Vorfeld dazu sprach sich die bayerische Regierung durch einen 2004 vorgebrachten Gesetzesentwurf für die Übertragung der Gesetzgebungskompetenz auf die Länder aus, insbesondere um den regionalen Besonderheiten der Wohnungsmärkte größere Bedeutung beizumessen.[250] Demnach sollen die Kommunen je nach Wohnungsmarktlage und unter Voraussetzung einer landesrechtlichen Ermächtigungsgrundlage selbst darüber entscheiden, ob sie Gebrauch vom zweckentfremdungsrechtlichen Instrumentarium machen. Dieser Vorstoß zur Kommunalisierung der Zweckentfremdungsverbote wurde schließlich weitgehend übernommen und bildet seit dem 01.01.2007 die gegenwärtige Rechtslage ab.

2. Verhältnis zum Bodenrecht

Als Teil des Wohnungswesens sind die Zweckentfremdungsverbote als öffentlich-rechtliche Vorschriften zur Regelung der Bedingungen über die Nutzung von Wohnraum zu verstehen. Als Teil des Bodenrechts regelt das Städtebaurecht als Spezialmaterie (*Krautzberger* 2010, 729; *Stüer* 2015, Rn. 177) die „rechtliche Qualität des Bodens“[251], indem Gemeinden gem. § 1 Abs. 3 BauGB die nachhaltige städtebauliche Entwicklung und Ordnung sicherstellen sollen (vgl. Kap. 2 B I.). Das Bauordnungsrecht wiederum fällt in die Gesetzgebungskompetenz der Länder, ebenso wie

250 BR-Drs. 777/04, Gesetzesantrag des Freistaates Bayern vom 13.10.2004 (2).
251 BVerfG, Rechtsgutachten vom 16.06.1954 – 1 PBvV 2/52 (III. 1.).

das Zweckentfremdungsrecht als Teil des Wohnungswesens. Die Herausnahme der Materie des Wohnungswesens aus dem Katalog der konkurrierenden Gesetzgebung lässt damit offen, welche Teilbereiche, insbesondere jene, die im Gesetzentwurf nicht genannt wurden, dem Wohnungswesen und damit den Ländern weiterhin zuzuordnen sind und welche nicht (*Herrlein/Tuschl* 2020, 226 f.). Daraus ergeben sich grundsätzlich zwei Perspektiven zur Bewertung des Verhältnisses der beiden Rechtsmaterien, die sich als ineinandergreifend (a) oder überlagernd (b) beschreiben lassen.

a) Ineinandergreifend

Das Ineinandergreifen der beiden Rechtsmaterien Wohnungswesen und Bodenrecht wird beim Thema Kurzzeitvermietungen ähnlich deutlich wie bei der kompetenzrechtlich umstrittenen Frage der Mietpreisregulierung.[252] Die Wirksamkeit wohnungspolitischer Ziele steht in beiden Fällen in Abhängigkeit der jeweils anderen Rechtsmaterie. Die bauleitplanerische Ausweisung von Gebieten, die dem Wohnen dienen, ist von besonderer Bedeutung für die Erfüllung der Zweckbestimmung des Wohnraumförderungsgesetzes gem. § 4 Abs. 2 Satz 1 WoFG, wonach „die Gemeinden im Rahmen der Gesetze dafür Sorge tragen sollen, dass für den Wohnungsbau erforderliche Grundstücke bebaut und erforderliche Modernisierungsmaßnahmen durchgeführt werden können" (EZBK *Söfker/Runkel* 2020: § 1 BauGB, Rn. 124). Gem. Planungsleitsatz nach § 1 Abs. 5 Satz 1 BauGB kommt der Bauleitplanung insbesondere die Aufgabe zu die Wohnbedürfnisse der Bevölkerung durch eine hinreichende Flächenausweisung für Wohnzwecke zu berücksichtigen (Battis/Krautzberger/Löhr *Battis* 2019: § 1 BauGB, Rn. 55). Damit verknüpft der Leitsatz die Bauleitplanung unmittelbar mit dem Wohnen im bauplanungsrechtlichen Sinne (*Fickert/Fieseler* 2019, 378) und der Deckung des Bedarfs an Wohnbauland einer Gemeinde (EZBK *Söfker/Runkel* 2020: § 1 BauGB, Rn. 121). „Der Wohnraumbegriff knüpft an den Begriff des Wohnens an. Ihn erfüllen nur Räume, die nach ihrer baulichen Anlage und Ausstattung für die Dauer dazu bestimmt und geeignet sind, Wohnbedürfnisse zu be-

252 Hierzu insbesondere die kompetenzrechtliche Debatte über den Mietendeckel: *Battis*, Verfassungsrechtliche Prüfung des Referentenentwurfes eines Gesetzes zur Neuregelung gesetzlicher Vorschriften zur Mietenbegrenzung in Berlin (Berliner MietenWoG), 14 ff.

friedigen."[253] Diesem zentralen Anliegen des BauGB (EZBK *Söfker/Runkel* 2020: § 1 BauGB, Rn. 120) kommen die Gemeinden durch die Schaffung planungsrechtlicher Voraussetzungen für die Errichtung von Wohngebäuden (ebd., Rn. 121), also Gebäuden, die dem (dauernden) Wohnen dienen (*Grigoleit/C.-W. Otto* 2018, 171; KRS *Stock* 2019: § 3 BauNVO, Rn. 34), nach.

Beim Bau- und Zweckentfremdungsrecht handelt es sich um zwei unterschiedliche Rechtskreise,[254] die insbesondere bei der Frage von Kurzzeitvermietungen und spätestens mit der Einführung der bauplanungsrechtlichen Legaldefinition von Ferienwohnungen gem. § 13a BauNVO Schnittflächen bilden. Das Zweckentfremdungsrecht maßt sich, ungeachtet von Genehmigungspflichten anderer Rechtsvorschriften, Wirkung in allen Fällen einer anderen als einer Nutzung zu Wohnzwecken zu.[255] Die baurechtliche Nutzungsänderung wird damit unter zweckentfremdungsrechtlichen Dispens gestellt, da es dem materiellen Baurecht vorgeht.[256] Dadurch füllt ein kommunales Zweckentfremdungsverbot die Lücke, die das Baurecht hinterlässt,[257] weil ein Nutzungsänderungsersuchen trotz materieller Genehmigungsfähigkeit aufgrund des zweckentfremdungsrechtlichen Genehmigungsvorbehalts versagt werden kann. Dieser „Lückenfüllfunktion" (*Weigelt* 2016, 259) der Zweckentfremdungsverbote bedarf es erst dann, wenn baurechtlich sowohl Wohnen als auch eine andersartige Nutzung zulässig sind.[258] Damit ist im Ergebnis auch die Erteilung einer Nutzungsänderungsgenehmigung einer Wohnung in eine Ferienwohnung (vgl. Kap. 2 C) vom zweckentfremdungsrechtlichen Dispens erfasst.

Das Verhältnis der beiden Rechtsmaterien beruht damit auf der Kombination der objektiven Eignung baulicher Anlagen als Wohngebäude und der ihr zugedachten Funktion (EZBK *Stock* 2020: § 3 BauNVO, Rn. 37) sowie der subjektiven Bestimmung als wohnungsrechtliche Widmung des Verfügungsberechtigten. Zweckentfremdungsverbote erfassen damit den blinden Fleck des Baurechts, indem sie die Änderung der Zweckbestim-

---

253 BVerwG, Urt. vom 14.08.1992 – 8C 39/91, NVwZ 1993, 1106 (1106).

254 OVG Berlin-Brandenburg, Beschl. vom 06.04.2017 – 5 B 14.16, BeckRS 2017, 106491 (Rn. 127).

255 Ebd. (Rn. 127).

256 BVerwG, Beschl. vom 06.11.1996 – 4 B 213/96, NJW 1997, 1085 (LS 1).

257 Vgl. dazu in expliziter Anwendung in der Gesetzesbegründung des Landes Hessen: LT-Drs. 19/4656, Gesetzentwurf der Fraktionen der CDU und BÜNDNIS 90/DIE GRÜNEN vom 14.03.2017 (1 f.).

258 VGH München, Beschl. vom 04.09.2013 – 14 ZB 13.6, BeckRS 2013, 55726 (Rn. 17).

mung von Wohnraum unter Genehmigungsvorbehalt stellen und dadurch im weiteren Sinne die Erreichung bauleitplanerischer Ziele zur Deckung der Wohnbedürfnisse der Bevölkerung unterstützen.

Dieses ineinandergreifende oder auch miteinander verschränkte (*Spitzlei* 2020, 345) Verhältnis zwischen Bau- und Zweckentfremdungsrecht wird bei der Frage der Erteilung einer entsprechenden Genehmigung und der Zuständigkeit noch deutlicher. Obgleich die Zuständigkeit für die Erteilung einer zweckentfremdungs- oder baurechtlichen Genehmigung bei einer Behörde liegen (z.B. Baurechtsamt), handelt sie in unterschiedlicher Funktion. Im Falle der Erteilung einer Baugenehmigung wird das Amt als untere Verwaltungsbehörde tätig und im Falle der Erteilung einer Zweckentfremdungsgenehmigung hingegen nimmt das Amt eine Selbstverwaltungsaufgabe wahr.[259] Die Unterscheidung hat unmittelbare Folgen, insbesondere bei Widersprüchen. Gegen den Einspruch über die Versagung einer Baugenehmigung entscheidet die nächsthöhere Baurechtsbehörde, die der Rechts- und Fachaufsicht und damit einem unbeschränkten Weisungsrecht unterliegt.[260] Bei Widersprüchen im Falle einer Zweckentfremdungsgenehmigung entscheidet die Gemeinde selbst und untersteht dabei nur der Rechtsaufsicht.[261] Hier kommt insbesondere der gemeindliche Gestaltungsspielraum des eingeräumten Selbstverwaltungsrechts in wohnungspolitischen Fragen zu Geltung, der mit dem Recht des Verbots der Zweckentfremdung von Wohnraum eigenverantwortlich ausgeschöpft werden kann.

b) Überlagernd

Entfällt allerdings der wohnungsrechtliche Schwerpunkt des Zweckentfremdungsverbots und verlagert sich zugunsten der Dienstbarmachung städtebaulicher[262] oder sozialpolitischer[263] Ziele, überlagern sich die kompetenzrechtlichen Bereiche so stark, dass es mit verfassungsrechtlich geschützten Positionen, insbesondere im Hinblick auf die Baufreiheit (vgl. Kap. 2 C I.) konfligieren kann (*Heinemann* 2019, 1074). Dies ist aber

---

259 VGH Mannheim, Beschl. vom 06.08.2020 – 3 S 1493/20, BeckRS 2020, 21195 (Rn. 54).
260 Ebd. (Rn. 54).
261 Ebd. (Rn. 54).
262 BVerfG, Urt. vom 04.02.1975 – 2 BvL 5/74, NJW 1975, 727 (727).
263 BVerwG, Urt. vom 13.03.2003 – 5 B 253/02, NZM 2003, 606 (607).

nur dann der Fall, „wenn und solange die ausreichende Versorgung mit Wohnraum zu angemessenen Bedingungen gesichert ist“[264]. Denn im Gegensatz zur Bauleitplanung kennt das Zweckentfremdungsrecht weder eine Öffentlichkeitsbeteiligung noch das Abwägungsgebot (*Heinemann* 2019, 1073). Dies kann nicht nur zu Kompetenzkonflikten, sondern auch zu einer Überdehnung der Ermächtigungsgrundlage führen.[265]

Weber greift die Sachnähe der beiden Rechtsmaterien auf und ruft das Zweckentfremdungsrecht gar als Baunebenrecht aus (*Weber* 2017, 586). Er will es als Teil des Bauordnungsrechts verstanden wissen. So folgte auch der Berliner Senat in Teilen seiner Auffassung und verknüpft seit 2018 die Erteilung einer Baugenehmigung mit einer zweckentfremdungsrechtlichen Prüfung (§§ 63 Nr. 4, § 63b Nr. 1, § 64 Nr. 4 BlnBauO). Diese Aufsattelung des Berliner Prüfprogramms einer Bau- oder Beseitigungsgenehmigung führt zwar zu einem Spannungsverhältnis beim Grundrechtsschutz vor Verfahren (*Siegel* 2019, 404 f.), bleibt kompetenzrechtlich aber weitgehend unproblematisch. Anders sähe es aus, folge man *Webers* Forderung in Gänze. Das Aufgehen des Zweckentfremdungsrechts im Baunebenrecht geht zwangläufig mit der Auflösung der Trennung zwischen baurechtlicher Eignung und wohnungsrechtlicher Bestimmung von Wohnraum einher und resultiert in einer Überlagerung der beiden Rechtsmaterien Bodenrecht und Wohnungswesen. Laut Gutachten des *BVerfG* jedoch, sind sie von den Müttern und Vätern des Grundgesetzes bewusst auseinandergehalten worden. Dies wird besonders deutlich, da das Wohnungswesen im Vergleich zum Bauordnungsrecht bis 2006 noch in bundesgesetzlicher Kompetenz lag:

> „Der Bund ist allerdings nach Art. GG Artikel 74 Nr. GG Artikel 74 Nummer 18 GG zuständig, Gesetze über das „Wohnungswesen“ zu erlassen. Daraus muß gefolgert werden, daß der für die Regelung des Wohnungswesens zuständige Bund auch einzelne spezifisch das Wohnungswesen berührende baupolizeiliche Vorschriften [Bauordnungsrecht] erlassen könnte. Unter diesem Titel des Wohnungswesens könnte der Bund aber solche baupolizeilichen Vorschriften höchstens für Gebäude erlassen, die Wohnzwecken dienen. Diese Zuständigkeitsbestimmung kann schon deshalb nicht das gesamte Baupolizeirecht umfassen, weil Bestimmungen, die sich z. B. auf Fabriken, gewerbliche Anlagen, beruflichen und öffentlichen Zwecken dienende Bauwerke

264 BVerfG, Urt. vom 04.02.1975 – 2 BvL 5/74, NJW 1975, 727 (727).
265 OVG Berlin-Brandenburg, Urt. vom 13.06.2002 – 5 B 22.01, juris (Rn. 61).

beziehen, nichts mit Wohnungswesen zu tun haben. Es wäre deshalb unzulässig, das Baupolizeirecht als solches und als Gesamtmaterie in einem Gesetz zu regeln, das sich auf die Zuständigkeit des Bundes für das Wohnungswesen stützt."[266]

Weiter führt das *BVerfG* dazu aus:

> „Das Baupolizeirecht ist eine Rechtsmaterie für sich, und eine Bundeskompetenz läßt sich nicht durch Auslegung der damit in Zusammenhang stehenden Einzelmaterien begründen. Ausschlaggebend ist, daß das von jeher zur Landeskompetenz gehörende Baupolizeirecht im Kompetenzkatalog des Grundgesetzes nicht enthalten ist, obgleich die baurechtlichen Notwendigkeiten speziell im Hinblick auf den Wiederaufbau der kriegszerstörten Städte in den Beratungen des Parlamentarischen Rates keineswegs außer acht gelassen worden sind"[267].

Daraus geht hervor, dass selbst in der Nachkriegszeit eine Überlagerung der beiden Kompetenzbereiche Wohnungswesen und Bodenrecht bzw. speziell das Verhältnis zwischen Wohnungswesen und Bauordnungsrecht nicht notwendig erschien, da es sich um jeweils eigene voneinander abzugrenzende Rechtsmaterien handelt und sie nebeneinander Geltung erfahren. Unbestritten hingegen ist dem Zweckentfremdungsrecht auch als eigenständiger Kompetenzbereich im Falle einer Wohnraummangellage die unterstützende Verfolgung städtebaulicher und sozialpolitischer zuzugestehen.

3. Räumlicher Geltungsbereich

Die Festlegung des räumlichen Geltungsbereichs für die Zweckentfremdungsverbote ist seit der Übertragung der Gesetzgebungskompetenz an die Länder auch gebietsscharf möglich, während sie zuvor unter dem MRVerbG (Art. 6 § 1 Abs. 1 Satz 1) nur auf das gesamte Gemeindegebiet anwendbar waren. Eine kleinteiligere Gebietsabgrenzung scheint auf den ersten Blick insbesondere in großen Gemeinden erstrebenswert. Dadurch ließe sich eine höhere Einzelfallgerechtigkeit erzielen und die Gesetzgeberin entginge der Gefahr, „dass eine Entspannung des Wohnungsmarktes in Randlagen dazu führt, dass eine gesamtstädtische Mangellage von den

266 BVerfG, Rechtsgutachten vom 16.06.1954 – 1 PBvV 2/52 (III. 7.).
267 Ebd. (III. 7.).

Gerichten verneint wird" (*Weigelt* 2016, 261 f.). Zudem trüge die räumliche Beschränkung des Verbots zu einer höheren Verhältnismäßigkeit bei. Nicht zuletzt deshalb forderten schon 2003 die Stadtstaaten in einer Gesetzesinitiative, Zweckentfremdungsverbote bezirksscharf bestimmen zu können. Die Bundesregierung lehnte jedoch das Begehren ab und verwies in ihrer Stellungnahme auf die Entscheidung des *BVerwG* zur Aufhebung der Berliner Zweckentfremdungsverordnung.[268] Bei dem Ersuchen handle es sich nicht um eine Flexibilisierung des Zweckentfremdungsrechts, wie im Gesetzentwurf beschrieben, sondern vielmehr um eine Absenkung der Eingriffsschwelle, die im Ergebnis die Intensität des Eingriffs erhöht.[269] Wenn eine Wohnraumversorgung in den Stadtstaaten insgesamt nicht gefährdet ist, kann die Absicht des Gesetzesentwurfs nur in Verfolgung städtebaulicher Ziele erklärt werden. Die Vorschriften sollen laut ständiger Rechtsprechung aber gerade nicht dazu dienstbar gemacht werden, Ziele städtebaulicher Art zu verfolgen oder allgemein unerwünschte oder schädliche Entwicklungen auf den Wohnungsmärkten zu verhindern, wenn und solange eine ausreichende Versorgung mit Wohnraum zu angemessenen Bedingungen gesichert ist.[270] Dabei ist nicht auf einen wünschenswerten Idealzustand, sondern auf die Sicherstellung des Normalen abzustellen (siehe 2.).

Auch wenn die Ermächtigungsgrundlagen sowohl bei der Mietpreisbremse, der Verordnung über die Kappungsgrenze als auch i.d.R. bei den Zweckentfremdungsverboten die Möglichkeit einer teilgebietlichen Beschränkung des angespannten Wohnraums bzw. der Wohnraummangelsituation eröffnen, zeichnet die Praxis ausnahmslos in allen Städten und Gemeinden sowie bei allen drei Instrumenten ein anderes Bild. Dabei wird der Geltungsbereich stets auf das gesamte Gemeindegebiet angewandt (siehe B II.).[271] *Heinemann* sieht bei der Beschränkung auf Teilgebiete zudem Probleme mit dem Gleichbehandlungsgrundsatz des Art. 3 Abs. 1 GG, weil sich für die räumliche Differenzierung keine sachlichen Gründe finden lassen (*Heinemann* 2019, 1076). Dem kann aus der

---

268 BVerwG, Urt. vom 13.03.2003 – 5 B 253/02, NZM 2003, 606.

269 BT-Drs. 15/2133, Gesetzentwurf des Bundesrates vom 03.12.2003 (7).

270 BVerfG, Beschl. vom 04.02.1975 – 2 BvL 5/74, juris 1975 (Rn. 44); BVerwG, Urt. vom 13.03.2003 – 5 B 253/02, NZM 2003, 606 (607); OVG Berlin-Brandenburg, Beschl. vom 06.04.2017 – 5 B 14.16, BeckRS 2017, 106491 (Rn. 67).

271 Übersicht zur Geltung der Mietpreisbremse www.haufe.de: Mietpreisbremse – Regelungen der Bundesländer {https://haufe.de/immobilien/verwaltung/mietpreisbremse-in-diesen-staedten-gilt-sie/mietpreisbremse-regelungen-der-bundeslaender_258_334796.html}.

Begründung zum maßgeblichen Wohnungsmarkt bei der Mietspreisbremse entgegnet werden, dass eine Differenzierung durchaus nach räumlichen Kriterien (Gemeinde, Stadtteil, Quartier) hinsichtlich einzelner Marktsegmente (Apartments und Luxuswohnungen oder Großwohnungen) oder alternativ nach weiteren Kriterien wie Bevölkerungsgruppen oder einer bestimmten Art von Wohnungen erfolgen kann (MüKoBGB *Artz* 2020: § 556d BGB, Rn. 25; Schmidt-Futterer *Börstinghaus* 2019: § 556d BGB, Rn. 28). Allerdings bestehen für solche Differenzierungen gesteigerte Anforderungen an die Begründung (*Schollmeier* 2020, 400), die in der Praxis kaum zu erfüllen sein werden (siehe dazu II. 1. – Bremen). Zusätzlich berücksichtige man die Belange Wohnungssuchender nicht in angemessener Weise, verwiese man sie auf Mietwohnungen außerhalb nachgefragter Gemeindeteile.[272] Das MRVerbG nahm erhebliche Größenunterschiede von Gemeinden bewusst hin (*Fock* 2003, 498), um die Suche nach Wohnraum innerhalb einer Gemeinde nicht zusätzlich zu erschweren, indem in gewissen Gemeindeteilen die Umnutzung weiterhin möglich ist und dort Wohnraum potenziell verloren geht. Auch vor dem Hintergrund des Zusammenwachsens vieler Städte zu Stadt- und Metropolregionen sowie der erhöhten Mobilität von Wohnungssuchenden, ist tendenziell eine räumlich großzügige Auslegung der Wohnraummangellage vorzunehmen.

Besonders im räumlichen Geltungsbereich offenbart sich der, dem Wohnungswesen zugrundeliegende wohnungswirtschaftliche Charakter der Zweckentfremdungsverbote und trägt damit mittelbar zur Abgrenzung vom gebiets- und parzellenscharfen Bauplanungsrecht bei. Durchbräche man hier die Regel und erließe gebietsscharfe Ausweisungen von Wohnraummangellagen in einzelnen Gemeindeteilen, stünden die Zweckentfremdungsverbote unter Verdacht als städtebauliche und sozialpolitische Instrumente eingesetzt zu werden. Ferner entzieht sich die räumliche Beschränkung einer wohnungswirtschaftlichen Begründbarkeit bei der Frage des Wohnraummangels. Die ideale wohnungswirtschaftliche Abgrenzung von Teilmärkten ist so vorzunehmen, dass eine Maßnahme in einem Teilmarkt erwartungsgemäß keine Reaktion in einem anderen Teilmarkt nach sich zieht (*Schulte* 2008, 488). Folgendes Beispiel soll zur Verdeutlichung beitragen: erbaute man 10.000 Reihenhäuser in München, ist nicht mit einer Preisreaktion in Stralsund zu rechnen (ebd., 488). Baute man hingegen 10.000 Reihenhäuser in München-Neuperlach, ist eine Preisreaktion in München-Hadern durchaus möglich. Gerade diese wohnungswirtschaftliche Interdependenz von Angebot und Nachfrage zwischen räumlichen

272 BVerfG, Beschl. vom 18.07.2019 – 1 BvL 1/18, NJW 2019, 3054 (Rn. 82).

Teilmärkten innerhalb einer Gemeinde, steht der Festsetzung einer Wohnraummangellage in nur einzelnen Stadtteilen entgegen.

II. Anwendungsvoraussetzungen für ein Zweckentfremdungsverbot

Seit der Kompetenzübertragung des Wohnungswesens machen insgesamt zehn Länder Gebrauch von der neuen landesrechtlichen Ermächtigungsgrundlage für Zweckentfremdungsverbote (1.). Wesentliche Voraussetzungsbedingung für kommunale Zweckentfremdungsverbote ist das Vorliegen eines angespannten Wohnungsmarktes mit ausgewiesener Wohnraummangellage (2.). Ferner müssen Umnutzungen von Wohnraum zu befürchten sein, d.h. ein gewisser Umnutzungsdruck vorherrschen, der die Aufstellung einer Satzung rechtfertigt (*C.-W. Otto* 2017, 253 f.). Da es sich bei den Zweckentfremdungsverboten um einen Eingriff in grundrechtlich geschützte Rechtspositionen[273] handelt, hat der kommunale Satzungs- bzw. Verordnungsgeber zudem die Verhältnismäßigkeit zu wahren (3.).

1. Landesrechtliche Ermächtigungsgrundlagen

Seit 2013 ist die „Wiederentdeckung kommunaler Handlungsmöglichkeiten im Bereich der Wohnungspolitik" (*Kitzmann* 2018, 165) zu beobachten, deren Entwicklung sich insbesondere auch an der Einführung der zweckentfremdungsrechtlichen Ermächtigungsgrundlagen ablesen lässt. Eine lückenlose Übertragung der bundesrechtlichen Kompetenz hin zur Kommunalisierung der Zweckentfremdungsverbote fand nur in Hamburg, Bayern und Nordrhein-Westfalen statt. In Hamburg wurde mit dem Gesetz zur Umsetzung der Föderalismusreform im Wohnungswesen[274] das Hamburgische Wohnraumschutzgesetz (HmbWoSchG) mit zweckentfremdungsrechtlicher Ermächtigungsgrundlage in § 9 Abs. 1 Satz 2 HmbWoSchG verankert (vgl. Tab. 4). In Bayern ist die kommunale Satzungsermächtigung im Gesetz über das Verbot der Zweckentfremdung von Wohnraum (BayZwEWG)[275] in Art. 1 Satz 1 verortet. In Nordrhein-Westfalen befand sich die Satzungsermächtigung zunächst im Gesetz zur För-

273 OVG Berlin-Brandenburg, Beschl. vom 06.04.2017 – 5 B 14.16, BeckRS 2017, 106491 (Rn. 129).

274 HmbGVBl. 2008: 74 ff.

275 GVBl. 2007: 864.

derung und Nutzung von Wohnraum für das Land Nordrhein-Westfalen (NRWWFNG)[276] in § 40 Abs. 4 Satz 1, wurde 2014 aber in das Wohnungsaufsichtsgesetz (NRWWAG)[277] in § 10 Abs. 1 Satz 1 überführt. Seit 2013 erließ schließlich auch Berlin (BlnZwVbG)[278] sowie Baden-Württemberg (BWZwEWG)[279] ein Gesetz über das Verbot der Zweckentfremdung von Wohnraum. 2017 reagierte die Hessische Landesgesetzgeberin, indem sie eine Ermächtigungsgrundlage für die Einführung sogenannter Ferienwohnungssatzungen in § 12a Satz 1 im Hessischen Wohnungsaufsichtsgesetzes (HWoAufG)[280] einführte. Bremen führte als letzter der drei Stadtstaaten 2019 im Bremischen Wohnraumschutzgesetz[281] (BrWRSchG) § 1 Abs. 1 Satz eine Ermächtigungsgrundlage für Zweckentfremdungsverbote ein. Weitere Satzungsermächtigungen folgten 2019 und 2020 jeweils in § 1 Abs. 1 Satz 1 über das Verbot der Zweckentfremdung von Wohnraum im Niedersächsischen Gesetz (NdsZwEWG), im Brandenburgischen Gesetz (BbgZwVbG) sowie im Rheinland-Pfälzischen Landesgesetz (RPZwEWG).

276 NRWWFNG: Gesetz zur Förderung und Nutzung von Wohnraum für das Land Nordrhein-Westfalen, GV.NRW 08.12.2009, 772.

277 NRWWAG: Wohnungsaufsichtsgesetz, GV.NRW 10.04.2014.

278 BlnZwVbG: Gesetz über das Verbot der Zweckentfremdung von Wohnraum, GVBl. 29.11.2013, 626.

279 BWZwEWG: Gesetz über das Verbot der Zweckentfremdung von Wohnraum vom 19. Dezember 2013, GBl. 19.12.2013, 484.

280 HWoAufG: Hessisches Wohnungsaufsichtsgesetz, GVBl. 30.06.2017, 146.

281 BrWRSchG: Bremisches Wohnraumschutzgesetz vom, Brem.GBl. 26.06.2018, 296.

Tab. 4: Ermächtigungsgrundlagen für kommunale Zweckentfremdungsverbote[282]

Landesrechtliche Ermächtigungsgrundlagen für kommunale Zweckentfremdungsverbote Stand: 31.10.2020		
Bundesland	**Name**	**Wirksam seit** (zuletzt geändert)
Baden-Württemberg	Gesetz über das Verbot der Zweckentfremdung von Wohnraum	19.12.2013, GBl. S. 484
Bayern	Gesetz über das Verbot der Zweckentfremdung von Wohnraum	01.01.2009, GVBl. S. 864 (19.06.2017, GVBl. S. 182)
Berlin	Gesetz über das Verbot der Zweckentfremdung von Wohnraum	12.12.2013, GVBl. S. 626 (12.10.2020, GVBl. S. 211)
Brandenburg	Gesetz über das Verbot der Zweckentfremdung von Wohnraum in Brandenburg	06.06.2019, GVBl. I Nr. 18
Bremen	Bremisches Wohnraumschutzgesetz	29.06.2018, GBl. S. 296 (20.10.2020, GBl. S. 364)
Hamburg	Gesetz über den Schutz und die Erhaltung von Wohnraum	01.04.2008, GVBl. S. 74 (23.10.2018, GVBl. S. 349)
Hessen	Hessisches Wohnungsaufsichtsgesetz	01.01.1975, GVBl. S. 395 (11.07.2017, GVBl. S. 146)
Niedersachsen	Niedersächsisches Gesetz über das Verbot der Zweckentfremdung von Wohnraum	05.04.2019, GVBl. S. 72
Nordrhein-Westfalen	Wohnungsaufsichtsgesetz	30.04.2014, GV. S. 269
	Gesetz zur Förderung und Nutzung von Wohnraum für das Land Nordrhein-Westfalen	01.01.2010, GV. S. 772 (12.08.2018, GV S. 554)
Rheinland-Pfalz	Landesgesetz über das Verbot der Zweckentfremdung von Wohnraum	11.02.2020, GVBl. S. 31

Das Saarland, Sachsen, Sachsen-Anhalt[283], Schleswig-Holstein und Thüringen verfügen über keine Ermächtigungsgrundlage. In Mecklenburg-Vorpommern ist das Zweckentfremdungsübertragungsgesetz (ZwGM-V) von

282 Übersichten finden sich u.a.: Wissenschaftliche Dienste des Deutschen Bundestages, Sachstand vom 06.04.2018 – WD 7-3000 -054/18 (22); BT-Drs. 19/7786, Antwort der Bundesregierung auf die Kleine Anfrage der Abgeordneten Christian Kühn (Tübingen), Daniela Wagner, Markus Tressel, weiterer Abgeordneter und der Fraktion BÜNDNIS 90/DIE GRÜNEN vom 14.02.2019 (9 ff.); *Schollmeier* 2020, 399 f.; *Spitzlei* 2020, 334 ff.

283 Das Wohnraumaufsichtsgesetz Sachsen-Anhalt - WoAufG LSA vom 20.11.2018 (GVBl. S. 398) umfasst weder den Tatbestand der Zweckentfremdung von Wohnraum noch die Fallkonstellation der Nutzung von Wohnraum als Ferienwohnung bzw. zu Zwecken der Fremdenbeherbergung und wird deshalb hier nicht weiter behandelt.

25.06.1996 gegenwärtig in Kraft. Gem. § 1 ZwGM-V können Gemeinden, in denen die Versorgung der Bevölkerung mit ausreichend Wohnraum zu angemessenen Bedingungen besonders gefährdet ist, die Genehmigung der Zuführung von Wohnraum zu anderen als Wohnzwecken sowie die Verfolgung und Ahndung von Ordnungswidrigkeiten regeln. Aktuell sind jedoch keine Kommunen unter der Darlegung einer solchen Mangelsituation an die Landesregierung herangetreten,[284] weshalb das Übertragungsgesetz faktisch nicht in Gebrauch ist und im Folgenden keiner weiteren Berücksichtigung erfährt.

Die Geltungsdauer für die kommunalen Verbote ist bis auf Berlin und Hamburg in allen Ländern auf höchstens fünf Jahre beschränkt (*Spitzlei* 2020, 335). In Berlin ist keine zeitliche Befristung ersichtlich und in Hamburg ist das Verbot per Rechtsverordnung auf insgesamt zehn Jahre beschränkt (§ 2 HmbWoSchVO). Bis auf Hamburg ermöglichen alle Ermächtigungsgrundlagen die Anwendung der Zweckentfremdungsverbote sowohl auf das gesamte Gemeindegebiet als auch auf Teilgebiete. Damit obliegt es den Kommunen bzw. im Falle der Stadtstaaten dem Senat oder Landtag zu entscheiden, ob und wo eine Gefährdungslage vorliegt. Insbesondere in den Stadtstaaten wäre eine regionale Differenzierung naheliegend, da die Verwaltungsgliederung auf einer bezirklichen Unterscheidung basiert. Die hamburgische Gesetzgeberin jedoch verwehrt die bezirksscharfe Festlegung des örtlichen Anwendungsbereichs vollständig (§ 9 Abs. 1 HmbWoSchG). In der Praxis ist zu beobachten, dass alle Städte und Gemeinden die Festlegung des räumlichen Geltungsbereichs und damit auch der Gefährdungslage für das gesamte Gemeindegebiet bestimmen. Im Bremischen Wohnraumschutzgesetz[285] ist ungeachtet einer Rechtsverordnung die Gefährdungslage auf die Stadtteile Schwachhausen, Mitte, Neustadt, Findorff und Walle der Stadtgemeinde Bremen gem. § 1a BrWRSchG eingeschränkt. Allerdings löste das Vorgehen die erwartete Rechtsunsicherheit aus,[286] die mit einem erhöhten Begründungserfordernis einhergeht (vgl. I. 3.). Da dieses offenbar nicht erbracht werden konnte, wurde die räumliche Einschränkung der Gefährdungslage gem. § 1a BrWRSchG mit der Fassung vom 20.10.2020 ersatzlos gestrichen.

---

284 LT-Drs. 6/4029, Kleine Anfrage der Abgeordneten Regine Lück, Fraktion DIE LINKE vom 18.06.2015 (2).

285 BrWRSchG: Bremisches Wohnraumschutzgesetz vom, Brem.GBl. 14.05.2019, 364.

286 *Weser Kurier* 24.02.2020: Warum ein Bremer Gesetz für Verwirrung sorgt {https://weser-kurier.de/bremen/bremen-stadt_artikel,-warum-ein-bremer-gesetz-fuer-verwirrung-sorgt-_arid,1899241.html}.

2. Feststellung einer Wohnraummangellage

Bei der Frage der Gefährdungslage orientieren sich die meisten Ermächtigungsgrundlagen an der Vorgängerregelung des MRVerbG (*Schollmeier* 2020, 398 ff.). Insoweit ergeben sich Parallelen zu den Voraussetzungen der Mietpreisbremse gem. § 556d Abs. 2 BGB, der Kündigungssperrfrist gem. § 577a Abs. 2 BGB und der Kappungsgrenzverordnung gem. § 558 Abs. 3 Satz 3 BGB (Schmidt-Futterer *Börstinghaus* 2019: § 556d BGB, Rn. 4), wonach eine Gefährdungslage[287] vorliegen muss, die als Wohnraummangellage zu qualifizieren ist. Eine Wohnraummangellage liegt vor, „wenn die Versorgung der Bevölkerung mit ausreichendem Wohnraum zu angemessenen Bedingungen besonders gefährdet ist“ (z.B. § 1 BWZwEWG, Art. 1 BayZwEWG, § 1 Abs. 1 BlnZwVbG, § 9 Abs. 1 HmbWoSchG). Ausnahme hiervon bildet Nordrhein-Westfalen, wo die Voraussetzungsschwelle für das Vorliegen der Gefährdungslage unwesentlich verringert ist. Dabei bestimmen die Städte und Gemeinden sogenannte „Gebiete mit erhöhtem Wohnungsbedarf“ (§ 10 Abs. 1 NRWWAG). In allen Fällen ist die Gefährdungslage nachzuweisen, um den Eingriff in die Eigentumsfreiheit nach Art. 14 GG zu rechtfertigen. Die Wohnraumangellage bzw. der erhöhte Wohnraumbedarf eines Gebiets ist durch entsprechende Indikatoren quantitativ nachzuweisen. Hierzu zählen etwa Analysen zur Bautätigkeit, die Anzahl der ausgestellten Wohnberechtigungsscheine sowie die Entwicklung der örtlichen Mietpreise, der Demographie und des Wohnungsbestands. Allerdings ist der empirische Nachweis laut *BVerfG* kein abschließender Beurteilungsmaßstab:

> „Die Begriffe „ausreichend”, „angemessen” und die „Gefährdung” des Ausreichenden und Angemessenen sind grundsätzlich einer numerischen Quantifizierung zugänglich, indem bestimmte Verhältniszahlen der Wohnungssuchenden zum Wohnungsangebot und der vorhandenen Einkommen zu den geforderten Mieten festgelegt werden. Ab-

287 *Gefährdungslage bei der Mietpreisbremse* gem. § 556d Abs. 2 Satz 2: „Gebiete mit angespannten Wohnungsmärkten liegen vor, wenn die ausreichende Versorgung der Bevölkerung mit Mietwohnungen in einer Gemeinde oder einem Teil der Gemeinde zu angemessenen Bedingungen besonders gefährdet ist.“
Gefährdungslage beim Zweckentfremdungsverbot (z.B. Baden-Württemberg gem. § 1 BWZwEWG): „Gemeinden, in denen die Versorgung der Bevölkerung mit ausreichendem Wohnraum zu angemessenen Bedingungen besonders gefährdet ist (Gemeinden mit Wohnraummangel), können Maßnahmen nach diesem Gesetz treffen, soweit sie diesem Wohnraummangel nicht mit anderen zumutbaren Mitteln in angemessener Zeit begegnen können.“

gesehen von den dann auftretenden Schwierigkeiten einer wirklich aktuellen statistischen Erfassung verlangt Art. 80 I 2 GG eine derartige exakte zahlenmäßige Präzisierung schon deshalb nicht, weil die Bindung des Verordnungsgebers an Inhalt, Zweck und Ausmaß der Ermächtigung nicht ausschließen soll, daß ihm als einem demokratisch legitimierten und politisch verantwortlichen Staatsorgan ein gewisser Beurteilungsspielraum für sein Eingreifen bleibt."[288]

Diese qualitative Eigenart des Beurteilungsspielraums für die Verordnungsgeber wird vom *BVerwG* 1983 einmal mehr unterstrichen, indem das Gericht die bundesrechtliche Ermächtigung gem. Art. 6 § 1 MRVerbG[289] klarstellend auslegt: „Nicht die Unterversorgung muß "besonders" sein, sondern von der Gefährdung (der Versorgung) wird gefordert, daß sie "besonders" - und das heißt notwendig: von qualitativ besonderer Beschaffenheit - sein muß."[290] Dadurch wird deutlich, dass neben dem quantitativen Nachweis auch die Einschätzung der besonderen Gefährdungssituation, insbesondere auch im Ermessen des demokratisch legitimierten Verordnungsgebers liegt. Dennoch ließe sich eine Wohnraummangellage numerisch quantifizieren, „indem bestimmte Verhältniszahlen der Wohnungssuchenden zum Wohnungsangebot und der vorhandenen Einkommen zu den geforderten Mieten festgelegt werden"[291], um letztlich auch die sachliche Legitimation des Eingriffs zu erhöhen.

Ist eine Wohnraummangellage nicht mehr nachzuweisen, kann ein Zweckentfremdungsverbot seine Legitimität verlieren, wie Anfang der 2000er Jahre der Fall des Berliner Verordnungsgebers zeigte. Mit der Einführung der Zweckentfremdungsverbot-Verordnung vom 1. September 2000 wurde der politische Beurteilungsspielraum überdehnt, weil marktrelevante Daten ein Ende der Gefährdungslage evident machten.[292] Fehlt der Nachweis über einen Wohnraummangel, tritt der sozialpolitische und städtebauliche Zweck des Instruments in den Vordergrund, was zu einer Überschreitung der gesetzlichen Ermächtigungsgrundlage führt.[293] Dies

---

288 BVerfG, Urt. vom 04.02.1975 – 2 BvL 5/74, NJW 1975, 727 (728).

289 Gesetz zur Verbesserung des Mietrechts und zur Begrenzung des Mietanstiegs sowie zur Regelung von Ingenieur- und Architektenleistungen, 04.11.1971, MRVerbG.

290 *BVerwG* 11.03.1983, 2894.

291 OVG Berlin-Brandenburg, Beschl. vom 06.04.2017 – 5 B 14.16, BeckRS 2017, 106491 (Rn. 68).

292 OVG Berlin-Brandenburg, Urt. vom 13.06.2002 – 5 B 22.01, juris (Rn. 61).

293 Ebd. (Rn. 62).

„gilt auch für die Verhinderung unerwünschter Nutzung von Wohnraum als Ferienwohnungen“[294]. Die Erforderlichkeit des Eingriffs war dadurch nicht mehr gegeben, weshalb das *OVG Berlin-Brandenburg* als Folge das Zweckentfremdungsverbot 2002 wegen Verstoßes gegen Art. 20 Abs. 3 i.V.m. Art. 80 Abs. 1 und Art. 14 GG außer Kraft setzte.[295]

3. Verhältnismäßigkeit des Eingriffs

Kommunale Zweckentfremdungsverbote beeinträchtigen Eigentümerinnen über die freie Verfügungsbefugnis ihres Eigentumsgegenstands,[296] weshalb der Eingriff verhältnismäßig zu sein hat (*Ludwigs* 2017, 1652 f.; *C.-W. Otto* 2017, 253). Die Ermächtigung zur Inkraftsetzung eines solchen Verbots, wie es Art. 6 § 1 Abs. 1 Satz 1 MRVerbG vorsah, war laut *BVerfG* durch den Gestaltungsauftrag der Gesetzgeberin nach Art. 14 Abs. 1 Satz 2 GG gerechtfertigt.[297] Diese sogenannte Schranken-Schranke ist als „Schranke der Beschränkbarkeit des Grundrechts“ (Maunz/Dürig/Langenfeld *Di Fabio* 2019: Art. 2 Abs. 2 Satz 2 GG, Rn. 46) zu verstehen, wonach jede (gesetzliche) Beschränkung der Grundrechte nur soweit satisfaktionsfähig ist, als dass sie „zum Schutz des öffentlichen Wohls oder zumindest gleichwertiger (auch privater) Rechtsgüter unerlässlich ist“ (ebd., Rn. 46). Bei den heute kommunalisierten Zweckentfremdungsverboten wiegt die Last zur Wahrung der Verhältnismäßigkeit beim Stadt- oder Gemeinderat. Die folgende Prüfung der Verhältnismäßigkeit erfolgt mit besonderem Schwerpunkt des Eingriffs als Instrument zur Steuerung von Kurzzeitvermietungen. Die Verhältnismäßigkeit des Eingriffs bemisst sich nach der Legitimität seines Zwecks (a), seiner Geeignetheit (b), seiner Erforderlichkeit (c) und seiner Angemessenheit (d) (*Wienbracke* 2013, 148).

---

294 OVG Berlin-Brandenburg, Beschl. vom 06.04.2017 – 5 B 14.16, BeckRS 2017, 106491 (Rn. 67).

295 OVG Berlin-Brandenburg, Urt. vom 13.06.2002 – 5 B 22.01, juris (62 ff.).

296 BVerfG, Urt. vom 04.02.1975 – 2 BvL 5/74, NJW 1975, 727 (730).

297 Ebd. (730); VGH München, Beschl. vom 02.12.2016 – 12 CS 16.1714, BeckRS 2016, 56086 (Rn. 10).

a) Legitimität des Zwecks

Der Eingriff in die Rechtsposition von Eigentümerinnen muss einem legitimen Zweck dienen (ebd., 149). Unbestritten handelt es sich bei der Versorgung der Bevölkerung mit Wohnraum um ein verfassungsrechtlich legitimes Ziel. Dabei wird durch den zweckentfremdungsrechtlichen Genehmigungsvorbehalt der Stopp der zahlenmäßigen Verringerung von Wohnraum verfolgt, um damit eine Ausgangssituation zu schaffen, bei der die Versorgung der Bevölkerung mit Wohnraum zu angemessenen Bedingungen durch flankierende Maßnahmen (z.B. Neubau, Nachverdichtung, etc.) wieder gewährleistet wird.[298] Zweckentfremdungsverbote sind deshalb als *Notbremse* zu verstehen, die die Umwidmungsgeschwindigkeit auf einem dynamisierten, von Nutzungsänderungen geprägten Wohnungsmarkt drosselt. Die Verfolgung des Zwecks ist als Rücksichtnahme der Belange von Mieterinnen zu verstehen, weil sie in besonderer Form auf die Nutzung des Eigentumsgegenstands angewiesen sind.[299] Wenn die Versorgung von Wohnraum besonders gefährdet ist, verstärkt sich der ohnehin innewohnende soziale Bezug von Wohnraum.[300] Die Erhaltung seiner Zweckbestimmung durch ein grundsätzliches Verbot der Nutzung zu anderen als zu Wohnzwecken, stellt deshalb eine sachgerechte Maßnahme i.S.v. Art. 14 Abs. 1 Satz 2 GG dar, solange die schutzwürdigen Interessen der Eigentümerinnen ausreichend gewahrt bleiben.[301]

b) Geeignetheit

Der Eingriff hat geeignet zu sein. Der beabsichtigte Zweck muss demnach auch erreicht werden können (ebd., 150). Die Geeignetheit von Zweckentfremdungsverboten ist gegeben, wenn sie allgemein einen Beitrag zur Linderung der Wohnraummangellage leisten oder zumindest einer weiteren Verschärfung entgegenwirken. Im Falle von Kurzzeitvermietungen ist der zweckentfremdungsrechtliche Genehmigungsvorbehalt geeignet, wenn er Wohnraum erfasst, dessen Wohnzweck in den Hintergrund gerät.

---

298 VGH Mannheim, Urt. vom 01.12.1981 – 10 S 24/81, NJW 1983, 696 (697).
299 BVerfG, Beschl. vom 04.02.1975 – 2 BvL 5/74, juris 1975 (Rn. 67).
300 Ebd. (Rn. 68).
301 Ebd. (Rn. 68).

Die Regelungstechnik des repressiven Verbots stellt die „Umwidmung“[302] von Wohnräumen zu anderen als Wohnzwecken unter behördliche Befreiungserfordernis.

Ab wann bei Kurzzeitvermietungen von einer Umwidmung auszugehen ist, bemisst sich anhand der mitunter herausfordernden Abgrenzung zwischen Homesharing und Ferienwohnen (vgl. Kap. 3 B III.). Dies erfolgt durch die Bestimmung eines Tatbestandskatalogs, aus dem Zweckbestimmungen hervorgehen, die dem Wohnzweck entgegenstehen. Um die Geeignetheit zu gewährleisten sind die Tatbestände so auszugestalten, dass jene Fallkonstellationen von Kurzzeitvermietungen erfasst werden, die zu einer Verschärfung der Wohnraummangellage beitragen. Findet die Kurzzeitvermietung in einer gesamten Hauptwohnung der Hauptnutzerin in einem zeitlichen Rahmen statt, bei dem davon auszugehen ist, dass der Wohnzweck erhalten bleibt (Fall Nr. 2), ist die Vermietung unerheblich für den Wohnraummangel, weil kein Wohnraumverlust zu befürchten ist (*Ludwigs* 2017, 1653). Erwächst aus der Vermietungsaktivität allerdings die Notwendigkeit auf weiteren Wohnraum ausweichen zu müssen, ist von einer zweckfremden Nutzung auszugehen. Kann eine Wohnraumnutzerin etwa glaubhaft darstellen, dass sie den Wohnraum regelmäßig zu Wohnzwecken nutzt, allerdings während regelmäßiger berufsbedingter Abwesenheit ihre Wohnung wechselnden Gästen überlässt, ist kaum überzeugend von einem Wohnraumentzug auszugehen. Hier allerdings besteht ein Missbrauchspotenzial bei Nutzerinnen, den Wohnraum regelmäßig wechselnden Gästen unter Vorwand temporärer Abwesenheit zu überlassen, tatsächlich aber den häuslichen Wirkungskreis in einer anderen Wohnung (z.B. beim Lebenspartner, Familie, Freunde) begründen. Die besondere Herausforderung hierbei besteht darin, Indikatoren zu definieren, die es ermöglichen die für den Wohnraummangel unschädliche Fallkonstellation Nr. 2 von der regelmäßigen Kurzzeitvermietung (Fall Nr. 3) zu unterscheiden. Im Falle der Kurzzeitvermietung einer Nebenwohnung/Zweitwohnung (Fall Nr. 4) ist die Steuerungswirkung von Zweckentfremdungsverboten stark eingeschränkt, da das Zweitwohnen nach ständiger Rechtsprechung ebenfalls den Wohnzweck erfüllt.[303] Da das Zweitwohnen per Definition von längeren Abwesenheitszeiten

302 BVerfG, Urt. vom 04.02.1975 – 2 BvL 5/74, NJW 1975, 727 (728); VGH Mannheim, Urt. vom 01.12.1981 – 10 S 24/81, NJW 1983, 696 (698).

303 BVerfG, Urt. vom 04.02.1975 – 2 BvL 5/74, NJW 1975, 727 (729); BVerwG, Urt. vom 19.08.1988 – 8 C 117/86, NVwZ-RR 1989, 310 (311); VGH München, Urt. vom 24.01.1995 – 24 B 94.3202, BeckRS, 16813.

gekennzeichnet ist, ändert das „leer stehen lassen“ oder die Vermietung an wechselnde Gäste während dieser Abwesenheit zunächst nichts an der subjektiven Zweckbestimmung als Wohnraum. Dadurch entziehen sich Zweitwohnungen weitgehend dem Zugriff des zweckentfremdungsrechtlichen Instrumentariums. Dieser Schutz der Zweitwohnung „greift jedoch dann nicht mehr, wenn die Funktion des Wohnens ganz unwesentlich ist oder nur zum Schein erfolgt“[304]. Die Grenzziehung dazu kann ebenfalls Gegenstand einer zweckentfremdungsrechtlichen Bestimmung sein.

Im Ergebnis ist also die Geeignetheit des repressiven Genehmigungsvorbehalts von Zweckentfremdungsverboten gegeben, weil die Nutzung von Wohnraum zu anderen als Wohnzwecken nur mit der Erteilung einer Genehmigung möglich ist.

c) Erforderlichkeit

Der Eingriff hat erforderlich zu sein. Dies ist dann der Fall, wenn keine andere mildere Maßnahme mit der gleichen Wirksamkeit zum gleichen Ergebnis führt (*Wienbracke* 2013, 151). Die Erforderlichkeit eines Zweckentfremdungsverbots ist einerseits daran zu bemessen, ob eine alternative Maßnahme das Grundrecht weniger stark einschränkt und gleichzeitig zu einem gleichwertigen Ergebnis führt. Andererseits ist auch der Frage nachzugehen, ob die Alternative in ähnlich (wirtschaftlich) zumutbarer Weise dem Wohnraummangel in angemessener Zeit effektiv entgegenwirkt.[305] Grundsätzlich kann ein Zweckentfremdungsverbot nur die Kriterien der Erforderlichkeit erfüllen, wenn die Umnutzung von Wohnungen zu anderen Zwecken in einem Stadtgebiet überhaupt zu befürchten ist (*C.-W. Otto* 2017, 253 f.). Dies ist durch Kurzzeitvermietungen zweifelsohne in immer mehr Städten und Gemeinden der Fall. Bei der Prüfung der Erforderlichkeit stellt sich daher insbesondere die Frage, ob andere Maßnahmen wirkungsvoller darin sind, die Steuerung von Kurzzeitvermietungen zu leisten.

Aus dem Evaluationsbericht in Baden-Württemberg (vgl. Kap. 1 B IV.) geht hervor, dass die Rückführungsquote zweckentfremdeter Wohneinheiten insgesamt sehr gering ist. Hintergrund ist eine hohe Anzahl eingeleiteter Verwaltungsverfahren in den Gemeinden Freiburg i.Br., Stuttgart und Heidelberg bei relativ geringer Erfolgsquote im einstelligen Prozent-

304 VG Berlin, Urt. vom 09.08.2016 – VG 6 K 112.16, BeckRS, 51175.

305 VGH Mannheim, Urt. vom 08.12.2015 – 3 S 248/15, juris (Rn. 63).

bereich. Gleichzeitig ist in Nordrhein-Westfalen gar nur von einer Signalwirkung die Rede, obwohl schwerpunktmäßig immer mehr Verfahren im Bereich der Kurzzeitvermietung liegen. Deshalb ist hier zu vermuten, dass der Personalbedarf und Verwaltungsaufwand besonders hoch ausfallen kann, will die Gemeinde über den Abschreckungseffekt hinaus eine in Zahlen messbare Dämpfung der Zweckentfremdungsfälle erzielen. Vor diesem Hintergrund regt *Heinemann* eine Neubewertung der Zweck-Mittel-Relation an (*Heinemann* 2019, 1075), auch weil ein „Bestandsschutz“[306], wie er von den Zweckentfremdungsverboten ausgeht, keinen zusätzlichen Quadratmeter Wohnraum schafft (ebd., 1076; *C.-W. Otto* 2017, 254). Dennoch kann das „Einfrieren der Wohnraummangellage“ (*Heinemann* 2019, 1076) dazu beitragen, dass sich die gegenwärtige Situation zumindest nicht verschlechtert.[307] Darum werden die von *Heinemann* vorgeschlagen Maßnahmen der Bauleitplanung und der Instrumente des besonderen Städtebaurechts zur Verhinderung der Umnutzung von Bestandswohnungen (ebd., 1072) im Folgenden geprüft.

Maßnahmen der Bauleitplanung können dem Wohnraummangel direkt begegnen, indem die Ausweisung von Wohnbaulandflächen und der damit verbundene Neubau das Wohnraumangebot erweitert (ebd., 1076; *Schier/Voigtländer* 2016, 31 f.). Dazu zählt auch die Wiedernutzbarmachung von Flächen (Konversion) sowie die Mobilisierung von Baulücken im Innenbereich (Nachverdichtung). Allerdings erweist sich die Entwicklung neuer Stadtteile als ein aufwändiger und zeitintensiver Vorgang, der der akuten Wohnraummangellage nicht in angemessener Zeit begegnen kann.[308] Im Falle von größeren Vorhaben gilt dies auch für die Konversion von Flächen. Bei flächenmäßig kleineren Vorhaben handelt es sich, wie auch bei der Nachverdichtung, regelmäßig um nur eine für den Wohnungsmarkt nicht durchschlägige Anzahl von Einheiten. Die Angebotserweiterung scheidet demnach als gleichwertig erfolgversprechende Alternative aus, obgleich die Wohnraumschaffung für eine mittel- und langfristige Linderung der Mangellage unerlässlich ist. Eine aktive Wohnraumpolitik trägt deshalb auch zur Wahrung der Verhältnismäßigkeit bei, indem die Gemeinde nachweislich andere Mittel geprüft hat und dennoch einen Bedarf an zweckentfremdungsrechtlichen Regeln sieht (*Schollmeier* 2020, 401).

---

306 BVerfG, Urt. vom 04.02.1975 – 2 BvL 5/74, NJW 1975, 727 (727).

307 Ebd. (729).

308 VGH Mannheim, Urt. vom 08.12.2015 – 3 S 248/15, juris (Rn. 108); LT-Drs. 16/4278, Mitteilung der Landesregierung vom 19.06.2018 (9).

Neben der Angebotserweiterung kommen somit insbesondere Maßnahmen in Frage, die analog zum Zweckentfremdungsverbot den Wohnungsbestand sichern. Dazu gehört einerseits die Änderung bestehender Festsetzungen in Bebauungsplänen, sodass die Wohnnutzung erhalten bleibt. Bei Kurzzeitvermietungen ist dazu insbesondere die Zulässigkeit von Ferienwohnungen einzuschränken. Andererseits ist der Erlass einer Erhaltungssatzung gem. § 172 Abs. 1 Satz 1 Nr. 2 BauGB zu erwägen. Das Instrumentarium des besonderen Städtebaurechts stellt den Rückbau, Änderungen und Nutzungsänderungen baulicher Anlagen in einem Gebiet unter Genehmigungsvorbehalt. Es besteht insofern eine gewisse Ähnlichkeit zu Zweckentfremdungsverboten, als dass beide Instrumente gleichzeitig städtebauliche und wohnungswirtschaftliche Absichten verfolgen und diese mit einem Genehmigungsvorbehalt unterbinden. Laut *VGH Mannheim* stellt ein erhaltungsrechtlicher Genehmigungsvorbehalt oder eine bauordnungsrechtliche Nutzungsuntersagung für die gewerbliche Nutzung von Wohnraum aus Sicht der betroffenen Eigentümerinnen kein milderes Mittel dar.[309] Dem ist in Teilen insbesondere aus einer regelungstechnischen sowie aus einer anwendungsbezogenen Argumentation zu widersprechen, was durch einen Vergleich von Zweckentfremdungsverboten mit Sozialen Erhaltungssatzungen verdeutlicht werden soll.

Erstens besteht zwischen Sozialen Erhaltungssatzungen und Zweckentfremdungsverboten insofern eine gewisse Ähnlichkeit, als dass beide Instrumente gleichzeitig städtebauliche und wohnungswirtschaftliche Absichten verfolgen. In beiden Fällen wird ein Genehmigungsvorbehalt eingesetzt. Die Ziele jedoch unterscheiden sich grundlegend. Während eine Erhaltungssatzung die Nutzungsänderung einer baulichen Anlage zum Zwecke des Erhalts der Zusammensetzung der Wohnbevölkerung unter Genehmigungsvorbehalt stellt (*Mitschang* 2017, 55), setzt ein Zweckentfremdungsverbot den Wohnzweck als einzig zulässige Zweckbestimmung von Wohnraum fest, um eine Wohnraummangellage zu lindern (vgl. I. 1.). Bezogen auf die Intensität des Eingriffs ergeben sich bei näherer Betrachtung Unterschiede.

Einerseits äußert sich dies in unterschiedlichen Regelungstechniken. Anders als bei Zweckentfremdungsverboten handelt es sich bei Erhaltungssatzungen um ein präventives Verbot mit Genehmigungsvorbehalt (ebd., 71; *Stüer* 2015, Rn. 2168). Im Gegensatz dazu verfolgt das zweckentfremdungsrechtliche repressive Verbot mit Befreiungsvorbehalt einen lenkungsrechtlichen Ansatz (*Gromitsaris* 1997, 404), der die Zweckentfremdung von

309 VGH Mannheim, Urt. vom 08.12.2015 – 3 S 248/15, juris (Rn. 106).

Wohnraum für schädlich hält und sie deshalb unter ein generelles Verbotsregime stellt. Aus der repressiven Natur des Genehmigungsvorbehalts ist deshalb zu schließen, dass das Verbot der Zweckentfremdung den Regelfall und die Genehmigung die Ausnahme darstellt (*Zott* 2020, 65), weil das öffentliche Interesse an der Erhaltung des Wohnraums grundsätzlich Vorrang genießt. Andererseits übernimmt der erhaltungsrechtliche Ansatz eine Überwachungsfunktion, bei der ein Nutzungsänderungsgenehmigungsantrag lediglich im Falle der Gefährdung des Satzungsziels zu versagen ist. Andernfalls besteht Anspruch auf die Erteilung einer Genehmigung. Eine Faustformel dazu kann wie folgt lauten: zweckentfremdungsrechtlich ist jede Veränderung verboten, außer sie dient dem Wohnzweck; erhaltungsrechtlich ist jede Veränderung erlaubt, außer sie steht im Widerspruch zum Erhaltungsziel. Damit ist der Kreis der Fälle der zu erteilenden Genehmigungen bei einer Sozialen Erhaltungssatzung bedeutend größer als bei einem Zweckentfremdungsverbot. Die Nutzung von Wohnraum als Kurzzeitvermietung ist demnach unter dem Maßstab der städtebaulichen Belange und der bauordnungsrechtlichen Nutzungsänderung zu beurteilen. Dahingehend gesteht ein auf dem Erhaltungsrecht beruhender Genehmigungsvorbehalt der Eigentümerin bei der Nutzung ihrer zum Wohnen genehmigten Gebäude oder Räume als Kurzzeitvermietung ein größerer Spielraum zu. Dieser erschöpft sich nicht bereits bei der subjektiven Zweckbestimmung, wie es etwa bei den Zweckentfremdungsverboten der Fall ist, sondern erst bei der Frage, ob die Nutzung noch innerhalb der gewährleisteten bauordnungsrechtlichen Variationsbreite liegt und noch nicht in eine andere Nutzungsart übergegangen ist (vgl. Kap 2 B III.). Soziale Erhaltungssatzungen stellen somit in erster Linie die objektive Geeignetheit der Nutzungsart Wohnen unter Schutz, nicht aber wie Zweckentfremdungsverbote die subjektive Zweckbestimmung von Wohnräumen. In beiden Fällen wird jedoch Wohnraum geschützt. Der erhaltungsrechtliche Schutzbereich erfasst jedoch nur die schlimmsten Fälle, während der zweckentfremdungsrechtliche Schutzbereich bereits bei der Anbahnung eines potenziellen Wohnraumentzugs durch die Überlassung von Wohnraum an Dritte greift. Die Wirkung des Erhaltungsrechts ist bei Kurzzeitvermietungen somit zwar geschmälert, zugleich aber auch als milderer Eingriff zu werten.

Zweitens sind im Falle des erhaltungsrechtlichen Instruments in der Summe weniger Eigentümerinnen vom Eingriff betroffen, weil der räumliche Geltungsbereich einer Sozialen Erhaltungssatzung i.d.R. nur ein Teilgebiet einer Gemeinde abdeckt. Ihnen ist die Kleinräumlichkeit in Ausdruck ihrer Gebiets- und Parzellenschärfe zu eigen. Vorteile eines teilgemeindlichen Ansatzes ergeben sich, neben der vermeintlich stärkeren präventiven Strahlkraft, aus zwei Gründen. Zum einen können bei gleicher Personalstärke mehr Wohneinheiten überwacht werden (Wirksamkeit). Zum anderen erhöht eine kleinteilige Gebietsbegrenzung die Einzelfallgerechtigkeit vor dem Hintergrund der eigentumsrechtlichen Inhalts- und Schrankensetzung (*Weigelt* 2016, 261 f.), weil dadurch im Ergebnis weniger Eigentümerinnen in ihrer Rechtsposition eingeschränkt sind (milderes Mittel). Zwar bieten auch einige zweckentfremdungsrechtliche Ermächtigungsgrundlagen die Möglichkeit der Festsetzung einer kleinräumigen Gebietskulisse, diese scheidet jedoch aufgrund der wohnungswirtschaftlichen Ausrichtung der Zweckentfremdungsverbote als Handlungsoption aus (vgl. I. 3.).

Zusammenfassend ist zu konstatieren, dass es sich beim erhaltungsrechtlichen Instrumentarium um einen milderen Eingriff handelt, der in einer vergleichbar angemessenen Zeit die Nutzungsänderung von Wohnraum unterbindet. Im Vergleich zum Zweckentfremdungsverbot lässt das städtebauliche Vorgehen möglicherweise ein erhöhtes Missbrauchspotenzial zu, was die Wirkung in Einzelfällen schmälern könnte. Vor dem Hintergrund, dass Zweckentfremdungsverbote aber nicht ausschließlich in der Absicht eingesetzt werden, um Kurzzeitvermietungen zu steuern, sondern um verschiedene Formen der Zweckentfremdung von Wohnraum zu unterbinden, erfüllen sie unter Voraussetzung des Vorliegens einer Wohnraummangellage den Maßstab der Erforderlichkeit. Verfolgt die kommunale Gesetzgeberin allerdings zuvorderst die Absicht gegen illegale Ferienwohnungen vorzugehen, ist ein dem Erhaltungsrecht abgeleiteter gebietsscharfer Genehmigungsvorbehalt als milderes Mittel vorzuziehen.

d) Angemessenheit

Die Angemessenheit – die Verhältnismäßigkeit im engeren Sinne – des Eingriffs ist gewährleistet, wenn das Maß der Belastung für den Einzelnen noch in einem zumutbaren Verhältnis zu den für die Allgemeinheit erwachsenen Vorteilen steht (*Wienbracke* 2013, 152). Damit ist die Schwere des Eingriffs in die Eigentumsfreiheit gem. Art. 14 Abs. 1 S. 1 GG mit dem Ziel des Zweckentfremdungsverbots abzuwägen.

Die Maßnahme ist als Mieterschutz zu begreifen, der nur dann gewährleistet ist, wenn innerhalb eines Gemeindegebiets eine hinreichende Wohnraumversorgung besteht (*Fock* 2003, 498). Mieterinnen sind als Nutzungsberechtigte zwar ebenfalls durch das Verbot eingeschränkt, was insbesondere im Hinblick auf die Nutzung als Kurzzeitvermietung deutlich wird, profitieren im Wesentlichen aber durch den ausgeweiteten Mieterschutz. Zudem ist ihnen im Rahmen der Untervermietung von Wohnraum zu anderen als Wohnzwecken i.d.R. kein schützenswertes Interesse zuzubilligen. Deshalb fokussiert sich die Güterabwägung auf die Rechtsposition der Eigentümerinnen als die vom Eingriff belasteten.

Die Herrschafts- und Nutzungsbefugnis, die aus der Eigentumsfreiheit hervorgeht, gewährleistet das Recht einen konkreten Gegenstand zu besitzen, zu nutzen, zu verwalten, zu verbrauchen oder darüber zu verfügen (Maunz/Dürig/Langenfeld *Papier/Shirvani* 2019: Art. 14 Abs. 1 S. 1 GG, Rn. 146). Diese dem Eigentum innewohnende Privatnützigkeit, also die Verfügungsbefugnis der Eigentümerin,[310] entspricht in diesem Fall der Eigentumsnutzungsfreiheit der Wohnung und somit einer gegenstandsbezogenen Eigentumsfreiheit, die im Falle eines Konflikts mit dem Gemeinwohlwesen von der Gesetzgeberin zur Disposition gestellt werden kann (ebd., Rn. 147). Die ausgesprochene Sozialbindung des Eigentums einer Vermieterin, die auf Art. 14 Abs. 2 GG zurückzuführen ist, kann der Gesetzgeberin „Anlaß geben, in Zeiten des Wohnungsmangels der Gruppe der Mieter besonderen Schutz angedeihen zu lassen“[311]. Ein entsprechender Eingriff ist jedoch stets zeitlich zu befristen, sodass die gesetzgebende Instanz regelmäßig zu einer Bestätigung oder Verwerfung der Notlage gezwungen ist. Vor allem mit dem zeitlichen Befristungserfordernis wird angezeigt, dass der Normalzustand eben nicht durch ein Umwidmungsverbot gekennzeichnet ist.

Sowohl das *BVerfG* als auch das *BVerwG* bestätigen in ständiger Rechtsprechung, dass Verbote der Zweckentfremdung von Wohnraumeigentümerinnen als Ausdruck der Sozialpflichtigkeit des Eigentums zuzumuten sind, sofern durch sie die Privatnützigkeit des Eigentumsgegenstandes nicht aufgehoben wird.[312] Die Privatnützigkeit einer Wohnung besteht aus Sicht der Eigentümerin insbesondere darin diese selbst bewohnen, vermieten und veräußern zu können. Die Tatbestände der Zweckentfremdungsverbote schränken einige bestimmte Formen der Nutzung ein. Dazu gehören insbesondere der Abriss von Wohnraum (Abbruch), die Zerstörung in Form einer Unbrauchbarmachung, das Leerstehenlassen sowie die Nutzung zu anderen als zu Wohnzwecken. Vom Verbot unberührt indes

310 BVerfG, Beschl. vom 19.06.1969 – 1 BvR 353/67, NJW 1969, 1475 (1476).

311 BVerfG, Beschl. vom 01.07.1964 – 1 BvR 375/62, NJW 1964, 1848 (1850).

312 BVerfG, Urt. vom 04.02.1975 – 2 BvL 5/74, NJW 1975, 727 (730); BVerwG, Urt. vom 11.03.1983 – 8 C 102/81, NJW 1983, 2893 (2894).

bleiben die wesentlichen eigentumsrechtlichen Garantien, wie insbesondere die weiterhin bestehende wirtschaftliche Verwertbarkeit des Eigentums. Konkret ist es der Eigentümerin weiterhin möglich, ihre Wohnung durch dauerhafte Vermietung, Verpachtung oder Verkauf in Wert zu setzen. Die Verfügung über ihr Eigentum wird möglicherweise in der optimalen Verwertungsgelegenheit beschränkt, nicht aber in der gängigen.[313] Der theoretisch maximal zu generierende Gewinn ist derweil im Rahmen einer unzureichenden Versorgungslage nicht geschützt.[314]

Dem Grundsatz des Übermaßverbots kann durch definierte Befreiungstatbestände, Einschränkungen beim Anwendungsbereich als auch bei der Erteilung der Genehmigung durch die Einzelfallbetrachtung auf Basis der Abwägung öffentlicher und privater Belange Rechnung getragen werden. Denn grundsätzlich fordern Zweckentfremdungsverbote nicht „den Bestandsschutz jedes Wohnraums um jeden Preis“[315], sondern eröffnen der Verwaltung in der konkreten Einzelfallprüfung die Möglichkeit, die Interessenabwägung im Einzelfall hinreichend zu würdigen. Die Befreiung vom Verbot hat insbesondere dann zu erfolgen, wenn vorrangige öffentliche Belange (z.B. im Falle einer Kita) oder ein schutzwürdiges, berechtigtes Eigeninteresse des Verfügungsberechtigten (z.B. wirtschaftliche Unzumutbarkeit) ausnahmsweise das öffentliche Interesse am Bestandsschutz des betroffenen Wohnraums überwiegen.[316]

Die Verhältnismäßigkeit von Zweckentfremdungsverboten als Steuerungsansätze für Kurzzeitvermietungen ist grundsätzlich gewahrt, solange Wohnungen erfasst werden, bei denen eine Nutzung als Ferienwohnung tastsächlich Wohnraum entzieht (*Spitzlei* 2020, 342). Auch ist den besonderen Ausnahmefällen in hinreichendem Maße Rechnung zu tragen.

III. Bewertung

Das Zweckentfremdungsrecht birgt ein gewisses kompetenzrechtliches Reibungspotenzial, das besonders bei der Frage der Steuerung von Kurzzeitvermietungen zutage tritt. Während das in Landeskompetenz liegende Zweckentfremdungsrecht Bedingungen über die Nutzung von Wohnraum setzt (Zweckbestimmung), regelt das in Bundeskompetenz liegende Städ-

313 BVerwG, Urt. vom 11.03.1983 – 8 C 102/81, NJW 1983, 2893 (2894).
314 BVerfG, Urt. vom 04.02.1975 – 2 BvL 5/74, NJW 1975, 727 (730).
315 Ebd. (730).
316 Ebd. (730).

tebaurecht die rechtliche Qualität des Bodens (Nutzungsart). Die Zweckentfremdungsverbote konkretisieren damit indirekt die rechtliche Qualität des Bodens, indem sie die Zulässigkeitsbedingungen über die Nutzung von Wohnraum einschränken. Die Einschränkung ist rechtlich legitim, solange eine Wohnraummangellage nachzuweisen ist. Dabei ist nicht entscheidend, ob diese ursächlich auf Kurzzeitvermietungen zurückgeht, sondern nur, ob allgemein von Umnutzungen von Wohnraum auszugehen ist. Das Städtebaurecht bietet mit Sozialen Erhaltungssatzungen ebenfalls einen Ansatz für die Steuerung von Kurzzeitvermietungen, der einen schonenderen Umgang mit Rechtspositionen ermöglicht insbesondere, weil weniger Eigentümerinnen von den Einschränkungen betroffen sind. Welche Vorteile sich dennoch durch Zweckentfremdungsverbote für die Steuerung von Kurzzeitvermietungen ergeben, wird anhand der kommunalspezifischen Konfigurationen im nächsten Teilabschnitt untersucht.

B. Kommunale Ausgestaltung der Zweckentfremdungsverbote

Aus dem Überblick der Anwenderstädte (I.) mit Zweckentfremdungsverbot wird deutlich, dass immer mehr Städte auf das Instrument zurückgreifen. Die kommunalspezifische Ausgestaltung und insbesondere die Abgrenzung des Wohnzwecks zu anderen Zweckbestimmungen, schlägt sich dabei im Anwendungsbereich (II.) nieder. Ferner werden vereinzelt auch Auskunfts- und Registrierungsverfahren (III.) eingeführt, um das mit Kurzzeitvermietungen einhergehende Kenntnisdefizit zu mindern. Abschließend werden die wesentlichen Ergebnisse zusammengefasst (IV.)

I. Überblick der Anwenderstädte

Gegenwärtig machen 24 Städte und Gemeinden Gebrauch von einem Zweckentfremdungsverbot (vgl. Abb. 3). Dabei haben Hamburg und München als einzige Städte die Verbote bereits seit der Föderalismusreform von 2006 in Kraft. Die entsprechende Wohnraumschutzverordnung (HmbWoSchVO), die die Gefährdungslage im Gebiet der Freien und Hansestadt Hamburg bestimmt, trat am 01.04.2008 in Kraft[317]. In München

317 HmbWoSchVO: Verordnung über die Feststellung einer Gefährdungslage nach § 9 Absatz 1 des Hamburgischen Wohnraumschutzgesetzes, HmbGVBl. 01.04.2008, 136.

trat die Satzung über das Verbot der Zweckentfremdung von Wohnraum zum 01.01.2009 in Kraft[318]. Das Hamburgische Wohnraumschutzgesetz wurde erstmals 1982 verabschiedet. Der Senat machte allerdings schon 1971 Gebrauch von der bundesrechtlichen Ermächtigung (MietRVerbG) für den Erlass der Verordnung über das Verbot der Zweckentfremdung von Wohnraum (ZEVO).[319] Damit ist das Zweckentfremdungsverbot in Hamburg seit dem 18. Dezember 1971[320] und in München seit dem 01.01.1972[322] knapp 40 Jahre lückenlos in Kraft.

Abb. 3: Überblick der Einführung kommunaler Zweckentfremdungsverbote

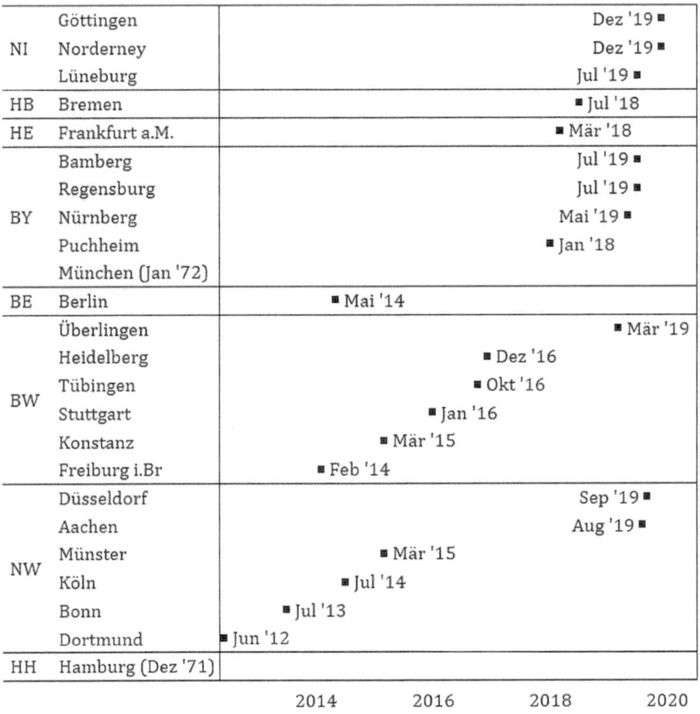

---

318 Satzung der Landeshauptstadt München über das Verbot der Zweckentfremdung von Wohnraum, ABl. 05.03.2008, 250.

319 HmbGVBl. S. 223.

320 Behörde für Stadtentwicklung und Umwelt, Fachanweisung HmbWoSchG 2014 (12).

In allen weiteren Anwenderstädten wurden entsprechende Regelungen erst in den 2010er Jahre (wieder-)eingeführt. Seit 2012 machen die nordrhein-westfälischen Städte Dortmund[322] (Juni 2012), Bonn[323] (Juli 2013), Köln[324] (Juli 2014), Münster[325] (März 2015), Aachen[326] (August 2019) und Düsseldorf[327] (September 2019) Gebrauch von der zweckentfremdungsrechtlichen Ermächtigungsgrundlage und führten sogenannte Wohnraumschutzsatzungen ein. Von der baden-württembergischen Satzungsermächtigung machen derzeit Freiburg i.Br.[328] (seit Februar 2014), Konstanz[329] (seit März 2015), Stuttgart[330] (seit Januar 2016), Tübingen[331] (seit Oktober 2016), Heidelberg[332] (seit Dezember 2016) und Überlingen[333] (seit März 2019) Gebrauch.[334] In Berlin trat die Verordnung über das Verbot

---

321 § 3 Abs. 3 Nr. 2 Satzung der Landeshauptstadt München über das Verbot der Zweckentfremdung von Wohnraum, ABl. Landeshauptstadt München 05.12.2017, 494.

322 Satzung zum Schutz und Erhalt von Wohnraum im Gebiet der Stadt Dortmund: Wohnraumschutzsatzung, Abl. Stadt Dortmund 18.06.2012.

323 Satzung zum Schutz und Erhalt von Wohnraum im Gebiet der Bundesstadt Bonn: Wohnraumschutzsatzung, 24.07.2013.

324 Satzung zum Schutz und Erhalt von Wohnraum in Köln, 04.07.2014: Wohnraumschutzsatzung, ABl. Stadt Köln Nr. 29, 829.

325 Satzung der Stadt Münster zum Schutz und Erhalt von Wohnraum: Wohnraumschutzsatzung, ABl. 20.02.2015, 38.

326 Satzung zum Schutz und Erhalt von Wohnraum in Aachen, Öffentl. Bekanntmachungen 01.08.2019.

327 Satzung der Landeshauptstadt Düsseldorf zum Schutz und Erhalt von Wohnraum, ABl. 04.10.2019.

328 Satzung der Stadt Freiburg i. Br. über das Verbot der Zweckentfremdung von Wohnraum in der Stadt Freiburg i. Br., ABl. Stadt Freiburg i. Br. 27.03.2015.

329 Satzung der Stadt Konstanz über das Verbot der Zweckentfremdung von Wohnraum in der Stadt Konstanz: Zweckentfremdungsverbot 09.03.2015.

330 Satzung über das Verbot der Zweckentfremdung von Wohnraum in der Landeshauptstadt Stuttgart: Zweckentfremdungsverbotssatzung, ABl. Landeshauptstadt Stuttgart 03.12.2015.

331 Satzung der Universitätsstadt Tübingen über das Verbot der Zweckentfremdung von Wohnraum in der Universitätsstadt Tübingen: Zweckentfremdungsverbotssatzung, Bekannt gemacht am 08.10.2016 unter https://www.tuebingen.de/amtliche_bekanntmachungen 04.10.2016.

332 Satzung über das Verbot der Zweckentfremdung von Wohnraum in der Stadt Heidelberg: Zweckentfremdungsverbotssatzung, Heidelberger Stadtblatt 25.07.2017.

333 Satzung der Stadt Überlingen über das Verbot der Zweckentfremdung von Wohnraum in der Stadt Überlingen: Zweckentfremdungssatzung - ZwEFS, 20.02.2019.

334 LT-Drs. 16/4278, Mitteilung der Landesregierung vom 19.06.2018 (3).

der Zweckentfremdung von Wohnraum (BlnZwVbVO)[335] am 01.05.2014 in Kraft. Das Bremische Wohnraumschutzgesetz wiederrum trat am 29.06.2018 in Kraft, allerdings wurde bisher eine Rechtsverordnung weder vom Senat für die Stadtgemeinde Bremen noch vom Magistrat für die Stadtgemeinde Bremerhaven gem. § 1 Abs. 2 Satz 1 BrWRSchG erlassen.

Mit der Einführung einer Ferienwohnungssatzung[336] macht die Stadt Frankfurt a.M. (März 2018) als einzige Kommune Gebrauch von der hessischen Satzungsbefugnis. Seit der novellierten Fassung der bayerischen Satzungsermächtigung führten die Städte Puchheim[337] (seit Januar 2018), Nürnberg[338] (seit Mai 2019), Regensburg[339] und Bamberg[340] (beide seit Juli 2019) Zweckentfremdungsverbote ein. Seit Juli 2019 machen die Hansestadt Lüneburg[341] sowie die Städte Göttingen[342] und Norderney[343] (beide seit Dezember 2019) Gebrauch von der Niedersächsischen Ermächtigungsgrundlage. Während bis einschließlich 2014 gerademal sechs Städte entsprechende Ermächtigungsgrundlagen nutzten, vervierfachte sich seitdem die Anzahl der Städte mit Zweckentfremdungsverboten bis einschließlich 2019 auf bundesweit 24.

II. Anwendungsbereich

Für die Erfassung von Kurzzeitvermietungen ist die Ausgestaltung des Anwendungsbereichs entscheidend. Maßgabe dabei ist, die Nutzung von Wohnraum zu anderen als Wohnzwecken zu verhindern. Dafür bedarf

---

335 BlnZwVbVO: Verordnung über das Verbot der Zweckentfremdung von Wohnraum vom 4. März 2014, GVBl. 04.03.2014, 73.

336 Ferienwohnungssatzung, ABl. 01.03.2018, 488.

337 Satzung über das Verbot der Zweckentfremdung von Wohnraum in der Stadt Puchheim: ZwEWS v., MBL. 08.01.2018.

338 Satzung der Stadt Nürnberg über das Verbot der Zweckentfremdung von Wohnraum: Zweckentfremdungsverbotssatzung, ABl. 27.05.2019, 185.

339 Satzung der Stadt Regensburg über das Verbot der Zweckentfremdung von Wohnraum: Wohnraumzweckentfremdungssatzung, ABl. 05.07.2019, 3.

340 Satzung der Stadt Bamberg über das Verbot der Zweckentfremdung von Wohnraum, Rathausjournal 26.07.2019, 20.

341 Satzung der Hansestadt Lüneburg über das Verbot der Zweckentfremdung von Wohnraum in der Hansestadt Lüneburg, ABl. 25.07.2019.

342 Satzung über das Verbot der Zweckentfremdung von Wohnraum in der Stadt Göttingen, ABl. 16.12.2019.

343 Satzung der Stadt Nordeney über das Verbot der Zweckentfremdung von Wohnraum, ABl. 21.11.2019.

es zunächst einer Definition des zweckentfremdungsrechtlichen Begriffs des Wohnens (1.), der durchaus vom bauplanungsrechtlichen Begriff abweicht. Während der Begriff des Wohnens der Auslegung der Gerichte vorbehalten ist, bestehen bei der Wohnraumdefinition einige kleinere Unterschiede (2.). Den größten Gestaltungsspielraum genießen die Gemeinden bei der Festsetzung des zweckentfremdungsrechtlichen Tatbestandskatalogs (3.). Der räumliche Geltungsbereich hingegen erstreckt sich in allen Fällen auf das jeweils gesamte Gemeindegebiet.

1. Begriff des Wohnens

Als *Wohnen* definiert das *OVG Berlin-Brandenburg* in ständiger Rechtsprechung „die Gesamtheit der mit der Führung des häuslichen Lebens und des Haushalts verbundenen Tätigkeiten."[344] Auf die subjektiven Vorstellungen und Bedürfnisse der Nutzerinnen kommt es hierbei nicht an, da der zweckentfremdungsrechtliche Begriff des Wohnens nach objektiven Kriterien zu bestimmen ist.[345] Dabei ist ein Mindestmaß an *Abgeschlossenheit* der räumlichen Verhältnisse zur *eigenständigen Gestaltung des häuslichen Lebens* erforderlich, das auch gewisse *Rückzugsmöglichkeiten* einschließt.[346] Weiter ist mit dem Begriff des Wohnens verbunden, „dass wenigstens ein Raum dem oder den Wohnungsinhaber(n) während des gesamten Tages zur privaten Verfügung steht und die Möglichkeit bietet, darin den Tätigkeiten und Nutzungsweisen nachzugehen, die zum Begriff des Wohnens gehören."[347] Umgekehrt wird Wohnraum nicht zu Wohnzwecken genutzt, „wenn sämtliche Räume von einer Vielzahl nicht zu den Wohnungsinhabern gehörenden Personen ständig zu gewerblichen Zwecken genutzt werden und damit den Wohnungsinhabern nicht mehr die Möglichkeit gegeben ist, sich von der Außenwelt in einen Privatbereich zurückzuziehen."[348] Damit erweitert der zweckentfremdungsrechtliche Wohnraumbegriff den bauplanungsrechtlichen (vgl. Kap. 2 A I.) um das Merkmal der

344 OVG Berlin-Brandenburg, Beschl. vom 06.04.2017 – 5 B 14.16, BeckRS 2017, 106491 (Rn. 33); OVG Berlin-Brandenburg, Beschl. vom 26.04.2019 – OVG 5 S 24/18, NJW 2019, 1896 (Rn. 8); OVG Berlin, Urt. vom 26.07.1990 – 5 B 64.89, BeckRS 1990, 08097 (Rn. 19).

345 OVG Berlin, Urt. vom 26.07.1990 – 5 B 64.89, BeckRS 1990, 08097 (Ls. 1).

346 OVG Berlin-Brandenburg, Beschl. vom 26.04.2019 – OVG 5 S 24/18, NJW 2019, 1896 (Rn. 8).

347 Ebd. (Rn. 8).

348 Ebd. (Ls. 2).

Abgeschlossenheit sowie das Vorhandensein von *Rückzugsmöglichkeiten*, die der Bewohnerin ununterbrochen zur Verfügung stehen.

2. Wohnraumdefinition

Eine eigene Wohnraumdefinition führen die Zweckentfremdungsverbote in aller Regel nicht an. Vielmehr wird die Bedeutung vorausgesetzt, nach der Wohnraum im Sinne des jeweiligen Zweckentfremdungsverbots sämtliche Räume umfasst, die zu Wohnzwecken *objektiv geeignet* und *subjektiv bestimmt* sind (a). Ausnahmen bilden hier die Bremische (§ 1 Abs. 3 BremWRSchG), die Brandenburgische (§ 1 Abs. 3 BbgZwVbG) und die Berliner (§ 1 Abs. 3 BlnZwVbG) Regelung. Anhand Letzterer wird beispielhaft die Bedeutung der rechtlich umstrittenen Abweichung von der subjektiven Bestimmung als wohnraumbestimmendes Kriterium skizziert, die vorliegend als Umwidmungspflicht für Kurzzeitvermietungen (b) aufgefasst wird. Die Nutzung einer Zweit- oder Nebenwohnung ist auch als Wohnen zu qualifizieren und somit vom Anwendungsbereich der Zweckentfremdungsverbote erfasst. Wie unterschiedlich dennoch der Umgang mit Nebenwohnungen (c) ausfällt, wird beispielhaft im Vergleich zwischen den Regelungen in Hamburg und Berlin aufgezeigt.

a) Objektiv geeignet und subjektiv bestimmt

Der Anwendungsbereich der Zweckentfremdungsverbote bezieht sich regelmäßig auf Wohnraum, der zum Wohnen objektiv geeignet und subjektiv bestimmt ist. Zum Wohnraumbegriff im Sinne des Zweckentfremdungsrechts gehören laut *BVerwG* nur Räume, „wenn (und solange) ihre Nutzung zu Wohnzwecken bebauungsrechtlich zulässig ist“[349]. Sind also die Räume zu einer anderen, etwa gewerblichen Nutzung genehmigt, werden sie nicht vom Anwendungsbereich erfasst. Der zweckentfremdungsrechtliche Wohnraumbegriff knüpft also an den baurechtlichen Begriff des Wohnens an.[350] Ein Wohngebäude kann demnach zu Wohnzwecken dienende abgeschlossene Räume (EZBK *Söfker* 2020: § 7 BauNVO, Rn. 39) enthalten (Wohnungen), wie etwa im Falle eines Mehrfamilienhauses (EZBK *Stock* 2020: § 3 BauNVO, Rn. 34). Ein Wohngebäude liegt insbesondere

---

349 BVerwG, Urt. vom 01.10.1986 – 8 C 53/85, NJW 1987, 969 (Ls.).
350 BVerwG, Urt. vom 14.08.1992 – 8C 39/91, NVwZ 1993, 1106 (1106).

dann vor, wenn die Wohnnutzung im Verhältnis zu anderen Nutzungen nicht von untergeordneter Bedeutung ist (EZBK *Söfker* 2020: § 9 BauGB, Rn. 69).

Grundsätzlich zu unterscheiden ist jedoch die baurechtliche Auffassung des Wohnbegriffs von jener, die sich aus dem Recht des Wohnungswesens ableitet. Letztere knüpft unmittelbar an die subjektive Bestimmung an, wonach die Räume nach dem Willen des Verfügungsberechtigten zur (dauernden) Wohnnutzung bestimmt (gewidmet) sein müssen.[351] Laut *BVerwG* fehlt es an dieser Bestimmung, „wenn ein Raum nach dem Willen des Verfügungsberechtigten dazu dienen soll, vorübergehend Abhilfe in einer Notsituation zu schaffen. Dies ist der Fall, wenn er dem Benutzer - etwa aus Gründen der Fürsorge - als Zwischenstation bis zum Auffinden einer eigenen, auf eine längerfristige (Wohn-) Nutzung angelegten Unterkunft zur Verfügung gestellt wird.“[352] Daraus geht hervor, dass Zweckentfremdungsverbote die *Umwidmung* von Räumen unter Genehmigungsvorbehalt stellen, die zum Zeitpunkt des Inkrafttretens des Gesetzes (inkl. Vorgängerregelungen) zum Wohnen objektiv geeignet und subjektiv bestimmt waren (anders in Berlin – siehe b). Im Kern ist ein Zweckentfremdungsverbot also ein *Umwidmungsverbot*. Maßgeblich dabei ist die subjektive Widmung zu Wohnzwecken zum Zeitpunkt des Inkrafttretens der Regelung. Sobald Wohnraum zu Wohnzwecken genutzt wird, endet also der Schutzbereich der Zweckentfremdungsverbote (*Ganseforth* 2019, 840). Lag zum Stichtag des Inkrafttretens der Regelung in Räumen eine andere Zweckbestimmung vor, ist das Verbot nicht auf diese anzuwenden (*Schultz/Bujewski-Crawford* 1998, 388).

Weiterhin erstreckt sich der Anwendungsbereich i.d.R. auf den frei finanzierten Wohnraum.[353] Abweichend davon, beschränken Köln, Bonn, Dortmund und Aachen den Geltungsbereich ihrer Wohnraumschutzsatzungen regelmäßig auf Miet- und Geschosswohnungen.[354] Damit sind

---

351 BVerwG, Urt. vom 14.08.1992 – 8C 39/91, NVwZ 1993, 1106 (1107).

352 Ebd. (Ls. 2).

353 Beispielhaft § 1 Abs. 2 Satzung der Landeshauptstadt München über das Verbot der Zweckentfremdung von Wohnraum, ABl. 05.12.2017, 494; § 1 Abs. 2 Satzung über das Verbot der Zweckentfremdung von Wohnraum in der Landeshauptstadt Stuttgart: Zweckentfremdungsverbotssatzung, ABl. 03.12.2015; Laut § 1 Abs. 2 BlnZwVbVO ist in Berlin der frei finanzierte Wohnraum vom Geltungsbereich ausgenommen; In Hamburg ist keine Spezifizierung im HmbWoSchG vorzufinden.

354 § 1 Abs. 1 Satzung zum Schutz und Erhalt von Wohnraum in Köln: Wohnraumschutzsatzung, ABl. 04.07.2014, 829; § 1 Abs. 1 Satzung zum Schutz und Erhalt

Ein-, Reihen und kleinere Mehrfamilienhäuser bis zu drei Wohnungen vom Anwendungsbereich ausgenommen. Die Stadt Köln erweiterte in der jüngsten Novellierung ihrer Satzung den Geltungsbereich auch auf den frei finanzierten Wohnraum.[355] Generell ausgenommen vom Anwendungsbereich ist weiterhin jener Wohnraum, der der Finanzierung aus Wohnraumförderungsprogrammen des Landes unterliegt, der nicht oder noch nicht bezugsfertig ist, der aus Mangel oder aufgrund von Missständen das dauernde Bewohnen unzumutbar macht, der leer steht und nachweislich nicht mehr vom Markt angenommen wird und schließlich der dem Wohnungsmarkt generell nicht zur Verfügung steht, weil das Wohnen in einem engen räumlichen Zusammenhang an eine bestimmte Tätigkeit (z.B. Hausmeisterwohnung) geknüpft ist.

b) Umwidmungspflicht für Kurzzeitvermietungen

Von der grundsätzlichen Ausrichtung der Zweckentfremdungsverbote, vorhandenen Wohnraum für den Wohnungsmarkt zu erhalten (*Schollmeier* 2020, 405), weicht die Berliner Gesetzgeberin ab. Stattdessen wird der Anwendungsbereich des BlnZwVbG erweitert, indem bei der Wohnraumdefinition auf die subjektive Bestimmung als Kriterium verzichtet wird. Demnach entfallen unter die Berliner Regelung nicht nur Räume, die subjektiv zum Wohnen bestimmt sind, sondern alle Räume, die zur dauernden Wohnnutzung tatsächlich und rechtlich geeignet sind (§ 1 Abs. 3 Satz 1 BlnZwVbG). Hier räumt die Gesetzgeberin die Möglichkeit ein, „geeigneten Wohnraum, der bereits durch Ferienwohnungen oder gewerbliche Vermietungen dem regulären Wohnungsmarkt entzogen worden ist, grundsätzlich wieder Wohnzwecken zuführen zu können."[356]

In der Gesetzesbegründung wird dazu ausgeführt, dass zur Beseitigung der Wohnraummangellage nicht nur der bestehende Wohnungsbestand gesichert und durch den Bau zusätzlicher Wohnungen erweitert werden

---

von Wohnraum im Gebiet der Bundesstadt Bonn, ABl. 05.07.2016, 822; § 1 Abs. 1 Satzung zum Schutz und Erhalt von Wohnraum im Gebiet der Stadt Dortmund, Amtsblatt der Stadt Dortmund 29.04.2017; § 1 Abs. 2 Satzung zum Schutz und Erhalt von Wohnraum in Aachen, Öffentl. Bekanntmachungen 01.08.2019.

355 § 1 Abs. 1 Satzung zum Schutz und Erhalt von Wohnraum in Köln: Wohnraumschutzsatzung, ABl. 31.05.2019, 309; § 1 Satzung der Landeshauptstadt Düsseldorf zum Schutz und Erhalt von Wohnraum, ABl. 04.10.2019.

356 Abghs.-Drs. 17/1057, Vorlage zur Beschlussfassung vom 11.06.2013 (12).

muss, sondern es auch einer Berücksichtigung der Räumlichkeiten bedürfe, die zum Wohnen geeignet, gegenwärtig aber zu anderen Zwecken genutzt werden, um so durch eine allmähliche Anpassung des Wohnungsbestands die bestehende Wohnungsnachfrage zu erreichen.[357] Mit der Erweiterung des Anwendungsbereichs steigt im Ergebnis also die Anzahl der unter die Wohnraumdefinition zu subsumierenden Räume (ebd., 404). Dazu wird für die Fälle der Nutzung von Wohnraum als Ferienwohnung oder zur Fremdenbeherbergung gem. § 2 Abs. 2 Satz 1 Nr. 1 und 2 BlnZwVbG eine zweijährige Übergangsfrist gewährt, die der jeweils Verfügungsberechtigten ausreichend Zeit gewähren soll, um sich auf die neue Rechtslage einzustellen.[358] Diese von der Gesetzgeberin eingeführte „Rückführung von Wohnraum“[359] stellt eine *Umwidmungspflicht* dar, bei der Räume, die subjektiv als Ferienwohnung oder zur Fremdenbeherbergung gewidmet sind, zu Wohnräumen umgewidmet werden müssen. Dadurch wirkt das Berliner Zweckentfremdungsverbot nicht mehr nur als Notbremse (vgl. A II. 3. lit b), sondern wird vielmehr um einen Rückwärtsgang erweitert.

Zweifel an der Rechtmäßigkeit des BlnZwVbG meldete das *OVG Berlin-Brandenburg* mit Beschluss vom 06.04.2017 mit einer Verfahrensaussetzung an. Seiner Auffassung nach liegt hier eine unechte Rückwirkung als tatbestandliche Rückanknüpfung vor,[360] die die Grenze einer zulässigen Inhalts- und Schrankenbestimmung des Eigentums im Sinne des Art. 14 Abs. 1 S. 2 GG überschreitet[361] und damit unverhältnismäßig ist.[362] Ob die Wohnraumdefinition tatsächlich als Rückwirkung[363] zu begreifen ist, soll nunmehr das *BVerfG* prüfen.[364] Die Vermutung über eine Rückwirkung liegt vor, weil die Gesetzgeberin an einen Sachverhalt anknüpft, der in der Vergangenheit begonnen hat, noch andauert und mit künftigen Rechtsfolgen verknüpft ist.[365] Diese Beseitigung einer bisher bestehenden Rechtsposition kann unter bestimmten Voraussetzungen zulässig sein, insbesondere dann, wenn der Eingriff durch Gründe des öffentlichen Interesses unter Berücksichtigung des Grundsatzes der Verhältnismäßigkeit ge-

357 Abghs.-Drs. 17/1057, Vorlage zur Beschlussfassung vom 11.06.2013 (12).
358 Ebd. (15).
359 Ebd. (18).
360 OVG Berlin-Brandenburg, Beschl. vom 06.04.2017 – 5 B 14.16, BeckRS 2017, 106491 (Rn. 125 ff.).
361 Ebd. (Rn. 113).
362 Ebd. (Rn. 128).
363 Ebd. (Rn. 66).
364 Ebd. (Rn. 155).
365 Ebd. (Rn. 3).

rechtfertigt ist.[366] Die Gründe dafür „müssen so schwerwiegend sein, dass sie Vorrang gegenüber dem Vertrauen der Bürgerin auf den Fortbestand ihres Rechts genießen, das durch den Art. 14 Abs. 1 GG innewohnenden Bestandsschutz gesichert wird."[367] Diese Schwere sieht das *OVG* als nicht gegeben und damit den Eingriff als nicht angemessen an.[368] Die Gesetzgeberin unterstelle den in Frage stehenden Räumen einen besonderen sozialen Bezug, den sie in Wahrheit nicht haben, weil sie zum maßgeblichen Stichtag nicht unter den Bestand der besonders sozialgebundenen Wohnräume fielen.[369]

Dem ist insofern beizupflichten, als dass die Einschränkung der Zweckbestimmung innerhalb der bauordnungsrechtlich gewährten Variationsbreite einen Vertrauens- und Bestandschutz nach sich zieht, der die Wahrung bereits getätigter Chancenverwertungen[370] – im Rahmen der zu dem Zeitpunkt gültigen Gesetzeslage – zur Ausnutzung des Eigentums auch durch die Herbeiführung einer neuen Gesetzeslage zu berücksichtigen hat.[371] Die inhaltliche Einschränkung des Eigentums durch das zweckentfremdungsrechtliche Umwidmungsverbot ab dem Zeitpunkt seines Inkrafttretens gilt laut *BVerfG* als verhältnismäßig.[372] Die Einführung einer *Umwidmungspflicht* unter Maßgabe eines alten Rechtszustands hingegen – und damit einer vermeintlichen Rückwidmung – verlangt von der Verfügungsberechtigten eine unzumutbare Berücksichtigungspflicht des allgemeinen Wohnungsmarktgeschehens zu ihren Ungunsten. Sie kann nicht nur künftig die Art der Nutzung nicht mehr ändern, sondern bekommt zudem eine Nutzung aufgegeben, die sie womöglich noch nie wollte (*Schollmeier* 2020, 410).

c) Nebenwohnungen

Auch das Zweitwohnen ist als Wohnen zu qualifizieren und fällt damit auch unter den Anwendungsbereich der Zweckentfremdungsverbote. Da-

---

366 OVG Berlin-Brandenburg, Beschl. vom 06.04.2017 – 5 B 14.16, BeckRS 2017, 106491 (Rn. 129).

367 Ebd. (Rn. 129).

368 Ebd. (Rn. 134).

369 Ebd. (Rn. 135).

370 OVG Berlin-Brandenburg, Beschl. vom 06.04.2017 – 5 B 14.16, BeckRS 2017, 106491 (Rn. 140).

371 a.A. *Schollmeier* 2020, 406 ff., im Ergebnis gleich.

372 BVerfG, Urt. vom 04.02.1975 – 2 BvL 5/74, NJW 1975, 727 (Ls.).

bei ist *nicht* offensichtlich, warum die Nutzung einer Nebenwohnung als Ferienwohnung zu einer Verschärfung der Wohnraummangellage beiträgt, wird sie doch von der Verfügungsberechtigen per Definition weitgehend nicht als Hauptwohnsitz genutzt. So gilt auch in den meisten Zweckentfremdungsverboten das „leer stehen" lassen einer Nebenwohnung nicht als Zweckentfremdung.[373] Dennoch unterliegt die Nutzung der Nebenwohnung als Ferienwohnung einer zweckentfremdungsrechtlichen Genehmigungspflicht. Damit sollen insbesondere Anreize vermieden werden, Nebenwohnungen mit dem Ziel zu erwerben und zu halten, um sie gewinnbringend als Touristenunterkunft zu vermieten (*Hinrichs* 2017, 592). Im Falle eines zweckentfremdungsrechtlichen Genehmigungsersuchens ist deshalb besonders auf die Gewichtung öffentlicher und privater Interessen einzugehen. Im Folgenden wird dies überblicksartig am Beispiel von Hamburg und Berlin gezeigt.

In Hamburg finden sich bis auf die Registrierungspflicht (§ 13 Abs. 5 Satz 1 HmbWoSchG), keine expliziten Vorgaben zu Nebenwohnungen. Deshalb besteht grundsätzlich ein Anspruch auf Erteilung einer Zweckentfremdungsgenehmigung, „wenn die Interessenabwägung zugunsten des privaten Interesses an der zweckfremden Nutzung ausfällt" (*Hinrichs* 2017, 593). Als berechtigtes Interesse des Verfügungs- oder Nutzungsberechtigten gilt laut *Hinrichs*, „wenn

- sich die Hauptwohnung außerhalb der Freien und Hansestadt Hamburg befindet,
- sich in Hamburg keine weitere Nebenwohnung befindet oder für keine weitere Nebenwohnung in Hamburg eine Zweckentfremdungsgenehmigung erteilt wurde,
- die Wohnung vom Verfügungs- oder Nutzungsberechtigen tatsächlich als Nebenwohnung genutzt wird; das bloße Mieten der Wohnung reicht nicht aus,
- für die Nutzung des Wohnraums als Nebenwohnung sachliche (zB berufliche oder familiäre) Gründe glaubhaft gemacht werden (subjektiver Nachweis der Selbstnutzung); allein die Absicht, die Wohnung zeitweise als Ferienwohnung zu vermieten, reicht als sachlicher Grund nicht aus oder

373 Beispielhaft aus der Bonner Zweckentfremdungssatzung (§ 2 Abs. 2 Nr. 6): „Wohnraum im Sinne dieser Satzung liegt nicht vor, wenn er nicht ununterbrochen genutzt wird, weil er bestimmungsgemäß der /dem Verfügungsberechtigten als Zweit- oder Ferienwohnung dient".

- die Wohnung – bezogen auf ein Kalenderjahr – an 92 Tagen nicht an wechselnde Nutzer zum Zwecke des nicht auf Dauer angelegten Gebrauchs überlassen wird und der Verfügungs- oder Nutzungsberechtigte eine entsprechende Absichtserklärung abgibt (objektiver Nachweis der Selbstnutzung)“ (ebd., 593).

Demnach steht also einer Vermietung der Nebenwohnung an wechselnde Gäste bis zu neun Monaten im Kalenderjahr nichts entgegen.

Im Berliner Tatbestandskatalog der zweckentfremdungsrechtlich nicht relevanten Nutzungen in § 2 Abs. 2 BlnZwVbG wird klargestellt, dass die räumlich anteilige Mitbenutzung einer Wohnung zu anderen als Wohnzwecken durch Verfügungs- bzw. Nutzungsberechtigte nur dann nicht als Zweckentfremdung aufgefasst wird, wenn es sich um die *Hauptwohnung* handelt, in der der tatsächliche Lebensmittelpunkt begründet wird und die Wohnnutzung insgesamt überwiegt (*Discher/Hamm* 2018, 792). Wie auch schon bei der Umwidmungspflicht (vgl. b), fällt auch die Nutzung einer Nebenwohnung zu anderen als Wohnzwecken unter die Abwägung schutzwürdiger privater und öffentlicher Interessen. Die Nutzung einer Nebenwohnung als Ferienwohnung oder zur Fremdenbeherbergung wird als schutzwürdiges privates Interesse gem. § 3 Abs. 3 Nr. 3 BlnZwVbG gewürdigt, wenn sie höchstens an 90 Tagen im Jahr erfolgt. Die Genehmigung soll versagt werden, wenn daneben eine Hauptwohnung oder mindestens eine weitere Nebenwohnung im Land Berlin besteht. Diese Einschränkung zielt insbesondere auf das Entgegenwirken des „spekulativen Investitionstrends“ (ebd., 792) ab, der eine Monetarisierung von Wohnraum verstärkt. Diese differenzierte Betrachtung zwischen Haupt- und Nebenwohnung bestätigt weitgehend auch das *VG Berlin* und betrachtet die Einschränkung der Nutzung der Nebenwohnung als Ferienwohnung als zulässige Inhalts- und Schrankenbestimmung.[374] *Rossi* zweifelt hingegen an der Auslegung aufgrund des zu Beginn angedeuteten Grundproblems der überwiegenden Nichtnutzung einer Nebenwohnung und der damit verbundenen fehlenden Eignung, die Wohnraummangellage zu verringern (*Rossi* 2019, 340).

Es bleibt bemerkenswert, wie unterschiedlich der Umgang mit und die Auslegung von schutzwürdigen privaten Interessen in Berlin und Hamburg ausfällt. Die Erteilung einer Genehmigung gem. § 3 Abs. 3 Satz 1 Nr. 3 BlnZwVbG unterliegt, im Gegensatz zur Hamburgischen Regelung, zusätzlich zur Interessenabwägung auch dem pflichtgemäßen Ermessen der zuständigen Behörde (*Hinrichs* 2017, 592 f.). Dies wird insbesonde-

---

374 VG Berlin, Urt. vom 17.10.2018 – 6 K 666.17, BeckRS 2018, 32373 (Rn. 36).

re durch den Wortlaut, bei einer Nebenwohnung sei „in der Regel“ das schutzwürdige private Interesse anzuerkennen, deutlich. Dementsprechend kann die Behörde auch ausnahmsweise eine längere Vermietung zulassen. Grundsätzlich reduziert sich das Ermessen im Sinne des Verhältnismäßigkeitsgrundsatzes auf null, überwiegen private schutzwürdige Interessen. In diesem Fall ist eine Genehmigungserteilung zwingend geboten (*Schollmeier* 2020, 413). Dieser von *Rossi* titulierte „Notausgang“ (2019, 341) sichert zunächst die Verhältnismäßigkeit der Norm. Ähnlich wie bei der „kann“-Formulierung gem. § 3 Abs. 1 Satz 1 BlnZwVbG, lastet eine hohe Bürde auf der, den Einzelfall abwägenden Behörde. Im Falle der Versperrung des Notausgangs, wie etwa durch die Ausübung des Ermessens im Falle des Überwiegens von grundrechtlich geschützten Positionen, wäre laut *Rossi* nicht nur der Einzelfall, sondern das gesamte Gesetz verfassungswidrig (ebd., 342). Vor diesem Hintergrund zweifelt auch *Schollmeier* grundsätzlich an der Berliner Regelung, insbesondere, weil der Genehmigungsbehörde ein materieller Entscheidungsspielraum bei der Gewichtung der schutzwürdigen privaten und öffentlichen Interessen eingeräumt wird, den sie in Fällen, bei denen grundrechtlich geschützte Rechte überwiegen, nicht haben kann (*Schollmeier* 2020, 412 f.).

3. Tatbestände der Zweckentfremdung

Abstrakt liegt der Tatbestand der Zweckentfremdung vor, wenn Wohnraum zu anderen als zu Wohnzwecken genutzt wird. Konkret fallen mithin nach herkömmlicher Auslegung sowohl der ungerechtfertigte *Abbruch*, vermeidbarer *Leerstand* oder die absichtliche *Zerstörung* von Wohnraum unter den Tatbestand der Zweckentfremdung.[375] Ferner stellt auch die Nutzung von mehr als der Hälfte der Gesamtfläche des Wohnraums zu gewerblichen oder beruflichen Zwecken eine Zweckentfremdung dar.[376] Die Landesgesetzgeberin kann weitere Tatbestände, Differenzierungen, Einschränkungen oder Ausweitungen der Tatbestände vornehmen. Die Tatbestände sind dabei nicht abschließend geregelt, sondern als beispielhafte Aufzählung zu verstehen (*Discher/Hamm* 2018, 792). Seit 2013 ist zu beobachten, dass Tatbestände zur Erfassung von Kurzzeitvermietungen in die standardmäßigen Tatbestandskataloge, wie schon bereits bei der

375 BVerfG, Urt. vom 04.02.1975 – 2 BvL 5/74, NJW 1975, 727 (729).
376 Ausführlich dazu BVerwG, Urt. vom 22.04.1994 8 C 29/92, NJW 1995, 542 (545).

bundesgesetzlichen Vorgängerregelung, zurückkehren (vgl. A I. 1.). Demnach gilt der Wohnzweck auch dann als aufgegeben, wenn Wohnraum als Ferienwohnung oder zu Zwecken einer dauernden Fremdenbeherbergung, insbesondere einer gewerblichen Zimmervermietung oder der Einrichtung von Schlafstellen verwendet wird (MüKoBGB *Häublein* 2020: Vor § 535 BGB, Rn. 115 § 535 BGB).

Bis auf Nordrhein-Westfalen übernehmen die Kommunen weitgehend den Tatbestandskatalog aus der jeweiligen landesrechtlichen Ermächtigung. Im NRWWAG überlässt die Landesgesetzgeberin gem. § 10 Abs. 1 Satz 2 die Bestimmung der Tatbestände den Kommunen,[377] wodurch sich mitunter erhebliche Unterschiede in der Ausgestaltung der Satzungen ergeben. Unter dem Begriff der *Kurzzeitvermietung* fasst das zuständige Ministerium folgende Varianten zusammen: „Vermietung von einzelnen Räumen der eigengenutzten Wohnung, Vermietung einer Einliegerwohnung im eigengenutzten Haus als Ferienwohnung, Vermietung einer Zweitwohnung als Ferienwohnung, Vermietung der eigengenutzten Wohnung als Ferienwohnung während des eigenen Urlaubs oder sonstiger Abwesenheit, Nutzung einer Mietwohnung als Ferienwohnung“[378]. Regelmäßig nicht erfasst sind genehmigte Ferienwohnungen, Boardinghäuser und Beherbergungsbetriebe, weil sie laut der Wohnraumdefinition objektiv, d.h. baurechtlich nicht zum Wohnen geeignet sind.

Im Folgenden werden die Tatbestände zur Erfassung von Kurzzeitvermietungen (a) der jeweiligen Zweckentfremdungsverbote aufgearbeitet. Dabei ist bei einigen älteren und vielen neuen Normen die Einführung von quantitativen Schwellenwerten als Bagatellgrenzen (b) zu beobachten, die zu einer besseren Abgrenzung der problematischen Fallkonstellationen beitragen sollen.

a) Tatbestandliche Erfassung von Kurzzeitvermietungen

Entscheidend für die zweckentfremdungsrechtliche Erfassung von Wohnraum, der als Kurzzeitvermietung genutzt wird, ist nicht etwa die baurechtliche Qualifizierung als Wohnnutzung oder Ferienwohnnutzung

---

377 mitunter problematisch im Hinblick auf den Parlamentsvorbehalt. Vgl. dazu *Schollmeier* 2020, 400 ff.

378 Ministerium für Heimat, Kommunales, Bau und Gleichstellung des Landes Nordrhein-Westfalen, Erläuterungen zur Kurzzeitvermietung von Wohnraum 2017 (3).

i.S.d. BauNVO (vgl. Kap. 2 D), sondern die *Wohnraumnutzung* als Zweckbestimmung der Räume, die sich aus der Widmung der Verfügungsberechtigten ableitet und im Nutzungskonzept und seiner Umsetzung niederschlägt. Dadurch eröffnet sich dem Zweckentfremdungsrecht eine wesentlich differenziertere Möglichkeit, die Nutzung von Wohnraum zu unterscheiden und somit zu regeln. Während also das Baurecht nur die Nutzungsänderung von einer Kategorie der BauNVO in die andere kennt (*Schmidt-Eichstaedt/Weyrauch et al.* 2019, 477), kann der zweckentfremdungsrechtliche Wohnraumbegriff die Fallkonstellationen (vgl. Kap. 2 C III.) wesentlich differenzierter würdigen. Dazu gehören, neben der Nutzung von Wohnraum zu Zwecken der Fremdenbeherbergung, insbesondere die Nutzung von Wohnraum als Ferienwohnung sowie zu Zwecken der gewerblichen Zimmervermietung. Seltener sind Spezialfälle, wie die Nutzung von Wohnraum zur Einrichtung von Schlafstellen bzw. die Nutzung als Schlafstätte/Matratzenlager oder die Nutzung für möbliertes Wohnen unter sechs Monaten, auf die nicht gesondert eingegangen wird.

Die Nutzung von Wohnraum zu Zwecken der Fremdenbeherbergung liegt laut *OVG Berlin-Brandenburg* vor, „wenn Räume ständig wechselnden Gästen zum vorübergehenden Aufenthalt zur Verfügung gestellt werden, ohne dass diese dort ihren häuslichen Wirkungskreis unabhängig gestalten können“[379]. Dabei ist das Wohnen gegen die Fremdenbeherbergung nicht anhand einer bestimmten Nutzungsdauer abzugrenzen, sondern stellt vielmehr nur ein Indiz für die eine bzw. die andere Nutzungsform dar.[380] Neben weiteren Indizien, wie zusätzliche Leistungen (Frühstück, Herrichtung und Reinigung, Wäschedienst), ist das Vorliegen einer ungewöhnlich hohen Fluktuation der Nutzerinnen gegenüber der Wohnungsvermietung maßgebend (Hannemann/Wiegener MietR *Bister* 2019: § 34 Zweckentfremdung, Rn. 15). Zudem verwenden acht Städte[381] den Tatbestand der Nutzung von Wohnraum als Ferienwohnung in ihren Zweckentfremdungsverboten. Im Gegensatz zur Fremdenbeherbergung kann in einer Ferienwohnung eine eigene Häuslichkeit begründet sein. Hierunter fallen insbesondere die ungenehmigte Nutzung von Gebäuden oder Räumen als Ferienwohnung gem. § 13a BauNVO (vgl. Kap 2 B II.). Laut Hamburgischem Wohnraumschutzgesetz ist der Tatbestand der Zweckentfremdung

379 OVG Berlin-Brandenburg, Beschl. vom 26.04.2019 – OVG 5 S 24/18, NJW 2019, 1896 (Ls. 2).

380 Ebd. (Rn. 10).

381 Bamberg, Berlin, Bremen, Frankfurt a.M., Göttingen, Lüneburg, Münster und Norderney.

erfüllt, wenn „die Nutzung von Wohnraum an wechselnde Nutzer zum Zwecke des nicht auf Dauer angelegten Gebrauchs" (§ 9 Abs. 2 Satz 3 Nr. 2 HmbWoSchG) erfolgt. Hierunter ist sowohl die Nutzung von Wohnraum als Ferienwohnung als auch zu Zwecken der Fremdenbeherbergung zu subsumieren.

Die Nutzung von Wohnraum zu Zwecken der gewerblichen Zimmervermietung taucht ebenfalls häufig in den Tatbestandskatalogen auf und ist als Spezialfall der Fremdenbeherbergung aufzufassen (Hannemann/Wiegener MietR *Bister* 2019: § 34 Zweckentfremdung, Rn. 16). In der Zweckentfremdungssatzung Münsters wird dieser wie folgt definiert: „Eine gewerbliche Zimmervermietung liegt vor, wenn der Wohnraum von einem gewerblichen Zwischenmieter oder vom Eigentümer jeweils nur für kurze Dauer an häufig wechselnde Nutzer überlassen wird und dabei eine Miete erzielt wird, die bei einer auf Dauer angelegten Vermietung nicht zu erzielen wäre. Überlassung nur für kurze Dauer an häufig wechselnde Nutzer liegt insbesondere vor, wenn diese die Räume nur vorübergehend ohne Meldung als Wohnsitz nutzen."[382] Hierunter ist insbesondere die Überlassung der tageweisen Nutzung einer möblierten Wohnung, etwa an Messegäste zu verstehen.[383]

Ausnahmen hiervon bilden die Zweckentfremdungsverbote Kölns, Dortmunds und Tübingens. In Köln und Dortmund wird nur ein allgemeiner Tatbestand der Zweckentfremdung angeführt, wonach Wohnraum „baulich derart verändert oder in einer Weise genutzt wird, dass er für Wohnzwecke nicht mehr geeignet ist"[384]. Hier dürfte die Schwelle zur Erfassung von Kurzzeitvermietungen erst im Falle einer baugenehmigungspflichtigen Nutzungsänderung vorliegen und fällt damit wesentlich höher als bei den zuvor aufgeführten aus. Die Tübinger Regelung beschränkt den Tatbestandskatalog lediglich auf das Leerstehenlassen und auf den Abbruch von Wohnraum[385] und erfasst somit keine Kurzzeitvermietungen.

---

382 § 3 Abs. 1 Satz 2 Nr. 2 Satzung der Stadt Münster zum Schutz und Erhalt von Wohnraum: Wohnraumschutzsatzung, ABl. 14.02.2020, 43.

383 OVG Münster, Beschl. vom 14.08.2007 – 10 A 1219/06, ZfBR 2007, 798 (Ls.).

384 § 3 Abs. 1 Satz 2 Nr. 2 Satzung zum Schutz und Erhalt von Wohnraum im Gebiet der Stadt Dortmund, ABl. Stadt Dortmund 29.04.2017; § 4 Abs. 1 Satz 2 Nr. 2 Satzung zum Schutz und Erhalt von Wohnraum in Köln: Wohnraumschutzsatzung, ABl. Stadt Köln 31.05.2019, 309.

385 LT-Drs. 16/4278, Mitteilung der Landesregierung vom 19.06.2018 (3).

b) Schwellenwerte als Bagatellgrenzen der Kurzzeitvermietung

Die Variationsbreite einer bauordnungsrechtlich genehmigten Wohnnutzung wird bei der Überlassung von Wohnraum an wechselnde Gäste zweckentfremdungsrechtlich einerseits durch die Zweckbestimmung der Wohnraumnutzung in den Tatbeständen aufgegriffen und andererseits durch die Festsetzung einer Bagatellgrenze konkretisiert. Die Abgrenzung des Übergangs zwischen Homesharing und Ferienwohnen (vgl. Kap. 3 B III.) vollzieht sich demnach entlang der Vermietungsaktivität mit einem nach Tagen oder Wochen bemessenen Schwellenwert im Kalenderjahr. Dadurch eröffnet sich dem Zweckentfremdungsrecht eine Binnendifferenzierung der Wohnnutzung, die im Baurecht so nicht möglich ist. Dabei ist hervorzuheben, dass bei Überschreitung dieser Schwelle nicht unmittelbar eine Zweckentfremdung vorliegt, sondern nur davon auszugehen ist. Auch hier bedarf es letztlich einer konkreten Prüfung des Nutzungskonzepts und seiner Umsetzung. Dennoch erhöhen die eindeutigen Bagatellgrenzen die Rechtssicherheit sowohl für die Behörden beim Vollzug der Regelung als auch für Bürgerinnen, die ihren Wohnraum gelegentlich als Kurzzeitvermietung nutzen.

In diesem Sinne erweiterten die Gesetzgeberinnen in Bayern (Art. 1 Satz 2 Nr. 3 BayZwEWG) und Hamburg (§ 9 Abs. 2 Satz 5 HmbWoSchG) ihre bestehenden Ermächtigungsgrundlagen durch die Einführung einer Bagatellgrenze von acht Wochen im Kalenderjahr. Auch in Brandenburg gilt gem. § 1 Abs. 1 Satz 3 Nr. 2 BbgZwVbG eine Bagatellgrenze von acht Wochen. Die Rheinland-Pfälzische (§ 1 Abs. 1 Satz 2 Nr. 3 RPZwEWG) und die Niedersächsische Gesetzgeberin (§ 1 Abs. 2 Satz 1 Nr. 3 NdsZwEWG) legen einen Schwellenwert von zwölf Wochen fest. In Niedersachsen gilt zudem für Orte, die gem. § 22 BauGB durch den Fremdenverkehr geprägt sind, ein abgesenkter Schwellenwert von acht Wochen. Die Bremische Gesetzgeberin (§ 2 Abs. 2 Nr. 4 BrWRSchG) gewährt dem Verfügungsberechtigten die Nutzung der Hauptwohnung als Kurzzeitvermietung bis zu einem Schwellenwert von 90 Tagen im Kalenderjahr. Die Gesetzgeberinnen in Hessen, Nordrhein-Westfalen und Baden-Württemberg verzichten bislang auf die Bestimmung eines Schwellenwerts in der Ermächtigungsgrundlage. Die Städte Frankfurt a.M., Überlingen, Freiburg i.Br. und Konstanz stellen dennoch klar, ab wann nicht mehr von einer nur vorübergehenden Nutzung von Wohnraum als Fremdenbeherbergung auszugehen ist. In Frankfurt beträgt der Schwellenwert seit März 2018 acht Wochen[386], in Freiburg seit November 2018 90 Tage[387], in Konstanz sechs Monate bzw. seit Dezember 2017 sechs Wochen[388] sowie auch in Überlingen seit März 2019.

In Berlin kam die Einführung einer Bagatellschwelle von bis zu 60 Tagen im Kalenderjahr nicht über das Entwurfsstadium hinaus (*Weber* 2018a, 377 f.). Demnach wäre „die gelegentliche Nutzung zu anderen als Wohnzwecken insbesondere der privaten Weitervermietung der Berliner Hauptwohnung, in der der tatsächliche Lebensmittelpunkt begründet wird, genehmigungsfrei gestellt worden, sofern eine zeitliche Obergrenze von 60 Tagen im Kalenderjahr nicht überschritten und die Anzeigepflicht eingehalten wird."[389] Letztlich verzichtete das Abgeordnetenhaus im verabschiedeten Gesetzeswortlaut vom 09.04.2018 auf die Freistellung zugunsten der Erhöhung der Einzelfallgerechtigkeit und unter Verweis auf *Webers* Wohnraumdefinition, der das Wohnen insbesondere durch das Merkmal der Qualität der Häuslichkeit (*Weber* 2018b, 70 f.) und nicht durch das Merkmal der Dauer ausgezeichnet sehen will.[390]

Zeitlich definierte Bagatellgrenzen bilden die Grundlage zur Erfassung von Kurzzeitvermietungen, indem sie die Vermietungsaktivität der Unterkünfte als Maßstab zugrunde legen. Mehr als die Hälfte (14) aller Anwenderstädte (vgl. B I.) führten mittlerweile eine solche Bagatellgrenze ein (vgl. Tab. 5). Davon wiederrum legen mehrheitlich den Schwellenwert auf acht Wochen. In Tagen bemessen ergibt sich durchaus eine Spannweite zwischen 42 (sechs Wochen) und 90 Tagen (drei Monate). In den restlichen Städten, die auf die Festsetzung eines Schwellenwerts verzichten, ist davon auszugehen, dass die lokalen Behörden implizit die Grenze bei sechs Monaten ziehen. Die Annahme geht auf die Hamburgische Auslegungshilfe[391] und die in der Konstanzer Zweckentfremdungssatzung[392]

---

386 § 6 Abs. 2 Ferienwohnungssatzung, ABl. Stadt Frankfurt a. M. 01.03.2018, 488.

387 § 4 Abs. 1a Satz 1 Satzung der Stadt Freiburg i. Br. über das Verbot der Zweckentfremdung von Wohnraum in der Stadt Freiburg im Breisgau: Zweckentfremdungsverbot, ABl. Stadt Freiburg i. Br. 27.11.2018.

388 § 4 Abs. 2 Nr. 7 Satzung der Stadt Konstanz über das Verbot der Zweckentfremdung von Wohnraum in der Stadt Konstanz: Zweckentfremdungsverbot v. 05.12.2017.

389 Abghs.-Drs. 18/0815, Vorlage zur Beschlussfassung vom 13.02.2018 (2).

390 Abghs.-PlenProt. 18/24, Sitzung vom 22.03.2018, 2749 (2752).

391 Behörde für Stadtentwicklung und Umwelt, Fachanweisung HmbWoSchG 2014 (10).

392 § 4 Abs. 2 Nr. 7 Satzung der Stadt Konstanz über das Verbot der Zweckentfremdung von Wohnraum in der Stadt Konstanz: Zweckentfremdungsverbot 09.03.2015.

festgelegte Grenze zur Nutzung von Wohnraum als Ferienwohnung zurück.

Tab. 5: Übersicht der Schwellenwerte als Bagatellgrenzen der Kurzzeitvermietung

Land	Stadt	Jahr der Einführung	Schwellenwert in Tagen
BE	Bremen	Jun 18	90
BW	Freiburg	Jan 18	90
NI	Göttingen	Dez 19	84
NI	Lüneburg	Jul 19	84
HH	Hamburg	Jan 19	56
BY	Bamberg	Jul 19	56
BY	Regensburg	Jul 19	56
BY	Nürnberg	Mai 19	56
BY	Puchheim	Jan 18	56
BY	München	Dez 17	56
NI	Norderney	Dez 19	56
HE	Frankfurt	Mrz 18	56
BW	Konstanz	Dez 17	42
BW	Überlingen	Mrz 19	42

III. Einführung von Auskunfts- und Registrierungsverfahren

Neben der Lösung des Abgrenzungsproblems durch die Einführung von Bagatellgrenzen, versuchen zudem einige Städte offensiv gegen das Kenntnisdefizit vorzugehen, indem sie Auskunftsanordnungen bei den Plattformen oder Anzeige- und Registrierungsverfahren für Kurzzeitvermieterinnen implementieren. Zunächst wird ein Auskunftsersuchen auf Grundlage des Telemediengesetzes (1.) am Beispiel des Münchener Vorstoßes von 2018 dargestellt, bei dem die Landeshauptstadt versuchte, Kenntnis über potenziell rechtswidrig handelnde Airbnb-Gastgeber zu erlangen. Daneben wird auch die Einführung von Anzeige- und Registrierungspflichten für Kurzzeitvermieterinnen (2.) beispielhaft an den Verfahren von Berlin und Hamburg diskutiert.

1. Auskunftsersuchen auf Grundlage des Telemediengesetzes

Um die Zweckentfremdung von Wohnraum noch effektiver und wirkungsvoller bekämpfen zu können, wurde der Kreis der Auskunftspflichtigen in der Zweckentfremdungssatzung Münchens (ZeS) erweitert. Darunter fallen gem. § 12 Abs. 1 ZeS insbesondere auch Vermittlerinnen auf Internetportalen und Verwalterinnen von Unterkünften für Medizintouristinnen. Auf dieser Grundlage i. V. m. Art. 3 Satz 1 BayZwEWG versuchte die Landeshauptstadt München die Kenntnislücke über Kurzzeitvermietungen per Auskunftsanordnung direkt beim Unternehmen Airbnb zu schließen, indem die zuständige Behörde die Herausgabe der Anschriften, Namen der Gastgeber und die Darlegung der Vermietungszeiträume aller Ganzen Unterkünfte in München, die länger als acht Wochen im Jahr 2017 gebucht wurden, einforderte.[393] Der Widerspruch Airbnbs vor dem *VG München* ist erfolglos geblieben, da der Auskunftsanspruch seitens der Stadt begründet sei.[394] Die Entscheidung des *VG* weckte Hoffnung bei anderen Städten, mit einer Auskunftspflicht[395] das Kenntnisdefizit bei Airbnb-Unterkünften beheben zu können. Doch bereits 2019 meldete der *VGH München* ernstliche Zweifel an der Richtigkeit der Entscheidung an[396], ließ schließlich 2020 die Berufung in der Hauptsache zu[397] und hob die Entscheidung vom *VG München* auf.[398] In einer umfassenden Begründung führte der *VGH München* aus, dass die generelle und flächendeckende Datenerhebung in der Art, wie es die Behörde einforderte, nur zulässig ist, wenn ein konkreter „personen- oder objektbezogener Anfangsverdacht“[399] vorliegt. Eine Datenerhebung ist tatsächlich nur „im Einzelfall“[400] und nur auf „einzelfallbezogener Tatsachenbasis“[401] möglich. Eine Abfrage, die sich auf unzählige Nutzerinnen bezieht, löse einen enorme Abschreckungs- und Einschüchterungseffekt aus, der sich insgesamt als

---

393 VG München, Urt. vom 12.12.2018 – M 9 K 18.4553, BeckRS 2018, 32756 (Rn. 6).

394 Ebd. (Rn. 23).

395 Bis auf Baden-Württemberg und Nordrhein-Westfalen greifen die Länder auf Auskunftsverpflichtungen von Dienstanbietern i.S.d. Telemediengesetzes zurück (*Schollmeier* 2020, 432).

396 VGH München, Beschl. vom 20.08.2019 – 12 ZB 19.333, Kommunaljurist 2019, 371.

397 VGH München, Beschl. vom 20.05.2020 – 12 B 19.1648, juris (Rn. 40).

398 Ebd. (Rn. 102).

399 Ebd. (Rn. 91).

400 Ebd. (Rn. 66).

401 Ebd. (Rn. 88).

unverhältnismäßig erweist.[402] Stattdessen ist das Vorliegen hinreichend konkreter und belastbarer, eindeutig auf eine Zweckentfremdung hinweisender Umstände für ein Auskunftsersuchen unverzichtbar.[403]

In Anwendung des vom *BVerfG*[404] aufgestellten Doppeltürmodells stärkt der *VGH München* in bemerkenswerter Weise die bürgerlichen Freiheitsrechte und insbesondere das Recht der informationellen Selbstbestimmung, die der *VGH* mit erhobenen Zeigefinger Richtung *VG* anklingen lässt (*Stier* 2019, 545 f.). Das Scheitern des Auskunftsanspruchs führt nicht etwa zur generellen Beanstandung auskunftsrechtlicher Anordnungen zur Herausgabe von Informationen eines Diensteanbieters i.S.d. TMG.[405] Allerdings geht dieser auch nicht so weit, dass er eine verdachtsunabhängige Herausgabe von personenbezogenen Daten rechtfertigen würde. Das auf einem abstrakten Gefahrenverdacht beruhende und in seiner Streubreite weithin entgrenzte Auskunftsersuchen kann weder durch eine einfach-rechtliche Auskunftsverpflichtung des Diensteanbieters noch durch den in einem Zweckentfremdungsgesetz normierten Auskunftsanspruch begründet werden.[406] Der *VGH* zieht hier eine Grenze zwischen begründeten und unbegründeten zweckentfremdungsrechtlichen Auskunftsersuchen und legt zugleich die erforderlichen Konfigurationsanforderungen für die Landesgesetzgeberinnen offen. Für ein legitimes Auskunftsersuchen sind „verdichtete Hinweise“[407] erforderlich, die stets der Benennung eines „konkreten objektbezogenen Anknüpfungspunktes (Wohnung)“[408] bedürfen. Demnach hat die Behörde vor einem Auskunftsersuchen zu prüfen, ob der konkrete Einzelfall im Widerspruch zu zweckentfremdungsrechtlichen Genehmigungstatbeständen steht.

2. Anzeige- und Registrierungspflicht für Kurzzeitvermieterinnen

Hamburg führte mit dem Inkrafttreten des novellierten Wohnraumschutzgesetzes zum 01.01.2019 zusätzlich am 01.04.2019 eine Registrierungs-

402 VGH Munchen, Beschl. vom 20.05.2020 – 12 B 19.1648, juris (Rn. 25).
403 Ebd. (Rn. 92).
404 BVerfG, Beschl. vom 24.01.2012 – 1 BvR 1299/05, BVerfGE 130, 151 (Rn. 123).
405 VGH München, Beschl. vom 20.08.2019 – 12 ZB 19.333, Kommunaljurist 2019, 371 (380) Anmerkung von Stier.
406 VGH München, Beschl. vom 20.05.2020 – 12 B 19.1648, juris (Rn. 86).
407 VGH München, Beschl. vom 20.08.2019 – 12 ZB 19.333, Kommunaljurist 2019, 371 (378).
408 Ebd. (379).

pflicht ein, nach der Kurzzeitvermieterinnen verpflichtet sind, eine Wohnraumschutznummer zu beantragen und bei der Bewerbung ihrer Unterkünfte öffentlich anzugeben.[409] Mit den Mitwirkungspflichten gem. § 13 Abs. 1 Satz 1 HmbWoSchG haben sowohl Verfügungsberechtigte, Nutzungsberechtigte und Bewohnerinnen als auch Verwalterinnen und Vermittlerinnen entsprechend unentgeltlich Auskunft zu erteilen und Unterlagen vorzulegen, sobald Wohnraum an wechselnde Nutzerinnen zum Zwecke des nicht auf Dauer angelegten Gebrauchs überlassen oder entsprechend genutzt wird. Dabei sind Familienname, Vorname, Anschrift, Geburtsdatum, die Belegenheit der Wohnung, die Verwendung als Haupt- oder als Nebenwohnung und der verwendete oder beabsichtigte Vertriebsweg für die Gebrauchsüberlassung an wechselnde Nutzerinnen anzugeben (§ 13 Abs. 5 Satz 1 HmbWoSchG). Die Behörde vergibt sodann automatisiert eine sogenannte Wohnraumschutznummer, die die Nutzungsberechtigte stets öffentlich anzugeben hat (§ 13 Abs. 6 Satz 1 bis 3 HmbWoSchG). Kurzzeitvermietungen müssen demnach immer unter Angabe der Wohnraumschutznummer bei der zuständigen Behörde angezeigt werden (§ 13 Abs. 7 HmbWoSchG). Bereits eineinhalb Jahre zuvor, am 01.08.2018 führte auch Berlin eine Anzeige- und Registrierungspflicht (§ 5 Abs. 6 BlnZwVbG) ein, nach der für das Anbieten und Bewerben von Wohnraum zu anderen als Wohnzwecken eine Registernummer beim zuständigen Bezirksamt eingeholt werden muss (§ 2 Abs. 8 BlnZwVbVO). Die Registrierung ist mit Verwaltungsgebühren von 100 Euro je Hauptwohnung und 150 Euro je Nebenwohnung verbunden und bedarf zusätzlich zur Einreichung der Personal- und Adressdaten etwa auch eines Mietnachweises, einer Einverständniserklärung der Vermieterin und einer Meldebescheinigung.[410] Airbnb selbst unterstützt dabei das Registrierungsverfahren, indem es die User auf die Registrierungsseiten der Behörde weiterleitet und die Eingabe und Kenntlichmachung der Wohnraumschutznummer auf den Inseraten technisch ermöglicht.[411] Darüber hinaus scheint

409 Drs. 21/17316, Große Anfrage der Abgeordneten Heike Sudmann, Cansu Özdemir, Sabine Boeddinghaus, Deniz Celik, Martin Dolzer, Dr. Carola Ensslen, Norbert Hackbusch, Stephan Jersch, Christiane Schneider und Mehmet Yildiz (DIE LINKE) und Antwort des Senats vom 18.06.2019 (2).

410 *Berlin.de*: Ferienwohnungsvermietung – Genehmigung einer zeitweisen Vermietung der Berliner Hauptwohnung oder Nebenwohnung {https://service.berlin.de/dienstleistung/328146/}.

411 *Airbnb* 2019: Integration des Hamburger Registrierungssystems bei Airbnb {https://news.airbnb.com/de/integration-des-hamburger-registrierungssysteme-bei-airbnb/}.

Airbnb auch tatsächlich Inserate von Unterkünften erst freizuschalten, sobald eine Wohnraumschutznummer vorhanden ist.[412] Dies kann hier aber nicht überprüft werden.

Bis Juni 2019 sind in Hamburg bereits 3.692 Wohnraumschutznummern erteilt worden.[413] Im Juli 2020, also gut ein Jahr nach der Einführung der Registrierungspflicht, waren es bereits 7.200 erteilte Wohnraumschutznummern.[414] In Berlin haben sich gut ein Jahr nach der Einführung erst rund 3.000 Kurzzeitvermieterinnen registriert.[415] Im Vergleich zu Berlin scheint damit die Registrierungspflicht in Hamburg auf größere Akzeptanz zu stoßen. Anzunehmen ist, dass das weitgehend unbürokratische und gebührenfreie Online-Registrierungsverfahren dadurch zu einer höheren Mitwirkungsbereitschaft seitens der User beiträgt,[416] die für die Effektivität eines solchen Verfahrens entscheidend ist. Ein Registrierungsverfahren nach dem Hamburger Vorbild wird in Berlin abgelehnt: „Ein automatisiertes Genehmigungsverfahren in dem Sinne, dass online ein Antrag gestellt und automatisiert eine Genehmigung erteilt wird, ist aus unserer Sicht nicht realisierbar"[417]. Dies ist im Wesentlichen auf zwei Gründe zurückzuführen. Zum einen verzichtet Berlin auf eine Bagatellgrenze, wonach jede Vergabe einer Wohnraumschutznummer mit der Prüfung über die Erteilung einer zweckentfremdungsrechtlichen Genehmigung verbunden ist. Weil eine derartige Prüfung mehrere Wochen dauern kann, ist eine automatisierte Vergabe der Nummer nicht möglich. Zum anderen

---

412 *K. P. Hoffmann* 2019: Berlin lehnt Vermieterregister nach Hamburger Vorbild ab {https://tagesspiegel.de/berlin/regeln-fuer-airbnb-und-co-berlin-lehnt-vermieterregister-nach-hamburger-vorbild-ab/24168028.html}.

413 Drs. 21/17316, Große Anfrage der Abgeordneten Heike Sudmann, Cansu Özdemir, Sabine Boeddinghaus, Deniz Celik, Martin Dolzer, Dr. Carola Ensslen, Norbert Hackbusch, Stephan Jersch, Christiane Schneider und Mehmet Yildiz (DIE LINKE) und Antwort des Senats vom 18.06.2019 (9).

414 *Hamburg* 2020: Hamburger Wohnraumschutzbericht 2018 vorgelegt, Pressemitteilung v. 28.07.2020 {https://hamburg.de/pressearchiv-fhh/14146830/2020-07-28-bsw-wohnraumschutzbericht/}.

415 *Dpa* 2019: Illegale Ferienwohnungen in Berlin – Airbnb bietet nach Kritik Lösung an {https://heise.de/newsticker/meldung/Illegale-Ferienwohnungen-in-Berlin-Airbnb-bietet-nach-Kritik-Loesung-an-4469727.html}.

416 Drs. 21/17316, Große Anfrage der Abgeordneten Heike Sudmann, Cansu Özdemir, Sabine Boeddinghaus, Deniz Celik, Martin Dolzer, Dr. Carola Ensslen, Norbert Hackbusch, Stephan Jersch, Christiane Schneider und Mehmet Yildiz (DIE LINKE) und Antwort des Senats vom 18.06.2019 (11).

417 Katrin Dietl in *K. P. Hoffmann* 2019: Berlin lehnt Vermieterregister nach Hamburger Vorbild ab {https://tagesspiegel.de/berlin/regeln-fuer-airbnb-und-co-berlin-lehnt-vermieterregister-nach-hamburger-vorbild-ab/24168028.html}.

verweigert die Stadt eine direkte Zusammenarbeit mit Airbnb, die allerdings notwendig wäre, um einerseits präventiv die User auf das Verfahren hinzuweisen und andererseits die Einhaltung des Verfahrens kontrollieren zu können.

IV. Zusammenfassung

Gegenwärtig greifen 24 Städte und Gemeinden auf Zweckentfremdungsverbote zurück, was einer regelrechten Renaissance des Instruments gleichkommt. Der räumliche Geltungsbereich der Verbote erstreckt sich dabei auf das gesamte Gemeindegebiet und erfasst Wohnraum, der seit dem Inkrafttreten der Regelung zum Wohnen objektiv geeignet und subjektiv dazu bestimmt ist. Um der missbräuchlichen Nutzung von Wohnraum unter dem Deckmantel des Homesharing zu begegnen und das Abgrenzungsproblem bei Kurzzeitvermietungen zu lösen, führen immer mehr Kommunen Bagatellgrenzen ein. Der im Zentrum stehende zweckentfremdungsrechtliche Genehmigungsvorbehalt erfasst dabei die Varianten der Kurzzeitvermietung durch die Tatbestände der Nutzung von Wohnraum als Ferienwohnung oder zur Fremdenbeherbergung und grenzt sie durch einen nach Tagen oder Wochen bemessenen Schwellenwert entlang der Vermietungsaktivität als zulässig oder unzulässig ab. Dies birgt Rechtssicherheit sowohl für Bürgerinnen bei der gelegentlichen Vermietung ihres Wohnraums als auch für Behörden beim Vollzug der Vorschriften. Rechtlich kritisch bleibt hingegen die Berliner Vorschrift, bei der die subjektive Bestimmung als Kriterium ausgesetzt und so der Anwendungsbereich auch auf jenen Wohnraum erweitert wird, der subjektiv zu anderen als zu Wohnzwecken bestimmt ist.

Für die Minderung des Kenntnisdefizits werden, soweit es die landesrechtlichen Ermächtigungsgrundlagen zulassen, telemedienrechtliche Auskunftsersuchen umgesetzt sowie Anzeige- und Registrierungspflichten eingeführt. Entsprechende Auskunftsersuchen sind dann möglich, wenn sie sich auf den Einzelfall beschränken. Gleichzeitig wird deutlich, dass das telemedienrechtliche Vorgehen nicht dazu genutzt werden kann, um das Kenntnisdefizit strukturell zu mindern. Deshalb führten Hamburg und Berlin zusätzlich Anzeige- und Registrierungsverfahren ein. Für eine erfolgreiche Anwendung ist die Mitwirkungsbereitschaft seitens der User notwendig und eine Kooperation mit Airbnb dienlich.

C. Schwarmtheoretische Bewertung

Im Folgenden wird die kursorische Adressierung der Funktionsmerkmale des Airbnb-Schwarms aus Kap. 4 B III. auf die Ausgestaltung der Zweckentfremdungsverbote angewandt, um das Instrument als Steuerungsansatz für Kurzzeitvermietungen unter schwarmtheoretischer Perspektive zu bewerten. Dazu wird zunächst das Adressierungspotenzial der einzelnen Bestandteile der Ermächtigungsgrundlagen untersucht, um anschließend das steuerungstechnische Potenzial des Instruments aufzuzeigen.

Die Bestandteile zur Adressierung des Airbnb-Schwarms werden insbesondere bei der Installation einer telemedienrechtlichen Auskunftspflicht (Plattform), in der Einführung einer Anzeigepflicht bei der Überlassung von Wohnraum als Unterkunft (Verhältnis Gastgeber und Gast), in der Einführung eines Registrierungsverfahrens (Gastgeber), im zweckentfremdungsrechtlichen Genehmigungsvorbehalt, insbesondere durch die Einführung einer Bagatellgrenze (Vermietungsaktivität) sowie in der Installation einer Anzeigepflicht bei der Bewerbung der Unterkünfte (Unterkunftsportfolio) identifiziert (vgl. Tab. 6).

Tab. 6: Zweckentfremdungsrechtliche Adressierung des Airbnb-Schwarms

Stand: 31.10.2020	Auskunftspflicht	Anzeigepflicht bei Überlassung	Reg.-pflicht	Genehmigungsvorbehalt mit Bagatellgrenze	Anzeigepflicht bei Bewerbung
HmbWoSchG	§ 13 Abs. 1	§ 13 Abs. 7	§ 13 Abs. 5-6	§ 9 Abs. 2 Satz 5 (8 Wochen)	§ 13 Abs. 9
BlnZwVbG	§ 5 Abs. 2	-	§ 5 Abs. 6 Satz 3 und 4	k.A.	§ 5 Abs. 6 Satz 1 und 2
BrWRSchG	§ 5 Abs. 2	-	-	§ 2 Abs. 2 Nr. 4 (90 Tage)	§ 6 Abs. 2 und 3 (nur Werbeverbot)
NdsZwEWG	§ 4 Abs. 1	-	-	§ 1 Abs. 2 Satz 1 Nr. 3 (12 bzw. 8 Wochen)	§ 5 (nur Werbeverbot)
BayZwEWG	Art. 3 Abs. 1	-	-	Art. 1 Satz 2 Nr. 3 (8 Wochen)	-
BbgZwVbG	§ 4 Abs. 1	-	-	§ 1 Abs. 1 Satz 3 Nr. 2 (8 Wochen)	-
RPZwEWG	§ 3 Abs. 1	-	-	§ 1 Abs. 1 Satz 2 Nr. 3 (12 Wochen)	-
BWZwEWG	-	-	-	k.A.	-
NRWWAG	-	-	-	k.A.	-
HWoAufG	-	-	-	k.A.	-

Eine vollständige Berücksichtigung der Anforderungen ist insbesondere im Hamburgischen Wohnraumschutzgesetz zu beobachten. Dabei wird auf Grundlage der Auskunftspflichten für Diensteanbieter i.S.d. TMG (§ 13 Abs. 1 HmbWoSchG) die Plattform als Prä(in)formation für rechtswidrige Fälle eingebunden. Entsprechende Auskunftspflichten (vgl. B III. 1.) finden sich gegenwärtig in allen Ermächtigungsgrundlagen bis auf Baden-Württemberg, Nordrhein-Westfalen und Hessen.

Die Spontanität der User wird durch die Anforderung, jede einzelne Überlassung von Wohnraum spätestens nach zehn Tagen der zuständigen Behörde anzuzeigen, adressiert, andernfalls erlischt die Wohnraumschutznummer (§ 13 Abs. 7 HmbWoSchG). Im Vergleich dazu ist in Berlin nur das Anbieten und Bewerben von Wohnraum zu anderen als Wohnzwecken anzeigepflichtig (§ 5 Abs. 6 Satz 1 BlnZwVbG). Im Ergebnis führt dies zu einer generellen, nicht aber zu einer speziellen Anzeigepflicht, die sich auf jeden einzelnen Fall der Überlassung von Wohnraum bezieht. Die Ausgestaltung in Berlin eignet sich somit nicht dazu, die Spontanität des Schwarms zu adressieren. Stattdessen dient die allgemeine Anzeigepflicht der Adressierung des Unterkunftsportfolios (siehe weiter unten).

Das ko-isolierte Verhalten der Gastgeber wird durch die Registrierungspflicht sowie die Anforderung der öffentlichen Kenntlichmachung der Wohnraumschutznummer (§ 13 Abs. 5 und 6 HmbWoSchG) aufgelöst. Neben Hamburg führte nur Berlin ein entsprechendes Registrierungsverfahren ein (vgl. B III. 2.). Zusätzlich zu den zweckentfremdungsrechtlichen Normen führten Berlin[418] (2016), München[419] (2018) und Köln[420] (2019) Online-Meldeportale ein, die als digitalisierte und systematisierte Form von Hinweisen aus der Bevölkerung zu verstehen sind (vgl. Kap. 4 B III. 3.) und als Ersatz zum Registrierungsverfahren fungieren können.

Der zweckentfremdungsrechtliche Genehmigungsvorbehalt greift die dynamische Instabilität des Schwarms auf, die sich in der Variation der Vermietungsaktivität niederschlägt. Dazu setzen Hamburg, Bremen,

---

418 *Berlin.de*: Zweckentfremdungsverbot – Verstöße können ab sofort auch online gemeldet werden. {http://stadtentwicklung.berlin.de/aktuell/pressebox/archiv_volltext.shtml?arch_1604/nachricht5993.html}.

419 *München-Digital-Portal*: Zweckentfremdung von Wohnraum per Online-Plattform melden {https://muenchen.digital/blog/zweckentfremdung-wohnraum}.

420 *Stadt-Koeln.de*: Meldung einer vermuteten Zweckentfremdung von Wohnraum {https://formular-server.de/Koeln_FS/findform?shortname=56-F38_WohnRZwEnt&formtecid=3&areashortname=send_html}; *Stadt-Koeln.de* 2020: Ein Jahr neue Wohnraumschutzsatzung {https://stadt-koeln.de/politik-und-verwaltung/presse/mitteilungen/22079/index.html}.

Niedersachsen, Bayern, Brandenburg, Rheinland-Pfalz und Niedersachen Schwellenwerte als Bagatellgrenzen fest. Berlin, Baden-Württemberg, Nordrhein-Westfalen und Hessen verzichten bislang darauf. In der baden-württembergischen und in der hessischen Ermächtigungsgrundlage eröffnet sich ein kommunaler Gestaltungsspielraum, den die Städte Frankfurt a.M., Konstanz, Freiburg i.Br. und Überlingen in ihren Satzungen aufgreifen und einen Schwellenwert konkretisieren (vgl. B II. 3. lit. b).

Schließlich unterliegt die öffentliche Bewerbung der Unterkunft einer generellen Anzeigepflicht (§ 13 Abs. 9 HmbWoSchG), die die mediale Manifestation des Schwarms adressiert. Hierunter ist auch die generelle Anzeigepflicht Berlins zu fassen. Ferner sind auch die bremische und die niedersächsische Ermächtigungsgrundlage mit Anzeigepflichten (§ 6 Abs. 2 und 3 BrWRSchG; § 5 NdsZwEWG) ausgestattet. Diese wirken allerdings nur als Werbeverbote, bei der die Bewertung eine Unterkunft ohne entsprechende Genehmigung als Ordnungswidrigkeit gilt und eine Löschungspflicht seitens des Diensteanbieters nach sich zieht. Dieses Verbot wird allerdings ohne Registrierungsnummer kaum zu kontrollieren sein. Ferner stellt die Bewerbung von Buchungsmöglichkeiten im Internet ohnehin einen untrennbaren Bestandteil einer unzulässigen Zweckentfremdung von Wohnraum dar und bedarf daher nicht einer gesonderten Verbotsklausel.[421]

Das Hamburgische Wohnraumschutzgesetz adressiert alle fünf Funktionsmerkmale des Airbnb-Schwarms. Bis auf die Spontanität der User adressiert die Berliner Regelung vier Funktionsmerkmale des Schwarms. Die Regelungen in Bremen und Niedersachsen adressieren drei, in Bayern, Brandenburg und Rheinland-Pfalz zwei sowie in Baden-Württemberg, Nordrhein-Westfalen und Hessen nur ein Funktionsmerkmal des Schwarms. Das, aus der Theorie erahnte, Potenzial zur Adressierung des Schwarms durch das Zweckentfremdungsrecht (vgl. Kap. 4 B III. 6.) hat sich nicht nur bestätigt, sondern zudem noch präzisiert, was zu folgender These führt:

> Je mehr Funktionsmerkmale des Airbnb-Schwarms durch die Ausgestaltung eines Zweckentfremdungsverbots adressiert werden, desto besser gelingt die Steuerung von Kurzzeitvermietungen.

Demnach hat Hamburg aus schwarmtheoretischer Perspektive die besten Voraussetzungen für eine erfolgreiche Steuerung von Kurzzeitvermietun-

---

421 VGH Mannheim, Beschl. vom 06.08.2020 – 3 S 1493/20, BeckRS 2020, 21195 (Rn. 60).

gen. Umgekehrt ist bei den Anwenderstädten der drei Flächenländern Baden-Württemberg, Nordrhein-Westfalen und Hessen davon auszugehen, dass der Erfolg bei der Steuerung von Kurzzeitvermietungen nur mäßig ausfällt. Nach dieser theoretischen Sicht wird der Wirkung der Zweckentfremdungsverbote durch eine empirische Untersuchung des Kurzzeitvermietungsmarktes in Deutschland nachgegangen und die abgeleitete These getestet.

Kapitel 6: Untersuchung des Kurzzeitvermietungsmarktes

Nach der Analyse über die Adressierung des Schwarms und insbesondere über die rechtlichen Ausgestaltungsmöglichkeiten der Zweckentfremdungsverbote stellt sich nun die Frage, inwiefern die Regelungen auch tatsächlich in ihrer Anwendung Wirkung zeigen. Um dies zu beantworten, wird die Entwicklung des Kurzzeitvermietungsmarktes in Deutschland sowie in den Städten mit Zweckentfremdungsverbot im Hinblick auf die ermittelte Vermietungsaktivität untersucht. Dafür wird zunächst das methodische Vorgehen (A) und die Ergebnisse der Erhebung (B) dargestellt. Abschließend folgt eine zusammenfassende Bewertung der Wirkung von Zweckentfremdungsverboten als Ansatz zur Steuerung von Kurzzeitvermietungen und damit die Beantwortung der ersten Forschungsfrage (C).

A. Methodisches Vorgehen

Für die Abbildung des Kurzzeitvermietungsmarktes in Deutschland wurden mithilfe des Web-Scraping-Verfahrens eine Erhebung von Airbnb-Daten durchgeführt und Informationen über die Unterkünfte sowie deren Vermietungsaktivität im Zeitraum von 2015 bis 2017 ermittelt (I.). Die Auswertung der Daten (II.) erfolgt auf Grundlage von Berechnungsindikatoren, die einerseits der Ermittlung der Vermietungsaktivität und andererseits der Aufbereitung einer Clusteranalyse der kommunalen Kurzzeitvermietungsmärkte dienen. Schließlich richtet sich der Blick auf die Städte mit Zweckentfremdungsverbot, deren Märkte einer Evaluierung (III.) unterzogen werden, um den Einfluss des Instruments auf die Vermietungsaktivität zu prüfen. Abschließend wird die kleinräumige Verteilung der Unterkünfte beispielshaft an den sechs größten Märkten untersucht, um den problematischen Hotspots der räumlichen Konzentration von Unterkünften (vgl. Kap. 1 A IV.) nachzugehen (IV.).

I. Datenerhebung durch Web-Scraping

Um das Kurzzeitvermietungsangebot in einem räumlich abgegrenzten Gebiet zu einem bestimmten Zeitpunkt zu analysieren, wird in der Forschung immer öfter auf das Web-Scraping als Methode zur Datenerfassung von Airbnb-Daten zurückgegriffen.[422] Dabei werden mithilfe von sogenannten „Web-Crawlern“ (*Gyódi* 2019, 540) öffentliche Informationen von Internetseiten extrahiert und systematisch abgespeichert.[423] Es entsteht ein Datenset, auf dessen Grundlage die Vermietungsaktivität anhand eines Berechnungsmodells nachgebildet werden kann. Dabei ist technisch zwischen der Erhebung der Unterkunftsinformationen (listings) und der Erhebung der Rezensionen (reviews) zu unterscheiden. Die Unterkunftsinformationen umfassen die Geokoordinaten, die die Unterkunft in einem Umkreis von 150 bis 200 Metern verorten,[424] die Art der Unterkunft, das Pseudonym des Anbieters und den Tagespreis (*Adamiak* 2019, 5). Ferner liefern die öffentlich abgegebenen Rezensionen auf den Unterkunftsseiten Hinweise auf die Anzahl der Buchungen bzw. Transaktionen der User pro Monat (ebd., 13). Diese werden per Monats- und Jahresangabe öffentlich hinterlegt. Dabei ist stets zu bedenken, dass die Anzahl der öffentlich abgegebenen Rezensionen immer geringer ist als die tatsächliche Anzahl der Buchungen.

Durch das Web-Scraping kann eine große Datenmenge automatisiert erhoben und lokal abgespeichert, analysiert und aggregiert aufbereitet werden (*Busch/Demary et al.* 2018, 128). Für die vorliegende Untersuchung ist das Web-Scraping als Methode besonders geeignet, weil dadurch die Vermietungsaktivität der Airbnb-Nutzung in Deutschland seismografisch, sowohl einer einzelnen Unterkunft als auch eines gesamten Marktes zu einem bestimmten Zeitpunkt, abgebildet werden kann (*Wegmann/Jiao* 2017, 496). Zudem hält sich der Erhebungsaufwand in Grenzen und bietet die Möglichkeit einer regelmäßigen Abfrage durch ein standardisiertes Monitoring (*Busch/Demary et al.* 2018, 128; *Oses Fernández/Kepa Gerrikagoitia et al.* 2018, 733 f.). Eine lückenlose Aufklärung über die Vermietungsbeteiligten und das tatsächlich realisierte Nutzungskonzept der Wohnung kann die Methode allerdings nicht leisten (*Busch/Demary et al.* 2018, 53), da weder Adress- noch Personendaten erhoben werden

---

422 z.B. *Adamiak* 2019, 2018; *Gyódi* 2019; *Guo/Q. Yu et al.* 2020; *Jiao/Bai* 2020; *Oses Fernández/Kepa Gerrikagoitia et al.* 2018.

423 Analog zu The Budget and Legislative Analyst's Office, Policy Analysis Report vom 13.05.2015, City and County of San Francisco (17); Übersicht des Vorgangs *Scrapy* 2019: Architecture overview — Scrapy 1.6.0 documentation {https://doc.scrapy.org/en/latest/topics/architecture.html}.

424 150 Meter laut *InsideAirbnb*: About {http://insideairbnb.com/about.html}; 200 Meter laut *Skowronnek/Vogel et al.* 2015: Airbnb vs. Berlin, Was sagen die Daten? {www.airbnbvsberlin.de}; *Hörz*, Stadtforschung und Statistik 1/2016, 35 (37).

können. Die Ergebnisse liefern zudem keine Hinweise zur baurechtlichen Unterscheidung der Unterkünfte. Weder geht aus den Daten hervor, welche Art der Wohneinheit vorliegt (z.B. Wohnung im Geschossbau, Einliegerwohnung, Einfamilienhaus) noch ist ersichtlich, ob es sich um eine baulich abgeschlossene Wohneinheit handelt oder nur einen Teil einer Wohneinheit umfasst. Stattdessen wird plattformseitig die Unterkunftsart nach *Ganzer Unterkunft*, *Privatzimmer* und *Gemeinsames Zimmer* unterschieden. Im Folgenden werden zunächst bestehende Web-Scraping-Projekte zum deutschen Kurzzeitvermietungsmarkt aufgearbeitet (1.), um sodann die Eigenerhebung methodisch darzulegen (2.).

1. Web-Scraping-Projekte

Cox entwickelte auf Basis des Erhebungs- und Auswertungsmodells des Planungsamts von San Francisco ein Web-Scraping-Verfahren für Airbnb[425] und veröffentlicht regelmäßig Rohdaten und Analysen zur Airbnb-Nutzung in internationalen Metropolen auf der Website *insideairbnb.com*. Darunter sind auch Daten zum Berliner und Münchener Kurzzeitvermietungsmarkt zu finden. Ferner stellt *Slee* eine Dokumentation für ein leicht abgewandeltes Web-Scraping-Script öffentlich bei *GitHub* zur Verfügung.[426] Neben den Internetaktivisten *Slee* und *Cox* hat sich mit *Airdna* mittlerweile auch ein kommerzieller Anbieter als Datenlieferant positioniert und stellt systematisiert weltweit erhobene Daten per Web-Scraping und dazugehörige Analysen zu Kurzzeitvermietungsmärkten zur Verfügung.[427]

Laut der Daten von *InsideAirbnb* zählte der Kurzzeitvermietungsmarkt in Berlin im Jahr 2015 15.000 Unterkünfte[428] und 2019 25.000 Unterkünfte[429]. Die Daten zu München werden erst seit 2019 bereitgestellt, wonach die bayerische Hauptstadt insgesamt auf knapp 10.000 Unterkünfte kommt.[430] Auf der Grundlage von *Slees* Script erfolgte 2019 die bis-

---

425 *InsideAirbnb*: About {http://insideairbnb.com/about.html}; *San Francisco Planning Department*, Executive.
426 *Slee* 2019: Airbnb web site scraper, GitHub {https://github.com/tomslee/airbnb-data-collection}.
427 *Airdna.co*: MarketMinder: Cutting Edge Vacation Rental Insights | AirDNA, Stand 30.09.2020 {https://airdna.co/vacation-rental-data}.
428 *InsideAirbnb* 2015: Berlin listings, Stand: 03.10.2015 {https://t1p.de/7mtr}.
429 *InsideAirbnb* 2019: Berlin listings, Stand: 11.07.2019 {https://t1p.de/7mtr}.
430 *InsideAirbnb* 2019: Munich listings {http://insideairbnb.com/munich}.

lang größte wissenschaftliche Datenerhebung von *Adamiak*, der mit zwei Datensätzen die Entwicklung der Airbnb-Nutzung weltweit zwischen September 2018 und September 2019 analysierte (*Adamiak* 2019, 5 f.). Aus der Differenz der zwei Erhebungen, die jeweils 4,7 Mio. (2018) und 5,7 Mio. (2019) Unterkünfte in 167 Ländern umfassen, entstand ein Vergleichsdatensatz mit insgesamt 3.580.044 aktiven Unterkünften. Zur Auswertung der Daten verbindet er die plattformseitige Unterteilung der Unterkünfte in Gesamte Unterkunft, Privatzimmer und Gemeinsames Zimmer (vgl. Kap. 3 B III. 2.) mit der Anzahl der angebotenen Unterkünfte eines Users zu den insgesamt vier Kategorien „single-rooms, single-homes, multi-rooms and multi-homes" (ebd., 2). Die Zusätze „single" und „multi" zeigen an, ob der User eine oder mehrere Unterkünfte bei Airbnb anbietet. Die Unterteilung in „rooms" und „homes" gibt wieder, ob es sich dabei um Privatzimmer und Gemeinsame Zimmer oder um eine Gesamte Unterkunft handelt. Die Differenzierung mittels der Kategorien soll insbesondere den Grad der Professionalisierung der Airbnb-Gastgeber offenlegen (ebd., 4). Demnach sind die Single-rooms und Single-homes der gelegentlichen Vermietung zuzuordnen, bei der die Funktion des Wohnraums als Lebensmittelpunkt nicht verloren geht. Die Multi-rooms und Multi-homes sind als gewerbliche Vermietung von Unterkünften einzuordnen (ebd., 6). Insgesamt entfallen 7,9 Prozent aller Unterkünfte den Single-rooms und 33,2 Prozent auf Single-homes. Weitere 17,5 Prozent entfallen auf Multi-rooms und die restlichen 41,5 Prozent auf Multi-homes (ebd., 6). Zur Einordnung der Ergebnisse untersucht er zudem die räumliche Verteilung der Unterkünfte und unterscheidet dabei zwischen Großstädten (mit mehr als 500.000 EW), Küstenorten, Skigebieten und anderen Gebieten (kleinere Städte und ländliche Gebiete) (ebd., 11). Allgemein lässt sich beobachten, dass der Anteil der Zimmer (rooms) in Großstädten und anderen Gebieten relativ höher ausfällt als in den wichtigsten Tourismusdestinationen des jeweiligen Landes (ebd. 11). Ferner ist auch das Angebot in Großstädten, Küstenorten und Skigebieten überdurchschnittlich stärker von Mehrfachanbietern (MFA) geprägt als in anderen Gebieten. Ausnahme bilden die Großstädte in Deutschland, die sich durch einen überdurchschnittlich hohen Anteil von Single-Unterkünften im Vergleich zu allen anderen Ländern auszeichnen (ebd., 11). Neben Neuseeland ist Deutschland zudem das einziges Land, dessen Anteil der Single-rooms 15 Prozent übersteigt (ebd., 7). Insgesamt verteilt sich die überwiegende Mehrheit der Unterkünfte in Deutschland auf die Großstädte (37,5 %) und die anderen Gebiete (44 %). Der wesentlich kleinere Anteil ist in Küstenorten (9,5 %) und Skigebieten (9 %) vorzufinden (ebd., 10).

2. Durchführung der Datenerhebung

In der vorliegenden Untersuchung wird das Verfahren weitgehend analog zu InsideAirbnb[431] durchgeführt. Die Web-Scraping-Anwendung für diese Untersuchung wurde von *Spinelli* und *Hoffmann*[432] in der Programmiersprache *Python* auf der Grundlage von *Slees* Script entwickelt. Die rekursive Datenerhebung erfolgte von 2016 bis 2018. Dabei durchliefen die Web-Crawler in mehreren Sessions das gesamte deutschsprachige Airbnb-Angebot (Airbnb.de), um die Vollständigkeit des Datenpools in den Jahren 2015 bis 2017 sicherzustellen. Zur Strukturierung der Unterkünfte (listings) wurden folgende Daten erhoben: Listing-ID, Breitengrad, Längengrad, Host-ID und Art der Unterkunft. Für die Strukturierung der Rezensionen (reviews) wurden folgende Daten erhoben: Review-ID, Listing-ID und Review-Datum (vgl. Tab. 7).

Tab. 7: Erhebungsindikatoren des Airbnb-Web-Scrapings

Kennzahl	Beschreibung	Indikator
listings		
Listing-ID	Eindeutige Identifikationsnummer der Unterkunft	U
Breitengrad	Vom Vermieter hinterlegter Breitengrad der Unterkunft	U
Längengrad	Vom Vermieter hinterlegter Längengrad der Unterkunft	U
Host-ID	Eindeutige Identifikationsnummer des Vermieters	H
Art der Unterkunft	Entweder Ganze Unterkunft, Privatzimmer, Gemeinsames Zimmer oder keine Angabe	Ua
reviews		
Review-ID	Eindeutige Identifikationsnummer der Bewertung	R_U
Review-Datum	Monat und Jahr, an dem die Bewertung abgegeben wurde	R_U

Die erhobenen Kennzahlen zu den Unterkünften fließen in die Indikatoren Lageinformation (U) in Form der Breiten- und Längengrade, in die Art der Unterkunft (Ua) sowie die Unterkunfts- und die Anbieter-ID (H) zur Verschneidung der *listings* mit den *reviews* anhand der Review-ID (R_U). Über die Verschneidung der *listings* und *reviews* mit der Unterkunfts- und Review-ID werden die Reviews der jeweiligen Unterkunft zugeordnet. Anhand der Lageinformationen werden die Unterkünfte Gemeindegrenzen

431 *InsideAirbnb*: About {http://insideairbnb.com/about.html}.
432 Beide ehemals bei der Compass GmbH (https://www.compass-cbs.de).

zugeordnet und Unterkünfte außerhalb der Grenzen der Bundesrepublik sowie Dopplungen und fehlerhafte Daten bereinigt.

II. Auswertung der Daten

Die Auswertung erfolgt mit der Software Tableau[433], mit der sowohl die Verschneidung der Datensätze als auch die Analyse der Daten möglich ist. Zur Verdeutlichung wird zunächst der Gegenstand der Untersuchung (1.) definiert. Um sich der tatsächlich realisierten Anzahl der Transaktionen nähern zu können, wird ein Berechnungsmodell (2.) entwickelt, das sowohl auf den Ergebnissen der Erhebung als auch auf einigen Annahmen basiert. Schließlich werden relative Qualitätsindikatoren auf Grundlage der aggregierten Eigenschaften der Kurzzeitvermietungsmärkte für die Clusteranalyse abgeleitet (3.).

1. Gegenstand der Untersuchung

Gegenstand der Untersuchung sind die Kurzzeitvermietungsmärkte in Deutschland. Hierzu werden auf Grundlage der insgesamt 11.092 Städte und Gemeinden in Deutschland (*Deutscher Städtetag* 2017) Untersuchungsstädte gebildet, die im Zeitraum von 2015 bis 2017 jährlich im Durschnitt mindestens 30 aktive Unterkünfte vorweisen. Grundsätzlich handelt es sich um eine Volluntersuchung, bei der alle Unterkünfte in Deutschland berücksichtigt werden. Aus der Vorprüfung der Daten stellte sich jedoch heraus, dass das Setzen einer Mindestanzahl aktiver Unterkünfte je Gemeinde zur Durchführung der Untersuchung zielführend ist. Dies ist insbesondere methodisch begründet, um die große Streubreite der Daten beherrschen zu können. Zudem ist davon auszugehen, dass bei einer Anzahl von unter 30 Unterkünften ein vermeintliches Vollzugsproblem auch ohne zusätzliche Steuerungsinstrumente von den lokalen Behörden gelöst werden kann. Maßgeblich ist das Auslösen wohnungswirtschaftlicher oder städtebaulicher Konflikte, die ein strukturiertes Regulierungserfordernis nach sich ziehen, womit bei durchschnittlich weniger als 30 Unterkünften

433 Tableau ist eine Visual-Analytics Software, mit der u.a. unstrukturierte Datensätze verarbeitet, ausgewertet und visualisiert werden können. Vgl. dazu *Tableau.com*: Was ist Tableau? {https://tableau.com/de-de/why-tableau/what-is-tableau}.

in einer Gemeinde regelmäßig nicht zu rechnen ist. Um der dynamischen Entwicklung von Airbnb dennoch Rechnung zu tragen und auch kleine Gemeinden zu berücksichtigen, wird die Schwelle bei durchschnittlich 30 aktiven Unterkünften im Jahr gesetzt. Somit ist gesichert, dass auch jene Städte und Gemeinden in der Untersuchung Berücksichtigung finden, die 2015 noch eine geringere Anzahl als 30 Unterkünfte aufwiesen, diese sich aber im Laufe der weiteren zwei Jahre bis zum 31.12.2017 auf insgesamt 90 aktive Unterkünfte (im Jahresdurchschnitt also 30) erhöhte.

2. Berechnungsindikatoren

Für die Verarbeitung der erhobenen Daten sind Berechnungsindikatoren (vgl. Tab. 8) notwendig, die in der nachfolgenden Tabelle überblicksartig dargestellt werden. Die Kennzahlen sind nach Bezeichnung, Variable, Bezug, Bedingungen, Herkunft, zeitlichem Intervall und Beschreibung dargestellt.

Tab. 8: Übersicht der Berechnungsvariablen

Bezeichnung	Variable	Bezug	Annahme/ Bedingung	Herkunft	t	Beschreibung
Anzahl der aktiven Unterkünfte	U	R_U	$R_U > 0$	Erhebung	m	Anzahl der aktiven Unterkünfte
Anzahl der Reviews	R_U	U	-	Erhebung	m	Anzahl der öffentlich abgegebenen Reviews je Unterkunft
Review Rate	Δr	N_U	$\Delta r = 0{,}5$	Annahme	m	Veröffentlichungsrate der Reviews
Aufenthaltslänge	L	N_U	L(R) = 3,9 d	Annahme	d	Anzahl der vermieteten Tage je Review
Anzahl der vermieteten Nächte	N_U	R_U; Δr; L	-	Ableitung	m	Anzahl der Übernachtungen je Unterkunft und Monat
Anzahl der Z-Unterkünfte	UZ(y)	U_{entire}; R_U; N_U	UZ (y) = $N_U > 56$;	Ableitung	y	Ganze Unterkünfte, die mehr als 8 Wochen im Kalenderjahr vermietet wurden
Unterkunftsdichte	ρ	EW; U; X(ρ)	-	Ableitung	-	Anzahl der Unterkünfte je 10.000 Einwohner
Professionalisierungsrate	$\overline{X}_{pro}$	Δ_{MFA}; n		Ableitung	y	Durchschnitt des Anteils der Hosts mit mehr als einer Unterkunft

Bezeichnung	Variable	Bezug	Annahme/ Bedingung	Herkunft	t	Beschreibung
Marktvolatilität	σ	X; n	-	Ableitung	m	Standardabweichung von X auf n Monate
Anzahl der Hosts	H	U	-	Erhebung	m	Anzahl der Hosts in einer Kommune
Mehrfachanbieter	MFA	$U; H$	$U(H) > 1$			Hosts mit mehr als einer aktiven Unterkunft
Anzahl der Unterkünfte von MFA	U_{MFA}	U		Ableitung	y	Anzahl der Hosts mit mehr als einer Unterkunft
Anteil der Unterkünfte von MFA	Δ_{MFA}	U		Ableitung		Anteil der Unterkünfte von MFA an allen Unterkünften
Anzahl der Einwohner (2017)	EW	ρ		DESTATIS	y	Anzahl der Einwohner je Gemeinde
Ganze Unterkünfte	U_{Ganze}	U	-	Erhebung	m	Anzahl der Ganzen Unterkünfte
Anteil Ganze Unterkünfte	Δ_{Ganze}	U_{entire}; U	-	Ableitung	-	Anteil Ganzer Unterkünfte zu allen Unterkünften
Zweckentfremdungsverbot	Z(m)	-	Z (m) ≙ wahr; falsch	Kap. 5	m	Monat des Inkrafttretens eines Z-Verbots
Wohnungsbestand	WE	-	-	DESTATIS	y	Anzahl der Wohneinheiten in einer Stadt oder Gemeinde
Untersuchungsmonate	n		n = 36	U-Zeitraum	m	Anzahl der Untersuchungsmonate

Um das Gesamtangebot eines Marktes zu berechnen (a), bedarf es der Anzahl der Unterkünfte sowie der Anzahl der abgegebenen Reviews. Sobald eine Review für eine Unterkunft abgegeben wurde, gilt sie für den jeweiligen Betrachtungszeitraum als aktive Unterkunft. Für die Ermittlung der Anzahl der potenziell zweckentfremdeten Wohneinheiten (kurz *Z-Unterkünfte*) bedarf es hingegen der Berechnung der Vermietungsaktivität einer Unterkunft (b). Dafür ist insbesondere eine Annährung der tatsächlich abgegebenen Anzahl der Reviews sowie auch die Schätzung der Aufenthaltslänge notwendig, um schließlich auf Grundlage der jährlichen *Anzahl der vermieteten Nächte* je Unterkunft in Anwendung des zweckentfremdungsrechtlichen Schwellenwerts die Berechnung der Z-Unterkünfte (c) vorzunehmen. Der Auswertung geht die Annahme voraus, dass eine Ganze Unterkunft bei Airbnb einer ganzen Wohneinheit, ein Privatzimmer einem einzelnen, abschließbaren Zimmer innerhalb einer Wohneinheit und ein Gemeinsames Zimmer einem von mehreren Nutzern gleichzeitig genutzten Zimmers innerhalb einer Wohneinheit entspricht.

a) Berechnung des Gesamtangebots

Die Anzahl der Unterkünfte wird anhand der Anzahl der Listings-IDs in Verbindung mit den Lageinformationen und der entsprechenden georeferenziellen Verschneidung und Zuordnung zu den räumlichen Grenzen der Städte und Gemeinden ermittelt. Daraus entsteht wahlweise eine aggregierte Darstellung der Anzahl der Unterkünfte je Kommune auf einen Monat oder ein Jahr betrachtet. Nicht alle Unterkünfte, die im Datensatz auftauchen, wurden auch tatsächlich gebucht. Denkbar ist, dass User womöglich ihre Wohnung als Unterkunft einstellen, um den Dienst etwa auszuprobieren, sich dann aber herausstellt, dass entweder keine Nachfrage besteht oder eine Vermietung aus anderen Gründen doch abgelehnt wird. Deshalb ist die Anzahl der Unterkünfte nicht gleich der Anzahl der aktiven Unterkünfte (U). Eine Unterkunft gilt als aktiv, wenn sie mindestens eine Review im jeweiligen Betrachtungszeitraum (Monat, Jahr) vorweist.

$$\text{Anzahl der aktiven Unterkünfte: } U = R_U > 0$$

b) Berechnung der Vermietungsaktivität

Bei der Unterscheidung von Kurzzeitvermietungen zwischen Homesharing und Ferienwohnen wird in der Forschung regelmäßig auf die Berechnung der Anzahl der vermieteten Nächte einer Unterkunft pro Kalenderjahr (Vermietungsaktivität) zurückgegriffen (*Adamiak* 2019, 3; *Busch/ Demary et al.* 2018, 93; *Wegmann/Jiao* 2017, 495). Diese beruht oftmals auch einer Berechnung der öffentlich eingereichten Rezensionen über eine Unterkunft (reviews). Da es aber keine Verpflichtung zur Bewertung eines Aufenthalts gibt, kann nicht davon ausgegangen werden, dass jeder Gast tatsächliche eine Rezension verfasst (vgl. Kap. 3 B II. 7.). Zudem sind auch privat verfasste Rezensionen nicht Teil des erhobenen Datensatzes. Dies führt zu einer Verzerrung der tatsächlichen Vermietungsaktivität im Vergleich zum erhobenen Datensatz. Darum wird mithilfe einer Annahme anhand der Variable *Review Rate* (Δr) das Verhältnis der tatsächlich veröffentlichen Reviews einer Unterkunft (R_U) korrigiert.

$$\text{Anzahl der Reviews: } R_U = \frac{R_U}{r}$$

Zwei Probleme gehen mit dieser Annahme einher. Zum einen kann die tatsächliche Review Rate von Unterkunft zu Unterkunft variieren und diese Unterschiede können nicht berücksichtigt werden. Zum anderen gibt es kaum belastbare Aussagen dazu, wie hoch die durchschnittliche Review Rate in einem Land oder in einer Stadt ist. Die einzige Aussage seitens Airbnbs selbst geht auf das Jahr 2012 zurück, in der der Airbnb-CEO Brian Chesky behauptet, 72 Prozent aller Buchungen würden von den Gästen bewertet werden.[434] In der Praxis der Airbnb-Analyse wurden bisher drei Werte genutzt, die sich erheblich voneinander unterscheiden. Die lokale Verwaltungseinheit von San Francisco nutzte in einer Untersuchung von 2015 in unterschiedlichen Szenarien die beiden Review Rates von 72 Prozent und 30,5 Prozent.[435] *Cox* nutzt den ungefähren Mittelwert der beiden Werte aus San Francisco von 50 Prozent. Er begründet seine Entscheidung damit, dass sich die auf den Airbnb-CEO zurückführende Angabe von 72 Prozent in den Daten nicht bestätigen ließe und eine Review Rate von 30,5 Prozent als Annahme nicht zurückhaltend genug sei.[436] In einer 2016 durchgeführten Datenerhebung von Airbnb-Unterkünften in 156 Ländern ergab sich eine Review Rate von 18,6 Prozent (*Ke* 2017, 133). Ein Experiment zur Reputationsleistung von Airbnb-Reviews von insgesamt knapp 60.000 Bewertungen zwischen Mai und Juni 2014 ergab eine Review Rate von 67 Prozent (*Fradkin/Grewal et al.* 2018, 8).

Die hohe Varianz des Bewertungsverhaltens der User birgt grundsätzlich eine hohe Unsicherheit für die Ermittlung der tatsächlichen Vermietungsaktivität, was letztlich auch die Qualität der Analyse beeinträchtigt. Deshalb sollen hier weder die hohen Bewertungsraten aus der globalen Pionierphase Airbnbs von 2012 mit teilweise exponentiellen Wachstumsraten (*Ke* 2017, 133) noch die stark korrigierenden Werte von unter 50 Prozent zum Einsatz kommen. Für die Berechnung wird stattdessen analog zu *InsideAirbnb* die Review Rate von 50 Prozent gewählt. Dies bedeutet, dass die Anzahl der erhobenen Reviews je Unterkunft in der Berechnung verdoppelt wird.

---

434 *Chesky* 2012: What percent of Airbnb hosts leave reviews for their guests? {https://quora.com/What-percent-of-Airbnb-hosts-leave-reviews-for-their-guests#}.

435 The Budget and Legislative Analyst's Office, Policy Analysis Report vom 13.05.2015, City and County of San Francisco (13).

436 *InsideAirbnb*: About {http://insideairbnb.com/about.html}.

Review Rate: $\Delta r = 0{,}5$

Die Aufenthaltslänge (L) geht weder aus dem erhobenen Datensatz hervor noch kann sie durch andere Methoden extern bestimmt werden. Wie bei der Review Rate schlägt sich auch die Annahme der Aufenthaltslänge auf die Qualität der Berechnung nieder und kann nur durch Annährung als Durchschnittswert ermittelt werden. Laut *DESTATIS* betrug die durchschnittliche Aufenthaltslänge je Buchung bei den Betriebsarten „Ferienhäusern und -wohnungen“ 2016 5,4 bzw. 2017 5,3 Nächte und für die Betriebsart „Hotels“ 2 Nächte (2016 und 2017).[437] In Abgrenzung zum klassischen Beherbergungsgewerbe betont Airbnb die bedeutend längere durchschnittliche Aufenthaltslänge seiner Nutzer. Demnach verweilen Airbnb-User in Berlin durchschnittlich 4,5 Nächte (*Airbnb* 2016, 2). Laut einer Pressemitteilung Airbnbs vom 10.05.2017 betrug die durchschnittliche Aufenthaltslänge in einer Airbnb-Unterkunft in Deutschland „fast vier Nächte“[438]. In einer Stellungnahme im Landtag Nordrhein-Westfalens gibt das Unternehmen an, dass der Aufenthalt der Gäste im Oktober 2016 bis September 2017 in NRW durchschnittlich 3,3 Nächte betrug.[439] In einer Befragung von kanadischen und US-amerikanischen Airbnb-Usern im Sommer 2015 stellte sich eine Aufenthaltslänge von 4,54 Nächten als Durchschnittswert heraus (*Guttentag/S. L.J. Smith* 2017, 5).

Die amtlichen Werte für die Aufenthaltslänge in Hotels, Ferienhäusern oder Ferienwohnungen schwanken in beträchtlichem Umfang von 2 bis hin zu 5,4 Nächten. Sowohl die Durchschnittswerte für die Betriebsart Ferienhäuser oder Ferienwohnungen als auch der Durchschnittswert für Hotels scheinen vor dem Hintergrund der Airbnb-spezifischen Form und Vielfalt der Unterkunftsarten nicht repräsentativ genug zu sein. Darum werden alle Angaben, die sich nicht explizit auf die Airbnb-Nutzung beziehen, abgelehnt. Stattdessen ist der auf dem amerikanischen Airbnb-Markt erhobene Durchschnittswert fast identisch mit dem Wert für Berlin. Die im Flächenland NRW angeführte Aufenthaltsdauer scheint vor dem Hintergrund eines deutschlandweit repräsentativen Werts geeigneter als der der Hauptstadt zu sein. Angesichts der Überschneidung der Angabe

---

437 *Destatis*, Tourismus, Folie 2_3; *Destatis*, Tourismus, 30. Aufl., Folie 2_3.

438 *Airbnb.com* 2017: Airbnb verzeichnet 100.000 Unterkünfte in Deutschland {https://news.airbnb.com/de/airbnb-verzeichnet-100-000-unterkunfte-in-deutschland/}.

439 Drs. 17/157, Stellungnahme von Airbnb zum Antrag der Fraktion der SPD (LT-Drs. 17/3596) vom 08.12.2017 (3).

Airbnbs mit dem landesweiten Durchschnitt von „fast vier Nächten" sowie der Betrachtung des Mittelwerts aus NRW und Berlin von 3,9, wird für das Berechnungsmodell eine durchschnittliche Aufenthaltslänge von 3,9 Nächten (L=3,9) gesetzt.

$$\text{Anzahl der vermieteten Nächte: } N_U = \frac{R_U}{\Delta r} * L$$

Die Vermietungsaktivität wird demnach durch die *Anzahl der vermieteten Nächte* einer Unterkunft (N_U) auf Grundlage der abgegebenen *Reviews* (R_U) und der Multiplikation der Aufenthaltslänge (L) bestimmt. Dabei findet eine Korrektur der tatsächlich abgegebenen Reviews durch die Review Rate (Δr) statt

c) Berechnung der Z-Unterkünfte

Für die Berechnung der Z-Unterkünfte kommen die Indikatoren Vermietungsaktivität (vgl. lit. b) sowie die Art der Unterkunft (vgl. Kap. 3 B II. 2.) zum Einsatz. Auch kann das Anbieten mehrerer Unterkünfte eines einzigen Gastgebers (MFA) als Indiz für das Vorliegen einer Z-Unterkunft gewertet werden (*Gyódi* 2019, 541) oder alternativ die Berechnung der Vermietungsaktivität anhand des Buchungskalenders erfolgen (*Adamiak* 2019, 3). Allerdings geht gerade von Letzterem eine hohe Unsicherheit aus, da Überschätzungen der Vermietungsaktivität wahrscheinlich sind. Denn Gastgeber, die auf Anfragen verzichten wollen, stellen ihr Angebot oftmals als gebucht dar (*Mindl/Arentz* 2020, 12). Der Indikator MFA, bei dem ein Einzel-User mehrere Unterkünfte anbietet, kommt im Rahmen der Professionalisierungsrate (siehe 3. lit. b) zum Einsatz, nicht aber bei der Berechnung der Z-Unterkünfte. Bei der Art der Unterkunft ist man sich in der Literatur weitgehend einig, dass für eine Zweckentfremdung von Wohnraum nur Ganze Unterkünfte in Frage kommen (*Gyódi* 2019, 539; *P. Schäfer/Braun* 2016, 296), auch wenn hierzu vereinzelt Umgehungsstrategien zu beobachten sind, bei denen eine Wohnung etwa zimmerweise bei Airbnb vermietet wird.

Ab welcher Vermietungsaktivität eine Unterkunft als zweckentfremdet gilt, variiert je nach Untersuchungsgegenstand. In den Untersuchungen zu Mietpreiseffekten werden dafür i.d.R. Ganze Unterkünfte, die länger als 180 Tage im Kalenderjahr vermietet werden, als Ferienwohnung definiert (*Baba/B. Otto et al.* 2020, 13; *Deiters-Schwedt/Baba* 2019, 27; *Duso/Michelsen et al.* 2020, 4). In der Literatur zur Zweckentfremdung von Wohnraum wird, solange sich kein Schwellenwert aus den Zweckentfremdungsverboten selbst ergibt, eine Ganze Unterkunft mit einer Vermietungsaktivität von über 60 bzw. 90 Tagen als zweckentfremdet definiert (*Baba/B. Otto et al.* 2020, 13; *P. Schäfer/Braun* 2016, 297). Da sich aus der Analyse zu den Zweckentfremdungsverboten mehrheitlich eine zeitlich definierte Bagatellgrenze von acht Wochen im Kalenderjahr herausstellte (vgl. Kap. 5 B II. 3. lit b), wird für die vorliegende Untersuchung eben dieser Wert als allgemeiner Schwellenwert zugrunde gelegt. Deshalb gilt eine *Ganze Unterkunft* (U_{Ganze}), die über 56 Tage im Kalenderjahr ($N_U > 56$) vermietet wird, als *Z-Unterkunft*.

$$\text{Anzahl der Z-Unterkünfte: } N_U = \frac{R_U}{r} * L \; ; \; N_U > 56$$

Nach dem Berechnungsmodell liegt demnach eine Z-Unterkunft vor, sobald acht Reviews in einer Unterkunft innerhalb eines Kalenderjahres öffentlich abgegeben wurden. Acht erhobene Reviews werden durch die Review Rate in tatsächlich 16 Reviews ($R_U = \frac{8}{0{,}5}$) korrigiert, schließlich mit der Aufenthaltslänge von L=3,9 multipliziert, was einer Anzahl von vermieteten Nächten von $N_U = 62{,}4$ entspricht.

3. Clusteranalyse der Kurzzeitvermietungsmärkte

Das Ziel der Clusteranalyse ist, eine einordnende Übersicht der Kurzzeitvermietungsmärkte in Deutschland vorzunehmen. Typischerweise ist die Forschung zu Kurzzeitvermietungen und insbesondere zu Airbnb stark auf Metropolen beschränkt. Wie *Adamiak* eindrücklich herausstellt, ist auch das Airbnb-Angebot der Großstädte unter einer halben Mio. Einwohnern sowie der Klein- und Mittelstädte von großem Interesse (vgl. I. 1.), weil einerseits in diesen Fällen mit wohnungswirtschaftlichen oder städtebaulichen Konflikten zu rechnen ist und andererseits Datenlagen zu Kurzzeitvermietungsmärkten in diesem Segment bislang noch unzureichend abgebildet sind. Um den deutschen Kurzzeitvermietungsmarkt differenziert betrachten zu können, werden Attribute gebildet, die die Qualität der Märkte bestimmen und mithilfe einer Clusteranalyse eingeordnet werden. Clusteranalysen dienen der Untersuchung von Objekten, die einander ähnlich sind und infolge dessen in einem Cluster zusammengeführt werden (*N.* de *Lange/Nipper* 2018, 354). Das Verfahren erfolgt mit Klassifikationsobjekten, dic mithilfe eines deterministischen bzw. eines disjunktiven, nichtüberlappenden Clusteranalyseverfahrens zugeordnet werden (*Bacher/Pöge et al.* 2011, 147). Dabei sind die U-Städte als die Menge der Objekte zu verstehen, die jeweils einen kommunalen Kurzzeitvermietungsmarkt bilden und in Cluster zusammengeführt werden. Die Zuordnung erfolgt abschließend, indem jedes Objekt nach Homogenitätskriterien nur einem Cluster zugeordnet wird.

Die Clusterbildung erfolgt durch die Bestimmung der Qualität des Kurzzeitvermietungsmarktes anhand von drei unterschiedlichen Attributen, indem Grenzwerte aus der Stichprobenverteilung mit empirischen p-Quantilen gebildet werden. Das Clusterverfahren ist dabei frei von Annahmen, da der Indikator *Anzahl der vermieteten Nächte* nicht zum Einsatz kommt. Für die Bestimmung der Attribute wurden unterschiedliche Versuche unternommen, um mit passenden Indikatoren die große Streuung der Erhebung adäquat abzubilden. Da bisher nur *Adamiak* vergleichbare großflächige Untersuchungen eines Landes (*Adamiak/Szyda et al.* 2019), eines Kontinents (*Adamiak* 2018) und weltweit (*Adamiak* 2019) durchführte, orientiert sich die Wahl geeigneter Attribute insbesondere an seinen Ausführungen. Um eine Millionenstadt wie etwa Hamburg mit einem kleinen Ferienort wie Baabe vergleichen zu können, werden drei verschiedene relative Attribute für die Bestimmung der Qualität eines Kurzzeitvermietungsmarktes herangezogen. Erstens wird die Marktgröße anhand der Anzahl der aktiven Unterkünfte im Verhältnis zur Bevölkerungszahl berechnet. Zweitens dient die Anbieterstruktur als Indiz für die Professionalität eines Marktes. Die Professionalisierungsrate, die aus dem Verhältnis von MFA zu allen Anbietern gebildet wird, gibt an, inwiefern ein Kurzzeitvermietungsmarkt von gewerblichen Anbietern oder von Homesharern dominiert wird. Drittens stellt der Indikator der Marktvolatilität einen methodischen Versuch dar, insbesondere den kleineren Märkten und ihrer hohen Marktdynamik Rechnung zu tragen. Durch die Volatilität wird die Schwankung des Angebots dargestellt und dient der Unterscheidung, ob kleinere Märkte dauerhaft oder saisonal als Fremdenbeherbergungsorte fungieren oder eher als spontane, auf kurzfristigen Bedarf reagierende Märkte einzuordnen sind.

Im Folgenden wird herausgestellt, woraus die drei Attribute Marktgröße (a), Professionalisierungsrate (b) und Marktvolatilität (c) gebildet werden.

a) Marktgröße

Zur Analyse des Marktangebots werden regelmäßig die Indikatoren Anzahl der Unterkünfte sowie die Unterkunftsdichte, d.h. die Anzahl der Unterkünfte im Verhältnis zur Einwohnerzahl[440], genutzt (*Adamiak* 2018, 68, 2019, 7 ff.). Besonders die Unterkunftsdichte gibt durch das Verhältnis zwischen Dauerbewohner und Gastgeber Aufschluss über das Konfliktpotenzial in einer Gemeinde, das von dem kommunalen Kurzzeitvermietungsmarkt ausgeht. In den zehn beliebtesten europäischen Metropolen nach absoluter Anzahl der Unterkünfte liegt die Unterkunftsdichte regelmäßig zwischen 47 (Berlin) und 88 Unterkünften (Rom) je 10.000 EW. Ausreißer nach oben sind Kopenhagen (176) und Amsterdam (147), nach unten Madrid (27) und Istanbul (9).[441] Bei typischen Fremdenbeherbergungsorten ist davon auszugehen, dass sie sich durch eine überdurchschnittlich hohe Unterkunftsdichte auszeichnen. Dies bestätigt *Adamiaks* Erhebung der europäischen Großstädte nach der Höhe der Unterkunftsdichte. Darunter sind nur typische Ferienorte wie etwa Batumi, Split, Marbella, Venedig und am unteren Ende der TOP-10 Nizza zu finden. Sie kommen auf 401, 342, 311, 267 und Nizza schließlich auf 184 Unterkünfte je 10.000 EW (*Adamiak* 2018, 68). Bei einem besonders niedrigen Verhältnis ist ein unproblematisches Nebeneinander von Wohnen und Kurzzeitvermietung anzunehmen. Die Marktgröße wird demnach durch die Unterkunftsdichte (ρ) abgebildet und stellt sich aus der Anzahl der aktiven Unterkünfte je Gemeinde (U) auf 10.000 Einwohner (EW) zusammen:

$$\rho = \frac{U}{EW} * 10.000$$

440 Die Einwohnerzahl wird dem Jahr entsprechend vom statistischen Bundesamt abgerufen *Destatis* 2018: Städte nach Fläche, Bevölkerung und Bevölkerungsdichte am 31.12.2017, im November 2018 wegen korrigierter Bevölkerung revidiert {https://destatis.de/DE/Themen/Laender-Regionen/Regionales/Gemeindeverzeichnis/Administrativ/Archiv/Standardtabellen/05_StaedteVorjahr.html}.

441 Die Datengrundlage ist von Airdna mit Bezug auf den frühen Dezember 2017 (*Adamiak* 2018, 67).

b) Professionalisierungsrate

Zur Beschreibung der Märkte wird zudem die Professionalisierungsrate hinzugezogen. Sie wird eingesetzt, um herauszustellen, inwiefern ein Markt von Airbnb-Vermietern geprägt ist, die mehr als eine Unterkunft im Kalenderjahr in der gleichen Stadt vermieten. Die Unterscheidung zwischen Einzel-Usern und MFA gilt als Abgrenzungsmerkmal für das Vorliegen von Homesharing und gewerblichen Angeboten, wie etwa bei Pensionen, Hostels und Bed-and-Breakfasts (*Adamiak* 2019, 3; *Aguilera/Artioli et al.* 2019, 10 f.; *Busch/Demary et al.* 2018, 52). Diese Formen der Beherbergungsbetriebe fallen nach gängiger Wohnraumdefinition (auch in Berlin) nicht unter den Anwendungsbereich der Zweckentfremdungsverbote (vgl. Kap. 5 B II. 2. lit. a). Ebenso ist der Fall denkbar, bei dem eine Vermietung von zwei Unterkünften stattfindet, wovon eine als Zweitwohnung regelmäßig und die andere als Hauptwohnung nur partiell vermietet wird. Hierbei verstießen beide Unterkünfte nicht gegen die gängigen Regularien der Zweckentfremdungsverbote. Eine rein dichotomische Zuordnung von Einzel-User gleich Homesharing und MFA gleich Zweckentfremdung ist deshalb nicht zielführend,[442] insbesondere auch, weil MFA unter einem Account auch Unterkünfte für andere Nutzer, wie etwa Familienmitglieder betreuen können (*Adamiak* 2019, 3).

Die Berechnung des Anteils der MFA ist für die Beschreibung der Professionalität eines Marktes dennoch hilfreich. Bei der Ermittlung der Professionalisierungsrate werden die MFA nicht bloß auf Ganze Unterkünfte eingeschränkt, weil Beherbergungsbetriebe oftmals die Unterkunftsart der Privatzimmer bei Airbnb nutzen. Dies führt automatisch zu einem erhöhten Anteil von Unterkünften, die professionell vermietet werden, zugleich aber nicht i.S.d. Zweckentfremdungsrechts zu einer Verschärfung der Wohnraummangellage beitragen. Der Anteil der Unterkünfte von MFA (Δ_{MFA}) lautet sodann:

$$\Delta_{MFA} = \frac{U_{MFA}}{U}$$

Nach der Rechnung kann der Anteil der MFA mehr als hundert Prozent erreichen. Dies ist dann der Fall, wenn der Anteil der Unterkünfte auf einem Markt von mehr MFA als von Einzel-Usern angeboten wird. Um insbesondere die Prägung des Marktes durch dauerhaft professionell ver-

---

442 a.A. *Segú* 2018, 7; *Mindl/Arentz* 2020, 8.

mietete Beherbergungsangebote darzustellen, werden zusätzlich einzelne Ausreißer durch einen Drei-Jahresdurchschnitt abgefedert. Dadurch wird die Professionalisierungsrate ($\overline{X}_{pro}$) durch das arithmetische Mittel von Δ_{MFA} ermittelt:

$$\overline{X}_{pro} = \frac{1}{3}\sum_{i=1}^{3} \Delta_{MFA}$$

c) Marktvolatilität

Die Marktvolatilität ist ein Maß für die Beständigkeit des Angebots. Dadurch wird insbesondere der hohen Dynamik des Homesharing Rechnung getragen, bei dem immer wieder Unterkünfte aktiv vermietet werden und dann wieder für einen längeren Zeitraum für Wohnzwecke genutzt werden. Um dieses stark schwankende Angebot abzubilden, wird auf den aus den Wirtschaftswissenschaften als Risikomaß bekannten Indikator der Volatilität zurückgegriffen. Dabei gibt die Volatilität auf Grundlage der Standardabweichung eines Verhältnisses innerhalb einer Zeitreihe die Schwankungsintensität wieder.[443] In der vorliegenden Untersuchung wird das Risikomaß auf die Größe des monatlichen Angebots eines Marktes von Ganzen Unterkünften im Verhältnis zu allen Unterkünften angewandt. Es ist davon auszugehen, dass besonders große Märkte tendenziell weniger anfällig für Schwankungen sind als kleine. Darum ist die Aussagekraft der Marktvolatilität bei der Frage, wie konstant das Angebot auf einem Kurzzeitvermietungsmarkt ist, gerade auf überschaubaren Märkten besonders ausgeprägt.

Abseits der tatsächlichen Vermietungsaktivität, stellt bereits ein hoher Anteil von Ganzen Unterkünfte am Gesamtmarkt einen Indikator für besonders fremdenbeherbergungsintensive Märkte dar. Die Marktvolatilität, d.h. die Standardabweichung dieses Verhältnisses berücksichtigt zudem die zeitliche Dimension, die insbesondere aus der Perspektive eines Reisenden monatlich Auskunft über die Vielfalt des Angebots wiedergibt. Ist ein Markt von hoher Volatilität geprägt, schwankt das Angebot im monatlichen Verlauf erheblich. Es kann bspw. von einem eventbezogenen Markt

443 *Gabler Wirtschaftslexikon*: Definition: Volatilität {https://gabler-banklexikon.de/definition/volatilitaet-62374}; *Gabler Wirtschaftslexikon*: Definition: Volatilität {https://wirtschaftslexikon.gabler.de/definition/volatilitaet-48641/version-271892}.

gesprochen werden. Insbesondere weniger nachgefragte Märkte können sich durch die spontane ad-hoc Erweiterung des lokalen Beherbergungsangebots über Airbnb, etwa in Zeiten eines überregionalen Events, durch besonders hohe Volatilität auszeichnen. Andersherum ist eine geringe Volatilität ein Indiz für ein von Beständigkeit geprägtes Angebot. Dabei ist insbesondere an traditionelle Ferienorte zu denken, wo die Buchung von Unterkünften besonders stark von einer Saisonalität gekennzeichnet sind. Für die Berechnung der Volatilität wird der gesamte Untersuchungszeitraum zugrunde gelegt und nicht etwa einzelne Jahre miteinander verglichen. Beide Herangehensweisen sind grundsätzlich möglich. Der Zweck des Indikators ist im Gegensatz zum eigentlichen Einsatzgebiet der Volatilität nicht, die Entwicklung einer Schwankungsbreite für die Zukunft zu projizieren (Wertpapierhandel), sondern eine Aussage über die Qualität des Marktes zu geben. Für diesen Zweck ist ein möglichst großer Untersuchungszeitraum zu wählen, um den Ausreißern möglichst wenig Gewicht zuzugestehen. Als Basis dafür dient das Verhältnis der Ganzen Unterkünfte zu allen Unterkünften:

$$\Delta_{entire} = \frac{U}{U_{entire}}$$

Die Volatilität ergibt sich sodann aus der Streuungsanalyse der Stichprobe anhand der empirischen Standardabweichung des Angebotsverhältnisses über 36 Monate:

$$= \sqrt{\frac{\Sigma(\Delta_{entire} - \overline{\Delta_{entire}})^2}{36}}$$

III. Evaluation der Zweckentfremdungsverbote

Das Ziel der Evaluation ist die Erstellung einer zusammenfassenden Beurteilung über die Wirkung der Zweckentfremdungsverbote. Dafür wird ein summatives bzw. ein ex-post-facto-Design (*Plé* 2015, 28; *Wiechmann/Beier* 2004, 388) angewandt, das auf der Prüfung der Wirkungs- (Effektivität) und Effizienzkontrolle basiert. Diese bewertet den Zustand einer Situation nach erfolgter Maßnahme. Im Mittelpunkt hierbei steht insbesondere die Frage, wie viele Wohneinheiten potenziell zweckentfremdet werden und ob das Verbot in der Lage war, die Vermietungsaktivität dahingehend zu verringern, dass im Ergebnis eine Stagnation oder gar ein Rückgang der Anzahl der Z-Unterkünfte zu messen ist. Da das Zweckentfremdungsverbot nicht als zeitlich abgeschlossene Intervention begriffen werden kann, an dessen Ende eine Evaluation stattfindet, ist anzunehmen, dass nach Inkrafttreten eines Zweckentfremdungsverbots und nach Ablauf einer gewissen Wirkungsdauer die Anzahl der zweckentfremdeten Wohneinheiten in der Summe sinkt. Dieser Annahme steht zum einen das erwartete Vollzugsdefizit und zum anderen die Tatsache entgegen, dass Kurzzeitvermietungen über Airbnb im Untersuchungszeitraum ein noch recht junges und beliebtes Phänomen darstellen, bei dem grundsätzlich von einem Wachstum der potenziell zweckentfremdeten Wohneinheiten auszugehen ist. Darum handelt es sich bei der Evaluation des Verbots um eine Prüfung, ob im gegenwärtigen Untersuchungszeitraum die Zunahme beschränkt werden konnte.

Grundsätzlich lassen sich vier Evaluationsarten unterscheiden: die Vollzugs-, Wirkungs-, Zielerreichungs- und Effizienzkontrolle (*Wiechmann/Beier* 2004, 388). Gegenstand der vorliegenden Evaluation ist in erster Linie die Wirkungs- und Effizienzkontrolle. Die **Vollzugskontrolle** kommt ebenfalls eingeschränkt zum Einsatz, indem geprüft wird, ob überhaupt Verwaltungshandeln im Bereich der Zweckentfremdung von Wohnraum erfolgte. Zum Ausmaß der Wirkung kann die Vollzugskontrolle allerdings nichts beitragen. Dass aber vermehrter Vollzug in den Z-Städten stattfindet, zeigen vor allem die Evaluation in Baden-Württemberg und Nordrhein-Westfalen (Kap. 1 B II. 4.) und auch die im Rahmen einer Bachelorarbeit durchgeführte Befragung der zuständigen Stellen der Z-Städte (*Böse* 2017, 35 ff.).

Mit der Evaluation sollen insbesondere Erkenntnisse darüber gewonnen werden, ob ein lenkender Effekt von den Verboten ausgeht. Darum liegt der Schwerpunkt der Untersuchung bei der **Wirkungskontrolle.** Ob dabei ein gemessener Effekt tatsächlich auf das Instrument zurückzuführen ist, bleibt oftmals nur im spekulativem Bereich (*Wiechmann/Mörl et al.* 2012, 81). Das bedeutet, dass eine beobachtbare Veränderung der Vermietungsaktivität nicht unmittelbar auf die Wirkung eines Zweckentfremdungsverbots zurückzuführen ist, sondern auch andere Ursachen in Frage kommen. Dieses Grundproblem der Wirkungsforschung ist nicht gänzlich zu lösen, allerdings kann durch Hinzunahme weiterer Parameter zumindest über die Wahrscheinlichkeit der Kausalität diskutiert werden. Für eine **Zielerreichungskontrolle** ist ein operationalisierbares Ziel notwendig (*Wiechmann/Mörl et al.* 2012, 82), das in diesem Fall nicht explizit vorliegt. Als Zielrichtung kann angenommen werden, dass das Verhältnis von Z-Unterkünften zum Gesamtwohnungsbestand sinken oder mindestens gleichbleiben soll. Neben der Wirkungsprüfung gibt schließlich die

Effizienzkontrolle Aufschluss über das Kosten-Nutzen-Verhältnis (ebd., 82). Dabei werden nur die direkten Kosten berücksichtigt, die lediglich durch das eingesetzte Personal abgebildet werden. Es handelt sich also eher um eine vage Einordnung, die die Effektivierung eines Zweckentfremdungsverbots beziffern soll. Interessant ist dabei vor allem die Frage, ob mehr Personal tatsächlich zu höherer Wirkkraft führt.

Die Durchführung der Wirkungskontrolle erfolgt anhand eines Hypothesentests, der auf die Vermietungsaktivität in jeder Z-Stadt angewandt wird. Dazu dient eine einfache, unspezifische und gerichtete Nullhypothese mit entsprechender Alternativhypothese (*Hartmann/Lois* 2015, 14 f.). In knapp drei Viertel aller U-Städte nimmt sowohl die Anzahl der Unterkünfte als auch die Anzahl der Z-Unterkünfte 2017 im Vergleich zum Vorjahr um mindestens 5 Prozent zu. Deshalb ist grundsätzlich von einem Wachstum der Unterkünfte auszugehen. Die Nullhypothese H_0 lautet deshalb:

Die Vermietungsaktivität in den Z-Städten nimmt zu.

Die Alternativhypothese H_1 dazu lautet:

Die Vermietungsaktivität in den Z-Städten stagniert oder nimmt ab.

Kann die Nullhypothese nicht falsifiziert werden, kann auch nicht von einem messbaren Effekt ausgegangen werden. Wird sie falsifiziert, ist die Alternativhypothese zu prüfen. Gerade in der Wachstumsphase der Airbnb-Nutzung in den Jahren 2015 bis 2017 kann davon ausgegangen werden, dass im Falle einer Falsifikation der Nullhypothese die Ursache für das Vorliegen einer Stagnation oder eines negativen Wachstums auf eine Intervention von außen zurückzuführen ist. Ob tatsächlich das Zweckentfremdungsverbot oder andere Maßnahmen dafür verantwortlich sind, wird unter Hinzunahme der theoretischen Ergebnisse (vgl. Kap. 4 C) und der rechtlichen Ausgestaltung der Zweckentfremdungsverbote (vgl. Kap. 5 C) abschließend diskutiert.

Tab. 9: Kategorien der Vermietungsaktivität

Kategorie	Indikator	Resultat
Unterkünfte	*Teilergebnis*	**WAHR/FALSCH**
	Anzahl der Unterkünfte	WAHR/FALSCH
	Anzahl der Z-Unterkünfte	WAHR/FALSCH
	Anteil der MFA-Unterkünfte	WAHR/FALSCH
	Verhältnis Z-Unterkünfte/Neubau	WAHR/FALSCH
User	*Teilergebnis*	**WAHR/FALSCH**
	Anzahl der User	WAHR/FALSCH
	Anzahl der MFA-User	WAHR/FALSCH
	Anteil-MFA	WAHR/FALSCH
Tendenz	*Teilergebnis*	**WAHR/FALSCH**
	Monatsveränderung	WAHR/FALSCH
H_0	*Gesamtergebnis*	**WAHR/FALSCH**

Die Prüfung der Vermietungsaktivität erfolgt durch ein Set von Indikatoren, das sich in die drei Kategorien *Unterkünfte*, *User* und *Tendenz* unterteilt (vgl. Tab. 9). Dabei wird stets die Veränderung vom Jahr 2016 zum Jahr 2017 zugrunde gelegt. In der Kategorie Unterkünfte wird die Veränderung anhand der Anzahl der Unterkünfte und der Z-Unterkünfte, der Anteil der Unterkünfte von MFA und das Verhältnis der Z-Unterkünfte zu neu entstandenen Wohneinheiten gemessen. Die Kategorie User setzt sich aus der Anzahl der User, der Anzahl der MFA-User und dem Anteil der MFA-User im Vergleich zu allen Usern zusammen. Abschließend wird in der Kategorie Tendenz noch die monatliche Entwicklung des Gesamtangebots im Untersuchungszeitraum berücksichtigt. Als Randbedingung für die Messung gilt, dass eine Zunahme mindestens fünf Prozent betragen muss. Ein Resultat ist demnach *WAHR*, wenn der relative Anstieg eines Ganzzahlwerts im jeweiligen Indikator mindestens fünf Prozent beträgt. Da es sich bei den Verhältnis- und Anteilswerten sowie der Monatsveränderung bereits um relative Werte handelt, gilt hier der tatsächliche Betrag. Das Resultat gilt als *FALSCH*, wenn der Ganzzahlwert prozentual sinkt oder stagniert. Die Resultate der Indikatoren werden summarisch zu kategorischen Resultaten aggregiert. Die Hypothese ist zu verwerfen, sobald das Resultat in zwei Kategorien als *FALSCH* gilt. Andernfalls ist die Hypothese beizubehalten. Die Gewichtung der Kategorien geht auf Beobachtungen der Vermietungsaktivität zurück. Ob ein Effekt vorliegt, ist demnach nicht nur an der Kategorie *Unterkünfte* zu bemessen. Sie stellt zwar im Ergebnis die wichtigste Kategorie für die Wirkkraft eines Zweckentfremdungsverbots dar, die Indikatoren beziehen sich allerdings lediglich auf die gegenwärtige Situation. Deshalb werden die Kategorien *User* und *Tendenz* in der Prüfung hinzugenommen. Die Entwicklung der User zeigt, ob ein Wachstumspotenzial von mehr Kurzzeitvermietern auf einem Markt vorliegt oder alternativ, ob es stagniert oder abnimmt. Ebenso verhält es sich mit den Mehrfachanbietern. Die Betrachtung des Verhältnisses von Mehrfachanbietern zu allen Usern (Anteil-MFA) soll im Falle eines Rückgangs der User sicherstellen, dass diese den Rückgang nicht durch weitere Professionalisierungstendenzen (über)kompensieren und im Ergebnis möglicherweise mehr Z-Unterkünfte vorliegen. Der Indikator der Tendenz bzw. Monatsveränderung lässt letztlich auf die Entwicklung schließen. Er besteht aus der durchschnittlichen monatlichen Veränderung des Angebots auf einem Markt. Daraus lässt sich erahnen, in welche Richtung die zukünftige Vermietungsaktivität auf einem Markt zeigt.

Neben der Fallprüfung der Z-Städte wird zudem anhand einer Vergleichsgruppe die mittelbare Wirkung von Zweckentfremdungsverboten untersucht. Dabei werden die Z-Städte ähnlichen Städten ohne Verbot gegenübergestellt und anhand ihrer Vermietungsaktivität verglichen, um der Frage nachzugehen, ob die Vermietungsaktivität in Z-Städten tendenziell stärker abnimmt oder alternativ weniger stark zunimmt als in Städten ohne Zweckentfremdungsverbot. Für die Wahl der Vergleichsstädte gilt grundlegend, dass sie eine annährend ähnliche Bevölkerungsanzahl haben und dem gleichen Cluster zugeordnet sind. Um einen möglichst eindeutigen Effekt messen zu können, kommen bei der Wahl der Z-Städte nur jene in Betracht, deren Zweckentfremdungsverbote über den gesamten Untersuchungszeitraum in Kraft sind.

Zusammenfassend ist festzuhalten, dass die hier angeführte Evaluation der Zweckentfremdungsverbote selbstverständlich Grenzen hat. Zum einen handelt es sich beim Untersuchungszeitrum nur um einen kleinen zeitlichen Ausschnitt von drei Jahren. Zum anderen sind die Städte nur eingeschränkt miteinander vergleichbar. So ist die Anziehungskraft, die von Berlin für Reisende und potenzielle Airbnb-Vermieter ausgeht, nicht mit der von Dortmund zu vergleichen. Ebenso verhält es sich bei der Wohnraumsituation und der Bevölkerungsentwicklung. Auch spielen kommunale Prioritätensetzungen für Vollzug, Personal und Ressourcen generell eine wichtige Rolle für die Frage, ob ein Effekt eines Zweckentfremdungsverbots zu messen ist. Schließlich wird mit dem Einsatz von Zweckentfremdungsverboten nicht nur das Ziel verfolgt, Kurzzeitvermietungen zu steuern, sondern auch andere Formen der Zweckentfremdung unter dem Regime der jeweiligen Tatbestände zu regulieren.

IV. Raumanalyse

Neben der Anzahl der zweckentfremdeten Wohneinheiten ist auch die räumliche Konzentration von Unterkünften, insbesondere für die Frage der städtebaulichen Belange von Bedeutung. Um nicht nur Z-Städte zu berücksichtigen, werden beispielhaft die sechs größten Kurzzeitvermietungsmärkte hinsichtlich der Häufung von Kurzzeitvermietungen untersucht. Dazu stellte *Benitez-Aurioles* für Barcelona und Madrid fest, dass über 80 Prozent der Airbnb-Unterkünfte innerhalb eines Radius von drei Kilometern vom Stadtzentrum zu finden sind (*Benítez-Aurioles* 2018, 239). Um Aussagen über die räumliche Konzentration von Unterkünften in deutschen Städten zu treffen, werden entsprechende Radien gewählt, die etwa die Hälfte der Unterkünfte von einem zentralen Punkt aus abbilden. Um zusätzlich auch die kleinteilige räumliche Verteilung von Unterkünften herauszustellen, werden Heatmaps erzeugt, die die Häufung von besonders vielen Unterkünften in unmittelbarer Nachbarschaft farblich kontrastierend hervorheben. Dazu werden in 250 Metern-Radien[444] beispielhaft *Hotspots* der Städte identifiziert und untersucht.

444 Ein Radius von 250 Metern hat eine Fläche von 196.349,541 Quadratmetern bzw. 0,196 Quadratkilometern.

Abb. 4: Hotspot mit 250m-Radius am Beispiel des Belgischen Viertels in Köln

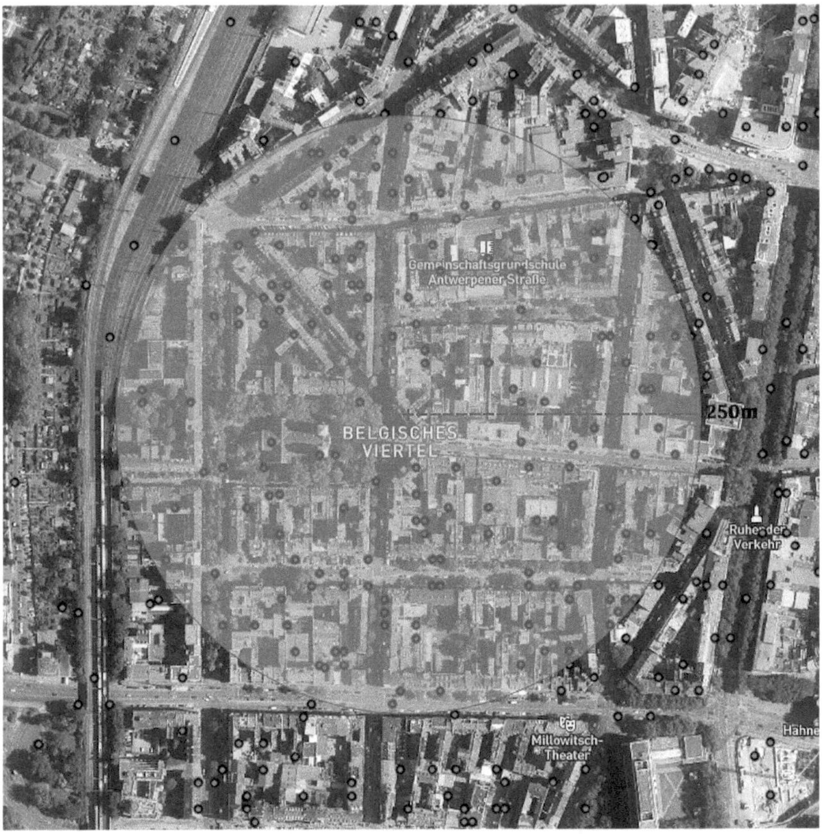

Die Betrachtung beschränkt sich nicht nur auf Z-Unterkünfte, sondern berücksichtigt alle Unterkünfte auf einer Fläche von 0,196 Quadratkilometern. Um eine Vergleichbarkeit herzustellen, wird sodann die Dichte in Bezug auf die Fläche und Bevölkerungszahl ermittelt. Die Wahl der Radiusgröße ist einerseits damit zu begründen, dass etwa ein Durchmesser von 500 Metern die unmittelbare Umgebung einer Nachbarschaft in einer Großstadt von etwa acht bis zwölf Baublöcken abbildet (vgl. Abb. 4). Andererseits wurde die Wahl in Anlehnung an die Untersuchung zum Einfluss der Mietpreisentwicklung durch Airbnb von *Duso/Michelsen et al.* in Berlin getroffen (vgl. Kap. 2 C I. 3.). Die Autoren wählten einen 250m-Radius, weil der Standort der Unterkünfte von den Usern um bis zu 150 Meter verschoben werden kann (vgl. A I.) und deswegen eine kleinere

Kreisgröße die Gefahr von Messfehlern erhöhe (*Duso/Michelsen et al.* 2020, 32).

B. Ergebnisse der Untersuchung

Zunächst werden die Untersuchungsergebnisse überblicksartig (I.) dargestellt, um insbesondere die Qualität der Eigenerhebung zu prüfen und die grundlegende Entwicklung des deutschen Kurzzeitvermietungsmarktes aufzuzeigen. Danach folgt die Einordnung der kommunalen Kurzzeitvermietungsmärkte (II.) mithilfe der Clusteranalyse, die Durchführung der Wirkungsprüfung der Zweckentfremdungsverbote (III.) sowie die beispielhafte Analyse der räumlichen Verteilung der Unterkünfte in den sechs größten deutschen Märkten (IV.). Abschließend werden die wesentlichen Ergebnisse der Untersuchung zusammengefasst (V.).

I. Grundlagen

Der erhobene Datensatz umfasst insgesamt 1.985.238 Reviews, die bei 143.557 Unterkünften in 4.546 Gemeinden von 114.557 Usern im Zeitraum von drei Jahren abgeben wurden. 2015 beläuft sich das Gesamtangebot auf 41.816 Unterkünfte und verteilt sich zu einem Viertel auf Berlin, zu jeweils etwa einem Zehntel auf München und Hamburg sowie einem Zwanzigstel auf Köln. Allein diese vier Städte akkumulieren zusammen knapp die Hälfte aller Unterkünfte in Deutschland. 2016 verdoppelt sich die Gesamtanzahl der Unterkünfte auf 84.558 und auch die Anzahl der Gemeinden, in der mindestens eine aktive Unterkunft zu finden war, nahm um ein Drittel auf 3.863 Gemeinden zu. Dabei ist knapp die Hälfte (47%) aller Unterkünfte – genau genommen 39.808 Unterkünfte – in den vier Millionenstädten vorzufinden. 2017 nimmt das Gesamtangebot der Unterkünfte in Deutschland mit 17 Prozent vergleichsweise geringer zu als im Vorjahr und umfasst insgesamt 98.588 Unterkünfte. Die Anzahl der Gemeinden, in denen mindestens eine aktive Unterkunft vorzufinden ist, wächst um 13 Prozent auf insgesamt 4.348 Gemeinden. Auf die Millionenstädte verteilen sich nahezu unverändert 39.704 Unterkünfte, was einem Anteil von 40 Prozent entspricht. Auf die 30 Städte mit den meisten Unterkünften entfallen 63,5% des gesamtdeutschen Airbnb-Angebots. Die Tendenz von 2016 setzte sich 2017 fort, indem sich das Angebot schwerpunktmäßig nicht mehr nur in den Millionenstädten vergrößert, sondern sich zunehmend auf weitere Großstädte sowie kleinere und mittlere Gemeinden ausweitet. Inwiefern die Ergebnisse der Eigenerhebung belastbar sind, wird durch den Vergleich mit Fremderhebungen getestet (1.). Danach folgt die Bildung der Untersuchungsstädte, der U- und Z-Städte (2.).

1. Eigenerhebung im Vergleich

Da es sich beim Web-Scraping keineswegs um eine fehlerfreie Methode handelt, wird zur höheren Belastbarkeit ein Datenvergleich der Erhebungsergebnisse durchgeführt. Über *Statista* ist ein Datensatz des Anbieters *Airdna* ermittelt worden[445], der die Anzahl von Airbnb-Unterkünften in 17 deutschen Städten wiedergibt und für eine Datenkontrolle zugrunde gelegt wird (vgl. Tab. 10). Die Werte von 2015 und 2017, also vom Anfang und Ende des Untersuchungszeitraums, werden anhand ihrer relativen Abweichung miteinander verglichen. Farblich hervorgehoben sind Abweichungen der Eigenerhebung von mehr als 20 Prozent im Vergleich zur Fremderhebung. 2015 liegen bei acht Städten entsprechende Abweichungen vor, 2017 bei nur noch zwei Städten. Mit einer Abweichung von mehr als 50 Prozent stellt der Wert für Bonn im Jahr 2017 die größte Diskrepanz dar. Insgesamt fallen die Werte der Eigenerhebung höher aus als die der Fremderhebung, allerdings fällt die Abweichung in den Summen moderat (15,6 %) bis gering (6 %) aus. Die Ursache hierfür ist nicht nachvollziehbar und es kann weder davon ausgegangen werden, dass die Daten von Airdna akkurater sind als die der Eigenerhebung noch umgekehrt.

---

445 *Airdna.co* 2019: Anzahl der Inserate von Airbnb-Unterkünften in ausgewählten Städten in Deutschland in den Jahren 2015, 2017 und 2018, Statista {https://de.statista.com/statistik/daten/studie/506272/umfrage/anzahl-der-inserate-von-airbnb-unterkuenften-in-deutschland-nach-staedte/}; *Amt für Statistik Berlin Brandenburg*: Gebäude und Wohnen, Regionaldaten {https://statistik-berlin-brandenburg.de/regionalstatistiken/r-gesamt_neu.asp?Ptyp=410&Sageb=31000&creg=BBB&anzwer=9#tabelle}; *Thüringer Landesamt für Statistik*: Bestand an Wohnungen in Wohn- und Nichtwohngebäuden am 31. Dezember {https://statistik.thueringen.de/datenbank/portrait.asp?auswahl=krf&nr=51&vonbis=&TabelleID=kr000716}.

Tab. 10: Datenvergleich Eigenerhebung und Airdna.co 2019

Vergleichsdatensatz Fremderhebung, Eigenerhebung nach Städten						n = 17
	2015			**2017**		
Stadt	**Airdna**	**Eigene**	**rel. Abw.**	**Airdna**	**Eigene**	**rel. Abw.**
Berlin	10.479	10.379	-1,0%	18.614	19.374	4,1%
München	3.316	4.571	37,8%	6.524	7.168	9,9%
Hamburg	2.583	3.321	28,6%	6.968	7.410	6,3%
Köln	1.681	2.523	50,1%	6.257	5.752	-8,1%
Düsseldorf	945	1.015	7,4%	2.739	2.946	7,6%
Frankfurt	821	986	20,1%	1.968	2.373	20,6%
Leipzig	790	892	12,9%	2.169	2.397	10,5%
Nürnberg	484	549	13,4%	1.192	1.427	19,7%
Dresden	447	547	22,4%	1.119	1.265	13,0%
Stuttgart	312	452	44,9%	1.079	1.205	11,7%
Bremen	264	320	21,2%	707	694	-1,8%
Bonn	219	255	16,4%	609	939	54,2%
Essen	167	197	18,0%	457	474	3,7%
Münster	143	166	16,1%	497	499	0,4%
Dortmund	105	147	40,0%	354	411	16,1%
Bochum	71	74	4,2%	194	217	11,9%
Bielefeld	55	52	-5,5%	162	170	4,9%
Gesamt	22.882	26.446	15,6%	51.609	54.721	6,0%

Ein weiterer Abgleich soll klären, ob die Eigenerhebung möglicherweise mehr Unterkünfte zählt als tatsächlich vorhanden sind. Bei der Studie über die Sharing Economy in Deutschland lag den Autoren ein Datensatz exklusiv von Airbnb zur Verfügung (*Busch/Demary et al.* 2018, 135). Er umfasst nicht nur einen Teilausschnitt des deutschen Airbnb-Angebots, sondern liefert aggregiert auf die Bundesländer die Gesamtsummen der Unterkünfte zum Stichtag des 01.01.2017. Dabei stellt sich heraus, dass die Daten der Eigenerhebung tendenziell nach unten abweichen (vgl. Tab. 11). Lediglich in Hamburg werden 76 Unterkünfte (relative Abweichung von 1,1%) mehr gezählt. Im Vergleich zu den Daten der Studie weicht die Eigenerhebung in der Summe um rund zehn Prozent nach unten ab (rund 10.000 Unterkünfte weniger). Dabei ist die Anzahl der Unterkünfte in den drei Bundesländern Mecklenburg-Vorpommern, Niedersachen und Sachsen-Anhalt mit mehr als 20% besonders auffällig. Die relativen Abweichungen bei den Summen halten sich mit unter 15 Prozent noch in Grenzen. Insbesondere bei der Anzahl der Ganzen Unterkünfte sind sieben größere Abweichungen festzustellen. Mecklenburg-Vorpommern bildet dabei mit knapp 39 Prozent die Spitze.

Tab. 11: Datenvergleich Eigenerhebung und Busch/Demary et al. 2018, 51

Vergleichsdatensatz Fremderhebung, Eigenerhebung nach Bundesländern						
	Anzahl der aktiven Unterkünfte			**nur Ganze Unterkünfte**		
Bundesland	**Airbnb**	**Eigene**	**rel. Abw.**	**Airbnb**	**Eigene**	**rel. Abw.**
Baden-Württemberg	7.800	7.051	-9,6%	4.700	4.002	-14,9%
Bayern	16.200	14.874	-8,2%	9.300	8.390	-9,8%
Berlin	21.100	19.555	-7,3%	11.100	10.242	-7,7%
Brandenburg	1.300	1.083	-16,7%	900	757	-15,9%
Bremen	800	643	-19,6%	500	373	-25,4%
Hamburg	6.900	6.976	1,1%	4.200	4.188	-0,3%
Hessen	5.200	4.723	-9,2%	2.800	2.470	-11,8%
Mecklenburg-Vorpommern	2.900	1.828	-37,0%	2.500	1.537	-38,5%
Niedersachsen	6.300	4.855	-22,9%	4.100	3.008	-26,6%
Nordrhein-Westfalen	14.100	12.959	-8,1%	8.900	8.053	-9,5%
Rheinland-Pfalz	2.600	2.088	-19,7%	1.900	1.442	-24,1%
Saarland	300	261	-13,0%	200	185	-7,5%
Sachsen	4.200	3.671	-12,6%	2.600	2.181	-16,1%
Sachsen-Anhalt	600	444	-26,0%	400	277	-30,8%
Schleswig-Holstein	3.500	2.815	-19,6%	2.700	2.024	-25,0%
Thüringen	900	732	-18,7%	600	473	-21,2%
Gesamt	94.700	84.558	-10,7%	57.400	49.602	-13,6%

Die Werte der Eigenerhebung liegen genau in der Mitte der Erhebung von *Airdna* und den Daten der Studie. Dass die Anzahl der Unterkünfte von der tatsächlichen Anzahl nach unten abweicht, ist keine Überraschung, da wie bereits ausgeführt (vgl. A II.) nicht alle Buchungen mit (öffentlichen) Reviews hinterlegt sind. Diese können aber entscheidend bei der Frage sein, ob eine Unterkunft als aktiv mitgezählt oder als inaktiv herausgefiltert wird. Ferner ist, neben dem Problem des Stichtags (vgl. A I.), auch gerade bei selbst erhobenen Daten die Latenzzeit der Abgabe einer Review nicht zu unterschätzen. So liegt dem Unternehmen selbst das tatsächliche Datum der Buchung vor, die öffentliche Bewertung kann aber bis zu vier Wochen später durch den User erfolgen. Insgesamt betrachtet kommen die Werte der Eigenerhebung den Werten von Airbnb näher als die von

Airdna. Die Datenqualität von Airbnb selbst kann aus technischen Gründen, die das Web-Scraping nach sich zieht, nicht erreicht werden. Die Erhebungsmethode bleibt stets eine Annäherung an die realen Umstände. Die vorliegende Erhebung spricht mit einer Genauigkeit von rund 90 Prozent aber durchaus *für* die Repräsentationsfähigkeit der tatsächlichen Airbnb-Situation.

2. U-Städte

Für die Untersuchung des Kurzzeitvermietungsmarkts werden alle deutschen Gemeinden berücksichtigt, die im Untersuchungszeitraum durchschnittlich mindestens 30 aktive Unterkünfte vorweisen (vgl. A II. 1.). Diese Bedingung erfüllen 93 Städte und Gemeinden (vgl. Tab. 12) und werden im Folgenden als *U-Städte* bezeichnet.

Tab. 12: Liste der U-Städte nach Anzahl der Unterkünfte 2017 (Z-Städte fett)

Rang	Gemeinde	Unterkünfte gesamt			Ganze Unterkünfte			Z-Unterkünfte		
		2015	**2016**	**2017**	**2015**	**2016**	**2017**	**2015**	**2016**	**2017**
1	**Berlin**	10.379	19.555	19.374	6.028	10.242	10.388	1.942	3.370	3.695
2	**Hamburg**	3.321	6.976	7.410	2.051	4.188	4.551	707	1.464	1.800
3	**München**	4.517	8.301	7.168	2.445	4.484	3.942	664	1.272	1.216
4	**Köln**	2.523	4.976	5.752	1.594	2.946	3.452	539	928	1.213
5	Düsseldorf	1.015	2.406	2.946	677	1.646	2.061	203	472	672
6	Leipzig	892	1.881	2.397	527	1.030	1.422	203	349	494
7	Frankfurt a.M.	986	2.127	2.373	406	983	1.108	95	210	287
8	Hannover	721	1.567	2.170	375	880	1.257	57	150	256
9	Nürnberg	549	1.134	1.427	277	608	807	112	234	331
10	Dresden	547	1.128	1.265	373	677	832	148	276	370
11	**Stuttgart**	452	1.018	1.205	213	433	613	93	171	216
12	Kassel	103	255	957	36	99	422	11	28	212
13	**Bonn**	255	534	939	150	295	477	49	99	159
14	**Freiburg i.Br.**	359	703	713	200	336	394	72	134	155
15	Bremen	320	611	694	191	351	436	72	149	216
16	**Heidelberg**	278	563	613	171	303	372	80	142	186
17	**Münster**	166	413	499	82	186	255	40	82	132
18	Essen	197	398	474	143	272	327	40	109	145
19	Kiel	150	426	451	67	201	250	25	58	97
20	Aachen	160	388	449	89	212	253	43	75	113

Rang	Gemeinde	Unterkünfte gesamt			Ganze Unterkünfte			Z-Unterkünfte		
		2015	**2016**	**2017**	**2015**	**2016**	**2017**	**2015**	**2016**	**2017**
21	Mannheim	125	348	423	61	172	231	25	69	95
22	**Dortmund**	147	325	411	86	183	267	29	82	125
23	Lübeck	155	318	384	100	210	286	48	93	141
24	Wiesbaden	141	246	372	87	148	215	29	45	85
25	Mainz	127	282	348	75	155	196	34	59	79
26	Karlsruhe	124	300	346	61	125	169	21	39	64
27	Augsburg	103	233	298	71	131	177	28	60	76
28	Potsdam	107	223	294	67	129	200	19	47	82
29	**Konstanz**	123	258	289	84	160	190	41	68	98
30	Erfurt	84	195	272	48	114	170	21	48	84
31	Regensburg	102	242	269	61	144	175	24	62	81
32	Laatzen	80	161	255	52	105	143	3	7	15
33	Friedrichsh.	86	240	254	45	122	155	19	51	75
34	Baden-Baden	83	145	230	72	128	188	28	43	75
35	Rostock	110	244	223	68	148	149	26	55	63
36	Göttingen	76	194	221	30	73	107	11	27	36
37	Bochum	74	181	217	43	99	131	18	30	51
38	Offenbach a.M.	93	179	214	49	92	114	17	21	32
39	Tübingen	82	166	205	43	84	115	22	40	58
40	Würzburg	62	174	198	34	91	103	16	40	61
41	Lüneburg	85	159	197	55	79	111	21	36	53
42	Trier	71	152	185	47	94	123	26	53	68
43	Garmisch-Part.	52	117	182	46	102	172	18	47	76
44	Saarbrücken	49	136	182	31	87	129	10	29	50
45	Duisburg	64	140	175	46	98	122	14	31	44
46	Bamberg	72	148	173	51	93	111	25	53	74
47	Darmstadt	51	141	171	25	56	89	6	24	34
48	Bielefeld	52	145	170	21	64	79	4	17	32
49	Oldenburg	54	114	161	29	62	91	15	28	36
50	Weimar	65	134	155	44	82	98	24	41	49
51	Fürth	64	125	154	41	69	85	10	19	29
52	Winterberg	40	113	153	39	105	147	4	17	43
53	Braunschweig	55	125	151	29	63	74	11	22	29
54	Braunlage	40	96	149	40	96	141	9	19	34
55	Flensburg	71	131	146	48	83	87	20	38	37
56	Wuppertal	38	95	144	18	62	99	9	20	37
57	Koblenz	48	114	143	35	64	91	15	25	43

Rang	Gemeinde	Unterkünfte gesamt			Ganze Unterkünfte			Z-Unterkünfte		
		2015	2016	2017	2015	2016	2017	2015	2016	2017
58	Halle (Saale)	51	98	138	29	48	69	8	20	40
59	Bayreuth	56	143	133	32	56	71	8	18	30
60	Jena	41	122	133	14	52	75	7	22	33
61	Sylt	87	152	119	79	138	106	29	45	41
62	Ratekau	27	79	117	22	71	101	6	18	39
63	Osnabrück	49	102	111	25	44	59	5	17	29
64	Cuxhaven	35	66	110	34	55	97	6	21	31
65	Fuldatal	18	39	109	7	17	45	1	3	20
66	Scharbeutz	39	71	109	39	60	92	12	15	26
67	Chemnitz	43	87	108	21	43	66	5	18	28
68	Krefeld	40	93	108	27	67	77	5	19	30
69	Kaiserslautern	23	83	106	16	41	60	4	14	23
70	Magdeburg	36	94	106	15	43	53	4	13	21
71	Meerbusch	25	66	102	21	45	67	4	11	17
72	Neuss	40	88	101	25	62	68	6	14	26
73	Überlingen	44	93	100	34	71	75	14	28	33
74	Marburg	38	97	99	16	46	55	8	20	37
75	Baabe	52	99	95	52	96	93	5	15	15
76	Erlangen	28	74	95	12	28	55	7	13	25
77	Hildesheim	35	95	94	18	32	41	1	7	12
78	Bodolz	32	70	92	27	52	62	9	14	24
79	Ulm	24	65	91	10	29	40	2	8	17
80	Ratingen	31	69	86	25	50	63	2	14	17
81	M.-Gladb.	25	67	84	17	39	48	3	9	17
82	Oberhausen	30	63	80	26	49	63	7	19	33
83	Solingen	29	55	79	19	42	66	3	5	16
84	Berg. Gladb.	25	59	77	20	45	58	4	11	18
85	Hürth	17	45	77	8	23	42	4	6	9
86	Mülheim a.d.R.	20	60	77	16	47	59	6	16	19
87	Fehmarn	48	76	75	43	71	72	5	16	16
88	Leverkusen	28	55	74	18	36	46	6	9	16
89	Ingolstadt	14	48	72	8	27	36	2	4	12
90	Ludwigsburg	22	51	70	13	27	39	6	11	22
91	Passau	15	72	66	7	30	41	3	15	19
92	Schwerin	29	66	65	24	56	54	11	26	28
93	Wolfsburg	16	51	63	7	25	40	1	7	11

In die U-Städte reihen sich sowohl Großstädte (z.B. Berlin, Hamburg, Frankfurt a.M. und Düsseldorf) als auch Orte mit Fremdenbeherbergungsfunktion (z.B. Sylt, Fehmarn, Garmisch-Partenkirchen und Winterberg) sowie Klein- und Mittelstädte (z.B. Fuldatal, Ratingen und Meerbusch). Ihr Anteil bei der Gesamtzahl der erhobenen Unterkünfte in Deutschland bildet 2015 76,97 Prozent, 2016 76,95 Prozent und 2017 72,31 Prozent ab (vgl. Abb. 5). Damit sind im Untersuchungszeitraum durchschnittlich drei Viertel (75,41%) aller Airbnb-Unterkünfte in Deutschland Gegenstand der Untersuchung.

Abb. 5: Anteil der Unterkünfte der U-Städte

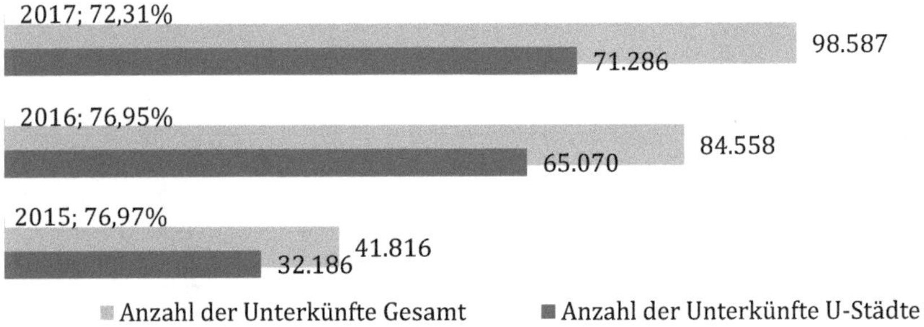

Mit knapp 20.000 Unterkünften im Jahr 2017 ragt der Berliner Kurzzeitvermietungsmarkt mit etwa einem Fünftel des gesamtdeutschen Airbnb-Angebots besonders heraus. Neben Berlin gehören auch die Städte Hamburg und München mit gut 7.000 Unterkünften, Köln mit gut 5.700 Unterkünften sowie Düsseldorf, Leipzig, Frankfurt a. M. und Hannover mit knapp 3.000 bzw. gut 2.000 Unterkünften und Nürnberg, Dresden und Stuttgart mit noch über 1.000 Unterkünften zu den großen deutschen Märkten. Danach folgen die mittelgroßen Kurzzeitvermietungsmärkte mit rund 500 bis 1.000 Unterkünften. Dazu gehören Kassel, Bonn, Freiburg i.Br., Bremen, Heidelberg und Münster. Die Städte mit bedeutend weniger als 500 Unterkünften können als kleine Kurzzeitvermietungsmärkte bezeichnet werden. Dazu gehören Essen, Kiel, Aachen, Mannheim, Dortmund und weitere Städte der TOP-30-Märkte. Beim Anteil der Ganzen Unterkünfte am Wohnungsbestand liegen die Ruhrgebietsstädte Dortmund und Essen sowie Bremen mit etwa einem Promille im unteren Segment. Mit sechs Promille ist der Anteil am Wohnungsbestand in den Rheinmetropolen Köln und Düsseldorf am höchsten.

3. Z-Städte

Die Z-Städte sind Städte, die Zweckentfremdungsverbote einsetzen, um die Nutzung von Wohnraum als Kurzzeitvermietung zu steuern (vgl. A II. 1.). Sie bilden einen Ausschnitt der U-Städte. Zur Ermittlung der Z-Städte wird auf das Inkrafttreten der jeweiligen Satzungen und Verordnung zurückgegriffen (vgl. Kap. 5 B I.), um ihre Wirkung im Untersuchungszeitraum 2015 bis 2017 zu analysieren. Die Bundesländer Brandenburg, Bremen, Niedersachsen und Rheinland-Pfalz führten Ermächtigungsgrundlagen für kommunale Zweckentfremdungsverbote erst nach 2017 ein (vgl. Kap. 5 A II. 1.) und fallen deshalb aus der Betrachtung heraus. Gleiches gilt für die Städte Frankfurt a.M., Puchheim, Aachen, Düsseldorf, Nürnberg, Regensburg, Bamberg und Überlingen, deren Satzungen erst nach dem 31.12.2017 in Kraft traten (vgl. Kap. 5 B I.). Die Stadt Tübingen verzichtet auf einen zweckentfremdungsrechtlichen Tatbestand zur Erfassung von Kurzzeitvermietungen (vgl. Kap. 5 B II. 3. lit. a) und entfällt deshalb aus der Untersuchung. Als Z-Städte verbleiben damit die folgenden elf Gemeinden (vgl. Abb. 6): die Stadtstaaten Berlin und Hamburg; die nordrhein-westfälischen Städte Bonn, Dortmund, Köln und Münster; die baden-württembergischen Städte Freiburg i.Br., Konstanz, Stuttgart und Heidelberg sowie die bayerische Landeshauptstadt München.

Abb. 6: Inkrafttreten der kommunalen Zweckentfremdungsverbote (Z-Städte)

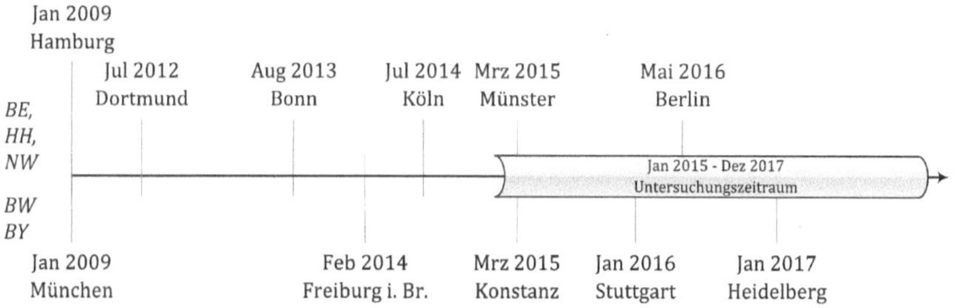

Für die Untersuchung werden die zu dem jeweiligen Zeitpunkt in Kraft stehende Ausgestaltung der Zweckentfremdungsverbote zugrunde gelegt. Gerade im Hinblick auf die Erfassung der Funktionsmerkmale des Airbnb-Schwarms (vgl. Kap. 5 C), sind die Zweckentfremdungsverbote zu dieser Zeit noch weitgehend unausgeprägt. Bis auf Dortmund und Köln greifen alle Z-Städte den Tatbestand der Nutzung von Wohnraum zu Zwecken der Fremdenbeherbergung auf. Darüber hinaus verwenden Hamburg, Berlin und Münster auch den Tatbestand der Nutzung von Wohnraum als Ferienwohnung (vgl. Kap. 5 B II. 3.). Bis auf München und Konstanz, die jeweils im Dezember 2017 zeitlich definierte Schwellenwerte für ihre Genehmigungsvorbehalte einführten, nutzen alle weiteren Z-Städte lediglich einen zeitlich unbestimmten Genehmigungsvorbehalt zur Erfassung der Vermietungsaktivität (vgl. Tab. 13). Ohne definierten Schwellenwert ist eine unzulässige Nutzung unter Hinzunahme weiterer Merkmale des Nutzungskonzepts bei einer Vermietungsaktivität von sechs Monaten anzunehmen (vgl. Kap. 5 B II. 3. lit. b). 2013, 2016 und 2017 führten die Gesetzgeber Hamburgs, Berlins und Bayerns darüber hinaus Auskunftspflichten für Diensteanbieter i.S.d. TMG ein und können dadurch die Plattform adressieren.

Tab. 13: Die Adressierung des Schwarms durch die Z-Städte

Rechtslage 2015-2017	Auskunftspflicht (Plattform)	Genehmigungsvorbehalt (Vermietungsaktivität)
HmbWoSchG 2013	§ 13 Abs. 1	§ 9 Abs. 2 Satz 3 Nr. 2 i.V.m. Satz 5
BayZwEWG 2013	-	Art. 1 Satz 2 Nr. 3
BayZwEWG 2017	Art. 3 Abs. 1	Art. 1 Satz 2 Nr. 3 mit Schwellenwert von 8 Wochen in München
BlnZwVbG 2014	-	§ 2 Abs. 1 Satz 1 Nr. 1
BlnZwVbG 2016	§ 5 Abs. 2	§ 2 Abs. 1 Satz 1 Nr. 1
BWZwEWG	-	§ 2 Abs. 1 Satz 2 Nr. 3 mit Schwellenwert von 6 Wochen in Konstanz seit Dez. 2017
NRWWAG	-	§ 10 Abs. 1 Satz 1

II. Einordnung der kommunalen Kurzzeitvermietungsmärkte

Zur Einordnung der kommunalen Märkte werden zunächst Grenzwerte zur Festsetzung der Attribute und der damit verbundenen Clusterbildung diskutiert (1.). Die Verortung der Märkte erfolgt sodann auf einem Koordinatensystem (2.), das schließlich die Basis für die Zuordnung der Märkte zu den Clustern darstellt (3.). Abschließend erfolgt eine Ergebnisbewertung (4.), insbesondere aus wohnungswirtschaftlicher Perspektive phänomenologisch durch die Gegenüberstellung von Wohnungsbestandszahlen und der Vermietungsdynamik.

1. Determinanten der Clusteranalyse

Als Determinanten der Clusteranalyse werden Lageparameter als Schwellenwerte der Stichprobenverteilung verwendet. Bei der Marktgröße dient der Median als Orientierung. Dabei wird zwischen der Mitte der Stichprobe rund um den Median (50% bis 200% des Medianwerts) sowie der Verteilung darunter und darüber unterschieden. Die Gesamtverteilung ist stark von Ausreißern geprägt, weshalb der Median als Grenzwert Vorzug vor dem Mittelwert erhält. Gleiches gilt für die Marktdynamik, bei der der Median selbst die absolute Mitte mit jeweils zwei gleichmäßigen Bereichen links und rechts der Stichprobenverteilung bildet. Die unmittelbar daran angrenzenden Bereiche stellen das Innere der Stichprobenverteilung dar und erstrecken sich über den Bereich vom Medianwert bis zu seiner Verdopplung bzw. Halbierung. Die darüber hinaus liegenden Werte – größer als die Verdopplung bzw. kleiner als die Halbierung des Medianwerts – bilden die äußeren Bereiche der Stichprobenverteilung. Bei der Anbieterstruktur wird auf die empirischen Quintile nach oben ($p = 0{,}8$) und nach unten ($p = 0{,}2$) zurückgegriffen.

Tab. 14: Grenzwerte für die Clusteranalyse

MARKTGröße | $\widetilde{X}_\rho$= 16

Attribut	Skala	Unterkunftsdichte
dominant	$\widetilde{X}_\rho \geq 2\rho$	$\rho \geq 32$
touristifiziert	$\widetilde{X}_\rho \geq \frac{1}{2}\rho < 2\rho$	$\rho \geq 8 < 32$
gering	$\widetilde{X}_\rho < \frac{1}{2}\rho$	$\rho < 8$

Marktdynamik | $\widetilde{X}$= 0,256

Attribut	Skala	Volatilität des Angebots
Dauermarkt	$\widetilde{X} < \frac{1}{2}$	< 0,128
Stabiler Markt	$\widetilde{X} > \frac{1}{2} <$	≥ 0,128 < 0,256
Saisonaler Markt	$\widetilde{X} > < 2$	≥ 0,256 < 0,512
Reiner Bedarfsmarkt	$\widetilde{X} > 2$	≥ 0,512

Anbieterstruktur | $\widetilde{X}_{pro}$= 23%

Attribut	Skala	Professionalisierungsrate
professionalisiert	$\widetilde{X}_{pro} \geq \frac{4}{5} pro$	Pro ≥ 40%
ausgeglichen	$\widetilde{X}_{pro} \geq \frac{1}{5} pro < \frac{4}{5} pro$	Pro ≥ 15% < 40%
selbstnutzend	$\widetilde{X}_{pro} < \frac{1}{5} pro$	Pro < 14%

Dadurch entstehen Bereiche rund um die Stichprobenverteilung der Marktgröße, Marktdynamik und Anbieterstruktur, die anhand der relativen Grenzwerte attribuiert werden (vgl. Tab. 14). Die Unterkunftsdichte ρbeschreibt dabei die Marktgröße. Der kleinste Messwert innerhalb der Spannweite beträgt ρ= 3,2 (Mönchengladbach) und der größte ρ= 1.067,4 (Baabe) mit einem Median von ρ= 16,18. Zur weiteren Bearbeitung wird dieser auf $\widetilde{X}_\rho$= 16 abgerundet. Ein Markt mit einem Messwert von weniger als der Hälfte des Medians (ρ< 8) gilt als *gering*. Ein Wert über der Hälfte des Medians, aber unter dem Doppeltem des Medians ($\rho \geq$ 8 < 32) gilt als *touristifiziert*. Ein Markt mit einer Unterkunftsdichte größer als das Doppelte des Medians ($\rho \geq$ 32) gilt als *dominant*.

Die Volatilität des Angebots beschreibt die Marktdynamik. Der kleinste Messwert beträgt = 0,0387 (Garmisch-Patenkirchen) und der Größte = 1,3271 (Ulm) mit einem Median von $\widetilde{X}$= 0,256. Märkte mit Messwerten, die kleiner sind als die Hälfte des Medians (< 0,128) gelten als *Dauermarkt*. Ein Markt mit einem Messwert im Bereich über der Hälfte des Medians, aber noch unter dem Median selbst (≥ 0,128 < 0,256) gilt als *stabiler Markt*. Ein Messwert über dem Median und noch unter dem doppelten Median

(≥ 0,256 < 0,512) gilt als *saisonaler Markt.* Messwerte über dem Wert des doppelten Medians schließlich gelten als *reiner Bedarfsmarkt.*

Die Professionalisierungsrate beschreibt die Anbieterstruktur. Der kleinste Messwert ist $\overline{X}_{pro}$= 9 Prozent (Münster) und der Größte $\overline{X}_{pro}$= 92 Prozent (Baabe). Der Median beträgt $\overline{X}_{pro}$= 23,14 Prozent und wird für die weitere Berechnung auf 23 Prozent abgerundet. Die Schwellenwerte für Märkte im unteren Quintil werden auf $\overline{X}_{pro}$< 14% gesetzt und gelten als *selbstnutzend.* Märkte mit einem Messwert in der Mitte der Stichprobe ($\overline{X}_{pro}$≥ 15% < 40%) gelten als *ausgeglichen* und Märkte mit einem Messwert im oberen Quintil ($\overline{X}_{pro}$≥ 40%) als *professionalisiert.*

2. Verortung der Märkte

Die Verortung der kommunalen Märkte erfolgt auf einem Koordinatensystem, bei dem auf der X-Achse die Marktdynamik (Volatilität des Angebots) und auf der Y-Achse die Marktgröße (Unterkunftsdichte) darstellt wird. Die Größe der Kreise deuten die Größe des jeweiligen Marktes anhand der absoluten Anzahl der Unterkünfte an und die Z-Städte sind durch rote Kreise hervorgehoben. Märkte, die sich durch eine hohe Professionalisierungsrate ($\overline{X}_{pro}$≥ 40%) auszeichnen, sind mit einem Sternchen (*) versehen. Das Koordinatensystem ist durch die Konstanten der Grenzwerte (vgl. 1.) gesäumt, woraus insgesamt vier vertikale und drei horizontale Bereiche entstehen und sich dadurch insgesamt 12 Felder ergeben. Aus Darstellungsgründen ist das zusammenhänge Koordinatensystem im Median der Volatilität des Angebots (X-Achse) halbiert. Die erste Darstellung (vgl. Abb. 7) umfasst die Märkte mit geringer Marktvolatilität. In der linken Hälfte sind die Dauermärkte (n = 22) und im rechten die stabilen Märkte (n = 25) verortet. In der zweiten Darstellung (vgl. Abb. 8) sind die Märkte mit hoher Volatilität abgebildet. Die linke Hälfte verortet die saisonalen Märkte (n = 22) und die rechte Hälfte die Bedarfsmärkte (n = 24).

Abb. 7: Darstellung der gering volatilen Airbnb-Märkte

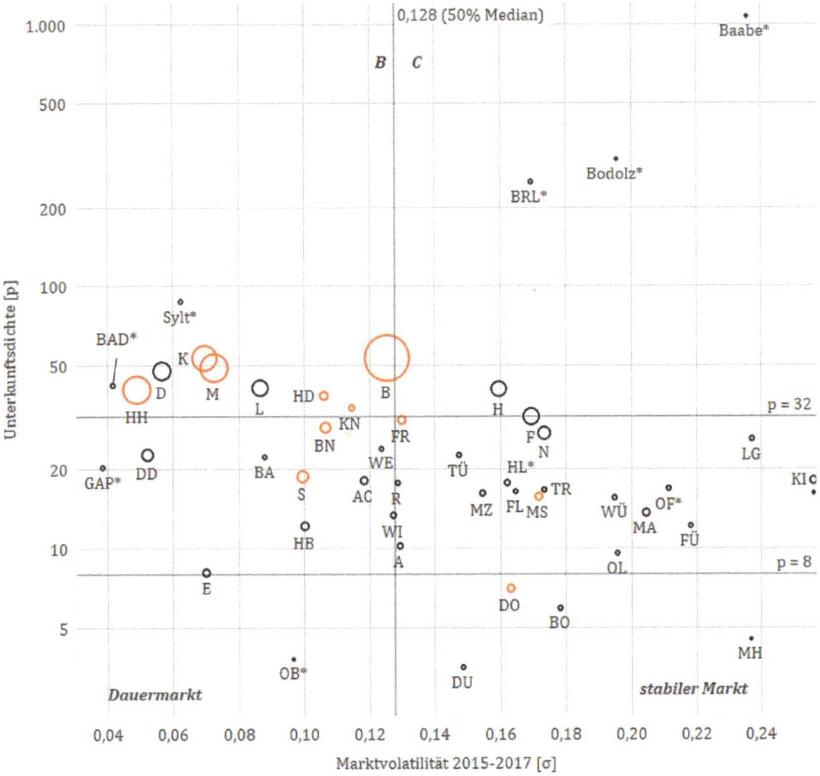

Legende[446] und Erläuterungen[447] siehe Fußnoten

---

446 Rot markiert: Z-Städte; Hochgestellter Stern: Gemeinden mit einer professionalisierte Anbieterstruktur ($\overline{X}_{pro} \geq 40\%$); Größe der Kreise deutet die absolute Anzahl der Unterkünfte an.

447 Ortsabkürzungen: A (Augsburg), AC (Aachen), B (Berlin), BA (Bamberg), BAD (Baden-Baden), BGL (Bergisch Gladbach), BI (Bielefeld), BT (Bayreuth), BN (Bonn), BRL (Braunlage), BS (Braunschweig), C (Chemnitz), CUX (Cuxhaven), D (Düsseldorf), DA (Darmstadt), DD (Dresden), DO (Dortmund), DU (Duisburg), E (Essen), EF (Erfurt), ER (Erlangen), F (Frankfurt a.M.), Fehm. (Fehmarn), FL (Flensburg), FN (Friedrichshafen), FR (Freiburg im Breisgau), FÜ (Fürth), GAP (Garmisch-Partenkirchen), GÖ (Göttingen), H (Hannover), HAL (Halle Saale), HB (Bremen), HD (Heidelberg), HH (Hamburg), HI (Hildesheim), HL (Lübeck), HRO (Rostock), IN (Ingolstadt), J (Jena), K (Köln), KA (Karlsruhe), KI (Kiel), KL (Kaiserslautern), KN (Konstanz), KO (Koblenz), KR (Krefeld), KS (Kassel), L (Leipzig), LB (Ludwigsburg), LEV (Leverkusen),

Abb. 8: Darstellung der hoch volatilen Airbnb-Märkte

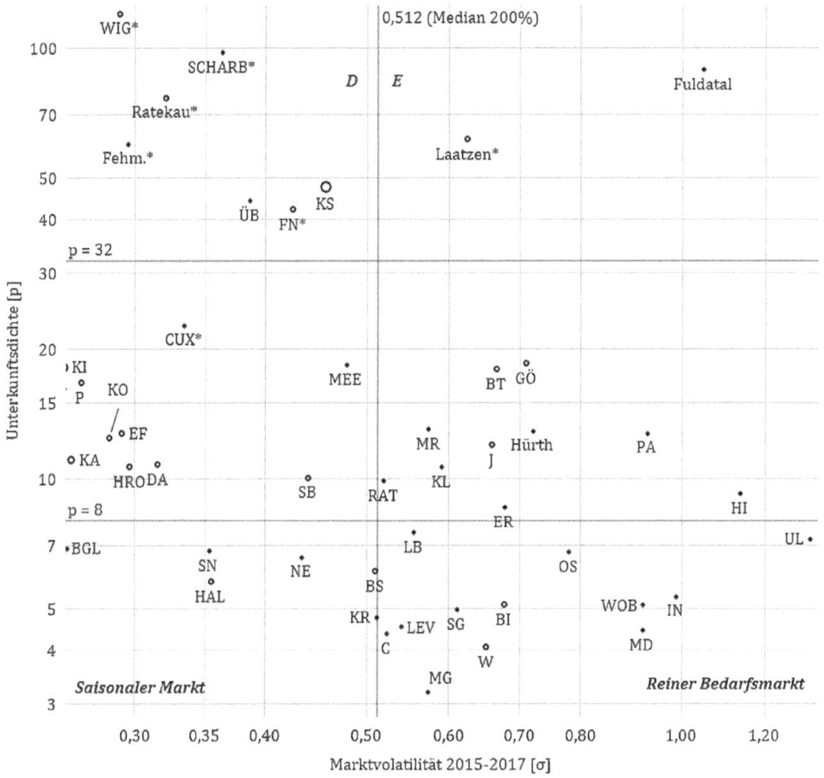

3. Zuordnung der Märkte zu Clustern

Mit den Attributen und der Verortung der Märkte können nun Cluster gebildet werden. Auf Grundlage der Homogenitätskriterien, die sich aus

LG (Lüneburg), M (München), MA (Mannheim), MEE (Meerbusch), MD (Magdeburg), MG (Mönchengladbach), MH (Mülheim a.d.R.), MR (Marburg), MS (Münster), MZ (Mainz), N (Nürnberg), NE (Neuss), OB (Oberhausen), OF (Offenbach a.M.), OL (Oldenburg), OS (Osnabrück), P (Potsdam), PA (Passau), R (Regensburg), RAT (Ratingen), S (Stuttgart), SB (Saarbrücken), SG (Solingen), SN (Schwerin), TR (Trier), TÜ (Tübingen), ÜB (Überlingen), UL (Ulm), W (Wuppertal), WE (Weimar), WI (Wiesbaden), WIG (Winterberg), WOB (Wolfsburg), WÜ (Würzburg).

den Attributen ableiten, werden Cluster-Gruppen gebildet, die sich durch eine besondere Ähnlichkeit auszeichnen. Die Bildung der Cluster erfolgt entlang der X-Achse des Koordinatensystems von geringer zu hoher Volatilität. Eine Ausnahme bei der Clusterbildung erfahren die Märkte mit hoher Professionalisierungsrate ($\overline{X}_{pro} \geq$ 40%). Sie werden im Cluster A gesondert als professionalisierte Märkte zusammengetragen (a). Cluster B zeichnet sich durch Märkte mit hoher Volatilität aus und vereint insbesondere Hochschulstandorte mit Dauermarkt (b). Cluster C ist von stabilen Märkten geprägt und umfasst ebenfalls Hochschulstandorte, jedoch mit geringerer Marktdynamik (c). Dem Cluster D werden die saisonalen Märkte (d) und dem Cluster E schließlich die reinen Bedarfsmärkte (e) zugeordnet.

a) Professionalisierte Märkte (Cluster A)

Tab. 15: Airbnb-Märkte Cluster A (n = 16)

Cluster A: Professionalisierte Märkte		
Marktgröße	**Marktdynamik**	**Gemeinden**
A1 dominant	Dauermarkt	Baden-Baden, Sylt
	Stabiler Markt	Baabe, Bodolz, Braunlage
	Saisonaler Markt	Fehmarn, Friedrichshafen, Ratekau, Scharbeutz, Winterberg
	Bedarfsmarkt	Laatzen
A2 touristifiziert	Dauermarkt	Garmisch-Patenkirchen
	Stabiler Markt	Lübeck, Offenbach a.M.
	Saisonaler Markt	Cuxhaven
A3 gering	Dauermarkt	Oberhausen

Das Cluster A umfasst 16 Städte und Gemeinden mit Märkten, die sich durch eine *professionalisierte Anbieterstruktur* kennzeichnen (vgl. Tab. 15). Abgrenzungsmerkmal der Märkte ist, dass mindestens 40 Prozent der Unterkünfte von Mehrfachanbietern vermietet werden. Die Anzahl der Unterkünfte schwankt dabei von 75 (Fehmarn) bis 384 (Lübeck). Das Cluster A zeichnet sich insbesondere durch typischen Bade-, Winterski- und Kurorte aus. Die größten Märkte dabei sind Baabe (1.067 Unterkünfte/10.000 EW), Bodolz (303 Unterkünfte/10.000 EW) und Braunlage (251 Unterkünfte/10.000 EW). Im Falle von Laatzen scheint die Nähe zur Messe

Hannover eine saisonale Übernachtungsklientel anzuziehen. Die beiden Großstädte Oberhausen und Offenbach a.M. fallen dabei etwas heraus.

b) Hochschulstandorte mit Dauermarkt (Cluster B)

Tab. 16: Airbnb-Märkte Cluster B (n = 17)

Cluster B: Hochschulstandorte mit Dauermarkt		
Marktgröße	**Anbieterstruktur**	**Gemeinden**
B1 dominant	ausgeglichen	Düsseldorf, **Heidelberg**, **Konstanz**, Leipzig, **Berlin**, **Hamburg**, **Köln**, **München**
B2 touristifiziert	ausgeglichen	Aachen, Bamberg, **Bonn**, Bremen, Weimar, Dresden, **Stuttgart**, Wiesbaden, Essen

Das Cluster B umfasst alle *Dauermärkte*, d.h. jene, die eine besonders geringe Volatilität vorweisen ($\leq 0,128$). Das Cluster zählt insgesamt 17 Kommunen und kann als Cluster der Hochschulstandorte mit Dauermarkt bezeichnet werden (vgl. Tab. 16). Mit Ausnahme von Bamberg, Konstanz und Weimar handelt es sich ausschließlich um Großstädte. Die acht Städte des Clusters B1 verfügen über mindestens 34 (Konstanz) bis 53 (Berlin und Köln) Unterkünfte je 10.000 Einwohner, sechs von ihnen sind Z-Städte. Die Anzahl der Unterkünfte schwankt dabei beträchtlich zwischen 155 (Weimar) bis 19.374 (Berlin). Von den neun Städten des Clusters B2 setzen Bonn und Stuttgart Zweckentfremdungsverbote ein und zeichnen sich durch eine Marktgröße von mindestens acht (Essen) bis 29 (Bonn) Unterkünfte je 10.000 Einwohner aus. Das Cluster der Dauermärkte verfügt im Vergleich zu den anderen Clustern über keine gering ausgeprägten Märkte.

c) Hochschulstandorte mit stabilem Markt (Cluster C)

Tab. 17: Airbnb-Märkte Cluster C (n = 20)

Cluster C: Hochschulstandorte mit stabilem Markt		
Marktgröße	**Anbieterstruktur**	**Gemeinden**
C1 dominant	ausgeglichen	Hannover
C2 touristifiziert	ausgeglichen	Augsburg, Flensburg, Frankfurt a.M., **Freiburg i.Br.**, Fürth, Lüneburg, Mainz, Mannheim, Nürnberg, Oldenburg, Regensburg, Trier, Tübingen
	Selbstnutzend	**Münster**, Würzburg
C3 gering	ausgeglichen	Bochum, Duisburg, Mülheim a.d.R., **Dortmund**

Das Cluster C umfasst weitgehend Großstädte mit *stabilen Märkten* und zählt insgesamt 20 Hochschulstandorte (vgl. Tab. 17). Die Messestadt Hannover verfügt mit 40 Unterkünften je 10.000 Einwohnern als einzige Stadt über eine dominante Marktgröße (C1). Unter den 12 Großstädten der insgesamt 15 Städte des Clusters C2 befinden sich zwei Z-Städte. Die Anzahl der Unterkünfte je 10.000 Einwohner variiert dabei zwischen 10 (Oldenburg) und 32 (Frankfurt a.M.) Unterkünften. Schließlich ist das Cluster C3 ausschließlich von Ruhrgebietsstädten geprägt, deren Dichte sich zwischen 3,5 (Duisburg) und 7 (Dortmund) Unterkünften bewegt. Die Städte mit den absolut größten Märkten sind Frankfurt a.M. (2.373 Unterkünfte), Hannover (2.170 Unterkünfte), Nürnberg (1.427 Unterkünfte) und Freiburg i.Br. (713 Unterkünfte). Alle weiteren Märkte zählen weniger als 500 Unterkünfte.

d) Saisonale Märkte (Cluster D)

Tab. 18: Airbnb-Märkte Cluster D (n = 18)

Cluster D: Saisonale Märkte		
Marktgröße	**Anbieterstruktur**	**Gemeinden**
D1 dominant	ausgeglichen	Kassel, Überlingen
D2 touristifiziert	ausgeglichen	Erfurt, Karlsruhe, Koblenz, Potsdam, Ratingen, Saarbrücken
	selbstnutzend	Darmstadt, Meerbusch, Rostock, Kiel
D3 gering	ausgeglichen	Berg. Gladbach, Halle (Saale), Krefeld, Neuss, Schwerin
	selbstnutzend	Braunschweig

Das Cluster D umfasst die Saisonalen Märkte (vgl. Tab. 18). Wesentliches Abgrenzungskriterium des insgesamt 18 Kommunen zählenden Clusters ist die relativ hohe Volatilität (= ≥ 0,256 < 0,512). Mit dominanter Marktgröße zeichnen sich die Bodenseegemeinde Überlingen (100 Unterkünfte) sowie die Großstadt Kassel im documenta-Jahr (957 Unterkünfte) aus (D1). Das Cluster D2 umfasst zehn kleine Großstädte mit touristifizierter Marktgröße sowie die zwei Mittelstädte Ratingen und Meerbusch. Die Anzahl der Unterkünfte schwankt dabei zwischen 451 (Kiel) und 86 (Ratingen). Die Düsseldorfer Nachbargemeinde Meerbusch fällt als Mittelstadt heraus und zählt mit seinen 102 Unterkünften als relativ größter Markt (18 Unterkünfte je 10.000 EW). Mit geringer Marktgröße setzt sich die Reihe der kleinen Großstädte fort (D3). Dabei kommt Krefeld mit der geringsten Dichte auf 108 Unterkünfte und Bergisch Gladbach mit der größten Dichte auf 77 Unterkünfte.

e) Reine Bedarfsmärkte (Cluster E)

Tab. 19: Airbnb-Märkte Cluster E (n = 22)

Cluster E: Reine Bedarfsmärkte		
Marktgröße	**Anbieterstruktur**	**Gemeinden**
E1 dominant	selbstnutzend	Fuldatal
E2 touristifiziert	ausgeglichen	Erlangen, Hürth, Jena, Kaiserslautern, Passau, Hildesheim
	selbstnutzend	Göttingen, Bayreuth, Marburg,
E3 gering	ausgeglichen	Bielefeld, Chemnitz, Magdeburg, Mönchengladbach, Osnabrück, Wolfsburg, Wuppertal
	selbstnutzend	Ingolstadt, Leverkusen, Ulm, Ludwigsburg, Solingen

Das Cluster E zeichnet sich durch hoch volatile Märkte aus und umfasst die reinen Bedarfsmärkte (vgl. Tab. 19). Bei den insgesamt 22 Kommunen fällt die documenta-Nachbarstadt Fuldatal (62 Unterkünfte/10.000 EW) mit dominanten Marktgröße und insgesamt 109 Unterkünften auf (E1). Daneben sind Groß- und Mittelstädte mit touristifizierter Marktgröße (E2) vorzufinden, die nach aufsteigender Dichte zwischen einer Anzahl von 95 (Erlangen) und 221 (Göttingen) Unterkünften rangieren. Bis auf Ludwigsburg sind im Cluster E3 nur Großstädte mit geringer Marktgröße zu finden. Die Anzahl der Unterkünfte rangiert zwischen 63 (Wolfsburg) und 170 (Bielefeld).

4. Bewertung der Ergebnisse

Für die Bestimmung der Qualität der Kurzzeitvermietungsmärkte stellt sich neben der relativen Marktgröße und der Professionalisierung insbesondere die Marktvolatilität als besonders hilfreicher Indikator heraus (vgl. A II. 3.). Der für diese Untersuchung entwickelte Veränderungsparameter deutet abstrakt an, ob es sich tendenziell um einen stark den äußeren Umständen (z.B. überregionale Großveranstaltungen) anpassenden Markt oder um einen beständigen, weitgehend unabhängigen Kurzzeitvermietungsmarkt handelt. Unter Hinzunahme der Wohnungsbestandsgrößen mit Stand vom 31.12.2017 werden im Folgenden die Kurzzeitvermietungsmärkte phänomenologisch in drei Fallgruppen unterteilt. Dabei wird zwischen der Gruppe Fokusstädte Wohnungsbestand (a) unterschieden, deren

Märkte einen gewissen Druck auf lokale Wohnungsbestände ausüben; zwischen der Gruppe der Erholungsorte (b), deren Märkte von einer professionalisierten Anbieterstruktur geprägt sind und der Gruppe der Orte mit Bedarfsmärkten (c), deren Märkte eine ergänzende Funktion zum traditionellen Beherbergungsangebot einnehmen.

a) Fokusstädte Wohnungsbestand

Legt man die Kurzzeitvermietungsmärkte mit geringer Marktvolatilität (Dauermarkt und stabiler Markt) und ausgeprägter Marktgröße (dominant bis touristifiziert) den Zahlen der jeweiligen Wohnungsbestände zugrunde, dann ergibt sich eine Rangliste mit insgesamt 41 Städten und Gemeinden, die einem erhöhten Druck durch potenzielle Zweckentfremdungen unterliegen können. Dabei werden die die vier Fremdenbeherbergungsorte Sylt, Braunlage, Bodolz und Baabe mit weniger als 20.000 EW gesondert behandelt (siehe lit. b). Demnach werden die 37 Städte und Gemeinden im Folgenden als *Fokusstädte* bezeichnet und dienen als Grundlage für die Bewertung (vgl. Tab. 20).

Bei der Gesamtbetrachtung fällt auf, dass die Kurzzeitvermietungsmärkte des oberen Drittels der 37 Fokusstädte überdurchschnittlich stark ausgeprägt sind und dadurch hohen Druck auf den Wohnungsbestand erzeugen. Insbesondere die ersten elf Städte zeichnen sich sowohl durch einen erhöhten Anteil der Z-Unterkünfte (über 0,14%) als auch durch einen erhöhten Anteil der Ganzen Unterkünfte aus (über 0,29%), die potenziell und ungeachtet des zugrundeliegenden Berechnungsmodells einer Zweckentfremdung unterliegen könnten. Im Vergleich dazu fallen die Märkte der restlichen Städte im Hinblick auf den Anteil der Unterkünfte, die dem Wohnungsbestand entzogen werden, durchschnittlich aus. Bei der Mehrheit der Städte (20 von 37) beträgt der prozentuale Anteil der Z-Unterkünfte am Wohnungsbestand weniger als ein Promille. Relativ stark ausgeprägt hingegen sind die Kurzzeitvermietungsmärkte der Universitätsstandorte der Mittelstädte wie etwa Konstanz, Bamberg und Weimar. Dies ist sowohl auf das bei Studierenden beliebte Homesharing als auch auf die touristische Attraktivität der Städte zurückzuführen.

Tab. 20: Fokusstädte Wohnungsbestand (n = 37)

			Anteil Unterkünfte am Wohnungsbestand[448]		Anzahl der Unterkünfte		Marktgröße
#	**Cl.**	**Gemeinde**	**Z**	**Ganze**	**Z**	**Ganze**	**Dichte**
1	A1	Baden-Baden	0,25%	0,63%	75	188	41,9
2	B1	**Heidelberg**	0,23%	0,47%	186	372	38,0
3	B1	**Konstanz**	0,22%	0,43%	98	190	34,2
4	B1	**Köln**	0,22%	0,62%	1.213	3.452	53,1
5	B1	Düsseldorf	0,20%	0,60%	672	2.061	47,7
6	B1	**Berlin**	0,19%	0,54%	3.695	10.388	53,6
7	B1	**Hamburg**	0,19%	0,48%	1.800	4.551	40,4
8	B2	Bamberg	0,18%	0,27%	74	111	22,3
9	A2	Garmisch-Part.	0,17%	0,39%	76	172	20,4
10	B1	**München**	0,15%	0,50%	1.216	3.942	49,1
11	B1	Leipzig	0,15%	0,42%	494	1.422	41,2
12	B2	Weimar	0,14%	0,29%	49	98	24,1
13	C2	**Freiburg i.Br.**	0,13%	0,34%	155	394	31,0
14	B2	Dresden	0,12%	0,27%	370	832	22,9
15	A2	Lübeck	0,12%	0,24%	141	286	17,8
16	C2	Nürnberg	0,12%	0,29%	331	807	27,5
17	C2	Trier	0,11%	0,21%	68	123	16,8

448 Anzahl der Wohneinheiten der zuständigen Landesstatistikämter: *Statistik.Hessen*: Hessisches Statistisches Informationssystem, Fortschreibung des Wohngebäude- und Wohnungsbestandes 2017 {https://statistik.hessen.de/hesis}; *Statistik-Nord.de*: Wohngebäude- und Wohnungsbestand - Statistikamt Nord {https://statistik-nord.de/zahlen-fakten/bautaetigkeit-wohnen/wohngebaeude-und-wohnungsbestand}; *Statistische Ämter des Bundes und der Länder*: Bautätigkeit und Wohnen | Statistikportal.de {http://statistikportal.de/de/haushalte-und-wohnen/bautaetigkeit-und-wohnen}; *Statistische Ämter des Bundes und der Länder*: Bestand an Wohngebäuden, Wohnungen und Räumen in Baden-Württemberg - Fortschreibung - 2017 {https://statistischebibliothek.de/mir/receive/BWHeft_mods_00032924}; *Statistische Ämter des Bundes und der Länder*: Bautätigkeit im Freistaat Sachsen, 2017 {https://statistischebibliothek.de/mir/receive/SNHeft_mods_00021768}; *Statistik.Bayern*: Bautätigkeit und Wohnungsbestand {https://statistik.bayern.de/statistik/bauen_wohnen/bautaetigkeit/#link_6}; *Landesbetrieb IT.NRW*: Zahl der Wohnungen in NRW auf neuem Höchststand {https://it.nrw/zahl-der-wohnungen-nrw-auf-neuem-hoechststand-90785}; *LSN-Online*: Wohnungen in Wohn- und Nichtwohngebäuden {https://www1.nls.niedersachsen.de/statistik/html/default.asp}; *Statistisches Landesamt Rheinland-Pfalz*: Bautätigkeit, Wohnungen: Basisdaten regional 2017 {https://statistik.rlp.de/de/wirtschaftsbereiche/bautaetigkeit-wohnungen/basisdaten-regional/tabelle-2/}.

			Anteil Unterkünfte am Wohnungsbestand		Anzahl der Unterkünfte		Marktgröße
#	Cl.	**Gemeinde**	**Z**	**Ganze**	**Z**	**Ganze**	**Dichte**
18	B2	**Bonn**	0,09%	0,28%	159	477	28,8
19	C2	Regensburg	0,09%	0,20%	81	175	17,8
20	C1	Hannover	0,09%	0,43%	256	1.257	40,6
21	B2	Aachen	0,08%	0,19%	113	253	18,2
22	C2	**Münster**	0,08%	0,16%	132	255	15,9
23	C2	Würzburg	0,08%	0,14%	61	103	15,6
24	C2	Frankfurt a.M.	0,07%	0,28%	287	1.108	31,7
25	C2	Flensburg	0,07%	0,17%	37	87	16,5
26	C2	Mainz	0,07%	0,18%	79	196	16,2
27	B2	**Stuttgart**	0,07%	0,20%	216	613	18,9
28	B2	Bremen	0,06%	0,12%	216	436	12,1
29	B2	Wiesbaden	0,06%	0,15%	85	215	13,3
30	C2	Lüneburg	0,06%	0,12%	53	111	26,1
31	C2	Tübingen	0,06%	0,12%	58	115	22,7
32	C2	Mannheim	0,06%	0,14%	95	231	13,7
33	A2	Offenbach a.M.	0,05%	0,19%	32	114	16,9
34	C2	Augsburg	0,05%	0,12%	76	177	10,2
35	C2	Fürth	0,05%	0,14%	29	85	12,2
36	B2	Essen	0,05%	0,10%	145	327	8,1
37	C2	Oldenburg	0,04%	0,10%	36	91	9,6
Summe (Mittelwert)			(0,10%)	(0,3%)	12.959	35.815	(26)

Die ersten sieben Städte, sortiert nach Anteil der Z-Unterkünfte am Wohnungsbestand, sind den Einser-Clustern (A1 und B1) zuzuordnen. Fünf davon sind zudem auch Z-Städte (fett markiert). Dass eine hohe Anzahl der Unterkünfte in Abhängigkeit zur Einwohnerzahl besonderen Druck auf den Wohnungsbestand erzeugt, mag nicht verwunderlich sein. Allerdings ist neben der Größe auch die Marktvolatilität entscheidend, weshalb zwei Fallgruppen gebildet werden. Bei den Märkten mit geringer Volatilität (Dauermarkt und stabiler Markt) und dominanter Größe ist mit dem höchsten Druck auf den Wohnungsbestand zu rechnen, weil sich in diesen Fällen ein dauerhafter Markt entwickelte, der eine Größe vorweist, der den Wohnungsbestand tatsächlich bedrohen kann. Diese erste Fallgruppe besteht aus den zehn Kommunen Baden-Baden, Berlin, Düsseldorf, Hamburg, Hannover, Heidelberg, Köln, Konstanz, Leipzig und München (vgl. Tab. 21).

Tab. 21: Fallgruppe Wohnungsbestand I (n = 10)

			Anteil am Wohnungsbestand			
#	**Cl.**	**Gemeinde**	**Z**	**Ganze**	**Marktgröße**	**EW**
1	A1	Baden-Baden	0,25%	0,63%	41,9	54.718
2	B1	**Heidelberg**	0,23%	0,47%	38,0	160.601
3	B1	**Konstanz**	0,22%	0,43%	34,2	84.441
4	B1	**Köln**	0,22%	0,62%	53,1	1.080.394
5	B1	Düsseldorf	0,20%	0,60%	47,7	617.280
6	B1	**Berlin**	0,19%	0,54%	53,6	3.613.495
7	B1	**Hamburg**	0,19%	0,48%	40,4	1.830.584
8	B1	**München**	0,15%	0,50%	49,1	1.456.039
9	B1	Leipzig	0,15%	0,42%	41,2	581.980
10	C1	Hannover	0,09%	0,43%	40,6	535.061
Mittelwert			0,19%	0,51%	44,0	

Die Städte und Gemeinden sind weitgehend dem Cluster B1 zuzuordnen. Bis auf Heidelberg, Konstanz, und Baden-Baden handelt es sich ausschließlich um größere Großstädte sowie die vier Millionenstädte. Der Anteil der Z-Unterkünfte am Wohnungsbestand ist mit 0,19 Prozent nahezu doppelt so hoch wie der Durchschnitt der Fokusstädte (0,1 %). Dies gilt ebenfalls für den Anteil der Ganzen Unterkünfte, der durchschnittlich gut ein halbes Prozent des Wohnungsbestands beträgt. Mit Blick auf die Vermietungsdynamik fällt auf, dass die Anzahl der aktiven Unterkünfte über die drei Kalenderjahre hinweg als stabil wachsend zu beschreiben ist (vgl. Abb. 9). Demnach ist es nicht verwunderlich, dass sechs der zehn Städte die Nutzung von Wohnraum durch Zweckentfremdungsverbote regulieren.

Abb. 9: Dauermärkte mit dominanter Größe (quartalsweise, logarithmisch)

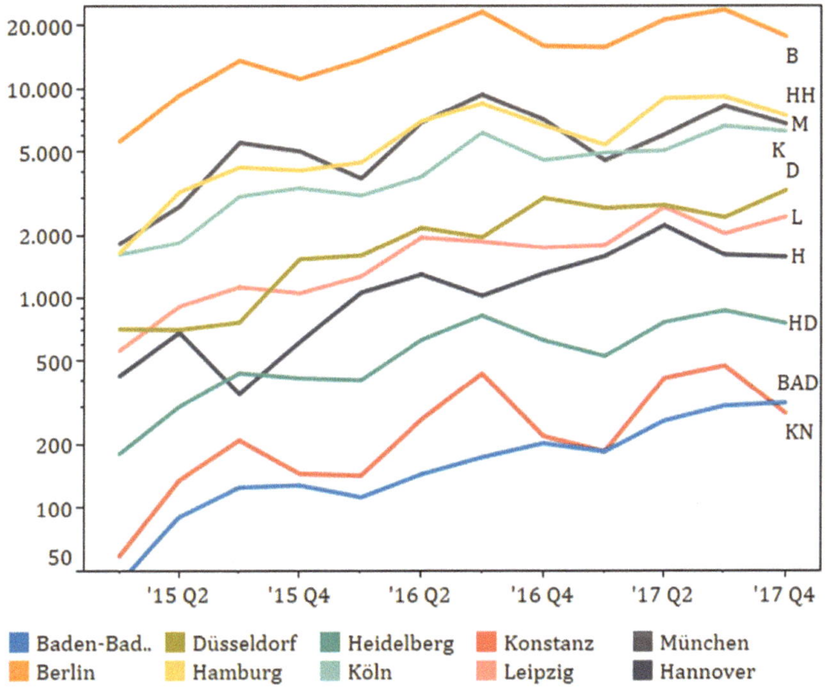

Weiterhin ist auch bei den Dauermärkten mit touristifizierter Größe von einem erhöhten Druck auf den Wohnungsbestand auszugehen. Hierzu kann eine zweite Fallgruppe gebildet werden, die aus den zehn Städten Bamberg, Garmisch-Partenkirchen, Dresden, Bonn, Regensburg, Aachen, Stuttgart, Bremen, Wiesbaden und Essen (vgl. Tab. 22) besteht. Die Märkte sind insbesondere im Cluster B2 verortet. Im Vergleich zur ersten Fallgruppe fallen die Durchschnittswerte bei den Anteilen der Z-Unterkünfte und Ganzen Unterkünfte nur halb so hoch aus. Aus diesen durchschnittlichen Werten der Fallgruppe II lässt sich schließen, dass die Ausprägung der Kurzzeitvermietungsmärkte unterhalb der dominanten Dauermärkte besonders stark abfällt. Die Wohnungsbestände der restlichen 17 Städte[449], die bis auf Lübeck und Offenbach a.M. dem Cluster C2 zuzuordnen sind,

449 Freiburg i.Br., Lübeck, Nürnberg, Trier, Regensburg, Münster, Würzburg, Frankfurt a.M., Flensburg, Mainz, Lüneburg, Tübingen, Mannheim, Offenbach a.M., Augsburg, Fürth, Oldenburg.

können ebenfalls von erhöhtem Druck betroffen sein. Für sie gilt aber noch mehr als für die Fallgruppe II, dass der Anteil der Z-Unterkünfte noch geringer ausfällt und die Gefahr der Verfestigung eines Kurzzeitvermietungsmarktes aufgrund der stark erhöhten Volatilität gering ist.

Tab. 22: Fallgruppe Wohnungsbestand II (n = 10)

			Anteil am Wohnungsbestand			
#	**Cl.**	**Gemeinde**	**Z**	**Ganze**	**Marktgröße**	**EW**
1	B2	Bamberg	0,18%	0,27%	22,3	77.179
2	A2	Garmisch-Part.	0,17%	0,39%	20,4	88.155
3	B2	Weimar	0,14%	0,29%	24,1	64.426
4	B2	Dresden	0,12%	0,27%	22,9	551.072
5	B2	**Bonn**	0,09%	0,28%	28,8	325.490
6	B2	Aachen	0,08%	0,19%	18,2	246.272
7	B2	**Stuttgart**	0,07%	0,20%	18,9	632.743
8	B2	Bremen	0,06%	0,12%	12,1	568.006
9	B2	Wiesbaden	0,06%	0,15%	13,3	278.654
10	B2	Essen	0,05%	0,10%	8,1	583.393
Mittelwert			0,10%	0,23%	18,3	

Der Bewertungsmaßstab, nach dem von einem hohen Anteil der zweckentfremdeten Wohneinheiten zu sprechen ist, obliegt letztlich der politischen Auseinandersetzung. Hier einen Schwellenwert festzusetzen, wann durch eine etwaige Regulierung durch Zweckentfremdungsverbote zu intervenieren ist, würde der Einschätzungsprärogative des Gesetzgebers zuwiderlaufen. Dennoch hat auch der politische Spielraum seine Grenzen, der allerdings erst dann erschöpft ist, sobald eine Wohnraummangellage, ungeachtet der Vermietungsaktivitäten durch Kurzzeitvermietungen, insgesamt zu verneinen ist (vgl. Kap. 5 A II. 2.). Dennoch ist im Hinblick auf die Ergebnisse zu konstatieren, dass der Anteil der tatsächlich zweckentfremdeten Wohneinheiten durch Kurzzeitvermietungen, insbesondere in der Fallgruppe II mit einem Durchschnitt von 0,1 Prozent des Wohnungsmarktes äußerst gering ausfällt.

b) Erholungsorte

Aus der Erhebung lassen sich insgesamt 16 Gemeinden identifizieren, die eine professionalisierte Anbieterstruktur vorweisen (Cluster A). Davon zeichnen sich 15 Gemeinden durch eine dominante oder touristifizierte Marktgröße aus (A1 und A2). Insbesondere die 13 Gemeinden Baabe, Bodolz, Braunlage, Friedrichshafen, Ratekau, Winterberg, Fehmarn, Scharbeutz, Baden-Baden, Cuxhaven, Garmisch-Partenkirchen, Lübeck und Sylt sind vorwiegend durch den Fremdenverkehr geprägt und als Erholungsorte zu verstehen. Lediglich Offenbach a.M. und Laatzen sind nicht den typischen Fremdenbeherbergungsorten zuzuordnen und fallen deshalb aus der Betrachtung heraus. Stattdessen erfährt insbesondere der Kurzzeitvermietungsmarkt Laatzens im Rahmen der Erweiterung des Beherbergungsangebots einer gesonderten Betrachtung (siehe lit. c).

Tab. 23: Fallgruppe Erholungsorte (n = 13)

#	Cl.	Gemeinde	Marktgröße	Prof.-Rate	Unterkünfte	EW
1	A1	Baabe	1.067,4	92%	95	890
2	A1	Bodolz	303,6	43%	92	3.030
3	A1	Braunlage	250,8	70%	149	5.941
4	A1	Winterberg	119,9	58%	153	12.756
5	A1	Scharbeutz	97,4	89%	109	11.187
6	A1	Sylt	87,3	61%	119	13.638
7	A1	Ratekau	76,5	50%	117	15.285
8	A1	Fehmarn	59,8	75%	75	12.536
9	A1	Friedrichshafen	42,3	40%	254	60.088
10	A1	Baden-Baden	42,0	40%	230	54.718
11	A2	Cuxhaven	22,7	48%	110	48.470
12	A2	Garmisch-Part.	20,6	47%	182	88.155
13	A2	Lübeck	17,8	46%	384	216.318
	Mittelwert			58%		

Da es sich bei den Erholungsorten regelmäßig um kleine Landgemeinden handelt, fallen die relativen Marktgrößen insgesamt erheblich höher aus, als bei den Fokusstädten (vgl. Tab. 23). Sie sind strukturell bedingt von einer hohen Unterkunftsanzahl bei gleichzeitig relativ geringer Bevölkerungsgröße und damit auch durch einen kleinen Wohnungsbestand geprägt. Dabei sticht die Rügener Gemeinde Baabe selbst für die Fallgruppe der Erholungsorte mit einer weit überdurchschnittlichen Marktgröße von über 1.000 Unterkünften je 10.000 EW besonders heraus. Lediglich bei den letzten fünf Orten auf der Liste handelt es sich um Gemeinden, die auf mehr als 20.000 EW kommen. Mit Lübeck ist zudem auch eine Großstadt vertreten. Die jeweilige Professionalisierungsrate schwankt zwischen 92 Prozent (Baabe) und 40 Prozent (Friedrichshafen und Baden-Baden). Eine Professionalisierungsrate nahe an 100 Prozent deutet auf einen Gleichstand zwischen dem Anteil der Unterkünfte, die von Einzel-Usern und MFA angeboten werden.

Abb. 10: Vermietungsdynamik der Erholungsorte mit Sommersaison (logarithmisch)

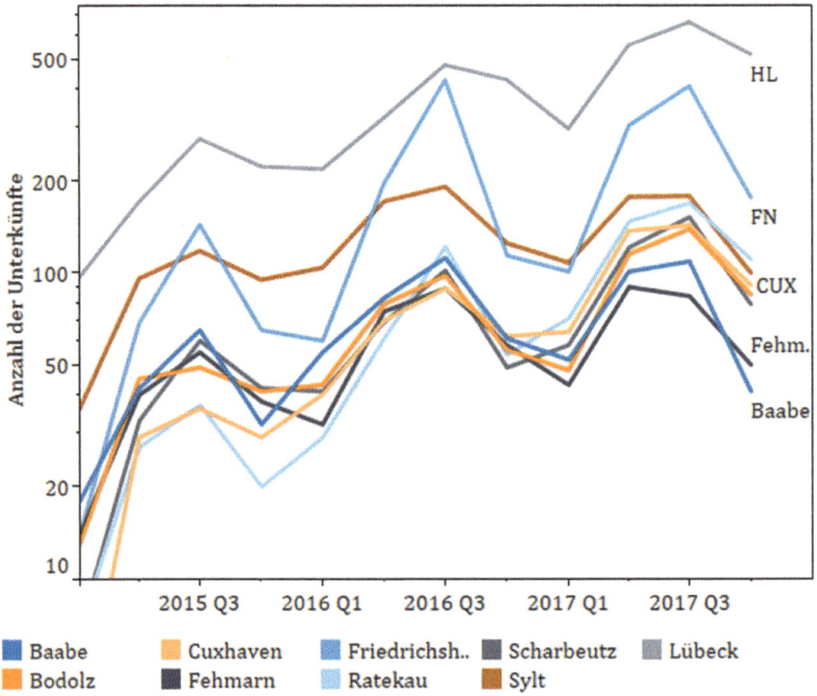

Somit wird auch durch den Kurzzeitvermietungsmarkt das traditionelle Nebeneinander von Dauerwohnen und Ferienwohnen in den Erholungsorten auch zahlenmäßig widergespiegelt. Die damit verbundenen negativen Folgen, können durch den Kurzzeitvermietungsmarkt noch weiter verschärft werden, weil sich eine gesamtjährliche Vermietungspraxis entwickeln könnte. Stattdessen zeigt aber der Blick in die Vermietungsdynamik, dass auch der Kurzzeitvermietungsmarkt über Airbnb der saisonalen Logik des traditionellen Beherbergungsgewerbes der Erholungsorte an Nord- und Ost- und Bodensee folgt (vgl. Abb. 10). Dabei sind regelmäßig Vermietungsspitzen im jeweils dritten Quartal zu beobachten.

Abb. 11: Vermietungsdynamik der Kur- und Winterskiorte (linear)

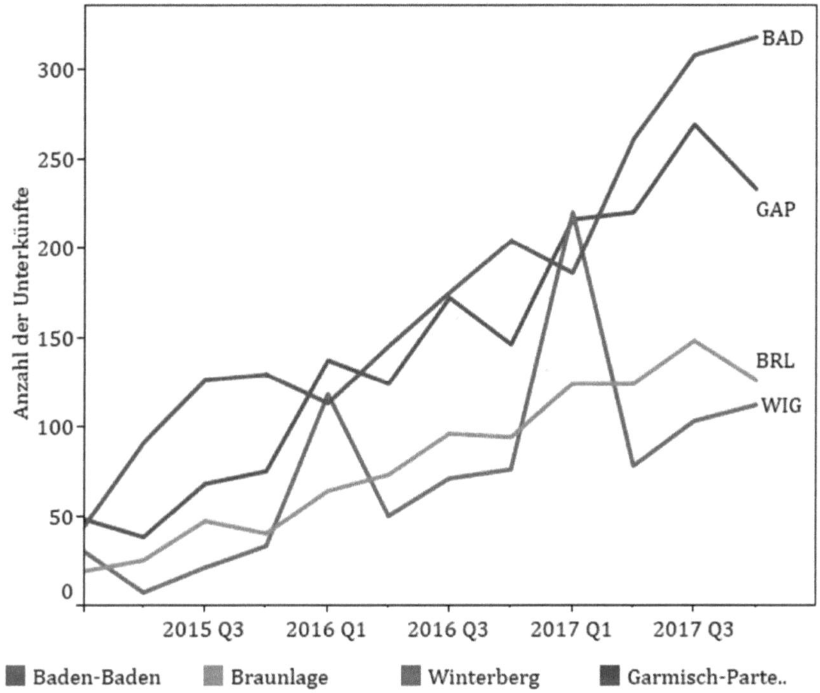

Anders als in den Hochschulorten verstärkt sich allerdings in den Erholungsorten der Druck auf das traditionelle Beherbergungsgewerbe durch den vermeintlich unlauteren Wettbewerb, der mit der Airbnb-Vermietung vermutet wird. Privatvermieter über Airbnb können demnach einen Wettbewerbsvorteil nutzen, indem sie fällige Abgaben, wie etwa die Kurtaxe zurückhalten und unangemeldet ihren Wohnraum als Ferienwohnung vermieten. Aus diesem Grund richtete etwa die Stadt Winterberg eine Personalstelle ein (0,75 VZÄ), die illegalen Angeboten nachgehen soll.[450] Während also die Vermietungsdynamik in den Orten mit Sommertourismus weitgehend unauffällig ist, scheint es insbesondere bei den Kur-

450 *Westfalenpost* 06.09.2019: Illegale Vermietung auf AirBnB: Winterberg sieht Erfolge {https://wp.de/staedte/altkreis-brilon/illegale-vermietung-auf-airbnb-winterberg-sieht-erfolge-id227000971.html}; *Westfalenpost* 28.05.2019: Weshalb sich die Winterberger Touristiker über AirBnB ärgern {https://wp.de/staedte/altkreis-brilon/weshalb-sich-die-winterberger-touristiker-ueber-airbnb-aergern-id225480453.html}.

und Winterskiorten Baden-Baden, Braunlage, Garmisch-Patenkirchen und Winterberg einen Nachholbedarf an Unterkünften zu geben (vgl. Abb. 11). Bis auf Winterberg, dass eine ähnlich stark ausgeprägte Saisonalität mit dem Schwerpunkt auf die Wintermonate vorweist, sind die anderen Kurzzeitvermietungsmärkte durch ein linear wachsendes Angebot geprägt.

Tab. 24: Erholungsorte und Wohnungsbestand (n = 10)

			Anteil am Wohnungsbestand	
#	Cl.	**Gemeinde**	**Z-Unterkünfte**	**Ganze Unterkünfte**
1	A1	Ratekau	0,55%	1,43%
2	A1	Winterberg	0,55%	1,88%
3	A1	Sylt	0,37%	0,97%
4	A1	Scharbeutz	0,36%	1,26%
5	A1	Baden-Baden	0,25%	0,63%
6	A1	Friedrichshafen	0,24%	0,50%
7	A1	Fehmarn	0,20%	0,88%
8	A2	Garmisch-Part.	0,17%	0,39%
9	A2	Lübeck	0,12%	0,24%
10	A2	Cuxhaven	0,10%	0,32%
		Mittelwert	0,29%	0,85%

Bezogen auf den Wohnungsmarkt kann sich auch in den Erholungsorten ein starker Druck auf den Wohnungsbestand entwickeln. Besonders die Bildung von Zweitwohnungen, die sodann mitunter auch als Ferienwohnungen genutzt werden, steht hier im Fokus. Im Vergleich zur Fallgruppe Wohnungsbestand I (vgl. lit. a) liegt der Anteil der Z-Unterkünfte am Wohnungsbestand in den Erholungsorten im Durchschnitt noch einmal um ein Drittel höher (vgl. Tab. 24). Der Anteil der Ganzen Unterkünfte am Wohnungsbestand erreicht oder übersteigt sogar in den Gemeinden Ratekau, Winterberg, Sylt und Scharbeutz die Ein-Prozent-Marke.

c) Orte mit Bedarfsmärkten

Insgesamt können 23 Städte und Gemeinden mit Bedarfsmärkten identifiziert werden.[451] Sie sind bis auf die Stadt Laatzen dem Cluster E zugeord-

451 Bayreuth, Bielefeld, Chemnitz, Erlangen, Fuldatal, Göttingen, Hildesheim, Hürth, Ingolstadt, Jena, Kaiserslautern, Laatzen, Leverkusen, Ludwigsburg,

net und zeichnen sich durch eine besonders hohe Marktvolatilität aus, also ein besonders wechselhaftes Angebot. Mit Ausnahme der Kleinstadt Fuldatal handelt es sich dabei um Mittel- sowie kleinere Großstädte, wovon die Hälfte mehr als hundert Unterkünfte (Laatzen und Göttingen an der Spitze mit 255 und 221 Unterkünften) und die andere Hälfte weniger als 100 Unterkünfte zählt.

Abb. 12: Vermietungsdynamik von Beispielmärkten mit Ergänzungsfunktion (logarithmisch)

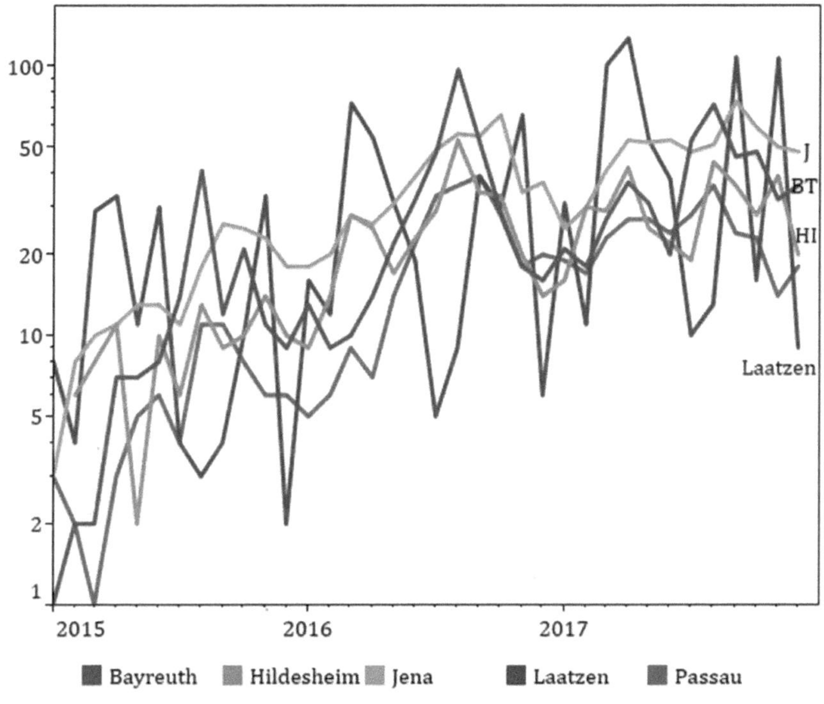

Im Rahmen der Bedarfsmärkte offenbart sich ein Phänomen, bei dem der jeweilige Kurzzeitvermietungsmarkt eine ergänzende Funktion zum bestehenden Beherbergungsangebot einnimmt. Dabei erfolgt eine kurzfristige Erweiterung des Beherbergungsangebots durch eine gestiegene Anzahl aktiver Unterkünfte, die nach wieder abfallender Nachfrage wieder stark

Magdeburg, Marburg, Mönchengladbach, Osnabrück, Passau, Solingen, Ulm, Wolfsburg, Wuppertal.

zurückgeht. Eine hohe Volatilität (reiner Bedarfsmarkt) in Verbindung mit einer dominanten oder touristifizierten Marktgröße ist ein besonders starkes Indiz für das Vorliegen dieser ergänzenden Funktion. Darunter fallen die Märkte der elf Gemeinden Bayreuth, Erlangen, Fuldatal, Göttingen, Hildesheim, Hürth, Jena, Kaiserslautern, Laatzen, Marburg und Passau. Beispielhaft wird deshalb die Vermietungsdynamik der Märkte mit Ergänzungsfunktion anhand der Kurzzeitvermietungsmärkte von Bayreuth, Hildesheim, Jena, Laatzen und Passau dargestellt (vgl. Abb. 12). Sie sind von einer stark schwankenden Vermietungsdynamik geprägt. Die Verdreifachung der Anzahl der Unterkünfte von einen Monat auf den anderen ist dabei keine Seltenheit. In Laatzen etwa verzehnfachte sich die Anzahl von Februar auf März 2017 von 11 auf 101 Unterkünfte. Das Angebot passt sich somit der Nachfrage je nach lokal oder regional erzeugten Bedarfen an.

Abb. 13: Vermietungsdynamik „UN-Klimagipfel" und „documenta" (linear)

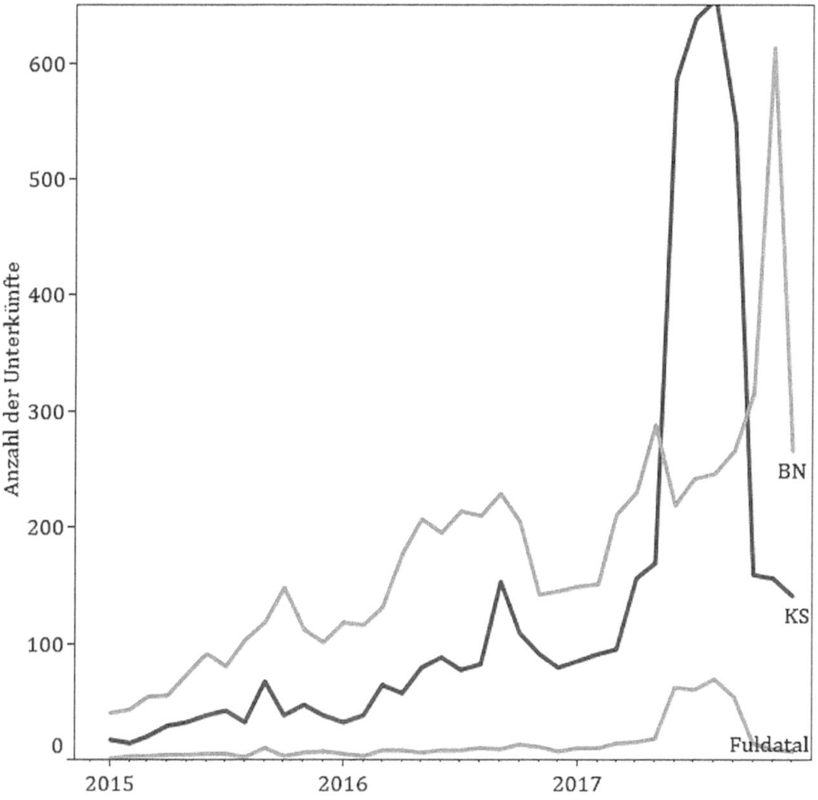

Die ergänzende Funktion tritt besonders gut zu Tage, handelt es sich um ein internationales Event, das viele Besucher anlockt. Die Städte Bonn und Kassel verzeichneten aufgrund des UN-Klimagipfels im November 2017 bzw. der documenta im Sommer 2017 einen besonders extremen Anstieg der Anzahl der Unterkünfte (vgl. Abb. 13). Die vom 6. bis zum 17. November stattfindende Klimakonferenz lockte über 25.000 Besucher in die Stadt, was zu einer Verdreifachung der aktiven Unterkünfte (200 auf 600) führte. Auch die *documenta* schlägt sich mit den knapp 900.000 Besuchern[452] in der Vermietungsdynamik nieder. Die Anzahl der Unterkünfte nahm ebenfalls in nur einem Monat von unter 200 auf über 600 Unter-

452 *Documenta.de*: documenta 14 - Retrospektive {https://documenta.de/de/retrospective/documenta_14#}.

künfte um das 3,5-fache zu. Gleichzeitig nahm mit gleicher Wachstumsrate, aber nur mit einem Zehntel des Niveaus von Kassel, auch die Anzahl der Unterkünfte im benachbarten Fuldatal zu. Die durch die documenta induzierte Nachfrage entstand ein *interkommunaler Effekt*, bei dem die kurzfristige Nachfrage so groß war, dass sie sich auf Nachbarkommunen ausweitete.

Abb. 14: Vermietungsdynamik „Interkommunaler Effekt" (logarithmisch)

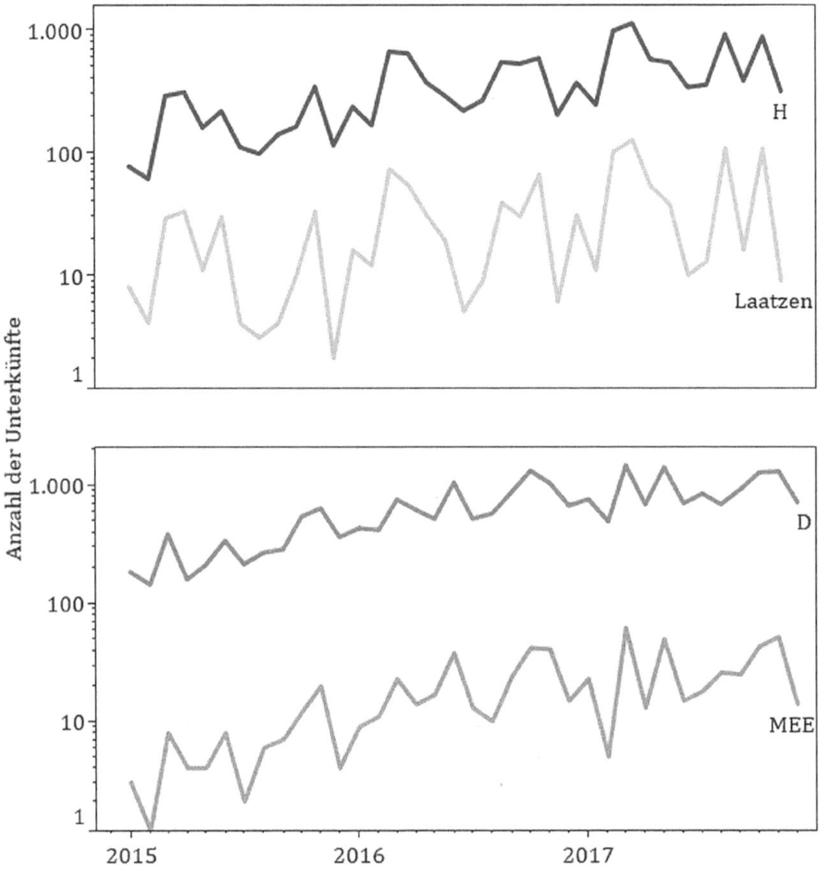

Dies ist ebenfalls, wenn auch in geringerem Ausmaß, an den Beispielen von Düsseldorf und Meerbusch sowie Hannover und Laatzen zu beobachten (vgl. Abb. 14). Im Vergleich zum Fall der documenta beschränkt sich der Effekt bei den beiden Beispielen nicht nur auf einen Zeitraum von wenigen Monaten. Stattdessen ist die Vermietungsdynamik der Nachbargemeinden über den gesamten Untersuchungszeitraum von einer Synchronität geprägt. Dabei unterscheiden sich die Vermietungsniveaus bei Hannover und Laatzen etwa um den Faktor neun und bei Düsseldorf und Meerbusch um den Faktor 25.

III. Wirkungsprüfung der Zweckentfremdungsverbote

Nach der Betrachtung der kommunalen Kurzzeitvermietungsmärkte, richtet sich der Blick nun auf die Wirkkraft der kommunalen Zweckentfremdungsverbote. Dazu dient zunächst ein allgemeiner Vergleich der relativen Veränderung der Anzahl der potenziell zweckentfremdeten Unterkünfte in den Märkten der Z- und U-Städte (1.). Ferner werden vergleichbare Städte mit und ohne Zweckentfremdungsverbot gegenübergestellt, um die mittelbare Wirkung der Zweckentfremdungsverbote zu prüfen. Danach folgt die Prüfung der Hypothesen zur Vermietungsaktivität in den Z-Städten. Dazu werden sowohl die Ergebnisse der empirischen Untersuchung als auch die Ausgestaltung der kommunalen Zweckentfremdungsverbote zusammengeführt. Die Abfolge der Prüfung richtet sich nach dem herausgestellten Druck auf die lokalen Wohnungsmärkte (vgl. II. 4. lit. a) entlang der Z-Städte der Fallgruppe Wohnungsbestand I (2.) sowie der Fallgruppe Wohnungsbestand II und Weitere (3.). Abschließend folgt die Bewertung der Ergebnisse (4.) in Bezug auf die messbare Wirkung und den Einsatz der Regulierung.

1. Vergleich der Märkte von Z- und U-Städten

Für den Vergleich werden die Werte zur relativen Veränderung der Anzahl der Z-Unterkünfte von 2016 und 2017 zugrunde gelegt. Da der Untersuchungszeitraum die starke Wachstumsphase der Airbnb-Nutzung repräsentiert, ist grundsätzlich von einer Zunahme der Z-Unterkünfte auszugehen. Die durchschnittliche relative jährliche Veränderung der Anzahl der Z-Unterkünfte der 93 U-Städte beträgt 67,9 Prozent (vgl. Abb. 15). In knapp zwei Drittel aller U-Städte liegt die relative Veränderung zwischen 25 und 75 Prozent. In 50 Städten liegt der Wert bei über 50 Prozent. In 43 Städten liegt er bei bis zu 50 Prozent. Der Mittelwert der relativen Veränderung für die Z-Städte beträgt 31,8 Prozent. Damit ist die Anzahl der Z-Unterkünfte in den U-Städten durchschnittlich mehr als doppelt so stark gestiegen wie in den Z-Städten. In acht der elf Z-Städte liegt der Wert unter 50 Prozent, bei drei Z-Städten hingegen liegt er bei über 50 Prozent. In vier Z-Städten lag die Zunahme gar unter 25 Prozent, was gerade mal auf 15 Prozent der U-Städte zutrifft. Aus der Stichprobenuntersuchung ist allgemein auf eine mittelbare Wirkung in den Z-Städten zu schließen, da die durchschnittliche Zunahme der Z-Unterkünfte in den Z-Städten mit 31,8 Prozent halb so hoch ausfällt wie in allen Städten (67,9%).

Abb. 15: Häufigkeitsverteilung der rel. Veränderung der Unterkünfte (n = 93)

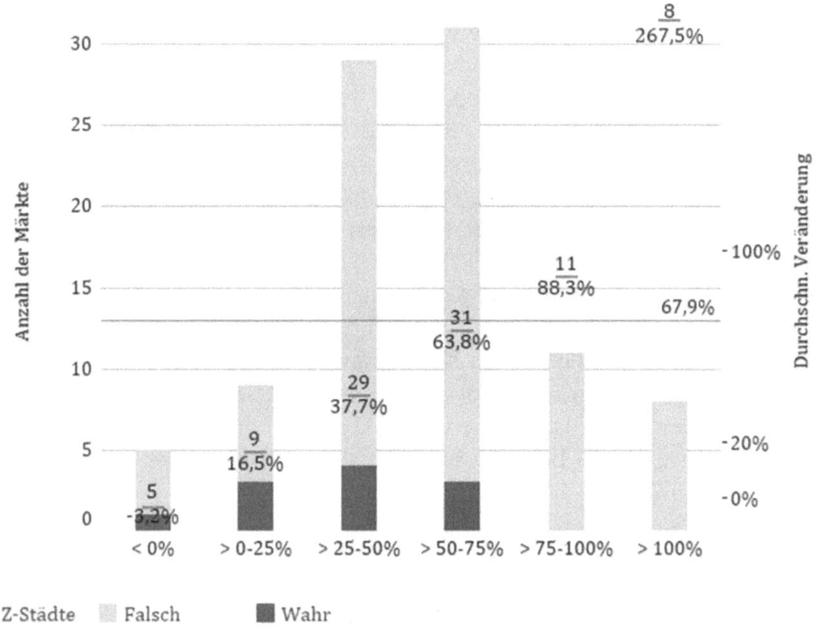

Richtet man den Blick auf den direkten Fallvergleich zwischen den Städten mit und ohne Zweckentfremdungsverbot, fallen die Ergebnisse ambivalent aus. Dafür wird die durchschnittliche jährliche Veränderung der Anzahl der Unterkünfte sowie die Anzahl der Z-Unterkünfte des gesamten Untersuchungszeitraums zugrunde gelegt und gegenübergestellt. Die Bildung der Vergleichspaare erfolgt nach den Kriterien Einwohnerzahl und Clusterzugehörigkeit (vgl. II. 3.). Ferner werden für den Vergleich nur Z-Städte herangezogen, deren Zweckentfremdungsverbot über den gesamten Untersuchungszeitraum in Kraft war. Berlin wird zudem aufgrund seiner außergewöhnlichen Größe im Vergleich zu allen anderen Städten nicht berücksichtigt. Zwar gilt dies in Teilen auch für die Städte Hamburg, München und Köln, allerdings klafft der Unterschied zur Bevölkerungsanzahl nicht ganz so weit wie im Falle von Berlin.

Für den Vergleich der großen Großstädte werden den Z-Städten Hamburg, Köln und München die Städte Leipzig, Düsseldorf und Dresden gegenübergestellt (vgl. Tab. 25). Dabei fällt das durchschnittliche Jahreswachstum der Anzahl aller Unterkünfte mit 58 Prozent in Hamburg geringer aus, als in Leipzig mit 69 Prozent. Gleichzeitig nimmer aber die Anzahl der Z-Unterkünfte mit in Hamburg mit durchschnittlich 65 Prozent stärker zu als in Leipzig (57%). Aus der Differenz der beiden Werte ergibt sich schließlich eine relative Abweichung von -11 Prozent bezogen auf alle Unterkünfte und +8 Prozent nur auf Z-Unterkünfte eingeschränkt. Bei den Fällen Köln/Düsseldorf und München/Dresden ist sowohl bei allen als auch nur bei den Z-Unterkünften eine negative relative Abweichung festzustellen. In beiden Z-Städten fiel die Zunahme der Unterkünfte (alle und Z) geringer aus als in den jeweiligen Vergleichsstädten.

Tab. 25: Vergleich der Veränderung der Unterkünfte / 1. Teil

	Z-Stadt vs. Stadt ohne Zweckentfremdungsverbot					
	HH	**L**	**K**	**D**	**M**	**DD**
Cluster	B1	B1	B1	B1	B1	B2
EW 2017	1.830k	581k	1.080k	617k	1.456k	551k
	Alle Unterkünfte					
Durchschn. Jahreswachstum	*58%*	*69%*	*56%*	*80%*	*35%*	*59%*
relative Abweichung	-11%		-23%		-24%	
	Z-Unterkünfte					
Durchschn. Jahreswachstum	*65%*	*57%*	*51%*	*87%*	*44%*	*60%*
relative Abweichung	+8%		-36%		-17%	

Für den Vergleich der kleineren Z-Städte Bonn, Dortmund und Freiburg i.Br. wurden Wiesbaden, Nürnberg und Mainz gewählt (vgl. Tab. 26). Dabei fällt die relative Abweichung bei den Fällen Bonn/Wiesbaden und Dortmund/Nürnberg sowohl bei allen Unterkünften als auch bei den Z-Unterkünften positiv aus. Hier fällt die Zunahme der Unterkünfte in den Z-Städten höher aus als in den Vergleichsstädten. Der Fall Freiburg i.Br./ Mainz gestaltet sich hingegen vergleichbar zu Hamburg/Leipzig. Während die Anzahl der Unterkünfte in der Z-Stadt insgesamt weniger stark zunahm, fiel das Wachstum bezogen auf die Z-Unterkünfte stärker aus als in der Vergleichsstadt.

Tab. 26: Vergleich der Veränderung der Unterkünfte | 2. Teil

	Z-Stadt vs. Stadt ohne Zweckentfremdungsverbot					
	BN	**WI**	**DO**	**N**	**FR**	**MZ**
Cluster	B2	B2	C3	C2	C2	C2
EW 2017	325k	278k	586k	515k	229k	217k
	Alle Unterkünfte					
Durchschn. Jahreswachstum	*93%*	*63%*	*74%*	*66%*	*49%*	*73%*
relative Abweichung	+30%		+8%		-24%	
	Z-Unterkünfte					
Durchschn. Jahreswachstum	*81%*	*72%*	*118%*	*75%*	*79%*	*54%*
relative Abweichung	+9%		+42%		+25%	

Aus dem direkten Fallvergleich kann die allgemeine mittelbare Wirkung der Zweckentfremdungsverbote nicht vollends bestätigt werden. In vier der sechs Fälle nimmt die Anzahl der Unterkünfte insgesamt in den Z-Städten weniger stark zu als in den Vergleichsstädten. Das Verhältnis fällt bezogen auf die Z-Unterkünfte jedoch genau andersherum aus. In lediglich zwei der sechs Fälle fällt die Zunahme der Z-Unterkünfte weniger stark aus, als jene in den Vergleichsstädten.

2. Z-Städte aus der Fallgruppe Wohnungsbestand I

Die Z-Städte Berlin (a), Hamburg (b), München (c), Köln (d), Heidelberg (e) und Konstanz (f) sind der Fallgruppe Wohnungsbestand I (vgl. II. 4. lit. a).

a) Berlin

Der Kurzzeitvermietungsmarkt Berlins weist 2017 eine Dichte von 54 Unterkünften je 10.000 EW und eine Professionalisierungsrate von 15

Prozent auf. Mit der Verdopplung der Unterkunftsanzahl von 2015 auf 2016 von 10.379 auf 19.555 Unterkünfte weist die Hauptstadt mit großem Abstand das größte Unterkunftsangebot in Deutschland auf. Die Berliner Zweckentfremdungs-Verordnung (BlnZwVbVO) trat in Verbindung mit dem Zweckentfremdungsverbots-Gesetz (BlnZwVbG) am 01.04.2014 in Kraft (vgl. I. 3.). Nach der Gewährung der zweijährigen Übergangsfrist gem. § 2 Abs. 2 Nr. 1 BlnZwVbG trat zudem die Umwidmungspflicht für Kurzzeitvermietungen am 01.05.2016 in Kraft (vgl. Kap. 5 B II. 2. lit. b). Für den Vollzug setzen die Bezirke und die Senatsverwaltung insgesamt 59,34 Stellen ein,[453] was 2017 einem Verhältnis von 3,1 VZÄ je 100.000 Wohneinheiten entspricht. Die Anzahl der Z-Unterkünfte steigt 2016 um 74 Prozent auf 3.372 im Vergleich zum Vorjahr. 2017 nimmt die Anzahl um weitere zehn Prozent auf insgesamt 3.701 Z-Unterkünfte zu (vgl. Tab. 27).

Tab. 27: Kennzahlen für den Berliner Kurzzeitvermietungsmarkt

Berlin	2015	2016		2017		H_0
Anzahl der Wohneinheiten	1.902.675	1.916.517		1.932.296		
Z-Unterkünfte/WE	0,10%	0,18%		0,19%		
Unterkünfte: Anzahl und Veränderung						**F**
Anzahl Gesamt	10.379	19.555	*+88%*	19.374	*-1%*	F
Anzahl Z-Unterkünfte	1.942	3.372	*+74%*	3.701	*+10%*	W
Anzahl Unterkünfte v. MFA	1.927	4.718	*+145%*	4.214	*-11%*	F
Anteil Z-Unterkünfte/ Neubau	-	24%		23%		F
User: Anzahl und Veränderung						**F**
Anzahl User	9.255	16.668	*+80%*	16.745	*0%*	F
Anzahl MFA-User	1.124	2.887	*+157%*	2.629	*-9%*	F
Anteil MFA-User	12%	17%		16%		F
Tendenz						**F**
rel. Monatsveränderung	5%	4%		3%		F
Gesamtergebnis						**F**

Die Anzahl der Unterkünfte fällt 2017 um ein Prozent auf insgesamt 19.374 ab, obwohl die Anzahl der Z-Unterkünfte um 10 Prozent zunimmt. Der Anteil der Unterkünfte, der von Mehrfachanbietern vermietet wird,

453 Abghs.-Drs. 18/11983, Antwort auf die schriftliche Anfrage der Abgeordneten Dr. Maren Jasper-Winter (FDP) vom 25.08.2017 (1 f.).

steigt von 2015 auf 2016 fast um das Eineinhalbfache von knapp 2.000 Unterkünften auf insgesamt über 4.700. Im Folgejahr nimmt die Anzahl wiederum um 11 Prozent auf rund 4.200 Unterkünfte ab. Der Anteil der Z-Unterkünfte an der Anzahl neu gebauter Wohneinheiten sinkt 2017 im Vergleich zum Vorjahr von 24 auf 23 Prozent. Insgesamt ist das starke Wachstum des Jahres 2016 im Folgejahr messbar zurückgegangen. Mit Ausnahme der Anzahl der Z-Unterkünfte, sind alle Indikatoren der Kategorie Unterkünfte rückläufig. Ähnlich stellt es sich in der Kategorie User dar. Die Anzahl der User hat sich von 2015 auf 2016 auf insgesamt 16.668 User fast verdoppelt, stagnierte im Folgejahr hingegen weitgehend bei 16.475. Eine ähnliche Entwicklung ist auch bei den MFA zu beobachten. Nach dem starken Anstieg der Anzahl von 2015 auf 2016 auf 2.887 (+ 157%), sank die Anzahl 2017 wieder um 9 Prozent, was in der Folge auch einen geringeren Anteil der MFA-User zur Folge hat. Insgesamt sind in der Kategorie User alle Indikatoren von einem Rückgang geprägt.

Abb. 16: Monatliche Vermietungsdynamik in Berlin

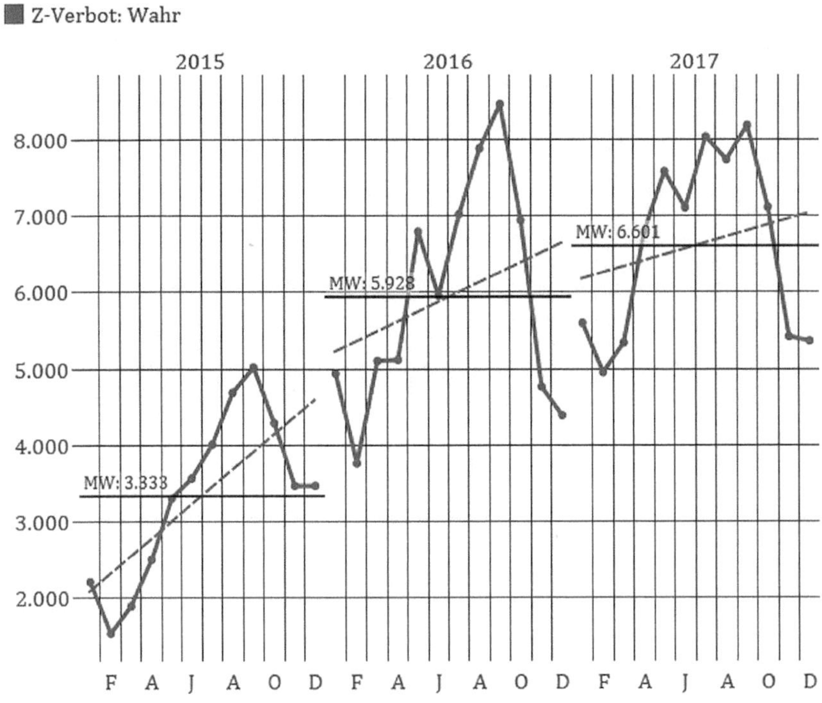

Die Monate mit der höchsten Vermietungsdynamik sind Mai bis Oktober (vgl. Abb. 16). Die Spitze bildet der September im Jahr 2016 und 2017 mit jeweils über 8.000 aktiven Unterkünften. 2017 hingegen wird durch den Anstieg der im Durchschnitt aktiven Unterkünfte (6.601) deutlich, dass zwar die relative Monatsveränderung insgesamt rückläufig ist (5%, 4% und 3%), die Anzahl der monatlich aktiven Unterkünfte von 2016 auf 2017 im Durchschnitt aber dennoch um 11 Prozent (von 5.958 auf 6.601 Unterkünfte) zunimmt.

In Anbetracht der sinkenden Zahlen in den Kategorien Unterkünfte und User ist in Berlin von 2016 auf 2017 ein rückläufiger Effekt bei der Vermietungsaktivität messbar. Dieses in Zahlen ausgedrückte Erschrecken des Schwarms lässt sich auch an der negativen Trendkurve ablesen, die sich seit Mai 2016 auch in der Vermietungsdynamik durch die abnehmende Tendenz der relativen Monatsveränderung niederschlägt. Diese Entwicklung scheint in unmittelbaren Zusammenhang mit der im gleichen Monat ablaufenden Übergangsfrist für die Einführung der Umwidmungspflicht zu stehen. Es zeichnet sich eine Tendenz ab, bei der die Anzahl der User seit Mai 2016 nicht mehr weiter zunimmt. Dafür scheinen die bestehenden Unterkünfte weiterhin aktiv genutzt zu werden. Auch *Oskam* bestätigt diese Beobachtung und führt dies auf eine möglicherweise abnehmende Attraktivität der Plattform für neue Anbieter zurück, die Ganze Unterkünfte vermieten wollen (*Oskam* 2019, 100 f.). Für Berlin kann die Nullhypothese nicht bestätigt werden und wird deshalb verworfen. Stattdessen ist, angesichts der Ergebnisse, die Alternativhypothese als WAHR anzunehmen.

b) Hamburg

Der Hamburger Kurzzeitvermietungsmarkt hat eine Dichte von 40 Unterkünften je 10.000 EW und wie auch Berlin eine Professionalisierungsrate von 15 Prozent. Die Anzahl der Unterkünfte in Hamburg hat sich von 2015 auf 2016 von 3.321 auf 6.976 Unterkünfte mehr als verdoppelt. 2017 waren es 7.410 Unterkünfte, was eine Zunahme von nur noch 6 Prozent darstellt. Damit verfügt Hamburg über das zweitgrößte Kurzzeitvermietungsangebot in Deutschland. Der zweckentfremdungsrechtliche Genehmigungsvorbehalt ist während des gesamten Untersuchungszeitraums in Kraft. Für den Vollzug des Zweckentfremdungsverbots und die Bearbeitung der Zweckentfremdung von Wohnraum setzen die Bezirke 2017 insgesamt 8,7 VZÄ ein.[454] Dies entspricht einem Verhältnis von 0,9 VZÄ je 100.000 Wohneinheiten. Das Jahr 2016 ist im Vergleich zum Vorjahr von einer Verdopplung bis hin zur nahezu Verdreifachung der Werte bei der Anzahl der Z-Unterkünfte, der Unterkünfte von Mehrfachanbietern, den Usern und den MFA-Usern geprägt (vgl. Tab. 28).

Die Veränderung von 2016 auf 2017 ist wiederum von wesentlich geringerem Wachstum gekennzeichnet. Insbesondere die Anzahl der Unterkünfte von MFA sowie die Anzahl der MFA-User stagnieren bei relativer Veränderung von jeweils drei Prozent. Durch die Stagnation der MFA-User sinkt 2017 auch ihr Anteil von 16 auf 15 Prozent im Vergleich zum Vorjahr. Insgesamt ist die Kategorie Unterkünfte mit Ausnahme der Anzahl der Unterkünfte von MFA von einem Anstieg der Werte geprägt. In der Kategorie User nimmt die Anzahl der User zu. Die Tendenz, die sich aus der gemittelten relativen Monatsveränderung ergibt, ist fallend von zehn (2015) über sechs (2016) auf drei Prozent (2017). Die Monate mit der höchsten Vermietungsdynamik sind Mai bis Oktober. Die Spitze bilden die Monate Mai, Juli, August und September 2017 mit jeweils über 3.000 aktiven Unterkünften (vgl. Abb. 17).

Tab. 28: Kennzahlen für den Hamburger Kurzzeitvermietungsmarkt

Hamburg	**2015**		**2016**		**2017**		H_0
Anzahl der Wohneinheiten	931.236		938.592		946.199		
Z-Unterkünfte/WE	0,08%		0,16%		0,19%		
Unterkünfte: Anzahl und Veränderung							**W**
Anzahl Gesamt	3.321	-	6.976	*+110%*	7.410	*+6%*	W
Anzahl Z-Unterkünfte	707	-	1.466	*+107%*	1.804	*+23%*	W
Anzahl Unterkünfte v. MFA	638	-	1.520	*+138%*	1.558	*+3%*	F
Anteil Z-Unterkünfte/Neubau	-		20%		24%		W
User: Anzahl und Veränderung							**F**
Anzahl User	2.920	-	6.035	*+107%*	6.438	*+7%*	W
Anzahl MFA-User	401	-	941	*+135%*	972	*+3%*	F
Anteil MFA-User	14%		16%		15%		F
Tendenz							**F**
rel. Monatsveränderung	10%		6%		3%		F
Gesamtergebnis							**F**

454 Drs. 21/12402, Antwort des Senats vom 28.03.2018, Bürgerschaft der Freien und Hansestadt Hamburg (4).

Angesichts der rückläufigen bzw. stagnierenden Entwicklung in zwei von drei Kategorien ist die Nullhypothese nicht zu bestätigen. Stattdessen ist die Alternativhypothese als WAHR anzunehmen. Ein dämpfender Effekt ist in Hamburg zu beobachten und auch die Tendenz spricht für ein stagnierendes oder ggf. ein negatives Wachstum. Allerdings ist der Effekt noch nicht derart durchschlägig, als dass die Anzahl der Unterkünfte und insbesondere die Z-Unterkünfte zurückgehen würden.

Abb. 17: Monatliche Vermietu4ngsdynamik in Hamburg

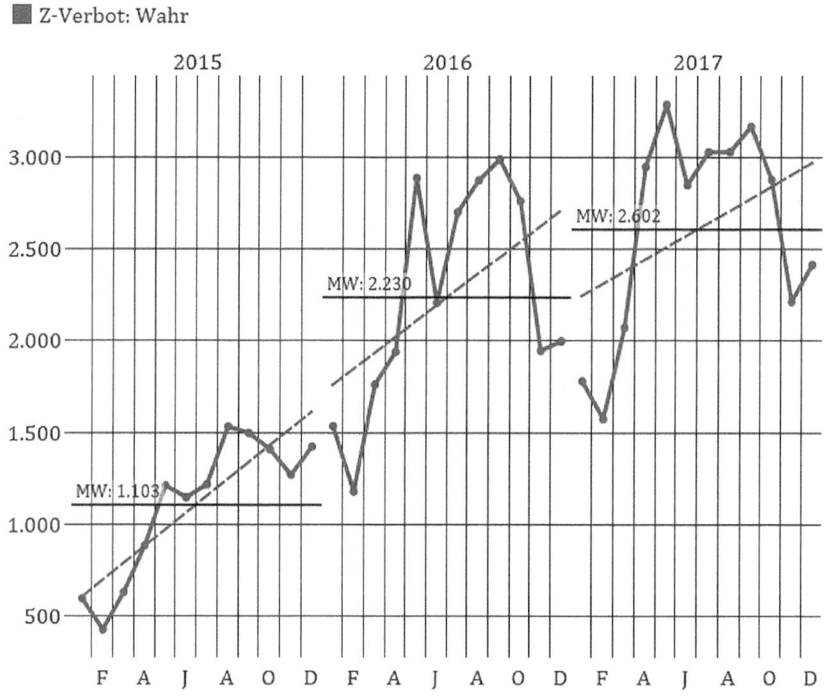

c) München

Der Münchener Kurzzeitvermietungsmarkt weist eine Dichte von 49 Unterkünften je 10.000 EW auf und ist durch eine Professionalisierungsrate von 14 Prozent gekennzeichnet. Die Anzahl der Unterkünfte in München hat sich von 2015 auf 2016 von 4.517 auf 8.301 Unterkünfte fast verdoppelt. München verfügt, knapp hinter Hamburg, über das drittgrößte Kurzzeitvermietungsangebot in Deutschland. Die Satzung der Landeshauptstadt über das Verbot der Zweckentfremdung von Wohnraum ist über den gesamten Untersuchungszeitraum in Kraft. Für den Vollzug stellt die Kommune 2017 8,0 Stellen zur Verfügung,[455] was einem Verhältnis von rund 1,0 VZÄ je 100.000 Wohneinheiten entspricht. Die Anzahl der Z-Unterkünfte nahm 2017 im Vergleich zum Vorjahr um vier Prozent ab, nachdem sie sich von 2015 auf 2016 von 4.500 auf 8.300 Unterkünfte fast verdoppelte (vgl. Tab. 29).

Auch bei allen anderen Indikatoren der Kategorie Unterkünfte ist die Entwicklung von 2016 auf 2017 von einem Rückgang geprägt. Ebenso verhält es sich in der Kategorien User und Tendenz. Die relative Monatsveränderung nimmt stetig von 13 (2015) über 9 (2016) auf 7 Prozent (2017) ab. Die Monate mit der höchsten Vermietungsdynamik sind August, September und Oktober. Die Spitze bilden die Monate September und Oktober 2016 sowie September 2017 mit jeweils einer Anzahl von aktiven Unterkünften von über 4.000 (vgl. Abb. 18).

Tab. 29: Kennzahlen für den Münchener Kurzzeitvermietungsmarkt

München	**2015**		**2016**		**2017**		H_0
Anzahl der Wohneinheiten	777.704		784.422		791.905		
Z-Unterkünfte/WE	0,09%		0,16%		0,15%		
Unterkünfte: Anzahl und Veränderung							F
Anzahl Gesamt	4.517	-	8.301	*84%*	7.168	*-14%*	F
Anzahl Z-Unterkünfte	665	-	1.272	*+91%*	1.223	*-4%*	F
Anzahl Unterkünfte v. MFA	911	-	1.960	*+115%*	1.366	*-30%*	F
Anteil Z-Unterkünfte/Neubau	-		19%		16%		F
User: Anzahl und Veränderung							F
Anzahl User	3.980	-	7.126	*+79%*	6.349	*-11%*	F
Anzahl MFA-User	537	-	1.175	*+119%*	819	*-30%*	F
Anteil MFA-User	13%		16%		13%		F
Tendenz							F
rel. Monatsveränderung	13%		9%		7%		F
Ergebnis							F

Aus der Vermietungsdynamik wird deutlich, dass die Vermietungsaktivität rund um das Münchener Oktoberfest am höchsten ist. Im Vergleich zu

455 Landeshauptstadt München, Sozialreferat, Sitzungsvorlage Nr. 14-20 / V 11151 vom 02.03.2018, RIS - Stadtrat (4).

diesem Zeitraum sind die restlichen Monate von einer moderaten Vermietungsaktivität geprägt. In München ist im Vergleich von 2015/2016 auf 2016/2017 ein Turn zu beobachten. Dabei ist 2017 ein genereller Rückgang der Werte in allen Kategorien festzustellen. Daraus ist zu folgern, dass die Nullhypothese verworfen und die Alternativhypothese als WAHR angenommen wird.

Abb. 18: Monatliche Vermietungsdynamik in München

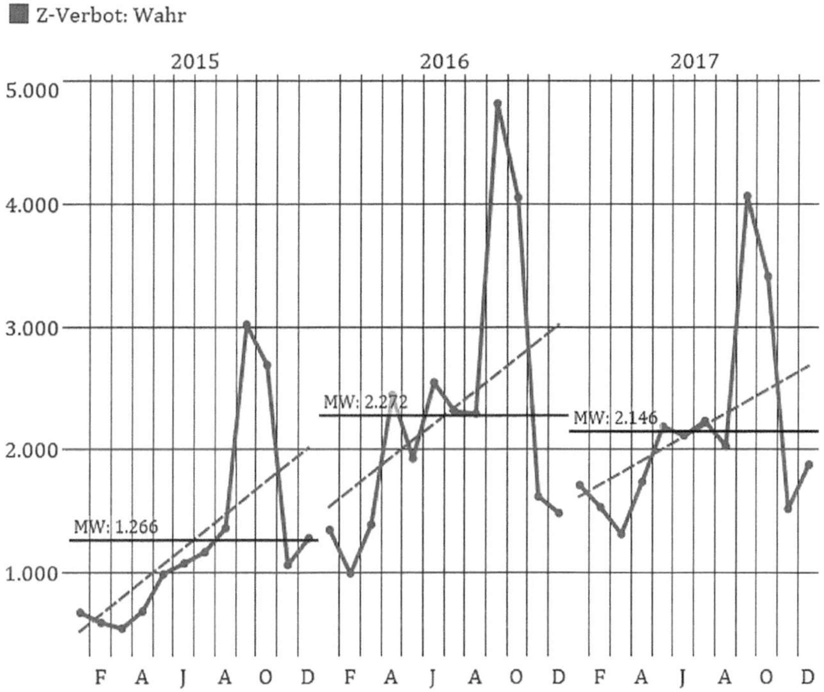

d) Köln

Der Kölner Kurzzeitvermietungsmarkt hat eine Dichte von 53 Unterkünften je 10.000 EW und eine Professionalisierungsrate von 17 Prozent. Mit gut 2.500 (2015), knapp 5.000 (2016) und 5.700 Unterkünften (2017) weist Köln das viertgrößte Angebot in Deutschland vor. Die Wohnraumschutzsatzung ist über den gesamten Untersuchungszeitraum in Kraft. Für den

Vollzug setzt die Kommune 2017 3,0 VZÄ ein,[456] was einem Verhältnis von 0,5 VZÄ je 100.000 Wohneinheiten entspricht.

Tab. 30: Kennzahlen für den Kölner Kurzzeitvermietungsmarkt

Köln	**2015**		**2016**		**2017**		H_0
Anzahl der Wohneinheiten	553.331		556.331		558.423		
Z-Unterkünfte/WE	0,10%		0,17%		0,22%		
Unterkünfte: Anzahl und Veränderung							W
Anzahl Gesamt	2.523	-	4.976	*+97%*	5.752	*+16%*	W
Anzahl Z-Unterkünfte	540	-	930	*+72%*	1.220	*+31%*	W
Anzahl Unterkünfte v. MFA	574	-	1.135	*+98%*	1.255	*+11%*	W
Anteil Z-Unterkünfte/Neubau	-		31%		58%		W
User: Anzahl und Veränderung							W
Anzahl User	2.135	-	4.244	*+99%*	4.948	*+17%*	W
Anzahl MFA-User	388		732	*+89%*	804	*+10%*	W
Anteil MFA-User	18%		17%		16%		F
Tendenz							W
rel. Monatsveränderung	11%		4%		5%		W
Gesamtergebnis							W

Nahezu alle Indikatoren in Köln sind von Wachstum geprägt. 2016 ist weitgehend eine Verdopplung der Werte im Vergleich zum Vorjahr zu beobachten, mit Ausnahme der relativen Monatsveränderung. Diese ging von elf auf vier Prozent zurück. 2017 setzt sich das Wachstum in geringerer Ausprägung in allen Kategorien prozentual im zweistelligen Bereich fort. Die Monate mit der höchsten Vermietungsdynamik sind August bis Oktober. Die Spitze bilden die Monate August und September 2016 mit jeweils knapp 2.500 aktiven Unterkünften sowie August und Oktober 2017 mit jeweils weit über 2.500 aktiven Unterkünften (vgl. Abb. 19). Die Trendkurven deuten über die drei Jahre eine minimale Abnahme bei der Vermietungsaktivität an, die sich auch durch die Zahlen der durchschnittlichen Monatsveränderung 2015 und 2016 belegen lässt. 2017 hingegen steigt diese auch wieder an. Die Nullhypothese kann somit in Köln bestätigt werden.

456 Drs. 2938/2018, Mitteilung der Stadt Köln vom 05.09.2018 (1).

Abb. 19: Monatliche Vermietungsdynamik in Köln

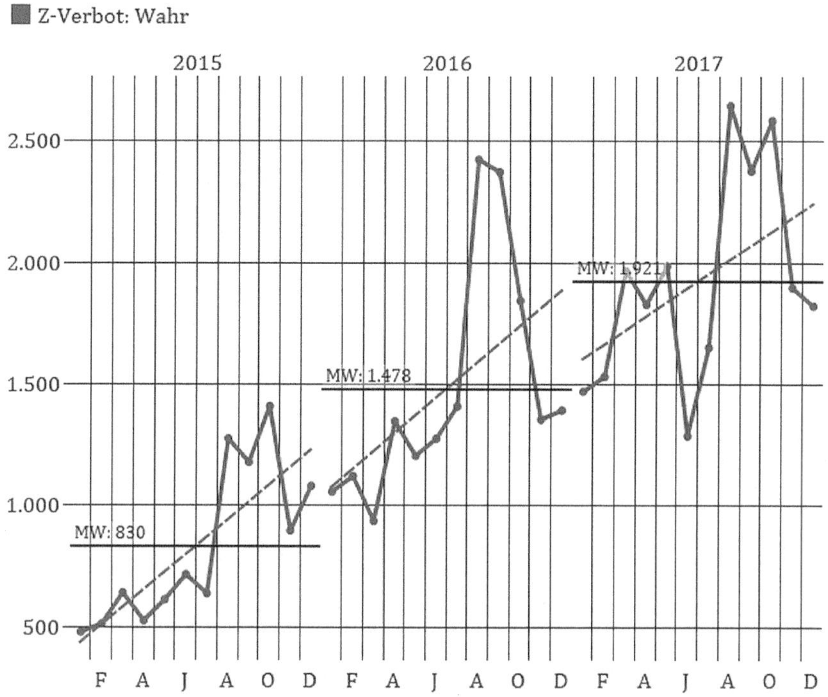

e) Heidelberg

Der Heidelberger Kurzzeitvermietungsmarkt kommt auf eine Dichte von 38 Unterkünften je 10.000 EW und verfügt über eine Professionalisierungsrate von 31 Prozent. Die Anzahl der Unterkünfte hat sich von 278 (2015) auf 613 (2017) mehr als verdoppelt. Heidelberg befindet sich nach Anzahl der Unterkünfte auf dem 16. Platz der deutschen Kurzzeitvermietungsmärkte (vgl. I. 2.). Die Satzung über das Verbot der Zweckentfremdung von Wohnraum (ZwEVS) trat am 1.1.2017 in Kraft und gilt somit nur für das letzte Drittel des Untersuchungszeitraums. Für den Vollzug stellt die Kommune 0,5 Stellen zur Verfügung, was 2017 einem Verhältnis von 0,6 VZÄ je 100.000 Wohneinheiten entspricht. Im gesamten Untersuchungszeitrum sind sämtliche Indikatoren in den Kategorien Unterkünfte und User, mit Ausnahme des Anteils der Mehrfachanbieter, von einer bedeutenden Zunahme geprägt (vgl. Tab. 31). Lediglich die relative Monatsveränderung ist fallend.

Tab. 31: Kennzahlen für den Heidelberger Kurzzeitvermietungsmarkt

Heidelberg	**2015**		**2016**		**2017**		H_0
Anzahl der Wohneinheiten	78.691		79.170		79.726		
Z-Unterkünfte/WE	0,10%		0,18%		0,23%		
Unterkünfte: Anzahl und Veränderung							**W**
Anzahl Gesamt	278	-	563	*+103%*	613	*+9%*	W
Anzahl Z-Unterkünfte	80	-	143	*+79%*	187	*+31%*	W
Anzahl Unterkünfte v. MFA	111	-	198	*+78%*	221	*+12%*	W
Anteil Z-Unterkünfte/Neubau	-		30%		34%		W
User: Anzahl und Veränderung							**W**
Anzahl User	206	-	439	*+113%*	474	*+8%*	W
Anzahl MFA-User	72	-	124	*+72%*	139	*+12%*	W
Anteil MFA-User	35%		28%		29%		W
Tendenz							**F**
rel. Monatsveränderung	11%		5%		3%		F
Gesamtergebnis							**W**

An der Vermietungsdynamik is abzulesen, dass sich die Vermietungsaktivitäten auf dem Heidelberger Kurzzeitvermietungsmarkt länger als nur über den Sommer erstrecken. Insbesondere in den Monaten Mai bis Oktober ist die Anzahl der aktiven Unterkünfte in den Jahren 2016 und 2017 überdurchschnittlich hoch. In der Spitze sind es im September 2017 über 300 Unterkünfte (vgl. Abb. 20). In Anbetracht der steigenden Werte in allen Kategorien, ist die Nullhypothese zu bestätigen.

Abb. 20: Monatliche Vermietungsdynamik in Heidelberg

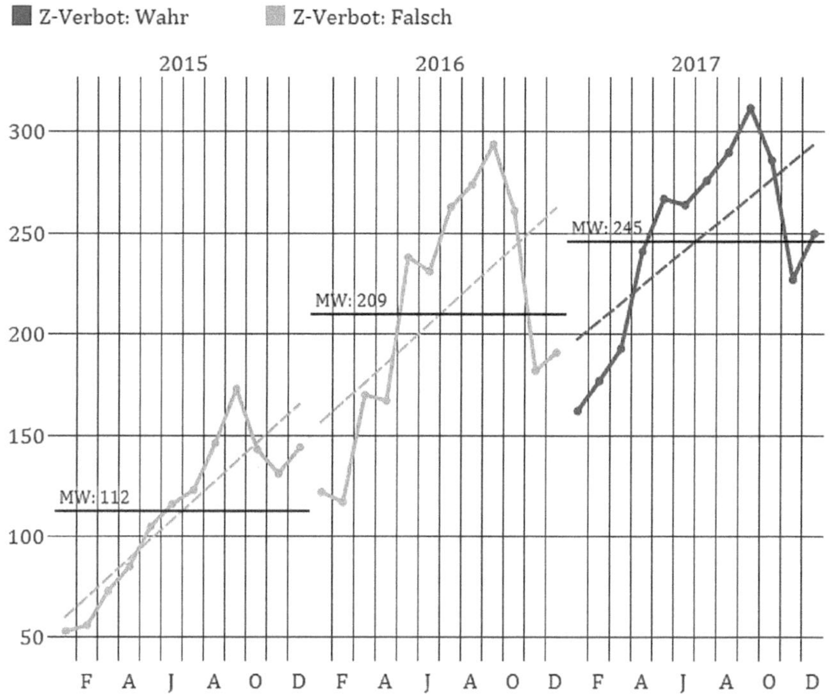

f) Konstanz

Der Konstanzer Kurzzeitvermietungsmarkt weist eine Dichte von 34 Unterkünften je 10.000 EW und eine Professionalisierungsrate von 25 Prozent auf. Die Anzahl der Unterkünfte hat sich 2015 von 123 auf 289 im Jahr 2017 mehr als verdoppelt. Konstanz ist die Z-Stadt mit dem kleinsten Unterkunftsangebot und rangiert deutschlandweit auf Platz 29. Die Satzung über das Verbot der Zweckentfremdung von Wohnraum trat am 14.03.2015 in Kraft und gilt damit nahezu für den gesamten Untersuchungszeitraum. Für den Vollzug der Satzung setzt die Kommune 1,0 VZÄ ein, was 2017 einem Verhältnis von 2,2 VZÄ je 100.000 Wohneinheiten entspricht. Die Anzahl der Z-Unterkünfte steigt 2016 um 66 Prozent auf 68 und 2017 um 44 Prozent auf insgesamt knapp 100 (vgl. Tab. 32).

Tab. 32: Kennzahlen für den Konstanzer Kurzzeitvermietungsmarkt

Konstanz	**2015**		**2016**		**2017**		H_0
Anzahl der Wohneinheiten	43.973		44.261		44.563		
Z-Unterkünfte/WE	0,09%		0,15%		0,22%		
Unterkünfte: Anzahl und Veränderung							**W**
Anzahl Gesamt	123	-	258	*+110%*	289	*+12%*	W
Anzahl Z-Unterkünfte	41	-	68	*+66%*	98	*+44%*	W
Anzahl Unterkünfte v. MFA	40	-	75	*+88%*	88	*+17%*	W
Anteil Z-Unterkünfte/Neubau	-		24%		32%		W
User: Anzahl und Veränderung							**W**
Anzahl User	96	-	210	*+119%*	232	*+10%*	W
Anzahl MFA-User	27	-	48	*+78%*	57	*+19%*	W
Anteil MFA-User	28%		23%		25%		W
Tendenz							**F**
rel. Monatsveränderung	16%		6%		6%		F
Gesamtergebnis							**W**

Ähnlich wie zuvor bei Köln und Heidelberg, sind in Konstanz die Indikatoren der Kategorien Unterkünfte und User von einer Zunahme der Werte geprägt. 2016 betrug diese weitgehend eine Verdopplung der Werte. 2017 setzt sich das Wachstum in geringerer aber noch zweistelliger Höhe fort. Besonders die starke Zunahme der Z-Unterkünfte von 66 (2016) und 44 Prozent (2017) scheint mit der üppigen Auslegung der Zweckentfremdung von Wohnraum durch die Nutzung als Ferienwohnung in Verbindung zu stehen. Der Schwerpunkt der Vermietungsaktivität liegt im Sommer (vgl. Abb. 21). 2017 erweitert sich der Zeitraum der überdurchschnittlichen Anzahl aktiver Unterkünfte von April bis Oktober. Beliebtester Vermietungsmonat ist jeweils der August. Die Trendkurve von 2017 geht im Vergleich zum Vorjahr leicht zurück und auch in der Spitze (August 2017) sind weniger Unterkünfte aktiv als im Vorjahr zu verzeichnen. Die relative Monatsveränderung scheint sich bei sechs Prozent zu stabilisieren. Die Nullhypothese ist für Konstanz zu bestätigen.

Abb. 21: Monatliche Vermietungsdynamik in Konstanz

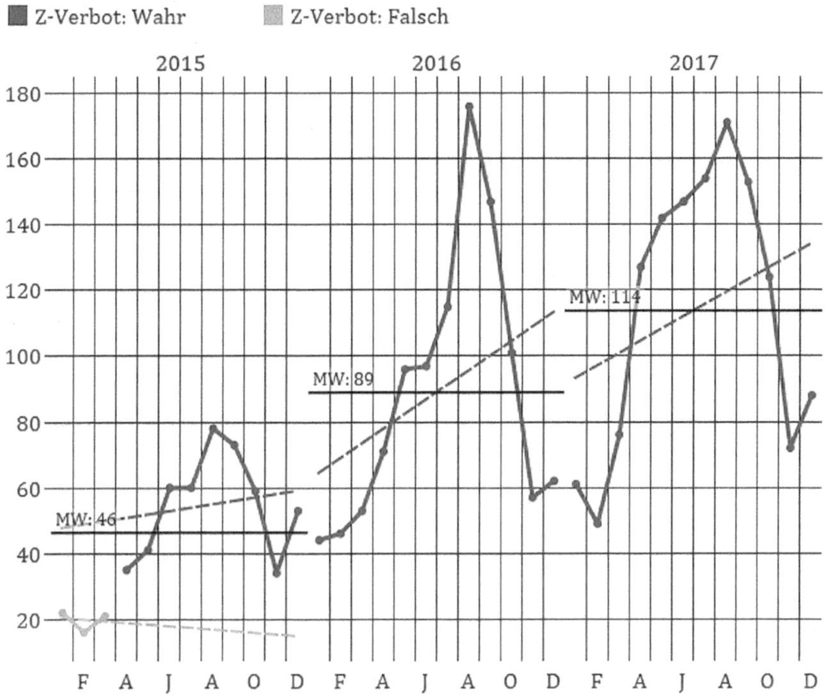

3. Z-Städte aus der Fallgruppe Wohnungsbestand II und Weitere

Die Z-Städte Stuttgart (a) und Bonn (b) sind der Fallgruppe Wohnungsbestand II zuzuordnen (vgl. II. 4. lit. a). Darüber hinaus sind Freiburg i. Br. (c) und Münster (d) Teil der 37 Fokusstädte. In Dortmund (e) hingegen ist angesichts der Kurzzeitvermietungsmarktes nicht von einem gesonderten Druck auf den Wohnungsbestand auszugehen.

a) Stuttgart

Der Stuttgarter Kurzzeitvermietungsmarkt verzeichnet eine Dichte von 19 Unterkünften je 10.000 EW und eine Professionalisierungsrate von 23 Prozent. Die Anzahl der Unterkünfte verdoppelte sich 2016 von 452 auf über 1.000 Unterkünfte und nahm 2017 nochmals um weitere 17 Prozent auf knapp 1.200 Unterkünfte zu. Stuttgart liegt damit nach der Anzahl der Unterkünfte deutschlandweit auf dem 11. Platz. Das im Januar 2016 in Kraft getretene Verbot der Zweckentfremdung von Wohnraum (ZwEVS) deckt damit nur zwei Drittel des Untersuchungszeitraums ab. Für den Vollzug stellt die Kommune 2,0 Stellen zur Verfügung, was 2017 einem Verhältnis von 0,6 VZÄ je 100.000 Wohneinheiten entspricht. Die Anzahl der Z-Unterkünfte beträgt 2016 rund 170 Unterkünfte, was im Vergleich zum Vorjahr einen Anstieg von 85 Prozent darstellt. 2017 wächst die Anzahl der Z-Unterkünfte um weitere 28 Prozent auf rund 220 (vgl. Tab. 33).

Tab. 33: Kennzahlen für den Stuttgarter Kurzzeitvermietungsmarkt

Stuttgart	**2015**		**2016**		**2017**		H_0
Anzahl der Wohneinheiten	308.376		310.310		312.371		
Z-Unterkünfte/WE	0,03%		0,06%		0,07%		
Unterkünfte: Anzahl und Veränderung							**W**
Anzahl Gesamt	452	-	1.018	*+125%*	1.205	*+18%*	W
Anzahl Z-Unterkünfte	93	-	172	*+85%*	221	*+28%*	W
Anzahl Unterkünfte v. MFA	130	-	279	*+115%*	336	*+20%*	W
Anteil Z-Unterkünfte/Neubau	-		9%		11%		W
User: Anzahl und Veränderung							**W**
Anzahl User	364		836	*+130%*	976	*+17%*	W
Anzahl MFA-User	88		182	*+107%*	229	*+26%*	W
Anteil MFA-User	24%		22%		23%		W
Tendenz							**W**
rel. Monatsveränderung	13%		4%		6%		W
Gesamtergebnis							**W**

Der Stuttgarter Kurzzeitvermietungsmarkt kennzeichnet sich durch prozentual zweistellige Zunahmen in allen Indikatoren aus. Die Vermietungsdynamik fällt in den Monaten August, September und Oktober am höchsten aus, was möglicherweise auf die *Canstatter Wasen* zurückzuführen ist. Im Oktober 2016 sowie September und Oktober 2017 überstieg die Anzahl der aktiven Unterkünfte den Wert von 500 (vgl. Abb. 22). Die Nullhypothese ist aufgrund der vom Wachstum geprägten Gesamtsituation in allen drei Kategorien zu bestätigen.

Abb. 22: Monatliche Vermietungsdynamik in Stuttgart

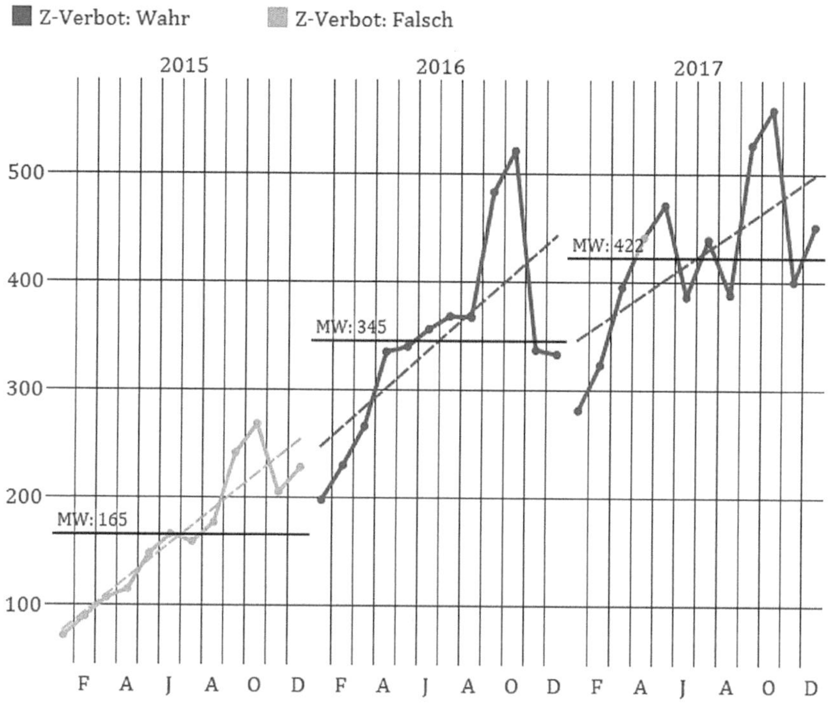

b) Bonn

Der Bonner Kurzzeitvermietungsmarkt zeichnet sich durch eine Dichte von 29 Unterkünften je 10.000 EW und eine Professionalisierungsrate von 22 Prozent aus. Die Anzahl der Unterkünfte hat sich über die drei Untersuchungsjahre hinweg von 255 (2015) auf 534 Unterkünfte (2016) und schließlich auf 939 Unterkünfte (2017) fast konstant verdoppelt. Damit rangiert der Bonner Kurzzeitvermietungsmarkt nach Größe auf Platz 13 in Deutschland. Die Bonner Wohnraumschutzsatzung ist im gesamten Untersuchungszeitraum in Kraft. Für den Vollzug stellt die Kommune seit Juni 2017 insgesamt 7,0 Stellen zur Verfügung[457], was einem Verhältnis von 4,0 VZÄ je 100.000 Wohneinheiten entspricht. Die Anzahl der Z-Un-

457 Bundesstadt Bonn, Mitteilung Ausschuss für Soziales, Migration, Gesundheit und Wohnen vom 01.04.2020 – 200381.

terkünfte verdoppelte sich 2016 im Vergleich zum Vorjahr und nahm 2017 um weitere 61 Prozent auf insgesamt 159 Unterkünfte zu (vgl. Tab. 34). Ebenso sind auch die anderen Indikatoren in allen drei Kategorien sowohl 2016 als auch 2017 von einer Zunahme geprägt.

Tab. 34: Kennzahlen für den Bonner Kurzzeitvermietungsmarkt

Bonn	**2015**		**2016**		**2017**		H_0
Anzahl der Wohneinheiten	168.760		170.211		171.847		
Z-Unterkünfte/WE	0,03%		0,06%		0,09%		
Unterkünfte: Anzahl und Veränderung							W
Anzahl Gesamt	255	-	534	*109%*	939	*+76%*	W
Anzahl Z-Unterkünfte	49	-	99	*+102%*	159	*+61%*	W
Anzahl Unterkünfte v. MFA	76	-	162	*+113%*	274	*+69%*	W
Anteil Z-Unterkünfte/Neubau	-		7%		10%		W
User: Anzahl und Veränderung							W
Anzahl User	209	-	436	*+109%*	765	*+75%*	W
Anzahl MFA-User	46	-	98	*+113%*	174	*+78%*	W
Anteil MFA-User	22%		22%		23%		W
Tendenz							W
rel. Monatsveränderung	12%		4%		9%		W
Ergebnis							W

Die Bonner Vermietungsdynamik ist 2017 maßgeblich von der UN-Klimakonferenz geprägt (vgl. II. 4. lit. c). Dementsprechend ist auch der weit überdurchschnittlich intensivste Vermietungsmonat der November 2017 mit über 600 aktiven Unterkünften (vgl. Abb. 23). Der nächstfolgende Monat nach Anzahl der aktiven Unterkünfte ist der Mai 2017 mit weniger als der Hälfte der Unterkünfte. In den Jahren 2015 und 2016 liegt die durchschnittliche Anzahl der aktiven Unterkünfte bei lediglich 85 bzw. 174 Unterkünften. Ohne die Konferenz 2017 wäre Bonn mit einer wesentlich geringeren Marktgröße vermutlich dem Cluster C zuzuordnen. Insbesondere die überdurchschnittlich starke Zunahme der Anzahl der User steht in einem engen Zusammenhang mit dem außerordentlichen Anstieg der Unterkünfte (75 bzw. 76%). 2017 ist zudem der Anstieg der Unterkünfte (76%) stärker ausgeprägt als der Anstieg der Z-Unterkünfte (61%).

Der Anteil der MFA-User bleibt mit einer Veränderung von einem Prozentpunkt nach oben im Wesentlichen gleich. Hieraus kann geschlossen werden, dass während des UN-Gipfels, nicht etwa MFA, sondern insbesondere Einzel-User ad-hoc zu einer Erweiterung des Kurzzeitvermietungsmarktes beigetragen haben. Schließlich steigt aber auch die Anzahl der MFA um 78 Prozent, was eine Gefahr der weiteren Professionalisierung des Marktes darstellt und einer Zunahme der Z-Unterkünfte in der Zukunft bedeuten kann. Diese Gefahr erkennte auch die Stadt Bonn und richtete zum 01.01.2017 eine „Task-Force Zweckentfremdung“[458] ein, die zunächst 4,75 VZÄ einsetzte und die im Juni 2017 nochmal auf insgesamt 7,0 VZÄ aufgestockt wurde. Die Nullhypothese ist für den Bonner Kurzzeitvermietungsmarkt dennoch zu bestätigen.

Abb. 23: Monatliche Vermietungsdynamik in Bonn

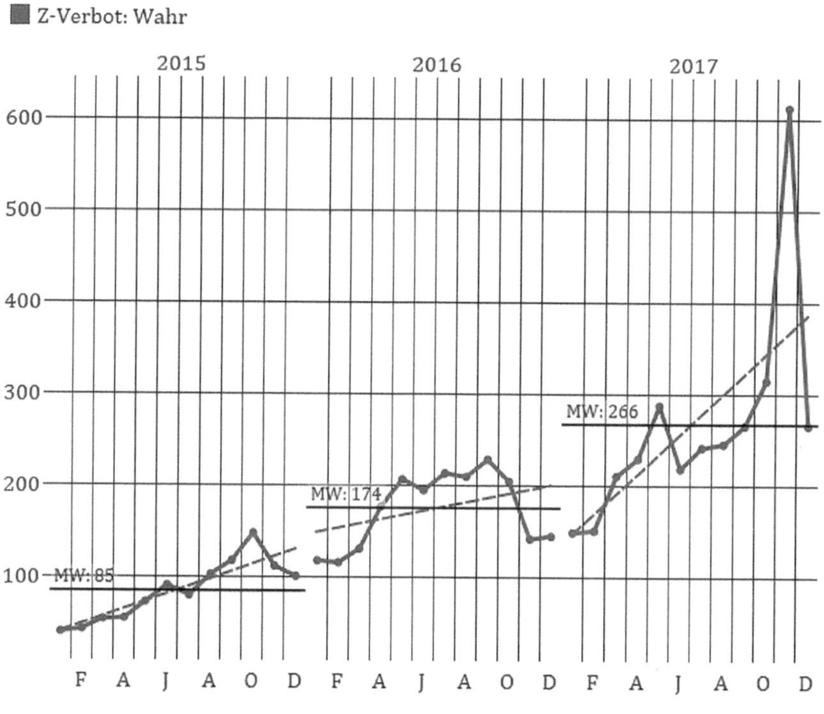

458 *Bonn.de* 2017: Stadt Bonn - Stadt bildet zum 1. Januar 2017 "Task Force Zweckentfremdung" {http://bonn.de/rat_verwaltung_buergerdienste/topthemen/18281/index.html?lang=de}.

c) Freiburg i.Br.

Der Freiburger Kurzzeitvermietungsmarkt hat eine Dichte von 31 Unterkünften je 10.000 EW und eine Professionalisierungsrate von 29 Prozent. Die Anzahl der Unterkünfte verdoppelte sich von 2015 auf 2016 und blieb 2017 mit gut 700 Unterkünften weitgehend unverändert. Nach der Größe des Kurzzeitvermietungsmarktes bemessen liegt Freiburg deutschlandweit auf dem 14. Platz. Das Zweckentfremdungsverbot ist über den gesamten Untersuchungszeitrum in Kraft. Für den Vollzug setzt die Kommune 1,5 Stellen ein (vgl. Kap. 1 B III.), was 2017 einem Verhältnis von 1,3 VZÄ je 100.000 Wohneinheiten entspricht. Die Anzahl der Z-Unterkünfte steigt 2016 um fast das Doppelte auf 134 und nimmt 2017 nochmal um 16 Prozent auf insgesamt 155 Z-Unterkünfte zu (vgl. Tab. 35).

Tab. 35: Kennzahlen für den Freiburger Kurzzeitvermietungsmarkt

Freiburg i.Br.	**2015**		**2016**		**2017**		H_0
Anzahl der Wohneinheiten	113.808		114.247		115.016		
Z-Unterkünfte/WE	0,06%		0,12%		0,13%		
Unterkünfte: Anzahl und Veränderung							F
Anzahl Gesamt	359	-	703	*+96%*	713	*+1%*	F
Anzahl Z-Unterkünfte	72	-	134	*+86%*	155	*+16%*	W
Anzahl Unterkünfte v. MFA	127	-	225	*+77%*	225	*0%*	F
Anteil Z-Unterkünfte/ Neubau	-		31%		20%		F
User: Anzahl und Veränderung							F
Anzahl User	269	-	554	*+106%*	562	*+1%*	F
Anzahl MFA-User	90	-	149	*66%*	151	*+1%*	F
Anteil MFA-User	33%		27%		27%		F
Tendenz							F
Monatsveränderung	13%		5%		3%		F
Ergebnis							F

Bis auf die Anzahl der Z-Unterkünfte sind die weiteren Indikatoren in Freiburg 2017 insbesondere durch eine Stagnation geprägt. Die Anzahl der User erhöht sich nur minimal um einen Prozentpunkt, ebenso wie die Anzahl der MFA-User. Auch die Tendenz ist von einem konstanten Rückgang von 13 (2015), über 5 (2016) auf 3 (2017) Prozent geprägt. Insbesondere in den Monaten Mai bis September steigt die Anzahl der monatlich aktiven Unterkünfte über den jeweiligen Jahresmittelwert und überschreitet in den Sommermonaten Juni bis August 2016 und 2017 die Marke von 300 Unterkünften (vgl. Abb. 24).

In der summarischen Betrachtung ist die Entwicklung auf dem Freiburger Kurzzeitvermietungsmarkt rückläufig. Die Nullhypothese kann daher nicht bestätigt werden. Die Alternativhypothese ist stattdessen als WAHR anzunehmen.

Abb. 24: Monatliche Vermietungsdynamik in Freiburg i.Br.

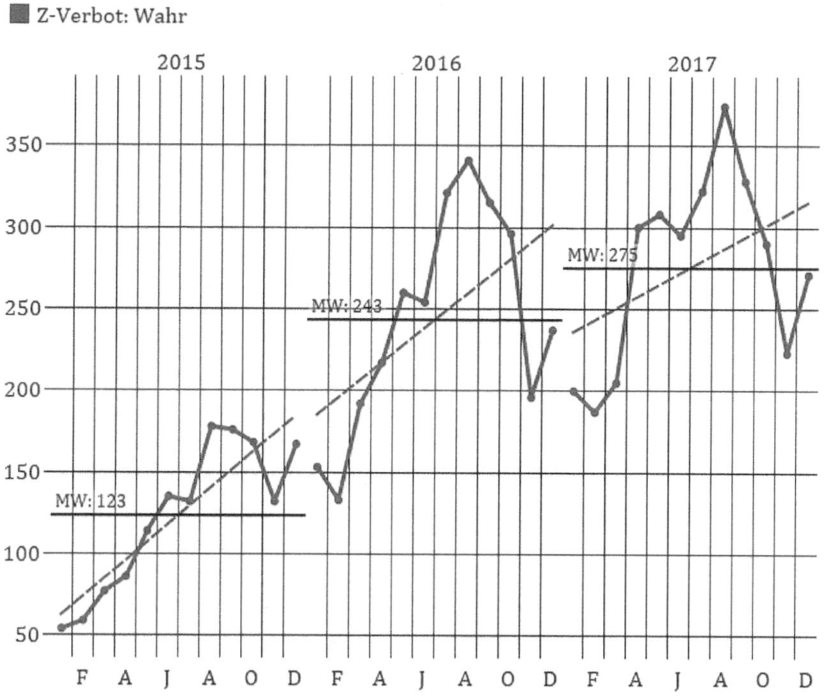

d) Münster

Der Münsteraner Kurzzeitvermietungsmarkt hat eine Dichte von 16 Unterkünften je 10.000 EW und eine Professionalisierungsrate von nur neun Prozent. Die Anzahl der Unterkünfte in Münster hat sich von 2015 auf 2016 von 166 auf 413 Unterkünfte fast verdreifacht und stieg 2017 um weitere 21 Prozent auf insgesamt 499 Unterkünfte an. Münster ist bezogen auf die Größe des Unterkunftsangebots auf dem 17. Platz. Das Zweckent fremdungsverbot vom 20.02.2015 gilt fast im gesamten Untersuchungszeitraum. Das eingesetzte Personal konnte hier nicht ermittelt werden. Die Anzahl der Z-Unterkünfte verdoppelte sich 2016 auf 82 und nahm 2017 um weitere 62 Prozent auf insgesamt 133 Unterkünfte zu (vgl. Tab. 36).

Tab. 36: Kennzahlen für den Münsteraner Kurzzeitvermietungsmarkt

Münster	**2015**		**2016**		**2017**		H_0
Anzahl der Wohneinheiten	156.704		158.297		159.660		
Z-Unterkünfte/WE	0,03%		0,05%		0,08%		
Unterkünfte: Anzahl und Veränderung							**W**
Anzahl Gesamt	166	-	413	*+149%*	499	*+21%*	W
Anzahl Z-Unterkünfte	40	-	82	*+105%*	133	*+62%*	W
Anzahl Unterkünfte v. MFA	18	-	65	*+261%*	83	*+28%*	W
Anteil Z-Unterkünfte/Neubau	-		5%		10%		W
User: Anzahl und Veränderung							**W**
Anzahl User	156	-	377	*+142%*	449	*+19%*	W
Anzahl MFA-User	10	-	36	*+260%*	50	*+39%*	W
Anteil MFA-User	6%		10%		11%		W
Tendenz							**F**
rel. Monatsveränderung	11%		6%		4%		F
Gesamtergebnis							**W**

Die Zunahme der Anzahl der Unterkünfte und Z-Unterkünfte spiegelt sich auch in den anderen Indikatoren der Kategorien Unterkünfte und User wider. Nach der Verdopplung und teilweise fast Verdreifachung der Werte im Jahre 2016, fällt das Wachstum 2017 zwar geringer aus, bewegt sich dennoch prozentual im zweistelligen Bereich. Auch der Anteil der Z-Unterkünfte verdoppelte sich im Vergleich zum Neubau von fünf auf zehn Prozent. In der Kategorie Tendenz sinkt die relative Monatsveränderung 2016 von 11 auf 6 und 2017 schließlich auf 4 Prozent ab. Die Monate mit der höchsten Vermietungsdynamik sind Juni bis Oktober mit Ausnahme von 2015 (vgl. Abb. 25). Die Spitze bildet jeweils der September 2016 und 2017 mit einer Anzahl von über 200 bzw. 250 aktiven Unterkünften. Insgesamt ist die Nullhypothese für Münster zu bestätigen, da sich nahezu aller Indikatoren durch Wachstum geprägt sind.

Abb. 25: Monatliche Vermietungsdynamik in Münster

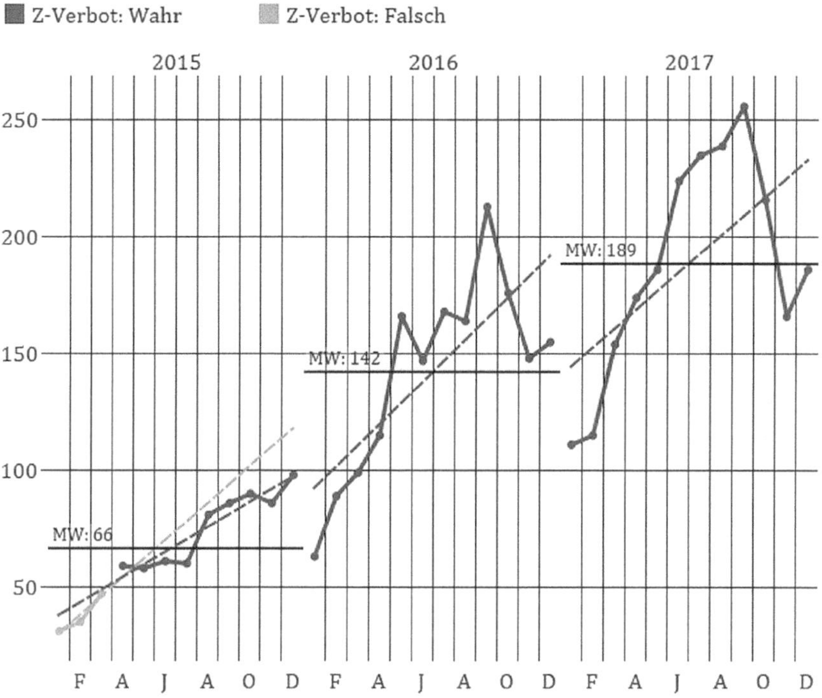

e) Dortmund

Der Dortmunder Kurzzeitvermietungsmarkt weist mit einer Dichte von sieben Unterkünften je 10.000 EW eine nur geringe Marktgröße auf und zeichnet sich durch eine Professionalisierungsrate von 39 Prozent aus. Die Anzahl der Unterkünfte verdoppelte sich 2015 von 147 auf 325 im Jahr 2016 und nahm 2017 um weitere 26 Prozent zu. Dortmund rangiert nach Größe des Unterkunftsangebots damit auf dem 22. Platz. Die Wohnraumschutzsatzung gilt über den gesamten Untersuchungszeitraum. Die Stadt setzt kein gesondertes Personal für den Vollzug des Zweckentfremdungsverbots im Bereich Kurzzeitvermietungen ein.[459] Die Anzahl der Z-Unter-

459 DS-Nr. 13254-19-E3, Stellungnahme OB der Stadt Dortmund vom 01.03.2019 (12).

künfte verdreifachte sich 2016 nahezu auf 82 Unterkünfte und nahm 2017 um weitere 52 Prozent auf insgesamt 125 Unterkünfte zu (vgl. Tab. 37).

Tab. 37: Kennzahlen für den Dortmunder Kurzzeitvermietungsmarkt

Dortmund	**2015**		**2016**		**2017**		**H_0**
Anzahl der Wohneinheiten	313.113		313.977		315.349		
Z-Unterkünfte/WE	0,01%		0,03%		0,04%		
Unterkünfte: Anzahl und Veränderung							**W**
Anzahl Gesamt	147	-	325	*+121%*	411	*+26%*	W
Anzahl Z-Unterkünfte	29	-	82	*+183%*	125	*+52%*	W
Anzahl Unterkünfte v. MFA	63	-	118	*+87%*	167	*+42%*	W
Anteil Z-Unterkünfte/Neubau	-		9%		9%		F
User: Anzahl und Veränderung							**W**
Anzahl User	104	-	243	*+134%*	291	*+20%*	W
Anzahl MFA-User	43	-	82	*+91%*	120	*+46%*	W
Anteil MFA-User	41%		34%		41%		W
Tendenz							
rel. Monatsveränderung	15%		8%		5%		F
Ergebnis							**W**

In den Kategorien Unterkünfte und User ist weitgehend ein zweistelliger Anstieg der Werte zu beobachten. Ausnahmen bilden der Anteil der Z-Unterkünfte zum neugeschaffenen Wohnraum mit einer Stagnation von neun Prozent sowie eine sinkende relative Monatsveränderung in der Kategorie Tendenz. Im Vergleich zu den anderen Z-Städten ist die Vermietungsdynamik in Dortmund als antizyklisch zu beschreiben, weil die Sommermonate zu den unterdurchschnittlich vermieteten Zeiträumen gehören. Die Vermietungsaktivität fällt jeweils im Frühling und im Herbst besonders hoch aus, besonders in den Monaten Monate Mai und September (vgl. Abb. 26). Dementsprechend zählt der September 2016 und 2017 mit einer Anzahl von über 150 bzw. über 200 die meisten aktiven Unterkünfte.

Hier könnte ein Zusammenhang mit der Fußballbundesliga bestehen, deren Spielzeit sich von September bis Mai erstreckt und im Sommer einer längeren Pause unterliegt. Der Dortmunder Bundesligaverein BVB als nationaler und internationaler Touristenmagnet scheint hier die Vermietungsdynamik maßgeblich zu Beginn und zum Ende der Spielzeit zu prägen. Die Nullhypothese ist nach der Gesamtschau der Dortmunder

Kennzahlen zu bestätigen, wenngleich die durchschnittliche Monatsveränderung eine Abnahme der Vermietungsdynamik andeutet.

Abb. 26: Monatliche Vermietungsdynamik in Dortmund

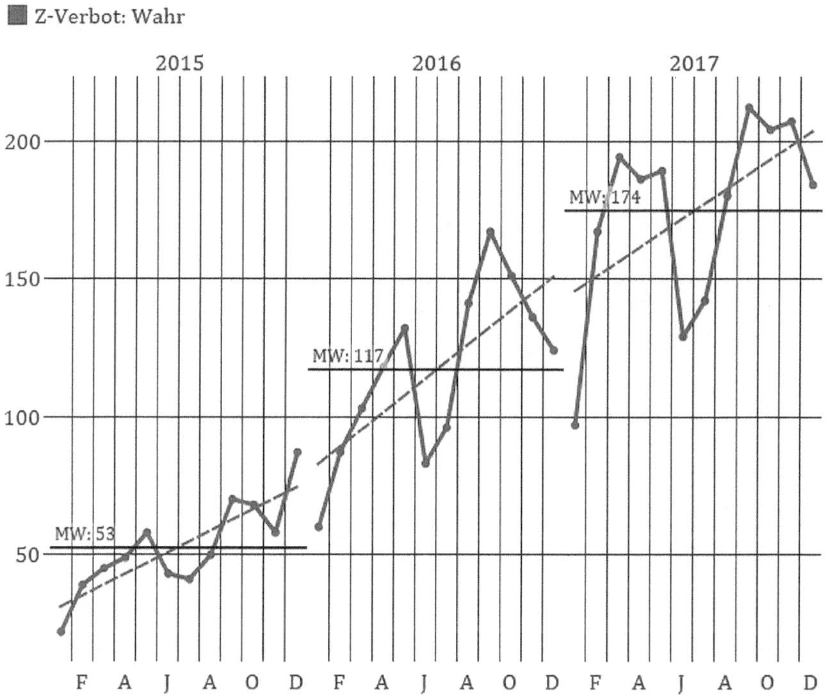

4. Bewertung der Ergebnisse

Aus der Häufigkeitsverteilung stellte sich heraus, dass das durchschnittliche Wachstum von Z-Unterkünften in den Z-Städten halb so hoch ausfällt wie in den U-Städten. Der direkte Vergleich jedoch zeichnet eine ambivalente Situation. Auch wenn die Fehleranfälligkeit dieser Rückschlüsse hoch ist, kann dennoch davon ausgegangen werden, dass von den Zweckentfremdungsverboten allgemein eine dämpfende Wirkung auf die Zunahme von Unterkünften ausgeht. In den konkreten Fallvergleichen kann die präventive Wirkung nicht uneingeschränkt für jeden Fall bestätigt werden.

Aus der Analyse der Vermietungsaktivität der Z-Städte konnte in insgesamt vier Fällen eine messbare Stagnation oder ein Rückgang festgestellt werden. Drei der vier Fälle, nämlich Berlin, Hamburg und München sind der Fallgruppe Wohnungsbestand I zugehörig. Freiburg i.Br. als vierter Fall ist der Fallgruppe Wohnungsbestand II zuzuordnen. Für die Fälle Berlin, Hamburg, München und Freiburg i.Br. kann die Nullhypothese in den Kategorien *User* und *Tendenz* falsifiziert werden (vgl. Tab. 38). Lediglich in Hamburg nahm die die Anzahl der Unterkünfte sowie Z-Unterkünfte weiterhin zu, was in der Summe zu einer Verifizierung der Nullhypothese in der Kategorie *Unterkünfte* führt.

Tab. 38: Übersicht der Ergebnisse der Hypothesenprüfung

Stadt	Unterkünfte					User				Tendenz	H_0
	U	Z	MFA	Neubau	E	User	MFA-User	Anteil-MFA	E	Monat	E
B	F	W	F	F	**F**	F	F	F	**F**	F	**F**
HH	W	W	F	W	**W**	W	F	F	**F**	F	**F**
M	F	F	F	F	**F**	F	F	F	**F**	F	**F**
K	W	W	W	W	**W**	W	W	F	**W**	W	**W**
HD	W	W	W	W	**W**	W	W	W	**W**	F	**W**
KN	W	W	W	W	**W**	W	W	W	**W**	F	**W**
S	W	W	W	W	**W**	W	W	W	**W**	W	**W**
BN	W	W	W	W	**W**	W	W	W	**W**	W	**W**
FR	F	W	F	F	**F**	F	F	F	**F**	F	**F**
MS	W	W	W	W	**W**	W	W	W	**W**	F	**W**
DO	W	W	W	F	**W**	W	W	W	**W**	F	**W**

Für die Fälle Bonn, Dortmund, Heidelberg, Köln Konstanz, Münster und Stuttgart konnte kein reduzierender Effekt in der Vermietungsaktivität festgestellt werden. In den sieben Kurzzeitvermietungsmärkten sind alle Indikatoren der Kategorien *Unterkünfte* und *User* von einer Zunahme geprägt. Lediglich in Dortmund übersteigt der Anteil der Z-Unterkünfte nicht die Anzahl der neu geschaffenen Wohneinheiten. Die Städte Bonn, Köln und Stuttgart zeichnen sich durch einen Anstieg in der relativen Monatsveränderung aus und bestätigen damit eine wachsende Tendenz bei den monatlich verfügbaren Unterkünften. Dies ist als besonders starkes Indiz für das Fehlen einer Wirkung des kommunalen Zweckentfremdungsverbots zu werten.

Inwiefern im Falle ein gemessener Effekt in den vier Z-Städten tatsächlich von den Zweckentfremdungsverboten ausgeht, wird vor dem Hintergrund der Adressierung des Airbnb-Schwarms durch die konkrete Ausgestaltung der Zweckentfremdungsverbote (vgl. I 3.) bewertet. Einerseits adressieren alle Z-Städte mit dem zweckentfremdungsrechtlichen Genehmigungsvorbehalt die Vermietungsaktivität der Unterkünfte. Neben der Ausgestaltung des Tatbestandskatalogs, etwa durch die Einführung einer Bagatellgrenze, stellt sich hierbei insbesondere eine lange Geltungsdauer (a) als besonders wirkungsvoll heraus. Andererseits ist eine geeignete Adressierung der Plattform und der User (b) ebenfalls als wichtiger Baustein für die Wirksamkeit der Zweckentfremdungsverbote zu sehen. Zudem ist der Personaleinsatz als weiteres Indiz für die Bestätigung oder Verwerfung einer möglichen Kausalität hinzuzuziehen (c). Schließlich findet eine abschließende Beurteilung über die Frage statt, ob die Zweckentfremdungsverbote einen messbaren Beitrag zur Steuerung von Kurzzeitvermietungen leisten konnten (d).

a) Lange Geltungsdauer

Die drei Millionenstädte Hamburg, Berlin und München blicken auf eine lange Tradition in der Anwendung von Zweckentfremdungsverboten zurück (vgl. Kap. 5 B I.). Dies führt bei den Fällen in Hamburg und München, deren Regelungen eine Geltungsdauer von knapp 40 Jahre betragen, dazu, dass der Großteil des Wohnungsbestands vom Anwendungsbereich des jeweiligen Zweckentfremdungsverbots erfasst ist (vgl. Kap. 5 B II. 2.). In Berlin war die Zweckentfremdungsverbots-Verordnung bis zur obergerichtlichen Aufhebung im Jahr 2002 ebenfalls seit 1972 durchgängig in Kraft (*Fock* 2003, 496). Mit der Entspannung der Wohnungsmarktlage in den 2000er Jahren bis zur erneuten Anspannung in den 2010er Jahren, musste Berlin eine Unterbrechung der Geltung des Instruments von rund 13 Jahren in Kauf nehmen. Deshalb fallen zweckentfremdungsrechtlich relevante Wohneinheiten, die vor dem 01.05.2014 zu anderen als zu Wohnzwecken genutzt wurden, nicht unter den Anwendungsbereich des aktuellen Zweckentfremdungsverbots. Ebenso gilt dies für die Freiburger Regelung, die seit dem 19.12.2013 in Kraft ist. Berlin versucht diese Geltungslücke mit der Umwidmungspflicht für Kurzzeitvermietungen zu überwinden (vgl. Kap. 5 B II. 2. lit b). Vor diesem Hintergrund ist die rechtlich fragwürdige Ausgestaltung der Berliner Regelung in der Sache durchaus nachvollziehbar, weil damit eine nicht unbedeutend höhere Anzahl von Wohneinheiten unter Schutz gestellt wird. Auch Freiburg fordert vom Landesgesetzgeber eine entsprechende Rückwirkungsmöglichkeit, um das Zweckentfremdungsverbot auch auf Umwidmungen vor dem Inkrafttreten der Satzung anwenden zu können.[460] Eine lange Geltungsdauer führt also dazu, dass einem Zweckentfremdungsverbot ein bedeutend größerer Anwendungsbereich zugutekommt.

Die Z-Städte Nordrhein-Westfalens und Baden-Württembergs können ebenso wenig wie Berlin auf eine lückenlose Geltung der Zweckentfremdungsverbote zurückblicken. Entsprechende landesrechtliche Regelungen wurden erst in den 2010er Jahren eingeführt. Zudem erstreckt sich der Anwendungsbereich in den nordrhein-westfälischen Z-Städten i.d.R. nicht auf selbst bewohntes Eigentum. 2012 war Dortmund neben München und Hamburg die dritte Stadt, die ein Zweckentfremdungsverbot erließ, insbesondere mit der Absicht gegen spekulativen Leerstand und Problemimmobilien als Folgen der Finanz- und Immobilienkrise vorzugehen (*Veser/Jacobs et al.* 2015, 46f.). Bezogen auf Kurzzeitvermietungen entschied sich die Stadt 2018 eine Kooperationsvereinbarung mit dem Unternehmen Airbnb einzugehen (vgl. Kap. 1 B II. 3.), um automatisiert die Bettensteuer abzuführen,[461] da mangels etwaiger Meldungen aus der Bevölkerung seitens der politischen Vertreter kein Bedarf für zusätzliche Kontrollmechanismen im Bereich der Kurzzeitvermietungen gesehen wird.[462]

Eine lange Geltungsdauer ist nicht nur für die Erfassung von Wohnraum durch einen erweiterten Anwendungsbereich bedeutend, sondern darüber hinaus auch für die rechtssichere und effiziente Anwendung des Instruments förderlich. Die Behörden Berlins, Hamburgs und Münchens können auf Erfahrungen im Haus durch Personal und im Bereich der Verfahrensvorgänge im Umgang mit dem Instrument zurückgreifen. So ist es nicht verwunderlich, dass gerade von diesen drei Städten Innovationen im Bereich des Zweckentfremdungsrechts ausgehen. Der bayerische Gesetzgeber erkannte das Abgrenzungsproblem bei Kurzzeitvermietungen und definierte in der am 29.06.2017 novellierten Ermächtigungsgrundlage als erstes Land eine zeitlichen Schwellenwert als Bagatellgrenze für Kurzzeitvermietungen (Art. 1 Satz 2 Nr. 3 BayZwEWG). Die Landeshauptstadt überführte die Tatbestandsdefinition sodann mit Wirkung zum 15.12.2017 in Ortsrecht und nutzte damit als erste deutsche Stadt einen

---

460 LT-Drs. 16/4278, Mitteilung der Landesregierung vom 19.06.2018 (7).

461 DS-Nr. 09950-18-E1, Stellungnahme der Stadt Dortmund auf Anfrage der Fraktion Die Linke & Piraten vom 17.01.2018 (DS-Nr. 09950-18) vom 23.01.2018 (1); *Süddeutsche Zeitung* 31.10.2017: Airbnb treibt in Dortmund die Bettensteuer ein {https://sueddeutsche.de/wirtschaft/ferienwohnungen-wenn-airbnb-die-bettensteuer-eintreibt-1.3728899}.

462 DS-Nr. 13254-19-E3, Stellungnahme OB der Stadt Dortmund vom 01.03.2019 (12).

zweckentfremdungsrechtlichen Schwellenwert zur Abgrenzung von Kurzzeitvermietung. Gut ein Jahr später führten auch Hamburg Freiburg i.Br. einen entsprechenden Schwellenwert ein.

Unter den Z-Städten fällt die Anwendung der Bagatellgrenze zeitlich nur bei München noch in den Untersuchungszeitraum. Hier ist davon auszugehen, dass die Verwaltung die zeitliche Abgrenzung schon vorher als Orientierung einsetzte. Besonders deutlich wird dies beim Rechtsstreit mit Airbnb (vgl. Kap. 5 B III. 1.), in dem die zuständige Behörde Auskunft in Form von Adress-, Personen- und Vermietungsdaten von Usern einforderte, die vom 01.01.2017 an Ganze Unterkünfte bei Airbnb mehr als acht Wochen im Kalenderjahr vermietet haben. Damit basierte das Auskunftsersuchen auf der erst im Dezember selbigen Jahres eingeführten Bagatellgrenze rückwirkend auf das gesamte Kalenderjahr. Da es sich beim Schwellenwert nur um ein Indiz von mehreren zur Prüfung des Vorliegens einer Zweckentfremdung handelt, kann deshalb davon ausgegangen werden, dass die kommunale Verwaltung die Konkretisierung der Norm durch den Schwellenwert als unechte Rückwirkung betrachtete und auch für in der Vergangenheit liegende Fälle einsetzte.

Berlin hingegen verzichtet bis heute darauf, eine Bagatellgrenze einzuführen, insbesondere mit Verweis auf die Auslegung des Wohnbegriffs (vgl. Kap. 5 B II. 3. lit. b). Damit ist die Nutzung einer Wohnung als Kurzzeitvermietung vom ersten Tag an genehmigungspflichtig. Im Hinblick auf die Vollzugspraxis wird den Bezirken, neben der rechtlich problematischen Umwidmungspflicht durch die große Zahl der zu überwachenden Fälle, kein Gefallen getan. Die Bindung von Ressourcen an viele aus zweckentfremdungsrechtlicher Sicht untergeordnete Verdachtsfälle der Nutzung von Wohnraum zu anderen Zwecken, führt hier zwangsläufig zu Ineffizienzen.

b) Adressierung der Plattform und der User

Die in München im Dezember 2017 eingeführte Auskunftspflicht für Diensteanbieter nutzt Hamburg bereits seit 2013 und Berlin seit 2016 (vgl. I 3.). Die Auskunftspflicht bildet damit einen weiteren wichtigen Baustein für die Wirksamkeit der Zweckentfremdungsverbote, weil die für den Vollzug wichtigen Informationen von der Plattform im Einzelfall eingefordert werden können. Darüber hinaus sprechen sich Freiburg und München bei ihren Landesgesetzgebern für die Einführung einer Registrierungspflicht aus, allerdings bislang ohne Erfolg.[463] Berlin führte 2016 die Möglichkeit ein, potenzielle Zweckentfremdungen über eine Online-Meldeportal zu melden.[464] Weitere Maßnahmen wie Münchens Online-Meldeportal „Zweckentfremdung ist kein Kavaliersdelikt“ und die dazu begleitende Informationskampagne[465] oder auch Berlins und Hamburgs Anzeige- und Registrierungspflicht (vgl. Kap. 5 C III. 2.), hatten keinen Einfluss auf die Wirkung, weil sie nicht im Untersuchungszeitraum zum Einsatz kamen.

Nach Ablauf der zweijährigen Übergangsfrist des BlnZwVbG zum 01.05.2016 erfuhr das Zweckentfremdungsverbot medial besonders große Resonanz (vgl. Tab. 39). Rund um den Stichtag berichteten fast alle regionalen und nationalen Tageszeitungen zum Teil reißerisch über den „Berliner Kampf gegen Airbnb“[466]. Der in diesem Zeitraum überdurchschnittlich starke Einbruch der Vermietungsaktivität ist vermutlich nicht nur auf die Verschärfung der rechtlichen Rahmenbedingungen, sondern insbesondere auch auf das mediale Echo im Vorfeld der Einführung zurückzuführen. Zwar währte das abschreckende Moment durch die ausgelöste Verunsicherung des Airbnb-Schwarms nicht lange, das Einstellen neuer Unterkünfte auf dem Portal kam jedoch weitgehend zum Erliegen. Die Maßnahme kann zwar nicht unmittelbar auf das Handeln der Senatsverwaltung zurückgeführt werden, sie zeigt aber dennoch eindrücklich, dass die Adressierung der User durch öffentlichkeitswirksame Maßnahmen gerade bei Schwarmphänomenen einen durchschlagenden Effekt haben kann.

---

463 LT-Drs. 16/4278, Mitteilung der Landesregierung vom 19.06.2018 (7); www.haufe.de 2018: Zweckentfremdung von Wohnungen: München will von Portalbetreibern Daten per Bescheid einfordern {https://haufe.de/immobilien/wirtschaft-politik/zweckentfremdung-muenchen-fordert-auskunft-von-portalbetreibern_84342_462888.html}; *Südkurier* 2019: Freiburgs OB: Landesgesetz zur Herausgabe von Airbnb-Daten {https://suedkurier.de/baden-wuerttemberg/Freiburgs-OB-Landesgesetz-zur-Herausgabe-von-Airbnb-Daten;art417930,10154590}.

464 *Berlin.de*: Eine zweckentfremdete Wohnung melden {https://ssl.stadtentwicklung.berlin.de/wohnen/zweckentfremdung_wohnraum/formular/adresswahl.shtml}.

465 *Muenchen.de* 2017: Zweckentfremdung von Wohnraum: Neue Satzung erlassen {https://ru.muenchen.de/2017/212/Zweckentfremdung-von-Wohnraum-Neue-Satzung-erlassen-75546}.

466 *Tagesspiegel* 21.04.2016: Kampf gegen Airbnb-Vermietung in Berlin: Illegale Ferienwohnungen kann man jetzt anonym melden {https://tagesspiegel.de/berlin/kampf-gegen-airbnb-vermietung-in-berlin-illegale-ferienwohnungen-kann-man-jetzt-anonym-melden/13476122.html}.

Tab. 39: Presseschau zur Einführung des Berliner Zweckentfremdungsverbots[467]

Datum	Artikelüberschrift	Zeitung
14.04.16	Berliner Senatsvertreter zu Airbnb: "Ein Zimmer zu vermieten, ist erlaubt"	Berliner Zeitung
18.04.16	Zu viele Ferienwohnungen, kein Platz für Mieter	Süddeutsche Zeitung
19.04.16	AirBnB, Wimdu, 9Flats und die Folgen des Zweckentfremdungsverbots für Vermieter	WELT
23.04.16	Tourismus: Sind Airbnb-Vermieter böse?	ZEIT Online
27.04.16	Deutscher Airbnb-Konkurrent verkauft sich nach Singapur	Frankfurter Allgemeine Zeitung
28.04.16	Streit um Airbnb & Co.: Eilantrag abgelehnt - Keine Erlaubnis für Ferienwohnung in Berlin	Berliner Morgenpost
28.04.16	Zweckentfremdungsverbot: Wie viel Airbnb geht noch?	ZEIT Online
04.05.16	Berlin: Erst belegt, dann besetzt	ZEIT Online
21.05.16	Nur zwei Beamte sollen vielleicht 5000 illegale Ferienwohnungen aufspüren	Süddeutsche Zeitung

467 *Berliner Zeitung* 14.04.2016: Berliner Senatsvertreter zu Airbnb: "Ein Zimmer zu vermieten, ist erlaubt" {https://berliner-zeitung.de/mensch-metropole/berliner-senatsvertreter-zu-airbnb-ein-zimmer-zu-vermieten-ist-erlaubt-li.63683}; *ZEIT Online* 04.05.2016: Berlin: Erst belegt, dann besetzt {https://zeit.de/gesellschaft/2016-05/berlin-hausbesetzung-ferienwohnungen-airbnb-polizei}; *ZEIT Online* 28.04.2016: Zweckentfremdungsverbot: Wie viel Airbnb geht noch? {https://zeit.de/entdecken/reisen/2016-04/airbnb-berlin-gesetz-ferienwohungen}; *FAZ* 27.04.2016: Deutscher Airbnb-Konkurrent verkauft sich nach Singapur {https://faz.net/aktuell/wirtschaft/netzwirtschaft/9-flats-deutscher-airbnb-konkurrent-verkauft-sich-nach-singapur-14202691.html}; *Süddeutsche Zeitung* 21.05.2016: Ferienwohnungen in Berlin: Legal, illegal, nicht egal {https://sueddeutsche.de/reise/berlin-nur-zwei-beamte-sollen-vielleicht-5000-illegale-ferienwohnungen-aufspueren-1.3000058}; *WELT* 19.04.2016: AirBnB, Wimdu, 9Flats und die Folgen des Zweckentfremdungsverbots für Vermieter {https://welt.de/finanzen/immobilien/article154519516/AirBnB-Jaeger-setzen-auf-petzende-Nachbarn.html}; *Berliner Morgenpost* 28.04.2016: Streit um Airbnb & Co.: Eilantrag abgelehnt - Keine Erlaubnis für Ferienwohnung in Berlin {https://morgenpost.de/berlin/article207486705/Eilantrag-abgelehnt-Keine-Erlaubnis-fuer-Ferienwohnung.html}; *Süddeutsche Zeitung* 18.04.2016: Zu viele Ferienwohnungen, kein Platz für Mieter {https://sueddeutsche.de/wirtschaft/airbnb-in-staedten-vermietung-von-ferienwohnungen-laeuft-aus-dem-ruder-1.2954475}.

c) Personaleinsatz und potenzielle Vollzugskraft

Der Personaleinsatz gestaltet sich in den vier Z-Städten äußerst unterschiedlich. Die Senatsverwaltung und die Bezirke Berlins setzen insgesamt knapp 60,0 VZÄ ein, um die Zweckentfremdung von Wohnraum zu ahnden (vgl. Tab. 40). Mit 3,1 VZÄ je 100.000 Wohneinheiten greift Berlin damit auf durchschnittlich dreimal mehr Personal zurück als die anderen drei Städte. Dafür konnten mit Stand vom 30.06.2017 insgesamt 5.969 vormals zweckfremd genutzte Wohnungen dem Wohnungsmarkt seit Einführung der Regelung wieder zugeführt werden.[468] Dabei entfielen mit 3.449 mehr als die Hälfte der Fälle auf vormals als Ferienwohnung genutzte Wohneinheiten. In Anbetracht der Zahlen könnte der Eindruck entstehen, dass der Mangel bei der Ausgestaltung des Berliner Genehmigungsvorbehalts (vgl. lit. a) durch die Verdreifachung des Personals und die Hinzunahme der Öffentlichkeit (Online-Meldeportal) kompensiert werden soll.

In Freiburg werden insgesamt 1,5 VZÄ für die Bearbeitung der Zweckentfremdung von Wohnraum eingesetzt. Dabei zählte die Stadt seit Einführung der Satzung zum Stichtag 31.12.2017 rund 40 Fälle der Rückführung von vormals zweckfremder Nutzung von Wohnraum und insgesamt 404 eingeleitete Verwaltungsverfahren.[469] Eine ungefähre Anzahl der Wohneinheiten geht aus der Gemeinde-Drucksache vom 20.06.2018 hervor und beläuft sich auf 75.[470] Anträge auf Genehmigung der Zweckentfremdung von Wohnraum für die Umnutzung, bauliche Veränderung und zur Nutzung als gewerbliche Ferienwohnung beliefen sich auf 55. Die Mehrheit der insgesamt 158 Anträge entfielen auf den Abrisses, was zugleich den Schwerpunkt der Vollzugsarbeit darstellt.[471] In Hamburg wurden 2015 83, 2016 94 und 2017 insgesamt 228 zweckfremde Nutzungen von Wohnraum als Ferienwohnung gem. § 9 Abs. 2 Satz 3 Nr. 2 HmbWoSchG gezählt.[472] In München wurden mit 8,0 VZÄ 2016 244 und 2017 298 Wohneinheiten erfolgreich zurückgeführt.[473] Rechnerisch

---

468 Abghs.-Drs. 18/11983, Antwort auf die schriftliche Anfrage der Abgeordneten Dr. Maren Jasper-Winter (FDP) vom 25.08.2017 (7).

469 LT-Drs. 16/4278, Mitteilung der Landesregierung vom 19.06.2018 (14 f.).

470 G-Drs. 18/148, Beschluss-Vorlage vom 20.06.2018, RIS Freiburg; 2018 (4).

471 LT-Drs. 16/4278, Mitteilung der Landesregierung vom 19.06.2018 (9).

472 Drs. 21/12402, Antwort des Senats vom 28.03.2018, Bürgerschaft der Freien und Hansestadt Hamburg (2).

473 *Muenchen.de*: Archiv Zahlen/Daten zur Zweckentfremdung {https://muenchen.de/rathaus/Stadtverwaltung/Sozialreferat/Wohnungsamt/Zweckentfremdung/Zahlen-Daten/Archiv-Zahlen--Daten-zur-Zweckentfremdung.html}.

ist München mit 1,0 VZÄ je 100.000 WE bzw. 1,1 VZÄ je 1.000 Airbnb-Unterkünfte personell ähnlich aufgestellt wie Hamburg (0,9) und Freiburg i.Br. (1,3).

Die Stadt Köln vervierfachte nahezu das Personal zur Bearbeitung von Zweckentfremdungen 2018 von 3,0 auf insgesamt 11,0 VZÄ.[474] Mit dem Erlass der neuen Wohnraumschutzsatzung 2019 stieg die Anzahl der Bearbeiter nochmals auf insgesamt 16,0 VZÄ.[475] In Konstanz war die Nutzung einer Wohnung als Kurzzeitvermietung noch bis zur Novellierung des Zweckentfremdungsverbots am 05.12.2017 bis zu sechs Monate im Kalenderjahr genehmigungsfrei (§ 4 Abs. 2 Nr. 7).[476] In Heidelberg und Konstanz wird mit 0,5 VZÄ bzw. 1,0 VZÄ (vgl. 2. lit. e und f) kaum Personal eingesetzt, um den Vollzug zu gewährleisten. Ähnlich sieht es in Stuttgart aus, wo der Einsatz von 2,0 VZÄ (vgl. 3. lit. a) in keinem Verhältnis zur Größe des Wohnungsbestandes und des Stadtgebiets steht.

Tab. 40: Personalstärke für den Vollzug im Bereich Kurzzeitvermietungen

2017	WE in Tsd.	Anwendungsfläche	Unterkünfte	VZÄ	VZÄ je 100.000 WE	Fläche je VZÄ	Effekt
B	1.932	891,8 km²	19.352	59,3	3,1	15 km²	WAHR
FR	115	153,1 km²	712	1,5	1,3	102 km²	WAHR
HH	946	755,2 km²	7.401	8,7	0,9	87 km²	WAHR
M	791	310,4 km²	7.154	8	1,0	39 km²	WAHR
BN	171	141,1 km²	938	7	4,1	20 km²	FALSCH
DO	315	280,7 km²	411	k.A.	-	-	FALSCH
HD	79	108,8 km²	611	0,5	0,6	218 km²	FALSCH
K	558	405,2 km²	5.732	3	0,5	135 km²	FALSCH
KN	44	55,65 km²	289	1	2,2	56 km²	FALSCH
MS	159	302,9 km²	497	k.A.	k.A.	k.A.	FALSCH
S	312	207,4 km²	1.197	2	0,6	104 km²	FALSCH

Ein Vergleich der Vollzugs- oder Rückführungsquote kann aufgrund unterschiedlicher Sach- und Zeitbezüge der Daten nicht aufgestellt werden. Darum wird vor dem Hintergrund der Überwachung des Wohnungsbestandes das eingesetzte Personal auf die Fläche des Geltungsbereichs der

474 Drs. 2938/2018, Mitteilung der Stadt Köln vom 05.09.2018 (1).

475 *Stadt-Koeln.de* 2020: Ein Jahr neue Wohnraumschutzsatzung {https://stadt-koeln.de/politik-und-verwaltung/presse/mitteilungen/22079/index.html}.

476 Satzung der Stadt Konstanz über das Verbot der Zweckentfremdung von Wohnraum in der Stadt Konstanz vom 03.02.2015.

Regelungen (Fläche je VZÄ) umgerechnet, um so einen Eindruck über die *potenzielle Vollzugskraft* zu erhalten. Als Maß für einen effektiven Vollzug scheint diese fast ebenso geeignet wie die Berechnung der VZÄ im Verhältnis zum Wohnungsbestand. Dadurch werden insbesondere auch kleinere Kommunen mit geringerer Bebauungsdichte adäquater abgebildet, da eine räumlich weitläufige Verteilung der Unterkünfte einen höheren Personalbedarf für die aufsuchende Arbeit erdordert als eine kleinere Fläche. Je geringer die Fläche bei gleichbleibendem Personaleinsatz ist, desto höher fällt die potenzielle Vollzugskraft aus. In allen vier Fällen bezieht sich das Zweckentfremdungsverbot auf das gesamte Stadtgebiet. Damit ist in Berlin rein rechnerisch eine VZÄ für 15, in Freiburg für rund 100, in Hamburg für 87 und in München für 40 Quadratkilometer zuständig. Berlin weist damit bei weitem die größte potenzielle Vollzugskraft auf. Freiburg setzt im Verhältnis zum Wohnungsbestand zwar viel Personal ein, fällt bei der Vollzugskraft jedoch hinter die anderen Städte ab. Der relative Personaleinsatz zum Wohnungsbestand fällt in München und Hamburg etwa gleich aus. Die Vollzugskraft ist jedoch in München fast doppelt so hoch wie in Hamburg. Die zu überwachende Fläche einer VZÄ übersteigt in den Städten ohne Effekt, in Heidelberg, Köln und Stuttgart, die symbolische Marke von 100 Quadratkilometern. Lediglich in Konstanz liegt sie mit 56 Quadratkilometern darunter. In diesem Fall fällt die rein rechnerisch hohe potenzielle Vollzugskraft angesichts nur einer VZÄ durch die absolut betrachtet geringe Anzahl ab.

d) Abschließende Beurteilung der Fälle mit Effekt

Aus der Wirkungsprüfung der Zweckentfremdungsverbote wird deutlich, dass ein Effekt insbesondere in jenen Städten gemessen werden konnte, dessen Regelungen auf eine lange zeitliche Geltung zurückblicken. Dabei können nur Hamburg und München auf eine Regelung, die über die 2010er Jahre hinaus in Kraft, ist zurückblicken. Weiterhin nutzen Hamburg für den gesamten Untersuchungszeitraum, Berlin seit 2016 und München seit Ende 2017 eine telemedienrechtliche Auskunftspflicht für Diensteanbieter und können so die Plattform adressieren. Schließlich greift München seit Ende 2017 auf eine zeitlich definierte Bagatellgrenze zurück. Die Anzahl der VZÄ fällt in den beiden Städten im Untersuchungszeitraum vergleichbar hoch aus. Dabei fällt die potenzielle Vollzugskraft in München aufgrund der wesentlich kleineren Gemeindefläche fast doppelt so hoch aus. Auch die Anzahl der Rückführungsverfahren ist in beiden

Fällen beträchtlich. In der Summe ist deshalb davon auszugehen, dass der gemessene Effekt insbesondere auf die Regulierung zurückzuführen ist. Berlin kann zwar nicht auf eine lückenlose Geltungsdauer zurückblicken, versucht diese aber durch die Einführung einer Umwidmungspflicht für Kurzzeitvermietungen und durch den überdurchschnittlich hohen Einsatz von Personal zu schließen. Entsprechende Ergebnisse schlagen sich auch in den Zahlen zu den Rückführungsverfahren nieder. Ferner adressiert es als einzige Stadt im Untersuchungszeitraum die Öffentlichkeit und durch sein Online-Meldeportal auch die Gastgeber (vgl. Kap. 4 B III. 3. lit. a). Zudem genießt das Thema Zweckentfremdung von Wohnraum in Berlin große mediale Aufmerksamkeit, deren Effekt nicht zu unterschätzen, doch leider auch kaum zu bemessen ist. Nicht zuletzt deshalb ist auch im Falle von Berlin davon auszugehen, dass eine Kausalität zwischen dem gemessenen Effekt des Rückgangs der Vermietungsaktivität und dem Zweckentfremdungsverbot besteht. Damit adressieren drei der vier Städte mit einem Effekt auf Grundlage des jeweiligen Zweckentfremdungsverbots zwei der fünf Funktionsmerkmale des Airbnb-Schwarms, während die restlichen Z.-Städte nur ein Merkmal adressieren. Mit dem Online-Meldeportal kann bei Berlin sogar von insgesamt drei Funktionsmerkmalen ausgegangen werden, weil es zusätzlich zur Plattform und zur Vermietungsaktivität auch die Gastgeber adressiert. Dies bestätigt die aus der Theorie abgeleitete These in Teilen: je mehr Funktionsmerkmale des Airbnb-Schwarms durch die Ausgestaltung eines Zweckentfremdungsverbots adressiert werden, desto besser gelingt die Steuerung von Kurzzeitvermietungen (vgl. Kap. 5 C).

Freiburg i.Br. hingegen kann weder auf eine lange Historie im Bereich des Zweckentfremdungsrechts zurückblicken, noch greift es im Untersuchungszeitraum auf eine Bagatellgrenze zur Abgrenzung zurück. Obgleich der Personaleinsatz bezogen auf den Wohnungsbestand gesehen hoch ist, bleibt die zu erwartende Durchschlagskraft von gerade mal 1,5 VZÄ überschaubar. Dieses Defizit zeigt sich bei der niedrigen potenziellen Vollzugskraft besonders deutlich. Die undifferenzierten Zahlen zu den Rückführungsverfahren lassen erahnen, dass die Anzahl der tatsächlichen Vollzugsfälle nur sehr gering ist. Aufgrund dieser Umstände ist nicht davon auszugehen, dass der gemessene Effekt auf das Zweckentfremdungsverbot zurückzuführen ist. Zu einer ähnlichen Einschätzung kommt schließlich auch der Freiburger Gemeinderat, der die hohen Erwartungen an das Zweckentfremdungsverbot als Instrument zur Rückführung illegaler Ferienwohnungen nicht erfüllt sieht.[477] Darum kann hier nur gemutmaßt werden was die Gründe für die gemessene Stagnation bei der Vermietungsaktivität sein könnten. Denkbar ist etwa das Eintreten einer Marktsättigung.

IV. Räumliche Verteilung der Unterkünfte

Für die Untersuchung der räumlichen Verteilung der Unterkünfte werden beispielhaft Berlin, Hamburg, München, Köln, Düsseldorf und Leipzig gewählt. Sie bilden einerseits die größten Kurzzeitvermietungsmärkte nach Anzahl der Unterkünfte (vgl. I. 2.) und sind zudem alle sechs der Fallgruppe Wohnungsbestand I zuzuordnen (vgl. II 4. lit. a), bei dem mit dem höchsten Druck auf den Wohnungsbestand in Deutschland durch Kurzzeitvermietungen zu rechnen ist. Für die Analyse der werden von einem zentralen Mittelpunkt aus, anhand von zwei bis drei Kilometer großen Radien, Untersuchungsgebiete der jeweiligen Innenstädte gebildet, die etwa die Hälfte *aller Unterkünfte* der jeweiligen Stadt abbilden.

Die Gebiete variieren in ihrer Flächengröße zwischen 12,6 bis 28 Quadratkilometern (r= 2 bis 3 km). und erfassen dabei mehr als die Hälfte (zwischen 55 und 63 %) aller Z-Unterkünfte (vgl. Tab. 41). Aufgrund der Stadtstruktur werden in Berlin insgesamt drei Untersuchungsgebiete gebildet, die summiert die Hälfte aller Unterkünfte und Z-Unterkünfte auf einer Flächengröße von 32 Quadratkilometern erfassen. Auf der Fläche werden knapp 10.000 Unterkünfte gezählt, was einer Dichte von 309 Unterkünften je Quadratkilometer entspricht. In Hamburg und München verteilen sich jeweils rund 3.800 Unterkünfte in einem Radius von drei Kilometern und einer Dichte von 134 bzw. 137 Unterkünften je Quadratkilometer, was in Hamburg knapp vier Prozent und in München neun Prozent der Gemeindefläche entspricht. Gut ein Viertel der erfassten Unterkünfte in Hamburg sind Z-Unterkünfte. In München hingegen sind es nur knapp ein Fünftel. In Köln ist die Hälfte aller Unterkünfte bereits in einem Radius von 2,5 Kilometern vorzufinden. Die rund 3.000 Unterkünfte (etwa ein Viertel Z-Unterkünfte) entsprechen dabei einer Dichte von 158 Unterkünften je Quadratkilometer. In Leipzig sind bei gleichem Radius die Dichte und der Anteil der Z-Unterkünfte mit 66 Unterkünften je Quadratkilometer und 287 Z-Unterkünften weniger als halb so hoch wie in Köln. In Dresden ist die Hälfte der Unterkünfte bereits in einem Radius

477 G-Drs. 18/148, Beschluss-Vorlage vom 20.06.2018, RIS Freiburg; 2018 (4).

von zwei Kilometern vorzufinden. Von den rund 1.500 Unterkünften sind etwa ein Viertel Z-Unterkünfte.

Tab. 41: Kennzahlen der Raumanalyse

Indikatoren	Untersuchungsgebiete					
	B	HH	M	K	D	L
Radius (km)	-	3	3	2,5	2	2,5
Dichte (U/km^2)	309	134	137	158	115	66
	Anzahl der Unterkünfte					
Unterkünfte	9.945	3.795	3.867	3.105	1.440	1.296
Z-Unterkünfte	1.906	1.012	740	770	370	287
Anteil Z/U (%)	19,2	26,7	19,1	24,8	25,7	22,1
	Verhältnis zur Gesamtstadt					
Unterkünfte (%)	51,4	51,3	54,1	54,2	48,9	54,1
Z-Unterkünfte (%)	51,6	56,2	60,9	63,5	55,1	58,1
Flächenanteil (%)	3,6	3,7	9,1	4,8	5,8	6,6

Die räumliche Verteilung der Unterkünfte wird auf Grundlage von Heatmaps genauer analysiert. Dabei werden Hotspots identifiziert (1.), die von einer besonders starken Häufung von Unterkünften geprägt und beispielhaft anhand der Anzahl der Unterkunft und Dichte aufgegriffen. Dabei werden nicht nur Z-Unterkünfte erfasst, sondern alle Arten von Unterkünften in 250-Meter-Radien (vgl. A IV.). Bei der abschließenden Bewertung der Ergebnisse (2.) werden die Hotspots insbesondere in ihrer Ausprägung ins Verhältnis zur Wohnbevölkerung gesetzt und miteinander verglichen.

1. Identifizierung von Hotspots

Als zentraler Punkt in Hamburg wurde das Audimax der Universität Hamburg gewählt. Die Hälfte der Unterkünfte ist in einem Radius von drei Kilometern vorzufinden. Das Untersuchungsgebiet erstreckt sich insbesondere über die innerstädtischen Teile der Bezirke Mitte sowie die südlichen Teile der Bezirke Eimsbüttel und Nord rund um die Alster (vgl. Abb. 27). Hierbei sind rund sieben kleinere und größere Hotspots zu identifizieren.

Besonders stark fällt die räumliche Konzentration in St. Pauli (unterer linker Teil des Ausschnitts), in der Sternschanze (am Mittelpunkt) und im östlich gelegenen St. Georg am Hauptbahnhof (im Ausschnitt unten rechts) aus. Rund um die Reeperbahn in **St. Pauli** (links unten) fällt der Hotspot mit 200 Unterkünften und über 1.000 Unterkünften je Quadratkilometer besonders groß aus. Der Hotspot in der **Sternschanze** (links oben) zählt 140 Unterkünfte und **St. Georg** 124 Unterkünfte (rechts), was einer Dichte von 700 bzw. 630 Unterkünften je Quadratkilometer entspricht.

Abb. 27: Räumliche Verteilung in Hamburg, Audimax UNI Hamburg (r = 3 km)

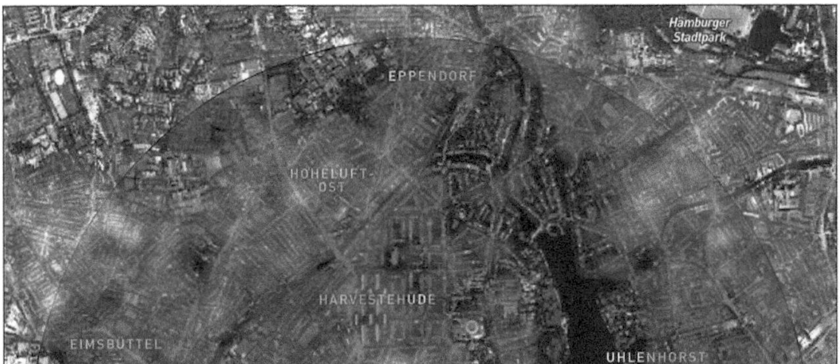

In München erstreckt sich das Untersuchungsgebiet mit einem Radius von drei Kilometern rund um die Münchener Frauenkirche über die Altstadt

(Stadtbezirk 1 und 2) sowie insbesondere die innerstädtischen Teile der Stadtbezirke Maxvorstadt (3) und Au-Haidhausen (5) (vgl. Abb. 28). Der Ausschnitt zählt rund acht Hotspots mit besonderem Schwerpunkt in der Isarvorstadt im Süden sowie in der Maxvorstadt im Norden. Aber auch außerhalb des Ausschnitts, in der westlich gelegenen Schwanthalerhöhe, ist ein weiterer Hotspot zu erkennen. Der Hotspot im **Glockenbachviertel** der Isarvorstadt (unten) zählt 100 Unterkünfte (500 Unterkünfte je km^2). Auf die gleiche Anzahl kommt auch der Hotspot westlich der Münchener Pinakothek rund um die **Theresienstraße** (oben links).

Abb. 28: Räumliche Verteilung in München, Frauenkirche (r = 3 km)

Das Untersuchungsgebiet in Köln erstreckt sich vom Neumarkt in einem Radius von 2,5 Kilometern über den Bezirk Innenstadt sowie kleine Teile der westlich angrenzenden Stadtbezirke Ehrenfeld, Lindenthal und Nippes (vgl. Abb. 29). Dort sind etwa neun Hotspots zu identifizieren. Die größte Konzentration ist dabei entlang der Ringe im Belgischen Viertel, im südlich benachbarten Mauritiusviertel sowie rund um den Bahnhof Süd zu beobachten (links vom Mittelpunkt). Aber auch das Ursulaviertel/Eigelstein im Norden sowie die Südstadt sind von besonderer Häufung geprägt. Der Hotspot im **Belgischen Viertel** (links) zählt dabei 180 Unterkünfte (917 Unterkünfte je km^2). Das **Ursulaviertel/Eigelstein** (oben) kommt auf rund 135 Unterkünfte (690 Unterkünfte je km^2) und die **Südstadt** (unten) auf 92 Unterkünfte (470 Unterkünften je km^2).

Abb. 29: Räumliche Verteilung in Köln, Neumarkt (r = 2,5 km)

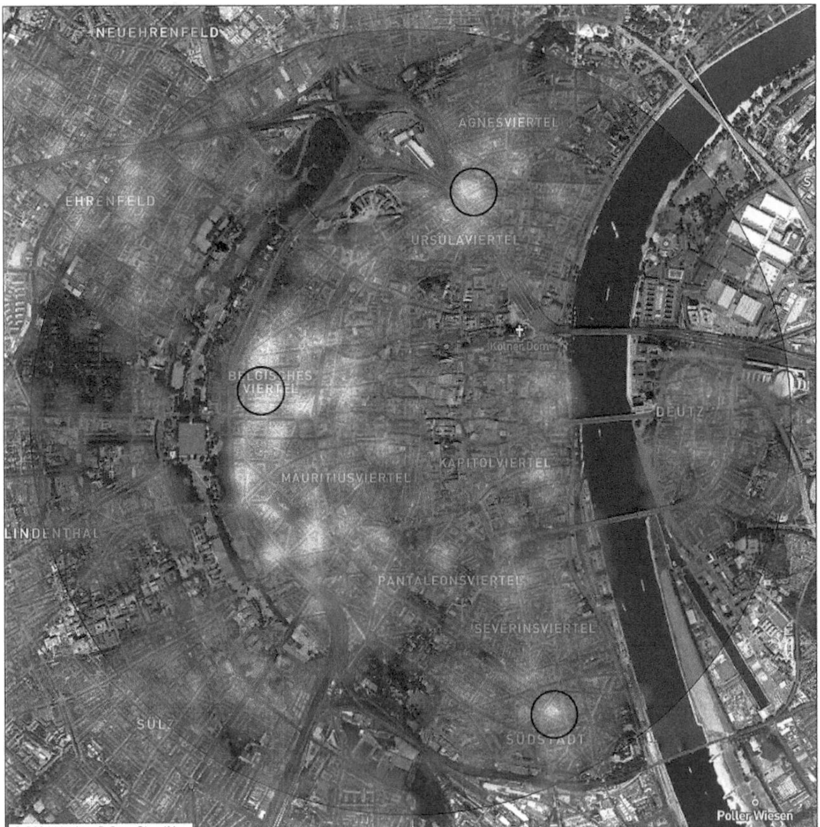

Als Mittelpunkt zur Bildung des Untersuchungsgebiets in Düsseldorf wird das Schauspielhaus gewählt. Der Ausschnitt erstreckt sich in einem Radius von zwei Kilometern über die Innenstadtbezirke 1 bis 3 (vgl. Abb. 30). Hier sind rund elf kleinere und größere Hotspots zu beobachten, wobei der größte in der Düsseldorfer Altstadt liegt. Aber auch in der Friedrichsstadt und in Pempelfort sind mehrere Hotspots zu beobachten. Die **Altstadt** (links) kommt auf 77 Unterkünfte (knapp 400 Unterkünfte je km^2). Der Hotspot in der südlich gelegenen **Friedrichstadt** (unten) zählt 58 und **Pempelfort** (oben) 49 Unterkünfte. Dies entspricht jeweils einer Dichte von 295 bzw. 250 Unterkünften je Quadratkilometer.

Abb. 30: Räumliche Verteilung in Düsseldorf, Schauspielhaus (r = 2 km)

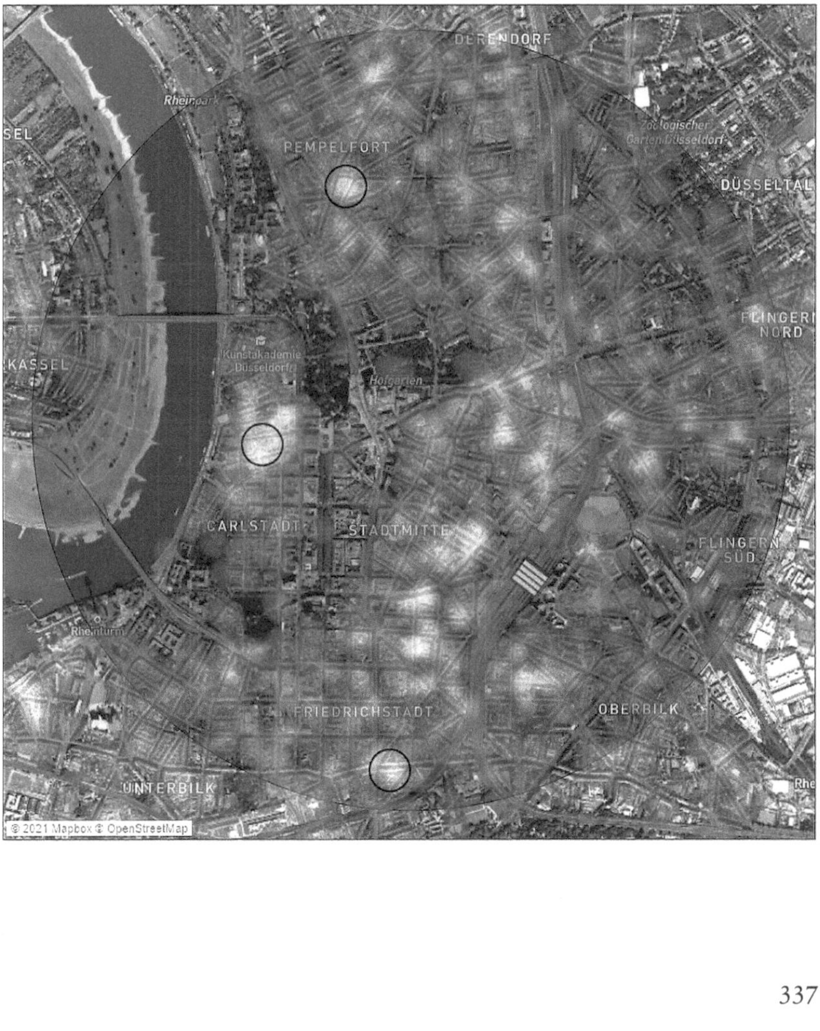

Der Ausschnitt vom Leipziger Gewandhaus ausgehend in einem Radius von 2,5 Kilometern erstreckt sich über die Stadtbezirke Mitte sowie Teile von Süd, Südost und Ost (vgl. Abb. 31). Insgesamt sind rund acht Hotspots zu identifizieren. Eine besondere räumliche Konzentration von Unterkünften ist insbesondere in der Südvorstadt, im Musikviertel, im nordöstlichen Volkmarsdorf sowie im nordwestlichen Waldstraßenviertel zu beobachten. Die **Südvorstadt** (unten) an der Karl-Liebknecht-Straße, Ecke Arndtstraße zählt 68 Unterkünfte und **Volkmarsdorf** (rechts oben) 82 Unterkünfte, was einer Dichte von knapp 350 bzw. knapp 420 Unterkünften je Quadratkilometer entspricht.

Abb. 31: Räumliche Verteilung in Leipzig, Gewandhaus (r = 2,5 km)

Aufgrund der dezentralen Stadtstruktur und der Großflächigkeit erfolgt die Raumanalyse Berlins in den drei besonders unterkunftsreichen Stadtteilen Neukölln, Friedrichshain und Prenzlauer Berg (vgl. Tab. 42). Gemeinsam kommen sie mit rund 10.000 Unterkünften auf die Hälfte aller Unterkünfte und zwei Drittel aller Z-Unterkünfte in Berlin. Neukölln und der Prenzlauer Berg mit je rund 4.000 Unterkünften in einem Radius von zwei Kilometern verzeichnen eine Dichte von 318 bzw. 316 Unterkünften je Quadratkilometer. Der Anteil der Z-Unterkünfte beläuft sich in Neukölln auf knapp ein Sechstel und im Prenzlauer Berg auf ein Viertel der Z-Unterkünfte in ganz Berlin. Friedrichshain zählt rund 2.000 Unterkünfte und eine Dichte von 279 Unterkünften je Quadratkilometer. Der Anteil der Z-Unterkünfte bezogen auf die gesamte Stadt beläuft sich auf knapp zehn Prozent.

Tab. 42: Kennzahlen für die Raumanalyse in Berlin

Indikatoren		Untersuchungsgebiete in Berlin		
	Berlin	Neukölln	Friedrichshain	Prenzlauer Berg
Radius (km)	-	2	1,5	2
Dichte (U/km^2)	309	318	279	316
	Anzahl der Unterkünfte			
Unterkünfte	9.945	3.997	1.973	3.975
Z-Unterkünfte	1.906	589	365	952
Anteil Z/U (%)	19,2	14,7	18,5	24
	Verhältnis zur Gesamtstadt			
U/Gesamt (%)	51,4	20,7	10,2	20,5
Z/Gesamt (%)	51,6	15,9	9,9	25,8
Flächenanteil (%)	3,6	1,4	0,8	1,4

Das Untersuchungsgebiet Prenzlauer Berg im nördlichen Teil Berlins erstreckt sich in einem Radius von zwei Kilometern rund um den Kollwitzplatz über die Ortsteile Prenzlauer Berg in der nordöstlichen und den Ortsteil Mitte in der südwestlichen Hälfte (vgl. Abb. 32). Auf der Heatmap sind rund zehn Hotspots zu identifizieren, wobei insbesondere im Norden und im Südwesten die räumliche Konzentration von Unterkünften besonders ausgeprägt ist. Der nördliche Hotspot **Humanplatz** (oben), an den Arminkiez angrenzend, zählt 167 Unterkünfte und weist damit eine Dichte von rund 850 Unterkünften je Quadratkilometer auf. Der **Kollwitzkiez** zählt 160 Unterkünfte mit einer Dichte von 815 Unterkünften je Quadratkilometer.

Das Untersuchungsgebiet Friedrichshain im Osten Berlins, erstreckt sich in einem Radius von 1,5 Kilometern rund um den Boxhagener Platz ausschließlich im Ortsteil Friedrichshain. Hier sind drei Hotspots zu identifizieren, wobei der in direkter Nachbarschaft zum **Boxhagener Platz**, rund um die Kopernikusstraße, Ecke Simon-Dach-Straße, mit 232 Unterkünften und einer Dichte von 1.200 Unterkünften je Quadratkilometer besonders groß ausfällt.

Das Untersuchungsgebiet Neukölln im Südosten Berlins erstreckt sich in einem Radius von zwei Kilometern rund um den Reuterplatz über die Ortsteile Neukölln und nördlich in geringem Maße auch noch über Teile Kreuzbergs. Hier sind rund sieben größere Hotspots zu identifizieren. Der Hotspot im **Reuterkiez**, unmittelbar an den Landwehrkanal angrenzend, zählt rund 195 Unterkünfte, was einer Dichte von knapp 1.000 Unterkünften je Quadratkilometer entspricht. Auch der Hotspot im **Schillerkiez** im unteren linken Teil des abgebildeten Untersuchungsgebiets zeichnet sich durch eine vergleichbare Dichte aus.

Abb. 32: Räumliche Verteilung der Unterkünfte in den Berliner Untersuchungsgebieten

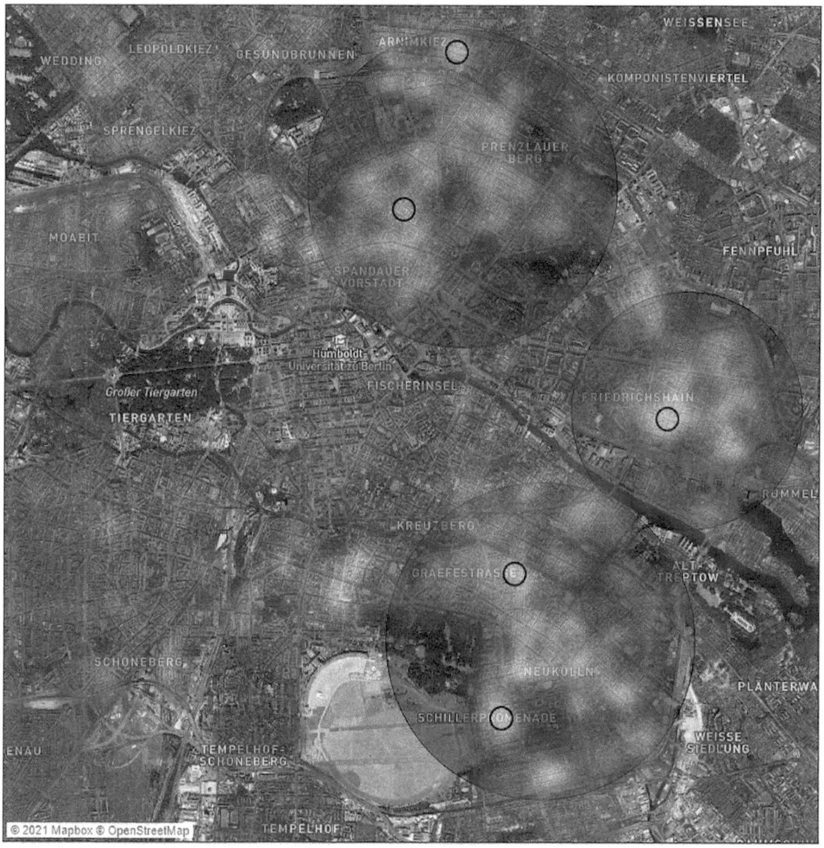

2. Bewertung der Ergebnisse

Grundsätzlich sind in nahezu allen Teilen der untersuchten Städte Unterkünfte vorzufinden. Gleichzeitig ist die räumliche Verteilung von starken Konzentrationstendenzen geprägt. Die Hälfte aller Unterkünfte sowie i.d.R. knapp drei Viertel aller Z-Unterkünfte verteilen sich räumlich über ein zusammenhängendes Gebiet auf einem Flächenanteil von 3,7 (Hamburg) bis 9,1 (München) Prozent der untersuchten Städte. In Berlin ist die Hälfte der Unterkünfte kumuliertet sogar nur auf 3,6 Prozent der Gesamtfläche verteilt. Neben dieser allgemeinen Konzentrationstendenz ist zudem auch eine überdurchschnittliche Häufung von Unterkünften in besonders beliebten Wohnlagen zu beobachten. Beispielhaft werden dazu insgesamt 18 Hotspots aufgeführt. Davon zählen zehn Hotspots mehr als 100 Unterkünfte in einem Radius von 250 Metern und kommen damit auf eine Dichte von 630 bis 1.200 Unterkünfte je Quadratkilometer (vgl. Tab. 43). Weitere acht Hotspots zählen bis zu 100 Unterkünfte und liegen bei einer Dichte zwischen 250 und 500 Unterkünften je Quadratkilometer.

Tab. 43: Ausgewählte Hotspots der sechs größten Kurzzeitvermietungsmärkte

Hotspots | r = 250 Meter	Zuständigkeit	Unterkünfte	Dichte (U/km^2)
Boxhagener Platz (B)	Friedrichshain-Kreuzberg	232	1.200
St. Pauli (HH)	Mitte	200	1.000
Reuterkiez (B)	Neukölln	195	1.000
Schillerkiez (B)	Neukölln	195	1.000
Belgisches Viertel (K)	Köln	180	917
Humanplatz (B)	Pankow	167	850
Kollwitzkiez (B)	Pankow	160	815
Sternschanze (HH)	Altona	140	700
Ursulaviertel (K)	Köln	135	690
St. Georg (HH)	Mitte	124	630
Glockenbachviertel (M)	München	100	500
Theresienstraße (M)	München	100	500
Südstadt (K)	Köln	92	470
Volkmarsdorf (L)	Leipzig	82	420
Altstadt (D)	Düsseldorf	77	400
Südvorstadt (L)	Leipzig	68	350
Friedrichstadt (D)	Düsseldorf	58	295
Pempelfort (D)	Düsseldorf	49	250

Um die Ausprägung der Hotspots auf die Bevölkerung vorzunehmen und die Häufung von Kurzzeitvermietungen mit den kommunalen Märkten (vgl. B II.) vergleichen zu können, wird die Anzahl der Unterkünfte ins Verhältnis zur Einwohnerzahl gesetzt. Da keine genauen Einwohnerzahlen für die frei gewählten Radien zu ermitteln sind, wird beispielhaft ein Überschlag für die Vergleichbarkeit und Einordnung der Häufung angewandt. Dabei wird grundsätzlich eine hohe Bevölkerungsdichte zugrunde gelegt, weil es sich bei allen Hotspots um dichtbesiedelte innerstädtische Lagen handelt. Als besonders unterkunftsreicher Hotspot (180 Unterkünfte) gilt etwa das Belgische Viertel, das dem Kölner Bezirk Neustadt-Nord zugeordnet ist und als Bezirk auf eine Bevölkerungsdichte von 8.175 EW je Quadratkilometer[478] kommt. Rein rechnerisch leben also auf einer Fläche von 0,196 Quadratkilometern (Radius von 250 Metern) rund 1.600 EW, was einer Dichte von 1.125 Unterkünften je 10.000 EW entspricht. Der Berliner Reuterkiez weist eine Bevölkerungsdichte von rund 27.000 EW je Quadratkilometer[479] auf. Der 195 Unterkünfte zählende Hotspot entspricht bei einer rechnerischen Einwohnerzahl von 5.300 einer Dichte von rund 368 Unterkünften je 10.000 EW. Die Leipziger Südvorstadt kommt auf eine Bevölkerungsdichte von rund 10.000 EW je Quadratkilometer.[480] Der 68 Unterkünfte zählende Hotspot entspricht bei rund 2.000 EW einer Dichte von 340 Unterkünften je 10.000 EW. Schließlich liegt Düsseldorf Pempelfort im Stadtbezirk 1 und kommt auf einer Bevölkerungsdichte von rund 12.000 EW je Quadratkilometer. Bei einer Bevölkerung von rund 2.350 EW und 49 Unterkünften entspricht dies rund 208 Unterkünften je 10.000 EW.

Auch wenn durch diese Vorgehensweise nicht die tatsächlichen Verhältnisse bezüglich der Einwohnerzahl in der entsprechenden Nachbarschaft berücksichtigen kann, werden dennoch Tendenzen deutlich. Ordnet man die Hotspots unter die Grenzwerte der kommunalen Kurzzeitvermietungsmärkte ein (vgl. B II. 2), sind sie, gemessen an der Marktgröße (Anzahl der Unterkünfte auf die Einwohnerzahl), vergleichbar zu Erholungsorten wie Baabe, Braunlage, Bodolz oder Sylt. Sowohl die großen Hotspots wie das Belgische Viertel oder der Reuterkiez als auch die kleineren wie die Leipziger Südvorstadt oder Düsseldorf Pempelfort kommen auf eine rechnerische Dichte von 200 bis über 1.000 Unterkünfte je 10.000 EW. Bis auf wenige Ausnahmen (Düsseldorfer Altstadt oder Hamburger Reeperbahn) handelt es sich dabei um typische und besonders beliebte innenstadtnahe Wohngebiete. Dieses Maß der räumlichen Konzentration von Unterkünften ist in der Lage, besondere negative Effekte auf den Wohnungsmärkten hervorzurufen. Dazu gehört eine erhöhte Wohnraumentzugsrate, steigende Miet- und Immobilienpreise sowie eine Verschärfung der Verdrängung angestammter Bevölkerungsteile (vgl. Kap. 1 A I.). Ferner sind die Hot-

---

478 *Stadt Köln* 2020: Kleinräumige Statistiken {https://stadt-koeln.de/artikel/62998/index.html}.

479 *Berlin.de* 2020: Einwohnerinnen und Einwohner in Berlin in LOR-Planungsräumen am 31.12.2019 | Offene Daten Berlin {https://daten.berlin.de/datensaetze/einwohnerinnen-und-einwohner-berlin-lor-planungsr%C3%A4umen-am-31122019}.

480 *Stadt Leipzig* 2020: Leipzig-Informationssystem > Kleinräumige Daten > Stadtbezirksprofil Süd {https://statistik.leipzig.de/statdist/table_area.aspx?dist=40}.

spots besonders prädestiniert dazu, Risikoräume des Overtourism zu werden (vgl. Kap. 1 A II.). In besonders stark ausgeprägten Hotspots kann zudem langfristig mit indirekten Folgen zu rechnen sein, die sich etwa durch veränderte Strukturen im Dienstleistungsangebot zugunsten des Tourismus niederschlagen (vgl. Kap. 1 A III.).

V. Zusammenfassung

Auf Grundlage der Clusteranalyse, des entwickelten Attributs der Marktvolatilität und der Beobachtung der Vermietungsdynamik konnten die Kurzzeitvermietungsmärkte nach den drei Phänomenen *Druck auf den Wohnungsbestand*, *Erholungsorte* und *Erweiterung des Beherbergungsangebots* differenziert werden. Von den insgesamt 93 U-Städten konnten demnach 37 Fokusstädte (insb. Cluster B und C) identifiziert werden, die aufgrund ihrer Marktausprägung grundsätzlich zu einem Druck auf den lokalen Wohnungsbestand beitragen können. Anhand des Anteils der Z-Unterkünfte und der Vermietungsdynamik fällt dieser Druck beim oberen Drittel der Fokusstädte (Fallgruppe Wohnungsbestand I) doppelt so hoch wie beim zweiten Drittel (Fallgruppe Wohnungsbestand II) aus. So verwundert es nicht, dass sechs der zehn Städte in der ersten Fallgruppe und zwei der zehn Städte in der zweiten Fallgruppe auf Zweckentfremdungsverbote zurückgreifen. Ferner sind die Erholungsorte (Cluster A) mit Sommersaison von einer beständig saisonalen Vermietungsdynamik geprägt, während sich die Kur- und Winterskiorte durch eine fast ganzjährig konstante Vermietungsaktivität mit linearem Unterkunftswachstum kennzeichnen. Schließlich ist bei den Kurzzeitvermietungsmärkten der Cluster D und E eine Ergänzungsfunktion des traditionellen Beherbergungsangebots zu beobachten. Aufgrund der hohen Marktvolatilität ist weitgehend auf eine unregelmäßige Vermietungsaktivität zu schließen, die insbesondere bei mehrtägigen Events einsetzt, die Übernachtungskapazitäten erfordern. Zusätzlich sind sowohl bei Großstädten als auch bei einmaligen Events interkommunale Effekte zu beobachten, bei denen sich die Vermietungsaktivität auch auf Nachbarkommunen erstreckt.

Während im Untersuchungszeitraum acht der 17 Städte des Clusters B Zweckentfremdungsverbote nutzten (vgl. B II. 3. lit. b), sind es gegenwärtig schon 12 (vgl. Kap. 5 B I.). Leipzig, Dresden und Weimar fehlt es an einer entsprechenden landesrechtlichen Ermächtigungsgrundlage und in

Wiesbaden wird über die Einführung diskutiert.[481] In Essen lehnte der Rat zuletzt 2015 die Einführung einer solchen Vorschrift ab (vgl. Kap. 1 B II. 3.). In Cluster C nutzten im Untersuchungszeitraum noch drei der insgesamt 20 Städte Zweckentfremdungsverbote (vgl. B II. 3. lit. c). Gegenwärtig hat sich die Anzahl auch hier mit sieben bereits mehr als verdoppelt. Somit greifen gegenwärtig 18 der 37 Fokusstädte[482] auf Zweckentfremdungsverbote zur Steuerung von Kurzzeitvermietungen zurück.

Aus dem Vergleich der Kurzzeitvermietungsmärkte mit und ohne Einfluss eines Zweckentfremdungsverbots konnte zwar eine mittelbare Wirkung des Instruments festgestellt werden, die sich insbesondere in einer abgeschwächten Zunahme der Bildung neuer Unterkünfte niederschlägt. Eine darüber hinaus gehende Wirkung konnte allerdings in nur drei von elf Fällen festgestellt werden. Einer Wirkung zuträglich ist insbesondere ein Anwendungsbereich, der einen möglichst großen Teil des Wohnungsbestands erfasst. Dies geht insbesondere mit einer langen Geltungsdauer einher. Zusätzlich scheint sich die schwarmtheoretische These zu bestätigen, wonach eine Ausgestaltung der Vorschrift entlang möglichst vieler Funktionsmerkmale des Airbnb-Schwarms maßgeblich zur Wirkung beiträgt.

Insgesamt kann die Annahme von *Busch/Demary et al.* bestätigt werden, dass eine starke Einschränkung oder gar ein Verbot von Homesharing auf die Situation des Wohnungsmarktes keinen nennenswerten Effekt hätte (*Busch/Demary et al.* 2018, 68), denn dafür ist die Anzahl der potenziell rückführbareren Wohneinheiten schlichtweg zu gering. Als Spitze bei den Fokusstädten kommt Baden-Baden auf einen Anteil von einem Viertel Prozent des Wohnungsbestands. Der durchschnittliche Anteil der berechneten Z-Unterkünfte liegt in den Fokusstädten bei einem Promille des Wohnungsbestands. Bei der Mehrheit der Fokusstädte ist der Anteil der Z-Unterkünfte sogar geringer als ein Promille des Wohnungsbestands.

Die kleinräumige Betrachtung offenbart die tatsächliche Problemlage, die sowohl aus einer wohnungswirtschaftlichen als auch einer städtebaulichen Dimension besteht. Die Raumanalyse der sechs größten Kurzzeitvermietungsmärkte offenbart, dass die eine Hälfte der Unterkünfte weitge-

---

481 *Mieterbund Wiesbaden* 2019: Zweckentfremdungsverordnung dringend notwendig {https://mieterbund-wi.de/presse-news/news-details/article/51728-zweckentfremdungsverordnung-dringend-notwendig.html}.

482 Fokusstädte mit gegenwärtiger Regulierung von Kurzzeitvermietungen durch Zweckentfremdungsverbote: Heidelberg, Konstanz, Köln, Düsseldorf, Berlin, Hamburg, Bamberg, München, Freiburg i.Br., Nürnberg, Bonn, Regensburg, Aachen, Münster, Frankfurt a.M., Stuttgart, Bremen, Lüneburg.

hend über das gesamte Stadtgebiet verteilt ist, während die andere Hälfte starken räumlichen Konzentrationstendenzen unterliegt, die mitunter zu einer Hotspot-Bildung führen. Hierbei häufen sich im Rahmen des weiteren Innenstadtbereichs vereinzelt besonders viele Unterkünfte in unmittelbarer Nachbarschaft. Diese Hotspots führen zu Verhältnissen vergleichbar zu Erholungsorten, die in Wohngebieten zu einer besonders starken Ausprägung der negativen Externalitäten beitragen.

C. *Beantwortung der ersten Forschungsfrage*

Aus der Untersuchung des deutschen Kurzzeitvermietungsmarktes wird deutlich, dass keine allgemeine Gefahr von Kurzzeitvermietungen auf lokale Wohnungsbestände ausgeht. In 20 der 37 identifizierten Fokusstädte beträgt der Anteil der Z-Unterkünfte am Wohnungsbestand weniger als ein Promille. Die von *Cassel/Deutsch* zurückgeführte Beliebtheit der Zweckentfremdungsverbote auf das Aufkommen von Kurzzeitvermietungen (vgl. Kap. 1 B II. 3.), kann dennoch bestätigt werden. Von 2015 bis einschließlich 2019 verdreinhalbfachte sich die Anzahl der Städte mit Zweckentfremdungsverbot (vgl. Kap. 5 B I.). Vor dem Hintergrund dieser ambivalenten Erkenntnislage wird die erste Forschungsfrage beantwortet: „Inwiefern eigenen sich Zweckentfremdungsverbote als Ansatz zur Steuerung des Airbnb-Schwarms?“ (vgl. Kap. 1 C).

Allgemein können Zweckentfremdungsverbote als präventiver Ansatz (I.) zur Sicherung des Wohnungsbestands eingesetzt werden. Ferner bietet das Instrument Potenzial zur Effektivierung der Steuerungswirkung bei Kurzzeitvermietungen (II.). Gleichzeitig werden die Grenzen des Steuerungsansatzes durch seine mangelnde Adressierung der von Kurzzeitvermietungen ausgehenden negativen Externalitäten (III.) deutlich.

I. Präventiver Ansatz

Durch die Mehrzahl der untersuchten Fälle wird deutlich, dass die Einführung eines einfachen zweckentfremdungsrechtlichen Genehmigungsvorbehalts nicht ausreicht, um Kurzzeitvermieter davon abzuhalten, Wohnraum als Ferienwohnung oder zur Fremdenbeherbergung zu nutzen. Um die Steuerung von Kurzzeitvermietungen durch Zweckentfremdungsverbote nicht vollständig ins Leere laufen zu lassen, erhöhen deshalb, wie von *Otto* angeraten (*C.-W. Otto* 2017, 255), die meisten Städte das Vollzugspersonal. Dieser Ansatz gleicht dem Vorgehen wie bei einem *Hau-den-Maulwurf*-Automaten, bei dem die Anzahl der Hammer erhöht wird. Kenntnisse über potenziell rechtswidrige Situationen gelangen dabei per Zuruf aus der Bevölkerung an die Behörde, die dann auf Grundlage der Hinweise ihre Ermittlungstätigkeiten aufnimmt. Nicht nur fehlt es diesem Ansatz einer Systematisierung, er ist zudem noch ineffizient, weil die aufsuchende Arbeit ein hohes Maß an Personalressourcen bindet. Zwar belegt Berlin, dass ein solches Vorgehen wirkungsvoll sein kann, allerdings war dafür auch ein dreimal größerer Personalaufwand notwendig als in München oder Hamburg.

Der Einsatz von Zweckentfremdungsverboten nach dem *Hau-den-Maulwurf*-Prinzip kann als präventiver Ansatz verstanden werden, wie auch schon aus den Evaluationsergebnissen in Nordrhein-Westfalen hervorgeht (vgl. Kap. 1 B II. 4.). Dabei werden keine größeren Effekte zur Entspannung des Wohnungsmarktes erwartet, stattdessen wird das Instrument als Hebel „im Rahmen einer dialogorientierten Strategie zur Kontaktaufnahme mit Eigentümern" (*Veser/Jacobs et al.* 2018, 72) eingesetzt. Übersetzt können die Gemeinden demnach im Rahmen ihres Ermessens das Instrument als Druckmittel gegenüber widerspenstigen Eigentümern einsetzen, wenn eine Umnutzung (zweckentfremdungsrechtlicher Dispens – vgl. Kap. 5 A I. 2. lit. a) oder Umwidmung (Veränderung der subjektiven Zweckbestimmung – vgl. Kap. 5 B II. 2. lit. a) von Wohnraum zur Disposition steht. Im Ergebnis werden die Anreize zur Monetarisierung von Wohnraum dadurch auf erster und zweiter Stufe gesenkt (vgl. Kap. 1 A I. 1.).

II. Effektivierung der Zweckentfremdungsverbote

Zur Steuerung von Kurzzeitvermietungen sind die Zweckentfremdungsverbote grundsätzlich geeignet. Im Rahmen der Untersuchung stellte sich jedoch heraus, dass sie kaum Wirkung zeigen. Gleichzeitig wurde aber auch deutlich, dass eine Effektivierung durch entsprechende Ausgestaltung entlang der Funktionsmerkmale des Airbnb-Schwarms möglich ist. Dazu bedarf es insbesondere der Einführung einer zeitlich definierten Bagatellgrenze zur Adressierung der Vermietungsaktivität (dynamische Instabilität des Schwarms) sowie der Einführung von Auskunfts-, Anzeige- und Registrierungspflichten zur Adressierung der Plattform, der User und insbesondere der Gastgeber (Prä(in)formation, Spontanität, Ko-Isolation und mediale Manifestation des Schwarms). Unter Voraussetzung einer

Mitwirkungsbereitschaft der User ließe sich die Verfolgung rechtswidriger Fälle nach dem Hau-den-Maulwurf-Prinzip weitgehend auf jene Fälle beschränken, die sich der Anzeige- und Registrierungspflicht widersetzen. Die Wirkung des Zweckentfremdungsverbots kann durch weitere flankierende Maßnahmen zur Verringerung des Kenntnisdefizits, etwa durch die systematische Einbindung der Öffentlichkeit durch Online-Meldeportale oder durch Appelle mit Informationskampagnen verbessert werden. Bei den aufgeführten Maßnahmen ist, neben der rechtlichen Ausgestaltung, eine entsprechende Personal- und Ressourcenausstattung vonnöten, um einerseits den technischen Anforderungen für ein automatisiertes Vergabe- und Registrierungsverfahren nachkommen zu können und andererseits hinreichend Personalkapazitäten für Spezialfälle und die laufende Überwachung vorzuhalten.

Als Best-Practice-Beispiel kann das Hamburgische Wohnraumschutzgesetz herangezogen werden, weil darin sämtliche Funktionsmerkmale des Airbnb-Schwarms adressiert werden (vgl. Kap. 5 C). Zusätzlich setzt Hamburg auf ein automatisiertes, mit der Plattform abgestimmtes und benutzerfreundliches Registrierungsverfahren, das die Mitwirkungsbereitschaft der Kurzzeitvermieter sicherstellt. Dabei ist zu beobachten, dass die Regelungstechnik aus einem Mix aus Kontrolle und Freiheit besteht, bei der den Kurzzeitvermietern faire Bedingungen für das Homesharing gewährt werden. Die Übertragbarkeit des Hamburger Modells ist aufgrund der Sonderrolle der Stadtstaaten – insb. Verwaltungsgröße (Ressourcen), Gesetzgebungskompetenz (Landesermächtigung + Verordnung) und bezirkliche Zuständigkeit beim Vollzug der Zweckentfremdungsverbote[483] – nur bedingt möglich. Ein entsprechendes Zweckentfremdungsverbot bedarf zusätzlicher Ressourcen für den Aufbau von Personalstrukturen (mind. 3,0 VZÄ) sowie besondere Aufwendungen für die Einführung und den Betrieb eines automatisierten Anzeige- und Registrierungsverfahrens. Löst man sich hier von dem Fokus auf Metropolen und großen Großstädten und nimmt die Perspektive der kleinen Großstädte und Mittelstädte ein, steht der erforderliche Aufwand und der zu erwartende Nutzen schnell in einem Missverhältnis. So ist bei der Anpassung etwaiger Ermächtigungsgrundlagen der Flächenländer[484] die Einführung eines zentralen Registrie-

483 In Berlin gem. § 1 Abs. 1 BlnZwVbG; in Hamburg gem. Behörde für Stadtentwicklung und Umwelt, Fachanweisung HmbWoSchG 2014 (Nr. 1.5) i.V.m. §§ 2 und 45 Abs. 2 und 3 BezVG.

484 Aktuell erarbeiten Baden-Württemberg und Nordrhein-Westfalen neue Gesetzesentwürfe: *Baden-Württemberg.de* 16.09.2020: Zweckentfremdung von Wohn-

rungsverfahrens zu erwägen. Alternativ könnten auch die kommunalen Spitzenverbände hier als Intermediäre zum Einsatz kommen. Noch effizienter wäre eine zentrale Erfassung auf Bundesebene durch die Einführung einer allgemeinen Meldepflicht für Kurzzeitvermietungen (vgl. Kap. 4 B III. 2. lit. d).

III. Mangelende Adressierung negativer Externalitäten

Die Übertragung des Hamburger Modells kommt also nur für einige wenige Großstädte in Deutschland in Betracht. Sowohl kleine Groß- und Mittelstädte als auch die Erholungsorte erfüllen regelmäßig nicht die ressourcenintensiven Anforderungen für die Effektivierung eines Zweckentfremdungsverbots. Denn obgleich vielerorts die Voraussetzungen für den Erlass aufgrund der angespannten Wohnungsmarktlagen rechtlich erfüllt sind, ist mit ihnen nicht mehr Wohnraum zu erzeugen. Der damit verbundene Aufwand ist kommunalpolitisch stets auf finanzieller, rechtlicher und technischer Ebene mit der Intensivierung bestehender städtebaulicher und bauleitplanerischer Kapazitäten für Maßnahmen zur Steuerung von Kurzzeitvermietungen sowie zur Planung und Genehmigung von neuem Wohnraum abzuwägen. Schließlich können Zweckentfremdungsverbote nicht die Versäumnisse bei der Bauleitplanung kompensieren. Sie sind stattdessen als Übergangsmaßnahme für den Notfall (Wohnraummangellage) zu begreifen (*C.-W. Otto* 2017, 254); nicht mehr und nicht weniger. Insbesondere auch im Hinblick auf eine erfolgreiche Rechtsdurchsetzung sollte das gesellschaftliche Bedürfnis nach Homesharing bei der Ausgestaltung eines Zweckentfremdungsverbots berücksichtigt werden.

Lücken ergeben sich insbesondere bei der Adressierung der kleinräumig auftretenden Konfliktlagen, die mit der räumlichen Konzentration von Unterkünften einhergehen. Der Blick auf die räumliche Verteilung der Unterkünfte in den sechs größten Kurzzeitvermietungsmärkten verdeutlicht die starken Konzentrationstendenzen von Kurzzeitvermietungen. Von der kleinräumigen Häufung der Unterkünfte in Hotspots gehen in besonderem Maße negative Externalitäten aus, die zu städtebaulichem Konfliktpotenzial führen. Hierbei stößt der zweckentfremdungsrechtliche

---

raum eindämmen {https://baden-wuerttemberg.de/de/service/presse/pressemitteilung/pid/zweckentfremdung-von-wohnraum-eindaemmen/}. Drs. 17/9003, Antwort der Landesregierung auf die Kleine Anfrage 3472 vom 18. März 2020 des Abgeordneten Andreas Kossiski SPD vom 15.04.2020 (1 f.).

Ansatz an Grenzen, weil die kleinräumig entstehenden negativen Externalitäten, die insbesondere Einfluss auf die städtebaulichen Belange haben (vgl. Kap. 1 A II. und III.), sachlich und räumlich kaum Berücksichtigung finden. Eine räumliche Lenkung wie etwa am Beispiel Barcelonas (vgl. Kap. 1 B I. 1.) wäre zwar wünschenswert, ist allerdings aufgrund der räumlichen Pauschalität des Zweckentfremdungsrechts (vgl. Kap. 5 A I. 3.) nicht zu realisieren. Ferner kann mit dem zweckentfremdungsrechtlichen Genehmigungsvorbehalt die Umwandlung von Wohnraum nicht unterbunden werden. Diese trägt mittelbar durch die Bildung von Zweitwohnungen in Erholungsorten und immer öfter auch in Metropolen ebenfalls bedeutend zur Bildung von Kurzzeitvermietungen bei.

Kapitel 7: Städtebaurechtliche Steuerung von Kurzzeitvermietungen

Betrachtet man die Erholungsorte an der Nord- und Ostsee (v.a. Cluster A), die strukturell bedingt auf eine lange Tradition im Umgang mit Kurzzeitvermietungen zurückblicken und denen es oftmals an einer landesrechtlichen Ermächtigungsgrundlage mangelt, lässt sich feststellen, dass sie zur Steuerung von Ferienwohnungen insbesondere auf städtebauliche Instrumenten zurückgreifen. Dazu gehört etwa die Gemeinde Sylt (A1), die rund 25 Erhaltungssatzungen[485] gem. § 172 BauGB für die Sicherung der Wohnnutzung einsetzt, oder die Stadt Fehmarn (A1), die bauleitplanerisch gegen die Bildung illegaler Ferienwohnungen vorgeht.[486] Die Großstadt Lübeck (A2) unterbindet die Bildung von illegalen Ferienwohnungen per Erhaltungssatzung in der gesamten Altstadt.[487] Daneben setzt Rostock als Stadt mit saisonalem Markt (D2) einen einfachen Bebauungsplan gem. § 30 Abs. 3 BauGB ein, um Wohnraum in Warnemünde vor der Umwandlung in Ferienwohnungen zu schützen.[488] Die Metropolen Berlin, Hamburg und München greifen ebenfalls auf Soziale Erhaltungssatzungen zurück, um die Zusammensetzung der Wohnbevölkerung zu erhalten (*Ehrhorn* 2020, 2). Aktuell führte die Stadt Leipzig (B1) sechs Soziale Erhaltungssatzungen ein,[489] um insbesondere auch gegen die Bildung von Ferienwohnungen vorzugehen.[490]

Ein städtebauliches Vorgehen zur Steuerung von Kurzzeitvermietungen ist also möglich. Den Vor- und Nachteilen dieser Alternative zu Zweckent-

---

485 *SyltGis*: SyltGis - Geoportal für die Sylter Gemeinden {https://syltgis.de/}.

486 Stadt Fehmarn: Begründung zur 1. Änderung des Bebbauungsplans Nr. 68 der Stadt Fehmarn 28.06.2018.

487 Satzung der Hansestadt Lübeck zur Erhaltung der Zusammensetzung der Wohnbevölkerung 27.02.2020.

488 Satzung der Hansestadt Rostock über den Bebauungsplan Nr. 01.WA.183: Schutz des Wohnens vor Umwandlung in Ferienwohnungen in Warnemünde 01.02.2017.

489 *Stadt Leipzig*: Soziale Erhaltungssatzungen {https://leipzig.de/bauen-und-wohnen/stadterneuerung-in-leipzig/soziale-erhaltungssatzungen/}.

490 *Stadt Leipzig*: Genehmigungskriterien nach Leipziger Standard {https://leipzig.de/bauen-und-wohnen/stadterneuerung-in-leipzig/soziale-erhaltungssatzungen/genehmigungskriterien-nach-leipziger-standard/}.

fremdungsverboten widmet sich das vorliegende Kapitel. Dazu werden drei Steuerungsansätze herausgestellt, die sowohl auf geltender Rechtslage basieren als auch vereinzelt Vorschläge für kleinere gesetzgeberische Anpassungen zur Verbesserung der Ansätze umfassen (A). Abschließend wird vergleichend zu den Ergebnissen aus Kap. 6 die zweite Forschungsfrage beantwortet (B).

A. *Städtebauliche Steuerungsansätze*

Städtebaurechtliche Maßnahmen zur Steuerung von Kurzzeitvermietungen haben im Vergleich zum zweckentfremdungsrechtlichen Verbotsregime insbesondere den Vorteil, dass sie gebiets- und parzellenscharf die negativen Externalitäten räumlich dort adressieren können, wo sie entstehen. Bei der Abgrenzung von Kurzzeitvermietungen sind sie allerdings auf die Unterscheidung zwischen der Wohnnutzung und der Ferienwohnnutzung beschränkt (vgl. Kap. 2 B III.). Hybride Fallkonstellationen der Kurzzeitvermietung *zwischen* der Wohnnutzung und der Ferienwohnnutzung sind dem Baurecht fremd. Bisherige bauordnungsrechtliche Eingriffsmöglichkeiten scheitern nicht zuletzt daran, dass die Genehmigungsfähigkeit einer Nutzungsänderung für Ferienwohnungen oftmals gegeben ist (vgl. Kap. 2 C). An dieser Stelle kann angeknüpft werden, indem Erhaltungsgebiete (I.) gem. § 172 Abs. 1 Satz 1 Nr. 2 BauGB festgesetzt werden, die die Ferienwohnungsbildung unterbinden. Ferner kann durch die Aufstellung oder Änderung von Bebauungsplänen im Innenbereich (II.) die Zulässigkeit von Ferienwohnungen stark eingeschränkt werden. Schließlich ist auch eine Festsetzung von Gebieten mit Fremdenverkehrsfunktion (III.) denkbar, um die Zweitwohnungsbildung durch einen Genehmigungsvorbehalt gem. § 22 BauGB zu unterbinden und somit der Verringerung des Wohnungsbestands für Dauerbewohnerinnen entgegenzuwirken.

I. Erhaltungsgebiete

Für die Adressierung der räumlichen Konzentration von (illegalen) Ferienwohnungen sind die Sozialen Erhaltungssatzungen (sog. Milieuschutzsatzungen) gem. § 172 Abs. 1 Satz 1 Nr. 2 BauGB von besonderer Bedeutung. Dabei erfordert der Rückbau, die Änderung oder die Nutzungsänderung baulicher Anlagen die Erteilung einer Genehmigung (*Mitschang* 2017, 54). Aus der Kombination eines erhaltungsrechtlichen Genehmigungsvorbehalts werden bauordnungsrechtliche Nutzungsuntersagungen (vgl. Kap. 2 B IV.) einer zum Wohnen genehmigten Nutzung als Ferienwohnung wirksam (Battis/Krautzberger/Löhr *Mitschang* 2019: § 172 BauGB, Rn. 124). Dies ist der Fall, wenn die Wohnraumnutzung in eine Ferienwohnnutzung geändert werden soll oder ohne entsprechende Genehmigungsstellung bereits geändert wurde. Das Erhaltungsrecht geht als spezielleres Recht der allgemeinen bauplanungsrechtlichen Zulässigkeit vor (*Weber* 2018a, 376), was zuletzt auch das *OVG Schleswig* bestätigte.[491] Das Instrument des besonderen Städtebaurechts ist also grundsätzlich dazu geeignet, die Bildung von Ferienwohnungen zu begrenzen.

Hierzu werden zunächst die allgemeinen Voraussetzungen (1.) für die Anwendung sogenannter sonstiger Erhaltungssatzungen dargestellt, d.h. jener, die nicht im Rahmen eines Bebauungsplans erlassen werden. Wie die Ausgestaltung einer Erhaltungssatzung, insbesondere auch vor dem schwarmtheoretischen Hintergrund, zur Begrenzung der Bildung von Ferienwohnungen (2.) konkret aussehen kann, wird im nächsten Schritt beispielhaft an einer Mustersatzung aufgezeigt und abschließend vor dem Hintergrund des Steuerungspotenzials zur Minderung der negativen Externalitäten bewertet (3.).

1. Anwendungsvoraussetzungen

Bei der Aufstellung einer Milieuschutzsatzung ist im Vergleich zum Bauleitplanverfahren eine Beteiligung der Bürgerinnen und der Trägerinnen öffentlicher Belange nicht zwingend erforderlich, zudem ist auch nur eine „eingeschränkte Abwägung" (EZBK *Stock* 2020: § 172 BauGB, Rn. 68) vorzunehmen. Im Rahmen dieser Abwägung ist hauptsächlich der Frage nachzugehen, *ob* eine Erhaltungssatzung mit einem bestimmten Erhaltungsziel aufzustellen und *wie* das Gebiet abzugrenzen ist (ebd., Rn. 69). Eine Nutzungsänderung in einem Erhaltungsgebiet ist allgemein nur dann zu versagen, wenn die Zusammensetzung der Bevölkerung gefährdet ist (*Mitschang* 2017, 99). Das Erhaltungsziel kann in diesem Rahmen noch näher bestimmt werden. Demnach ist die Versagung einer Genehmigung gem. § 172 Abs. 4 Satz 1 BauGB konkret dann möglich, wenn sie im Widerspruch zur Erreichung des Erhaltungsziels steht (*Mitschang* 2017, 55).

491 OVG Schleswig, Beschl. vom 25.06.2020 1 MB 31/19, BeckRS, 21921 2020 (Rn. 26).

Die Eigentumsgarantie aus Art. 14 Abs. 1 Satz 1 GG steht dem erhaltungsrechtlichen Genehmigungsvorbehalt in aller Regel nicht entgegen.[492]

Bei der Konkretisierung der Erhaltungsziele genießen die Gemeinden große Gestaltungsfreiheit (Battis/Krautzberger/Löhr *Mitschang* 2019: § 172 BauGB, Rn. 3). Die Ausrichtung einer Erhaltungssatzung, der „Verdrängung der ortsansässigen Wohnbevölkerung und [der] Verödung eines Stadtviertels durch die Errichtung von Ferienwohnungen oder Zweitwohnungen" (*Mitschang* 2017, 100) entgegenzusteuern, stellt nach ständiger Rechtsprechung dabei ein legitimes Ziel dar.[493] Es handelt sich dabei um ein zweistufiges Ablaufprogramm, wonach in der ersten Stufe die Satzung begründet wird und in der zweiten Stufe die Abwägung für das einzelne Vorhaben im Rahmen des Genehmigungsverfahrens erfolgt (ebd., 71). Der Genehmigungsvorbehalt entspricht dabei, wie eine Baugenehmigung (vgl. Kap. 2 B I.), einem präventiven Verbot mit Erlaubnisvorbehalt. Die Versagung einer Genehmigung ist demnach nur gerechtfertigt, wenn durch ein Vorhaben die Erhaltung der Zusammensetzung der Bevölkerung (ebd., 59) „aus städtebaulichen Gründen" (ebd., 103; *Schmidt-Eichstaedt/Weyrauch et al.* 2019, 478) gefährdet ist. Gründe des Mieterschutzes etwa sind nicht ausschlaggebend, auch wenn diese mittelbar mitgeschützt werden (Battis/Krautzberger/Löhr *Mitschang* 2019: § 172 BauGB, Rn. 11). Generell können zwar wohnungsmarktpolitische Aspekte als Indizien herangezogen werden, stellen aber keine Gründe für eine Versagung dar, weil sie nicht dem Bodenrecht entstammen (*Schmidt-Eichstaedt/Weyrauch et al.* 2019, 478 ff.). Stattdessen sind städtebauliche Belange heranzuziehen, insbesondere die Wohnbedürfnisse der Bevölkerung gem. § 1 Abs. 6 Nr. 2 BauGB und die Schaffung und Erhaltung sozial stabiler Bewohnerstrukturen gem. § 1 Abs. 6 Nr. 3 BauGB (*Mitschang* 2017, 60), die durch die Bildung von Ferienwohnungen bedroht sein können (vgl. Kap. 1 A).

Beim Erlass der Satzung geht es dabei „in erster Linie um die Berücksichtigung und Gewichtung des städtebaulichen Erhaltungsbelangs in Bezug auf das konkrete Gebiet" (EZBK *Stock* 2020: § 172 BauGB, Rn. 69). Die räumliche Abgrenzung des Erhaltungsgebiets ist so vorzunehmen, dass nur städtebaulich erhaltenswürdige, also intakte Gebiete unter den Genehmigungsvorbehalt fallen (*Mitschang* 2017, 62). Für die Wirksam-

---

492 BVerfG, Beschl. vom 26.01.1987 – 1 BvR 969/83, NVwZ 1987, 879 (879).

493 OVG Lüneburg, Urt. vom 25.04.1983 – 1 C 1/82, NJW 1984, 2905 (Ls. 3); OVG Schleswig, Beschl. vom 25.06.2020 – 1 MB 31/19, BeckRS, 21921 2020 (Rn. 24 f.); OVG Berlin, Urt. vom 10.06.2004 – 2 B 3.02, juris (Rn. 39); OVG Lüneburg, Beschl. vom 10.09.2015 – 1 LA 90/15, NVwZ-RR 2016, 328 (Rn. 14).

keit einer Milieuschutzsatzung ist es nicht erforderlich, dass sich der Satzungsbereich durch eine besondere Bevölkerungsstruktur im Vergleich zu anderen Wohngebieten auszeichnet.[494] Anders als ihr Name nahelegt, bedarf es also keines „bestimmten Milieus“ (*Schmidt-Eichstaedt/Weyrauch et al.* 2019, 478; EZBK *Stock* 2020: § 172 BauGB, Rn. 40). Wie groß das gemeindliche Ermessen bei der Festlegung des Erhaltungsgebiets ausfällt, ist höchstrichterlich noch nicht entschieden. Grundsätzlich ist die Prägung des Gebiets und nicht jedes einzelne Grundstück entscheidend (EZBK *Stock* 2020: § 172 BauGB, Rn. 63). Eine gewisse Parallelität ist zu den Fremdenverkehrsgebietssatzungen gem. § 22 BauGB (siehe III.) auszumachen (ebd., Rn. 63). Zur räumlichen Abgrenzung einer Fremdenverkehrsgebietssatzung äußerte sich das *BVerwG* insofern, als dass sie „mit einer gewissen Großzügigkeit und Pauschalität“[495] vorgenommen werden kann. Dies sollte auch für Erhaltungssatzungen anzunehmen sein, wonach an ihre Gebietsgröße keine hohen Anforderungen zu stellen sind, solange die allgemeinen Voraussetzungen gewahrt sind. Dieser Umstand ist insbesondere darauf zurückzuführen, dass der eigentliche Eingriff erst im Genehmigungsverfahren, d.h. in der zweiten Stufe erfolgt (ebd., Rn. 63). Für die Begründung einer Erhaltungssatzung bedarf es zudem entsprechender Untersuchungen über die Bevölkerungsstruktur zur Abschätzung künftiger Veränderungen (*Mitschang* 2017, 64).

Weiterhin ist unter Voraussetzung des Vorliegens einer landesrechtlichen Ermächtigung[496] die Ergänzung durch ein Umwandlungsverbot gem. § 172 Abs. 1 Satz 4 BauGB von höchsten fünf Jahren möglich (*Schmidt-Eichstaedt/Weyrauch et al.* 2019, 477). Damit ist die Erweiterung des Umnutzungs- um ein Umwandlungsverbot möglich, bei dem auch die Umwandlung von Miet- in Eigentumswohnungen versagt werden kann, wenn von ihr besondere städtebauliche Folgen zu erwarten sind (ebd., 477). Dazu zählt etwa, dass die ortsansässige Wohnbevölkerung infolge von steigenden Mietpreisen durch die Bildung von Zweit- oder Ferienwohnungen verdrängt wird und ein Stadtviertel zu veröden droht (*Mitschang* 2017, 99 f.; *Schmidt-Eichstaedt/Weyrauch et al.* 2019, 477).

494 VGH Kassel, Beschl. vom 28.04.1986 – 3 N 1578/84, Fundheft für Öffentliches Recht 1986, 8228 (Ls. 4).

495 BVerwG, Urt. vom 15.05.1997 – 4 C 9/96, NVwZ 1998, 276 (277).

496 Aktuell sind in Hamburg, Berlin, Baden-Württemberg und Sachsen-Anhalt entsprechende Umwandlungsverordnungen in Kraft.

2. Begrenzung der Bildung von Ferienwohnungen

Wie die Ausgestaltung einer Sozialen Erhaltungssatzung konkret aussieht, kann mitunter variieren. Die Hansestadt Lübeck führte am 27.02.2020 eine Erhaltungssatzung ein, um die Begründung von Ferienwohnungen im Bereich ihrer Altstadt zu begrenzen.[497] In dem Gebiet sind 16 Bebauungspläne in Kraft, die vor allem als Kern- und Mischgebiete festgesetzt sind und keine Spezifikationen zur Zulässigkeit von Gewerbebetrieben anführen,[498] was dazu führt, dass Ferienwohnungen dort regelmäßig zulässig sind. Die Gemeinde wägt in ihrer Begründung die Belange des Tourismus mit dem Wohnraumbedarf der Bevölkerung, der Erhaltung der Wohnfunktion der Altstadtquartiere, dem Schutz und der Pflege nachbarschaftlicher Gemeinschaften sowie der Vermeidung von Beeinträchtigungen der ansässigen Wohnbevölkerung ab und räumt infolgedessen der Erhaltung der Zusammensetzung der Wohnbevölkerung Vorrang vor einer tourismusorientierten Entwicklung ein.[499]

Angelehnt an das Beispiel aus Lübeck sowie unter Hinzunahme der telemedienrechtlichen Auskunftspflicht für Diensteanbieter (vgl. Kap. 5 B III. 1.) und unter Berücksichtigung der Auskunftspflicht zu den städtebaulichen Sanierungsgebieten gem. § 138 Abs. 1 BauGB, wird im Folgenden ein eigener Vorschlag für den Wortlaut einer Erhaltungssatzung (a) zur Begrenzung der Bildung von Ferienwohnungen in einer Innenstadt und in innenstadtnahen Wohngebieten skizziert und schließlich ihre Umsetzung (b) diskutiert.

497 Begründung der Satzung zur Erhaltung der Zusammensetzung der Wohnbevölkerung gemäß § 172 Abs. 1 Satz 1 Nr. 2 des Baugesetzbuches für das Gebiet der Lübecker Altstadt 27.02.2020 (1).

498 Ebd. (5).

499 Ebd. (6 f.).

a) Musterbeispiel für den Wortlaut einer Erhaltungssatzung

§ 1 Gegenstand der Satzung und räumlicher Geltungsbereich

(1) Im Geltungsbereich nach Absatz 2 ist es aus besonderen städtebaulichen Gründen erforderlich, die Zusammensetzung der Bevölkerung zu erhalten (§ 172 Abs. 1 Satz 1 Nr. 2).

(2) Der räumliche Geltungsbereich der Satzung wird gemäß [...]

§ 2 Genehmigungsvorbehalt und Versagungsgründe

(1) Im Geltungsbereich der Satzung unterliegen der Rückbau, die Änderung oder die Nutzungsänderung von baulichen Anlagen in Ferienwohnen (Ferienwohnungen im Sinne der BauNVO sowie Gästezimmer) einer Genehmigungspflicht nach § 172 BauGB, wenn davon Wohnungen betroffen sind. Eine Genehmigungspflicht besteht auch für die Nutzungsänderung von baulichen Anlagen mit sonstiger gewerblicher Nutzung in Ferienwohnen, wenn die gewerbliche Nutzung nach Inkrafttreten dieser Satzung aus Wohnnutzung entstanden ist.

(2) Ferienwohnen liegt in der Regel vor, wenn eine Wohnung einem ständig wechselnden Kreis von Gästen gegen Entgelt vorübergehend zur Unterkunft zur Verfügung gestellt wird.

(3) Die Genehmigung darf nur versagt werden, um die Zusammensetzung der Wohnbevölkerung zu erhalten.

[...]

§ 3 Zuständigkeit

(1) Die nach dieser Satzung erforderliche Genehmigung erteilt die Baugenehmigungsbehörde, wenn für das Vorhaben eine baurechtliche Genehmigung erforderlich ist.

(2) Ist keine baurechtliche Genehmigung erforderlich, wird die aufgrund dieser Satzung dennoch notwendige Genehmigung auf Antrag durch die Gemeinde erteilt.

§ 4 Auskunftspflicht

(1) Eigentümerinnen, Mieterinnen, Pächterinnen, Verwalterinnen und Vermittlerinnen haben unentgeltlich Auskünfte zu geben und Unterlagen vorzulegen, soweit es zur Durchführung dieses Gesetzes erforderlich ist. Satz 1 gilt auch für Diensteanbieter im Sinne des Telemediengesetzes vom 26. Februar 2007 (BGBl. I S. 179), zuletzt geändert am ... (BGBl. ...), in der jeweils geltenden Fassung und für die Anbieterinnen von Druckerzeugnissen und anderer Medien.

(2) Verwalterinnen, Vermittlerinnen und Diensteanbieter sollen nur dann herangezogen werden, wenn und soweit der Sachverhalt dadurch einfacher oder zügiger aufgeklärt werden kann.
(3) Kommt ein Diensteanbieter seiner Pflicht nach Absatz 1 nicht innerhalb von zwei Wochen nach, hat er auf Verlangen der Bauaufsichtsbehörde Angebote, Werbung oder weitere Informationen, auf die sich das Auskunftsverlangen bezog, von den von ihm betriebenen Internetseiten unverzüglich zu entfernen.

§ 5 Ordnungswidrigkeiten

(1) Ordnungswidrig im Sinne des § 213 Abs. 1 Nr. 4 BauGB handelt, wer entgegen § 2 Abs. 1 eine bauliche Anlage im Geltungsbereich dieser Satzung ohne Genehmigung rückbaut oder ändert.
(2) Die Ordnungswidrigkeit kann gemäß § 213 Abs. 3 BauGB mit einer Geldbuße bis zu 30.000 € geahndet werden.
[…]

b) Umsetzung

Grundsätzlich ist die Gebietsgröße so zu wählen, dass das Schutzziel in wesentlichen Teilen erreicht werden kann (EZBK *Stock* 2020: § 172 BauGB, Rn. 63). Für die Festsetzung und zur Begründung bedarf es entsprechender Analysen der räumlichen Verteilung der Unterkünfte und Berechnungen der Vermietungsaktivität. Sprechen die Analyseergebnisse dafür, dass sich besonders viele Unterkünfte rund um die Innenstadt häufen, sollte die großräumige Festlegung des Geltungsbereichs in einem Radius von ein bis drei Kilometern rund um die Innenstadt zu rechtfertigen sein. Unter Berücksichtigung der Analyseergebnisse zur räumlichen Verteilung der Unterkünfte aus Kap. 6 B IV., könnte die Festsetzung des räumlichen Geltungsbereichs einerseits kleinteilig, indem einige wenige große Hotspots erfasst werden (z.B. Leipzig oder Düsseldorf), oder andererseits großzügig radial erfolgen, indem sich der Geltungsbereich über die gesamte Innenstadt sowie angrenzende Wohngebiete erstreckt (z.B. Köln oder München). Für die Begründung Letzterer kann angeführt werden, dass eine Gemeinde zum Zeitpunkt des Inkrafttretens alter innerstädtischer Bauleitpläne nicht vorhersehen konnte, dass das Geschäftsmodel Homesharing Anreize für die Nutzung von Wohnraum als Ferienwohnung in derartiger Vielzahl auslöst und dass die Bundesgesetzgeberin das Ferienwohnen nachträglich als grundsätzlich genehmigungsfähig einordnet (vgl. Kap. 2 C). Dies macht die großflächige Einschränkung der Zulässigkeitsvoraussetzungen durch eine Erhaltungssatzung erforderlich, um sukzessive die Anpassung alter Bebauungspläne vornehmen zu können.

Ferner bedarf es für die Rechtsdurchsetzung einer Auskunftspflicht (vgl. § 4). Der Frage, ob sie mit geltendem, insbesondere höherrangigem Recht vereinbar ist, kann hier nicht nachgegangen werden. Anzunehmen ist, dass die Entscheidung darüber insbesondere von der Frage abhängt, ob durch das Auskunftsersuchen das Satzungsziel zur Erhaltung der Zusammensetzung der Bevölkerung erreicht werden kann. Die Möglichkeit, auch Plattformen als Intermediäre in die Pflicht zu nehmen, kann für die Aufklärung eines Sachverhalts und in der Folge für den Vollzug maßgeblich sein, weil unter der Voraussetzung des Vorliegens verdichteter Hinweise (vgl. Kap. 5 B III. 1.) Ordnungswidrigkeiten geahndet werden können. Zur weiteren Gefahrenforschung bieten sich, neben der aufsuchenden Arbeit sowie Hinweisen aus der Bevölkerung, quartals- oder halbjährige Analysen zur Vermietungsaktivität der Unterkünfte im Gebiet an. Für die Umsetzung dieses Monitorings bestehen drei Möglichkeiten. Erstens sind Kooperationsvereinbarungen mit den Plattformen möglich, die anonymisierte ausgewertete Daten liefern, wie etwa im Falle von Amsterdam (vgl. Kap. 1 C IV. 3.). Zweitens kann der Erwerb von datenbasierten Analysen, wie etwa von Airdna oder vergleichbaren Unternehmen erwogen werden. Drittens könnte bei entsprechender Anpassung der ECRL eine API-Lösung möglich werden (vgl. Kap. 4 B III. 1. lit b), bei der automatisiert Daten zwischen Behörde und Plattform ausgetauscht werden (*Busch* 2019, 41). Unter gegenwärtiger Rechtslage ist die letztere Möglichkeit versperrt (*Zott* 2020, 313). Liegen der Behörde konkrete Anhaltspunkte vor, die auf eine Ferienwohnungsnutzung hindeuten, kann sie indiziengeleitet den Erlass einer Nutzungsuntersagung vollziehen und die Eigentümerin aufgrund einer formellen Illegalität auf das Baugenehmigungsverfahren verweisen (vgl. Kap. 2 B IV.). Eine offensichtliche Genehmigungsfähigkeit steht dem Vorgehen aufgrund des erhaltungsrechtlichen Genehmigungsvorbehalts nicht entgegen.

Laut *OVG Schleswig* ist es ermessensgerecht und steht dem Gleichheitsgrundsatz nicht entgegen, wenn die Behörde ihr Vorgehen auf einzelne Störerinnen beschränkt, sofern sie hierfür sachliche Gründe anführt.[500] Die Lübecker Bauaufsichtsbehörde entschied sich für ein dreistufiges Verfahren: zunächst bearbeitet sie Fälle, die sowohl der bauplanungsrechtlichen Zulässigkeit als auch dem Erhaltungsrecht entgegenstehen, in einem

500 OVG Schleswig, Beschl. vom 25.06.2020 – 1 MB 31/19, BeckRS, 21921 2020 (Rn. 28).

zweiten Schritt geht sie gegen ungenehmigte Ferienwohnungen vor, deren Unzulässigkeit sich allein aus der entgegenstehenden Erhaltungssatzung ergeben und in einem dritten Schritt nimmt sie die Prüfung weiterer schwierigerer Einzelfälle vor.[501] Laut dem *OVG Schleswig* erfüllt diese Herangehensweise den Maßstab der sachlichen Begründung und stellt demnach „kein systemloses Vorgehen im Sinne eines willkürlichen Einschreitens“[502] dar. Die Erhaltungssatzungen ermöglichen damit bei der Rechtsdurchsetzung ein räumlich differenziertes Vorgehen, sowohl im Verhältnis zur Gesamtstadt als auch innerhalb des Erhaltungsgebiets.

3. Bewertung

Unter schwarmtheoretischer Betrachtung werden insgesamt zwei der fünf Funktionsmerkmale des Airbnb-Schwarms durch das erhaltungsrechtliche Vorgehen adressiert. Dazu gehört die Integration einer Auskunftspflicht für Diensteanbieter i.S.d. TMG (Plattform) sowie der erhaltungsrechtliche Genehmigungsvorbehalt (Vermietungsaktivität). Die Abgrenzung bei der Vermietungsaktivität ist dabei auf die bauplanungsrechtliche Unterscheidung der Nutzungsarten Wohnen i.S.v. § 3 BauNVO und Ferienwohnen i.S.v. § 13a BauNVO beschränkt. In vorsichtiger Auslegung der von *Weber* angesetzten Schwelle (vgl. Kap. 2 A I. 1. lit. a) kann bei einer Vermietungsaktivität von mehr als drei Monaten im Kalenderjahr von einer Ferienwohnungsnutzung ausgegangen werden.

Ein großer Vorteil der Milieuschutzsatzungen besteht insbesondere in den relativ geringen Anwendungsvoraussetzungen sowie einer uneingeschränkten Geltungsdauer, die erst dann erlischt, wenn die Anwendungsvoraussetzungen nicht mehr gegeben sind (Battis/Krautzberger/Löhr *Mitschang* 2019: § 172 BauGB, 39). Ähnlich wie bei Zweckentfremdungsverboten ist bei Erhaltungssatzungen zwar auch mit einem Vollzugsdefizit zu rechnen, weil die Probleme grundsätzlich die gleichen sind. Allerdings kommt der Rechtsdurchsetzung die Kleinräumlichkeit der Erhaltungsgebiete entgegen. Selbst im Falle der großräumig radialen Abgrenzung von zwei bis drei Kilometern, beträgt die zu überwachende Fläche nur einen Bruchteil des Geltungsbereichs eines Zweckentfremdungsverbots (vgl. Kap. 6 B IV.). Dies wird an den sechs Leipziger Erhaltungsgebieten beson-

501 OVG Schleswig, Beschl. vom 25.06.2020 – 1 MB 31/19, BeckRS, 21921 2020 (Rn. 29).

502 Ebd. (Rn. 29).

ders deutlich. Für die Bearbeitung der Fälle setzt die Stadt insgesamt 6,0 VZÄ auf einer Gesamtfläche von insgesamt 5,6 Quadratkilometer ein.[503] Umgerechnet beträgt die potenzielle Vollzugskraft damit weniger als einen Quadratkilometer je VZÄ. Dieser Wert schlägt selbst die personalintensive Ausstattung des Berliner Zweckentfremdungsverbots, das auf eine potenzielle Vollzugskraft von 15 Quadratkilometern je VZÄ kommt (vgl. Kap. 6 B III. 4. lit. c).

II. Innenbereich

Neben dem erhaltungsrechtlichen Vorgehen kann ferner durch die Bauleitplanung im beplanten und unbeplanten Innenbereich eine Steuerung von Ferienwohnungen umgesetzt werden. Durch die Anpassung der Zulässigkeitsvoraussetzungen wird die Vermietungsaktivität des Airbnb-Schwarms adressiert. Obgleich für den Zweck alle drei Arten von Bebauungsplänen gem. § 30 BauGB in Frage kommen, beschränkt sich die vorliegende Betrachtung auf die Darstellung eines einfachen Bebauungsplans (1.), weil an ihn die geringsten Anwendungsvoraussetzungen gestellt werden. Zusätzlich zum einfachen Bebauungsplan wird der Vorschlag für die Einführung einer Ermächtigungsgrundlage zur Aufstellung von Ferienwohnungs-Bebauungsplänen (2.) diskutiert. Abschließend folgt eine zusammenfassende Bewertung (3.) zum bauleitplanerischen Vorgehen.

1. Einfacher Bebauungsplan

Bei einem einfachen Bebauungsplan gem. § 30 Abs. 3 BauGB gelten die Zulässigkeitsvoraussetzungen des unbeplanten Innenbereichs gem. § 34 BauGB (vgl. Kap. 2 C II. 2.) oder des Außenbereichs (§ 35 BauGB), allerdings sind seine Festsetzungen als Zulässigkeitsvoraussetzungen beachtlich (EZBK *Söfker* 2020: § 30 BauGB, Rn. 2). In Kombination mit der eingeführten Legaldefinition von Ferienwohnungen eröffnen sich dadurch Gestaltungsmöglichkeiten, die durch die Feinsteuerung der Ferienwohnungsnutzung durch Überplanung des Innenbereichs realisiert werden können (*Grigoleit/C.-W. Otto* 2018, 275). Auch ein genereller Ausschluss von Ferienwohnungen im Geltungsbereich eines Bebauungsplans ist möglich

503 DS-Nr. VII-F-01336-AW-01, Dezernat Stadtentwicklung und Bau, Schriftliche Antwort zur Anfrage vom 10.06.2020.

(*Hahn* 2018, 398 f.). Ein Bestandschutz kommt einer Ferienwohnung nur insoweit zugute, handelt es sich dabei um die Fortführung einer legal ausgeübten Nutzung.[504] Bei einer bauordnungsrechtlich nicht genehmigten Ferienwohnungsnutzung liegt mindestens eine formelle Illegalität vor, die regelmäßig nicht die Anforderungen an eine Schutzbedürftigkeit erfüllt, außer die Nutzungsänderung war bereits vor Inkrafttreten der Erhaltungssatzung offensichtlich genehmigungsfähig (vgl. Kap. 2 C IV.).

Bei der Aufstellung eines Bebauungsplans ist zunächst die Sicherung der gegenwärtigen städtebaulichen Situation erforderlich (a), um nicht weitere Nutzungsänderungen hinnehmen zu müssen. Zur Begrenzung der Bildung von Ferienwohnungen, bietet die Feinsteuerung verschiedene Festsetzungsmöglichkeiten (b). Schließlich erwächst aus dem bauleitplanerischen Vorgehen eine drittschützende Wirkung in Form eines nachbarlichen Abwehrrechts, das die Bildung illegaler Ferienwohnungen nachhaltig reduzieren könnte (c). Abschließend kommen beim Bebauungsplan zur Steuerung von Ferienwohnungen zwei Verfahren in Betracht, deren Vor- und Nachteile skizziert werden (d).

a) Sicherung der gegenwärtigen städtebaulichen Situation

Von der Planaufstellung bis zum Inkrafttreten eines Bebauungsplans vergehen üblicherweise mehrere Jahre, in denen die Planungsvorstellungen der Gemeinde durch Bauvorhaben und städtebaulich relevante Veränderungen, insbesondere bei der Überplanung des Innenbereichs, durchkreuzt werden können (*Kümper* 2020, 135). Um dem zu entgehen, stellt das Städtebaurecht die Instrumente der Plansicherung gem. §§ 14 ff. BauGB bereit, mit denen der künftige Planbereich für die Zeit des Bauleitplanverfahrens städtebaulich in seinem gegenwärtigen Zustand gesichert wird. Hier ist insbesondere die Aufstellung einer Veränderungssperre als Satzung gem. § 16 Abs. 1 BauGB zu nennen. Ihr Erlass stellt ein materielles Bauverbot dar, indem gem. § 14 Abs. 1 Nr. 1 BauGB Bauvorhaben und sonstige Veränderungen im gesamten Geltungsbereich der Satzung weder durchgeführt noch beseitigt werden dürfen. Ferner sind gem. § 14 Abs. 1 Nr. 2 BauGB erhebliche oder wesentlich wertsteigernde Veränderungen ebenfalls zu unterlassen (ebd., 136). Als abstrakt-generelle Regelung erfasst die Veränderungssperre damit sämtliche Bauvorhaben in einem Plangebiet und schützt es effektiv vor Veränderungen über einen Zeitraum von zwei

504 VGH Kassel, Urt. vom 28.10.2019 – 4 C 2447/17.N, ZfBR 2020, 178 (182).

Jahren (§ 17 Abs. 1 BauGB), der unter Umständen auch verlängert werden kann (*Kümper* 2020, 138).

Für den Erlass und das Inkrafttreten einer Veränderungssperre ist ein Planaufstellungsbeschluss der Gemeinde und eine Konkretisierung soweit erforderlich, dass ein Mindestmaß über „positive planerische Vorstellungen über den Inhalt des zu erwartenden Bebauungsplans“[505] zu erkennen ist (ebd., 140). Laut ständiger Rechtsprechung ist Letzteres gegeben, sobald die Vorstellungen „geeignet sind, die Entscheidung der Genehmigungsbehörde über die Vereinbarkeit eines Vorhabens mit der beabsichtigten Planung zu steuern“[506]. Diese recht geringe Schwelle ist unterschritten, beschränkt sich die Gemeinde darauf nur bestimmte Vorhaben auszuschließen. Hierdurch setzt sie sich dem Vorwurf einer unzulässigen Negativplanung aus.[507] In aller Regel genügt es, wenn die Ziele und Zwecke der Planung und die wesentlichen Elemente der beabsichtigten Nutzung entwickelt worden sind (ebd., 140). Zeigt die Stadt im Rahmen des Aufstellungsbeschlusses an, dass sie Ferienwohnungen steuern will, um ein lebendiges und ganzjährig attraktives Stadtquartier zu schaffen, ist die Anforderung laut *OVG Schleswig* erfüllt.[508] Von der Veränderungssperre ausgenommen sind Vorhaben, die vor Inkrafttreten der Satzung offensichtlich genehmigungsfähig waren (§ 14 Abs. 3 BauGB). Hierunter fällt auch die formell illegale aber materiell genehmigungsfähige Nutzung einer Ferienwohnung, wenn die praktizierte Nutzung bereits vor Inkrafttreten der Veränderungssperre begann.[509]

b) Festsetzungen zur Begrenzung von Ferienwohnungen

Zur Begrenzung der Ferienwohnungsbildung bietet die Feinsteuerung gem. § 1 Abs. 4 bis 9 BauNVO eine Reihe von Festsetzungsmöglichkeiten in einem Bebauungsplan (*C.-W. Otto* 2018, 175). Grundsätzlich müssen für eine Einschränkung des bestehenden Baurechts gewichtige, städtebau-

---

505 OVG Schleswig, Beschl. vom 16.09.2020 – 1 MB 12/20, BeckRS 2020, 24001 (Rn. 18).

506 Ebd. (Rn. 18); BVerwG, Beschl. vom 22.01.2013 – 4 BN 7.13, BeckRS, 47001 (Rn. 3); VGH München, Urt. vom 19.12.2019 – 1 N 17.1236, BeckRS, 34581 (Rn. 20).

507 OVG Schleswig, Beschl. vom 16.09.2020 – 1 MB 12/20, BeckRS 2020, 24001 (Rn. 18).

508 Ebd. (Rn. 19).

509 Ebd. (Rn. 21).

lich beachtliche Allgemeinbelange sprechen.[510] Dazu ist eine Abwägung erforderlich, die die privaten Belange angemessen berücksichtigt. Diese sind im gewährleisteten Eigentumsrecht nach Art. 14 GG im Grundsatz der Verhältnismäßigkeit und des Gleichheitssatzes zu sehen.[511] Zur Begrenzung der Bildung von Ferienwohnungen ist die Einschränkung der Art der Nutzung erforderlich. Unter diesen Voraussetzungen und unter Wahrung der allgemeinen Zweckbestimmung des Baugebiets, kann in einem Bebauungsplan ein grundsätzlicher Ausschluss der Zulässigkeit von Ferienwohnungen auf Grundlage des § 9 Abs. 1 Nr. 1 BauGB i.V.m. § 1 Abs. 5 BauNVO erfolgen (*Hahn* 2018, 399). Ferner kann nach § 1 Abs. 6 BauNVO festgesetzt werden, dass alle oder einzelne Ausnahmen in den Baugebieten nach den §§ 2 bis 9 BauNVO vorgesehen sind (BeckOK *Hornmann* 2020: § 13a BauNVO, Rn. 52). Auch ist die Zulässigkeitsregelung differenziert auf bestimmte Qualitäten des Ferienwohnens (vgl. Kap. 2 A II. 3.) anwendbar, sodass nur bestimmte Arten von Ferienwohnungen zulässig bzw. nicht zulässig sind oder nur ausnahmsweise zugelassen werden können (ebd., Rn. 53). Zur Gewährleistung der Zweckbestimmung im Falle eines Nebeneinanders von Wohnen und Ferienwohnen, etwa in einem allgemeinen Wohngebiet, kann das Überwiegen der Wohnnutzung durch Festsetzungen zur jeweils höchstzulässigen Zahl der Wohnungen und Ferienwohnungen gem. § 9 Abs. 1 Nr. 6 BauGB sichergestellt werden.[512]

c) Nachbarschutz

Mit der Festsetzung der Art der baulichen Nutzung in einem Bebauungsplan geht eine drittschützende Wirkung einher, nach der ein Rechtsanspruch im Rahmen des Rücksichtnahmegebots auf die Bewahrung der Gebietsart im Bereich eines Bebauungsplans geltend gemacht werden kann (*Decker* 2007, 56; *Stüer* 2015, Rn. 1748). Dieses der Nachbarin zustehende subjektive Abwehrrecht (EZBK *Blechschmidt* 2020: § 13a BauNVO, Rn. 48) leitet sich grundlegend aus dem Austauschverhältnis der planbetroffenen Eigentümerinnen eines Bebauungsplans als rechtliche Schicksalsgemeinschaft ab und dient einerseits der Bewahrung des Gebietscharakters und andererseits dazu, die Genehmigung nicht zulässiger Nutzungen zu verhindern (*Stüer* 2015, Rn. 1757). Eine Gebietsunverträglichkeit kann dem-

510 VGH Kassel, Urt. vom 28.10.2019 – 4 C 2447/17.N, ZfBR 2020, 178 (181).
511 BVerfG, Beschl. vom 19.12.2002 – 1 BvR 1402/01, NVwZ 2003, 727 (727).
512 VGH Kassel, Urt. vom 28.10.2019 – 4 C 2447/17.N, ZfBR 2020, 178 (181).

nach begründet sein, wenn ein Vorhaben – bezogen auf den Gebietscharakter des Baugebietes, in welchem es verwirklicht werden soll – aufgrund seiner typischen Nutzungsweise störend wirkt (*Decker* 2007, 57). Mit diesem *Gebietserhaltungsanspruch* soll die allgemeine Zweckbestimmung eines Baugebiets (Gebietscharakter), jeweils in Abs. 1 der §§ 2 ff. BauNVO umschrieben, sichergestellt werden. Dabei führt Abs. 2 der Baugebietstypen jeweils die allgemein zulässigen und Abs. 3 die ausnahmsweise zulässigen Nutzungsarten an. Ist die Erhaltung des Gebietscharakters in einer Weise gefährdet, dass er sich durch die Genehmigung einer ausnahmsweisen Nutzung gem. Abs. 3 verändern könnte, sind Ausnahmen gem. § 31 Abs. 1 BauGB nicht zulässig.[513] Ferner besteht auch ein Schutzanspruch auf die „Bewahrung der typischen Prägung der jeweiligen Gebietsart" (ebd., 57). Dieser sogenannte *Gebietsprägungserhaltungsanspruch* kann geltend gemacht werden, wenn ein Vorhaben bauplanungsrechtlich im jeweiligen Gebiet „zwar an sich mit der Gebietsart vereinbar wäre, gleichwohl gebietsunverträglich ist, weil es der allgemeinen Zweckbestimmung des maßgeblichen Baugebietstyps widerspricht" (ebd., 57).

Ein Vorhaben kann sich also als gebietsunverträglich erweisen, wenn seine typische Nutzungsweise störend ist und sich daraus weder eine allgemeine noch ausnahmsweise Zulässigkeit ergibt (Gebietserhaltungsanspruch) oder, wenn die typische Nutzungsweise des Vorhabens störend, aber eine ausnahmsweise Zulässigkeit gegeben ist (Gebietsprägungserhaltungsanspruch). Für den Abwehranspruch ist eine individuelle und qualifizierte Betroffenheit der Dritten nicht notwendig (ebd., 58). Damit beschränkt sich das Abwehrrecht nicht nur auf unmittelbar angrenzende Nachbarinnen, sondern erstreckt sich auf alle im Plangebiet Betroffenen. Auf Ferienwohnungen übertragen können die Ansprüche insbesondere für Gebiete relevant werden, die sich durch Wohnruhe kennzeichnen, d.h. insbesondere reine oder allgemeine Wohngebiete, und in denen Ferienwohnungen gem. § 1 Abs. 5, 6 oder 9 BauNVO ausgeschlossen oder eingeschränkt sind. Zudem kann eine Häufung von Ferienwohnungen im Einzelfall einen Gebietsprägungserhaltungsanspruch begründen (BeckOK *Hornmann* 2020: § 13a BauNVO, Rn. 56), wenn Ferienwohnungen zwar zulässig sind, aufgrund ihrer Anzahl in näherer Umgebung aber das Maß der zu ertragenden gebietstypischen Störungen übersteigen.

513 BVerwG, Urt. vom 21.03.2002 – 4 C 1/02, NVwZ 2002, 1118 (Ls. 1).

d) Vereinfachtes und beschleunigtes Verfahren

Für die Aufstellung des Bebauungsplans kommt je nach Voraussetzungen sowohl das vereinfachte Verfahren gem. § 13 BauGB als auch das beschleunigte Verfahren als sogenannter Bebauungsplan der Innenentwicklung gem. § 13a BauGB in Frage (EZBK *Krautzberger* 2020: § 13a BauGB.). Beide sind für den Innenbereich geeignet und kommen bei der Aufstellung, Änderung oder Ergänzung von Bebauungsplänen in Betracht (*Krautzberger* 2007, 174). Das vereinfachte Verfahren kennt grundsätzlich drei Fallgestaltungen: die Ergänzung oder Änderung eines Bebauungsplans, die Aufstellung eines Bebauungsplans in einem Gebiet nach § 34 BauGB und ein Bebauungsplan, der lediglich Festsetzungen nach § 9 Abs. 2a oder Abs. 2b BauGB enthält (EZBK *Krautzberger* 2020: § 13 BauGB, Rn. 15).

Änderungen oder Ergänzungen bestehender Bebauungspläne im vereinfachten Verfahren dürfen die Grundzüge der Planung nicht berühren (§ 13 Abs. 1 BauGB). Von dem in der Planungskonzeption zum Ausdruck gebrachten Wollen darf nicht in einer Weise abgewichen werden, die die städtebauliche Ordnung beachtlich beeinträchtigt (ebd., Rn. 21). Wurde etwa ein allgemeines Wohngebiet ausgewiesen, das vorwiegend dem Wohnen dient, sollten die Grundzüge der Planung nicht berührt sein, wenn Änderungen oder Ergänzungen des Bebauungsplans Festsetzungen zur Begrenzung der Ferienwohnungsbildung anführen und dadurch die Sicherung der Wohnfunktion gewährleistet werden soll. Das Ergebnis kann in einem Mischgebiet anders ausfallen, da die Einschränkung der Zulässigkeit von Ferienwohnungen eine allgemein zulässige Nutzungsart betrifft. Dem Motiv der Sicherstellung der Wohnnutzung kommt aber grundsätzlich die Tatsache zugute, dass die Nutzungsart und Ausbreitung von Ferienwohnungen zur Zeit der Aufstellung der meisten Bebauungspläne noch nicht bekannt und Abweichungen von der Planungskonzeption in diesem Maße nicht vorhersehbar waren. Die Grundzüge der Planung sollten demnach durch eine Festsetzung zur Beschränkung der Ferienwohnungsbildung und zum Erhalt von Wohnraum, insbesondere in einem Plangebiet, das vorwiegend dem Wohnen dient, nicht berührt sein.

Ein weiterer Anwendungsfall ist die Neuaufstellung eines Bebauungsplans der Innenentwicklung. Diese dienen vorwiegend der Bestandssicherung und haben eine einschränkende bzw. ordnende Funktion (EZBK *Krautzberger* 2020: § 13 BauGB, Rn. 28a). Vor diesem Hintergrund scheinen gerade sie dazu geeignet zu sein, die Funktion der Wohnnutzung im unbeplanten Innenbereich zu sichern. Voraussetzung ist, dass der sich aus der Eigenart der näheren Umgebung ergebende Zulässigkeitsmaßstab nicht wesentlich verändert wird (EZBK *Krautzberger* 2020: § 13 BauGB, Rn. 15, Rn. 15). Der Bebauungsplan der Innenentwicklung im beschleunigten Verfahren gem. 13a BauGB lehnt sich im Wesentlichen am vereinfachten Verfahren an (EZBK *Krautzberger* 2020: § 13a BauGB, Rn. 1). Hier steht insbesondere die Wiedernutzbarmachung von Innenbereichsflächen zugunsten der Innenentwicklung im Vordergrund (ebd., Rn. 2), insbesondere auch zur Versorgung der Bevölkerung mit Wohnraum.[514] Während die Gemeinde beim einfachen Verfahren gem. § 13 Abs. 2 Satz 1 Nr. 1 BauGB von der vorgezogenen Öffentlichkeitsbeteiligung durch Unterrichtung und Erörterung nach § 3 Abs. 1 Satz 1 BauGB absehen kann (EZBK *Krautzberger* 2020: § 13 BauGB, Rn. 34a), ist im beschleunigten Verfahren gem. § 13a Abs. 3 BauGB ortsüblich bekannt zu machen, dass der Bebauungsplan ohne Durchführung einer Umweltprüfung aufgestellt werden soll und wo sich die Öffentlichkeit über die Ziele und Zwecke sowie die Auswirkungen der Planung unterrichten lassen kann (*Krautzberger* 2007, 174). In beiden Verfahren ist eine Umweltprüfung nicht geboten, allerdings kann nur im beschleunigten Verfahren auf die naturschutzrechtliche Eingriffsregelung (§ 1a Abs. 3 BauGB) verzichtet werden (ebd. 174). Auch bestehen für den Bebauungsplan der Innenentwicklung keine besonderen Anforderungen an die städtebauliche Erforderlichkeit der Planung (EZBK *Krautzberger* 2020: § 13a BauGB, Rn. 21).

Grundsätzlich sind also beide Verfahren zur Begrenzung der Ferienwohnungsbildung geeignet. Beim beschleunigten Verfahren ist allerdings der zulässige Geltungsbereich des Bebauungsplans in seiner Flächengröße begrenzt. Dabei ist zwischen den Fallkonstellationen einer Flächengröße von weniger als 20.000 Quadratmetern (§ 13a Abs. Satz 2 Nr. 1 BauGB) und 20.000 bis weniger als 70.000 Quadratmetern (§ 13a Abs. Satz 2 Nr. 2 BauGB) zu unterschieden. Letztere erfordert eine überschlägige Prüfung, aus der hervorgehen muss, dass erhebliche Umweltauswirkungen durch den Bebauungsplan ausgeschlossen werden können. Bei der Einschränkung der Zulässigkeit von Ferienwohnungen sollte in aller Regel nicht mit erheblichen Umweltauswirkungen zu rechnen sein.

Eine Grundfläche von 70.000 Quadratmetern erfasst dabei die Hälfte der Fläche eines der ausgewiesenen Hotspots (vgl. Kap. 6 B IV.) bzw. einen Radius von etwa 150 Metern. In den meisten Fällen könnte dadurch ein entsprechender Bebauungsplan den Kern eines Hotspots neu regeln und in seinen negativen Externalitäten bedeutend eindämmen. Für größere Grundflächen kann alternativ das einfache Verfahren eingesetzt werden.

514 OVG Münster, Urt. vom 27.01.2016 – 7 D 130/14.NE, juris (Rn. 65).

Neben den gewährten subjektiven Abwehrrechten (vgl. c), kann nach dem Inkrafttreten des Bebauungsplans gegen Verstöße der Zulässigkeit per Nutzungsuntersagungsverfügung vorgegangen werden.

2. Bebauungsplan zur Steuerung von Ferienwohnungen?

Angelehnt an die Bebauungspläne für die Erhaltung und Entwicklung zentraler Versorgungsbereiche gem. § 9 Abs. 2a BauGB und den Vergnügungsstätten-Bebauungsplänen gem. § 9 Abs. 2b BauGB, wird im Folgenden der Vorschlag für die Einführung eines *Ferienwohnungs-Bebauungsplans* diskutiert. Eine derartige Ermächtigungsgrundlage zur bauplanungsrechtlichen Steuerung von Ferienwohnungen kann in § 9 Abs. 2d BauGB verortet werden.

Ein Ferienwohnungs-Bebauungsplan könnte zu einer beträchtlichen Verfahrenserleichterung beitragen, weil dabei isolierte Festsetzungen getroffen werden können, ohne dabei differenziert auf die Baugebiete i.S.d. BauNVO eingehen zu müssen (EZBK *Söfker* 2020: § 9 BauGB, Rn. 242). Außerdem könnte auf die Prüfungen verzichtet werden, ob sich die Art der baulichen Nutzung nach § 34 Abs. 1 oder Abs. 2 BauGB richtet, ob eine Satzung nach § 34 Abs. 4 Satz 1 Nr. 1 bis 3 BauGB existiert oder ob der Bereich bereits durch einen einfachen Bebauungsplan überplant ist (Battis/Krautzberger/Löhr *Mitschang/Reidt* 2019: § 9 BauGB, Rn. 175). Der Wortlaut für eine entsprechende Ermächtigungsgrundlage für Ferienwohnungs-Bebauungspläne im BauGB könnte wie folgt lauten:

> § 9 Abs. 2d Inhalt des Bebauungsplans
> Für im Zusammenhang bebaute Ortsteile (§ 34) kann in einem Bebauungsplan, auch für Teile des räumlichen Geltungsbereichs des Bebauungsplans, festgesetzt werden, dass Ferienwohnungen oder bestimmte Arten von Ferienwohnungen zulässig oder nicht zulässig sind oder nur ausnahmsweise zugelassen werden können, um
>
> 1. eine Beeinträchtigung von Wohnnutzungen, die Wohnbedürfnisse der Bevölkerung, Auswirkungen auf die Nachbarschaft und auf die Verkehrsbelange sowie die Erhaltung zentraler Versorgungsbereiche,
> 2. eine Beeinträchtigung der sich aus der vorhandenen Nutzung ergebenden städtebaulichen Funktion des Gebiets, insbesondere durch eine städtebaulich nachteilige Häufung von Ferienwohnungen
>
> zu verhindern.

Die aufgeführten Belange in Nr. 1 rekurrieren auf die durch Kurzzeitvermietungen ausgelösten negativen Externalitäten (vgl. Kap. 1 A). Wie auch schon bei den Erhaltungsgebieten angeführt, könnten Untersuchungen zur räumlichen Verteilung von Unterkünften für Kurzzeitvermietungen sowie die Einschätzung der Vermietungsaktivität als Grundlage im Rahmen eines städtebaulichen Entwicklungskonzepts i.S.d. § 1 Abs. 6 Nr. 11 BauGB von der Gesetzgeberin vorausgesetzt werden. Dadurch ließe sich die Ferienwohnungsbildung, insbesondere im unbeplanten Innenbereich sowie über bestehende Bebauungspläne hinweg großflächig und zügig zur präventiven Sicherung von Wohnraum regeln.

3. Bewertung

Nach gegenwärtiger Rechtslage ist die Aufstellung eines einfachen Bebauungsplans zur Begrenzung der Bildung von Ferienwohnungen grundsätzlich im vereinfachten Verfahren möglich. Auch die kleinteilige Überplanung durch einen Bebauungsplan der Innenentwicklung einzelner Hotspots kann im beschleunigten Verfahren zur Eindämmung weiterer Ferienwohnungsbildung eingesetzt werden. Allerdings führen die Anforderungen an einen einfachen Bebauungsplan, insbesondere in Form der Festsetzungspflicht der Baugebiete und den damit verbundenen Mehraufwand dazu, dass ein zügiges und großflächiges Vorgehen nicht ohne weiteres möglich ist. Zwar ist ein großräumiges Vorgehen beim vereinfachten Verfahren möglich, gleichzeitig ist es auch mit einem hohen Abstimmungsbedarf, der Festsetzung der Baugebiete und einer aufwendigen Bestandsaufnahme verbunden. So dauerte es etwa im Falle des einfachen Bebauungsplans zum „Schutz des Wohnens vor Umwandlung in Ferienwohnungen in Warnemünde“[515] in Rostock vom Beschluss zur Aufstellung bis zur Ausfertigung der Begründung über vier Jahre.[516] Mit dem beschleunigten Verfahren kann diese Dauer zwar bedeutend verkürzt werden, allerdings ist damit nur eine kleinräumige Begrenzung der Ferienwohnungsbildung anhand einzelner Hotspots möglich. Für Abhilfe könnte hier die Einführung einer Ermächtigungsgrundlage für Ferienwohnungs-Bebauungspläne sorgen. Mit ihnen könnte sowohl flächenmäßig ein größerer Bereich, etwa

515 Satzung der Hansestadt Rostock über den Bebauungsplan Nr. 01.WA.183: Schutz des Wohnens vor Umwandlung in Ferienwohnungen in Warnemünde 01.02.2017 (1).

516 Ebd. (3).

die gesamte Innenstadt sowie innenstadtnahe Wohngebiet abgedeckt als auch die Aufstellungszeit im Vergleich zu anderen Bebauungsplänen deutlich verkürzt werden.

III. Gebiete mit Fremdenverkehrsfunktion

Gemeinden, die „überwiegend durch den Fremdenverkehr geprägt sind" (§ 22 Abs. 1 BauGB), können eine Satzung zur Sicherung von Wohnraum für Dauerbewohnerinnen gem. § 22 BauGB aufstellen. Diese sogenannten Fremdenverkehrssatzungen kommen somit überwiegend für die Erholungsorte des Clusters A in Frage. Ihr Zweck ist es, die städtebauliche Funktion von Gebieten mit Fremdenverkehrsfunktionen durch ein Überhandnehmen von Nebenwohnungen zu regulieren (Battis/Krautzberger/Löhr *Reidt* 2019: § 22 BauGB, Rn. 2). Die Satzung bietet zwar nicht die Möglichkeit, Kurzzeitvermietungen direkt zu steuern (*Reidt* 2017, 159 f.), allerdings werden die Monetarisierungsanreize, die von der Umwandlung von Wohnraum ausgehen (vgl. Kap. 1 A I. 1.), durch einen Genehmigungsvorbehalt für die Begründung oder Teilung von Wohneigentum (*Scheidler* 2019, 321) gemindert, sodass es nachrangig nicht zu einer Zweit- oder Ferienwohnnutzung kommen kann. Dadurch wird der Entstehung sogenannter Rollladensiedlungen vorgebeugt (ebd., 321), die sich durch eine über das Jahr vorherrschende Nichtbelegung kennzeichnen (ebd., 322). Die Gesetzgeberin ging bei der Einführung der Ermächtigungsgrundlage für Satzungen gem. § 22 BauGB davon aus, dass die Umwandlung von Wohnungseigentum stets zur Zweitwohnungsnutzung führt und infolgedessen zu finanziell und städtebaulich nicht vertretbaren Belastungen führt (Battis/Krautzberger/Löhr *Reidt* 2019: § 22 BauGB, Rn. 2). Diese Umwandlungstendenzen sind vermehrt auch in beliebten Großstädten zu beobachten, die durch die bereits erwähnten Umwandlungsverbote im Rahmen einer Erhaltungssatzung (vgl. I. 1.) ebenfalls unter Genehmigungsvorbehalt gestellt werden können. Im Vergleich zur Erhaltungssatzung setzt der Erlass einer Satzung gem. 22 BauGB keine landesrechtliche Umwandlungsverordnung voraus, was die Fremdenverkehrsgemeinden im Vergleich zu anderen Kommunen bei der Regulierung des Wohneigentumshandels privilegiert.

Weiterhin können Umwandlungstendenzen indirekt durch die Einführung oder Erhöhung einer Zweitwohnungssteuer verringert werden. Die Zweitwohnungssteuer mindert in der Regel in nur geringem Maße den finanziellen Anreiz zur Bildung einer Zweitwohnung. Oftmals stehen die Einnahmen, die etwa durch eine Vermietung als Ferienwohnung in einer Nebenwohnung generiert werden können, in keinem Verhältnis zur von der Steuer begründeten Abgabelast. Darum sind jüngst einige Kommunen dazu übergegangen, ihre Steuersätze stark zu erhöhen, um die „kommunale Zweitwohnungssteuer als Steuerungsinstrument" (*Dittrich-Wesbuer/Plöger* 2013, 201) zu stärken. Dementsprechend erhöhte Fehmarn 2020 seinen Steuersatz von 12 auf 20 Prozent[517], Überlingen 2020 von 20 auf 28 Prozent[518] und Berlin 2019 von 5 auf 15 Prozent[519] (vgl. Tab. 44). Leipzig führte 2017 erstmals wieder eine Zweitwohnungssteuerpflicht ein und bestimmte die Steuerlast bei 16 Prozent.[520]

Tab. 44: Ausgewählte Gemeinden und die Höhe der Steuersätze für Zweitwohnungen

Gemeinde	Steuersatz	Rechtsgrundlage	In Kraft seit
Fehmarn	20 %	Satzung über die Erhebung einer Zweitwohnungssteuer in der Stadt Fehmarn	2020
Überlingen	28 %	Satzung der Stadt Überlingen (Bodensee) über die Erhebung einer Zweitwohnungssteuer	2020
Berlin	15 %	BlnZwStG	2019
Baden-Baden	20 - 35 %	Satzung zur Erhebung einer Zweitwohnungssteuer der Stadt Baden-Baden	2019
Leipzig	16 %	Zweitwohnungssteuersatzung der Stadt Leipzig (ZwStS)	2017
Köln	10 %	Zweitwohnungssteuersatzung vom 17. Dezember 2004	2016
Hamburg	8 %	HmbZWStG	2015

517 *Fehmarn24.de* 2020: Das ist ein moderner Raubzug, Zweitwohnungssteuer auf Fehmarn: Neue Satzung und 20 Prozent Steuersatz lassen Besitzer aufhorchen {https://fehmarn24.de/fehmarn/moderner-raubzug-13916139.html}.

518 *Südkurier* 2020: 634 Zweitwohnungen sind aktuell in Überlingen gemeldet. Mit einer neuen Steuersatzung will die Stadt regulierend eingreifen. Das gefällt nicht allen {https://suedkurier.de/region/bodenseekreis/ueberlingen/634-Zweitwohnungen-sind-aktuell-in-UEberlingen-gemeldet-Mit-einer-neuen-Steuersatzung-will-die-Stadt-regulierend-eingreifen-Das-gefaellt-nicht-allen;art372495,10479376}.

519 *Berliner Zeitung* 2018: Zweitwohnungssteuer in Berlin: Ab Januar 2019 15 Prozent der Nettokaltmiete {https://berliner-zeitung.de/mensch-metropole/zweitwohnungssteuer-in-berlin-ab-januar-2019-15-prozent-der-nettokaltmiete-li.46841}.

520 Eine weitgehend aktuelle Übersicht zu den Steuersätzen in ganz Deutschland findet sich unter *zweitwohnsitzsteuer.de*: Städte mit Zweitwohnungsteuer {https://zweitwohnsitzsteuer.de/?page=stadt&bl=de-by}.

Gemeinde	Steuersatz	Rechtsgrundlage	In Kraft seit
Sylt	15 %	Satzung über die Erhebung einer Zweitwohnungssteuer in der Gemeinde Sylt	2009
München	9 %	Zweitwohnungssteuersatzung - ZwStS vom 22. Dezember 2006	2007
Düsseldorf	-	keine	-

Die Fremdenverkehrssatzungen nach § 22 BauGB eignen sich vor allem dazu, die Bildung von Zweitwohnungen in Erholungsorten zu verhindern, während die Zweitwohnungssteuer die Anreize, eine Zweitwohnung zu halten, eindämmt. Bereits anhand der überblicksartigen Darstellung wird deutlich, dass vermehrt nicht nur Fremdenbeherbergungsorte auf die Zweitwohnungssteuer als Instrument zurückgreifen, sondern zunehmend auch die Metropolen und Großstädte Steuersätze aufrufen, die mit denen der Fremdenbeherbergungsorte vergleichbar sind (z.B. Berlin und Leipzig). Die bloße Erhöhung der Steuerlast für Zweitwohnungen kann allerdings auch zu einem unerwünschten Effekt führen, die die Zweitwohnungsbesitzerinnen erst recht zu einer Kurzzeitvermietung drängen, um die erhöhte Abgabelast kompensieren zu können.

B. Beantwortung der zweiten Forschungsfrage

Aus der Betrachtung wird deutlich, dass auch das Städtebaurecht Ansätze zur Steuerung von Kurzzeitvermietungen birgt. In diesem Rahmen wird abschließend die zweite Forschungsfrage beantwortet: „Welche städtebaurechtlichen Ansätze eigenen sich zur Steuerung von Kurzzeitvermietungen?“ (vgl. Kap. 1 C).

Die städtebauliche Steuerung von Ferienwohnungen ist einerseits durch die Bauleitplanung möglich und andererseits kann eine entsprechende Steuerung mit Sozialen Erhaltungssatzungen direkt und mit Satzungen zur Sicherung von Gebieten mit Fremdenverkehrsfunktionen indirekt erfolgen. Mit dem bauleitplanerischen Vorgehen kann die Ferienwohnungsbildung durch die Anpassung der Zulässigkeitsvoraussetzungen per Feinsteuerung in einem Gebiet ausgeschlossen oder eingeschränkt werden. Dafür sind keine neuen Bereichs-strukturen oder neues Personal vonnöten, das sich in ein vermeintlich neues Rechtsgebiet und eine neue Praxis einarbeiten müsste, wie es etwa bei den Zweckentfremdungsverboten der Fall ist. Allerdings ist die Aufstellung von Bebauungsplänen deutlich aufwendiger, weil sie einer höheren Begründungspflicht unterliegt. Ein Aufstellungsverfahren hierzu kann auch bei einem einfachen Bebauungsplan unter gegenwärtiger Rechtslage mehrere Jahre dauern und kommt deshalb nur als mittel- und langfristiger Ansatz in Frage. Diesem Umstand könnte die Gesetzgeberin durch die Einführung einer Ermächtigungsgrundlage von Ferienwohnungs-Bebauungsplänen abhelfen (vgl. A II. 2.). Vorteile des bauleitplanerischen Vorgehens ergeben sich insbesondere dadurch, dass die Festsetzungen drittschützende Wirkung entfalten, die Nachbarinnen im Falle illegaler Nutzungsänderungen ein Abwehrrecht zugesteht. Im Falle der Zunahme illegaler Ferienwohnungsnutzungen könnte demnach eine Nachbarin ihren Schutzanspruch auf Bewahrung der Gebietsart geltend machen. Dieser Form der „Selbstregulation" ist ein gewisser Charme nicht abzusprechen.

Als noch aussichtsreicher erweisen sich die Sozialen Erhaltungssatzungen. Sie können dazu eingesetzt werden, die Bildung von Ferienwohnungen großflächig, gebietsscharf und isoliert von anderen Maßnahmen einzuschränken. Der erhaltungsrechtliche Genehmigungsvorbehalt gewährleistet das Erhaltungsziel, indem die baurechtliche Nutzungsänderung (Umnutzung) einer Genehmigung bedarf. Damit werden die Anreize zur Monetarisierung von Wohnraum auf der zweiten Stufe gesenkt (vgl. Kap. 1 A I. 1.). Es besteht also eine gewisse Ähnlichkeit und Überschneidung zwischen den erhaltungs- und zweckentfremdungsrechtlichen Satzungen. Mit der Aufsattelung eines Umwandlungsverbots gem. § 172 Abs. 1 Satz 4 BauGB können darüber hinaus auch Umwandlungen von Wohnraum unter einen befristeten Genehmigungsvorbehalt von fünf Jahren gestellt und damit Anreize zur Monetarisierung von Wohnraum auf dritter Stufe gesenkt werden. Hier ist auf den gegenwärtig diskutierten Gesetzentwurf des Baulandmobilisierungsgesetzes[521] und dem darin enthaltenen Umwandlungsverbot gem. § 250 BauGB zu verweisen. Demnach soll eine Ermächtigungsgrundlage für ein Umwandlungsverbot nach dem Vorbild der Erhaltungssatzungen für Gebiete, die nach Mietpreisbremsenverordnung gem. § 556d Abs. 2 BGB bestimmt sind, eingeführt werden. Im Ergebnis käme dies einem gesamtstädtischen Umwandlungsverbot gleich. Bereits unter gegenwärtiger Rechtslage ist dies in Fremdenbeherbergungsgemeinden mit Satzungen gem. § 22 BauGB möglich. Sie sind insbesondere für die Erholungsorte als Ergänzung zum erhaltungsrechtlichen oder bauleitplanerischen Ansatz zu verstehen, wodurch die Monetarisierung von Wohnraum ebenfalls auf der dritten Stufe unterbunden wird. Fehlt es etwa an einer

521 Bundesregierung, Entwurf eines Gesetzes zur Mobilisierung von Bauland (Baulandmobilisierungsgesetz) vom 09.06.2020.

landesrechtlichen Umwandlungsverordnung für das Erhaltungsrecht, können Fremdenbeherbergungsorte dennoch die Begründung oder Teilung von Wohneigentum unter Genehmigungsvorbehalt stellen.

Tab. 45: Zweckentfremdungsverbote und Soziale Erhaltungssatzungen im Vergleich

Kategorie	Zweckentfremdungsverbot	Soziale Erhaltungssatzung
Rechtsgrundlage	Landeskompetenz, Wohnungswesen (vgl. Tab. 4, Kap. 5 A)	Bundeskompetenz, Bodenrecht (BauGB)
Zweck	Versorgung der Bevölkerung mit Wohnraum zu angemessenen Bedingungen	Sicherstellung der städtebaulichen Ordnung und Entwicklung
Anwendungsvoraussetzungen	Wohnraummangellage, erhöhter Wohnraumbedarf (NRW)	Verdrängungsprozesse der ortsansässigen Wohnbevölkerung
Räumlicher Geltungsbereich	Gesamtstädtisch	Gebietsscharf
Zeitl. Befristung	fünf Jahre (außer HH und B)	Keine
Regelungstechnik	Repressives Verbot mit Befreiungsvorbehalt	Präventives Verbot mit Erlaubnisvorbehalt
Monetarisierungsanreize von Wohnraum	Umwidmung und Umnutzung (1. und 2. Stufe)	Umnutzung und ggf. Umwandlung (2. und 3. Stufe)
Erfassung und Abgrenzung von Kurzzeitvermietungen	Wohnzweck (Zweckbestimmung)	Wohnnutzung (Nutzungsart)
	Nutzung als Ferienwohnung oder zur Fremdenbeherbergung	Ferienwohnen, gewerbliche Zimmervermietung
Ansätze zur Minderung des Kenntnisdefizits	Meldungen aus der Bevölkerung, Auskunfts-, Anzeige- und Registrierungsverfahren, laufende Untersuchungen	Meldungen aus der Bevölkerung, laufende Untersuchungen, ggf. Auskunftspflicht

Angesichts der Einschränkungen, die sich aus den beiden anderen Ansätzen ergeben (Aufwand bzw. nur auf Fremdenbeherbergungsorte anwendbar), stellt sich die Anwendung Sozialer Erhaltungssatzungen als aussichtsreichste Handlungsoption dar, um die Ferienwohnungsbildung städtebaulich zu begrenzen. Generell besteht bei dem Instrument allerdings großer Evaluationsbedarf, da trotz seines hohen Alters,[522] weder in der Literatur

522 Erstmals 1976 eingeführt. In gegenwärtiger Form besteht die Soziale Erhaltungssatzung weitgehend seit der Novellierung durch das BauROG vom 18. 8. 1997 (BGBl. I S. 2081). Siehe dazu ausführlich EZBK *Stock* 2020: § 172 BauGB, 3 ff.

noch beim zuständigen Ministerium[523] belastbare Untersuchungen auffindbar sind (*Ehrhorn* 2020, 18). Deshalb werden im Folgenden mögliche Vor- und Nachteile abschließend zwischen dem zweckentfremdungs- und erhaltungsrechtlichen Vorgehen (vgl. Tab. 45) zusammengefasst.

Bei Betreiberinnen von professionellen Ferienwohnungen ist nicht davon auszugehen, dass sie auf die Nutzung von Wohnraum in einem Erhaltungsgebiet zurückgreifen, weil sie jederzeit mit einer Nutzungsuntersagung rechnen müssen und ihr Geschäftsmodell darunter erheblich leiden würde. Das Erhaltungsrecht bietet zwar weniger Möglichkeiten zur Minderung des Kenntnisdefizits, allerdings kann dieser Nachteil durch den wesentlich kleineren räumlichen Geltungsbereich mitunter kompensiert werden. Zusätzlich besteht das Potenzial, mit einer Auskunftspflicht und laufenden Untersuchungen ein Monitoring zur Vermietungsaktivität über Plattformen aufzubauen. Entscheidender Nachteil des städtebaulichen Vorgehens ist die eingeschränkte Abgrenzungsmöglichkeit bei hybriden Formen der Nutzung von Wohnraum zwischen Wohnen und Ferienwohnen (vgl. Kap. 2 C). Dieser blinde Fleck eröffnet zwar ein Missbrauchspotenzial, allerdings ist davon auszugehen, dass die Anzahl dieser Fälle zu vernachlässigen ist. Ferner können Erhaltungssatzungen auch mit bestehenden Zweckentfremdungsverboten kombiniert eingesetzt werden, wie es etwa in den vier Millionenstädten bereits länger der Fall ist. Soziale Erhaltungssatzungen nehmen hierbei eine ergänzende Funktion ein und füllen die Lücke, die das Zweckentfremdungsverbot hinterlässt. Einerseits können sie gebietsscharf zur Vorbeugung möglicher Umwandlungstendenzen eingesetzt werden. Dadurch ließe sich etwa ein Rundumschutz von Wohnraum gewährleisten, bei dem sowohl die Umwidmung, die Umnutzung als auch die Umwandlung von Wohnraum unter Genehmigungsvorbehalt steht. Andererseits erfasst das Zweckentfremdungsrecht nur zum *Wohnen* geeignete und subjektiv bestimmte Räume (vgl. Kap. 5 B II. 2. lit a). Hier knüpft der Anwendungsbereich einer Erhaltungssatzung an, der neben der Wohnnutzung auch die Gewerbenutzung erfasst und damit zusätzlich die Umnutzung von Gewerbebetrieben in Ferienwohnungen unter Genehmigungsvorbehalt stellen kann (§ 2 Abs. 1 Satz 2 der Mustersatzung vgl. A I. 2. lit. a).

523 Wissenschaftliche Dienste des Deutschen Bundestages, Dokumentation vom 19.10.2017 – WD 7 - 3000 - 123/17 2017 (6).

Kapitel 8: Schlussbetrachtung

Die Schlussbetrachtung wird dazu genutzt, ein Fazit (A) im Lichte der städtebaupolitischen Abwägung über die Wahl eines geeigneten kommunalen Steuerungsansatzes zu ziehen und abschließend die wesentlichen Ergebnisse der Untersuchung aufzulisten (B).

A. Fazit

Im Zuge der florierenden Geschäftsmodelle der Sharing Economy sind auf dem Peer-to-Peer-Prinzip basierende Schwarmphänomene auch in naher Zukunft in wachsender Zahl zu erwarten. Auch die Raumplanung sieht sich zunehmend den Herausforderungen raumbezogener Schwarmphänomene ausgesetzt. Sie sind solange nicht weiter problematisch, bis sie im Rahmen kollektiver Effekte negative Externalitäten erzeugen (vgl. Kap. 4 B I.) und somit im Widerspruch zur städtebaulichen Entwicklung und Ordnung stehen. In diesem Fall bedarf es einer Kontextsteuerung des Schwarmphänomens, zu deren Erforschung in dieser Untersuchung beigetragen werden konnte. Abstrakt kann die Kontextsteuerung als Governance des Schwarms betrachtet werden. Sie kann insbesondere dann erfolgreich sein, wenn sie den Rationalitäten der Schwarmsubjekte und damit in der Folge auch dem Schwarm als Ganzes hinreichend Rechnung trägt. Ein völlig auf Kontrolle ausgerichtetes Vorgehen ist für eine effektive Rechtsdurchsetzung ebenso unzulänglich wie eine Laissez-Faire-Strategie, die lediglich die Rationalitäten der Freiheit und Gemeinschaft berücksichtigt (vgl. Kap. 4 A II. 2.). Für die Rechtsdurchsetzung ist bei allen angeführten Steuerungsansätzen auf die Mitwirkungsbereitschaft der Schwarmsubjekte nicht zu verzichten. Dazu zählen neben den Usern auch die Unternehmen selbst, deren Plattformen als Produzenten der Schwärme fungieren.

Fast reflexartig wird unter dem Topos Kurzzeitvermietung auf zweckentfremdungsrechtliche Genehmigungsvorbehalte verwiesen. Allerdings zeigt die Untersuchung, dass das repressive Instrument nur in eingeschränktem Maße Wirkung entfaltet. Zudem wurde deutlich, dass der Anteil der tatsächlich zweckentfremdeten Wohneinheiten im Verhältnis zu gesamtstädtischen Wohnungsbeständen verschwindend gering ausfällt.

Das Problembewusstsein in diesem Bereich sollte vermehrt auf die Häufung von Unterkünften in Hotspots verlagert werden. In vielen Städten und Gemeinden erscheint es gerade vor diesem Hintergrund ratsam, von der aufwendigen Effektivierung eines Zweckentfremdungsverbots abzusehen und den Fokus der finanziellen und personellen Aufwendungen auf die Angebotserweiterung von Wohnraum zu legen. Kurzzeitvermietungen können hingegen städtebaurechtlich durch einen räumlichen Ausschluss von Ferienwohnungen mit wesentlich geringerem Aufwand gesteuert werden.

Die gegenwärtige Pandemie bringt das Homesharing weitgehend zum Erliegen und verschafft den Kommunen zumindest bei dieser Thematik eine Atempause. Allerdings ist davon auszugehen, dass mit dem Ende der Kontakt- und Reisebeschränkungen Kurzzeitvermietungen in Anzahl und Ausmaß schnell wieder zum vorpandemischen Niveau zurückkehren. Der Börsengang Airbnbs[524] könnte ebenfalls mit Folgen auf die Vermietungsaktivitäten verbunden sein. Die Sicherstellung der Qualität und Kundenzufriedenheit und dem damit steigenden Anforderungen für die Vermieter sowie höhere Provisionen, könnten zu einem Rückgang der Anzahl der privaten Gelegenheitsvermieter führen. Auch ist mit einer weiteren Professionalisierung der Märkte durch den Börsengang zu rechnen. Paradoxerweise kann dies den Kommunen entgegenkommen, weil die Umsetzung des Geschäftsmodells bei gleichzeitiger baurechtlicher Illegalität mit hoher Unsicherheit verbunden ist und Umgehungsmethoden für die Betreiber kostspielig sein können. Gleichzeitig ist das mittlerweile börsenorientierte Unternehmen jetzt noch mehr als zuvor auf eine wohlwollende Kommunalpolitik angewiesen, die von schärferen Einschränkungen für Kurzzeitvermietungen absieht.

B. Zusammenfassung der wesentlichen Ergebnisse

Folgend werden die wesentlichen Ergebnisse der Untersuchung zusammenfassend aufgelistet:

1. Aus der Legaldefinition von Ferienwohnungen (§ 13a BauNVO) lassen sich zwei Qualitäten des Ferienwohnens ableiten: *Gewerbliches Ferien-*

---

524 *Handelsblatt.com*: Airbnb-Börsengang: Aktie gewinnt zum Börsenstart 115 Prozent {https://handelsblatt.com/finanzen/maerkte/aktien/online-zimmervermittler-fulminantes-debuet-airbnb-aktie-legt-beim-boersengang-mehr-als-100-prozent-zu/26707102.html?ticket=ST-3384409-cxifhlh29aN6ykeeft3B-ap6}.

wohnen nach Satz 1 und *Begleitetes Ferienwohnen* nach Satz 2 (Kap. 2 A II. 3.). Die weitgehende Genehmigungsfähigkeit des Gewerblichen Ferienwohnens verbesserte die Voraussetzungen für Homesharing in Deutschland. Dadurch entstehen besonders in innerstädtischen Lagen Anreize für Nutzungsberechtigte (Umwidmung), Verfügungsberechtigte (Umnutzung) und für Käufer (Umwandlung), Wohnraum zu monetarisieren (vgl. Kap. 1 A I. 1.).

2. Bei den Geschäftsmodellen der Sharing Economy kommen regelmäßig Plattformen zum Einsatz, die auf Grundlage des *P2P-Prinzips* einen globalen Markt von Produzenten und Konsumenten erzeugen (Kap. 3 A III.). Sie können als (digitaler) Schwarm begriffen werden (vgl. Kap. 3 C).
3. Airbnb ist als raumbezogenes Schwarmphänomen einzuordnen (vgl. Kap. 4 B I.), indem es die (Mit-)Abschöpfung der Bodenrente durch Netzwerk- und Skaleneffekte mithilfe der Plattform und seiner fleißigen Bienen automatisiert und zunehmend perfektioniert (vgl. Kap. 3 C).
4. Die Anwendung des Schwarmkonzepts liefert eine Schablone zur Ausgestaltung von Ansätzen zur Adressierung der Einzelbestandteile des Airbnb-Schwarms (vgl. Kap. 4 B III.). Dazu zählen die *Plattform als Prä(in)formation*, die *Spontanität der User*, die *Ko-Isolation der Gastgeber*, die *Variation der Vermietungsaktivität* und die *mediale Manifestation der Unterkunftsportfolios*. Dabei ist dem ko-isolierten Verhalten der Gastgeber das größte Umgehungspotenzial etwaiger Steuerungsansätze zuzuschreiben (vgl. Kap. 4 B II. 3.).
5. Eine *Governance der Schwärme* ist durch die Adressierung entlang der Kernelemente (Funktionsmerkmale) des Schwarms als Kontextsteuerung möglich. Ihr Aufbau wird durch die Hinzunahme mehrerer Regelungsmöglichkeiten unter Berücksichtigung der Rationalitäten der Schwarmsubjekte möglich (vgl. Kap. 4 C).
6. Zweckentfremdungsverbote von Wohnraum eignen sich zur Regulierung von Homesharing, weil sie Kurzzeitvermietungen unter eine andere Zweckbestimmung als die des Wohnzwecks subsumieren, explizit unter Ferienwohnen oder Fremdenbeherbergung, und diese unter ein repressives Verbot stellen (Kap. 5 A I. 1.).
7. Das Verhältnis der Rechtsmaterien Wohnungswesen und Bodenrecht kann als ineinandergreifendes oder überlagerndes Verhältnis beschrieben werden. Ein überlagerndes Verhältnis kann zu kompetenzrechtlichen Problemen führen, die insbesondere dann auftreten, wenn die Einschränkung der Rechtsposition ungerechtfertigt ist (vgl. Kap. 5 A I.

2.). Ein ineinandergreifendes Verhältnis kann sichergestellt werden, indem der Geltungsbereich eines Zweckentfremdungsverbots so gewählt wird, dass er eine räumliche Pauschalität vorweist (gesamtes Gemeindegebiet) und indem die Verhältnismäßigkeit gesichert ist, insbesondere durch das Erbringen von Nachweisen über das Vorliegen eines Umnutzungsdrucks, den quantitativen Nachweis einer Wohnraummangellage und die Intensivierung von Maßnahmen der Angebotserweiterung (Kap. 5 A II.).

8. Die Beliebtheit des Homesharing löste eine regelrechte Renaissance der Zweckentfremdungsverbote aus, die sich in der Verdreieinhalbfachung der Anwenderstädte auf insgesamt 24 in fünf Jahren (2015-2019) niederschlägt (vgl. Kap. 5 B I.). Zur tatbestandlichen Erfassung von Kurzzeitvermietungen wird in den meisten kommunalen Zweckentfremdungsverboten (14) auf die Festsetzung eines Schwellenwerts als Bagatellgrenze zurückgegriffen. Der Schwellenwert bewegt sich dabei zwischen 42 und 90 Tagen je Kalenderjahr. Mehrheitlich gilt Wohnraum allerdings als zweckentfremdet, wenn er mehr als acht Wochen (56 Tage) im Kalenderjahr als Kurzzeitvermietung genutzt wird (vgl. Kap. 5 B II. 3. lit. b).
9. Berlin, Hamburg und München nutzen in ihren Zweckentfremdungsverboten telemedienrechtliche Auskunftspflichten für Diensteanbieter sowie Anzeige- und Registrierungsverfahren, um das von Kurzzeitvermietungen ausgehende Kenntnisdefizit zu mindern (vgl. Kap. 5 B III.).
10. Je mehr Funktionsmerkmale des Airbnb-Schwarms durch die Ausgestaltung eines Zweckentfremdungsverbots adressiert werden, desto besser gelingt die Steuerung von Kurzzeitvermietungen (vgl. Kap. 5 C).
11. Das Hamburgische Zweckentfremdungsverbot dient als Best-Practice-Beispiel, weil es alle fünf Funktionsmerkmale des Airbnb-Schwarms adressiert: die Plattform per telemedienrechtlicher Auskunftspflicht (§ 13 Abs. 1 HmbWoSchG), das Verhältnis von Gastgeber und Gast mit einer Anzeigepflicht bei Überlassung der Unterkunft (§ 13 Abs. 7 HmbWoSchG), die Gastgeber mit einer Registrierungspflicht (§ 13 Abs. 5-6 HmbWoSchG), die Vermietungsaktivität mit einer quantitativen Bagatellgrenze (§ 9 Abs. 2 Satz 5 HmbWoSchG) und die Unterkunftsportfolios mit einer Anzeigepflicht bei Bewerbung (§ 13 Abs. 9 HmbWoSchG) (vgl. Kap. 5 C).
12. Der Kurzzeitvermietungsmarkt in Deutschland ist sowohl bei der absoluten Anzahl der Unterkünfte als auch im Verhältnis zur Bevölkerungszahl und zum Wohnungsbestand von einer großen Varianz geprägt. Zur Einordnung erwies sich das Attribut der *Marktvolatilität* als äußerst

dienlich, da es kommunale Kurzzeitvermietungsmärkte nach der Beständigkeit des Angebots bemisst (vgl. Kap. 6 A II. 3. lit. c).

13. Die 93 untersuchten kommunalen Kurzzeitvermietungsmärkte lassen sich phänomenologisch in drei Fallgruppen einordnen: Fokusstädte Wohnungsbestand, Erholungsorte und Orte mit Bedarfsmärkten. Bei den 37 Fokusstädten zum Wohnungsbestand stellt sich heraus, dass bei gut der Hälfte der Fälle der Anteil der potenziell zweckentfremdeten Unterkünfte am Wohnungsbestand weniger als 0,1 Prozent beträgt. In den oberen zehn Städten beträgt er durchschnittlich 0,19 Prozent (vgl. Kap. 6 B II. 4. lit. a).
14. Eine präventive Wirkung der Zweckentfremdungsverbote konnte eingeschränkt bestätigt werden. Dabei nimmt die Anzahl der potenziell zweckentfremdeten Unterkünfte in Städten mit Zweckentfremdungsverbot weniger stark zu als in solchen ohne entsprechende Vorschrift (vgl. Kap. 6 B III. 1.).
15. Eine direkte Wirkung der Zweckentfremdungsverbote konnte in nur drei von elf Fällen nachgewiesen werden. In zehn Fällen konnte kein stagnierender oder rückläufiger Effekt gemessen werden. In einem Fall wurde zwar ein Effekt gemessen, dieser ist aber nicht auf das Zweckentfremdungsverbot zurückzuführen. Einer Wirkung zuträglich sind insbesondere die Adressierung der Plattform und der User, ein hoher Personaleinsatz und eine lange Geltungsdauer, der einen Anwendungsbereich zur Folge hat, der einen großen Teil des Wohnungsbestands erfasst (vgl. Kap. 6 B III. 4.). Eine Effektivierung der Zweckentfremdungsverbote ist möglich, erfordert allerdings ein hohes Maß an finanziellen und personellen Aufwendungen, insbesondere für die Einführung und den Betrieb eines Registrierungsverfahrens (vgl. Kap. 6 C II.).
16. Die Mehrheit der potenziell zweckentfremdeten Unterkünfte konzentrieren sich räumlich regelmäßig in beliebten innenstadtnahen Wohnlagen auf einem Bruchteil (rund 5 %) der Gemeindefläche. Durch die räumliche Konzentration von Unterkünften entstehen Hotspots, die ferienortartige Verhältnisse erzeugen und von denen in besonderem Maße negative Externalitäten ausgehen (vgl. Kap. 6 B IV.). Für die gebietsscharfe Adressierung der negativen Externalitäten bietet sich der Einsatz von Sozialen Erhaltungssatzungen als Alternative zu Zweckentfremdungsverboten an (vgl. Kap. 7 A I.).
17. Durch die Einführung einer Ermächtigungsgrundlage für Ferienwohnungs-Bebauungspläne könnte das bauleitplanerische Vorgehen zur Begrenzung der Ferienwohnungsbildung verbessert werden (vgl. Kap. 7 A II. 2.).

Literaturverzeichnis

Abels, Heinz, 2020: Soziale Interaktion, 1. Auflage. Springer, Wiesbaden.

Adamiak, Czesław 2018: Mapping Airbnb supply in European cities, Annals of Tourism Research 2018, S. 67-71.

Adamiak, Czesław 2019: Current state and development of Airbnb accommodation offer in 167 countries, Current Issues in Tourism 2019, S. 1-19.

Adamiak, Czesław/Szyda, Barbara/Dubownik, Anna/García-Álvarez, David 2019: Airbnb Offer in Spain - Spatial Analysis of the Pattern and Determinants of Its Distribution, IJGI 3/2019, S. 155.

Aguilera, Thomas/Artioli, Francesca/Colomb, Claire 2019: Explaining the diversity of policy responses to platform-mediated short-term rentals in European cities: A comparison of Barcelona, Paris and Milan, Environment and Planning A: Economy and Space 3/2019, 1-24.

Airbnb 2016: Don't Go There. Live There. {https://youtube.com/watch?v=bbdF8Muiwtk} (Stand: 06.10.2019).

Airbnb, 2016: The Airbnb Community in Berlin 2016.

Airbnb 2019: Integration des Hamburger Registrierungssystems bei Airbnb {https://news.airbnb.com/de/integration-des-hamburger-registrierungssystems-bei-airbnb} (Stand: 26.09.2020).

Airbnb, 2019: Reisebericht 2018, Reisende aus Deutschland auf Airbnb.

Airbnb: Community-Standards {https://airbnb.de/help/article/1199/was-sind-die-standards-erwartungen-von-airbnb} (Stand: 13.06.2020).

Airbnb: Impressum - Airbnb {https://airbnb.de/about/company-details} (Stand: 15.08.2020).

Airbnb: Geschäftsbedingungen {https://airbnb.de/help/topic/250/gesch%C3%A4ftsbedingungen} (Stand: 17.09.2020).

Airbnb: Nutzungsbedingungen {https://airbnb.de/terms} (Stand: 17.09.2020).

Airbnb.com 2015: Airbnb Economic Impact {https://blog.atairbnb.com/economic-impact-airbnb} (Stand: 30.06.2019).

Airbnb.com 2015: Airbnb Economic Impact in Japan {https://blog.atairbnb.com/airbnb-economic-impact-in-japan} (Stand: 18.11.2020).

Airbnb.com 2015: Airbnb's Positive Impact in France {https://blog.atairbnb.com/airbnb-economic-impact-france} (Stand: 18.09.020).

Airbnb.com 2016: Economic Impacts in Ireland {https://blog.atairbnb.com/economic-impacts-in-ireland} (Stand: 18.09.020).

Airbnb.com 2017: Airbnb verzeichnet 100.000 Unterkünfte in Deutschland {https://news.airbnb.com/de/airbnb-verzeichnet-100-000-unterkunfte-in-deutschland} (Stand: 23.01.2020).

Airbnb.com 13.08.2018: 10 Jahre Airbnb, Pressemitteilung {https://press.airbnb.com/de/10-jahre-airbnb/}

Airbnb.com 2019: Airbnb Newsroom, Über uns {https://press.airbnb.com/de/about-us} (Stand: 09.07.2019).

Airbnb.de 2020: Superhost: Bei der Gastfreundschaft ganz vorne dabei {www.airbnb.de/superhost} (Stand: 03.06.2020).

Airbnb.de: Verdiene dir als Gastgeber etwas auf Airbnb dazu, Finde heraus, was du dir dazuverdienen könntest {www.airbnb.de/host/homes} (Stand: 25.04.2020).

Airbnb.de: Ausweisdokument und Verifizierung {https://airbnb.de/help/topic/1389/ausweisdokument-und-verifizierung} (Stand: 12.09.2020).

AirbnbCitizen.com: Airbnb Citizen | Home Sharing Clubs {https://airbnbcitizen.com/clubs} (Stand: 23.06.2019).

Airdna.co 2019: Anzahl der Inserate von Airbnb-Unterkünften in ausgewählten Städten in Deutschland in den Jahren 2015, 2017 und 2018, Statista {https://de.statista.com/statistik/daten/studie/506272/umfrage/anzahl-der-inserate-von-airbnb-unterkuenften-in-deutschland-nach-staedte} (Stand: 07.06.2019).

Airdna.co: MarketMinder: Cutting Edge Vacation Rental Insights | AirDNA, Stand 30.09.2020 {https://airdna.co/vacation-rental-data} (Stand: 30.09.2020).

Airgreets: Dein Home Sharing Service - Airgreets {https://airgreets.com} (Stand: 29.09.2020).

air-ledigt: Airbnb Management Service, Airbnb Vermietungsservice | air-ledigt {https://air-ledigt.de} (Stand: 29.09.2020).

Ajuntament de Barcelona 2019: PEUAT | Special Tourist Accommodation Plan {http://ajuntament.barcelona.cat/pla-allotjaments-turistics/en} (Stand: 24.06.2020).

Amt für Statistik Berlin Brandenburg: Gebäude und Wohnen, Regionaldaten {https://statistik-berlin-brandenburg.de/regionalstatistiken/r-gesamt_neu.asp?Ptyp=410&Sageb=31000&creg=BBB&anzwer=9#tabelle} (Stand: 13.09.2020).

Anders, David 2015: Der Umfang der Rechtmäßigkeitsprüfung im Baugenehmigungsverfahren, JuS - Juristische Schulung 7/2015, S. 604-609.

Andersson, Magnus/Hjalmarsson, Anders/Avital, Michel 2013: Peer-to-Peer Service Sharing Platforms: Driving Share and Share Alike on a Mass-Scale, Driving Share and Share Alike on a Mass-Scale, Thirty Fourth International Conference on Information Systems 2013.

Baba, Ludger/Otto, Benjamin/Postorino, Jan-Philipp, 2020: Zweckentfremdung von Wohnraum in Dresden.

Bacher, Johann/Pöge, Andreas/Wenzig, Knut, 2011: Clusteranalyse, Anwendungsorientierte Einführung in Klassifikationsverfahren, 3. Auflage. Oldenbourg, München.

Baden-Württemberg.de 16.09.2020: Zweckentfremdung von Wohnraum eindämmen {https://baden-wuerttemberg.de/de/service/presse/pressemitteilung/pid/zweckentfremdung-von-wohnraum-eindaemmen} (Stand: 20.09.2020).

Barron, Kyle/Kung, Edward/Proserpio, Davide 2018: The Effect of Home-Sharing on House Prices and Rents, SSRN Journal 2018

Battis, Ulrich, 2019: Verfassungsrechtliche Prüfung des Referentenentwurfes eines Gesetzes zur Neuregelung gesetzlicher Vorschriften zur Mietenbegrenzung in Berlin (Berliner MietenWoG), im Auftrag der Senatskanzlei des Landes Berlin.

Battis/Krautzberger/Löhr. Battis, Ulrich; Krautzberger, Michael; Löhr, Dirk; Reidt, Olaf (Hrsg.) 2019: BauGB, Kommentar. 14. Auflage. C.H.Beck, München.

EZBK. Ernst, Werner; Zinkahn, Willy; Bielenberg, Walter; Krautzberger, Michael (Hrsg.) 2020: Baugesetzbuch, Kommentar. 139. Auflage. C.H. Beck, München.

KRS. König, Helmut; Roeser, Thomas; Stock, Jürgen; Petz, Helmut (Hrsg.) 2019: Baunutzungsverordnung, Kommentar. 4. Auflage. C.H. Beck, München.

Fickert, Hans Carl; Fieseler, Herbert (Hrsg.) 2019: Baunutzungsverordnung, Kommentar unter besonderer Berücksichtigung des deutschen und gemeinschaftlichen Umweltschutzes. 13. grundlegend überarbeitete und ergänzte Auflage. Verlag W. Kohlhammer, Stuttgart.

BeckOK. Spannowsky, Willy; Hornmann, Gerhard; Kämper, Norbert (Hrsg.) 2020: BeckOK BauNVO. 21. Auflage. C.H. Beck, München.

Beise, Marc/Schäfer, Ulrich, 2016: Deutschland digital, Unsere Antwort auf das Silicon Valley. Campus Verlag, Frankfurt/New York.

Belk, Russell 2014a: Sharing Versus Pseudo-Sharing in Web 2.0, Anthropologist 1/2014, S. 7-23.

Belk, Russell 2014b: You are what you can access, Sharing and collaborative consumption online, Journal of Business Research 8/2014, S. 1595-1600.

Benítez-Aurioles, Beatriz 2018: The role of distance in the peer-to-peer market for tourist accommodation, Tourism Economics 3/2018, S. 237-250.

Benítez-Aurioles, Beatriz 2020: A proposal to regulate the peer-to-peer market for tourist accommodation, Int J Tourism Res 2020.

Beran, Fabian/Nuissl, Henning 2019a: Konzeptualisierung von Verdrängung, in: Wüstenrot Stiftung (Hrsg.), Verdrängung auf angespannten Wohnungsmärkten. Das Beispiel Berlin. Wüstenrot Stiftung, Ludwigsburg, S. 68-81.

Beran, Fabian/Nuissl, Henning 2019b: Verdrängung als Thema der Stadtforschung, in: Wüstenrot Stiftung (Hrsg.), Verdrängung auf angespannten Wohnungsmärkten. Das Beispiel Berlin. Wüstenrot Stiftung, Ludwigsburg, S. 18-21.

Berlin.de: Eine zweckentfremdete Wohnung melden {https://ssl.stadtentwicklung.berlin.de/wohnen/zweckentfremdung_wohnraum/formular/adresswahl.shtml} (Stand: 20.06.2020).

Berlin.de: Ferienwohnungsvermietung – Genehmigung einer zeitweisen Vermietung der Berliner Hauptwohnung oder Nebenwohnung {https://service.berlin.de/dienstleistung/328146} (Stand: 28.09.2020).

Berlin.de: Zweckentfremdungsverbot – Verstöße können ab sofort auch online gemeldet werden. {http://stadtentwicklung.berlin.de/aktuell/pressebox/archiv_volltext.shtml?arch_1604/nachricht5993.html} (Stand: 24.05.2019).

Berlin.de 2020: Einwohnerinnen und Einwohner in Berlin in LOR-Planungsräumen am 31.12.2019 | Offene Daten Berlin {https://daten.berlin.de/datensaetze/einwohnerinnen-und-einwohner-berlin-lor-planungsr%C3%A4umen-am-31122019} (Stand: 08.09.2020).

Berlin.de 04.03.2020: Positionspapier zu besseren EU-Rechtsvorschriften für Plattformen für Kurzzeitvermietung von Wohnraum an Feriengäste {https://stadtentwicklung.berlin.de/download/internationales/positionspapier_kurzzeitvermietungen.pdf}.

Berliner Morgenpost 28.04.2016: Streit um Airbnb & Co.: Eilantrag abgelehnt - Keine Erlaubnis für Ferienwohnung in Berlin {https://morgenpost.de/berlin/article207486705/Eilantrag-abgelehnt-Keine-Erlaubnis-fuer-Ferienwohnung.html} (Stand: 18.09.2020).

Berliner Zeitung 14.04.2016: Berliner Senatsvertreter zu Airbnb: „Ein Zimmer zu vermieten, ist erlaubt" {https://berliner-zeitung.de/mensch-metropole/berliner-senatsvertreter-zu-airbnb-ein-zimmer-zu-vermieten-ist-erlaubt-li.63683} (Stand: 18.09.2020).

Berliner Zeitung 2018: Zweitwohnungssteuer in Berlin: Ab Januar 2019 15 Prozent der Nettokaltmiete {https://berliner-zeitung.de/mensch-metropole/zweitwohnungssteuer-in-berlin-ab-januar-2019-15-prozent-der-nettokaltmiete-li.46841} (Stand: 01.09.2020).

Bivens, John 2019: The economic costs and benefits of Airbnb, No reason for local policymakers to let Airbnb bypass tax or regulatory obligations, Economic Policy Institute 2019, S. 1-26.

Blanco, Ismael/Salazar, Yunailis/Bianchi, Iolanda 2020: Urban governance and political change under a radical left government: The case of Barcelona, Journal of Urban Affairs 1/2020, S. 18-38.

BMI, 2018: Gemeinsame Wohnraumoffensive von Bund, Ländern und Kommunen, Ergebnisse des Wohngipfels am 21. September 2018 im Bundeskanzleramt.

BMWi, 2014: Digitale Agenda 2014-2017, München.

Boldi, Paolo/Kinder-Kurlanda, Katharina/Fox, Peter/McGuinness, Deborah/Poirer, Lindsay, 2017: WebSci'17, Proceedings of the 2017 ACM Web Science Conference : June 25-28, 2017, Troy, NY, USA. ACM Association for Computing Machinery, New York, NY, USA.

Bonn.de 2017: Stadt Bonn - Stadt bildet zum 1. Januar 2017 „Task Force Zweckentfremdung" {http://bonn.de/rat_verwaltung_buergerdienste/topthemen/18281/index.html?lang=de} (Stand: 10.04.2017).

Böse, Maximilian 2017: Das Zweckentfremdungsverbot, Durchsetzung, Erfolg und Auswirkungen, Bachelorarbeit, Ludwigsburg.

Botsman, Rachel 27.05.2015: Defining The Sharing Economy: What Is Collaborative Consumption-And What Isn't?, {https://www.fastcompany.com/3046119/defining-the-sharing-economy-what-is-collaborative-consumption-and-what-isnt} (Stand: 11.04.2019).

Botsman, Rachel/Rogers, Roo, 2011: What's mine is yours, How collaborative consumption is changing the way we live. HarperCollins, London.

Brachya, Valerie/Collins, Leila, 2016: The Sharing Economy and Sustainability.

Brauer, Kerry-U. 2018: Einführung in die Immobilienwirtschaft, in: ***ders. (Hrsg.)***, Grundlagen der Immobilienwirtschaft. Recht - Steuern - Marketing - Finanzierung - Bestandsmanagement - Projektentwicklung, 9. Auflage. Springer Gabler, Wiesbaden, S. 1-60.

Bräutigam, Rainer/Ludwig, Christopher/Spengel, Christoph 2019: Steuerlicher Reformbedarf bei Service-Plattformen, Eine Analyse anhand des deutschen Airbnb-Marktes, ZEW - Leibniz-Zentrum für Europäische Wirtschaftsforschung, Mannheim 2019.

Brezina, Vilim, 2013: Horizontale Stadtentwicklung, Partizipation ist tot, es lebe die Gemeinschaft. Diplomarbeit, Technische Universität Dortmund.

Brezina, Vilim/Bunse, Jan/Johannsen, Yvonne/Lins, Simon/Ross, Felix/Schulze Dieckhoff, Viola 2008: Raumplanung und Allmendegüter, Zum planerischen Umgang mit endlichen Ressourcen in gemeinschaftlicher Verfügung, Raumplanung 141/2008, S. 293-297.

Brown-Saracino, Japonica, 2010: The gentrification debates, A Reader. Metropolis and modern life. Routledge, New York, NY.

Brühn, Tim/Götz, Georg 2014: Die Modelle Uber und Airbnb: Unlauterer Wettbewerb oder eine neue Form der Sharing Economy, ifo Schnelldienst 21/2014, S. 3-6.

Buczynski, Beth, 2013: Sharing is good, How to save money, time and resources through collaborative consumption. New Society Publishers, New York.

Bueb, Simone 2016: Rechtsprobleme bei Privatvermietung von Wohnungen an Touristen, ZWE - Zeitschrift für Wohnungseigentumsrecht 6/2016, S. 207-212.

Dendemann 2006: Endlich Nichtschwimmer, in: ***ders. (Hrsg.)***, Die Pfütze des Eisbergs. Yomama (Sony), Track Nr. 5.

HK-BGB. Schulze, Reiner (Hrsg.): Bürgerliches Gesetzbuch, Handkommentar. 10. Auflage. Nomos, Baden-Baden.

Burgi, Martin 2020: Eigentumsordnung und Wohnungsnot: Spielräume für eine wohnraumbezogene Bodenpolitik, NVwZ 5/2020, S. 257-264.

Burguillo, Juan C., 2018: Self-organizing Coalitions for Managing Complexity, Agent-based Simulation of Evolutionary Game Theory Models using Dynamic Social Networks for Interdisciplinary Applications. Emergence, Complexity and Computation. Springer International Publishing, Cham.

Busch, Christoph 2019: Regulating Airbnb in Germany – status quo and future trends, Journal of European Consumer and Market Law 1/2019, S. 39-41.

Busch, Christoph/Demary, Vera/Engels, Barbara/Haucap, Justus/Kehder, Christiane/Loebert, Ina/Rusche, Christian, 2018: Sharing Economy im Wirtschaftsraum Deutschland - Studie des Instituts der deutschen Wirtschaft Köln in Zusammenarbeit mit DICE Consult für das Bundesministerium für Wirtschaft und Energie, Analyse des Stellenwerts im Allgemeinen sowie Untersuchung der Handlungsoptionen im Einzelsegment 'Vermittlungsdienste für Privatunterkünfte', Berlin.

Canetti, Elias, 1960: Macht und Masse. Fischer-Taschenbuch-Verl., Frankfurt am Main.

Cassell, Mark K./Deutsch, Anni Michelle 2020: Urban Challenges and the Gig Economy, How German Cities Cope with the Rise of Airbnb, German Politics 1/2020, S. 1-22.

Chesky, Brian 2012: What percent of Airbnb hosts leave reviews for their guests? {https://quora.com/What-percent-of-Airbnb-hosts-leave-reviews-for-their-guests} (Stand: 29.03.2020).

City of New York 2020: OSE – Annual Report {https://www1.nyc.gov/site/specialenforcement/data-reports/annual-report.page} (Stand: 15.09.2020).

City of New York: Office of Special Enforcement {https://www1.nyc.gov/site/specialenforcement/index.page} (Stand: 15.09.2020).

Cocola-Gant, Agustin 2016: Holiday Rentals: The New Gentrification Battlefront, Sociological Research Online 3/2016, S. 1-9.

Cocola-Gant, Agustin/Gago, Ana 2019: Airbnb, buy-to-let investment and tourism-driven displacement, A case study in Lisbon, Environment and Planning A: Economy and Space 3/2019.

couchsurfing.com: About | Couchsurfing {https://couchsurfing.com/about/about-us} (Stand: 10.04.2020).

Davis, Mary Reed 2018: Everyone Loves Airbnb in Europe, Except European Residents, South EU Summit {https://southeusummit.com/europe/everyone-loves-airbnb-in-europe-except-european-residents} (Stand: 13.09.2020).

Deboosere, Robbin/Kerrigan, Danielle Jane/Wachsmuth, David/El-Geneidy, Ahmed 2019: Location, location and professionalization: a multilevel hedonic analysis of Airbnb listing prices and revenue, Regional Studies, Regional Science 1/2019, S. 143-156.

Decker, Andreas 2007: Der spezielle Gebietsprägungserhaltungsanspruch, Juristische Arbeitsblätter 1/2007, S. 55-58.

Deiters-Schwedt, Annamaria/Baba, Ludger, 2019: Airbnb im Kontext zentraler quantitativer Einflussfaktoren auf regionale Wohnungsmärkte, empirica-Studie im Auftrag von Airbnb Ireland UC, Berlin.

Destatis 2010: Kaufwerte für Bauland 2009, Fachserie 17, Reihe 5 {https://statistischebibliothek.de/mir/receive/DEHeft_mods_00015311} (Stand: 16.09.2020).

Destatis, 2017: Tourismus in Zahlen 2016. Tourismus in Zahlen.

Destatis 2018: Städte nach Fläche, Bevölkerung und Bevölkerungsdichte am 31.12.2017, im November 2018 wegen korrigierter Bevölkerung revidiert {https://destatis.de/DE/Themen/Laender-Regionen/Regionales/Gemeindeverzeichnis/Administrativ/Archiv/Standardtabellen/05_StaedteVorjahr.html}

Destatis, 2018: Tourismus in Zahlen 2017, 30. Auflage. Tourismus in Zahlen

Destatis: Neuer Rekordwert: Baureifes Land kostete 2019 im Schnitt 189,51 Euro pro Quadratmeter {https://destatis.de/DE/Presse/Pressemitteilungen/2020/09/PD20_360_61.html} (Stand: 16.09.2020).

Deutscher Städtetag 2017: Statistik der Städte, I. Statistische Grundinformationen zu Städten und Gemeinden in Deutschland (Stand: 1. Januar 2016), 3. Gemeinden nach Ländern und Gemeindegrößenklassen {http://staedtetag.de/fachinformationen/statistik/index.html} (Stand: 31.03.2017).

Discher, Konrad H. J./Hamm, Nina 2018: Erste Anmerkungen zur Änderung des Zweckentfremdungsverbot-Gesetzes Berlin (ZwVbG), NVwZ - Neue Zeitschrift für Verwaltungsrecht 2018, S. 791-793.

Discher, Konrad H. J./Lippert, André 2020: Zur Bauplanungs- und zweckentfremdungsrechtlichen Zulässigkeit flexibler Wohnkonzepte, NVwZ 10/2020, 685-686.

Dittmann, Heidi/Kuchinke, Björn A. 2017: Sharing Economy: Digitale Revolution in der Produktion und im Konsum?, in: Aufderheide, Detlef/Dabrowski, Martin (Hrsg.), Digitale Wirtschaft und Sharing Economy. Wirtschaftsethische und moralökonomische Perspektiven, 1. Auflage. Duncker & Humblot, Berlin, S. 11-31.

Dittrich-Wesbuer, Andrea/Plöger, Jörg 2013: Multilokalität und Transnationalität – Neue Herausforderungen für Stadtentwicklung und Stadtpolitik, Raumforsch Raumordn 3/2013, S. 195-205.

documenta.de: documenta 14 - Retrospektive {https://documenta.de/de/retrospective/documenta_14} (Stand: 20.09.2020).

Dogru, Tarik/Mody, Makarand/Suess, Courtney 2019: Adding evidence to the debate: Quantifying Airbnb's disruptive impact on ten key hotel markets, Tourism Management 2019, S. 27-38.

Dohmen, Nele 2017: Weniger Wohnraum durch Airbnb in Düsseldorf {http://wz.de/lokales/duesseldorf/weniger-wohnraum-durch-airbnb-in-duesseldorf-1.2502053 } (Stand: 25.09.2017).

Dörr, Julian/Goldschmidt, Nils 2018: Vom Wert des Teilens. Die Share Economy als Weg zu einer besseren Wirtschaft?, in: Dörr, Julian/Goldschmidt, Nils/Schorkopf, Frank (Hrsg.), Share Economy. Institutionelle Grundlagen und gesellschaftspolitische Rahmenbedingungen. Mohr Siebeck, Tübingen, S. 1-20.

Dörr, Simon, 2019: Pragmatische Stadtentwicklung nach § 34 Baugesetzbuch?, Die Realisierung von kommunalen Steuerungsinteressen und Bürgerbeteiligung im unbeplanten Innenbereich, 1. Auflage. Berliner Schriften zur Stadt- und Regionalplanung. Nomos, Baden-Baden.

dpa 2019: Illegale Ferienwohnungen in Berlin – Airbnb bietet nach Kritik Lösung an {https://heise.de/newsticker/meldung/Illegale-Ferienwohnungen-in-Berlin-Airbnb-bietet-nach-Kritik-Loesung-an-4469727.html} (Stand: 14.07.2019).

Dredge, Dianne 2017: Responsibility and Care in the Collaborative Economy, in: Dredge, Dianne/Gyimóthy, Szilvia (Hrsg.), Collaborative economy and tourism. Perspectives, politics, policies and prospects. Springer, Cham, Switzerland, S. 41-57.

Dredge, Dianne/Gyimóthy, Szilvia 2017a: Collaborative Economy and Tourism, in: ***dies. (Hrsg.)***, Collaborative economy and tourism. Perspectives, politics, policies and prospects. Springer, Cham, Switzerland, S. 1-12.

Dredge, Dianne/Gyimóthy, Szilvia 2017b: Definitions and Mapping the Landscape in the Collaborative Economy, in: ***dies. (Hrsg.)***, Collaborative economy and tourism. Perspectives, politics, policies and prospects. Springer, Cham, Switzerland, S. 15-30.

Dredge, Dianne/Gyimóthy, Szilvia/Birkbak, Andreas/Jensen, Torben Elgaard/Madsen, Anders Koed, 2016: Impact of regulatory approaches to the collaborative economy in the tourism accommodation sector, Barcelona, Berlin, Amsterdam & Paris.

Duso, Tomaso/Michelsen, Claus/Schäfer Maximilian/Tran, Kevin Ducbao 2020: Airbnb and Rents: Evidence from Berlin, Discussion Papers, DIW Berlin 2020.

DutchNews.nl 2020: Amsterdam new holiday rental rules begin on July 1 {https://dutchnews.nl/news/2020/06/amsterdam-new-holiday-rental-rules-begin-on-july-1} (Stand: 13.09.2020).

Eberhart, Russell/Kennedy, James 1995: A New Optimizer Using Particle Swarm Theory, IEEE Industrial Electronics Society 1995.

Ehrhorn, Kristina, 2020: Konjunkturen der Anwendung von Milieuschutzsatzungen, Eine Untersuchung in vier deutschen Großstädten, Dortmund.

Einem, Eberhard von 2016a: Einführung, Der Markt wird es richten … oder doch nicht ?, in: ***ders. (Hrsg.)***, Wohnen. Springer Fachmedien Wiesbaden, Wiesbaden, S. 1-16.

Einem, Eberhard von 2016b: Wohnungspolitik in Not, in: ***ders. (Hrsg.)***, Wohnen. Springer Fachmedien Wiesbaden, Wiesbaden, S. 277-317.

Espinosa, Tristan P. 2016: The Cost of Sharing and the Common Law: How to Address the Negative Externalities of Home-Sharing, Chapman Law Review 2/2016, S. 597-627.

Blümich. Blümich (Hrsg.) 2019: EStG - KStG - HewStG, Kommentar. 144. Auflage. Franz VAhlen, München.

FAZ 27.04.2016: Deutscher Airbnb-Konkurrent verkauft sich nach Singapur {https://faz.net/aktuell/wirtschaft/netzwirtschaft/9-flats-deutscher-airbnb-konkurrent-verkauft-sich-nach-singapur-14202691.html} (Stand: 18.09.2020).

fehmarn24.de 2020: Das ist ein moderner Raubzug, Zweitwohnungssteuer auf Fehmarn: Neue Satzung und 20 Prozent Steuersatz lassen Besitzer aufhorchen {https://fehmarn24.de/fehmarn/moderner-raubzug-13916139.html (Stand: 23.10.2020).

Ferreri, Mara/Sanyal, Romola 2018: Platform economies and urban planning, Airbnb and regulated deregulation in London, Urban Studies 15/2018, S. 3353-3368.

Ferré-Sadurní, Luis 2018: To Curb Illegal Airbnbs, New York City Wants to Collect Data on Hosts {https://nytimes.com/2018/06/26/nyregion/illegal-airbnb-new-york-city-bill.html} (Stand: 15.09.2020).

Finkelnburg, Klaus/Ortloff, Karsten Michael/Kment, Martin, 2018: Öffentliches Baurecht I, Bauplanungsrecht, 7. Auflage. JuS-Schriftenreihe. C.H. Beck, München.

Flick, Christian/Henseling, Christine 2019: Plattformen des Peer-to-Peer Sharing, in: Behrendt, Siegfried/Henseling, Christine/Scholl, Gerd (Hrsg.), Digitale Kultur des Teilens. Springer Fachmedien Wiesbaden, Wiesbaden, S. 13-26.

Fock, Alexandra 2003: Zweckentfremdungsverbotsregelungen zwischen Mieterschutz und Städtebaurecht am Beispiel Berlins, LKV 11/2003, S. 495-500.

Fradkin, Andrey 2017: Search, Matching, and the Role of Digital Marketplace Design in Enabling Trade: Evidence from Airbnb, SSRN Journal 2017.

Fradkin, Andrey/Grewal, Elena/Holtz, David 2018: The Determinants of Online Review Informativeness: Evidence from Field Experiments on Airbnb, SSRN Journal 2018.

Frenken, Koen/Schor, Juliet 2017: Putting the sharing economy into perspective, Environmental Innovation and Societal Transitions 2017, S. 3-10.

Frey, Oliver/Hamedinger, Alexander/Dangschat, Jens S. 2008: Strategieorientierte Planung im kooperativen Staat - eine Einfiihrung, in: Hamedinger, Alexander/ Frey, Oliver/Dangschat, Jens S./Breitfuss, Andrea (Hrsg.), Strategieorientierte Planung im kooperativen Staat, 1. Auflage. VS Verlag für Sozialwissenschaften, Wiesbaden, S. 14-33.

Gabler Wirtschaftslexikon: Definition: Fungibilität {https://wirtschaftslexikon.gabler.de/definition/fungibilitaet-34994/version-258484} (Stand: 27.09.2019).

Gabler Wirtschaftslexikon: Definition: Volatilität {https://wirtschaftslexikon.gabler.de/definition/volatilitaet-48641/version-271892} (Stand: 02.12.2020).

Gabler Wirtschaftslexikon: Definition: Volatilität {https://gabler-banklexikon.de/definition/volatilitaet-62374} (Stand: 02.09.2020).

Ganseforth, Oliver 2019: Zweckentfremdung- Wohnst du noch?, Die komplexe Abgrenzung zwischen Wohnen und Fremdenbeherbergung, Das Grundeigentum 13/2019, S. 838-840.

Gemeente Amsterdam: Policy: Making room for the economy {https://amsterdam.nl/en/policy/policy-economy/making-room/#hac4f8f7f-53e8-4791-aa82-458a75f1345d} (Stand: 13.08.2020).

Gemeente Amsterdam 2020: Apply for a permit {https://amsterdam.nl/en/housing/holiday-rentals/applying-permit} (Stand: 13.08.2020).

Giesen, Richard/Kersten, Jens 2018: Der Arbeitskampf in der digitalisierten Arbeitswelt, NZA (Neue Zeitschrift für Arbeitsrecht) 1/2018, S. 1-8.

Glaser, Florian 2017: Pervasive Decentralisation of Digital Infrastructures: A Framework for Blockchain enabled System and Use Case Analysis, Proceedings of the 50th Hawaii International Conference on System Sciences 2017.

Goodwin, Tom 2015: The Battle Is For The Customer Interface {https://techcrunch.com/2015/03/03/in-the-age-of-disintermediation-the-battle-is-all-for-the-customer-interface} (Stand: 18.01.2020).

Google Trends: „sharing economy" {https://trends.google.com} (Stand: 08.04.2019).

Gräff, Friederike 2019: Norderneys Bürgermeister zu Wohnraum: „Dem Ausverkauf Einhalt gebieten" {https://taz.de/Norderneys-Buergermeister-zu-Wohnraum/!5632349} (Stand: 04.09.2020).

Griffiths, Merlyn A./Perera, B. Yasanthi/Albinsson, Pia A. 2019: Contrived Surplus and Negative Externalities in the Sharing Economy, Journal of Marketing Theory and Practice 4/2019, S. 445-463.

Grigoleit, Joachim/Otto, Christian-W., 2018: BauNVO - Baunutzungsverordnung, Handkommentar, 7. Auflage. Rehm, Heidelberg.

Gromitsaris, Athanasios 1997: Die Unterscheidung zwischen präventivem Verbot mit Erlaubnisvorbehalt und repressivem Verbot mit Befreiungsvorbehalt, DÖV - Zeitschrift für Öffentliches Recht und Verwaltungswissenschaften 1997, S. 401-409.

Jarass/Pieroth. Jarass, Hans D.; Pieroth, Bodo (Hrsg.) 2018: Grundgesetz für die Bundesrepublik Deutschland, Kommentar. 15. Auflage. C.H. Beck, München.

Guo, Xiaojiao/Yu, Qiaoqiao/Chen, Dafeng/Wei, Jianing/Yang, Pengcheng/Yu, Jia/Wang, Xianhui/Le Kang 2020: 4-Vinylanisole is an aggregation pheromone in locusts, Nature 2020, S. 1-5.

Gurran, Nicole 2018: Global Home-Sharing, Local Communities and the Airbnb Debate: A Planning Research Agenda, Planning Theory & Practice 2/2018, S. 289-304.

Gurran, Nicole/Phibbs, Peter 2017: When Tourists Move In: How Should Urban Planners Respond to Airbnb?, Journal of the American Planning Association 1/2017, S. 80-92.

Gurran, Nicole/Zhang, Yuting/Shrestha, Pranita 2020: 'Pop-up' tourism or 'invasion'? Airbnb in coastal Australia, Annals of Tourism Research 2020, S. 1-17.

Guttentag, Daniel 2015: Airbnb: disruptive innovation and the rise of an informal tourism accommodation sector, Current Issues in Tourism 12/2015, S. 1192-1217.

Guttentag, Daniel 2017: Regulating Innovation in the Collaborative Economy, An Examination of Airbnb's Early Legal Issues, in: Dredge, Dianne/Gyimóthy, Szilvia (Hrsg.), Collaborative economy and tourism. Perspectives, politics, policies and prospects. Springer, Cham, Switzerland, S. 97-128.

Guttentag, Daniel 2019: Progress on Airbnb, A literature review, JHTT 4/2019, S. 814-844.

Guttentag, Daniel/Smith, Stephen/Potwarka, Luke/Havitz, Mark 2018: Why Tourists Choose Airbnb: A Motivation-Based Segmentation Study, Journal of Travel Research 3/2018, S. 342-359.

Guttentag, Daniel/Smith, Stephen L.J. 2017: Assessing Airbnb as a disruptive innovation relative to hotels, Substitution and comparative performance expectations, International Journal of Hospitality Management 2017, S. 1-10.

Gyimóthy, Szilvia 2017a: Business Models of the Collaborative Economy, in: Dredge, Dianne/Gyimóthy, Szilvia (Hrsg.), Collaborative economy and tourism. Perspectives, politics, policies and prospects. Springer, Cham, Switzerland, S. 31-40.

Gyimóthy, Szilvia 2017b: Networked Cultures in the Collaborative Economy, in: Dredge, Dianne/Gyimóthy, Szilvia (Hrsg.), Collaborative economy and tourism. Perspectives, politics, policies and prospects. Springer, Cham, Switzerland, S. 59-74.

Gyódi, Kristóf 2019: Airbnb in European cities: Business as usual or true sharing economy?, Journal of Cleaner Production 2019, S. 536-551.

Hacker, Philipp 2019: Daten als Gegenleistung: Rechtsgeschäfte im Spannungsfeld von DS-GVO und allgemeinem Vertragsrecht, ZfPW 2/2019, S. 148-197.

Hahn, Henry 2018: Zur bauplanungsrechtlichen Zulässigkeit von Ferienwohnungen nach Maßgabe der Neuregelung des § 13a BauNVO, DÖV - Zeitschrift für Öffentliches Recht und Verwaltungswissenschaften 10/2018, S. 396-406.

Hamburg 2020: Hamburger Wohnraumschutzbericht 2018 vorgelegt, Pressemitteilung v. 28.07.2020 {https://hamburg.de/pressearchiv-fhh/14146830/2020-07-28-bsw-wohnraumschutzbericht} (Stand: 26.09.2020).

hamburg.de 2020: Weltweit agierendes Vermittlungsportal für Buchung und Vermittlung von Unterkünften liefert Kontrolldaten an die Hamburger Steuerfahndung, Hamburg erkämpft höchstrichterliche Entscheidung und liefert Daten zu deutschen Vermietern an andere Bundesländer {https://hamburg.de/pressearchiv-fhh/14267928/2020-09-02-fb-weltweit-agierendes-vermittlungsportal-fuer-buchung-und-vermittlung-von-unterkuenften} (Stand: 06.09.2020).

Han, Byung-Chul, 2013: Im Schwarm, Ansichten des Digitalen. Matthes & Seitz, Berlin.

handelsblatt.com: Airbnb-Börsengang: Aktie gewinnt zum Börsenstart 115 Prozent {https://handelsblatt.com/finanzen/maerkte/aktien/online-zimmervermittler-fulminantes-debuet-airbnb-aktie-legt-beim-boersengang-mehr-als-100-prozent-zu/26707102.html?ticket=ST-3384409-cxifhlh29aN6ykeeft3B-ap6} (Stand: 15.12.2020).

Hardin, Garrett 1968: The tragedy of the commons, Science 3859/1968, S. 1243-1248.

Hartmann, Florian G./Lois, 2015: Hypothesen Testen. Springer Fachmedien Wiesbaden, Wiesbaden.

Haucap, Justus/Kehder, Christiane 2018: Welchen Ordnungsrahmen braucht die Share Economy?, in: Dörr, Julian/Goldschmidt, Nils/Schorkopf, Frank (Hrsg.), Share Economy. Institutionelle Grundlagen und gesellschaftspolitische Rahmenbedingungen. Mohr Siebeck, Tübingen, S. 39-75.

Häußermann, Hartmut/Siebel, Walter, 2004: Stadtsoziologie, Eine Einführung. Campus Verlag, Frankfurt.

Hebeler, Timo/Buhr, Laura 2015: Die bauplanungsrechtliche Einordnung des betreuten Wohnens, NVwZ 15/2015, S. 1020-1023.

Heeg, Susanne 2017: Finanzialisierung und Responsibilisierung - Zur Vermarktlichung der Stadtentwicklung, in: Schönig, Barbara/Kadi, Justin/Schipper, Sebastian (Hrsg.), Wohnraum für alle?! Perspektiven auf Planung, Politik und Architektur. transcript, Bielefeld, S. 47-59.

Heinemann, Patrick 2019: Die Verfassungswidrigkeit der Zweckentfremdungsverbotsgesetze der Länder, NVwZ - Neue Zeitschrift für Verwaltungsrecht 15/2019, 1070-1076.

Henger, Ralph/Michelsen, Claus/Kühl, Carsten/Wandzik, Carolin/Tockner, Lukas 2019: Wohnen in der Stadt: Wege zur Lösung eines Knappheitsproblems, Wirtschaftsdienst 9/2019, S. 603-624.

Henke, Sebastian/Singbartl, Jan/Zintl, Josef 2018: Mietwohnungsüberlassung an Touristen: Wimdu, Airbnb & Co. aus zivilrechtlicher Perspektive, Neues von der „kollaborativen Wirtschaft", NZM 1-2/2018, S. 1-6.

Herrlein, Jürgen/Tuschl, Patrick 2020: Das Ringen um Mietpreisbegrenzung in Bund und Ländern, Eine Standortbestimmung aus Anlass des Inkrafttretens des Berliner „Mietendeckels" am 23.2.2020, NZM 5/2020, S. 217-235.

Heyn, Timo/Schmandt, Marco 2019: Wachsende Ungleichheit durch Wohnraum in Deutschland, Zwischen Wohnraumnot und Wohnraumfülle, empirica-Paper 246/2019

Hinrichs, Frank 2013: Hamburgs neue Instrumente gegen die rechtswidrige Nutzung von Wohnraum als Ferienwohnung, Novelle des Wohnraumschutzgesetzes vom 21. 5. 2013, NZM 22/2013, S. 782-785.

Hinrichs, Frank 2017: Nebenwohnungen und Zweckentfremdungsverbot in Hamburg, NZM - Neue ZS für Miet- und Wohnungsrecht 17/2017, S. 589-593.

Hobbes, Thomas, 1965: Leviathan, oder Wesen, Form und Gewalt des kirchlichen und bürgerlichen Staates. Rowohlt, Leck/Schleswig.

Hoffmann, Heiko/Judis, Christian 2020: Steuerfahndung nimmt Airbnb-Vermieter ins Visier, F.A.Z. Einspruch {https://faz.net/einspruch/steuerfahndung-nimmt-airbnb-vermieter-ins-visier-16975499.html} (Stand: 03.10.2020).

Hoffmann, Kevin P. 2019: Berlin lehnt Vermieterregister nach Hamburger Vorbild ab {https://tagesspiegel.de/berlin/regeln-fuer-airbnb-und-co-berlin-lehnt-vermieterregister-nach-hamburger-vorbild-ab/24168028.html} (Stand: 27.09.2020).

Holm, Andrej 2011: Wohnung als Ware : zur Ökonomie und Politik der Wohnungsversorgung, Widersprüche: Zeitschrift für sozialistische Politik im Bildungs-, Gesundheits- und Sozialbereich 121/2011, S. 9-20.

HomeGuest: HomeGuest - AirBnB Management Service für deine Wohnung {https://homeguest.de/airbnb-management-service} (Stand: 29.09.2020).

Hoppe, Werner/Bönker, Christian/Grotefels, Susan, 2010: Öffentliches Baurecht, Raumordnungsrecht, Städtebaurecht, Bauordnungsrecht, 4. Auflage. Studium und Praxis. C.H. Beck, München.

Höppner, Thomas 2020: Plattform-Regulierung light, Zum Konzept der Unternehmen mit überragender marktübergreifender Bedeutung in der 10. GWB-Novelle, Wirtschaft und Wettbewerb 2/2020, S. 71-79.

Horn, Eva 2009: Schwärme – Kollektive ohne Zentrum. Einleitung, in: Horn, Eva/Gisi, Lucas Marco (Hrsg.), Schwärme - Kollektive ohne Zentrum. Eine Wissensgeschichte zwischen Leben und Information, 1. Auflage. transcript Verlag, Bielefeld, S. 7-26.

Horn, Keren/Merante, Mark 2017: Is home sharing driving up rents?, Evidence from Airbnb in Boston, Journal of Housing Economics 2017, S. 14-24.

Hörz, Michael 2016: Datenjournalistische Nutzung üblicher und unüblicher urbaner Daten, Stadtforschung und Statistik 1/2016, S. 35-42.

Hoßfeld, Tobias/Hirth, Matthias/Tran-Gia, Phuoc 2012: Crowdsourcing, Informatik Spektrum 3/2012, S. 204-208.

Ingold, Albert 2014: Grundrechtsschutz Sozialer Emergenz, Eine Neukonfiguration juristischer Personalität in Art. 19 Abs. 3 GG angesichts webbasierter Kollektivitätsformen, Der Staat 2/2014, S. 193-226.

Ingold, Albert 2016: Die „Sharing Economy" der kurzzeitigen Unterkunftsvermietung als Herausforderung für das Gewerbe-, Bau- und Ordnungsrecht, DÖV - Zeitschrift für Öffentliches Recht und Verwaltungswissenschaften 14/2016, S. 595-603.

Inside Airbnb 2019: Munich listings {http://insideairbnb.com/munich} (Stand: 25.09.2020).

InsideAirbnb: About {http://insideairbnb.com/about.html (Stand: 05.06.2019).

InsideAirbnb 2015: Berlin listings, Stand: 03.10.2015 {https://t1p.de/7mtr} (Stand: 12.10.2019).

InsideAirbnb 2019: Berlin listings, Stand: 11.07.2019 {https://t1p.de/7mtr} (Stand: 12.10.2019).

Jiao, Junfeng/Bai, Shunhua 2020: An empirical analysis of Airbnb listings in forty American cities, Cities 2020, S. 102618.

Jobs, A. Thorsten 2017: Aktuelle Rechtsprechung zum Bauordnungsrecht der Länder Berlin und Brandenburg, LKV 6/2017, S. 241-251.

Kadi, Justin/Verlič, Mara 2019: Gentrifizierung am privaten Wiener Mietwohnungsmarkt, in: ***dies. (Hrsg.)***, Gentrifizierung in Wien. Perspektiven aus Wissenschaft, Politik und Praxis, S. 35-49.

Kagermeier, Andreas/Erdmenger, Eva 2019: Overtourismus, Ein Beitrag für eine sozialwissenschaftlich basierte Fundierung und Differenzierung der Diskussion, ZfTW 1/2019, S. 65-98.

Kagermeier, Andreas/Erdmenger, Eva 2020: Das Phänomen Overtourism, Erkundungen am Eisberg unterhalb der Wasseroberfläche, in: Reif, Julian/Eisenstein, Bernd (Hrsg.), Tourismus und Gesellschaft. Kontakte - Konflikte - Konzepte. Erich Schmidt Verlag, Berlin, S. 97-110.

Karlsson, Logi/Dolnicar, Sara 2016: Someone's been sleeping in my bed, Annals of Tourism Research 2016, S. 159-162.

Ke, Qing 2017: Sharing Means Renting?, in: Boldi, Paolo/Kinder-Kurlanda, Katharina/Fox, Peter/McGuinness, Deborah/Poirer, Lindsay (Hrsg.), WebSci'17. Proceedings of the 2017 ACM Web Science Conference : June 25-28, 2017, Troy, NY, USA. ACM Association for Computing Machinery, New York, NY, USA, S. 131-139.

Kerr, Dara 2020: Airbnb finally settles lawsuit against NYC and hands over host data {https://cnet.com/news/airbnb-finally-settles-lawsuit-against-nyc-and-hands-over-host-data} (Stand: 15.09.2020).

Kersten, Jens 2012: Leviathan und Hive, Schwarmintelligenz und staatliche Rechtsordnung, Rechtswissenschaft 3/2012, S. 249-291.

Kersten, Jens 2014: Schwarmdemokratie, Veränderungen des Demokratieverständnisses durch Soziale Medien, JuS - Juristische Schulung 8/2014, S. 673-681.

Kersten, Jens 2017a: Relative Rechtssubjektivität, Über autonome Automaten und emergente Schwärme, Zeitschrift für Rechtssoziologie 1/2017, S. 8-25.

Kersten, Jens, 2017b: Schwarmdemokratie, Der digitale Wandel des liberalen Verfassungsstaats. Mohr Siebeck, Tübingen.

Kitzmann, Robert 2018: Zurück in die Zukunft!? Die Wiederkehr kommunaler Wohnungspolitik, vhw FW 3/2018, S. 162-167.

Kleiner Perkins Caufield & Byers 2018: Börsenwert der größten Internetunternehmen weltweit im Mai 2018, Statista.de 2018.

Koch, Tobias/Ehrentraut, Oliver/Neumann, Marion/Pivac, Ante: Wohnraumbedarf in Deutschland und den regionalen Wohnungsmärkten, Studie Wohnungsbautag 2017, Stuttgart/Freiburg.

Kofner, Stefan, 2004: Wohnungsmarkt und Wohnungswirtschaft. Oldenbourg Wissenschaftsverlag, Berlin/Boston.

Krautzberger, Michael 2007: Bauleitplanung im vereinfachten und im beschleunigten Verfahren nach dem BauGB 2007, UPR Umwelt- und Planungsrecht 5/2007, S. 170-174.

Krautzberger, Michael 2010: 50 Jahre Städtebaurecht des Bundes, NVwZ 12/2010, S. 729-733.

Kreutzer, Till 2001: Napster, Gnutella & Co.: Rechtsfragen zu Filesharing-Netzen aus der Sicht des deutschen Urheberrechts de lege lata und de lege ferenda - Teil 2, GRUR - Gewerblicher Rechtsschutz und Urheberrecht 4/2001, S. 307-312.

Külpmann, Christoph 2020: Wohnen im Bauplanungsrecht - Aktuelle Rechtsprechung, DVBl 10/2020, S. 657-662.

Kümper, Boas 2020: Sicherung der Überplanung von Innenbereichsflächen durch Veränderungssperre und Zurückstellung von Baugesuchen, ZfBR 2/2020, S. 135-145.

Kusserow, Ulrich von, 2018: Chaos, Turbulenzen und kosmische Selbstorganisationsprozesse. Springer Berlin Heidelberg, Berlin, Heidelberg.

Ladegaard, Isak 2018: Hosting the comfortably exotic: Cosmopolitan aspirations in the sharing economy, The Sociological Review 2/2018, S. 381-400.

Landesbetrieb IT.NRW: Zahl der Wohnungen in NRW auf neuem Höchststand {https://it.nrw/zahl-der-wohnungen-nrw-auf-neuem-hoechststand-90785} (Stand: 12.09.2020).

Lang, Wolfgang J.M. 2019: Zweckentfremdungserwägungen bei der Nutzung des Wohnreigentums zur Kurzzeitvermietung, ZfIR - Zeitschrift für Immobilienrecht 21/2019, S. 746-754.

Lange, Bettina 2018: Immobilienbestandsmanagement, in: Brauer, Kerry-U. (Hrsg.), Grundlagen der Immobilienwirtschaft. Recht - Steuern - Marketing - Finanzierung - Bestandsmanagement - Projektentwicklung, 9. Auflage. Springer Gabler, Wiesbaden, S. 527-594.

Lange, Norbert de/Nipper, Josef, 2018: Quantitative Methodik in der Geographie, 1. Auflage. Grundriss Allgemeine Geographie. Ferdinand Schöningh, Paderborn.

Le Bon, Gustave, 2016: Psychologie der Massen. Null Papier Verlag, Stuttgart.

Le Bon, Gustave, 2019: Die Psychologie der Massen, Komplettausgabe, 1. Auflage. Sachbücher bei Null Papier. Null Papier Verlag, Neuss.

Lee, Dayne 2016: How Airbnb Short-Term Rentals Exacerbate Los Angeles‘s Affordable Housing Crisis, Analysis and Policy Recommendations, Harvard Law & Policy Review 2016, S. 229-253.

legifrance.gouv.fr: Loi Hoguet {https://legifrance.gouv.fr/loda/id/JORFTEXT000000512228/2020-11-18/ (Stand: 18.09.020).

Lippert, André/Kindler, Lars 2016: Boardinghouses, Serviced Apartments, Aparthotels – moderne Wohn- und Beherbergungsformen im Lichte des Baurechts, ZfBR 3/2016, S. 219-224.

Livtak, Ed 2018: Rivera's Airbnb Bill Unanimously Approved By City Council {http://thelodownny.com/leslog/2018/07/riveras-airbnb-bill-unanimously-approved-by-city-council.html} (Stand: 15.09.2020).

Lobo, Sascha 2014: Auf dem Weg in die Dumpinghölle {http://spiegel.de/netzwelt/netzpolitik/sascha-lobo-sharing-economy-wie-bei-uber-ist-plattform-kapitalismus-a-989584.html} (Stand: 13.04.2017).

Lojewski, Hilmar von 2013: Zum Verhältnis von sozialer Durchmischung, Segregation und Gentrifizierung, vhw - Forum Wohnen und Stadtentwicklung; 4/2013, S. 175-179

Louven, Sandra 2018: Wie Barcelonas Bürgermeisterin den Kampf gegen Airbnb anführt {https://handelsblatt.com/unternehmen/dienstleister/tourismus-wie-barcelonas-buergermeisterin-den-kampf-gegen-airbnb-anfuehrt/22901520.html?ticket=ST-44800095-AGxcy09cM4M7gjgzhhaX-ap4} (Stand: 21.10.2019).

LSN-Online: Wohnungen in Wohn- und Nichtwohngebäuden {https://www1.nls.niedersachsen.de/statistik/html/default.asp} (Stand: 12.09.2020).

Lücke, Alexander 2017: Herbstsitzung 2016 des Bund-Länder-Ausschusses „Gewerberecht“, Gewerbearchiv 6/2017, S. 226-229.

Ludwigs, Markus 2017: Rechtsfragen der Sharing Economy am Beispiel der Modelle Uber und Airbnb, NVwZ - Neue Zeitschrift für Verwaltungsrecht 22/2017, S. 1641-1720.

Ludwigs, Markus 2018: Öffentlich-rechtliche Rahmensetzung der Share Economy am Beispiel der Modelle Uber und Airbnb, in: Dörr, Julian/Goldschmidt, Nils/Schorkopf, Frank (Hrsg.), Share Economy. Institutionelle Grundlagen und gesellschaftspolitische Rahmenbedingungen. Mohr Siebeck, Tübingen, S. 121-146.

Luhmann, Niklas, 1984: Soziale Systeme, Grundriß einer allgemeinen Theorie. Suhrkamp, Frankfurt am Main.

Luther, Katharina 2017: Ferienwohnung und Boardinghouse im Lichte der BauNVO, NJW-Spezial 12/2017, S. 364-365.

Malone, Thomas W./Bernstein, Michael S., 2015: Handbook of Collective Intelligence. MIT Press.

Mandeville, Bernard de 1705: Der murrende Bienenstock oder Wie Schurken redlich wurden, Flugblatt {http://de.scribd.com/doc/31076239/Mandeville-Bienenfabel-1705} (Stand: 17.09.2020).

Marriot International 2019: Marriott International Reports First Quarter 2019 Results {https://marriott.gcs-web.com/news-releases/news-release-details/marriott-international-reports-first-quarter-2019-results} (Stand: 03.07.2019).

Maunz/Dürig/Langenfeld, ***Maunz***, Theordor/***Dürig***, Günter. Maunz, Theodor; Dürig, Günter (Hrsg.) 2019: Grundgesetz, Kommentar. 88. C.H. Beck, München.

Mayer, Verena 2015: Wie Airbnb die Städte verändert {https://sueddeutsche.de/wirtschaft/kommentar-zweckentfremdet-1.2597771} (Stand: 04.09.2020).

McKee, Derek 2017: The platform economy: natural, neutral, consensual and efficient?, Transnational Legal Theory 4/2017, S. 455-495.

Mead, Rebecca 2019: The Airbnb Invasion of Barcelona, In the tourist-clogged city, some locals see the service as a pestilence. {https://newyorker.com/magazine/2019/04/29/the-airbnb-invasion-of-barcelona?fbclid=IwAR1pwczuL-u_GsHGoLmrnmyLPIJTuoOT06e1fBenQxWrFByqnAczUB-DI_A} (Stand: 21.05.2019).

Meyer, Eric/Theurl, Theresia 2017: Neue Governance Strukturen für die Sharing Economy, in: Aufderheide, Detlef/Dabrowski, Martin (Hrsg.), Digitale Wirtschaft und Sharing Economy. Wirtschaftsethische und moralökonomische Perspektiven, 1. Auflage. Duncker & Humblot, Berlin.

Mieterbund Wiesbaden 2019: Zweckentfremdungsverordnung dringend notwendig {https://mieterbund-wi.de/presse-news/news-details/article/51728-zweckentfremdungsverordnung-dringend-notwendig.html (Stand: 17.09.2020).

Millonas, Mark 1995: Swarms, Phase Transitions, and Collective Intelligence, in: Palaniswami, Marimuthu (Hrsg.), Computational intelligence. IEEE Press, New York.

Mindl, Felix/Arentz, Oliver 2020: Kurzzeitvermietung in Köln, Lokale Wohnungsmarkteffekte durch plattformbasierte Kurzzeitvermietung, Iwp Discussion Papers 1/2020.

Mitschang, Stephan 2017: Satzungen nach § 172 BauGB, in: ***ders. (Hrsg.)***, Erhaltung und Sicherung von Wohnraum. Fach- und Rechtsfragen der Planungs- und Genehmigungspraxis, 1. Auflage. Nomos, Baden-Baden, S. 51-118.

Moayedikia, Alireza/Ong, Kok-Leong/Boo, Yee Ling/Yeoh, William G.S. 2018: Task assignment in microtask crowdsourcing platforms using learning automata, Engineering Applications of Artificial Intelligence 2018, S. 212-225.

Moreno-Gil, Sergio/Coca-Stefaniak, J. Andres 2020: Guest editorial, IJTC 1/2020, S. 1-7.

Moreno-Gil, Sergio/Coca-Stefaniak, J. Andres 2020: Special Issue: Overtourism and the sharing economy, International Journal of Tourism Cities 1/2020.

Muenchen.de 2017: Zweckentfremdung von Wohnraum: Neue Satzung erlassen {https://ru.muenchen.de/2017/212/Zweckentfremdung-von-Wohnraum-Neue-Satzung-erlassen-75546 (Stand: 17.09.2020).

Muenchen.de: Archiv Zahlen/Daten zur Zweckentfremdung {https://www.muenchen.de/rathaus/Stadtverwaltung/Sozialreferat/Wohnungsamt/Zweckentfremdung/Zahlen-Daten/Archiv-Zahlen--Daten-zur-Zweckentfremdung.html} (Stand: 17.09.2020).

München-Digital-Portal: Zweckentfremdung von Wohnraum per Online-Plattform melden {https://muenchen.digital/blog/zweckentfremdung-wohnraum } (Stand: 28.09.2020).

Hannemann/Wiegener MietR. Hannemann, Thomas; Wiegner, Michael (Hrsg.) 2019: Münchener Anwalts Handbuch, Mietrecht. 5. überarbeitete und erweiterte Auflage. C.H. Beck, München.

MüKoBGB. Säcker, Franz-Jürgen; Rixecker, Roland; Oetker, Hartmut; Limperg, Bettina (Hrsg.) 2020: Münchener Kommentar zum Bürgerlichen Gesetzbuch. 8. Auflage. C.H. Beck, München.

Nadal, Martínez 2019: Regulating Airbnb in Spain, EuCML 1/2019, S. 42-45.

Nicolai, Helmuth 2015: Ferienwohnen im unvermeidbaren Konflikt zu Dauerwohnen?, Analyse und machbare Lösungsansätze, NordÖR; 9/2015, S. 361-412.

Nieuwland, Shirley/van Melik, Rianne 2018: Regulating Airbnb, How cities deal with perceived negative externalities of short-term rentals, Current Issues in Tourism 2/2018, S. 1-15.

NYC Rules: Unlawful Advertisement for Certain Occupancies | NYC Rules, Statement of Basis and Purpose of Rule {http://rules.cityofnewyork.us/content/unlawful-advertisement-certain-occupancies} (Stand: 11.10.2019).

Oberndörfer, Dieter/Hanf, Theodor/Weiland, Heribert, 2010: Verfahren der Wirkungsanalyse, Ein Handbuch für die entwicklungspolitische Praxis. Freiburger Beiträge zu Entwicklung und Politik. Arnold Bergstraesser Institut, Freiburg i. Br.

Oses Fernández, Noelia/Kepa Gerrikagoitia, Jon/Alzua-Sorzabal, Aurkene 2018: Sampling method for monitoring the alternative accommodation market, Current Issues in Tourism 7/2018, S. 721-734.

Oskam, Jeroen A., 2019: The Future of Airbnb and the Sharing Economy, The Collaborative Consumption of our Cities. Multilingual Matters, Blue Ridge Summit, PA.

O'Sullivan, Feargus 2018: Barcelona Finds a Way to Control Its Airbnb Market {https://citylab.com/life/2018/06/barcelona-finds-a-way-to-control-its-airbnb-market/562187} (Stand: 21.09.2018).

Otto, Christian-W. 2017: Zweckentfremdungsverbote als Instrument zur Sicherung von Wohnraum vor Umnutzung, in: Mitschang, Stephan (Hrsg.), Erhaltung und Sicherung von Wohnraum. Fach- und Rechtsfragen der Planungs- und Genehmigungspraxis, 1. Auflage. Nomos, Baden-Baden, S. 249-255.

Otto, Christian-W. 2018: Neuregelungen über Ferienwohnungen, in: Mitschang, Stephan (Hrsg.), Städtebaurechtsnovelle 2017. Neue Anforderungen an die städtebauliche Planungs- und Genehmigungspraxis, 1. Auflage. Nomos Verlagsgesellschaft, Baden-Baden, S. 155-176.

Paslack, Rainer, 1991: Urgeschichte der Selbstorganisation, Zur Archäologie eines wissenschaftlichen Paradigmas. Wissenschaftstheorie, Wissenschaft und Philosophie. Vieweg+Teubner Verlag, Wiesbaden.

Paulauskaite, Dominyka/Powell, Raymond/Coca-Stefaniak, J. Andres/Morrison, Alastair M. 2017: Living like a local: Authentic tourism experiences and the sharing economy, Int J Tourism Res 6/2017, S. 619-628.

Pernice-Warnke, Silvia 2015: Ferienwohnungen in Wohngebieten, NVwZ 3/2015, S. 112-116.

Petropoulos, Georgios 2017: An economic review of the collaborative economy, Bruegel Policy Contribution 5/2017.

Petruzzi, Marina A./Marques, Gabriela S./do Carmo, Manuel/Correia, Antonia 2020: Airbnb and neighbourhoods: an exploratory study, IJTC 1/2020, S. 72-89.

Plé, Bernhard 2015: Wirkungsanalysen und ihre Forschungsdesigns, Kritische Gegenüberstellung ihrer konzeptionellen und methodologischen Herangehensweise im Hinblick auf mögliche Komplementaritäten und Anwendungen für die Beratungswissenschaften, Zeitschrift für Beratungs- und Managementwissenschaften 2015, S. 25-38.

Plouffe, Christopher R. 2008: Examining "peer-to-peer" (P2P) systems as consumer-to-consumer (C2C) exchange, European Journal of Marketing 11/12/2008, S. 1179-1202.

Polívka, Jan/Brezina, Vilim/Stark, Martin 2020: Airbnb und Co. - Das Geschäft mit dem Teilen, Wie verändert das internetbasierte Teilen von Ressourcen durch Kurzzeitvermietungen unsere Städte?, ILS-IMPULSE 4/2020.

Prayag, Girish/Ozanne, Lucie K. 2018: A systematic review of peer-to-peer (P2P) accommodation sharing research from 2010 to 2016: progress and prospects from the multi-level perspective, Journal of Hospitality Marketing & Management 6/2018, S. 649-678.

Puschmann, Thomas/Alt, Rainer 2016: Sharing Economy, Business & Information Systems Engineering 1/2016, S. 93-99.

Raue, Benjamin 2019: Rechtssicherheit für datengestützte Forschung, ZUM 8-9/2019, S. 684-693.

Rehkugler, Heinz 2003: Die Immobilien-AG - Chancen für Unternehmen und Investoren, in: ***ders.*** ***(Hrsg.)***, Die Immobilien-AG. Bewertung und Marktattraktivität. De Gruyter Oldenbourg, München, S. 1-32.

Reichert, Ramón, 2013: Die Macht der Vielen. transcript Verlag.

Reidt, Olaf 2017: § 22 BauGB – Satzungen zur Sicherung von Fremdenverkehrsfunktionen, in: Mitschang, Stephan (Hrsg.), Erhaltung und Sicherung von Wohnraum. Fach- und Rechtsfragen der Planungs- und Genehmigungspraxis, 1. Auflage. Nomos, Baden-Baden, S. 159-170.

Reidt, Olaf/Landwüst, Stefanie 2015: Die bauplanungsrechtliche Behandlung von Ferienwohnungen, UPR Umwelt- und Planungsrecht 1/2015, S. 12-16.

Renoth, Johanna 2018: Ferienunterkünfte: Wie sich Städte gegen Airbnb & Co. wehren {https://welt.de/reise/staedtereisen/article180332152/Ferienunterkuenfte-Wie-sich-Staedte-gegen-Airbnb-Co-wehren.html} (Stand: 04.09.2020).

Reynolds, Craig W. 1987: Flocks, herds and schools, A distributed behavioral model, Computer Graphics 4/1987, S. 25-34.

Rheingold, Howard 2007: Smart Mobs, Die Macht der mobilen Vielen, in: Bruns, Karin/Reichert, Ramón (Hrsg.), Reader Neue Medien. Texte zur digitalen Kultur und Kommunikation. transcript Verlag, Bielefeld, S. 359-370.

Rink, Dieter/Egner, Björn 2020: Lokale Wohnungspolitik: Agenda, Diskurs, Forschungsstand, in: ***dies. (Hrsg.)***, Lokale Wohnungspolitik. Beispiele aus deutschen Städten. Nomos, Baden-Baden, S. 9-42.

Ritzer, George 2015: Prosumer Capitalism, The Sociological Quarterly 3/2015, S. 413-445.

Rolnik, Raquel 2013: Late Neoliberalism: The Financialization of Homeownership and Housing Rights, International Journal of Urban and Regional Research 3/2013, S. 1058-1066.

Rossi, Matthias 2019: Verfassungsrechtliche Anmerkungen zum Berliner Zweckentfremdungsrecht, LKV 8/2019, S. 337-344.

Rottke, Nico 2017: Besonderheiten von Immobilien und deren Märkten, in: Rottke, Nico/Voigtländer, Michael (Hrsg.), Immobilienwirtschaftslehre - Ökonomie, 1. Auflage. Springer Gabler, Wiesbaden, S. 83-100.

Sacks, Danielle 2011: The Sharing Economy {https://fastcompany.com/1747551/sharing-economy} (Stand: 04.04.2019).

San Francisco Planning Department, 2015: Executive Summary of Amendments Relating to Short-Term Rentals, Executive Summary Administrative Code Text Change, San Francisco.

Santolli, Brianna J. 2017: Winning the Battle, Losing the War, European Cities Fight Airbnb, The George Washington International Law Review 3/2017, S. 673-709.

Saretzki, Anja 2020: Haben Touristen ein Recht auf Stadt?, in: Reif, Julian/Eisenstein, Bernd (Hrsg.), Tourismus und Gesellschaft. Kontakte - Konflikte - Konzepte. Erich Schmidt Verlag, Berlin, S. 111-128.

BeckOK MietR, ***Schach***, Klaus/***Schüller***, Peter/***Schultz***, Michael. Schach, Klaus; Schüller, Peter; Schultz, Michael (Hrsg.) 2020: Beck'scher Online-Kommentar Mietrecht. 21. Edition. C.H.Beck, München.

Schäfer, Philipp/Braun, Nicole 2016: Misuse through short-term rentals on the Berlin housing market, International Journal of Housing Markets and Analysis 2/2016, S. 287-311.

Schäfer, Philipp/Hirsch, Jens 2017: Do urban tourism hotspots affect Berlin housing rents?, International Journal of Housing Markets and Analysis 2/2017, S. 231-255

Scheidler, Alfred 2019: Gemeindliche Satzung nach § 22 BauGB zur Sicherung des Fremdenverkehrs, Kommunaljurist 9/2019, S. 321-326.

Schier, Michael/Voigtländer, Michael 2016: Soziale Wohnraumförderung auf dem Prüfstand, IW-Trends 1/2016, S. 21-35.

Schiller, Ben 2018: On This Blockchain-Based Version Of Airbnb, There's No Middleman {https://fastcompany.com/40524021/on-this-blockchain-based-version-of-airbnb-theres-no-middleman} (Stand: 05.09.2020).

Schink, Alexander 2017: Planerische Steuerung von Ferienwohnungen, in: Mitschang, Stephan (Hrsg.), Erhaltung und Sicherung von Wohnraum. Fach- und Rechtsfragen der Planungs- und Genehmigungspraxis, 1. Auflage. Nomos, Baden-Baden, S. 171-186.

Schlautmann, Christoph 2019: Airbnb gibt erstmals Vermietungszahlen in Deutschland preis {https://handelsblatt.com/unternehmen/dienstleister/privatwohnungsvermittler-exklusive-zahlen-so-viele-wohnungen-werden-ueber-airbnb-in-deutschen-grossstaedten-vermietet/24871596-all.html} (Stand: 06.09.2020).

Schmidt, Gunnar, 2010: Menschenschwärme, Schwarmmenschen. Intermedia Design Books, Trier.

Schmidt-Eichstaedt, Gerd 2016: Zulässigkeit von Ferienwohnungen und Ferienhäusern in den regulären Baugebieten nach den §§ 4 bis 9 BauNVO, ZfBR 3/2016, S. 225-230.

Schmidt-Eichstaedt, Gerd/Weyrauch, Bernhard/Zemke, Reinhold, 2019: Städtebaurecht, Einführung und Handbuch, 6. Auflage. Rechtswissenschaften und Verwaltung. Studienbücher. Verlag W. Kohlhammer, Stuttgart.

Schmidt-Futterer, ***Schmidt-Futterer***, Wolfgang. Blank, Hubert (Hrsg.) 2019: Mietrecht, Großkommentar des Wohn- und Gewerberaummietrechts. 14. Auflage. C.H. Beck, München.

Schneider, Martin 2014: Ein Fundamentalpreisindikator für Wohnimmobilien für Wien und Gesamtösterreich, BankArchiv 5/2014, S. 366-375.

Schneiderman, Eric, 2014: Airbnb in the city, From the Office of: New York State Attorney General, New York.

Scholl, Gerd 2019: Systematisierung des Peer-to-Peer Sharing, in: Behrendt, Siegfried/Henseling, Christine/Scholl, Gerd (Hrsg.), Digitale Kultur des Teilens. Springer Fachmedien Wiesbaden, Wiesbaden, S. 5-12.

Scholl, Gerd/Behrendt, Siegfried/Flick, Christian/Gossen, Maike/Henseling, Christine/Richter, Lydia, 2015: Peer-to-Peer Sharing, Definition und Bestandsaufnahme, Berlin.

Schollmeier, Jana, 2020: Die Gewährleistung von angemessenem und bezahlbarem Wohnraum als Verfassungsfrage, 1. Auflage. Neue Schriften zum Staatsrecht. Nomos, Baden-Baden.

Scholz, Trebor 2014: Platform Cooperativism vs. the Sharing Economy {https://medium.com/@trebors/platform-cooperativism-vs-the-sharing-economy-2ea737f1b5ad} (Stand: 13.04.2017).

Scholz, Trebor, 2016: Platform Cooperativism, Challenging the Corporate Sharing Economy, New York.

Schröder, Meinhard 2015: Bau- und ordnungsrechtliche Fragen der kurzzeitigen Wohnraumvermietung über Internetportale im Rahmen der Sharing Economy, Gewerbearchiv 10/2015, S. 392-398.

Schuldt, Johann-Frederik, 2017: Mietpreisbremse, Eine juristische und ökonomische Untersuchung der Preisregulierung für preisfreien Wohnraum, 1. Auflage. Studien zum Zivilrecht. Nomos Verlagsgesellschaft, Baden-Baden.

Schulte, Karl-Werner, 2008: Immobilienökonomie: 4: Immobilienökonomie, Band IV: Volkswirtschaftliche Grundlagen. De Gruyter, München.

Schultz, Michael/Bujewski-Crawford, Utemaria 1998: Das Verbot der Zweckentfremdung von Wohnraum - Grundlage und Anwendbarkeit der Zweckentfremdungsvorschriften, NZM 11/1998, S. 385-389.

Schwalbe, Ulrich 2014: Uber und Airbnb: Zur Mikroökonomik der »Sharing Economy«, ifo Schnelldienst 21/2014, S. 12-15.

Schwalbe, Ulrich/Peitz, Martin 2016: Kollaboratives Wirtschaften oder Turbokapitalismus?, Perspektiven der Wirtschaftspolitik 3/2016, S. 232-252.

Scrapy 2019: Architecture overview — Scrapy 1.6.0 documentation {https://doc.scrapy.org/en/latest/topics/architecture.html (Stand: 11.04.2019).

Seemann, Michael 2017: Was ist Plattformpolitik? Grundzüge einer neuen Form der politischen Macht, spw - Zeitschrift für sozialistische Politik und Wirtschaft 223/2017, S. 44-49.

Seemann, Michael: Fünf beunruhigende Fragen an den digitalen Kapitalismus {http://ctrl-verlust.net/fuenf-beunruhigende-fragen-an-den-digitalen-kapitalismus-directors-cut/?utm_source=pocket-newtab} (Stand: 24.06.2019).

Segú, Mariona 2018: Do short-term rent platforms affect rents?, Evidence from Airbnb in Barcelona, MPRA - Munich Personal RePEc Archive 84369/2018.

Seidl, Roman J./Plank, Leonhard/Kadi, Justin 2017: Airbnb in Wien: eine Analyse - interaktiver Forschungsbericht {http://wherebnb.in/wien (Stand: 24.06.2020).

Siegel, Thorsten 2019: Zweckentfremdung im Baurecht, LKV - Landes- und Kommunalverwaltung 9/2019, S. 399-405.

Skowronnek, Alsino/Vogel, Lucas/Parnow, Jonas 2015: Airbnb vs. Berlin, Was sagen die Daten? {www.airbnbvsberlin.de (Stand: 09.09.2019).

Slee, Tom, 2016: Deins ist Meins, Die unbequemen Wahrheiten der Sharing Economy. Kunstmann, München.

Slee, Tom 2019: Airbnb web site scraper, GitHub {https://github.com/tomslee/airbnb-data-collection} (Stand: 17.09.2020).

Smigiel, Christian/Hof, Angela/Kautzschmann, Karolin/Seidl, Roman 2019: No Sharing! Ein Mixed-Methods-Ansatz zur Analyse von Kurzzeitvermietungen und ihren sozialräumlichen Auswirkungen am Beispiel der Stadt Salzburg, Raumforschung und Raumordnung Spatial Research and Planning 0/2019.

Smith, Adam, 1776: An Inquiry into the Nature ands Causes of the Wealth of Nations, Books I, II, III, IV and V. MetaLibri Digital Library, 29th May 2007, Lausanne.

Sodan, Helge, 2015: Verfassungs- und andere Rechtsprobleme von Berliner Regelungen über das Verbot der Zweckentfremdung von Wohnraum. Schriften zum öffentlichen Recht. Duncker et Humblot, Berlin.

Spitzlei, Thomas 2020: Baurechtliche Instrumentarien gegen die Zweckentfremdung von Wohnraum, JURA - Juristische Ausbildung 4/2020, S. 333-345.

Sprigman, Christopher 2006: The 99 Cent Question, Journal on Telecommunications and High Technology Law 5/2006, S. 87-124.

Srnicek, Nick, 2017: Platform capitalism. Theory redux. Polity Press, Cambridge, UK.

Stadt Köln 2020: Kleinräumige Statistiken {https://stadt-koeln.de/artikel/62998/index.html} (Stand: 08.09.2020).

Stadt Leipzig: Genehmigungskriterien nach Leipziger Standard {https://leipzig.de/bauen-und-wohnen/stadterneuerung-in-leipzig/soziale-erhaltungssatzungen/genehmigungskriterien-nach-leipziger-standard} (Stand: 31.12.2020).

Stadt Leipzig 2020: Leipzig-Informationssystem > Kleinräumige Daten > Stadtbezirksprofil Süd {https://statistik.leipzig.de/statdist/table_area.aspx?dist=40} (Stand: 08.09.2020).

Stadt Leipzig: Soziale Erhaltungssatzungen {https://leipzig.de/bauen-und-wohnen/stadterneuerung-in-leipzig/soziale-erhaltungssatzungen} (Stand: 31.12.2020).

Stadt Salzburg: Statistik: Gebäude und Wohnungen {https://stadt-salzburg.at/statistik-gebaeude-und-wohnungen} (Stand: 16.09.2020).

Stadt-Koeln.de 2020: Ein Jahr neue Wohnraumschutzsatzung {https://stadt-koeln.de/politik-und-verwaltung/presse/mitteilungen/22079/index.html} (Stand: 28.09.2020).

Stadt-Koeln.de: Meldung einer vermuteten Zweckentfremdung von Wohnraum {https://formular-server.de/Koeln_FS/findform?shortname=56-F38_WohnRZwEnt&formtecid=3&areashortname=send_html} (Stand: 20.06.2020).

Statistik.Bayern: Bautätigkeit und Wohnungsbestand {https://statistik.bayern.de/statistik/bauen_wohnen/bautaetigkeit/#link_6} (Stand: 12.09.2020).

Statistik.Hessen: Hessisches Statistisches Informationssystem, Fortschreibung des Wohngebäude- und Wohnungsbestandes 2017 {https://statistik.hessen.de/hesis} (Stand: 12.09.2020).

Statistik-Nord.de: Wohngebäude- und Wohnungsbestand - Statistikamt Nord {https://statistik-nord.de/zahlen-fakten/bautaetigkeit-wohnen/wohngebaeude-und-wohnungsbestand} (Stand: 12.09.2020).

Statistische Ämter des Bundes und der Länder: Bautätigkeit im Freistaat Sachsen, 2017 {https://statistischebibliothek.de/mir/receive/SNHeft_mods_00021768} (Stand: 12.09.2020).

Statistische Ämter des Bundes und der Länder: Bautätigkeit und Wohnen | Statistikportal.de {http://statistikportal.de/de/haushalte-und-wohnen/bautaetigkeit-und-wohnen} (Stand: 12.09.2020).

Statistische Ämter des Bundes und der Länder: Bestand an Wohngebäuden, Wohnungen und Räumen in Baden-Württemberg - Fortschreibung - 2017 {https://statistischebibliothek.de/mir/receive/BWHeft_mods_00032924} (Stand: 12.09.2020).

Statistisches Landesamt Rheinland-Pfalz: Bautätigkeit, Wohnungen: Basisdaten regional 2017 {https://statistik.rlp.de/de/wirtschaftsbereiche/bautaetigkeit-wohnungen/basisdaten-regional/tabelle-2} (Stand: 13.09.2020).

Sthapit, Erose/Jiménez-Barreto, Jano 2018: Sharing in the host-guest relationship: perspectives on the Airbnb hospitality experience, Anatolia 2/2018, S. 282-284

Stier, Sandra 2019: Die „doppelte Tür" des Datenaustauschs – Zur Reichweichte eines Auskunftsanspruch auf Grundlage des Zweckentfremdungsrechts, LKV - Landes- und Kommunalverwaltung 12/2019, S. 543-546.

Stors, Natalie/Kagermeier, Andreas 2017: Airbnb-Gastgeber als Akteure im New Urban Tourism, Beweggründe zur Partizipation aus Anbieterperspektive, Geographische Zeitschrift 105/2017, S. 190-234.

Stüer, Bernhard, 2015: Handbuch des Bau- und Fachplanungsrechts, Planung - Genehmigung - Rechtsschutz, 5. Auflage. Beck-Online : Bücher. Beck, München.

Süddeutsche Zeitung 18.04.2016: Zu viele Ferienwohnungen, kein Platz für Mieter {https://sueddeutsche.de/wirtschaft/airbnb-in-staedten-vermietung-von-ferienwohnungen-laeuft-aus-dem-ruder-1.2954475} (Stand: 18.09.2020).

Süddeutsche Zeitung 21.05.2016: Ferienwohnungen in Berlin: Legal, illegal, nicht egal {https://sueddeutsche.de/reise/berlin-nur-zwei-beamte-sollen-vielleicht-5000-illegale-ferienwohnungen-aufspueren-1.3000058} (Stand: 18.12.2020).

Süddeutsche Zeitung 31.10.2017: Airbnb treibt in Dortmund die Bettensteuer ein {https://sueddeutsche.de/wirtschaft/ferienwohnungen-wenn-airbnb-die-bettensteuer-eintreibt-1.3728899} (Stand: 19.09.2020).

Südkurier 2019: Freiburgs OB: Landesgesetz zur Herausgabe von Airbnb-Daten {https://suedkurier.de/baden-wuerttemberg/Freiburgs-OB-Landesgesetz-zur-Herausgabe-von-Airbnb-Daten;art417930,10154590} (Stand: 08.09.2020).

Südkurier 2020: 634 Zweitwohnungen sind aktuell in Überlingen gemeldet. Mit einer neuen Steuersatzung will die Stadt regulierend eingreifen. Das gefällt nicht allen {https://suedkurier.de/region/bodenseekreis/ueberlingen/634-Zweitwohnungen-sind-aktuell-in-UEberlingen-gemeldet-Mit-einer-neuen-Steuersatzung-will-die-Stadt-regulierend-eingreifen-Das-gefaellt-nicht-allen;art372495,10479376} (Stand: 01.09.2020).

Sutherland, Will/Jarrahi, Mohammad Hossein 2018: The sharing economy and digital platforms: A review and research agenda, International Journal of Information Management 2018, S. 328-341.

SyltGis: SyltGis - Geoportal für die Sylter Gemeinden {https://syltgis.de} (Stand: 20.09.2020).

Tableau.com: Was ist Tableau? {https://tableau.com/de-de/why-tableau/what-is-tableau} (Stand: 22.09.2020).

Tagesspiegel 21.04.2016: Kampf gegen Airbnb-Vermietung in Berlin: Illegale Ferienwohnungen kann man jetzt anonym melden {https://tagesspiegel.de/berlin/kampf-gegen-airbnb-vermietung-in-berlin-illegale-ferienwohnungen-kann-man-jetzt-anonym-melden/13476122.html} (Stand: 18.09.2020).

Thacker, Eugene 2009: Netzwerke – Schwärme – Multitudes, in: Horn, Eva/Gisi, Lucas Marco (Hrsg.), Schwärme - Kollektive ohne Zentrum. Eine Wissensgeschichte zwischen Leben und Information, 1. Auflage. transcript Verlag, Bielefeld, S. 27-68.

Theurl, Theresia/Haucap, Justus/Demary, Vera/Priddat, Birger P./Paech, Niko 2015: Ökonomie des Teilens - nachhaltig und innovativ?, Wirtschaftsdienst 2/2015, S. 87-105.

Thüringer Landesamt für Statistik: Bestand an Wohnungen in Wohn- und Nichtwohngebäuden am 31. Dezember {https://statistik.thueringen.de/datenbank/portrait.asp?auswahl=krf&nr=51&vonbis=&TabelleID=kr000716} (Stand: 13.09.2020).

Ulfbeck, Vibe Garf/Petersen, Clement Salung/Hansen, Ole 2019: Platforms as Private Governance Systems – The Example of Airbnb, Nordic Journal of Commercial Law 1/2019, S. 38-60.

Unternehmensservice Portal: Gästeblattsammlung/Gästeverzeichnis {https://usp.gv.at/brancheninformationen/gastronomie-und-tourismus/gaesteverzeichnis.html} (Stand: 15.10.2020).

Veser, Jürgen/Jacobs, Tobias/Bachmann, Marie, 2015: Evaluierung der Zweckentfremdungsregelung durch kommunale Satzung gemäß § 10 des Wohnungsaufsichtsgesetzes bzw. § 40 des Gesetzes zur Förderung und Nutzung von Wohnraum für das Land Nordrhein-Westfalen, Evaluierung Satzungsregelung NRW - IfS N82/1.

Veser, Jürgen/Jacobs, Tobias/Nelle, Anja, 2018: Evaluierung des Wohnungsaufsichtsgesetzes des Landes Nordrhein-Westfalen, Evaluierung WAG NRW.

Visser, Gustav/Erasmus, Inge/Miller, Matthew 2017: Airbnb: The Emergence of a New Accommodation Type in Cape Town, South Africa, Tourism Review International 2/2017, S. 151-168.

Voigtländer, Michael, 2019: Luxusgut Wohnen, Warum unsere Städte immer teurer werden und was jetzt zu tun ist, 2. Auflage. Springer Gabler, Wiesbaden.

Vosshall, Leslie B. 2020: Catching plague locusts with their own scent {https://nature.com/articles/d41586-020-02264-x} (Stand: 12.08.2020).

Wachsmuth, David/Combs, Jennifer/Kerrigan, Danielle 2019: The Impact of New Short-term Rental Regulations on New York City, A report from the Urban Politics and Governance research group 2019.

Wachsmuth, David/Weisler, Alexander 2018: Airbnb and the rent gap: Gentrification through the sharing economy, Environment and Planning A: Economy and Space 6/2018, S. 1147-1170.

Weber, Peter 2017: Ferienwohnungsvermietung zwischen Bau- und Zweckentfremdungsrecht, Der Fall Berlin, NZM - Neue ZS für Miet- und Wohnungsrecht 17/2017, S. 577-616.

Weber, Peter 2018a: Die Auszehrung der Städte durch Ferienwohnnutzung: noch aufzuhalten, Perspektiven für das zum 20.4.2018 veränderte Berliner Zweckentfremdungsrecht, NZM - Neue ZS für Miet- und Wohnungsrecht 2018, S. 374-379.

Weber, Peter 2018b: Zum Begriff des „Wohnens", NZM - Neue ZS für Miet- und Wohnungsrecht 3/2018, S. 57-96.

Weber, Peter 2019: Das rechte Maß beim so genannten Home Sharing, NVwZ - Neue Zeitschrift für Verwaltungsrecht 11/2019, S. 761-767.

Week, Lara 2012: I am not a tourist: Aims and implications of „traveling", Tourist Studies 2/2012, S. 186-203.

Wegmann, Jake/Jiao, Junfeng 2017: Taming Airbnb, Toward guiding principles for local regulation of urban vacation rentals based on empirical results from five US cities, Land Use Policy 2017, S. 494-501.

Weigelt, Thomas, 2016: Die wachsende Stadt als Herausforderung für das Recht, Rechtliche Instrumente zum Erhalt und zur Schaffung heterogener Bevölkerungsstrukturen in der Innenstadt. Studien und Beiträge zum öffentlichen Recht. Mohr Siebeck, Tübingen.

Weitzman, Martin L., 1984: The share economy, Conquering stagflation. Harvard Univ. Press, Cambridge, Mass.

WELT 19.04.2016: AirBnB, Wimdu, 9Flats und die Folgen des Zweckentfremdungsverbots für Vermieter {https://welt.de/finanzen/immobilien/article154519516/AirBnB-Jaeger-setzen-auf-petzende-Nachbarn.html} (Stand: 18.09.2020).

WELT 2018: Airbnb: Der verzweifelte Kampf deutscher Städte gegen den Boom {https://welt.de/wirtschaft/article185289338/Airbnb-Der-verzweifelte-Kampf-deutscher-Staedte-gegen-den-Boom.html} (Stand: 16.09.2020).

Wendt, Wolf Rainer, 2019: Die Ordnung der Welt in Haus und Staat, Gesellschaftliche Steuerung Im Westöstlichen Vergleich. Springer Vieweg. in Springer Fachmedien Wiesbaden GmbH, Wiesbaden.

Weser Kurier 24.02.2020: Warum ein Bremer Gesetz für Verwirrung sorgt {https://weser-kurier.de/bremen/bremen-stadt_artikel,-warum-ein-bremer-gesetz-fuer-verwirrung-sorgt-_arid,1899241.html} (Stand: 02.09.2020).

Westfalenpost 28.05.2019: Weshalb sich die Winterberger Touristiker über AirBnB ärgern {https://wp.de/staedte/altkreis-brilon/weshalb-sich-die-winterberger-touristiker-ueber-airbnb-aergern-id225480453.html} (Stand: 20.09.2020).

Westfalenpost 06.09.2019: Illegale Vermietung auf AirBnB: Winterberg sieht Erfolge {https://wp.de/staedte/altkreis-brilon/illegale-vermietung-auf-airbnb-winterberg-sieht-erfolge-id227000971.html} (Stand: 20.09.2020).

Wewer, Göttrik 2016: Privates Teilen als Geschäftsmodell? Politische, wirtschaftliche und soziale Probleme der Sharing Economy, Leviathan 1/2016, S. 155-179.

Wiechmann, Thorsten/Beier, Markus 2004: Evaluationen in der Regionalentwicklung, Raumforsch Raumordn 6/2004, S. 387-396.

Wiechmann, Thorsten/Mörl, Katharina/Vock, Alexander 2012: Evaluation von Modellvorhaben der Raumordnung, Informationen zur Raumentwicklung 1/2/2012, S. 79-90.

Wienbracke, Mike 2013: Der Verhältnismäßigkeitsgrundsatz, Zeitschrift für das Juristische Studium 2/2013, S. 148-155.

Windoffer, Alexander 2016: Wider die Zweckentfremdung – Ordnungsrechtliche Grenzen der „Sharing Economy" bei kurzfristigen Vermietungen, LKV 8/2016, S. 337-343.

Witte, Daniel 2018: Ein ambivalentes Erbe: Von Durkheims (un-)politischer Soziologie zu Bourdieus Religionssoziologie des Staates, Berlin J Soziol 3-4/2018, S. 307-337.

www.haufe.de 2018: Zweckentfremdung von Wohnungen: München will von Portalbetreibern Daten per Bescheid einfordern {https://haufe.de/immobilien/wirtschaft-politik/zweckentfremdung-muenchen-fordert-auskunft-von-portalbetreibern_84342_462888.html} (Stand: 04.09.2020).

www.haufe.de: Mietpreisbremse – Regelungen der Bundesländer {https://haufe.de/immobilien/verwaltung/mietpreisbremse-in-diesen-staedten-gilt-sie/mietpreisbremse-regelungen-der-bundeslaender_258_334796.html} (Stand: 19.10.2020).

Young, Martin/Markham, Francis 2020: Tourism, capital, and the commodification of place, Progress in Human Geography 2/2020, S. 276-296.

ZEIT Online 23.04.2016: Tourismus: Sind Airbnb-Vermieter böse? {https://zeit.de/hamburg/politik-wirtschaft/2016-04/tourismus-airbnb-vermieter-hamburg-portraets/komplettansicht} (Stand: 18.09.2020).

ZEIT Online 28.04.2016: Zweckentfremdungsverbot: Wie viel Airbnb geht noch? {https://zeit.de/entdecken/reisen/2016-04/airbnb-berlin-gesetz-ferienwohungen} (Stand: 18.09.2020).

ZEIT Online 04.05.2016: Berlin: Erst belegt, dann besetzt {https://zeit.de/gesellschaft/2016-05/berlin-hausbesetzung-ferienwohnungen-airbnb-polizei} (Stand: 18.12.2020).

Zervas, Georgios/Proserpio, Davide/Byers, John W. 2017: The Rise of the Sharing Economy: Estimating the Impact of Airbnb on the Hotel Industry, (JMR) Journal of Marketing Research LIV/2017, S. 687-705.

Zott, Thomas, 2020: Die Regulierung des Homesharing, Eine rechtsvergleichende und rechtsökonomische Untersuchung des Geschäftsmodells der Kurzzeitvermietung privaten Wohnraums über Online-Plattformen. Studien zum vergleichenden Öffentlichen Recht - Studies in Comparative Public Law. Duncker & Humblot, Berlin.

Zwack, Thomas, 2017: Peer-to-Peer-Geschäftsmodelle zur Absicherung privater Risiken, Eine Exploration am Beispiel Wildschaden. Markt- und Unternehmensentwicklung Markets and Organisations. Springer, Wiesbaden.

zweitwohnsitzsteuer.de: Städte mit Zweitwohnungsteuer {https://zweitwohnsitzsteuer.de/?page=stadt&bl=de-by} (Stand: 01.09.2020).

Kolibri 360 GmbH
Ferdinand-Jühlke-Straße 7
99095 Erfurt, Deutschland
produktsicherheit@kolibri360.de